|| |||| |||||| |||||| |||| |||| ||||| |||| ||
D1640069

Druckfehlerberichtigungen

S. 15	*14. Zeile von unten: nach "...humanistischen" fehlt eine Zeile: "Bildungsideals. W. v. Humboldt war Selbstbildner, Bildungstheoretiker und"*
S. 21	*5. Zeile: richtig ist: "...Wissenschaft, die..."*
	6. Zeile: streichen ab "gelte" bis 8. Zeile einschließlich "der Universität"!
S. 23	*letzter Absatz, 2. Zeile: richtig ist: "aufkommenden"*
S. 27	*9. Zeile von unten: nach "erkannt hat" fehlt eine Zeile: "dann muß er wieder hinein und muß versuchen, die anderen loszuketten,"*
S. 34	*Mitte, nach "Ballauff" heißt es richtig: "herausarbeitet"*
S. 50	*10. Zeile von unten ist richtig: "mit absolut gleichem"*
S. 58	*letzte Zeile ist richtig: "unsere westliche Kultur"*
S. 69	*11. Zeile von unten: statt "je" ist richtig: "jede"*
S. 76	*8. Zeile: statt "schnell" ist richtig: "schneller"*
S. 124	*23. Zeile: statt "Man könne" ist richtig: "Man könnte"*
S. 133	*2. Zeile von unten: statt "Lesen" ist richtig: "Leben"*
S. 139	*2. Zeile von unten: richtig ist: "verschiedenen"*
S. 176	*13. Zeile von unten: richtig ist: "findet"*
S. 209	*14. Zeile: richtig ist: "beeinflußt"*
S. 284	*3. Zeile: richtig ist "Handeln"*
S. 305	*17. Zeile: von unten: statt "Lebensqualität" ist richtig: "Lebensgestalt"*
S. 370	*14. Zeile von unten: richtig ist: "reflexiver"*
S. 381	*2. Zeile: richtig ist: "Kindern"*
S. 390	*Mitte: Der Satz "Die Hermeneutik ... Sprechens" wurde zweimal ausgedruckt, einmal zuviel.*

Durch den Computer-Satz sind bei Zeilenverschiebungen leider auch einige Male Trennungsstriche stehengeblieben, z. B. S. 403 unten "Senio-ren". -

Die freundlichen Leserinnen und Leser werden angesichts der Druckfehler um Nachsicht gebeten.

Verfasser und Verlag

netto 109,40,
na holes
auslandsporto

Bildungstheorie

STUDIEN ZUR PÄDAGOGIK, ANDRAGOGIK UND GERONTAGOGIK

Herausgegeben von Franz Pöggeler

Band 9

PETER LANG

Frankfurt am Main · Bern · New York · Paris

Hubert Henz

Bildungstheorie

PETER LANG

Frankfurt am Main · Bern · New York · Paris

CIP-Titelaufnahme der Deutschen Bibliothek

Henz, Hubert:

Bildungstheorie / Hubert Henz. - Frankfurt am Main ; Bern ;
New York ; Paris : Lang, 1991
   (Studien zur Pädagogik, Andragogik und Gerontagogik ;
   Bd. 9)
   ISBN 3-631-43449-9

NE: GT

ISSN 0934-3695
ISBN 3-631-43449-9

© Verlag Peter Lang GmbH, Frankfurt am Main 1991
Alle Rechte vorbehalten.

Printed in Germany 1   3 4 5 6 7

Inhaltsverzeichnis

Vorwort

Die hier vorgelegte Bildungstheorie wurde in einer Reihe von Vorlesungen in den achtziger Jahren an der Universität Würzburg konzipiert. Sie stellt sich in die von der Antike und der christlichen Philosophie ausgehenden und über die Renaissance, die Aufklärung und den Neuhumanismus in unsere Zeit führende Linie, die zuletzt in den großen Schriften zur Bildungstheorie von Willmann und Kerschensteiner einen Ausdruck fand. Der Versuch einer neuen Zusammenschau ist überfällig, da sich in den sechzig Jahren seit Erscheinen von Kerschensteiners "Theorie der Bildung" Umakzentuierungen des Bildungsbegriffs durchgesetzt haben, z. B. in Richtung auf Dynamisierung (lebenslanges Lernen), Demokratisierung (Reduzierung des elitären Elements), Betonung der Praxisdimension und der Wissenschaftsorientierung.

Sowohl der an seiner Bildung arbeitende einzelne wie in der institutionalisierten Bildungsarbeit tätige Lehrer, Bildungsplaner und Bildungspolitiker können von der bildungstheoretischen Grundlagenforschung eine Zusammenfassung des objektiven Wissens über Bildung, ihre Ideen und Theorien, ihr Wesen und ihre Dimensionen, ihre Prinzipien und Methoden erwarten. Diesen Erwartungen sucht die Veröffentlichung zu entsprechen. Nach der (vor allem juristisch vorangetriebenen) Einschränkung des Erziehungsbegriffs auf die Jugendzeit ist die Kategorialanalyse des Bildungsbegriffs ein vordringliches Problem geworden, zumal der Ausbau der Erwachsenenbildung bis hinauf zur Seniorenbildung diese Analyse entschieden fordert. Daß für das *Wort* Bildung ein adäquates Einzelwort in wichtigen Fremdsprachen fehlt, bedeutet nicht notwendig, daß dort auch dieser *Begriff* fehlt. Bildung wird z. B. im englischen Sprachbereich als "individuelle Kultur" gesehen; dies ist eine wichtige Erkenntnis, die in diesem Buch in die Bildungsdefinition (s. S. 147) eingearbeitet wurde. Es wird also nicht eine kultur- (oder gar national-) spezifische Bildungsidee und Bildungslehre gesucht, sondern auf Allgemeingültigkeit – bei voller Bewußtheit der Zeitbedingtheit und Überholbarkeit aller wissenschaftlichen Aussagen wie der Unvermeidbarkeit einer standortbezogenen Perspektive – gezielt.

Dank gebührt dem Bayerischen Staatsministerium für Unterricht und Kultus, das durch Gewährung eines Freisemesters die Fertigstellung dieses Textes ermöglichte, und meinen Mitarbeiterinnen Frau Stefani Klöpfer und Frau Ingrid Brand, die den Text und seine verbesserte Fassung maschinengeschrieben haben.

Wer nicht von dreitausend Jahren
Sich weiß Rechenschaft zu geben,
Bleib im Dunkeln unerfahren,
Mag vonTag zu Tage leben:
J.W.v. Goethe

1. Teil: Zugänge
Ideen und Theorien der Bildung

Im ersten Teil ist nicht beabsichtigt, einen geschlossenen historischen *Durch*gang (in welcher Zeitspanne immer) zu entwickeln. Es sollen nur einige wesentliche historische *Zu*gänge angeboten werden, die zum Verständnis der Bildungsidee unerläßlich scheinen. Für breitere historische Einarbeitung stehen heute Reader wie die von Röhrs und Pleines zur Verfügung, zahlreiche Zusammenfassungen der "Geschichte der Pädagogik", von denen hier nur die von Ballauff/Schaller, Göttler, Reble, Driesch/Esterhues erwähnt werden sollen, sowie der bekannte Beitrag von Menze in Speck/Wehle ([Hg] 1970).

Die ausgewählten Zugänge können auf Kerngedanken und Grundzusammenhänge auch unseres heutigen Bildungsdenkens und unserer Bildungswirklichkeit aufmerksam machen. Unser gegenwärtiges Bildungsdenken ist unter anderem immer noch geprägt durch die neuhumanistische Bildungsidee. Daher wurde als erster Zugang der über Wilhelm von Humboldts Text "Theorie der Bildung des Menschen" gewählt. Anschließend überlassen wir uns der Führung durch Otto Willmann, der seine "Didaktik als Bildungslehre" in ungewöhnlicher Breite historisch fundiert hat und in diesem Werk die umfänglichste und profundeste Bildungstheorie deutscher Sprache vor Kerschensteiner geliefert hat. Den dritten Zugang sehen wir in der wertpädagogischen Bildungstheorie (Kerschensteiner und Spranger). Wesentlich erscheint uns schließlich ein Umblick unter maßgeblichen Bildungstheoretikern nach Kerschensteiner, vor allem der geisteswissenschaftlichen Pädagogik, der Curriculumtheorie und der Existentialpädagogik. Weitere bildungstheoretische Ansätze sind in die folgenden Hauptteile unmittelbar eingebracht worden.

1. Kapitel: Erster Zugang: Humboldt und die Gegenwart

I. Wilhelm von Humboldts Theorie der Bildung des Menschen

Wilhelm von Humboldt (1767-1835) ist wohl der erste, von dem ein Text mit der Überschrift "Theorie der Bildung" vorliegt (Theorie der Bildung des Menschen. Werke I. Vgl. Menze 1975, 18 ff.). Aufschlußreich ist daraus folgender Satz: "Die letzte Aufgabe unseres Daseins, dem Begriff der Menschheit in unserer Person sowohl während der Zeit unseres Lebens als auch über dasselbe hinaus durch die Spuren des lebendigen Wirkens, die wir zurücklassen, einen so großen Inhalt als möglich zu verschaffen, diese Aufgabe löst sich allein durch die Verknüpfung unseres Ichs mit der Welt zu der allgemeinsten, regsten freiesten Wechselwirkung".

Wilhelm von Humboldt betont hier auf der einen Seite das Ich, die Individualität, auf der anderen Seite die Welt. Das Ich braucht zur Bildung einen Gegenstand. Dieser Gegenstand müsse der würdigste sein und der umfänglichste, den es gibt, die Welt. Deshalb die Forderung nach "Verknüpfung unseres Ichs mit der Welt", um dadurch zur "allgemeinsten, regsten freiesten Wechselwirkung" zu gelangen.

Das andere Moment ist der Begriff der Menschheit, der in unserer Person sich realisieren und darstellen soll. "Begriff der Menschheit" zielt auf eine Optimierung der eigenen Kräfte, daß man das, was "Menschheit" sein kann, möglichst vollkommen darstellt. Repräsentation der Idee der Menschheit im Individuum ist der Kern des humanistischen Bildungsplaner in einer Person. Er hat sich auch zeitlebens um die Ausbildung seiner selbst zu einer vollkommenen Persönlichkeit bemüht. Er hat als erster auf eine Theorie der Bildung hingearbeitet und hat im Bereich der Praxis in Preußen 1809 die Berliner Universität mitbegründet, hat Schulpläne entwickelt (z. B. den Königsberger und den Litauer Schulplan), in denen er seine Bildungsvorstellungen konkretisiert hat. Insofern ist er eine ideale Auskunftsstelle für unser Thema (Bildungsidee und Bildungspraxis), weil er, der als Praktiker in der Selbstbildung und Bildungspolitik tätig war, auch als Theoretiker einen Versuch gemacht hat, das Bildungsthema zu theoretisieren und schließlich als Planer seine Ideen in die politische Realität zu übersetzen.

In seinem verhältnismäßig kurzen Text zum Wesen der Bildung ist die Rede von Veredelung der Persönlichkeit, von der Stärkung und Erhöhung der Kräfte der eigenen Natur, von der Steigerung des inneren Wertes. Das sind

Begriffe, die seither in der Bildungstheorie und in der Wert- und Kulturpädagogik immer wieder auftreten. Veredelung der Persönlichkeit, das hat im Neuhumanismus – hier ist Wilhelm von Humboldt ja der führende Theoretiker – einen ganz bestimmten Sinn, weil damals der Adel noch eine führende Rolle inne hatte, die von vielen auch als Verpflichtung zu geistiger Veredelung angesehen wurde. Der Begriff der Persönlichkeit hatte, etwa von Goethe her, leitbildliche Bedeutung (das höchste Glück der Erdenkinder ist doch die Persönlichkeit). Wenn von Erhöhung der Kräfte der eigenen Natur die Rede ist, so bedeutet das, daß an diese "Kräfte" oder "Vermögen" und ihre Entwicklungsmöglichkeit geglaubt wurde. Die heutige Psychologie sieht solche "Kräfte" als Konstrukte, Dispositionen des Verhaltens, die zu relativ dauernden Einstellungen, Kompetenzen entwickelt und verfestigt werden können. Was die Steigerung des inneren Wertes betrifft, ist sicher richtig kritisiert worden, daß dieses Moment (der Innerlichkeit) bei Humboldt eine gewisse Einseitigkeit darstellt. Heute wird das politische oder soziale Engagement mehr herausgestellt. Daß von Humboldt in seiner eigenen Person nicht einseitig war, muß man jedoch festhalten. Er war aktiver Politiker, der seine Ideen auch umgesetzt hat. Richtig ist, daß Humboldt relativ einseitig auf die Einzelpersönlichkeit achtet. Sie soll sich zu einer Art Kunstwerk selbst emporbilden. Das ist der Grundsinn des neuhumanistischen Bildungsdenkens. Aber Humboldt schaut auch über die Einzelpersönlichkeit hinaus auf "Nation, Zeitalter, ja das ganze Menschengeschlecht", er wünscht sich "Bildung, Weisheit und Tugend so mächtig und allgemein verbreitet als möglich", weiter, "daß der Begriff der Menschheit, wenn man ihn von ihm (dem einzelnen gebildeten Menschen, H.H.) als dem einzigen Beispiel abziehen müßte, einen großen und würdigen Gehalt gewönne" (57 f.). Humboldt nimmt eine Analogie an zwischen der Bildung eines Volkes, darüberhinaus eines Zeitalters, ja der ganzen Menschheit und der Einzelpersönlichkeit, eine Analogie die man – strukturell ähnlich – bei Hegel findet in dessen "objektivem Geist" im Verhältnis zum "subjektiven Geist". Durch den objektiven Geist, d. h. die bestehende, augenblicklich lebendige Kultur, können wir unser eigenes Ich als Geistwesen ausbilden, aufbauen, beispielsweise durch Sprache und Literatur, durch die Gesetze, durch die Normen und Werte im ethischen, ästhetischen, wissenschaftlichen Bereich. Wenn deshalb dieser Gesichtspunkt ernster zu nehmen ist, als das die Kritiker aus der politischen Pädagogik tun, – sie nehmen das kaum zur Kenntnis –, dann könnte man eine Ehrenrettung Humboldts auch versuchen im Hinblick auf seine politische, überindividuelle Orientierung.

II. Die Prinzipien der neuhumanistischen Bildungsidee

Eduard Spranger hat in seiner Arbeit über "Wilhelm von Humboldt und die Humanitätsidee" (Berlin 1909) drei Prinzipien des Humboldtschen Bildungsdenkens herausgearbeitet: *Individualität, Universalität* und *Totalität.* Er bezeichnet sie als die drei Faktoren des Humboldtschen Humanitäts- und damit Bildungsideals.

1. *Universalität* meint den Weltbezug, den Bezug zur Realität im Ganzen. Spranger interpretiert: der Mensch "muß sich mit realistischem Geist durchtränken, wenn er in der Welt leben will" (495). Die (zukünftigen) Lebenssituationen sind die Basis zur Eruierung der wichtigsten Lernziele, die man durch Bildungsanstrengungen erreichen will. Wenn man in der Welt leben will, muß man sich mit der Realität des Lebens der Welt beschäftigen. Je mehr man davon auffaßt und je mehr man wesentliches davon auffaßt, um so mehr nimmt das zu, was wir Bildung nennen. Aber das allein genügt nicht, um Humboldt zu verstehen. Humboldts geistige Welt war historisch und geographisch weit, und er hat zeitlebens an der Ausweitung seiner Bewußtseinshorizonte in historischer und geographischer Richtung gearbeitet. Er war aber doch im Sinne des Neuhumanismus vor allem auf die Antike konzentriert.

Wie in jedem "Humanismus" (vgl. auch die früheren "humanistischen" Phasen in der abendländischen Bildungsgeschichte) hat man sich auch im Neuhumanismus vor allem an der Antike orientiert, an Griechen und Römern und an ihrer Kultur. Insofern ist die "Welt", von der die Rede ist, doch ziemlich historisch selektiv. Humboldt empfiehlt das Studium der Griechen in ihrer Welt, weil "die Sorgfalt für die körperliche und geistige Bildung in Griechenland vorzüglich von den Ideen der Schönheit geleitet war" (Reble, Dok. Bd. II, 298). In dieser Begründung beobachten wir einen anderen Akzent der Humboldtschen Bildungsidee, den ästhetischen. Ein auf die schöne Form gerichtetes Fühlen und Denken war eindeutig.

In Berlin-Tegel kann man das Haus der Humboldts besichtigen. Da ist man eigentlich doch etwas entsetzt über die vielen Gipsstatuen, die als quasi "reine Formen" herumstehen. Die relative Unlebendigkeit und das bei allem Wert doch auch Fiktive dieser "Realität" wird einem dabei unvermeidlich bewußt.

Nun war Humboldt nicht so weltfremd, daß er außerhalb seiner Zeit gelebt und nur historisierend idealistisch geträumt hat. Er hatte intensiven Verkehr mit allen bedeutenden Leuten seiner Zeit. Er war als Diplomat in Hauptstädten Europas beschäftigt, unter anderem lang im Vatikan. Er hat Realitätsnähe genug gehabt, um mit seiner Zeit und ihren Problemen beschäftigt zu sein. Er hielt beispielsweise Goethe und Schiller für Realisierungen des Humanitätsideals und war mit beiden in Kontakt. Humboldts Bruder Alexander war ein bedeutender Naturforscher und hat sehr viel weitere "Welt" in diese Familie, in das Haus in Tegel, mitgebracht, so daß man davon ausgehen kann, daß Wilhelm von Humboldt einer der universal Gebildeten seiner Zeit war, auch was Naturkenntnis, Zeitrealität und Politik betrifft. Nicht nur hat man ihn ins Kulturministerium geholt, er hat auch die damals führende Universität Deutschlands in Berlin für ein Jahrhundert geprägt. Hier hat er in wenigen Monaten eine ganze Bildungsepoche politisch-praktisch auf den Weg gebracht.

Die Hervorhebung der Welt, des natürlichen und (kultur-) historischen Universums, als Gegenstand der bildenden Auseinandersetzung – gegen jede bloß pragmatische Verengung des Bildungshorizonts – ist ein bleibendes Verdienst Wilhelm von Humboldts.

2. *Individualität*, das zweite Prinzip, steht bei Humboldt am Anfang und am Ende des Bildungsweges. Die Grenzen der individuellen Existenz sollen ja durch Universalität, durch Weltbegegnung erweitert werden. An der Individualität interessiert Humboldt vor allem die allseitige Bildung aller Kräfte seines Wesens, der körperlichen, ästhetischen, geistigen. So schreibt er im Litauischen Schulplan von 1809: "Der allgemeine Schulunterricht geht auf den Menschen überhaupt, und zwar als gymnastischer, ästhetischer, didaktischer und in dieser letzteren Hinsicht wieder als mathematischer, philosophischer, der in dem Schulunterricht nur durch die Form der Sprache rein, sonst immer historisch-philosophisch ist und historischer auf die Hauptfunktionen seines Wesens" (ebda. 305).

Will man wesentliche Momente herausheben aus diesem Schulplan, ist da einmal der allgemeine Schulunterricht. Humboldt ist ein Vertreter der *Allgemein*bildung. Er betont deren Abhebung von jeder Verzweckung im Hinblick auf irgendeinen Beruf oder gar auf wirtschaftliche Interessen, ist ein ausgesprochener Feind der Vorstellung, daß man Allgemeinbildung und Berufsbildung vermengt. Deshalb spricht er vom "*allgemeinen*" Schulunterricht. Er weiß sehr wohl, daß man nachher auch berufsspezifische Ausbildung braucht. Aber auf die Allgemeinbildung des Menschen kam es ihm zunächst und vor allem an. Allgemeinbildung geht auf den Menschen überhaupt, auf *alle* seine wichtigen Kräfte. Die sollen alle entwickelt und zu einer Harmonie gebracht werden. Deshalb darf man nicht von vornherein darauf achten, was für bestimmte, etwa örtlich vor allem gebrauchte Berufe interessant ist. Dabei würde man den Menschen vereinseitigen, entstellen, ihn verdrängen von der Möglichkeit, zu einem vollendeten Kunstwerk zu werden.

Was Humboldt im Litauischen Schulplan dann aufzählt, sind Schwerpunkte der schulischen Praxis, Curriculumziele, gymnastische, ästhetische, mathematische, sprachlich-philologische, historisch-philosophische. In der

Art der Zusammenfassung liegt die Lösung. Das philosophische Denken ist eine Art Aufgipfelung des Wissens. Für Humboldt sollte vor allem die Universität philosophischen Charakter haben. (Man sprach von der philosophischen Universität Berlin.) Nur ein Wissen, das Überblick verschafft, ist Wissen, das in die Universität (besonders in die große Vorlesung) gehört. Humboldt hielt viel von der Vorlesung, weil er sagte, der Professor sei gezwungen, das Ganze seines Weltausschnittes, das er sonst nur in seinen Spezialforschungen an einem Punkt bearbeitet, zu überschauen und davon den Studenten klar geordnet zu berichten. Dies hielt Humboldt für sehr wichtig, auch für die Professoren selbst wie für den Fortgang der Wissenschaft im Hinblick auf die Menschenbildung als Ganzes.

Hauptaufgabe der universitären, akademischen Bildung sei, einen Menschen mit Überblick zu erzeugen, der fähig ist, in den verschiedensten Berufen, wie auch in der Politik, fähiges Urteil zu haben, also Persönlichkeit im neuhumanistischen Sinn zu werden. Daher trifft nur eine Bildung, die *allseitig* ist, die Hauptfunktionen des menschlichen Wesens. Nichts darf verkürzt werden. Es kommt darauf an, daß alles in kategorialer Weise unelitär, an eine Art Einheitsschule, in der alle den gleichen Bildungsanspruch haben. Im Litauischen Schulplan heißt es: "Die Organisation der allgemeinbildenden Schulen bekümmert sich um keine Kaste, kein einzelnes Gewerbe, auch nicht um die gelehrte". Humboldt war Gegner einer einseitig "gelehrten" Bildung und einer Bildung nur für die gelehrte "Kaste", die die anderen regiert, weil sie im entsprechenden Code denkt und spricht. Humboldt war ein Humanist menschheitsumfassender Art, auf alle Menschen und ihre Förderung bedacht: "Der gemeinste Tagelöhner und der am feinsten Ausgebildete muß in seinem Gemüt ursprünglich gleich gestimmt werden" (ebda. 305). Das Wort Gemüt war damals ein umfassender, nicht nur emotional akzentuierter, sondern allgemein auf innere Kräfte und auf Wertorientiertheit bezogener Begriff.

Die Besonderheit des Individuums wird noch nicht so stark betont wie etwa später bei Kerschensteiner. Sie ist aber im Prinzip des "Kunstwerks" wie im kulturschöpferischen Beitrag zu finden.

3. *Totalität.* Das dritte Prinzip, das Spranger herausgearbeitet hat, meint die "Verknüpfung von Ich und Welt", von Universalität und Individualität zu einer harmonischen Einheit, zu einer ästhetischen Gestalt, in der sich "Menschheit", d. h. die Gattungsidee, konkretisiert darstellt. *Eine* Formel, meint Spranger, trete ständig auf in den Schriften Humboldts, nämlich die Rede von der "höchsten" und proportionierlichen Ausbildung aller Kräfte". Das Schlüsselwort ist Proportion, Verhältnismäßigkeit.

Nicht alle Kräfte seien im gleichen Umfang zu fördern und vor allem nicht in hoher Spezialisierung. Er meint z. B., ein Musikinstrument lernen sei gut, aber das unbedingt gleich bis zur Virtuosität steigern, sei nicht im Sinne der

Allgemeinbildung. Das sei dann schon wieder spezielles berufsorientiertes Sichbilden. Proportionierlich, das bedeutet also auf die einzelnen Bildungsgegenstände *angemessene* Zeit und Kraft verwenden. Es geht um die entwickelnde Anregung in allen wesentlichen Kraft-Bereichen und darum, diese auszubilden, aber in einer "verhältnismäßigen" Art (vgl. Herbarts "gleichschwebendes, vielseitiges Interesse"!).

Das ästhetisch-proportionierte Vollkommenheitsideal ist für Humboldt, gerade auch im Hinblick auf die Wirklichkeit, eine Notwendigkeit. Die Differenz zwischen Sein und Sollen hält er für notwendig, gerade im Pädagogischen, denn sonst hätte man für die Realität keine Maßstäbe. Nur das Vollkommene kann Maßstab sein für das Menschlich-Wirkliche. An einer anderen Stelle schreibt Spranger interpretierend von "gleichzeitigem Schwingen aller Seelenvermögen", von "Erkenntnis, Empfindung und Neigung", an anderer Stelle von "Einheit in der Mannigfaltigkeit", (einer verbreiteten Definition des Schönen), oder vom "Gleichgewicht der Form und des Stoffes" (432). Spranger sieht wohl richtig, wenn er die Humanitätsform, die hier angesprochen ist, als idealistisch und normativ bezeichnet, normativ wie das Kunstwerk, das modellhaft prägend werden kann auch in anderen Räumen und Zeiten. Man denke an große Musik oder an ein bedeutendes Bauwerk oder eine griechische Götterplastik. Ein solches Kunstwerk hat einen Sinn nur wenn es möglichst vollkommen ist. Deshalb ist der Anspruch an dieses Bildungsideal nur korrekt zu verstehen, wenn man die gemeinte Idealität akzeptiert, wenn man also die Differenz zwischen Sein und Sollen und den Versuch ihrer Überwindung im Idealen akzeptiert. Wenn wir keine solchen Maßstäbe haben, wissen wir nicht, wie wir uns orientieren sollen. Unser modernes Bedürfnis nach "Orientierungen" oder neuen Übereinkünften, nach Konsens (etwa via Diskurs), zeigt, daß wir eher unsicher sind hinsichtlich der möglichen menschlichen Vollkommenheit. Da können im Grunde nur modellhafte Gestalten, Vorbilder abhelfen, die bewußt auf Vollkommenheit abziel(t)en.

Das Totalitätsprinzip verpflichtet auf Gestalt, Ganzheit, Vollkommenheit. Als Bildungsprinzip greift es sehr hoch, ist fraglos idealistisch. Aber hierin steht es in alter Tradition (Magnanimitas, Heiligkeit, Gottebenbildlichkeit) und hat Nachfolger (Divinität, Seinsorientierung).

III. Einsamkeit und Freiheit als Prinzipien universitärer Bildung heute

Helmut Schelsky hat in seinem Universitätsbuch ("Einsamkeit und Freiheit. Idee und Gestalt der deutschen Universität und ihrer Reformen", Reinbek 1963) zwei andere Humboldtsche Prinzipien herausgearbeitet, nämlich titelgemäß Einsamkeit und Freiheit. In *Einsamkeit und Freiheit* des Studierenden wie des Lehrenden liege "das soziale Leitbild der Universität". Universitätslehrer und Studierende sollen nur der reinen Idee der Wissenschaft gegenüberstehen; so sieht Schelsky die Humboldtsche Universitätsidee. Für die Universität gelte die Idee einer Bildung durch Wissenschaft, ie sich allerdings in der Hauptsache als Philosophie verstehe. Das Gegenbild der Universität gelte die Idee einer Bildung durch Wissenschaft, die sich allerdings in der Hauptsache als Philosophie verstehe. Das Gegenbild der Universität sei die berufsorientierte Fachhochschule, ein geradezu negatives Gegenbild, weil Schelsky dort die Verzweckung der reinen Wissenschaft erblickt und das Streben nicht mehr auf die Wahrheit an sich, so wie sie ist, an sich auf den Sachverhalt gerichtet sei. Die reine Ausrichtung auf die Wahrheit würde hier eben verstellt. Das Denken würde dann verzweckt. Wir hören das in der jüngsten Kritik, wenn gesagt wird, Wissenschaftler stünden (wie die Politiker) unter dem Druck "der Wirtschaft", seien alle mehr oder weniger gekauft und von dort direkt oder indirekt (via Regierung) wirtschaftsabhängig. Um solche (technozentrische) Verzweckung zu verhindern, meint Schelsky, müsse man das Individuum im universitären Raum freisetzen von sozialen Bindungen. So gab es früher an Universitäten sogar eine freie eigene Gerichtsbarkeit. Die vollständige Freisetzung von der übrigen bürgerlichen Welt schien wichtig. Gemeint war, daß die erkenntnisleitenden Interessen an der Universität wirklich nur Wissen und Bildung seien und daß keine weiteren leitenden Ideen geduldet werden sollten. Schelsky sieht hier den Anfang einer "Freisetzung des Individuums von sozialen Bindungen" und damit einen grundsätzlichen Wachstumsprozeß der damaligen Gesellschaft zu "strukturell neuen Lebenshorizonten" (123). *Tenbruck* sieht den Erfolg der Humboldtschen Universitätsgründung beruhend auf einem "qualitativen Sprung" der Gesellschaftsentwicklung, in dem sich der soziale und geistige Lebensraum plötzlich ausdehnte, greifbar in der damalig raschen Verbreitung von Schulen, Zeitungen, Zeitschriften, Nachrichten, Organisationen, Büchern. Es entstand nach Tenbruck eine neue Kommunikationsstruktur. Die Menschen wurden plötzlich Mitglieder von neuen überlokalen Gruppen, an deren Ideen Erlebnissen, Problemen sie teilnahmen (in: Schelsky 124). Schelsky hält die philosophische Universität Berlin für eine "politische Grundinstitution des 19. Jahrhunderts" (126). In der Situation des Studenten potenziere sich die soziale Zukunftsoffenheit anthropologisch. Aus Tenbruck übernimmt Schelsky folgenden Gedanken: Der junge Mensch, von den Beziehungen zu festen Berufskarrieren und einem festgelegten Lebenslauf befreit, sei seinem Entwicklungsstadium nach auf eine "imaginative Erprobung und Vorwegnahme des Daseins in toto" verwiesen. Leider ist dies heute durch die Not der Berufsverwendungsunsicherheit auf eine beunruhigende Weise wieder real. Vielleicht kann mancher aber auch heute "aus dieser Not eine Tugend" machen, indem er sich der Bildungsidee zuwendet. Humboldt vertraute sehr auf die Bildungswilligkeit der Studenten in der damaligen Zeit und Schelsky meint (1963), daß man das heute auch wieder könne.

Schelsky sieht weiter, daß wir uns auch heute an einer Umbruchstelle befänden, nämlich hin zu einem weltweiten Denken und zu einer weltweiten Humanität. Auch wenn zunächst die Humboldtsche Universitätsidee als Nationalidee Platz gegriffen habe, etwa bei Fichte, habe sie sich doch in den Auswirkungen und in ihrer Grundtendenz auf die Menschheit bezogen. Hier liege die Chance für diese Universitätsidee, als Grundlage für ein modernes, zeitgemäßes Humanitätsideal herangezogen zu werden, wenn man nur die Akzente neu setze: nämlich die menschliche Identität stärker betone als die nationale und regionale (z. B. europäische) Identität, was nicht ausschließt, daß man diese europäisch-kulturelle Identität und die nationale Identität in einem angemessenen, der Menschheitsidee nicht widersprechenden Umfang, aufrechterhält. Wie wir ja auch etwa Heimatdialekte, Volkslieder und ähnliche Kulturelemente nicht umkommen lassen wollen, weil wir wissen, daß auch diese einen "Schatz" darstellen, daß wir in diesem Sinne auch die Entwicklungsländer nicht soweit mit westlichen Grundnormen überformen wollen, daß sie überhaupt nichts mehr aus ihrer alten Tradition retten und einbringen in eine menschheitliche, globale Kultur. Also in einem angemessenen Verhältnis müssen diese Identitäten heute gesehen werden.[1]

---

1 In dem Buch "Bezugssysteme politischer Bildung" (Herder 1974) habe ich versucht, drei solche Identitäten miteinander in Beziehung zu bringen, den nationalen Horizont der (politischen) Bildung, den europäischen und den weltweiten im Sinne menschheitlicher Mitverantwortung

2. Kapitel: Zweiter Zugang: Willmann und die Vergangenheit

I. Ausweitung der Theoriehorizonte in Otto Willmanns Bildungslehre

Der zweite grundlegende Text, auf den ich mich hier beziehen will, ist Otto Willmann's "Didaktik als Bildungslehre nach ihrer Beziehung zur Sozialforschung und zur Geschichte der Bildung" (1889, hier 5. Aufl. 1923). Otto Willmann (1839-1920) hat in seiner Bildungstheorie eine erhebliche Horizonterweiterung gegenüber dem neuhumanistischen Bildungsgedanken vorgenommen. Er hat die Bildungstheorie auch sachlich wesentlich erweitert und sie mit der Didaktik, mit der konkreten Unterrichtsgestaltung und ihrer Theorie (im kritischen Anschluß an Herbart und Schleiermacher) dauerhaft verbunden. Es geht bei ihm um wesentlich mehr als nur um allgemeine, philosophische, grundlegende und allenfalls noch Grobziele aufweisende Lehre, sondern um eine historisch und systematisch ausgeführte. Dazu ist seine Bildungslehre eine der ersten sozialwissenschaftlich angelegten Bildungstheorien. Willmann war Professor für Philosophie und Pädagogik in Wien und später im groß-österreichischen Prag, führender Mitgestalter des fünfbändigen Lexikons der Pädagogik (Herder 1913). Willmann ist der einzige, der vor Kerschensteiner eine vollausgeführte Theorie der Bildung geschrieben hat. Er ist für unser Thema besonders einschlägig, weil er Bildungsidee *und* Bildungswesen reflektiert in ihrer wechselseitigen Beziehung. Er beachtet die Realitäten der Kultur, der Kulturgeschichte, der Sozialgeschichte, die Strukturen des Bildungswesens in verschiedenen Kulturen und die konkreten Bedürfnisse seiner Zeit, in der die Industrialisierung schon ziemlich fortgeschritten war.

Willmann mißt Bildungsideale und Bildungssysteme an den Idealen der christlich-humanistischen Philosophie, der – wie er sie nannte und wie später diese ganze Richtung genannt wurde –, philosophia perennis.

"Perennis" heißt über die Zeiten dauernd, überzeitliche Ideen sammelnd, kritisch sichtend und immer wieder die neu aufkommende Ideen kritisch einbauend (vgl. Hans Meyer: Das Wesen der Philosophie. Bonn 1936). Bei Willmann kann man eine ausgewogene Mischung von Realismus und Idealismus beobachten, von historischer Methode und philosophischer, kategorialanalytischer Methode. Willmann wird durch die Anlehnung an die philosophia perennis zum Begründer einer eigenen pädagogischen Schule, der "paedagogia perennis", die zeitüberdauernde pädagogische Erkenntnisse kritisch sammelt, sie zu systematisieren versucht und bemüht ist, neue jeweils gesicherte Wissensbestände einzubauen in ein System, das sie versucht, immer weiterzuschreiben, zu verbessern oder neu zu formulieren. Paedagogia perennis heißt also, daß viele Generationen an einem fortdauernden Werk arbeiten, an dem der einzelne Wissenschaftler eher teilnimmt als betont individualistisch zu versuchen, sich zu profilieren durch möglichst von anderen sich deutlich unterscheidende Äußerungen.

Die heutige "traditionelle Pädagogik", eine neben der geisteswissenschaftlichen, der empirischen und der sog. kritischen Pädagogik – wenn auch weniger spektakulär – arbeitende Hauptströmung der Erziehungswissenschaft läßt sich heute noch von diesem Prinzip leiten. Sie ist keineswegs auf die (neu-) scholastische Philosophie fixiert, wie dies ihre Konkurrenten gerne unterstellen. Fixierung ist ihr weit fremder als etwa den marxistischen und psychoanalytischen "Schulen".

Willmann hat historisch noch vor den Griechen angesetzt. Er bringt dafür eine eigenartige Begründung aus Plato, der an einer Stelle einmal meint, die Griechen hätten doch noch sehr viel Kindersinn und das sei ihr Vorteil, aber auch ihre Grenze. Sie hätten, meint Willmann, das Gediegene, uralt Hergekommene, das andere Kulturvölker, vor allem im Osten haben, nicht in der gleichen Konsistenz, und das müsse man auch zur Kenntnis nehmen, wenn man eine umfängliche Bildungstheorie wolle. Dies ist ein Gedanke, der für uns heute eigentlich selbstverständlich ist, daß wir nicht nur abendländische Philosophie und Denkweise pflegen können, gerade wenn wir den Welthorizont ernst nehmen, und wenn Bildung wirklich universal und global orientiert sein soll. Willmann setzt bei dem morgenländischen Typus der Bildung ein, also bei altindischer, altägyptischer, babylonisch-persischer Bildung; dazu kommen die altchinesische Bildung und die altisraelische. Es ist nicht beabsichtigt, darauf im einzelnen einzugehen, aber interessant ist, daß Willmann nur Schriftkulturen auswählt; das ist, von heute aus gesehen, eine gewisse Engführung der Sichtweise. (Seine Nachfolger, die sich auch zur paedagogia perennis bekannt haben, wie Eggersdorfer, Ettlinger, Schröteler, haben in dem vielbändigen "Handbuch der Erziehungswissenschaft" des Kösel-Pustet-Verlags auch die Pädagogik der sogenannten Naturvölker behandelt).

Die genannten Schriftkulturen haben entsprechende Typen von "Schulen", des Lernens und des Lesens entwickelt und nicht selten auch soziologisch eine kulturelle Führungsklasse. Es kam zu Festlegungen von Religionen, Mythen und Gesetzen, Weisheitsbüchern usw. Das hatte Vor- und Nachteile: Sicherung des Bestandes, aber auch eine gewisse Verhärtung, Ausbildung von Kasten, von Priesterherrschaft oder Gelehrtenherrschaft. Manchmal wird die Komplexität der Bildungsinhalte zum Dispositiv (M. Foucault) der Herrschaft. Ein Beispiel ist die chinesische Schrift. Um sie als kulturelles Medium voll zu erlernen, brauchte man nicht selten ein halbes Leben.

Fortschrittlich bei Willmann ist die kritische Behandlung solcher Bildungssysteme. Also nicht die relativ unkritisch-affirmative, idealisierende Art des Neuhumanismus im Blick auf die Griechen herrscht vor, sondern eine kritische Distanz, die bei Willmann auch daher kommt, weil er sich aus der Befreiung des Christentums versteht. Das Christentum befreite in dem Sinne, daß es die Vielzahl der altisraelitischen Vorschriften, Regeln, Gebote gewissermaßen in die Freiheit hinaufgehoben hat durch einige wenige Leitideen, wie Gottes- und Nächstenliebe ("liebe, und tue was du willst" Augustinus). Die Befreiung durch das Christentum hat keiner besser als Albert Schweitzer als Ethiker herausgearbeitet, das ethisch Geniale des Christentums, das zugleich befreit hat zur Kultur der offenen Gesellschaft, zu den enormen Leistungen der Wissenschaft und der politischen Entwicklung, zu mehr Freiheit des einzelnen in unserer westlichen Welt. Von daher hat Willmann eine Art kritisches Potential, die anderen Kulturen doch in etwa zu messen (vgl. heute Popper's Kritik der Feinde der offenen Gesellschaft) und das, was an ihnen brauchbar ist, zu sondieren. Insofern ist Willmann also kein bloßer Historiker, der ausschließlich hermeneutisch versteht, was gewesen ist, sondern einer, der dieses Gewesene – sofern akzeptabel – kritisch einzuordnen versucht in eine Gesamtidee von Bildung.

II. Paideia

Das gilt dann auch für die griechische Bildung. Ihr wendet Willmann ein umfängliches Kapitel zu. Die griechische "Paideia" ist der Vorläufer der Bildungsidee, so wie wir sie fassen. Die Paideia-Lehre ist bei Plato zum ersten Mal in einem sozial-ethischen System aufgetreten. Das Hauptwerk Platons, der "Staat", ist sowohl eine pädagogische wie eine politische Theorie, eine Verbindung, die auch in unserer Zeit wieder angestrebt wird. Paideia meint zunächst eine ganz bestimmte Sozialisationsform, die den Menschen durch Gymnastik und musische Fächer, durch Sprache und Philosophie in einen Zustand versetzt, in dem er sich wohlfühlt aber zugleich für das größere Ganze (vor allem für den Stadtstaat, an den man "politisch" damals vor allem gedacht hat) nützlich wird. Gewünscht war der Mensch, der sich dort einordnet, der dadurch einen geordneten Staat ermöglicht. Gerechtigkeit meint bei Plato, daß jeder das Seine tut und dadurch das Ganze geordnet sein kann. Jeder tut das "Rechte", das, was ihm zugemessen ist aufgrund seiner Ausbildung, seiner Möglichkeiten, seines Status. Dazu braucht jeder in sich selbst bestimmte Eigenschaften, die er entwickeln muß, bestimmte Tugenden, Ein-

stellungen, auf die man hin erziehen muß, die man schließlich auch durch-
denken muß, um zu einer vollkommenen, philosophischen Bildung zu gelangen. Insofern ist die Bildungsidee der "Paideia" zwar im Ganzen ästhetisch
(und politisch), also auf eine geordnete Gestalt hin konzipiert, aber doch im
Grunde ethisch orientiert. Das zeigt sich vor allem bei Sokrates, dem Lehrer
Platons, der in den Platonischen Dialogen das Suchen nach dem *guten* Leben
repräsentiert. Das Gute, das ethisch Geordnete, die gute Gestaltung im individuellen wie im überindividuell-politischen Leben, ist zugleich ästhetisch.
Ästhetische wie ethische Sehnsucht kommen aus dem "Eros".

Das war ursprünglich griechisch: die Ausrichtung am dichterisch gestalteten Mythos. Bei *Homer* in Ilias und Odyssee mit ihren wunderschönen
Rhythmen finden wir das Ethische und das Ästhetische, das Heldenhafte wie
das Allzumenschliche in großartiger Zusammenschau. Plato kritisierte die
Göttergeschichten als teilweise unwürdig. Auch in der Musik müsse man
auswählen. Obwohl er das Ästhetische in seinen Lehrplan aufnahm, wollte
Plato es doch sehr bewußt beschnitten wissen: nur das, was wirklich ethisch,
besonders für die Tapferkeit förderlich sei, ließ er zu. Als ethisch galt vor
allem die Bereitschaft, für das politische Ganze zu stehen, auch sein Leben
einzusetzen, also ein "heroisches" Bildungsideal. In der damaligen Zeit war
die Verteidigung des Ganzen eine wichtige Sache und die Bereitschaft, dafür
zu stehen und die dazu nötigen Eigenschaften zu entwickeln, war eine zentral
erforderliche Haltung. Sie ist es in gewissem Sinne auch heute noch, denn für
das Wahre und Gute einzutreten, ist auch heute notwendig, um politische
Ordnungen nicht in totalitäre umkippen zu lassen oder sie aus solchen zu
befreien. Wenn es keine Leute mit Zivilcourage gibt, wird Totalisierung der
Politik das Schicksal der Menschheit werden oder bleiben. Das haben u.a.
Karl Jaspers oder Vaclav Havel herausgearbeitet. Daher ist wachsendes poli-
tisch-ethisches Bewußtsein auch, und besonders heute und in Zukunft, unerläßlich.

Vom Mythos zum Logos, von der Meinung zur Wahrheit. *Ballauff* hat in
seinem Beitrag "Der Gedanke einer 'allgemeinen Bildung' und sein Wandel
bis zur Gegenwart" (in: Handbuch Schule und Unterricht, Bd. 4/1 hsg. von
W. Twellmann, 1981, S. 233) gemeint, Platos Lehre als Bildungstheorie
dürfte der erste Höhepunkt der Idee der Paideia sein. Daß hier der erste
Höhepunkt erreicht wird, läßt sich vielleicht so begründen, daß dort das
selbständige Denken unabhängig vom Mythos der Gesamtheit entstand. Das
freie Denken und die persönlich verantwortliche Entscheidung wirken gewissermaßen "emanzipatorisch". Dieses Modewort gebraucht auch Ballauff für
diese Erscheinung, die über die homerische Bildungstradition hinausgeführt
hat. Sokratisch-platonisches Bildungsdenken war "aufklärerisch", nämlich
Vorurteile, bloße Meinungen abbauend. Das Entscheidende im platonischen

Denken ist das Fortschreiten vom Meinen zur Wahrheit (von der Doxa zur Alétheia). Auszugehen sei von dem, was bloße Vormeinung ist, eine oft ungenaue, nicht selten falsche Meinung über einen Sachverhalt. Man müsse den Schüler dann an den Punkt bringen, wo er sieht, daß diese Meinung nicht stimmt, bis zur "Aporie" (Ausweglosigkeit): "Ich weiß es einfach nicht; hilf jetzt Du mir weiter". Dann sei der bildungsträchtige Punkt erreicht, der fruchtbare Moment für die vermittelnde Bildungsarbeit, für unsere Hilfe als die der Bildner und Erzieher. Dieses Führen über den Weg kritischer Erkenntnis der eigenen Vorurteile, des Unvollständigen, des Unklaren, des Ungenauen im alltäglichen Denken und Reden zum genau Richtigen hin, das ist das kognitive Bildungsgeschehen, der Anfang des wissenschaftlichen Denkens. Es ereignet sich im Bildungsgespräch, also *dialogisch*; da werden Wesens- und Tugendwissen gemeinsam durchgedacht auf einem mühsamen, nicht selten unbequemen, weil eben "aporetischen" Weg. Dieses kommunikative, interaktive Probieren, was die Wahrheit über eine Sache sei, das kritische Immerweiterfragen, genau das, was der moderne kritische Rationalismus empfiehlt, ist dort grundgelegt worden: eine "Sternstunde" für die Entwicklung des menschlichen Denkens!

Ideenschau und Kalokagathia. Jeder sollte sich einmal auf Plato einlassen; jeder kann solche Erlebnisse haben. Man versuche es einmal mit dem "Gastmahl" Platos! Besonders mit Sokrates' Bericht über die Diotimarede! Die Steigerung des Bewußtseins von dem Fasziniertsein durch einzelne schöne Menschen bis zur Schau der Idee des Schönen an sich, das ist zugleich reizvoll und bildend in einer human unerläßlichen Dimension. Dann versteht man, was Platos Ideenlehre für das Bewußtsein sein kann. Oder mit dem "Höhlengleichnis": hier kann man auf das kommen, was Plato in seinem Idealismus eigentlich anstrebt, nämlich das Letztmögliche, was dem Menschen an Wissens- und Werterlebnis zukommen kann, zu fassen; wenn einer dies erreicht, kann er so "animiert", begeistert werden, daß er wieder andere anregen kann, ja muß. Denn wenn einer zur Einsicht gekommen ist, wenn er aus der Höhle, wo alle zur Wand hin blickend festgekettet sind, und immer nur die Schatten der Dinge sehen, losgekommen ist und wirkliche Dinge in ihrer Schönheit, Farbigkeit und Form erkannt hat, damit auch sie erkennen. Das sagt Platos Höhlengleichnis. Plato spricht alles dies auch an unter dem Ideal des "Schönen und Guten", der Kalokagathia, einer Einheit aus dem Schönen (Kalos) und Guten (Agathos); wenn der Mensch zur Erkenntnis des vollen Schönen gelange, dann erkenne er darin gleichzeitig das vollkommen Gute.

Weisheit und Enkyklios Paideia. Bei Plato ist alles noch durch Mythen ausgedrückt, durch Bilder, die aber auch uns heute noch unmittelbar ansprechen können, weil sie in ihrer Einfachheit oft etwas Zeitloses haben, etwas

Ästhetisches, das nicht restlos in theoretische Formen gebracht und vielleicht in seiner "narrativen" Gestalt sogar optimal ist. Das philosophische Denken entwickeln dann die Sophisten, Aristoteles, die Stoiker in einer Art wissenschaftlicher Bildungslehre weiter. Da wird nun Allgemeinbildung konkreter gefaßt. Es wird Rednerbildung getrieben. Gut reden können, war damals (und nicht nur damals) wichtig, nicht nur für die Gerichtsrede, sondern auch, um politisch etwas bewirken zu können, um seine Meinung wirksam zu vertreten und um das Denken philosophisch weiterzubringen.

Das stoische Ideal der inneren Gelassenheit, der Ruhe der Meeresstille, auch wenn es gefährlich und kritisch wird, wenn Wechselfälle des Lebens herankommen, solche Elemente werden zusammengefaßt in einem Persönlichkeitsziel, das man das Ziel des *Weisen* nennen könnte. Es wird manchmal scharf polarisiert: Von den "Toren" möchte man sich vor allem unterscheiden, so wird jedenfalls bei den Stoikern oft motiviert. Man soll versuchen, auf den Weg des Weisen zu kommen und von der Torheit, der bloßen Befangenheit in die Situation, dem Geschrei und dem Gejammer, wenn etwas Schreckliches geschieht, loszukommen, zu einem vernünftigen, ausgeglichenen Denken. Das ist das Ideal, das dann in die römische Stoa hineinwirkt und nachher auch in das Christentum. Das Christentum war ursprünglich gar nicht so stoisch. Da war zunächst viel "Petrus" und "Johannes", und dann kamen erst Paulus und die philosophischen Kirchenväter. Man hat zwischen diesen extrem polarisierten Typen von Toren und Weisen vermittelnde Zwischenstufen zugelassen; aber das Ideal des "Weisen" kann man gewiß als Vorläufer des Ideals des "Gebildeten" sehen. Das gilt, vermute ich, auch für andere Kulturen. Jedenfalls werden Autorität, Verantwortung, höhere Einsicht, die man beim Gebildeten vermutet, in älteren Kulturen oft dem Weisen zugetraut. Bei ihm, dem "Weisen" vermutet man, daß er mehr Erkenntnismöglichkeiten, mehr Einsicht, mehr Tiefeninformationen hat als der Durchschnitt der Mitmenschen. Bei ihm holt man sich Rat bei wichtigen Entscheidungen.

In der griechisch-römischen praktischen Bildung hat sich durch die Festlegung auf einzelne Elemente dann in den wachsenden Schulen eine "institutionalisierte" Paideia herausentwickelt, die einen gewissen "Kreis" von Fächern zusammengeschlossen hat, die dann immer weiter tradiert worden sind. "Fachlehrer" sorgten dafür, daß ihr Fach Bedeutung behielt. Der "Kanon", eine Gruppe von unerläßlichen Bildungsfächern, hieß damals *Enkyklios Paideia* ("enzyklopädische" Bildung gab es – aufklärerisch erweitert – bis ins 19. Jahrhundert). Einen geordneten Gedankenkreis aufzubauen im jungen Menschen mittels ganz bestimmter Inhalte, das ist die Idee, die dann später in die Bildungspraxis unserer Schule hineingewirkt hat und Mitursache war, daß sich der Fächerkanon so stabilisiert und zementiert hat, wie wir das in organisierten Bildungssystemen nicht selten vorfinden. Kanonisch waren zunächst die "Artes" (Künste). Die "Unterstufe" dieser sieben "freien Künste" war der *Dreierweg (das Trivium): Grammatik* (Sprachwissenschaft) *Rhetorik* (die Redekunst) und *Dialektik* (das geordnete, systematische Denken). Das Trivium bezeichnete die Grundbildung. Auf der zweiten Stufe, im *Quadrivium*, wurden die anderen vier "Künste" *Arithmetik, Musik* (einschließlich ihrer Theorie) *Geometrie* und *Astronomie* zum festen Bildungsstoff. Die "septem artes" galten bis in die Neuzeit hinein als grundlegende Bildungsstoffe. Josef Dolch bezeichnet sie ("Der Lehrplan des Abendlandes", 1959) als "die sieben Säulen der Weisheit". Man erkennt hier den Rückbezug zum Weisheitsideal. Da wird noch nicht von "Gebildeten" gesprochen, sondern von Weisheit (sapientia), jener römisch-christlichen Leittugend, die alles das zusammenfaßt, was man durch Trivium und Quadrivium erzielen kann. Die christliche Bildungspraxis hat die sieben freien Künste vollständig aufgenommen und in den Gymnasien weiter tradiert, allerdings umgeformt und mit christlichen Vorzeichen versehen, dann überbaut, vor allem für die Kleriker und Mönche, durch christliche Philosophie und Theologie.

III. Humanitas

Was Paideia bei den Griechen, das ist (etwa) Humanitas bei den Römern. Der lateinische Ausdruck Humanitas bedeutet ursprünglich Menschlichkeit, Menschenfreundlichkeit, dem griechischen "philanthropia" entsprechend, nimmt aber immer mehr den Sinn menschenwürdiger Veredelung des Geistes an (vgl. Willmann: Didaktik S. 134). Der antike Bildungsschriftsteller Gellius weist auf "Kenntnisse und Unterricht in den rechten Betätigungen" des Menschen hin, "denen man sich lauteren Geistes widmen soll": hierdurch gewinne der Mensch, was den Menschen allein verliehen ist, nämlich Humanitas, Menschenbildung. Cicero, Vergil, Quintilian gelten als Begründer römisch-klassischer Bildung. Die Redekunst (eloquentia), die Philologie (als Liebe zum philosophischen wie zum literarischen Wort, zur Sprache überhaupt), praktische Künste, wie Landwirtschaftslehre, Rechtswissenschaft, Kriegskunst, waren den Römern meist wichtiger als Philosophie und Theologie. *Eloquentia* bezeichnete vor allem rednerisches und literarisches Geschick im Unterschied zu *Eruditio*, welche eher nützliche Kenntnisse meinte. In der betont praktischen Richtung ist römische Bildung von der griechischen verschieden. Sie hat aber in ihrer kosmopolitischen, d. h. über das nationale Interesse hinausreichende Tendenz, in ihrem Denken an den Erdkreis, soweit man ihn damals gesehen oder begriffen hat, und auf die Ordnung dieses Erdkreises, auf die man ja auch machtpolitisch sehr bedacht war, neue, erweiterte

Bildungshorizonte eröffnet. In der Humanitas klingen auch so verschiedene Dinge mit wie praktische, ländlich-bäuerliche, kriegerische, politische Motive neben den ästhetischen, ethischen und philosophischen Motiven. Beschäftigung mit Lektüre, edel-gesittete Lebensweise, menschliche Milde, das alles wird als Humanitas bezeichnet. Wenn man das Landleben besonders gefeiert hat, dachte man an Leute, die begütert waren, in der Stadt wohnten, sich aber gern zeitweise zurückgezogen haben, hier war dann "humanes Leben": auf dem Landsitz unter Freunden sein, Gespräche führen, lesen und ein bißchen Musik treiben bzw. hören und ähnliches.

Die griechischen Elemente sind also stark vertreten in diesem römischen Humanitas-Begriff. Paideia ist in den septem artes übernommen worden. Die Stoa war eine griechisch-römische Gemeinschaftsarbeit. Die bedeutenden Griechen haben ihren Einfluß auf die Römer auch dadurch praktisch zur Geltung gebracht, daß römische Redner, sogar römische Herrscher, in der klassischen Zeit Griechisch gelernt haben. Die großen Festreden wurden zum Teil in griechischer Sprache gehalten, waren also an ein auserlesenes Publikum gerichtet. Insofern war die kulturelle Abhängigkeit vom Griechentum vielfältig. Große nationale Gestalten, wie Cato, haben sich gegen diesen "Gräkizismus" gewehrt. Es war also nicht so, daß man den griechischen Einfluß ganz widerstandslos hingenommen hätte. Römische Pietas (Ehrfurcht) und römische Tapferkeit sollten neue Akzente setzen. Die römische Idee der Gesetzlichkeit sollte etwas Neues sein gegenüber dem Griechentum. Aber der Zusammenhang und die Ähnlichkeit sind größer als die Unterschiede. Deshalb fassen wir in der Regel mit Recht den griechischen und den römischen Typus als "antike" Bildung zusammen. Sie hebt sich jedenfalls deutlicher von der christlichen Bildung ab als die römische von der griechischen.

IV. Cultura animi – Humanitas Christiana

Im christlichen Bildungsdenken trat vor allem das religiöse Element stärker in den Vordergrund als im Griechen- und Römertum. Es kam eher auf eine innere Umgestaltung des Menschen an. Christliche Bildung ist cultura animi, Kultur der Seele, spirituelle Bildung, pneumatische Bildung. Man hat von einem Gegensatz gesprochen – und das ging Jahrhunderte so – zwischen "Ciceronianus" und "Christianus", zwischen Humanität und Divinität (divin = auf das Göttliche bezogen), zwischen Weltstaat und Gottesstaat. Dieser Gegensatz blieb allerdings nicht vorherrschend, denn christliche Schriftsteller, Denker, Bischöfe haben sich als Gebildete auch stark an den antiken Kulturelementen erfreut und haben daraus kein Hehl gemacht. Sie haben auch erkannt, daß in der antiken Kultur eine Fülle Wahrheit und Menschlichkeit steckt, die man nicht einfach den jüdisch-biblischen Elementen opfern wollte. Aber es gab und gibt heute noch eine Spannung zwischen "original" christlicher, auf die Person Jesu bezogener, und einer auch auf die antiken Kulturgüter bezogenen Spiritualität. Nicht immer ist eine Harmonie oder Synthese geglückt. Am deutlichsten läßt sich die Auseinandersetzung im Mönchtum beobachten. Hier versuchten die Benediktiner eine Synthese. Josef *Sellmair* schreibt (Humanitas Christiana 1948, S. 10): "Im 'Gottmenschen' erfolgt die 'kopernikanische' Wendung der Welt- und Menschengeschichte ... Die Menschheit hat die Wahl, sie kann den christlichen Weg der Nachfolge, sie kann den antichristlichen der Autonomie wählen und gehen". Zwischen Imitatio Christi (Nachfolge Christi) und "autonomem" Humanismus ist diese Grundspannung angesiedelt. Die Polarisierung reichte bis in unser Jahrhundert. Jacques *Maritain* hat einen "theozentrischen" Humanismus und einen "anthropozentrischen" Humanismus unterschieden. Er versucht allerdings selbst einen "integralen" Humanismus (so der Titel eines seiner Bücher) zu entwerfen, wo sich das Getrennte doch verbindet. Er hat genug Vorläufer. Bei den Kirchenvätern der ersten christlichen Jahrhunderte begann die Auseinandersetzung. Willmann ist der Meinung, daß polare Elemente verschmolzen wurden in diesen ersten Jahrhunderten unserer Zeitrechnung: Messias und Logos, Bibel und Philosophie, Askese und Künste, ora und labora. Die "freien Künste" und die Philosophie wurden jedenfalls am Ende dieser Auseinandersetzung grundlegende Bildungselemente auch für die christlichen Gymnasien, Klosterschulen und Universitäten. Ausdrücklich hieß die "Unterstufe" der Universität die "artistische" (auf die "artes" bezogene) Fakultät (die spätere "Philosophische Fakultät"), auf die die "höheren", die Berufsfakultäten Theologie, Jura und Medizin aufbauten. Das Bildungsschema des "christlichen Abendlandes" war am Ende doch im Sinne der Enkyklios Paideia strukturiert geblieben, mit einer Aufstockung über eine (immer kritischer werdende) Philosophie zur Theologie. Die Aufstockung zur Philosophie war schon bei den Platonikern ("Akademikern") und Stoikern gegeben.

Die christlichen Elemente ließen sich (deutlich etwa bei Augustinus) mit den antiken verbinden in den leitenden Gedanken, wie Weisheit, humanitas, pietas, besonders aber auch in der Idee der Wahrheit. Augustinus sagt, wo immer man Wahrheit finden mag, sie sei Produkt des Logos, d. h. des göttlichen Geistes. Das geht so weit in Augustins Bildungslehre, daß nicht der einzelne Lehrer den Schüler lehrt, sondern daß der Logos "innerlich" lehrt: während der "äußere" Lehrer etwas sagt, prüfen wir als Hörende im Innern, ob das Gesagte mit der Wirklichkeit übereinstimmt. Ähnlich prüft der Leser seinen Text auf seinen Wahrheitsgehalt. Dabei berät ihn der "Logos", der innere Lehrer. Augustinus: "Nicht der äußere Lehrer lehrt, sondern der innere Lehrer, der Logos", d. h. der kritische Verstand setzt sich mit angebotenen Sätzen auseinander und nimmt das auf, was er für richtig hält. In der gleichen "kritischen Richtung" liegt ein Motto, das bei den Kirchenvätern viel bedeutete: "Prüfet alles und behaltet das beste!" Diese kritische, prüfende Haltung, gegenüber dem antiken Bildungsgut, der antiken Kunst, Literatur und Philosophie, war selbstverständlich im Sinne der christlichen Norm. Besonders geschätzt wurden aus der Antike Plato, Vergil, Seneca, auch die Idee der Eloquenz, weil man Beredsamkeit auch für die christliche Verkündigung benötigte. Die Logik wurde wichtig, weil man mit ihr das streng wahrheitsbezogene Denken geübt hat. Hier führt eine Entwicklungslinie über die – freilich nicht selten formalistische – scholastische Disputation zum modernen dialektisch-kritischen Denken. Die Antike wurde so zum nicht geringen Teil assimiliert und anerkannt, ja es wurden viele Kunstwerke und Wissenschaften in den folgenden Jahrhunderten, besonders in den Klöstern, auch wenn sie nicht ganz "gepaßt" haben, treu bewahrt und dadurch über die Jahrhunderte gerettet.

Die spezifische Form der christlichen Schule des Mittelalters war die Klosterschule in ihrer "konviktorischen" Form, also im Zusammenleben. Diese Erziehungs- und Bildungsform war dem griechisch-römischen Schulwesen (die Akademie ausgenommen) in der Regel fremd. In den Klosterschulen befaßte man sich mit den artes und alten Sprachen, mit ästhetischen, wissenschaftlichen, philosophischen Bildungselementen. Aber alle orientieren sich letztlich auf den religiös-ethischen Endzweck. Die Tradition der Antike hat jedenfalls soweit fortgewirkt, daß Rückwendungsepochen zur Antike im Laufe der abendländischen Geschichte wiederholt aufkommen konnten (Karolingische Renaissance, Althumanismus, Renaissance, Neuhumanismus).

Insgesamt betont die Humanitas Christiana den menschlichen Geist vor Sinnlichkeit und Körperlichkeit und setzt sich damit z. B. deutlich vom sinnlich-ästhetischen bzw. kämpferischen Eros des Griechentums ab, betont Pneuma vor Sarx (Geist vor Fleisch), akzentuiert pneumatisch-spirituelle Bildung. Ihr zentrales Feld ist die Begegnung von Seele und Gott. *Gott und die Seele*, das ist das Thema des Augustinus, ein existentielles Thema, weil es dabei um die innerste Entscheidung, um das Überleben in einem sehr ernst gemeinten Sinne geht. Die Idee der christlichen Bildung, könnte man abstrakt sagen, hat im Grunde zwei Schwerpunkte. Der eine ist die *Beziehung zu Gott*, die auch in der Idee des Gottmenschen (Jesus Christus) sichtbar wird, konkretisiert für den einzelnen, der sich dieser Bildungsidee anschließt, in der Idee der Gottebenbildlichkeit (Schilling: Bildung als Gottesbildlichkeit). Und die zweite Idee, die unmittelbar bezogen ist auf die Person Jesu, die Idee der *Nachfolge Christi*. Das sind die beiden Schwerpunkte der Idee der christlichen Bildung. Nach der biblischen Aussage schuf Gott den Menschen nach seinem Bild und Gleichnisse. Der Mensch ist daher nach christlicher Lehre imago dei (Abbild Gottes), zur Vollkommenheit berufen (d. h. zu werden wie der Vater im Himmel). Der Mensch wird gedeutet als Kind Gottes, als Sohn/Tochter Gottes. Die höchsten Wertbegriffe werden auf den Schöpfergeist projiziert und von dort dem Menschen (als Leitziele, Leitideen) wiederum vorgehalten. Das ist wertpsychologisch betrachtet ein interessanter Vorgang, der später durch Feuerbach analysiert wurde, von ihm aufklärerisch "enttarnend". Wir deuten dieses Denkmuster heute aus der Identitätsproblematik heraus, also in Erkenntnis der Funktion von Idealen und Wertvorstellungen. Die ideale Wertvorstellung, die hier gewählt wird, die über den Gottesbegriff, ist so allgemein und zugleich in ihrer möglichen Konkretisierung so einmalig, daß es moderne Denker gibt, die sagen, wenn die Gottesidee nicht erfunden worden wäre, dann müsse man sie heute erfinden, schon wegen der Reduktionsprobleme im Identitätsbereich. Die einzelnen Werte und Tugenden, die da gesehen werden in der Gottheit und dann auf den Menschen bezogen werden, wie Weisheit und Güte, Gerechtigkeit und Vorausschau, Schönheit und Würde, Unwandelbarkeit und Heiligkeit, sind so voll hoher ethischer Ansprüche, daß es immer erhebliche Spannungen gab zwischen Ideal und Wirklichkeit; aber die Spannung zwischen Sollen und Sein ist typisch für jede Ethik und jede Bildungstheorie. Das liegt an der notwendigen Differenz zwischen Sein und Sollen, zwischen jetzigem Zustand und möglichem Verbesserungs- oder Veränderungszustand, allgemein in der Differenz zwischen Realität und "Utopie". Utopie und Gewissen haben aus dieser Perspektive Entwurfscharakter und daher eine unerläßliche Lebensfunktion. Wir können immer noch etwas mehr aus unserem Leben machen und herausholen. Die utopischen, idealistischen Ideen bieten uns dazu Leitziele. Leitziele dienen zur Orientierung für Selbstentwürfe und Lebenspläne. Der Verzicht auf hohe Ideale bedeutet in der Regel Zufriedenheit mit "Halbbildung", bewirkt Reduzierung von Bildungsanstrengungen, "bürgerlich"-behäbige Sattheit. Halbbildung ist letztlich Nichtbildung, Verzicht auf die lebenslange Anstrengung der Bildungsarbeit, die wesentlich mögliche menschliche Entwürfe in Richtung auf Vollkommenheit ins Auge faßt. Der letzte Anspruch für den Menschen aus der Religion kann natürlich nur dann motivationskräftig werden, wenn man an die Realität Gottes glaubt. Das haben bedeutende pädagogische Psychologen wie Foerster und Spranger deutlich erkannt. Es reicht nicht, zu meinen, wir könnten das Ethos selbst erzeugen, also im Sinne eines autonomen ethischen Systems uns gewissermaßen eigenhändig an den Haaren aus dem Sumpf ziehen. Es braucht stärkere Motive, um Menschlichkeit im Einzelmenschen zu bewahren und um menschliche Gemeinschaften dauernd in Ordnung zu halten. Die religiösen Motive müssen mit den ethischen verbunden sein. Aber man muß sich weiter darin klar sein, daß, auch wenn man das psychologisch Notwendige erkennt, einem noch lange nicht jene Motivation zuwächst, die einem zukommen kann, wenn man zum Glauben und zu den christlichen Haltungen gelangt. Wir können zwar manches vorbereiten in der Religionspädagogik, aber wir dürfen nicht meinen, daß wir Glaube, Hoffnung und Liebe "herstellen" können.

Gott wird außer dieser "Bildlichkeit" als Idealbild auch "erlebt", "erfahren". Das wird in der Konkretion möglich als Erfahrung des sprechenden Gottes, des sich Offenbarenden, geschichtlich im Gottmenschen, in der Einzelseele auch in der Mystik. Wenn Gott als ein Sprechender erlebt wird, ist auch ein Dialog möglich, mit "dem Besten in uns selbst" (vgl. Teresa von Avila: Die Wohnungen). In der neueren Forschung hat man (Dohmen, Ballauff/Schaller, Menze, Birkenbeil u.a.) immer wieder herausgestellt, daß die Mystiker die ersten gewesen seien, die den Bildungsbegriff verwendet hätten. Vorstellungen von Bildlichkeit, der Ein-, Hereinbildung, Hineinbildung Gottes in den Menschen, damit der Mensch wiederum in die Gottheit hineingebildet wird, dieses Wechselverhältnis wird in der Mystik thematisiert. "Bildlichkeits"-Begriffe, wie sie bis herauf zu Guardini verwendet werden, liegen in der Mystik begründet; jedenfalls sind dort, soweit wir heute sehen, die ersten sprachlichen Fassungen dieser Art von Bildungsvorstellungen aufgetreten. Die Idee des mystischen Weges hat eine doppelte Bedeutung, wie *Ballauff* herausgearbeitet, nämlich einmal "das Loskommen von Dingen und Menschen", und zweitens das "Loskommen von sich selbst als Wille und Selbstsein", etwas, das dem humanistisch-autonomen Bildungsbegriff geradewegs zuwider ist. Ballauff hat diesen Kontrast voll herausgearbeitet in seinen Büchern. Er fordert das Loskommen von sich als Wille, das Loskommen von sich als Persönlichkeit, als etwas, das man herstellen und darstellen will. Ballauff arbeitet in diesem Sinne zwei Hauptbildungsziele heraus, nämlich Sachlichkeit und Mitmenschlichkeit. Es komme nicht darauf an, daß wir als einmalige Persönlichkeiten dastehen, sondern es komme darauf an, daß wir uns den "Sachen" zuwenden, so wie sie sind, und den Notwendigkeiten, die aus der sachlichen Welt auf uns zukommen; daß wir uns unseren Mitmenschen zuwenden, so wie sie uns brauchen. Das ist freilich eine verhältnismässig einseitige Interpretation des mystischen Bildungsbegriffes. Ein Grundgedanke wird betont: das Moment der Extraversion, der Nach-außen-Wendung, des Sich-los-Lassens, das in der Mystik immer mit enthalten ist. Nicht wenige große Mystiker (Teresa von Avila, Franziskus, Franz von Sales) waren voll der Welt zugewandt. Sie wußten genau, daß die sogenannten mystischen Momente ganz kurz sind, Momente, aus denen sie freilich eine überaus starke Motivation empfangen haben, sich den Mitmenschen zu widmen und nach außen tätig zu sein. Dieses Einswerden mit Gott bedeutet also (auch bei Eckart, Suso (Seuse), Tauler) nicht eine Abwendung von der Welt, sondern

34

eine Zuwendung aus der Anforderung Gottes heraus. Heute werden mystische Wege auf verschiedenste Weise versucht, wie sie aus verschiedenen Religionen bekannt werden, z. B. fernöstliche, besonders buddhistische (Zen). Man kann z. B. schon durch meditative Formen in einen innerlich friedlichen, offenen Zustand gelangen, aus dem heraus man neue Entscheidungen besser treffen kann, freier wird auch im Sinne des Schillerschen "ästhetischen Zustandes". Ich meine, daß man gerade heute in der Entwicklung und Bildung von friedlichen, harmonischen Menschen in einer den Frieden wahrlich benötigenden Welt gar nicht schlecht beraten ist, wenn man diese meditativen Bildungswege auch selbst prüft und nicht bloß die auf allerlei Tätigkeiten und auf Selbstdarstellung und "Selbstverwirklichung" gerichteten. Bildungstheoretiker wie Augustinus, Thomas, die Mystiker, Franz von Sales, Sailer, Newman werden wieder ernstgenommen in jüngsten Strömungen der christlichen Pädagogik, die in unserem Jahrhundert unter dem Eindruck der enthumanisierenden Weltkriege und diktatorischen Systeme wieder ihre Bedeutung gewonnen hat.

V. Vom Mittelalter zum 19. Jahrhundert

Man kann wohl darauf verzichten, an dieser Stelle breit und ausführlich die Bildungsidee des Mittelalters, der Renaissance, der Aufklärung und des 19. Jahrhunderts zu behandeln. Aber einige Hinweise scheinen unerläßlich. *Im Mittelalter* finden wir neben der Entwicklung von Scholastik und Mystik die *ritterliche* Bildung. Willmann hebt auch den kirchlichen *Kosmopolitismus* hervor, der kulturell und in der Bildungswelt übernational Verbindendes betonte, in Europa sogar eine kulturelle Einheit bewirkte. Unübersehbar sind freilich andererseits die Einseitigkeit der spirituellen Orientierung, die Übermacht des Klerus, die zu inhumanen, intoleranten Auswüchsen führte und so die Glaubwürdigkeit der christlichen Humanitätsidee für die folgenden Jahrhunderte nicht gerade förderte.

In der *Renaissance* (Wiedergeburt der Antike) treten die Philologie wieder in den Vordergrund, der Ästhetizismus, die "sapiens atque eloquens pietas" (Bildungsformel des Johannes Sturm im 16. Jahrhundert). Sapiens meint weise, eloquens beredt im Sinne der Darstellung des innerlich Vollzogenen, pietas die alte römische Grundtugend der Ehrfurcht (die später bei Goethe wieder auftaucht in den bekannten drei Ehrfurchten). Typisch für die Renaissance sind nach Willmann Antikisierung der Bildung und individualistische Virtuosität. Reformation und Gegenreformation bringen eine Wiederbelebung der religiösen Elemente gegenüber den ästhetischen, insofern ist die Renaissancezeit nicht ganz einheitlich. Hier liegt auch die Zeit der Erfindungen und Entdeckungen. Eine enorme Belebung der Wissenschaften, vor allem der Naturwissenschaften, ist zu verzeichnen, die sich auf den gesamten späteren Bildungsverlauf ausgewirkt hat. Was wir heute unter wissenschaftsorientierter Bildung verstehen, – wobei man immer mehr an Naturwissenschaft und Gesellschaftswissenschaften denkt und immer weniger an Philologie und Geschichte, – geht trotz des anfänglich philologischen Humanismus zurück eher auf die Renaissancezeit als auf die anschließende Aufklärung.

Die *Aufklärungszeit* (18. Jahrhundert) wird unter dem Eindruck des Neuhumanismus, der darauf folgte, in der Kritik meist hart behandelt. Die Aufklärungspädagogik sei mit die flachste, die wir überhaupt kennen. Ihre Form des Rationalismus äußere sich als Popularphilosophie, als Philosophie "des gesunden Menschenverstandes". Eine "Verbürgerlichung" der Bildung setzte ein. Der Gentleman wird immer äußerlicher gesehen. Praktische werden klassischen Studien vorgezogen. Naturalismus (im Sinne von Rousseau), Materialismus und Sensualismus breiteten sich aus. Die Kulturkritik der Aufklärungszeit selbst äußerte sich so, daß man eine vereinfachte, reduzierte enzyklopädische Bildung predigte (Basedow) und eine eigene hausgemachte Religion und Theologie entwickelte (mit deistischen Andachten in den "Philanthropinen"). Verdienste der Aufklärung liegen in der Verbreitung der Bildung in den unteren "Ständen" und in der effektiven Ausbreitung der Toleranzidee, der Menschenrechte und der Demokratie.

Im *Neuhumanismus*, auf den wir uns im ersten Kapitel schon bezogen haben, kommt bekanntlich das "Klassische" wieder auf, besonders in der typisch deutschen klassisch-literarischen Bewegung. Das 19. Jahrhundert führt dann leider einen einseitigen Nationalismus, überall in Europa, herauf. Es wird manches auf diese Weise von den guten Ansätzen der sogenannten deutschen Bewegung, der klassischen Epoche um 1800 reduziert, übermässig vereinfacht und auch wieder einfach vergessen, etwa Schillers Bildungstheorie, Goethes Bildungsdenken, Lessings Toleranzidee, die Liberalität, das Freiheitsethos, die Weite der Humanität eines *Herder*, eines *Goethe* (Willmann würdigt hier noch Humboldt, Herbart und Schleiermacher. Es fehlt bei ihm die Beachtung der sozialistischen Bewegung).

VI. Willmanns Bildungsideal

Willmann möchte in den systematischen Kapiteln seiner Bildungslehre hinauskommen über Schlagworte von Bildung, über unpräzises Reden von Humanität, von "Divinität" (Graser), von "harmonischer" Ausbildung "aller" Kräfte. Deshalb versucht er, seine Bildungsidee in einer Skizzierung eines Ideals des Gebildeten in fünf Grundzügen herauszuarbeiten. Diese fünf

Grundzüge werden von ihm zusammengefaßt in der Dreierformel vom "lebendigen Wissen", "durchgeistigten Können" und "geläuterten Wollen". Als erster Grundzug des Gebildeten erscheinen seine *intellektuellen Eigenschaften*. Sie sind die zunächst ins Auge fallenden, aber nicht die tiefsten Eigenschaften der Bildung: solides, gefügtes und offenes Wissen; Offenheit, Geöffnetheit wird betont, besonders gegenüber Lektüre und gegenüber den Künsten. "Vielseitiges Interesse" übernimmt Willmann von Herbart. Gewandtheit und Sicherheit des Verstehens, Denkens, Wiedergebens, Suchens und Findens kennzeichnen weiter den Gebildeten. Er weiß von den Grenzen seines Wissens. Er ist weniger am Modischen, mehr am schlechthin Gültigen orientiert. Ihn interessiert eher, was relativ überdauernde Gültigkeit erlangt hat (vgl. paedagogia perennis). Er lebt im "Bewußtsein, eingereiht zu sein in große Zusammenhänge geschichtlicher, sozialer, transzendenter Natur" (Did. S. 317). Der Gebildete ist "aufgeklärt", d. h. er "besitzt Klarheit darüber, was den menschlichen Dingen Halt und Wert gibt". Er findet die "rechte Gleichung" zwischen Kosmopolitismus und Patriotismus.

Der zweite Grundzug ist das Moment der *Fertigkeit*, das "*poietische*" Element (angesiedelt zwischen "theorein" und "prattein", zwischen dem theoretischen, schauenden Denken und dem praktischen Handeln). Das poietische Element meint Fertigkeiten wie Ausdrucksfähigkeit, Können (in allen Formen), Kunstübung, besonders aber Beherrschung der *Sprache*. Für einen Gebildeten ist wesentlich, daß er sich ausdrücken kann, daß er Herr der Sprache ist.

Drittens: *Wirkung der Bildung in die "Breite des Lebens"* (Did. S. 319), in den menschlichen Umgang hinein, in Lebensweise, Körperpflege, Kleidung, Wohnstil, verfeinerte Lebensart, Takt, Geschmack. Bildung ist also nicht etwas rein Geistiges, Spirituelles, sondern hineinwirkend in die Praxis des Lebens. "Universalität" übernimmt Willmann hier aus der Humboldtschen Theorie, faßt sie aber herbartianisch im Sinne des gleichschwebenden, vielseitigen Interesses. Ziel sei harmonischer Einklang der Interessen, Betätigungen und Lebensäußerungen, Aufhebung dieses scheinbaren Stimmengewirrs in einem "Akkord". Dieses ästhetische Bild liegt in der Nähe von Humboldts "Totalität". Bei Willmann erscheint nun etwas Neues über Humboldt hinaus, nämlich der Einklang der Bildung mit der individuellen Anlage (das wäre auch Humboldt wichtig) aber auch mit der Lebensstellung (einschließlich Berufswirklichkeit). Willmann spricht von einer Anschmelzung des Bildungsinteresses an das Berufsinteresse. Er begründet (S. 319): "Ohne Anschmelzung an das Berufsinteresse ist das Bildungsinteresse eine bloße Zutat, kein Lebenselement, während allerdings andererseits die Berufsarbeit ohne den anfrischenden Hauch und veredelnden Zug der Bildung des menschlich freien Charakters verlustig geht". Willmann sucht also eine Verbindung von Berufsbildung und Allgemeinbildung, eine Linie, die sich später, besonders bei Kerschensteiner und Spranger, durchgesetzt hat. Wir können heute die Bildungsidee auch gar nicht mehr anders denken, weil jeder von uns eingebunden ist in einen konkreten Arbeitsbereich der Gesellschaft und es sich kaum einer leisten kann, nur für seine Allgemeinbildung zu leben in Abhebung von jedem beruflichen Interesse. Wir wissen allerdings genau, daß auch im Ausbildungsbereich, wo es um die Kräftebildung geht, so etwas wie Grundbildung für alle wünschenswert ist, und daher konzentriert sich heute das begriffliche Inventar, soweit es aus der Humboldtlinie und aus der wertpädagogischen Bildungstheorie kommt, im Begriff der Grundbildung oder grundlegenden Bildung.

Das vierte Moment bei Willmann ist das der *sittlichen Bestimmungen*, also das ethische Moment. Da werden herausgestellt besonders von den sogenannten Kardinaltugenden: Weisheit, Selbtbeherrschung und Gerechtigkeit; *Weisheit* als Einsicht, Erfahrensfülle, Lebenskenntnis, *Selbstbeherrschung* als Gebrauch der Vernunft gegenüber den Trieben, Leidenschaften, Affekten. Auf sie geht die Harmonie des inneren Lebens zurück und die Schönheit der Seele. Die *Gerechtigkeit* wird definiert als Wille, jedem das Seine zu geben. In ihr wird der Egoismus überwunden. Sie "gibt die Grundlage für alle gesellschaftliche Ordnung" (320).

Das fünfte Kennzeichen des Gebildeten ist *Religion*. Weisheit wird nun ergänzt durch den Glauben, die transzendierende Hoffnung und die Gottes- und Menschenliebe, die bekannten "theologischen" Tugenden. Religion "verklärt die Gemütsruhe der Selbstbeherrschung zum Frieden in Gott" (321). Glaube, Hoffnung und Liebe überhöhen die natürlichen Kardinaltugenden. Der "Selbstgenuß der Persönlichkeit", noch bei Humboldt unter den Eigenschaften des Gebildeten, wird hinübergeleitet in die Verbindung mit Gott. Willmann bekennt, daß er nicht der Ansicht sei, daß man ausschließlich über den Weg der "Bildung" zur vollkommenen Menschlichkeit gelangt. Es gebe "einen anderen, schmuckloseren Pfad zur nämlichen Höhe" des Menschen hinauf, indem nämlich ein Mensch (weniger vermittelt) seinen Willen bestimmt, seine Sinne läutert, sein Gemüt erhebt. Willmann zitiert hier *Palmer* (Evangelische Pädagogik S. 107): "Der einfachste Christ, in welchem das Evangelium den Egoismus und Materialismus überwunden hat, ist in der Tat ein gebildeter Mann, weil das Christentum seinem Denken, Reden und Tun ein Ebenmaß verleiht, alles Rohe und Gemeine ihm abtut und so auch sein äußeres Leben schön macht". Es gebe also auch noch andere Wege zur Bildung als den üblichen über Beschäftigung mit Künsten und Wissenschaften. Es erscheint dies sehr wichtig für das Verständnis etwa des Artikels "Bildung", den Willmann im Herder-Lexikon der Pädagogik (1913 und 1921) geschrieben hat, wo er den Gebildeten vom Ungebildeten noch fast ständisch unterscheidet. Das ist nur erträglich, wenn man dieses Palmer-Zitat, diesen gewissermaßen "zweiten Bildungsweg" zum vollen Menschsein würdigt. Willmann unterscheidet deutlich zwischen *Erziehung* und *Bildung*. Er hält beide für relativ gleichwertig. Auch zwei entsprechende Wissenschaften, Pädagogik und Didaktik, stellt er nebeneinander. Erziehung sei "ein Werk, das mit der Reife der Zöglinge abschließt" (so in dem genannten Lexikonartikel I, 525). Bildung dagegen sei "unabgeschlossen". (Das ist übrigens auch der heutige Sprachgebrauch. Unsere Juristen erlauben Erziehern und Lehrern nicht mehr, Menschen nach dem 18. Lebensjahr zu erziehen. "Erziehen" bedeute ein Stück Unmündigkeit und stehe im Widerspruch zu unserem Verständnis von freien, mündigen Bürgern. Bildung dagegen bricht mit 18 selbstverständlich nicht ab. Es gibt Hochschulbildung, Weiterbildung, Erwachsenenbildung, Seniorenbildung. Man kann sich zeitlebens mit menschlichen Werten, Kulturgütern, Kulturinhalten beschäftigen und dadurch seinen Horizont und seine Bezüge erweitern). Bildung und Erziehung kommen nach Willmann im sittlich-religiösen Endzweck überein, aber die Erziehung sei durch diesen Endzweck unmittelbarer bestimmt als die Bildung. Bildungsarbeit und Erziehungswerk seien relativ selbständig, aber ineinander verschränkt. Daher seien die beiden zugehörigen Wissenschaften, Pädagogik und Didaktik eigene, relativ unabhängige Untersuchungsgebiete. Beide haben Psychologie, Gesellschaftslehre und Ethik als Hilfswissenschaften. Die Erziehungslehre habe aber zur letzteren, zur Ethik, d. h. zur Wissenschaft vom Guten, vom Seinsollen, eine besonders enge Beziehung, die Didaktik zur Logik. Wir haben heute einen ähnlichen Erziehungsbegriff; wir beziehen Erziehung in der Hauptsache auf Wille, Haltungen und Charakter, Bildung mehr auf Verstand, Kenntnisse und Fertigkeiten.

Was wir auch schon bei Willmann finden, ist eine Erörterung der Beziehung zwischen Bildung und Kultur, und zwischen Bildung und Persönlichkeit. Auf diese Begriffe kommt es sehr an, weil sie im Beziehungsgeflecht systematisch mit Bildung unmittelbar verbunden sind. Man kann sagen, Bildung ist so etwas wie individuelle Kultur. Sie zielt dabei auf Persönlichkeit (Didaktik S. 297). Das Bildungsinteresse geht unmittelbar auf Persönlichkeit, weil man nämlich "im Inneren etwas ausrichten" will, schätzenswerte Eigenschaften erwerben, Vervollkommnung allgemeiner Natur. "Das ist keineswegs höheren Kulturstufen vorbehalten, sondern stellt sich schon bei ganz primitiven Lebensformen ein. Der Naturmensch übt sich in der Waffenführung, um in Krieg und Jagd für seine Existenz zu kämpfen, aber er zeigt auch Sinn für den Schmuck des Daseins, wie ihn Gesang, Tanz, Festzug, Waffenspiel gewähren, und der vollendete Krieger muß mit den rhythmischen Bewegungen ebenso vertraut sein wie mit dem Bogenschießen und Speerwerfen. Dieses Bedürfnis, die menschliche Rassenschönheit auszuprägen, tritt mit der

Aufnahme der Kulturarbeit zunächst zurück; diese verlangt Dienste und Leistungen ..." Da spürt man das ästhetische Moment durch, das bei Willmann einen stärkeren Akzent aus der Neuklassischen Bewegung hat als man zunächst vermutet. Die Beziehung zwischen Bildung und Kultur wird so analysiert (S. 68): "Kultur bezeichnet ein umfassenderes Gebiet als Bildung, und diese ist eine Erscheinung neben anderen innerhalb der Kultur selbst. Die Kultur ist die Totalität des vielverzweigten Schaffens in Sprache, Literatur, Glaube, Wissenschaft, Kultus, Kunst, Technik, Wirtschaft; die Bildung hat ihre Stelle in und zwischen diesen Gebieten, in keinem aufgehend, mit allen in Berührung stehend. Ihr Inhalt hat zwar eine Beziehung auf das Ganze der Kultur, aber er gibt es nur mit Auswahl und gleichsam in verjüngtem Maßstab wieder". Das ist ein wichtiger Gedanke, weil wir dieses als Lehrende in der Auswahl, der "Reduktion", bei aller Bildungsarbeit dauernd leisten müssen. Deshalb sind die Bildungsgüter, die wir vermitteln, auch nicht immer identisch mit den Kulturgütern, wie sie sich in der Kultur selbst anbieten. "Das Bildungsstreben ist auf gewisse allgemeine und grundlegende Fertigkeiten, Kenntnisse, Einsichten, auf einen gemeingültigen und gemeinnützigen Inhalt des Könnens und Wissens gerichtet, der sich zum Inhalt der Kulturarbeit etwa verhält wie ein kleinerer Kreis zu einem größeren konzentrischen Kreise". Willmann beachtet allerdings nicht den Übergang von Bildungsarbeit in Kulturarbeit an den Hochschulen, wie die Hochschulen in seiner Bildungstheorie überhaupt zu kurz kommen.

Franz Xaver *Eggersdorfer* hat in seinem Buch "Jugendbildung" (München 1928, 5. Aufl. 1950) im Anschluß an Willmann Bildung als Zusammenklang von lebendigem Wissen, durchgeistigtem Können und geläutertem Wollen herausgearbeitet. Er unterscheidet Schulungs- und Bildungswissen und ist der Überzeugung, daß mühsame "Schulung" unvermeidbar sei. Bildungswissen sei wesentlich ein "Teilhaben am geistigen Besitz der Menschheit" (24). Das Können müsse auch basisartig ansetzen bei automatisierten Fertigkeiten. Eggersdorfer betont im Anschluß an Pestalozzi, neben Kopf und Hand müsse auch das "Herz" gebildet werden zu einer "idealen Gesinnung" und zur "geordneten Stellungnahme zu den geistigen Werten" (27). Das ist ein Gedanke, der noch nicht bei Willmann zu finden ist. Bildung findet "erst in Hinordnung allen Wollens auf Gott ein umfassendes Motiv der Lebensgestaltung" (27). Eggersdorfer stellt mehr als Willmann den Gottesbezug in den Mittelpunkt seiner Bildungslehre. Erziehung ist für ihn "Heilswille am Kind" (Jugenderziehung 37). Bildung ist "zugleich ein Herausbilden des Menschentums und ein Hineinbilden in die menschliche Gemeinschaft: Allgemeinbildung und Berufsbildung zugleich" (Jugendbildung 29). Hineinbilden in die Gemeinschaft wird wichtig. Das hatte allerdings schon Plato bemerkt. Aber da es oft vergessen worden ist, kritisiert man immer wieder die Bildungsidee als eine individualistische Idee. Im Hinblick auf Willmann, Eggersdorfer und Kerschensteiner ist solche Kritik gänzlich unangebracht. Die Verschränkung von Allgemeinbildung und Berufsbildung geht bei Eggersdorfer noch weiter als bei Willmann über Humboldt hinaus.

Bruno *Hamann* hat (in seiner Dissertation "Die Grundlagen der Pädagogik. Systematische Darstellung nach Otto Willmann". Freiburg 1965) zwei Ideen als zentral für Willmanns Philosophie und Bildungstheorie herausgestellt, nämlich die *Weisheitsidee*, die Philosophie, Theologie und Wissenschaften verbinden kann, und die *Wahrheitsidee* oder den Wahrheitsbegriff. Dieser Begriff biete den entscheidenden Fußpunkt für alle moderne Bildung, nämlich im wissenschaftsorientierten Denken. Dabei besteht durchaus die Möglichkeit, dieses streng wahrheitsorientierte Denken auch ins philosophisch-theologische Denken hinein auszuweiten. Die Beachtung der religiös-christlichen Wahrheiten ist für Willmann und die paedagogia perennis keine Einschränkung der Erkenntnis, sondern ihre Erweiterung. In diesem Sinne ist für die Willmannschule Christliche Philosophie und Pädagogik vollkommener als die von Theologie und Religion distanzierte. Sie besitzt für sie einen höheren "Wahrheitsgehalt" (Popper). Heute muß jede Philosophie und Bildung offen sein für jede mögliche Erkenntnis wie für die Idee der Kritik, für die Idee, daß der Mensch mit einer Vernunft ausgestattet ist, die ihn zu Dialog und Diskurs befähigt, jenem "herrschaftsfreien Dialog" mit jedem, der plausibel argumentierend seine Erkenntnisse vorbringt. Es ist sicher nicht im Sinne der Diskurs-Idee, etwa die Christliche Pädagogik als "Weltanschauungspädagogik" und dies notwendig im Zusammenhang mit der Theologie aus dem Kreis der wissenschaftlichen Ansätze zu verbannen und/oder sie als indiskutabel durch Totschweigen eliminieren zu wollen. Es ist vielmehr notwendig für eine ganzheitliche umfassende Bildungslehre, berufliche, allgemeine und spirituelle Bildungselemente gleichermaßen zu integrieren (vgl. Schelers Leistungs-, Bildungs- und Heilswissen).

3. Kapitel: Dritter Zugang: Kerschensteiner und Spranger

I. Kerschensteiners Bildungsidee

1. Werte und Werke. Die "letzte umfassende 'Theorie der Bildung', die unser Jahrhundert kennt" (Clemens Menze im "Handbuch pädagogischer Grundbegriffe", München 1970, S. 153) legte 1926 Georg Kerschensteiner vor. Kerschensteiner (1854-1932) war zunächst Volksschullehrer, dann Studienrat für Mathematik und später der Organisator des Münchner Volksschul- und Berufsschulwesens. Er gilt als "Vater der Berufsschule", war auch Reichstagsabgeordneter in einer liberalen Partei und in den letzten Jahren seines Lebens Professor für Pädagogik an der Universität München. Die Zeitgenossen waren voll des Lobes über den "neuen Pestalozzi" (Göttler), Spranger nannte ihn "den genialsten unter den lebenden Pädagogen", Th. Wilhelm in seiner Arbeit über Kerschensteiner den "Dewey Europas". Reble feiert ihn als eine Art Mittelpunkt der Reformpädagogik, zu der er entscheidende Anstöße gegeben hat und die er in seiner Theorie der Bildung auch in etwa zusammengefaßt hat. Kerschensteiner war ein sehr selbständiger Kopf. Er hat nie einer wissenschaftlichen Schule angehört oder eine solche gegründet. Seine "Theorie der Bildung" muß zusammengesehen werden mit seiner "Theorie der Bildungsorganisation", die nach seinem Tode, 1933, erschien. Die beiden Bücher umfassen Bildungsidee und Bildungssystem. Kerschensteiner baut seine Theorie auf vier Begriffe auf: den Bildungsbegriff, den Wertbegriff, den Interessenbegriff und den Begriff der geistigen Struktur (der Bildungsmittel und des Bildungsobjektes) (Einleitung S. IV). Im Wertbegriff hängen alle auf das engste zusammen. In der Art, wie Kerschensteiner die Theorie anpackt, sie auf einige Begriffe reduziert, zeigt sich der Mathematiker und Systematiker, dem es vor allem um eine klare Ordnung und damit wissenschaftliche Qualität der Bildungstheorie geht. Er kennt auch seinen großen Vorgänger Willmann und bezieht sich im Vorwort auf ihn, geht dann aber einen gänzlich anderenWeg, kaum historisch. Obwohl er sich beispielsweise anlehnt an Pestalozzi, an Herbart und auch an die deutsche Klassik, reflektiert er das in seiner Theorie der Bildung gar nicht, sondern nur an den einschlägigen Stellen wird der jeweilige Autor aufgegriffen. Er lehnt sich auch an seinen Freund Spranger an, vor allem aber beruht seine Theorie auf der Kultur- und Wertphilosophie. Die Richtung seines Denkens geht andererseits auf die Praxis, er denkt immer an die Schule und wie sie optimal gestaltet

werden könnte. In der zweiten Hälfte der "Theorie der Bildung" ist ausschließlich die Rede von der Theorie des Bildungsverfahrens. Seine Grundlegung kann man fast als eine Art "Überbau" verstehen. Er geht gezielt und bewußt auf Praxis und Praxisveränderung. Er war wahrscheinlich in der Reformpädagogik derjenige, der am effizientesten die Schule verbessert hat. (Vgl. Reble in Kriss-Rettenbeck und Liedtke (Hrsg.): Regionale Schulentwicklung. 1984). Der Kultur- und Wertphilosophie hat er sich erst nach dem 1. Weltkrieg zugewandt. In seiner autobiographischen Skizze nennt er diese zweite Periode seines Schaffens die "axiologisch-theoretische Periode" (davor lag, nach seiner Ansicht, die "teleologisch-praktische"). Von der Zeit an, als er die Lehrtätigkeit an der Universität München aufgenommen hat, bezeichnet er sein Denken als axiologisch, d. h. auf wertphilosophische Grundlagen hin orientiert, davor dachte er eher von den Naturwissenschaften und der Mathematik her und auf die Praxis hin, z. B. auf den naturwissenschaftlichen Unterricht, den Zeichenunterricht und auf die Veränderung der Schule in Richtung arbeitsaktiver Orientierung.

Ein paar Worte zu der Art von *Kultur- und Wertphilosophie*, von der er ausgeht. Er hat die Südwestdeutsche Philosophenschule gewählt, d. h. Wilhelm Windelband (1848-1915) und Heinrich Rickert (1863-1936); gelegentlich zitiert er auch noch deren geistigen Vater Hermann Lotze (1817-1881). Windelband war Lehrer Rickerts, beide lehrten in Heidelberg Philosophie. Beide haben sich auch um pädagogische Probleme bemüht. Man kann im Sinne dieser Südwestdeutschen Schule Philosophie als kritische Wissenschaft von den allgemeingültigen Werten fassen (vgl. Hans *Meyer*: Geschichte der abendländischen Weltanschauung Bd. V.). Die zwei Hauptbegriffe dieser Philosophie sind Kultur und Wert. Unter Kultur faßt Wilhelm *Windelband* die Gesamtheit dessen, was das menschliche Bewußtsein aus dem Gegebenen herausarbeitet. Das Teilhaben an einer Welt von Vernunftwerten ist geistige Tätigkeit. Das System der Werte ist a priori, d. h. von vorneherein gegeben, nicht erst nachher durch Erfahrung in die menschliche Köpfe gekommen. Das System der Werte geht aller Erkenntnis vorher. Gemäß der psychologischen Dreiteilung von Denken, Wollen und Fühlen, unterscheidet Windelband die drei Kulturwerte des Wahren, Guten und Schönen. Das sind eigentlich Grundeinstellungen von Erkenntnisakten, von Willensakten und vom intentionalen Fühlen aus. Das Sollen ist das charakteristische Grundmerkmal aller Werte. Wenn der Mensch die Werte im Hinblick auf Transzendenz realisiert, verhält er sich religiös (Wertgebiet des Heiligen). Das Heilige ist also nicht einer von den originären drei Wertbereichen, aber es ist einer der vier von Windelband in der Regel genannten geistigen Werte. Die Werte werden als das "Gesollte" erlebt, d. h. sie gelten. Sie erheben einen Anspruch, einen Sollensruf an unser Bewußtsein und wir reagieren in der Regel darauf annehmend oder auch ablehnend. Der Sinn unseres Lebens ist, die Werte in das Wirkliche hineinzuarbeiten. Der Lehrer Windelbands, Lotze, hat das "Gelten" für die Deutung der platonischen Ideenlehre eingeführt. Dies ist ein Begriff, der auf den Idealismus zurückweist. Hier sind gemeinsame Wurzeln Willmanns und Kerschensteiners, obwohl sich beide sonst nicht unerheblich unterscheiden. Der Wert wird realisiert im "Gut". Ein Gut ist ein Objekt, an dem ein Wert haftet. Ein wissenschaftlicher Satz ist wahr in dem Ausmaß, als der Wert der Wahrheit, der Erkenntniswert, an ihm haftet, als er "stimmt", d. h. mit dem Sachverhalt übereinstimmt. Eine Gestalt ist schön in dem Ausmaß, als sie Kategorien wie Einheit in der Mannigfaltigkeit oder ähnliche ästhetische Kriterien erfüllt und unser Fühlen befriedigt im Anschauen. Die Philosophie schafft nach Ansicht der Wertphilosophen selbst keine Werte und keine Weltanschauung, sondern sie sucht über diese Werte Klarheit. Sie ist also eine wertreflektierende Wissenschaft oder eine Weltanschauungslehre. Sie sucht Verstehen und Klarheit über die Werte, ist selbst keine "normative" (gesetzgebende) Wissenschaft. Nach *Rickert* hat Philosophie die Aufgabe, den Sinn des menschlichen Lebens aufgrund einer Lehre von den allgemeingültigen Werten auszulegen. Er beschreibt auch weitere Werte und betont einen Gedanken, den aber Kerschensteiner nicht aufgreift, die Rangordnung der Werte. Die Werte stehen um so höher, je mehr sie sich der vollendeten Totalität annähern, d. h. je mehr sie religiösen Gehalt aufweisen. Vorstufen zu dieser total wertorientierten Haltung sind das erotische Glück in der personnahen Liebe zwischen Mann und Frau und die Philosophie mit ihrer Sinnrichtung auf das Letzte. Nur in einem sinnvollen Leben vollzieht sich die Synthese von Sinn und Wirklichkeit. Eduard Spranger und Kerschensteiner haben sich nicht in allen Punkten diesen Wert- und Kulturphilosophen angeschlossen. Sie nahmen meistens eine eklektizistische Haltung ein, d. h. sie wählten je nach Bedarf ihrer eigenen Theorien aus.

Kerschensteiner war im guten Sinne Perfektionist: Er war fasziniert von der Idee nicht nur der Vollendung, sondern auch der Vollkommenheit. Er sagt in seiner Autobiographie, daß es die vollkommenste, strengste Wissenschaft war, die ihn am meisten reizte, die Mathematik. In ihr wollte er auch promovieren. Das Lehramt allein hat ihm nicht genügt. Er wollte an der vollkommensten Schule arbeiten, das war nach der damaligen Ansicht das humanistische Gymnasium. Schließlich wollte er nun auch der beste Lehrer werden. Ich vermute, daß das bei Kerschensteiner kein formelhafter Perfektionismus ist, sondern – man sieht es an allem seinem Tun und Denken –, Leistungsstreben und Form- oder Gestalttendenz, die auch in seinem Arbeitsbegriff erkennbar ist.

Kerschensteiner schreibt der *Arbeit* höchsten Bildungswert zu, weil sie und so weit sie auf "Voll - Endung" auf ein fertig ausgeführtes Werk zielt.

Das Zielen auf ein Werk, auf etwas, das fertig ist, das man in seiner vollendeten Gestalt erkennen und überprüfen kann, ist für ihn von enormer Bedeutung und nur dann ist für ihn eine Arbeit pädagogisch interessante Arbeit, wenn sie etwas Derartiges erlaubt und fordert. Eine Arbeit fertigmachen heißt, sie gestalthaft abzuschließen bis zu einer gewissen (altersgemäßen) Vollendung. "Das Wesen der Arbeit besteht darin, daß sie allein nicht nur schlechtweg auf ein "Werk", sondern zugleich auch auf 'Vollendung' des Werkes eingestellt ist" (Begriff der Arbeitsschule. 9.A.1950, S. 50). Jedenfalls darf das Bildungsverfahren keine andere Betätigung als eine solche mit dem Wertbegriff "Arbeit" bezeichnen. Nie habe es eine ernste Schule gegeben, die Unvollendetes, Fehlerhaftes, Ungenügendes als "Arbeit" gelten ließ. Vollendung sei selbst (wie Rickert in seiner "Allgemeinen Grundlegung der Philosophie" mit Recht betone), ein höchster "formaler" Wert. Zur Hinführung an das Erlebnis dieses Vollendungswertes seien gewisse Arbeiten besonders geeignet. "Sie liegen auf jenen Arbeitsgebieten, deren Werke der Selbstprüfung auf ihre tatsächliche Vollendung oder Bündigkeit durch den Schüler selbst unterzogen werden können, ja ihn mehr oder weniger sogar zwingen, die Selbstprüfung vorzunehmen" (ebda). Als Beispiele erscheinen eine technische Arbeit, eine Übersetzungsarbeit und eine mathematisch-physikalische Arbeit. Vor allem die technische Arbeit sei geeignet, "bis zu einem gewissen Grad auch die Übersetzungsarbeit" sagt er schon vorsichtiger, "auch die mathematischen, physikalischen, chemischen, zeichnerisch-konstruktiven Arbeiten gehören hierher" (ebda). Pädagogische "Arbeiten" sind für Kerschensteiner, kurz gesagt, alle Arbeiten, deren Werk "durch Außenschau und Innenschau oder doch durch eine von beiden vom Schüler auf ihre Vollendung sich prüfen lassen" (ebda). Das beachtetste Muster für pädagogische "Arbeiten" ist der Starenkasten geworden, der aus einem Brett herzustellen war. Der Schüler muß sich überlegen, wie er das einteilt, wie dieser Starenkasten aussieht mit dem schrägen Dach, mit der Öffnung für den Vogel, mit der Abflug-/Anflugsstange, daß kein Regenwasser eindringt, daß das Loch groß genug ist, und so weiter. Es muß alles zueinander passen. Das Brett soll sinnvoll ausgenützt, also richtig eingeteilt werden. In der Bedeutung der Vollendung drückt sich bei Kerschensteiner eine Prägnanztendenz aus, die sich auch in den wissenschaftlichen Idealen erkennen läßt. In seiner "Arbeitsschule" zielt Arbeit immer auf das vollendete Werk. Über den Vollendungswert, so glaubt Kerschensteiner, gelinge eine fundamentale Motivationsänderung im Zögling, nämlich die von der vorwiegend egozentrischen zur vorwiegend *sachlichen Einstellung.* "Es ist nun von ausschlaggebender Bedeutung für ein erfolgreiches Bildungsverfahren, daß der Zögling da, wo er arbeiten soll (und nicht nur spielen), auch tatsächlich diesen Vollendungswert immer häufiger, immer tiefer und damit immer freudiger erlebt. Ist aus diesem Werterlebnis einmal der Trieb erwacht, nichts aus der Hand zu geben, was nicht allen Forderngen des Werkes entspricht, so ist unendlich viel für den Bildungsprozeß gewonnen. Mag dabei der Drang zur Vollendung auch aus egozentrischen Motiven mit herausquellen, die Nebenwirkung des Vollendungs*erlebnisses* selbst, die nicht gewollt werden kann, stellt sich immer wieder ein, und es ist nur eine Frage der Veranlagung des Arbeitenden, ob und wie bald der Motivwandel sich in aller Reinheit vollzieht. Ist dieser Motivwandel vollzogen, ist der Vollendungswert zum treibenden Motiv geworden, dann sieht sich der Zögling aus diesem Werterlebnis heraus innerlich genötigt, immer tiefer in die geistige Struktur jener *Mittel* einzudringen, die der Vollendung immer neuer und immer schwierigerer Werke dienen. Sind diese Mittel nun Kulturgüter, was ja in der Bildungsarbeit die Regel ist, so zwingt die Arbeit zugleich in die geistige Struktur dieser Kulturgüter einzudringen. Denn nur so kann die volle Tauglichkeit des Mittels zur Durchführung des Werkes erfahren und ausgenutzt werden. Aber indem er in die geistige Struktur dieser Kulturgüter eindringt und in dem Maße als er gemäß seiner Veranlagung eindringen kann, in dem gleichen Maße kann er die *geistigen Werte* erleben, denen diese Kulturgüter entsprungen sind" (51). Denn sie sind ja von Menschen aus einem ganz bestimmten Bedürfnis erzeugt worden und haben sie einigermaßen überzeugt, daß es gute Dinge sind, deshalb nennen wir sie Kulturgüter. Kerschensteiner fährt fort: "Ist das Erlebnis dieser geistigen Werte erst einmal Tatsache geworden, dann stellen sich von selbst auch die ihnen entsprechenden geistigen Akte ein, die theoretischen, ästhetischen, sittlich-sozialen, technischen, religiösen, politischen, denen die Vollendungstendenz ohnehin immanent ist. Die *sachliche Einstellung* beginnt" (ebda). Das ist die fundamentale Ableitung Kerschensteiners, wie geistige Werte im Menschen eine Vollendungstendenz auslösen, die in Richtung Bildung als "sachliche Einstellung" sich fortsetzen, letztlich in Richtung auf den Persönlichkeitswert, wie er später betont.

2. Bildung und Persönlichkeit. Neben dem Arbeitsbegriff ist zentral für seine Bildungslehre bedeutsam Kerschensteiners "Grundaxiom des Bildungsprozesses". Dieser Grundgedanke kehrt oft wieder. Kerschensteiner formuliert ihn so: "Die Bildung des Individuums wird nur durch jene Kulturgüter ermöglicht, deren geistige Struktur ganz oder teilweise der Struktur der jeweiligen Entwicklungsstufe der individuellen Lebensform adäquat ist" (Das Grundaxiom des Bildungsprozesses, 8. A. 1953, S. 71). Diese "Adäquanz" wurde mehrfach attackiert von Kritikern, weil es ja ein etwas gewagter Glaube ist, daß es eine solche Ähnlichkeit in der geistigen Struktur gebe. In seiner Theorie der Bildungsorganisation, seinem letzten Werk, meint Kerschensteiner daher, eine teilweise Verwandtschaft genüge; er nimmt also den Adäquanzbegriff zurück zugunsten einer Verwandtschaft der geistigen Struk-

tur. Als Beispiel zieht er einen Philosophen heran und dessen fruchtbare Begegnung mit einem anderen, nämlich Fichte in seiner Begegnung mit Kant. Er meint, Fichte wäre von seiner geistigen Struktur her eher zu Spinoza hin orientiert, hätte sich mit ihm wohl eher identifizieren können, aber das war nicht der Fall. Fichte habe eine gewisse Verwandtschaft gehabt mit Kant, deshalb konnte die Begegnung mit der Kantschen Philosophie für Fichte zum emporreißenden, erlösenden Erlebnis werden, d. h. Fichte in seiner Grundrichtung bestärken und dann seine fruchtbaren Werke auslösen. An einer anderen Stelle erwähnt Kerschensteiner diese Adäquanz in der Form, daß er sagt, die Schillerschen Dramen seien für die Jugend "adäquater" als die Goethischen.

Kerschensteiner unterscheidet Bildung als Zustand und Bildung als Verfahren. Wie viele andere Worte, die auf "-ung" enden, bezeichnet Bildung einen Vorgang und ein Ergebnis. Kerschensteiner betont, man müsse sich erst klar sein, was dieser relative Endzustand Bildung ist, dann könne man sich auch Gedanken machen, wie man dahin komme, nämlich über das Bildungsverfahren. Er unterscheidet drei Seiten des Bildungsbegriffes, eine axiologische, eine psychologische und eine teleologische Seite. Die axiologische Seite des Bildungsbegriffes bezieht sich auf die Werte und die Wertbildung, die psychologische Seite auf die inneren Kräfte und die Kraftbildung oder formale Bildung. Die teleologische Seite des Bildungsbegriffes meint die Berufsbildung und die staatsbürgerliche Bildung. Kerschensteiner verbindet hier zwei Berufsvorstellungen, nämlich einen Arbeitsberuf, der gewissermassen für die leibliche Existenz die nötigen Mittel verschafft, und einen allgemeinen, staatsbürgerlichen Beruf, der das kollektive Gesamt, die kollektive geistige Wertgemeinschaft, unterhält. Wir brauchen, um geistiges Sein zu verwirklichen, unseren Körper, müssen ihn also unterhalten, brauchen entsprechend eine Lebensarbeit; wir brauchen aber auch zur Verwirklichung geistiger Existenz eine kulturelle Großgruppe, die den Sozialisations- und Enkulturationsprozeß ermöglicht, und diese Gemeinschaft mitzutragen, das ist der andere Sinn, das andere "telos" von "Beruf". Kerschensteiner verwendet immer nur den Begriff Gemeinschaft, von "Gesellschaft" im heutigen Sinne war damals noch weniger die Rede.

Hinsichtlich der grundlegenden Kennzeichnung aller Bildung definiert Kerschensteiner, sie sei "ein von geistigen Werten durchdrungenes, inhaltlich möglichst reiches Sinngefüge, das dem individuellen Wesen adäquat ist" (12). Sinngefüge ist der Vermittlungsbegriff, die gemeinsame Struktur in der Psyche und im Kulturgut. Kerschensteiner setzt immer auch bei der Individalität an. Dies ist ihm "axiomatisch" wichtig. Es geht nicht um eine Gleichschaltung möglichst vieler, sondern um die Herausarbeitung der wertgeleiteten Individualität. Jede einzelne Individualität ist gleichsam ein Stoff für sich, der nie ein zweites Mal in gleicher Beschaffenheit angetroffen wird. An diesen Stoff tritt die Kulturgemeinschaft oder der einzelne Bildner heran, um geistige Werte, die in ihnen leben, neuerdings zu verlebendigen. Das Ergebnis des gelungenen Bildungsverfahrens ist ein konkretes Exemplar dessen, was man allgemein als Bildung bezeichnet. Es ist ein eigenartiges Gebilde wie eine Wissenschaft oder ein Kunstwerk nur mit dem Unterschied, daß, soll die Bildung gelingen, die Vollendung des Gebildes nicht bloß Sache des Bildners, sondern ebenso sehr des Gebildes selbst ist. Die Form oder Gestalt die dieses Gebilde besitzt, ist ein eigenartiges Gefüge von Sinninhalten, das seine Struktur geistigen oder unbedingt geltenden Werten verdankt. Dieses Sinngefüge, dieser eigengesetzliche Zusammenhang von Sinninhalten, ist das geistige Sein des Gebildeten. In diesem werterfüllten, wertdurchsetzten Sein haben wir die Form zu suchen, die man als Bildung bezeichnen darf. Nicht in irgendeinem geistigen Tun oder in einem geistigen Besitz. Es geht also um eine Form, eine Gestalt, die darin besteht, daß man sich von den geistigen Werten und ihrer inneren Struktur her lenken läßt, besonders von den vier geistigen Werten Wahrheit, Schönheit, Sittlichkeit und Heiligkeit, den vier absoluten geistigen Werten. In dem Ausmaß als wir uns von ihnen bestimmen lassen, sind wir gebildet. Die Einstellung, die in der Übernahme der Wertrichtungen erreicht ist, bewirkt eine Art Gleichberechtigung aller derer, die so eingestellt sind. Es geht also weniger darum, z. B. ein bestimmtes Maß an Wissen zu erwerben, sondern darum, diese Einstellungen zu realisieren, die Grundeinstellungen, die in den Grundwerten liegen. Hier liegt eine enorme Reduzierung der Zielvorgabe auf das, was spezifisch menschlich ist, was das Humanum im Kern ausmacht. Nur wenn diese Grundeinstellung erreicht ist, ist eigentlich das Bildungsziel erreicht. In seiner Definition der Bildung vom axiologischen Gesichtspunkt aus faßt Kerschensteiner den Bildungsbegriff so: "Bildung als Zustand ist jenes individuelle geistige Sein, das, durch das Erleben der in den immanenten Sinngehalten der Kulturgüter objektivierten geistigen Werte geweckt, selbst ein einheitliches, von geistigen Werten durchsetztes Sinngefüge geworden oder doch innerlich genötigt ist, ein solches Sinngefüge zu werden" (17). Diese Definition bezieht sich besonders auf die Mittel, die Kulturgüter, an denen die Werte haften. Güter sind nicht selbst Werte, beispielsweise die religiösen Inhalte, die wir im Religionsunterricht vermittelt bekommen haben, die ästhetisches Inhalte im Literatur- und Musikunterricht; diese Bildungs- und Kulturgüter sind nicht selbst Werte. Die Werte haften an ihnen. Die Kulturgüter sind die Medien, Träger, Mittel, durch die man Teilhaber wird an der Kultur, aber nicht um dieser Teilhabe selbst willen, sondern um der Anregung, dem Anspruch, der von den Werten, die in den Kulturgütern stecken, ausgeht, zu entsprechen. Werte sind nur in den Kulturgütern objektiviert, niedergelegt, realisiert und sind nur über sie erfahrbar. Wir können sie aufnehmen und bauen dadurch in uns selbst ein Sinngefüge, das wir dann noch aus uns selbst gestalten können. Alle Bildung ist so letztlich Selbstbildung. Keine Bildungsanstalt kann Bildung bewirken, sie kann sie immer nur im einzelnen einleiten. Das Individuum, die Individualität realisiert Bildung durch Aktivierung der eigenen inneren geistigen Grundstruktur an den Kulturgütern. Kerschensteiner faßt zusammen: "Bildung ist ein durch die Kulturgüter geweckter, individuell organisierter Wertsinn von individuell möglicher Weite und Tiefe" (17). Wertsinn meint "ein von geistigen Werten getragenes, im Bewußtsein aktuell gewordenes Sinngefüge" (ebda), also einen Bewußtseinszustand, in den wir uns geleitet sehen durch die Grundrichtungen der Werte. Es bedeutet im Grunde einfach, daß wir unser Erkennen als wirkliches Erkennen von Sachverhalten praktizieren, daß wir unser Wollen als sinnvolles Wollen, d. h. von etwas Gutem, praktizieren, daß wir unser ästhetisches Vermögen in Richtung auf Wahrnehmen des Schönen realisieren und unsere Existenz in Richtung auf Vollendung, d. h. in Richtung auf den religiösen Wert, ausrichten. Der Mensch soll seine geistigen Kräfte so realisieren, wie es im Sinn dieser Kräfte selbst liegt. Aber das bedarf schon einiger Anstrengung, da wir uns dauernd verführt finden, davon abzuweichen, es uns also bequemer zu machen, oder das eine oder andere einmal wegzulassen. Dabei kommen wir in Konflikt mit unserem besseren Selbst, in die Situation des betroffenen Gewissens. Wir sind essentiell gefordert in Richtung auf Wertorientierung und schaden uns allemal selbst, wenn wir uns drücken. Insofern ist Bildungsarbeit eine Selbstrealisation, die gar keine idealistische Überforderung einschließt. In jeder Lebenswelt und in jedem Beruf kann die Bildung realisiert werden, die Kerschensteiner meint. Es kommt nicht auf den erworbenen Bildungsgrad an, sondern auf die bejahende Einstellung zu den geistigen Grundmöglichkeiten.

Kerschensteiner fragt sich dann konkreter, wie Bildung aussehen kann, nämlich nach deren *konstitutiven*, d. h. wesentlichen Merkmalen. (Von diesen hebt er konsekutive Merkmale ab, die oft in den Vordergrund gestellt werden, aber als Folgemerkmale in die zweite Reihe gehören, wie umfangreiches Wissen, großes Können, vor allem berufliches, und gepflegte Umgangs- und Verkehrsformen). Woran kann man den Gebildeten erkennen, welches sind die konstitutiven, die notwendigen Bildungsmerkmale? Kerschensteiner nennt (S. 19f.) fünf:

1. *Weite des geistigen Horizonts.* Sie steht im Gegensatz zu Kirchturmpolitik und Banausentum, das nur den Nutzwert der Dinge sieht. Der Gebildete beachtet den Zusammenhang mit den umfassenderen Wertbereichen der Gemeinschaften, besonders der großen politischen und menschheitlichen.

2. *Aufgeschlossenheit für die Erfassung neuer Werte (Ideen).* Im Gegen-

satz zum Philister und Spießer zeigt Bildung sich in einer gewissen Lebendigkeit, Aufgeschlossenheit, Zugänglichkeit für neue Ideen und Wertrealisationen.

3. *Bedürfnis nach personalem Wertwachstum.* Bildung weiß sich nie fertig, steht im Gegensatz zum Eingebildetsein, zur Bildungssattheit.

4. *Wachsende Einheitlichkeit des Sinngefüges.* Dieses Merkmal bezeichnet seelische Zentralität im Gegensatz zur Zerfahrenheit der Vielgeschäftigen, die sich gerne als Alleswisser oder Alleskönner aufspielen.

5. *Beweglichkeit der Wertbeziehungen.* Der Gegensatz wäre Starrheit, Pedanterie, Rezeptverhalten.

Kerschensteiner kennt "keine Höhenunterschiede der Bildung", keine "höher" und "niedriger" Gebildeten (22). Es ist ihm auch nicht möglich, eine Rangordnung der Werte unter den vier geistigen Werten anzuerkennen. Wohl aber meint er, es gäbe größere Tiefe des Ergriffenwerdens aus einer im wesentlichen angeborenen "Aufwühlbareit des Gemütsgrundes" (24).

Das "wichtigste Gut aller Güter" ist für Kerschensteiner "die *sittlich-autonome Persönlichkeit*". Dies ist neben "Wertsinn" ein anderer Ausdruck für das Bildungsziel. Göttler hat darauf hingewiesen, daß dieser Begriff aus einer anderen Quelle stammt. Er kommt nicht mehr aus der Wert- und Kulturphilosophie, sondern aus der philosophisch-psychologischen Gesamttradition, auch aus der pädagogischen, von Pestalozzi. Der Persönlichkeitswert ist auch wieder in der höchstmöglichen Form zu denken: "die Persönlichkeit von vollkommener Gesinnung", "alles in sich fassend und hegend", "vollkommen stark und lebendig", "vollkommen mit sich einstimmig oder innerlich frei" (88). Kerschensteiner weiß: einen solchen Persönlichkeitswert kann man nur in *einem* Ideal verkörpert denken, nämlich in Gott (89). Für den Mathematiker Kerschensteiner sind vollkommene Begriffe nicht abschreckend, sondern notwendig und genau richtig. Man kann einen Einzelkreis nur als solchen bestimmen, wenn man die Idee des Kreises in höchstmöglicher Vollkommenheit hat. Der einzelne "reale" Kreis weicht immer ein wenig von dieser Idee ab, aber deswegen meint er – als Zeichen – immer noch den vollkommenen Kreis mit absolutem gleichem Abstand jedes einzelnen Punktes vom Mittelpunkt. Für den Mathematiker gibt es nur eine Meßmöglichkeit, nämlich die jeweilig vollkommene Idee. Die Bildungstheorie Kerschensteiners ist hier absolut logisch. Er definiert sittlich-autonome Persönlichkeit als "individuell organisierten Träger der unbedingt geltenden Werte" (83 ff.). Als wesentliche Merkmale dieser Persönlichkeit stellt er heraus: die *eigenartige Geschlossenheit des seelischen Wesens, gleichmäßige und selbständige Stellungnahme zur Umgebung* (vgl. Charakter als Konstanz der Einstellungen) und *selbstgewollte Selbstgestaltung des individuellen Wesens.* Als solche innerlich geschlossene Persönlichkeiten bezeichnet Kerschensteiner Franziskus,

Luther, Goethe, Bismarck, aber auch Papst Alexander VI., Cesare Borgia, Herzog Alba, Richard III., Ludwig XIV., Napoleon (84). Er meint, auch diese letzteren hätten das konstitutive Merkmal der inneren "Geschlossenheit des seelischen Wesens". "Vollkommene" ethische Anforderungen hat er da offenbar nicht immer gestellt.

Bildung ist letztlich autonom und *Selbstbildung*. "Das größte, was eine Bildungsanstalt zu leisten imstande ist, ist niemals 'Bildung', sondern Weckung des Triebinteresses an der eigenen Wertgestalt. Bildung ist niemals heteronom, sondern immer autonom. Bildung ist Selbstbildung" (92).

Psychologisch gesehen baut sich Bildung auf zunächst über formale Verstandesbildung, also über Wahrnehmen, Urteilen, Schließen, Analyse, Synthese, Folgern, weiter über Gedächtnisschulung, formale Bildung der Beobachtungsfähigkeit, formale Willensbildung (bedeutend vor allem für die Charakterbildung).

Hinsichtlich der teleologischen Seite des Bildungsbegriffs, bei der es um die arbeits-berufliche und die politische Bildung geht, betont Kerschensteiner: "Der Weg zur Menschenbildung geht über die Berufsbildung". "Der Weg der Bildung geht über die Arbeit" (189). Es komme darauf an, daß die Berufsarbeit versittlicht wird, und daß die gesamte Gemeinschaft (Gesellschaft) versittlicht und so verbessert wird. Wert definiert Kerschensteiner (61) als "die Eigenschaft eines Dinges die ihm in Bezug auf ein fühlendes Bewußtsein zukommt". Man hat den Eindruck, daß er von Schelers "intentionalem Fühlen" schon gewußt hat. Max Scheler nimmt an, daß es außer Erkennen im Sinne rationalen Erkennens auch noch ein intentionales Fühlen des zu Erfassenden gibt, das gerade im Hinblick auf die Werte typisch sei. Es scheint, daß in dieser Definition anklingen soll, daß Kerschensteiner auch über das Rationale, Intellektuelle hinaus denkt. Wir haben das schon bemerkt, wenn er im Anschluß an Windelband und Rickert die außerintellektuellen Werte, wie den ästhetischen, den ethischen und den religiösen, beachtet. Wertsinn bezeichnet er (18) als "das wertende Gesamtorgan, mit dem wir der Umwelt gegenübertreten und sie 'verstehen' können". Wertsinn scheint hier ähnlich konzipiert zu sein wie *Sprangers* Gewissen. Ähnlich wie Spranger hat auch Gustav Kafka das Gewissen nicht nur als ethische, moralische Instanz betrachtet. Sie reicht bei beiden darüber hinaus. Es gibt für diese Autoren auch so etwas wie ein ästhetisches Gewissen, z. B. des Künstlers. Wenn er sein Werk, seine Gestaltung, noch nicht fertig hat, findet er keine Ruhe, ist er noch nicht mit sich einig. Bei Spranger ist das Gewissen ein Wertordnungsorgan. Er hat in seinen "Lebensformen" keinen eigenen ethischen Wert neben den anderen Werten herausgearbeitet. Das Ethische liegt bei ihm in der Rangordnung der Werte. Das Gewissen ist ein Entscheidungs- und Ordnungsprinzip. Kerschensteiner spricht von einem eigenen ethischen

Wert neben dem ästhetischen, theoretischen und religiösen Wert. Beim Wertsinn handelt es sich also um eine Art Gewissen im weiteren Sinne, um ein wertendes Gesamtorgan, mittels dessen wir schon prinzipiell unterscheiden zwischen niederen, vergänglichen Werten und Wertträgern einerseits und höheren, bedeutsamen, unvergänglichen andererseits. Wenn das eine Art "Vermögen" ist, zu unterscheiden zwischen Werten, also nicht nur Werte aufzunehmen, eine Art Unterscheidungsvermögen, dann entspricht das jedenfalls sehr dem traditionellen philosophischen Begriff von conscientia ("Mitwissen"), ein Wissen, das auch ein Unterscheiden zuläßt bzw. fordert. An dieser Stelle ist auch bei Kerschensteiner eine Unterscheidung von Wertklassen gegeben, damit auch eigentlich das, was er hinsichtlich der höheren "ewigen" Werte nicht mitmacht, nämlich sie dem Range nach zu unterscheiden. Neben Wertsinn ist auch die Rede von Wertgesinnung, als Drang und Bereitschaft zur Verwirklichung geistiger Werte und als solche Ergebnis individuell organisierten Wertsinns. Wertsinn ist demnach die Voraussetzung, daß Wertgesinnung aufkommt. Gesinnung erscheint als eine Gesamthaltung im Hinblick auf die geltenden geistigen Werte. Wertgesinnung deckt sich somit weitgehend mit dem Begriff Bildung und mit dem Begriff Persönlichkeit. Was Kerschensteiner unter niederen und höheren Werten versteht, verdeutlicht er gelegentlich auch (S. 8 f.), indem er von animalischen (versus geistigen) Werten spricht, z. B. von Annehmlichkeit, sinnlichem Genuß, körperlichem Wohlbefinden, sinnlicher Liebe, materiellem Nutzen, irdischem Glück, physischer Macht. Kerschensteiner verneint diese Werte nicht, bezeichnet er sie doch als Werte; aber sie werden eindeutig untergeordnet. Für ihn besteht ein scharfer Schnitt gegen die geistigen Werte, was er mit der Bezeichnung "animalisch" noch hervorheben will. Bildung als Menschenbildung richtet sich also besonders auf nichtanimalische, "geistige" Werte. Kerschensteiner nennt sie auch objektiv geltend oder unbedingt geltende Werte: Wahrheit, Schönheit, Sittlichkeit und Heiligkeit. Sie werden von ihm meistens in dieser Bündelung genannt. Man darf vermuten, daß Kerschensteiner (ähnlich wie Willmann) den Wahrheitsbegriff als Schlüsselbegriff ansieht. Er geht nämlich vom Ordnungsgedanken aus und meint, daß Wahrheit immer der Sinn für Ordnung sei und der Sinn jeder Ordnung damit auch Wahrheit. Für ihn gibt es nicht nur theoretische Wahrheit, sondern auch ethische, ästhetische, religiöse Wahrheit. In allen und durch alle geistigen Werte wird die "Vernunftordnung" realisiert. Interpretierend kann man wohl sagen, daß sich Willmann, Kerschensteiner und Spranger auf den "Logos" beziehen, wenn sie von Wahrheit, Vernunftordnung und Weisheit sprechen (vgl. zum Logosbegriff in meinem "Lehrbuch der systematischen Pädagogik" 4. A. 1975, S. 41 und 44 ff.). Zusammenfassend kann man sagen: Bildung meint bei Kerschensteiner im Sinne eines "Zustandes" organisierten Wertsinn, der Wertgesinnung ermöglicht.

II. Eduard Sprangers Bildungsdefinitionen

Von Sprangers Bildungsbegriff meint Kerschensteiner, er stehe seiner Auffassung am nächsten (54). Spranger hat seine ersten Bildungsdefinitionen zwischen 1920 und 1923 formuliert. Nach dem zweiten Weltkrieg hat er sich gewandelt in Richtung auf einen eher ethischen und religiösen Bildungsbegriff. Eduard Spranger (1882-1963), Philosoph, Pädagoge und Psychologe, der in Leipzig, Berlin und Tübingen lehrte, hält den Bildungsbegriff für einen kulturphilosophischen Begriff. In der Rede "Allgemeine Bildung und Berufsschule" (1920) definierte Spranger Bildung als "die Gegenwart objektiver Werte im Zusammenhang der Seele".

Entwickelter ist dann Sprangers nächste Definition: "Bildung ist die durch Kultureinflüsse erworbene, einheitliche und gegliederte entwicklungsfähige Wesensformung des Individuums, die es zu objektiv wertvoller Kulturleistung befähigt und für objektive Kulturwerte erlebnisfähig (einsichtig) macht" ("Berufsbildung und Allgemeinbildung", 1922). Hier ist der Doppelcharakter, der bei Spranger immer eine Rolle gespielt hat, schon erkennbar, nämlich die Unterscheidung von Wert*gestaltungs*fähigkeit, (die "zu wertvoller Kulturleistung befähigt") und Wert*erlebnis*fähigkeit. Auf diese beiden "Qualifikationen" reduziert Spranger häufig seinen Bildungsbegriff. Werterlebnisfähigkeit bedeutet, daß man aufgeschlossen bzw. "erschlossen" ist für Kulturwerte und -güter; Wertgestaltungsfähigkeit meint kulturelle Handlungsfähigkeit, daß man etwas gestalten, mitwirken kann in den Kulturbereichen. Diese polare Zweiteilung hat mit Nachdruck Spranger meines Wissens als einziger besonders betont. Sie entspricht unserer organischen Struktur, wie sie auch die moderne Psychologie am Menschen herausstellt. In dieser Definition ist auch schon das dynamische Moment erkennbar, es wird von einer "entwicklungsfähigen" Wesensform gesprochen und von einem Erwerben durch Kultureinflüsse.

Die dritte Bildungsdefinition Sprangers, die am häufigsten zitiert wird, ist die von 1922 in "Gedanken über Lehrerbildung". Sie geht ganz über zum Prozeßcharakter der Bildung: "Bildung ist die lebendig wachsende Aufnahme aller objektiven Werte, die zu der Anlage und dem Lebenskreis eines sich entwickelnden Geistes in Beziehung gesetzt werden können, in das Erleben, die Gesinnung und die Schaffenskräfte dieses Menschen mit dem Ziele einer geschlossenen, objektiv-leistungsfähigen und sich selbst lustvoll genießenden Persönlichkeit" (vgl. Ges. Schriften Bd. 2, 277). Die "geschlossene und in sich befriedigte Persönlichkeit" kommt von Humboldt, über den Spranger gearbeitet hat. Daß Freude und Selbstgefühl in der neuhumanistischen und kulturpädagogischen "Persönlichkeit" mit anklingen, ist meines Erachtens gar nicht anders denkbar, sonst gäbe es zu wenig Motivation. Andererseits ist für unseren Geschmack die "lustvolle" Rückbeziehung auf das Individuum doch zu stark. Ballauff hat sich in diesem Punkt mit Recht der "Sachlichkeit" zugewandt. Ob die Aufnahme von Werten selber schon Bildung ist, mag dahingestellt sein. Es kommt wohl mehr auf die Teilhabe an. Das Aufnehmen bezeichnet jedenfalls den *Vorgang* der Bildung, den Prozeßcharakter in diesem "-ung"-Wort. In dieser letzten Definition bemerkt man sehr das Psychologische im Sprangerschen Denken. Die objektiven Werte kommen zwar auch vor, aber stärker ist beachtet, wie Bildung psychologisch zustandekommt. Spranger war ein hervorragender Psychologe. Seine Werttypologie in "Lebensformen" und seine "Psychologie des Jugendalters" haben ihn bekanntgemacht. Er hat die Aussagekraft der geisteswissenschaftlich verstehenden Methode nachgewiesen. Beachtlich sind auch seine Äußerungen zur Psychologie des Erziehers und zur Gewissenserziehung. Er hat die Erlebnisse des Krieges und der Nazi-Zeit verarbeitet und meinte nach dem Krieg, daß die vorwiegend ästhetische Linie, die er vorher vorzog, nicht ausreicht. Die Menschen brauchen mehr. Sie brauchen vor allem die Richtung auf die Übernatur.

Kerschensteiner verbindet die Begrifflichkeit von Spranger mit der seinen. Er stellt als das Wesentliche, wie er es selbst sieht heraus: 1. die individuelle, organisierte Wertgestalt, die 2. ein von unbedingten Werten getragenes Sinngefüge darstellt und 3. durch die Einwirkung der Kulturgüter und nur durch sie sich entwickelt (55). Zu beachten ist, daß das Sinngefüge sich nicht rein spontan entwickelt aus der jugendlichen Seele, sondern nur durch die Begegnung mit der bestehenden Kultur.

III. Bildung als Verfahren

Kerschensteiner unterscheidet drei Faktoren des Bildungsverfahrens: das pädagogische Objekt (den Zögling), die pädagogischen Mittel (Kulturgüter oder Bildungsgüter) und das pädagogische Subjekt. Unter letzterem versteht Kerschensteiner die öffentlichen und die "geheimen" Erzieher, Gemeinschaften und Einzelerzieher. Betrachte man Pädagogik als "angewandte Geisteswissenschaft" (ähnlich wie Technik angewandte Naturwissenschaft ist), könne man nicht verstehen, was der pädagogische Akt sei und was das pädagogische Verfahren ausmache. Betrachte man das Bildungsverfahren als Kunst, erscheine Persönlichkeit als Endgestalt, gewissermaßen das, was beim plastischen Gestalten des Bildhauers am Ende aus dem Stein oder Holz herauskommt. Kerschensteiner muß natürlich nun wieder sagen, daß es so auch nicht geht, weil die menschliche Gestalt sich selbst auch entwickelt und weil sie ihre eigenen Intentionen mit einbringt. Im Pädagogischen gibt es kein einseitiges "Formen" von einem Subjekt auf ein Objekt hin.

Die Analyse des pädagogischen Aktes schließt an die Wertgebiete an, aber mehr an die Sprangerschen als an seine eigenen, vermutlich weil er merkt, daß es nicht gut ohne den sozialen Wert geht, den er ja nicht eigens thematisiert (er ist bei ihm im Ethischen enthalten). Der pädagogische Akt ist nämlich vor allem ein sozialer Akt, zwischenmenschlich, weil er sich hinrichtet auf den zunächst unselbständigen und sehr bedürftigen Zögling. Dieses soziale Moment wird bei Kerschensteiner soweit gesteigert, daß sogar die Rede ist von einem "Akt der schenkenden Liebe". Weiter sei der pädagogische Akt auch ein theoretischer Akt, nämlich einer des Erkennens, des Schauens, des Verstehens, wenn möglich der Totalität des Zöglings. (Wir trauen uns das heute kaum mehr zu und sind meistens schon froh, wenn wir einigermaßen erkennen, wo etwa einige spezifische Interessen und Fähigkeiten des Jugendlichen liegen). Dann sei er auch ein religiöser Akt aus dem Grund, weil im Zögling das höchste Gut herausgebildet werden soll: "Das höchste Gut soll lebendig werden in einem seelischen Sein und damit dieses Sein hinausheben über sein niederes Sein" (243).

Hinsichtlich des "Bildungsobjekts", des Zöglings, habe das Bildungsverfahren nur den einen Sinn, den Selbstbildungsprozeß einzuleiten (252). Man könnte so zusammenfassen: Kerschensteiner versteht unter Bildungsverfahren die Einleitung des Selbstbildungsprozesses mit dem Ziel des Bildungszustandes durch die Kulturgüter nach Maßgabe der Bildungsprinzipien. Von diesen Bildungsprinzipien wird noch die Rede sein. "Das Erlebnis der unbedingten Werte selbst kann kein Bildungsverfahren erzwingen", liest man S. 251. Wahrscheinlich hatte Kerschensteiner aus seinen zwölf Jahren Studienratstätigkeit seine Erfahrungen. Was sich entwickeln läßt, sind vor allem die Interessen. Herbart hat bekanntlich das gleichschwebende, vielseitige Interesse als Bildungsziel definiert. Man müsse nach allen (Wert-)Seiten hin angeregt worden sein und müsse Interessen entwickelt haben. "Echtes Interesse" kennzeichnet Kerschensteiner durch vier wesentliche Merkmale. Das erste Merkmal ist das des "innerlichen Angetriebenseins (Spontaneität)", das zweite das "aufmerksame Gerichtetsein (Objektivität)" (Aufmerksamkeit ist fraglos ein Grundelement des Interesses), drittens "gefühlsmäßige In-eins-Setzung mit dem Zweck, der vom Werterlebnis gesetzt ist (Emotionalität)", Gefühlsbeteiligung also und zwar so stark, daß von einer "Ineinssetzung" die Rede ist. Das ist mehr als ein bloß vorübergehend gefühlsmäßiges Angerührtsein. Man muß an dem Gegenstand beteiligt, muß engagiert sein. Soziales

Interesse z. B. an einem Behinderten ist mehr als ein bloß vorübergehendes Gefühl des Mitleides. Ich muß mich schon in diesen Mitmenschen hineinversetzen und mich (auf eine gewisse Dauer wenigstens) auf ihn tätig einlassen. Dies ist das vierte Moment des echten Interesses, nämlich "unbedingte Dauerhaftigkeit (Tenazität)" (269). Das dauernde Interesse ist pädagogisch besonders wertvoll. Es geht in die Struktur ein. Ähnlich wie Dewey unterscheidet Kerschensteiner ein Reizinteresse, das mehr äußerlich angeregt ist, und ein Triebinteresse, das mehr von innen angeregt ist und der Spontaneität entspricht. Spontaneität und Triebinteressen korrelieren nach Kerschensteiners etwas gewagter Hypothese mit den Kulturgütern und den Reizen, die von dort kommen. Das setzt so etwas voraus wie eine prästabilierte Harmonie zwischen der individuellen Seelenlage und den Kulturgütern. Dafür hat Kerschensteiner plausible Gründe. Nämlich, daß die Kulturgüter ja von Menschen entwickelt wurden, weil sie deren bedürfen; weil sie mit den erzeugten technischen, wirtschaftlichen, ästhetischen Dingen leben wollen, deshalb haben sie sie ja produziert. Sie kommen aus der menschlichen Psyche, dann müssen sie mit der menschlichen Psyche auch bei späteren Generationen wieder irgendwie in Berührung kommen können, aber natürlich nicht mit jeder Psyche und in jedem Entfaltungszustand; hier liegt ja das Bildungsproblem. Kerschensteiner sieht die Entwicklung als Interessenverzweigung und Interessenwandlung. Es geht um eine Stufung der Wert- und Interessenentwicklung durch die Kindheit und Reifezeit hindurch bis ins Erwachsenenalter. Sie beginnt mit dem Dressur- und Spielalter und gelangt über das Alter egozentrisch orientierter Arbeit (noch spielerisch) zum "Alter sachlicher Arbeitsinteressen", zur Reifezeit (300). Das Kind ist schon in der Stufe der egozentrischen Arbeitsinteressen für die Arbeitsschule geeignet! Was darüber hinausgeht und noch wachsen muß, ist dann die sachlich orientierte Arbeit, also die Phase ungefähr ab 14 Jahre, ein Durchschnittswert, von dem einzelne erheblich abweichen können je nach Förderung oder Vernachlässigung. Dieses Moment der sachlich gerichteten Arbeit, um der inneren Werte willen, die in einer Sache liegen, das soll ja gerade in der Arbeitsschule herausgearbeitet werden.

Darüber hinaus gibt es noch für den jungen Erwachsenen die letzte Periode der geistigen Klärung oder die Wendung zur Wertidee. Erst durch Selbstbindung an die Werte entsteht höchstmögliche Freiheit, Toleranz und Gelassenheit. Das Freiheitsmoment spielt für Kerschensteiner eine ganz erhebliche Rolle. Er meint nämlich so, um das jetzt vereinfacht zu sagen, wenn der Mensch an diese wenigen Grundwerte gebunden ist, wenn er die menschlichen Grundakte des Erkennens, des Wahrnehmens des Schönen, des Verwirklichens des Guten, des Hinstrebens auf einen totalen Wert, wenn er diese Einstellungen hat, dann komme es nicht mehr so sehr darauf an, zu lernen, was er in der einzelnen Lebenssituation tun soll; das wird er dann schon selbst richtig entscheiden. Also ein verhältnismäßig einfacher, was die Zahl der "Lernziele" betrifft, leicht überschaubarer Bildungsbegriff. Das ist eine eminent humane Vereinfachung, wirkt demokratisch und sympathisch, obgleich man sich über das Durchdringen zu solcher Wertbindung keine Illusionen machen darf. Schon die Entwicklung zur sachlichen Einstellung ist nach Kerschensteiner "nur einer Minderheit beschieden" (302) (vgl. Kohlbergs Stufenlehre!). In seiner "Theorie der Bildungsorganisation" (S. 14) meint Kerschensteiner, der Sinn der Bildung bedeute immer "Menschen humanisieren", nicht etwa bloß intellektualisieren, ästhetizieren, literarisieren. Letztlich handelt es sich um eine Konzentrierung auf das Ethische, wie wir es von Herbart bis Heinrich Roth in der Pädagogik kennen. In der Praxis spielen für Kerschensteiner der ästhetische und der religiöse Wert nicht die gleiche Rolle wie der ethische (und theoretische). Bei aller Reduktion auf einige Wertideen bleibt Kerschensteiner an die Kultur und ihre Güter gebunden. Denn das Mittelglied zwischen Bildungsobjekt und -subjekt sind die Kulturgüter. Bildungsmittel sind zuerst einmal "Erzeugnisse der Geistesgesetzlichkeit": Wissenschaften, Kunstwerke, soziale Gebilde, religiöse Systeme. Als Träger von Werten sind sie nicht selbst schon Werte. Sie sind Güter, an ihnen haften Werte. Sie können teilweise auch wertwidrig oder wertlos sein. Hier liegt ein schwieriges Problem: die Unterscheidungsfähigkeit oder Kritikfähigkeit: was ist denn wirklich wertvoll an diesen Gütern? Die einzelnen *Kulturgüterbereiche* haben weiter je ihre *eigenen Sprachen* mit ihrer eigenen Logik und ihrer eigenen Grammatik. Zum Beispiel sind Wissenschaftsgüter, literarische Güter, Rechtssysteme, Verfassungen in der Laut- und Schriftsprache festgelegt, religiöse Güter meistens in Laut-, Schrift- und Gebärdensprachen (beispielsweise im Kultus). Die musikalischen Güter leben in Tonsprachen, aber natürlich auch in Schriftsprachen (Notenschrift), dann Malerei, Plastik, Werkzeuge in Form-, Farb- und Materialsprachen, die Verkehrssitten in Gebärdensprachen oder Symbolsprachen (Verkehrszeichen). Das sind alles eigene Sprachen mit verschiedenen Logiken und Grammatiken je nach der Eigenart des Wertes. Für die kategoriale Bildung hat diese Unterscheidung ganz erhebliche Bedeutung. Durch solche Unterscheidung kann man das Eigenrecht der einzelnen Wertbereiche erkennen. Das ist ein Schlüsselerlebnis, das für höhere Bildung sehr wichtig ist. So sind etwa die religiöse oder die künstlerische Welt in einer anderen Denk- und Sprechweise, in einer anderen Symbolwelt ausgedrückt als das wissenschaftliche Forschen. Ihre Sprachen haben eine andere Logik und Grammatik. Es soll oft auch etwas anderes gesagt werden, selbst wenn gleiche Worte gebraucht werden, wie wir sie in der Alltagssprache oder in der Wissenschaftssprache denken. Wenn wir beispielsweise "Freiheit" oder den Begriff des "Friedens" verwenden in einem Text, der ethisch-politisch gemeint ist, klingt das ganz anders, als wenn man diese Worte literarisch nimmt im Sinne etwa eines romantischen Gedichtes. Oder wenn solche Worte in einem religiösen Kontext erscheinen, haben wie wieder einen anderen Sinn. Wenn man das einmal begriffen hat, dann hört man auf, die verschiedenen Wertgebiete aneinander in *einer* Sprache zu messen. Toleranz wird möglich, wertspezifischer Sprachfanatismus abgebaut, weil hinsichtlich der einzelnen Wertgebiete sich der nötige Sensus und die Unterscheidungsfähigkeit der Sprachen hinreichend entwickelt haben. Es geht uns ja oft in einzelnen Kunstgebieten so, wenn uns einzelne Richtungen moderner Kunst nicht so leicht eingehen. Wir wissen, wir sollten sie zunächst einfach tolerieren, da es sich hier um eine Sprache handelt, die wir im Augenblick nicht verstehen. Wir haben uns vielleicht noch nicht genügend eingewöhnt in die ungewohnte Symbolik, in besondere Gefühlswerte. Irgendetwas muß z. B. diese gerade modische Musik doch wohl sagen, sonst würden die Leute ja nicht massenweise hinlaufen. Irgendwie gefühlsmäßig muß das eine Funktion haben, auch wenn es uns vielleicht schwer fällt, das zu realisieren. Ähnlich geht es uns auch bei der Malerei, wenn uns eine Leinwand mit wenigen Punkten oder vielen Farben und keinen identifizierbaren Formen vorgehalten wird und behauptet wird, das sei Kunst und wir haben dann unsere Schwierigkeiten damit. In dieser Toleranz liegt ein großer Vorteil dieses Bildungsbegriffes. Sie erhöht die Qualität des Begriffs. Hinsichtlich der Eigensprache von Sitten und Gebräuchen hat auf Kerschensteiner Eindruck gemacht, wie die Japaner ihre Teezeremonie zelebrieren. Sie schildert er mit aufmerksamer Genauigkeit, interpretiert, versucht, diese Sprache zu verstehen, wünscht auch uns etwas davon in unseren Bildungsanstalten. Dann würden unsere Schulen viel mehr menschliche Würde, Gelassenheit und Freude und etwas mehr Ästhetisches haben. Das gilt auch für die Kultur des Familienlebens. Im fernen Osten finde man mehr Ehrfurcht vor der Natur. Der Shintoismus sieht in jedem Baum etwas Göttliches. Das können wir heute ganz gut brauchen, wenn wir Ökologie ernst nehmen, also einen Sinn für die Würde des Seins, auch ein Stück Gelassenheit. Wieviel Humanes und Ästhetisches liegt darin, wenn so ein Industrieller in Japan abends heimkommt, seinen Kimono anzieht, sich in sein Teehäuschen setzt, ein Bild entrollt und vielleicht auch selbst eines malt und dabei einige Zeichen dazusetzt, ein kleines Gedicht macht; das gehört doch zur Kultur des Alltags. Ich weiß nicht, ob wir das auch lernen können im Westen. Wir haben viele Formen, auch und besonders ästhetische und religiöse, sicher zu leichtfertig über Bord geworfen und damit an Würde nicht gewonnen. Wir bemerken, daß man durch die Begegnung mit anderen Kulturen lernen kann. Wir können heute nicht mehr so arrogant sein, zu meinen, daß unsere wesentliche Kultur unbedingt die allerbeste sei. Ich glaube, wir haben im Augenblick einen fruchtbaren Moment; wir merken nämlich, es ist gar nicht alles so unbefragbar positiv mit unserer technisch-wissenschaftlichen Zivilisation. Einige Folgen, wie Umweltverschmutzung und was an Elend auf Dauer daraus erwächst, oder dieser maßlose Konsumbetrieb, sie werden nun langsam glücklicherweise in Frage gestellt. Wir haben vielleicht doch eine Chance, wenn wir diesen fruchtbaren Augenblick nützen. Insofern ist dieser alte Kerschensteiner unglaublich modern.

"Was das Bildungsverfahren tun kann, ist nur das eine: durch die bestehenden Kulturgüter, ihre Zeichen- und Sinngefüge hindurch und *dann über sie hinaus* Blick und Herz des Zöglings auf die sie gestaltenden ewigen Werte zu richten und zu warten, zu hoffen, ja in Zuversicht zu glauben, daß die Fülle der Formen des objektiven Geistes, ... in der gesamten Menschheit jene Wendung zur reinen *Idee* herbeiführen wird, welche die Menschen über die Fülle der Formen hinweg sich die Hände reichen läßt" (363). Diese Stelle zeigt den idealistischen und kosmopolitischen Ansatz in Kerschensteiners Bildungsidee. Nicht der bestehende Staat sei das höchste Gut, sondern die Idee des Staates. Der einzelne reale Staat ist für ihn so elend, so Wert-Unwert-gemischt wie andere Kulturgüter auch. Wichtig ist, was an bestehenden Kulturgütern und durch sie hindurch an Werten und Ideen erkennbar ist. Kerschensteiner glaubt an sittliche Autonomie, die durch Erziehung erzielbar sei und zu Menschheitsverbrüderung und Humanisierung führen könne. Wir erinnern uns, daß Schelsky von Humboldt her die Menschheitsidee für modernes Bildungsdenken betont hat. Man wird sagen müssen, daß an dieser Stelle Kerschensteiner für sein Zeitalter ungewöhnlich weitblickend war.

IV. Vernunftordnung und Selbstbildung

Das Bildungs*subjekt* bei Kerschensteiner entspricht etwa Nicolai Hartmanns objektivem Geist (vgl. H. Röhrs (Hg.): Bildungsphilosophie II). Kerschensteiner spricht vom "Bildungsamt der Wertgemeinschaften", besonders des Staates und der Religionsgemeinschaften. Diese "Gemeinschaften" werden von ihrem idealen Gehalt her verstanden, nicht als reale und mit allerhand Unwerten behaftete Institutionen. Kerschensteiner stellt sich den Staat als "Staat der Gewissensfreiheit und der Gerechtigkeit" (370) vor. In dem Ausmaß, als er diesem Anspruch nicht genügt, ist er keine Wertgemeinschaft. Das gleiche gilt bei ihm auch für die Schulen, die Veranstaltungen (Beauftragte) dieser Wertgemeinschaften sind. Kerschensteiner verwendet ideale, normative Begriffe, auch bei seinen "Struktur"-analysen (der Schule, des Erziehers und Lehrers). Das wird klar, wenn man bis zur Spitze des Subjektes der Bildung vordringt: zur Vernunftordnung. Kerschensteiner nimmt an, daß die Struktur des individuellen Werterlebens und die objektiven Strukturen in den Kulturgegebenheiten, soweit sie wertvoll sind, einander entsprechen, also eine Art Identität zwischen beiden, ähnlich wie wir einen Satz der Wissenschaft auffassen und erkennen: das stimmt, das kann ich bestätigen. "Indem der einzelne beim Eindringen in das Zeichen- und Sinngefüge der Mathematik die Identität seiner Bewußtseinsstruktur mit der Struktur der mathematischen Wissenschaft erlebt, vermag er zugleich in der Befriedigung seiner geistigen Spontaneität den Wahrheitswert zu erleben auf diesem einen Gebiete des unendlichen Reiches der Wahrheitsidee. Gerade dieses Identitätserlebnis macht nun Wahrheit als solche zu einem unbedingt geltenden Werte losgelöst von dem Gute, an dem das Erleben sich vollzog" (68). Kerschensteiner versteht die Reduktionsleistung der Vernunft als ein zur Herrschaftgelangen der Vernunftordnung. Das höchste Prinzip des Bildungssubjektes ist die Vernunftordnung. "Die Geltung der geistigen Werte ... beruht auf der Wirksamkeit der Einheit und Ordnung stiftenden Funktionen des Bewußtseins. Sie gelten, weil sie den Gesetzlichkeiten des Bewußtseins immanent sind. In diesen unbedingt geltenden Werten und den sie konstituierenden Apriori-Funktionen gelangt gewissermaßen eine in das individuelle Leben eingreifende *Vernunftordnung* zur Herrschaft" (77). Diese Herrschaft ist keine Fremdherrschaft, sondern entspricht vollkommen den geistigen Bedürfnissen des Menschen. Wertaufnahme ist geistig ansprechend, erfreulich. Die Vernunftordnung ist im Menschen genauso angelegt wie in dem, was der Mensch in der Kultur an Wertvollem hervorgebracht hat. Es gibt Kulturerzeugnisse, die der menschlichen Struktur optimal zu entsprechen scheinen. Beispielsweise arbeitet die klassische Musik gerne mit dem Dreiklang, der der Obertonreihe entspricht und damit einer Struktur unseres Gehörs. Der Dur-Dreiklang klingt harmonisch für unser menschliches Gehör, für Europäer wie für Japaner. Das ist nicht nur Gewohnheit, obwohl auch sie eine Rolle spielt. Harmonische Stimmigkeit in der Musik entspricht der Stimmigkeit in unserer physischen und psychischen Natur. Ordnungsbedürfnis, Mitschwingen unseres Bewußtseins mit den Werten ist eine in unseren Grundakten selbst liegende Realisierung unserer Existenz. "Wie die theoretische Wahrheit alsdann eine Ordnung der Seinstatsachen bedeutet, die das Bewußtsein in seinem Einheitsstreben durch seine erkennenden Objektivitätsfunktionen von selbst vorzunehmen veranlaßt ist, so ist die ethische Wahrheit eine einheitsstiftende Ordnung der Vorziehungsakte in unserem Bewußtsein (die nicht mit Lieben und Hassen identisch sind), so ist die ästhetische Wahrheit die Befriedigung eines Ordnungsbedürfnisses für das Chaos der Formen, die religiöse Wahrheit dagegen die Befriedigung eines allumfassenden einheitsstiftenden Ordnungsbedürfnisses des Gesamtbewußtseins gegenüber all den Widersprüchen des Müssens der Naturgesetzlichkeiten mit dem Sollen der drei erwähnten Bewußtseinsgesetzlichkeiten. Niemand aber sucht diese Wahrheiten um der Seligkeit willen, die sie dem erfolgreichen Suchen gewährt, sondern die Seligkeit ist das Gefühl, in dem sie erlebt werden und darin unterscheiden sich die geistigen Werte grundsätzlich von allen übrigen Werten" (78). Die "Seligkeit" ist also ein Nebeneffekt durch Werterlebnis und Wertaktualisierung. Das direkte Zustreben auf Seligkeitserlebnisse wäre der Wertbegegnung nicht angemessen. Ballauff hat viel von Kerschensteiner gelernt: wir sind in das Denken gerufen, wir müssen uns dem Denken stellen. Dieses Denken können wir nur voll realisieren, wenn wir ohne andere Zwecke denken, um der Wahrheit willen, um der Erfassung des Sachverhaltes willen. Das genau meint Kerschensteiner: den Erkenntnisakt rein realisieren, den ästhetischen Akt rein realisieren um des Schönen willen. Dann entsteht Freude, nicht umgedreht, nicht also wenn man malt, um sich Lust zu verschaffen. Wenn man aber, um etwas Schönes zum Ausdruck zu bringen, etwas Charakteristisches, Ästhetisches, Erhabenes produziert, dann stellt sich – wie ein unerwartetes Geschenk – auch Freude ein.

Bildungsbedeutsam ist für Kerschensteiner, was der individuellen Struktur entspricht. Auf der einen Seite steht die Vernunft generell, also in allen Menschen. Beim einzelnen ergeben sich Grenzen. Deshalb das Grundaxiom des Bildungsprozesses: für den einzelnen kann nur zur Bildung werden,was ihm gemäß ist. Dies schränkt den Optimismus hinsichtlich der Realisierbarkeit von Vernunftordnung im Individuum ein. Die Grundstruktur des Menschen wird jedoch optimistisch gesehen aus der Grundannahme, daß der Mensch von der Kultur angesprochen und quasi "erweckt" (Spranger) werden kann durch eine Art Rückkopplungseffekt. Das oberste Bildungssubjekt, die Vernunftordnung, wird noch einmal abgebildet derart, daß das Individuum in seiner Mitwirkung eben auch "Subjekt" (nicht nur "Objekt") der Bildung wird. Der einzelne wird als Selbstbildner Subjekt seiner Bildung. Leider bringt Kerschensteiner keine ausführliche Theorie der Selbstbildung. Aber er war sich klar, daß "Bildung nichts ist" (so in einem Aufsatz über Berufs- oder Allgemeinbildung 1904) "als Formgebung und zwar von innen heraus" (In: Wehle (Hg.): Ausgewählte Schriften I, 91). Alles, was von außen, vom Bildungsverfahren herkommt, ist nur Hilfe, setzt Selbstbildung in Gang. Bildung als Verfahren ist Einleitung des Selbstbildungsprozesses mit dem Ziel des Bildungszustandes durch die Kulturgüter nach Maßgabe der Bildungsprinzipien. Diese "Maßgaben" sind jetzt zu erläutern.

V. Kerschensteiners Prinzipien des Bildungsverfahrens

Die Bildungsprinzipien entstanden aus Kerschensteiners einzelnen praktischen Werken. Er hat sie in vermeintlich bindender Siebenzahl in den beiden

Hauptteilen seines Hauptwerkes, der "Theorie der Bildung" und der "Theorie der Bildungsorganisation" (je in anderer Reihenfolge) angeordnet. Seine Prinzipien sind Grundforderungen, die man immer wieder erheben muß innerhalb der Bildungspraxis; sie sind nicht hierarchisch geordnet. Ich ordne hier in der Reihenfolge letzter Hand, also nach der "Theorie der Bildungsorganisation".

Es entspricht auch seiner Auffassung eher, daß er hier mit dem *Individualitätsprinzip* beginnt. Das Individualitätsprinzip entspricht in seinem Akzent besonders dem Grundaxiom des Bildungsprozesses. Es wird in der "Theorie der Bildung" am Ende gebracht, vielleicht als eine Art abschließender Höhepunkt: "Die individuelle geistige Struktur eines Kulturgutes und die individuelle Aktstruktur des Zöglings müssen sich ganz oder teilweise decken, wenn das Kulturgut Bildungsgut werden soll" (TdB. 472). Nicht jedes Kulturgut ist automatisch auch Bildungsgut, sondern nur das, was "ankommt", d. h. beim Zögling einen Prozeß auslöst, der in Richtung auf ein Erlebnis, eine Aktualisierung von geistigen Werten hinausläuft. Es wird ein Effizienz-Kriterium angelegt. Nur wenn etwas tatsächlich wirkt, ist es auch Bildungsgut. Als Organisationsprinzip für die Schulen formuliert Kerschensteiner so: "Die Organisation jeder Schule soll, sofern sie nicht nur als Unterrichts-, sondern auch als Bildungsanstalt wirken will, in der Wahl ihrer Bildungsgüter und Arbeitsforderungen soweit wie möglich der geistigen Struktur ihrer Schüler gerecht werden, sobald sich diese deutlich zu erkennen gibt" (TdBO 30). Es bleibt ein dauerndes Problem, daß ich als Lehrer erfasse: was verstehen die Schüler meiner Klasse? Dann erst kann ich das richtige Kulturgut ihr nahebringen, damit sich auslöst, was hier erwartet wird. Kritiker haben am Individualisierungsprinzip Kongruenzdenken (als völlige Übereinstimmung der beiden Strukturen) bemängelt. Man wird auf das wertende individuelle Sinngefüge möglichst nahe verwandte Kulturgüter "sinngefügisch" wirken lassen, denn das völlig Kongruente gibt es nicht. Im Zusammenhang mit dem "Grundaxiom" haben wir die Grenzen dieses Identifizierungsgedankens bereits angesprochen.

Das zweite Prinzip ist das *Aktualitätsprinzip*. Kerschensteiner meint, man könne es dem Individualitätsprinzip vielleicht unterordnen. Es sei eines der wenigen, das man eventuell einsparen kann. Dieses Prinzip wendet sich hauptsächlich gegen Verfrühung, d. h. daß man den Schülern zu früh, also nicht entwicklungs- bzw. kenntnisgemäß, bestimmte Erlebnisse und Akte zumutet. Das Prinzip wird (in TdB 415 f.) definiert: "Richte dein pädagogisches Tun stets so ein, daß das Wert- und Zwecksystem jeder Entwicklungsstufe zu seiner Befriedigung kommt, ohne daß dabei das zukünftig mögliche Wert- und Zwecksystem aus dem Auge gelassen wird!". Für die Organisation der Bildung faßt Kerschensteiner es so: "Der Aufbau der Bildungsorganisation ist so zu gestalten, daß jede Entwicklungsstufe zu ihrer Reife kommt und dennoch durch die Auswahl und Anordnung ihrer Bildungsgüter die nächstfolgende Stufe vorbereitet" (TdBO 34). Also ist Stufengemäßheit oder Entwicklungsgemäßheit gemeint. Angesichts der Kohlbergstufen wie der Stufung in den Bloom-Krathwohl-Taxonomien muß man dieses Prinzip wohl heute wieder ernst nehmen.

Das dritte Prinzip kommt aus der Humboldt/Spranger-Linie, nämlich das *Totalitätsprinzip*. Es bezieht sich auf die Gesamtverfassung des Edukanden: "Lasse deine pädagogische Akte niemals nur durch die einzelne Erscheinung, sondern immer zugleich auch durch die jeweilige Gesamtverfassung der werdenden Persönlichkeit deines Zöglings bestimmt sein!" (TdB 410).

Ziel sei die höchstmögliche kulturelle Leistungsfähigkeit. Das erfordert eine Art totaler Motivation, also eine aus dem seelischen Zentrum. Dieses Prinzip verlangt seelische Zentralität, Aktivierung der zentralen Interessen. Je mehr man an das Zentrum eines Edukanden herankommt und ihn von daher motivieren kann, um so dauerhafter werden die Interessen und damit auch die Bildung. Daß das schwierig ist, ist uns, psychologisch gesehen, klar; wir würden heute diese Art von Ganzheitsprinzip zwar mit Fragezeichen versehen. Andererseits wird heute wieder mehr von Ganzheit geredet. Wir wissen, daß die individuelle Seele eine Ganzheit ist, ebenso wie das Nervensystem des Einzelorganismus, aber was das motivationsmäßig bedeutet, ist schwierig zu bestimmen. Es geht in Richtung auf das, was wir heute "Lebensplan" (Rawls) nennen oder was Spranger den Totalwert genannt hat. Das ist aber oft selbst erwachsenen Menschen nicht voll bewußt. Aber er kann darüber reflektieren, kann es sich mehr oder weniger bewußt machen. In diesem Zusammenhang ist auch noch einmal auf das Totalitätsprinzip von Humboldt zu sprechen zu kommen. Totalität, meint Kerschensteiner, könne man von Humboldt/Spranger übernehmen. Aber den Universalitätsbegriff könne man nach seinem Bildungsbegriff nicht übernehmen, weil es ja nicht möglich sei, das gesamte Universum, also alles, was in der Welt ist, wenn auch verkürzt, aufzunehmen. Aufnehmbar sei immer nur das, was dem einzelnen gemäß und dann auch der Zeit und Entwicklungsstufe gemäß ist. Nur das könne bildungsmäßig wichtig sein. Also müsse das Humboldtsche Universalitätsprinzip fallen gelassen werden. Wir denken heute etwas anders. Ähnlich läßt Kerschensteiner das Herbartsche Prinzip der Vielseitigkeit gleichschwebender Interessen, das auch auf universale Vielseitigkeit ausgerichtet ist, fallen. Aber Herbart ist nicht so "universal" orientiert wie Humboldt, er schränkt ein, er spricht etwa nicht von Allseitigkeit sondern nur von Vielseitigkeit des Interesses. Kerschensteiner bleibt konsequent bei seinen Reduktionen. Man hat das Gefühl, er stehe besonders unter dem Eindruck der arbeitenden Jugend, vor allem der Berufsschüler. Die Realität dieser jungen Menschen steht ihm vor Augen.

Das nächste, das *Aktivitätsprinzip*, weist direkt auf den Arbeitsbegriff hin, jenen Wertbegriff von Arbeit, den wir schon dargestellt haben. "Sorge, daß in aller Arbeit die der freien Selbsttätigkeit des Zöglings gemäß seiner jeweiligen geistigen Struktur aus Bildungsabsichten zugebilligt werden kann oder zugemutet werden darf, nicht bloß der Arbeitsverlauf selbst, sondern auch das abgeschlossene Werk, der sorgfältigen Selbstprüfung des Zöglings unterstellt wird, soweit es Form und Inhalt der Selbsttätigkeit möglich machen!" (TdB 453). Hier erscheint klar der pädagogische Begriff der Arbeit: ein abgeschlossenes Werk, Möglichkeit der Selbstprüfung und dies verbunden mit freier Selbsttätigkeit. Diesen Begriff voraussetzend formuliert Kerschensteiner für die Organisation der Schule als Bildungsanstalt: "Eine Schule wird nur in dem Maße zur Bildungsanstalt, als es ihr gelingt, unter möglichster Berücksichtigung des pädagogischen Begriffs der Arbeit die immanenten Bildungswerte ihrer Bildungsgüter in den Schülern zu aktualisieren oder zu verlebendigen" (TdBO 45 f.). Kerschensteiner will mit diesem Prinzip weg von der alten "Herbartianer"-Schule, weg von der bloßen Buch- und Lernschule, und hin zu einer Tätigkeitsschule. Der Schüler soll mehr selbst tun. Wenn man etwas selbst macht, beispielsweise einen Text übersetzt oder einen Starenkasten baut, dann ist das etwas gänzlich anderes, als wenn man das nur vorgemacht bekommt, wenn der Lehrer einem nur etwas vorerzählt oder vorinterpretiert. Die volle Aktivität des Schülers garantiert ein Optimum an Bildungswirkung. Nicht als ob man, z. B. im Ästhetischen das Erlebnismoment übergehen könnte. Erleben und Akt müssen zusammenwirken. Sie sind nach Spranger wie das Atmen der geistigen Seele.

Fünftes Prinzip ist das *Sozialitätsprinzip*. Dabei geht es Kerschensteiner um die "Versittlichung der Wertgemeinschaft". Alle einzelnen Wertgemeinschaften oder Arbeitsgemeinschaften sollen die Sozialität steigern helfen. Der Mensch ist nie ein isolierter Einzelner sondern ist immer in einer Staatsgemeinschaft, weiter in untergeordneten Gemeinschaften, z. B. Arbeitsgemeinschaften, Berufsgemeinschaften, Vereinigungen. "Sorge auf allen Stufen der Entwicklung durch Einfügung des Zöglings in freiwillige Wertgemeinschaften, daß er nicht bloß durch sein Handeln zu seiner eigenen sittlichen Selbsterkenntnis kommt, sondern auch seine Selbsttätigkeit in den Dienst der Versittlichung der Gemeinschaft stellt!" (TdB 459 f.). Kerschensteiner setzt sich besonders für die Schülerselbstregierung ein. Diese Selbstregierung habe vier Aufgaben: das soziale Gewissen zu pflegen (möglicherweise erst zu wecken), den moralischen Mut zu kräftigen, das selbstlose Wohlwollen zu fördern, und die Einsicht zu entwickeln, daß sittliche Vollendung der Persönlichkeit und sittliche Vollendung der Gemeinschaft in Wechselwirkung stehen. Nur, wenn sich kleine Gruppen selbst zu lenken lernen, können auch die größeren Gruppen und Staatsgemeinschaften im modernen demokratischen Sinne regiert werden. Kerschensteiner zieht von da aus Rückschlüsse auf die Größe der Schulen und äußert sich gegen große Schulen. Über 400 Schüler, das sei zu viel. Voraussetzungen seien weiter: Kollegialität der Lehrer, Wille zur Selbstregierung, auch bei den Eltern. Massenbetrieb ist freilich eine Schwierigkeit für Schülerselbstverwaltung, obwohl wir heute auch bei großen und Gesamtschulen die Großstrukturen als Möglichkeit sehen, einen sozialen und politischen Lernprozeß auszulösen. Kerschensteiner schätzt weiter besonders spontane Arbeitsgemeinschaften, auch außerhalb der Schulklassen. Die Schulklassen sollten mit der Zeit auch solche Arbeitsgemeinschaften bilden. Kerschensteiner weiß, daß Klassen künstlich strukturiert sind und daß dies daher nicht so leicht geht. *Freie* Arbeitsgemeinschaft zieht er unbedingt gelenkten Gruppen vor. Freie Gruppenaktivitäten passen besser zur modernen demokratischen Struktur, entsprechen eher der republikanischen Lebensform.

Das sechste und siebte Prinzip faßt Kerschensteiner in der Theorie der Bildungsorganisation zusammen: Autorität und Freiheit. Das sechste ist das Prinzip der *Autorität*. Wenn die Vernunftordnung sich noch nicht selbst durchgesetzt hat, muß der Erwachsene als Erzieher diese Vernunftordnung so lange und in dem Ausmaß vertreten (und damit auch Gehorsam fordern), als der junge Mensch dazu noch nicht in der Lage ist. Aber nur "in dem Ausmaß", deshalb balancieren sich die beiden Prinzipien Autorität und Freiheit gegenseitig; und sie lösen sich langsam ab. Freiheit muß wachsen, Autorität muß abnehmen.

Kerschensteiner unterscheidet drei "Normen", die er aus dem Prinzip der Autorität ableitet. Die erste Norm: "Sorge für den heteronomen Gehorsam, solange du das Bildungsverfahren nicht auf autonomen Gehorsam stützen kannst!" (TdB 426). Von außen, fremdbestimmt soll der Gehorsam nur solange gefordert werden, als nicht der autonome Gehorsam, der innere, "gewissenartige", für die Entscheidungen des Zöglings bestimmend ist. Die zweite Norm: "Sorge für die Entwicklung des Autoritätsgefühls durch Pflege des Gefühls der Ehrfurcht vor den dinglichen wie vor allem vor den personalen Gütern" (TdB 430). Hier liegt er auf der Linie von Goethes Erziehung zur Ehrfurcht und ähnlich wie Eggersdorfer. Man müsse vor dem, was die Kultur hervorgebracht an Gestalten, Formen, Sitten, Gebräuchen, Kulthandlungen, Ehrfurcht erzielen bei der Jugend, wenigstens so etwas wie Respekt, Abstand, Nichteingriff. Dazu ist vor allem erforderlich, daß den Lehrer "selbst Ehrfurcht erfüllt vor allem Wahren, Schönen, Guten, Heiligen" (ebda.). Kerschensteiner wendet sich gegen steife Autorität, will eher eine partnerschaftliche Form: "Im übrigen mag er ein fröhlicher reiferer oder einsichtigerer Kamerad seiner Zöglinge sein, der mit ihnen spielt und arbeitet, frohlockt und trauert, aber auch mit ihnen niederkniet und anbetet" (ebda.).

Eine der wenigen, aber in der Schlichtheit deutlichen Äußerungen Kerschensteiners zugunsten religiöser Formen auch im Schulbereich! Die dritte "Norm" schließlich des Autoritätsprinzips: "Stelle deinen Zögling so früh wie möglich in die Gliedschaft von Wertgemeinschaften und sorge damit für die Entwicklung jener Autoritätsgesinnung, die der Verwirklichung der Wertidee dient" (TdB 432). Hier finden wir die eindeutige Unterordnung des Autoritätsgedankens unter den Wertgedanken. Autorität ist nicht um ihrer selbst willen da, sondern nur im Hinblick auf die Wertidee sinnvoll und zu legitimieren. Die autonome Persönlichkeit ist Bildungsziel, nicht eine, die sich einpaßt in jeden Staat, sondern die selbständige, freie Persönlichkeit, die sich für das Ganze engagiert. Eine autoritäre Pädagogik wäre völlig verfehlt. Kerschensteiner wendet sich gegen jede Art von Unselbständigkeit, gegen eine Verkümmerung des moralischen Mutes. Er wendet sich im Hinblick auf die Jugend auch gegen eine eigene "Jugendkultur", weil sich die Jugend an den allgemeinen Kulturwerten orientieren und nicht einen Verein für sich gegen die Erwachsenen bilden soll.

Das letzte, das *Prinzip der Freiheit*, das die Autorität schließlich ablöst, lautet: "Überlasse den Zögling sobald wie möglich der Selbstbestimmung seines Tuns in einer weise ausgewählten Mannigfaltigkeit der Lebensverhältnisse" (TdB 441). Es geht um die autonome Persönlichkeit, für Kerschensteiner das höchste individuelle Gut. Frei gewählte Arbeiten, Lernen auch auf Umwegen, experimentelles Lernen statt bloßer Mitteilung und Nachsagen, das sind konkrete Möglichkeiten in der Schule. Für die Schulorganisation formuliert Kerschensteiner das (integrierte) "Autoritäts- und Freiheitsprinzip" so: "Die Schule als Bildungsgemeinschaft hat zur Durchführung ihrer Bildungsarbeit ihren Zöglingen in dem Maße Freiheit und Selbstbestimmungsrechte zu gewähren, als sie in ihnen durch die Fremdbestimmung das Bewußtsein der Selbstverantwortlichkeit für ihr Tun und Lassen erwecken konnte und das sittliche Bedürfnis nach Bildung erwacht ist" (TdBO 63). Kerschensteiner war überzeugt, daß man die sieben Prinzipien nicht aufeinander zurückführen könne. Alle Prinzipien leiten sich für ihn aus dem Bildungsbegriff wie aus einer allgemeinen Gesetzlichkeit her.

Auch wenn man das gelegentlich formal Allgemeine an Kerschensteiners Theorie bemängelt hat, haben doch alle, die sich auf ihn eingelassen und ihn kritisiert haben, wie Wilhelm, Wehle, Ballauff, viel von ihm gelernt. Die Begegnung Kerschensteiners mit Philosophie und Geschichte erfolgte spät und eher punktuell, daher reicht sein Weitblick in diesen Dimensionen nicht an Willmann heran. Der Wertbegriff wird zu sehr vom Seinsbegriff getrennt. Andererseits hat Kerschensteiner Theorie und Praxis sowohl persönlich verbunden als auch gedanklich zusammengeführt. Reble schätzt ihn ein als den bedeutendsten deutschen Pädagogen in seiner Zeit (Reble 293). Seine liberale, weitgespannte und tiefgegründete Bildungstheorie ist in ihrer praxisnahen Fülle und Klarheit bisher unübertroffen geblieben.

4. Kapitel: Einige neuere Theorieansätze

I. Ansätze aus der geisteswissenschaftlichen Pädagogik
   (Nohl, Weniger, Klafki, Litt, Derbolav)

Geisteswissenschaftliche Bildungstheorieansätze bringen (nach Klafki) als neuen Schritt (gegenüber Willmann und Kerschensteiner) vor allem die Erkenntnis einer doppelten Relativität: nämlich (z. B. Nohl) den Bezug auf die Individualität des Kindes und (z. B. bei Weniger) den Bezug auf die historische Situation. Es ist inzwischen wohl klar geworden, daß bei Kerschensteiner die erste Relation schon erkannt worden ist, nämlich der Bezug auf das Kind, auf die Individualität und weiter, daß die historische Relativität in Willmanns historischen Bildungstypen erkannt worden ist, wenn auch nicht in der gleichen Betonung des Wandels wie in der geisteswissenschaftlichen Pädagogik. Relativität wird allgemein in der geisteswissenschaftlichen Pädagogik, die sich vor allem historisch versteht, stärker betont. Insofern hat die geisteswissenschaftliche Pädagogik auch die je besondere Zeitsituation und den geschichtlichen Wandel in den Mittelpunkt ihrer Überlegungen gestellt (vgl. vor allem Erich *Weniger*: Didaktik als Bildungslehre. 5. A. 1963. Einleitung). Dieser Akzent geht zurück auf ihren Stammvater *Dilthey*, der als Historiker und Philosoph die geisteswissenschaftliche Methode mitbegründet und das Nachdenken über historische Persönlichkeiten und historische Ereignisse in glänzenden Analysen in den Mittelpunkt seiner Arbeit gestellt hat. Während die Naturwissenschaften feste Gesetzmäßigkeiten vor sich haben und ganz bestimmte Daten, die man kausalanalytisch aneinander binden kann, hat die Geisteswissenschaft Individuen vor sich, historisch einmalige Erscheinungen, Personen oder Ereignisse. Sie benötigt daher andere Methoden des Zugriffes. In der Geisteswissenschaft spielt das *Verstehen* die entscheidende Rolle, im Gegensatz zum Erklären der Naturwissenschaft. Dieses Verstehen bezieht sich immer auf Ziele, die sich der einzelne oder die sich Gruppen gesetzt haben, ist auf "Telos", also "teleologisch" orientiert (nicht kausal im Sinne von Erklärung aufgrund vorangegangener Sachverhalte). Es kommt darauf an, nachzuerleben, sich einzufühlen in andere Personen und Zeiten und von daher zu rekonstruieren, was damals war. Nur so kann Interpretation als hermeneutische Methode arbeiten. Diese Methode schließt anschließende Überprüfung durch andere und damit Bewährung nicht aus. Die neueren Theoretiker der Hermeneutik weisen darauf besonders hin, weil lange Zeit vermutet worden ist, daß die Geisteswissenschaften in diesem Punkt weniger streng seien als die Naturwissenschaften. Kritische Überprüfung liegt beim einzelnen Forscher, der Forschungsgruppe, der einzelnen Fachwissenschaft. Die Felder geisteswissenschaftlicher Forschungspraxis liegen im Bereich vor allem von Geschichte und Psychologie.

In der geisteswissenschaftlichen Pädagogik finden wir die Lehrer-Schüler-Reihe *Dilthey – Nohl – Weniger – Klafki*. Von ihr wollen wir hier ausgehen, wenn wir geisteswissenschaftliche Pädagogik in ihren bildungstheoretischen Ansätzen reflektieren. Hermann Nohl (1879-1960), Schüler und Nachfolger von Dilthey hat eine lebensphilosophisch orientierte Pädagogik entwickelt. Er geht wie Dilthey und wie nachher Weniger aus von der Erziehungswirklichkeit. Unter Erziehungswirklichkeit versteht Nohl zweierlei, einmal das, was er das pädagogische Erlebnis nennt und dann die pädagogischen Objektivationen. Darunter versteht er Einrichtungen, Organe, Gesetze. Das wichtigste am pädagogischen Geschehen ist der pädagogische Bezug. In ihm kristallisiert sich das Interaktionsgeschehen zwischen Erzieher und Zögling "um des Kindes willen". Pädagogischer Bezug garantiert im Theoriebereich die pädagogische Autonomie, d. h. die Eigenständigkeit der Pädagogik gegenüber jedem anderen Kultur- und Wissenschaftsgebiet. Der praktische Pädagoge und der Theoretiker der Pädagogik vertreten nämlich das Wachsen und Gedeihen des Individuums, unabhängig, wenn es sein muß, auch gegen den konkreten Staat, die Religionsgemeinschaften, Parteien, Berufsverbände, Wissenschaften. Darin liegt ihre "Autonomie". Es ist ein eigenes Wert-, Forschungs- und Praxisgebiet. Insofern entspricht Nohl auch Kerschensteiner und dessen eigenständigem Bildungsbegriff als Wertbegriff. Nohl hat auch die Sozialpädagogik bearbeitet. Dies zeigt, daß Geisteswissenschaftler nicht unbedingt einseitig elitär, ästhetisch, gymnasial bezogen sein müssen. "Bildung" hat Nohl definiert, "ist die subjektive Seinsweise der Kultur, die innere Form und geistige Haltung der Seele, die alles, was von draussen an sie herankommt, mit eigenen Kräften zu einheitlichem Leben in sich aufzunehmen und je Äußerung und Handlung aus diesem einheitlichen Leben zu gestalten vermag" (Die pädagogische Bewegung in Deutschland und ihre Theorie 4. A. 1957, 140 f.). Ich möchte hier hinweisen auf die wiederholte Verwendung des Begriffes Leben. Nohl ist Lebensphilosoph. Die Gesamtheit des Lebens, aus dem das pädagogische Leben einen Ausschnitt darstellt, spielt in der geisteswissenschaftlichen Pädagogik eine erhebliche Rolle. Es wird merkwürdigerweise weniger vom Geist gesprochen als etwa in der Hegelschule, obwohl die ganze Richtung geisteswissenschaftlich heißt. Man könnte sie ebenso "lebenswissenschaftlich" nennen. Es kommt, z. B. auch bei Weniger, immer darauf an, daß das Leben fortschreiten müsse, daß dieser Fortgang des Lebens den Fortgang des pädagogischen Geschehens einschließe. Diese Linie läßt sich fortsetzen bis zu von Hentig. Lebensphiloso-phisches Denken ist von diesem Ansatz aus natürlich weniger gefährdet als von biologistischen (z. B. rassistischen, sozialdarwinistischen) Ansätzen aus.

Erich *Weniger* (1894-1961) hat eine knappe Theorie der Bildung vorgelegt, eine "Didaktik als Bildungslehre" in zwei Teilen ("Theorie der Bildungsinhalte und des Lehrplanes" 1952; "Didaktische Voraussetzungen der Methode in der Schule" 1960). Weniger betont Geschichte und Politik. Er geht aus von gesellschaftlicher Wirklichkeit und ist insofern einer der modernsten. Weniger kritisiert den Begriff der Bildungsgüter und den ganzen geistigen "Bildungsgüterverkehr". Bei ihm herrschen andere, weite, oft vage Begriffe. "Den Bildenden und den zu Bildenden stehen höchst lebendige Wirklichkeiten gegenüber und sie werden zugleich von ihnen umschlossen: Geist, Kultur und Leben". "Leben stößt auf Leben und so entsteht ein Neues, Fortgang und Entwicklung" (Teil I. 5. A. 1963, 49). Der Lebensgedanke ist schon vom Ursprung her etwas weniger Festes wie der Wertbegriff Kerschensteiners. Leben ist vielfältig, verflochten, beweglich, anpassungsfähig. Weniger spricht von "Berührung mit einem geistigen Gehalt", vom "Erfahren bildender Eindrücke", von der "bildenden Kraft von Inhalten". Dabei würden die "Bestandteile und Ausschnitte der Kultur", mit denen man in Berührung kommt, auch zu "geistigem Eigentum" eines Menschen werden können, "sie gehören zu ihm" (ebda. 49 f.). Dann erfahre er, daß es auch anderen ähnlich ergehe, daß die gleichen Bestandteile der Kultur in einem anderen auch ähnliche Erlebnisse auslösen können. So gewöhne man sich daran, "Bildungsgut das zu nennen, was von einer größeren Gruppe durchgängig gemeinsam als bildend erlebt wird" (50). Der Gewöhnungsvorgang ist also das Entscheidende in dieser Vorstellung, nicht eine Rekonstruktion einer Grundstruktur des Menschen. Das ist gut empirisch, angelsächsisch im Sinne von Hume und Locke. So entstehen nach dieser Auffassung Bildungsgüter.

Weniger sieht seine "neue Didaktik" nicht als "logisches System, in dem man an den Begriffen entlang vorwärtsschreitet" (I 16). Es sei vielmehr die "Entdeckung des Gefüges des Lebens im Bildungsvorgang selbst" (ebda). Seine Didaktik wolle "der Freiheit der Entscheidung, der Unmittelbarkeit und Lebendigkeit des pädagogischen Bezugs und der Selbständigkeit des pädagogischen Einsatzes dienen" (ebda). Die "Bildungswirklichkeit" soll in ihrer Struktur entdeckt, beschrieben, kategorial gefaßt werden. Aber es handelt sich nicht um ein "System", das den einzelnen festlegt. Das unterscheidet diese Denkweise entschieden von der Kerschensteiners.

Die Denkweise der geisteswissenschaftlichen Pädagogik geht davon aus, daß das Grundelement der Erziehungswirklichkeit, also das, was zwischen Erzieher und Edukand geschieht, erst einmal sprachlich gefaßt wird, z. B. in Spruchweisheiten, die in den Stämmen und Völkern tradiert werden. Sie werden später in kleinen Schriften über Erziehung, weiter in Erziehungslehren zusammengefaßt und bilden so (nach W. *Flitner*) die erste Grundlage für die Erziehungswissenschaft. Die Pädagogik als Erziehungswissenschaft stützt sich auf die Wirklichkeit, wie sie angesprochen wird in der gewachsenen pädagogischen Sprache. Sie hat dann als historische Wissenschaft in der Hauptsache die Aufgabe, das zu erhellen, was hier vor sich geht, dieses Denken aufzuklären und dadurch der Praxis einen Dienst zu erweisen, damit sie sich klarer wird, wohin sie selbst eigentlich will und wohin sie gehen könnte.

Pädagogik und Didaktik geben durch ihre interpretierende Aufklärung auch Modelle. Ihr Hauptgegenstand sind Texte, z. B. Lehrpläne. "Einer didaktischen Gesamtbestimmung", meint Weniger, "die ihren Ausgang vom Lehrgefüge nehmen will, ist zunächst die Frage gestellt, wo sich denn nun ihr Gegenstand am bündigsten mit allen seinen Faktoren und Momenten der Betrachtung darbiete" (I 21). Das sei in den Lehrplänen der Fall. "Der Lehrplan ist die einzige begriffliche Gestaltung des Lehrgefüges von einiger Tragweite, in der jeweils das Gegebene zusammengefaßt wird, der zugleich auch eine verhältnismäßig große Macht innewohnt, das Geforderte zur Geltung zu bringen" (ebda). Das Gegebene und das Geforderte werden in einem Atemzug genannt. Ist es nicht höchst fragwürdig, daß im Lehrplan gebündelt auch das steht, was tatsächlich gemacht wird? Jeder, der Lehrpläne schon einmal gelesen hat, weiß, daß das tatsächliche Curriculum, zusammen mit dem "geheimen Curriculum" viel stärker ist, als das, was in unseren Lehrplänen steht. Lehrpläne enthalten das vom jeweiligen Staat Geforderte und damit etwas, was im Entstehungszeitraum am Normenhorizont einer Epoche liegt.

Weniger setzt sich ab von der Theorie der Bildungswerte. Er will zwar nicht leugnen, daß es auch gültige Werte gibt, aber die Schwierigkeit ist für ihn das Evidenzerlebnis. Das könne auch auftreten, wenn etwas nicht in der Sache sicherer Bildungswert ist. Es gäbe einen dauernden Wandel, was Werte und Wertordnungen betrifft und dadurch natürlich auch sehr komplizierte konkrete Entscheidungen, die von der Bildungstheorie mit ihren Werten nicht reflektiert würden. Weniger wendet sich dann dem Begriff des Klassischen zu und meint, Spranger habe wohl ein Angebot gemacht, wie man die Schwierigkeiten lösen könne. Aber das sei auch nicht befriedigend, denn es gäbe so viele Begriffe von Klassik, daß man hoffnungslos überfordert sei, etwas Gültiges zu finden. Man könne mit Spranger heute mindestens unterscheiden: einen religiös-christlichen Klassizismus, einen humanistischen (den man nochmal nach den verschiedenen Renaissancen teilen könne) und einen politischen Klassizismus, der im z. B. preußischen Staatsgedanken verkörpert sei. So sei kein gültiger Kanon für die Lehrinhalte zu finden. "Weder die Dauer der Geltung noch das ehrwürdige Alter eines Kanons sagen etwas Bindendes über die Gültigkeit" (I 54). Weniger bemerkt weiter, "daß der Problematik des Lehrgefüges und den Schwierigkeiten der Lehrplangestaltung nicht zu entgehen ist durch die Beschränkung auf eine formale Bildung oder durch Rückgang auf einen klassischen Kanon oder auf eine Jugendpsychologie als Mittel einer Theorie der Bildsamkeit oder endlich durch eine Theorie der Bildungswerte" (I 60). Richtig sieht er sicher im Hinblick auf psychologische Begründungen, "daß die Entwicklung der jugendlichen Seele sehr weitgehend durch die Inhalte bestimmt wird, die man ihr darbietet" (ebda).

"Geht es also um neue Inhalte und neue Bildungsziele, so erwachsen diese jedenfalls nicht aus der Einsicht in die am alten Bildungsgut gewonnene Struktur der Jugendlichen. Erst wenn Ziele und Inhalte feststehen, werden sich in der Berührung zwischen den Inhalten und der Jugend auch die psychologischen Einsichten ergeben, die der Unterricht dann berücksichtigen muß" (I 61). Die Lösung der Frage der Bildungsinhalte macht sich Weniger sichtlich nicht leicht. Gibt es überhaupt eine für ihn? Es gibt schon eine, wenn auch fragwürdige, nämlich die, daß die einzelne konkrete "geschichtliche Situation" eine Herausforderung bietet, der sich eine Großgruppe, z. B. ein Staat, stellen muß und in der dann die notwendigen Folgerungen gezogen werden müssen auch hinsichtlich der konkreten Bildungsinhalte. Ihre Auswahl und Konzentration ergäben sich aus der "existentiellen Konzentration, in der uns in unserem Lebenszusammenhang die geistig-geschichtliche Welt gegeben ist" (I 96). Im "Fortgang des Lebens" sollen "für Volk, Leben, Einzelnen immer bestimmte Aufgaben bereitliegen", die "konzentrieren, indem sie den jeweils erreichten Lebenszusammenhang in ihre Richtung drängen. Die Dichtigkeit der Konzentration und der Umfang der Auswahl hängen ab von der Rangordnung und Dringlichkeit der einzelnen Aufgaben und von dem Grad ihrer Einfügung in die Gesamtaufgabe, ferner von den vorhandenen Kräften und Mächten in ihren Spannungsverhältnissen, endlich von dem Besitz an geformten und erinnertem Leben" (ebda). Man sieht, daß hier "die Geschichte", die geschichtliche Situation, der Aufgabensteller ist, eine Art göttliche Instanz, die die Großgruppen wie den Einzelnen fordert, sich diesen Aufgaben zu stellen, sie zu lösen. Das ist ein Punkt, der später der geisteswissenschaftlichen Pädagogik viel Kritik gebracht hat, daß sie sich gewissermassen nur am Status quo festmache, daß sie dem Zufall der Geschichte die Bestimmung überlasse über das, was aus dem Menschen wird. Hier liegt fraglos eine Grenze dieses Ansatzes. Wenn man immer nur darauf wartet, daß "die Geschichte" einem Aufgaben geben wird und man sich denen eben stellen muß, dann unterschlägt man die Möglichkeit spontaner Planung und wertorientierter Selbstgestaltung menschlicher Existenz. Die Kritik kam am stärksten von links, dort sind allerdings Utopie, Macht- und Planungswille übergroß und wirken – auf der Basis des groben materialistischen Welt- und Menschenbildes – in den Systemen des realen Sozialismus verheerend. Die

"Geisteswissenschaftler" haben durch ihre verstehende Arbeit jedenfalls mehr vorangebracht, was die differenzierende, analysierende, feinfühlige Bearbeitung von historischen Situationen, Personen und Epochen betrifft und man möchte jedem Erziehungswissenschaftler wünschen, daß er, für eine gewisse Zeit, in die "historische Schule" geht, sich einmal einer historischen Arbeit stellt.

Wolfgang *Klafki* (geboren 1927), Pädagogikprofessor in Marburg, gilt als einer der führenden und einer der letzten Vertreter der geisteswissenschaftlichen Pädagogik, sofern man annimmt, daß die geisteswissenschaftliche Pädagogik "am Ausgang ihrer Epoche" steht. Sein Hauptwerk ist: "Das pädagogische Problem des Elementaren und die Theorie der kategorialen Bildung" (1959. 4. Aufl. 1964). Wichtige Grundgedanken Klafkis findet man in den "Studien zur Bildungstheorie und Didaktik" (1965 und 1985). Klafki ist besonders bekannt geworden durch die Herausgabe des "Funk-Kollegs Erziehungswissenschaft" (drei Bände 1970, Fischer-Taschenbuch). Im problemgeschichtlichen Teil des Hauptwerks wird vor allem das Problem der Elementarisierung, besonders bei Pestalozzi, bearbeitet, dann das Problem der "kategorialen Bildung" von Fröbel und Herbart bis in die Reformpädagogik (von der Reformpädagogik vor allem bei Kerschensteiner, aber auch Petersen, Gaudig, Seyfert, Otto, Muth und Wittmann). Dann sucht er Grundzüge einer Theorie und Praxis der kategorialen Bildung in der geisteswissenschaftlichen Pädagogik und in den Ansätzen seit 1945. Er stützt sich auf Nohl, Scheler und Derbolav. Bei diesen drei Autoren findet sich nämlich der Begriff der *kategorialen Bildung* bereits. *Nohl* schreibt in seiner Theorie der Bildung (Die Pädagogische Bewegung in Deutschland und ihre Theorie 3. A. 1949, 172, zit. hier aus Klafki, Hauptwerk S. 293): "Wir sind zum besten Teile das, was wir glauben, sind unsere Überzeugung, unsere Weltanschauung, diese planvolle Inhaltlichkeit, in der die Kategorien begründet sind, mit denen wir denken, fühlen und schaffen". Die "Kategorien, mit denen wir denken, fühlen und schaffen" sind nicht die Kategorien von Aristoteles bis Kant. Es geht nicht nur um Denkkategorien, sondern auch um Kategorien des "Fühlens" und "Schaffens". Von Nohl hat Klafki diesen Grundbegriff wohl übernommen. Bei Nohl heißt es (ebda.) weiter: "So können wir über unseren natürlichen Anlagen eine zweite höhere Natur in uns aufbauen, in der wir die Einheit unseres Charakters als eine inhaltvolle Gestalt erarbeiten. Alle formale Schulung ist nebensächlich gegenüber solcher Durcharbeitung unserer Inhaltlichkeit". Das Wesentliche ist, daß "das Inhaltliche" und die inneren Kräfte engstens verbunden gedacht werden. Das ist ein Grundgedanke der "kategorialen" Bildung. Es wird eine Art struktureller Analogie angenommen zwischen Individuum und objektiven Sinnstrukturen (vgl. Kerschensteiner). Von hier aus ergibt sich für Nohl "der Wert der Gedankenkreise, Gemütserfahrungen und Organisationsformen, die ich an das Kind heranbringe. Es kommt überall nur auf den kategorialen Wert an, den sie für das Leben haben". An anderer Stelle (ebda 143) heißt es noch: "Die Bildung geht auf Weckung und Gestaltung des Innern, aber sie bedarf dazu eines geistigen Inhalts, der nicht bloß Mittel ist, sondern Selbstwert hat". In diesem Sinne ist für Nohl "Bildung ... die subjektive Seinsweise der Kultur" (ebda 140).

Der zweite Autor, auf den sich Klafki stützt, ist Max *Scheler*, der neben Nicolai Hartmann einer der führenden Köpfe der phänomenologisch-anthropologischen Philosophie unseres Jahrhunderts ist. Scheler unterscheidet drei Arten von Wissen: das für den technischen Vollzug unseres Lebens notwendige Herrschafts- oder Leistungswissen bildet dabei die unterste Schicht. Das meiste wissenschaftliche Wissen sei von dieser Art. Auf einer mittleren Stufe liege das *Bildungswissen*. Die oberste Stufe sei die des Heils- oder Erlösungswissens. Diese Wissensarten sind nach Scheler phänomenologisch verschieden. Sie haben je eine andere Struktur und einen anderen Sinn, sind aber nicht gegenseitig aufrechenbar oder ersetzbar. Was ist Bildungswissen? Es ist "ein an einem oder wenigen guten und prägnanten Exemplaren einer Sache gewonnenes und eingegliedertes *Wesenswissen*, das zur Form und Regel der Auffassung, zur 'Kategorie' aller zufälligen Tatsachen künftiger Erfahrung desselben Wesens geworden ist" (Scheler: Bildung und Wissen. In: H. Röhrs (Hg.): Bildungsphilosophie. 2. Bd. 1968, 179). Es geht also um Wesenswissen; wenn ein Phänomenologe Wesenswissen sagt, dann meint er, daß wir uns ohne Theorie auf einen Sachverhalt offenen Geistes schauend und denkend hin konzentrieren und versuchen, diesen Sachverhalt so zu erkennen, wie er ist und das Erkannte in einer Sprache fassen, die alle verstehen, oder wenigstens die meisten Sachkundigen. Die elaborierte phänomenologische Methode verfährt natürlich komplizierter, über bestimmte Reduktionsschritte. Die Denkformen bei Kant sind die Kategorien Raum, Zeit, Qualität und Quantität, Substanz, Relation. Das sind Grundformen unseres Denkens, gewissermaßen Vorprägungen, Formen, Gefäße, in die das "Material", die "Sinneseindrücke", abgefüllt wird. Wir "fassen" die Wirklichkeit mittels der Kategorien. Aus der Struktur unseres Denkens fassen wir alle Wirklichkeit so. Bei Kant wird allerdings die Wirklichkeit dadurch erst gewissermaßen kreiert, während Scheler nicht dieser Auffassung ist. Die Phänomene kommen auf uns zu und sind selbst schon strukturiert. Wir entnehmen ihnen die Struktur, geben natürlich auch eigenes hinzu aus unserer Grundstruktur, aber das ist ein Wechselprozeß, der nicht so einseitig wie bei Kant nur als eine Art Entwurf von Seiten des menschlichen Bewußtseins zu verstehen ist. "Solche gewordenen und erworbenen Formen und Strukturen, ja eine ganze Welt von solchen Formen nicht nur des Denkens und Anschauens, sondern auch des Liebens und Hassens, des Geschmacks und Stilgefühls, des Wertschätzens und Wollens (als Ethos und Gesinnung), hat jede geschichtliche Bildungs-gruppe" (ebda.) – Diese Musterformen des Denkens und Erlebens (ich fasse jetzt unter "Erleben" die nichtkognitiven Bereiche zusammen) werden hier als Kategorien bezeichnet und um die geht es. Man merkt, daß dies hier wie-der ein Reduktionsvorgang ist ähnlich wie bei Kerschensteiner: es kommt auf wenige Dinge im Grunde an, hier nämlich auf die Kategorien, die bei Scheler in "eine ganze Welt" solcher Formen erweitert wird. Der Geist ist – auch in seinem Werden in der Person – immer zugleich reduktiv und produktiv.

Der dritte Gewährsmann für Klafkis "kategoriale" Bildungssichtweise ist Joseph *Derbolav* (1912-1987, Philosoph und Pädagoge in Bonn). Mit ihm setzt sich Klafki besonders gründlich auseinander, denn Derbolav hat den wesentlichen Gedanken der "kategorialen Bildung", die Doppelseitigkeit des Erschließens, bereits gesehen, d. h. daß es sich dabei um etwas handelt, das in der Sache selbst liegt, also in den jeweiligen Gegebenheiten, die hier als "Welt" auf das Individuum zukommt, Strukturen, die im Individuum eine Entsprechung haben oder bekommen durch das Erlebnis, die Erfahrung, das Denken. Derart entstehen im Individuum kategoriale Gebilde, die zwar auch in der Weltform grundsätzlich so angelegt sind, aber eben "realisiert" werden durch den Vorgang des Erlebens, des Erfahrens, der Auseinandersetzung mit dem, was bei Kerschensteiner etwa noch Kulturgüter geheißen hat, was hier aber im weitesten Sinne Welt heißt. Der Begriff der Bildungskategorien von Derbolav ist für Klafki nicht vollständig überzeugend. Klafki meint, daß es eine ganze Masse von Realitäten gibt, die außerhalb des Gewissensbegriffs liegen und die man besser faßt, wenn man hier den Gewissensbegriff fallen läßt und sich mit dem Begriff der kategorialen Bildung bescheidet, auch wenn es dann so aussieht, als ob das bloß auf Didaktik eingeschränktes Den-ken sei.

Klafki differenziert seinen Grundgedanken nach Stufen und Fachdidakti-ken. Hier scheint er den fruchtbarsten Ansatz zu haben, denn wir werden wahrscheinlich in der Zukunft eine (Allgemeine) Didaktik wohl nur mehr haben können in engster Zusammenarbeit mit den immer selbständiger wer-denden Fachdidaktiken. Denn jede Methode wissenschaftlicher wie auch didaktischer Art richtet sich nach dem jeweiligen Gegenstand und der ist nun mal bei den verschiedenen Gegenständen (und Schulfächern) recht verschie-denartig. Die Objektadäquatheit der Methode ist eine der wesentlichen Krite-rien moderner Wissenschaftstheorie. Insofern ist wahrscheinlich dieser Ansatz über die Fachdidaktiken derjenige, der fraglos weiterführt.

Was kategoriale Bildung konkret heißt, schließt sich am besten auf, wenn man die Verwirklichung des Kategorialen bei Klafki ansieht. Beim *Funda-mentalen* geht es um Grunderfahrungen und Grunderlebnisse. Sie können nur ausgelöst, nicht eigentlich gestiftet werden. Sie sollen *einfach* sein, d. h.

für das Kind und jeden Jugendlichen überschaubar. Auf Grunderfahrungen und Grunderlebnisse kommt es zunächst an. Der zweite hier bedeutsame Begriff ist der des *Exemplarischen*. Er hat didaktisch eine ziemlich umfängliche Geschichte. Das Exempel ist das Beispiel, das zu einem Allgemeinen paßt oder dieses Allgemeine ausdrückt. Es kommt darauf an, immer ein passendes Exempel zu finden, das etwas Wesentliches ausdrückt, etwas das vordringlich auftritt und das vom Schüler dann auch verstanden wird. Klafki bringt als Beispiele "*dieses* immer schnell bergab rollende Rad, diese Rechenaufgabe ..." (443), die *hinweisen* auf ein Gesetz, auf eine Struktur, ein Prinzip oder einen Begriff. Dabei muß man von der Besonderheit im Exempel abstrahieren, absehen, damit das Allgemeine deutlich wird und in den Blick tritt. Das Besondere ist also immer nur das Beispiel für ein Allgemeines. Die Blickrichtung geht auf das Allgemeine. Es kommt darauf an, daß dieses Besondere, der exemplarische Fall etwas Prägnantes hat, etwas Gestalthaftes, etwas Deutliches, das sich als Modellfall eignet, daß es Modellqualität besitzt. Ein Sonderfall und ein besonders günstiger Fall solcher Modellqualität ist die Isomorphie, eine besonders hohe Prägnanz formaler Strukturgleichheit. Weiter ist das *Typische*, der Typus, sehr wichtig für bestimmte Bereiche des Unterrichts. Klafki bringt als Beispiele "Wüste" als geographischen Typ, Nadelbaum als biologischen Typ. Es gibt natürlich auch geisteswissenschaftliche, historisch-politische Typen, z. B. den Mönch, den mittelalterlichen Bürger, den freien Kaufmann, dann Typen psychologischer Art, den sozialen Menschen, den ästhetischen Menschen (Sprangersche Typen). Beim Typus kommt es auf etwas Konkretes, Anschauungsnäheres an, nicht mehr auf das Allgemeine. Man beachte den Unterschied zum Exempel! Der Typus kann aber (als Realtypus) höchst "wirklich" sein. Von ihm aus kann man jedenfalls das Umfeld ähnlicher Phänomene verstehen als etwas dem Typus Verwandtes. Das vierte Muster ist "*Das Klassische*". Dabei ist aber für die geisteswissenschaftliche Pädagogik Klafkis wichtig, daß dieses "Klassische" nicht etwa die deutsche literarische klassisch-idealistische Epoche (ca. 1770-1830) oder etwa für die Musik die Wiener Klassik mit Haydn, Mozart, Beethoven ist. Es gebe keine festen Maßstäbe, was eigentlich Klassik sei. Daher könne sich und müsse sich "jede Zeit und jedes Bildungsideal ... um seine eigene Klassik bemühen" (447), meint Klafki im Anschluß an Weniger und Döring. Das als Wert erlebte und anerkannte "Allgemeine des Klassischen" erscheint immer in einer "als gültig, vorbildlich, verbindlich erlebten menschlichen Haltung oder Leistung" (448). Das fünfte Modell ist "*Das Repräsentative*". Dies sei als Notbehelf geeignet zur Bezeichnung des Geschichtlich-Elementaren. Repräsentatio meint Vergegenwärtigung und symbolische Verdichtung. Es soll also auch etwas "Allgemeines" ausgedrückt werden, nur noch näher am "Besonderen" als beim "Exemplarischen". So habe Heimpel vorgeschlagen, bei der Behandlung des Mittelalters, die Problematik der Epoche in "anschauliche Personenschilderungen umzusetzen", wobei je ein "Geschichtszusammenhang symbolisch verdichtet" würde (450). Schließlich stellt Klafki noch zwei einfache Formen vor, die auch kategorial verstanden werden, zunächst *"einfache Zweckformen"*: im Leibeserziehungsbereich Laufen, Springen, Werfen, Stoßen, Schießen usw.; im Bereich des handwerklich-technischen Tuns: Falten, Hobeln, Feilen, Falzen. Auch das Schreiben und Lesen von seiner technischen Seite gelte als "einfache Zweckform". Man findet sie auch in einfachen Formen des Umgangs, z. B. im Schulleben, was wir heute etwa als "Rituale" ansprechen. Unter *"einfachen ästhetischen Formen"* (als siebentes Muster) versteht Klafki Grundformen, die in den ästhetischen Bereichen vorkommen. Er zählt hier auf: "Kreis, Schleife, Kette; Sprachklang, Sprachrhythmus, sprachliche Bilder; Urelemente der Melodik und Harmonik; Linie und Fläche, Farb- und Formkontraste, Gestaltungsprinzipien" (455). Klafki deutet an, es gebe zwar noch eine achte Grundform des Fundamentalen und Elementaren, die von Derbolav und Scheuerl bearbeitet worden sei. Er verzichtet aber auf seine Darstellung, nämlich *das Symbolische*. Dies ist ein moderner Begriff, der sehr gerne benützt wird, weil man via "symballein", durch Verdichtung in einem Zeichen, einem Signal, sehr viel ausdrücken und mitteilen kann. Das liegt durchaus im Bereich des Kategorialen und hat wahrscheinlich sehr zur theoretischen Entwicklung z. B. in Psychotherapie, Theologie, Ästhetik und Linguistik beigetragen. Wir sollten daher das Symbolische auch in Pädagogik und Didaktik nicht leicht verschmähen.

Klafki entwickelt seinen *Begriff der kategorialen Bildung*, indem er abhebt von zwei Ansätzen (wie Weniger), nämlich vom *materialen* und vom *formalen* Ansatz. Innerhalb beider Ansätze zeigt er jeweils zwei Bildungstheorien auf, die er kritisiert und später einbaut in seine Theorie. Von den zwei *materialen* Theorien kritisiert er zuerst den "bildungstheoretischen Objektivismus", nach dem "Kulturgüter – sittliche Werte, ästhetische Gehalte, wissenschaftliche Erkenntnisse usw. – in ihrem objektiven So-Sein in eine menschliche Seele Eingang finden" (Studien 1967, 28). Der Bildungswert der Bildungsinhalte liege dabei ausschließlich in der (z. B. wissenschaftlichen) Struktur der Inhalte. Es geht also um eine direkte Übernahme von objektiv gedachten Wissensinhalten und das, meint Klafki, sei zu einfach. Denn es würden hier die Kulturinhalte unmittelbar verabsolutiert und nicht (wie etwa Wissenschaftsinhalte) in ihrer jeweiligen Fragestellung und vom Stand der Forschung her, kritisch durchleuchtet. Es fehle gänzlich ein pädagogisches Auswahlkriterium. Die Objektivisten haben unbedingt Schwierigkeiten mit dem Wachstum des wissenschaftlichen Wissens. Und: Was soll aus der ungeheuren Masse dieses Wissens denn ausgewählt werden?

Geraffte Überblicke zu dozieren hilft letztlich nicht mehr weiter. Die zweite materiale Theorie sei die Bildungstheorie des "Klassischen". Sie hat ein Auswahlprinzip: was klassisch ist, ist auch wahrhaft bildend. In den klassischen Werken spiegle sich das ideale Selbstverständnis eines Volkes, einer Kultur. Es müsse um die Anerkennung des Klassischen immer wieder neu gekämpft werden. Es gebe weiter viele Stoffe und Aufgaben, die man in der Zeit der Klassik noch gar nicht gekannt hat; dafür sind ganz neue Lösungen zu finden. Hier könne man konkret nichts von den klassischen Epochen entnehmen.

Weiter wendet sich Klafki gegen zwei formale Bildungstheorien; die erste nennt er "Theorie der funktionalen Bildung". Hier werden nicht die Inhalte betont, sondern die Formen, die Entwicklung und Reifung von Kräften, körperlichen, seelischen und geistigen (Studien 33). Zu denken ist bei solchen Kräften z. B. an das Beobachten, das Denken und Urteilen, an ästhetisches Gefühl, an ethisches Werten, Sich-Entschließen und Wollen. Für "funktionale" Bildung seien am besten geeignet, so glaubte man mindestens im 19. Jahrhundert durchgängig, im Gymnasium besonders die alten Sprachen und die Mathemathik. Zur Kritik meint Klafki: solche Kräfte oder Vermögen seien hypothetischer Natur und heute anthropologisch fragwürdig. Die Übertragung von Fertigkeiten von einem Gebiet auf das andere gelinge sehr selten. Derart einfache "Kräfte", die man gewissermaßen wie Muskeln trainieren kann, gibt es wohl nicht. Kraftschulung bleibt in der Regel an bestimmte Inhalte gebunden. Innerhalb dieses Bereichs ist ein gewisser Transfer – möglicherweise über Verstärkermechanismen – erklärbar.

Ähnlich gelagert ist es dann bei der zweiten formalen Bildungstheorie, der "Theorie der methodischen Bildung". Bildung bedeutet hier: Gewinnung und Beherrschung der Denkweisen, Gefühlskategorien, Wertmaßstäbe, kurz der 'Methoden' " (36), mit Hilfe derer man sich die Fülle der Inhalte zu eigen machen könne. Solche "Bildung" beginne etwa mit der Fähigkeit, Werkzeuge zu gebrauchen, ein Lexikon nachzuschlagen, einen Atlas, ein Kursbuch zu benützen, erweitere sich dann dahin, z. B. mathematische Lösungsmethoden zu kennen und anzuwenden; sie ende etwa mit der inneren Aneignung des kategorischen Imperativs als "methodischem" Kriterium sittlichen Handelns (ebda.). Oft, meint Klafki, werde hier die Methode eines Bereichs verabsolutiert, das sei die Gefahr. Weil es nun aber sehr viele Bildungsbereiche gibt, müsse es dann sehr viele methodische Bildungen geben. Z. B. würde die pragmatische Pädagogik (Dewey) die experimentellen Erkenntnismethoden verabsolutieren. Methoden- und Kriteriensysteme seien nur jeweils in Korrelation zu den Inhalten, auf die sie zielen, verständlich. Wir dachten bereits über die Objektadäquatheit der Methode nach. Eine Methode ist dann der beste Weg der Erkenntnis eines Gegenstandes, wenn sie diesem Gegenstand entspricht, wenn also das "Werkzeug" angepaßt und "griffig" genug ist für diesen Gegenstand. Wenn sie zu grob ist oder zu fein, dann greift sie nicht. Sie muß stimmen wie ein Schraubenschlüssel. Angesichts der Vielartigkeit der Bildungsgegenstände sind natürlich die Methoden vielfältig. In der "methodischen Bildung" steckt jedoch etwas Wesentliches. Trotzdem kann man nicht verallgemeinern und sagen, die ganze Bildung solle auf Methoden abstellen. Derjenige vor allem sei gebildet, der wisse, wie man etwas macht, sucht und findet u. ä.

Das Ergebnis der Theorienkritik ist nicht eine einfache Synthese. Dagegen wehrt sich Klafki, obwohl er sich als Dialektiker versteht. Er versucht eine Vermittlung der verschiedenen Ansätze als Wahrheitsmomente im Ganzen. Im Sinne des dialektischen Denkens werden diese Ansätze als Momente im Ganzen der "*kategorialen Bildung*" sichtbar, die das historisch Einseitige aufarbeite und hineinnehme im Sinne der Synthese. Es wird "aufgehoben" in dem doppelten Sinne des Emporhebens und des Einordnens. So geht es nicht verloren. Dies sei möglich, wenn man sich an die "neue Didaktik des Exemplarischen, Typischen, Repräsentativen, Elementaren" anschließe (Studien 39).

An dieser Stelle empfiehlt sich, die geisteswissenschaftliche Bildungslehre wieder mehr von *Weniger* aus zu präsentieren. Weniger hat im zweiten Bändchen seiner "Didaktik als Bildungslehre" allgemeine Überlegungen über Grundvoraussetzungen der Methode angestellt. Hier findet sich eine Äußerung, die häufig kritisiert worden ist und die dem Grundverfahren von Weniger eigentlich nicht entspricht, jenem Verfahren, daß man die Realitäten (z. B. der politischen und gesellschaftlichen Situation) "in aller Härte" zur Kenntnis nimmt und von da aus weiter überlegt, indem man immer von der Wirklichkeit ausgeht. Anders lesen wir in Wenigers "Didaktik" (Teil 2, S. 11): "Die Welt tritt im Bildungsvorgang immer schon als geformte und geordnete Welt, auch als *heile* Welt, an den Reifenden heran. Es ist geradezu die methodische Aufgabe des Erziehers zu verhindern, daß eine chaotische, ungeordnete, ungestaltete, eine zerfahrene und kranke Welt dem Kinde begegnet". Weniger hält nicht viel von methodischen Tricks. Er vertraut vielmehr auf das *Erlebnis* des Kindes. Er wählt als Beispiel ein Gedicht, das der Lehrer auswählt, wobei er darauf achtet, daß der richtige Augenblick gegeben ist und die entsprechende Stimmungslage herrscht. Wenn er das richtige Werk gewählt hat, dann, so meint Weniger, müsse man sich "auf die unmittelbare Wirkungskraft des Gedichtes verlassen" (ebda.). Hier herrscht ein ursprüngliches Vertrauen darauf, daß gut ausgewählte *Kulturgüter* auf dem Wege des Erlebnisses unmittelbar wirken. Diese unmittelbare *Begegnung* ist mit dem Terminus "Erlebnis" gemeint, ein unmittelbarer Bezug zwischen Kind und Welt. "Die 'entscheidende' Kategorie der bildenden Begegnung ist ... nicht 'Begegnung als Entscheidung', sondern 'Begegnung als Erlebnis'.

Wir sprechen vom Bildungserlebnis, von Erlebnisunterricht ..." (II, 26). Ähnlich wie Derbolav meint Weniger, daß es auf Fülle und Vielfalt der inhaltlichen Begegnungen mit Bildungsgehalten ankäme. Auf bildende Begegnung mit einer Lehre, einem Gedicht, einem Kunstwerk, einer großen geschichtlichen Gestalt käme es an in der Bildung. Natürlich gäbe es auch eine adäquate Methode des Erlebnisunterrichts und entsprechende Vorstufen, indem sich der Lehrer Gedanken macht, was er zu welchem Zeitpunkt im Unterricht tut.

Wichtig ist für Weniger das Verhältnis zur Tradition. Dieses ist ambivalent. Teilweise wird die Tradition wie alles Geschichtliche in der geisteswissenschaftlichen Schule bejaht, andererseits wird auf die augenblickliche Situation abgestellt, in der jeweils neue Entscheidungen zu fällen sind. Da ist es notwendig, daß man auch Vertrauen aufbringt. Ohne daß er das Wort Autorität gerne gebraucht, betont er aber, daß es notwendig sei, auf vielen Gebieten im Leben Vertrauen zu schenken, zwar kein blindes, aber ein *begründetes Vertrauen*. Da man nur auf wenigen Gebieten wirklich zur vollen Kompetenz kommen und wirklich selbst einsichtig in Details entscheiden kann ohne jeden Bezug auf andere, ist es notwendig, auch über andere, über die Tradition zu lernen und manches zu akzeptieren, auch wenn man es nicht bis ins einzelne kritisch überprüfen kann. Eine einseitig kritische Haltung würde Weniger ablehnen, weil sie zur Verunsicherung führt. Wir brauchen im konkreten Leben, in den Lebenssituationen, sehr oft Vertrauen. Begründetes Vertrauen schenken können, ist für Weniger ein konstitutives Merkmal der Bildung: "Gebildet ist, wer fähig ist, auf vielen Gebieten, auf denen er nicht selbst engagiert ist, Vertrauen zu schenken und zwar nicht blindes, sondern begründetes Vertrauen" (II, 28).

Weniger nimmt dann auch den Begriff der *Existenz* in sein Konzept auf und hält ihn für die Ablösung des Begriffes Persönlichkeit. Der Existenzbegriff ergibt sich eigentlich aus der Situationsbezogenheit des Konzeptes, da man im Einzelfall, in der einzelnen Situation je neu zu entscheiden hat, was man tun soll, was gut und was wichtig ist. Hier bietet sich das Existenzmodell an. Bildung sei aber nicht gleich Existenz. "Die Bildungsarbeit bescheidet sich damit, den Menschen an den großen erwiesenen Gehalten des Lebens *reifen* zu lassen und ihn *offen* zu halten für die in den Bildungsgehalten und die von den Bildungsmächten lebendig vertretenen Forderungen" (II, 24). Bildungsarbeit ist also noch nicht ein Heranführen an die Entscheidungen selbst.

Hinsichtlich des Theorie-Praxis-Verhältnisses betont Weniger den *Primat der Praxis* in der pädagogischen Methode: "Dieser Primat der schöpferischen Praxis ist in der Tat die Voraussetzung für unsere Gedankengänge. Aber uns beschäftigt auch die Frage, unter welchen Bedingungen die individuell und genial gefundenen Methoden der durchschnittlichen, alltäglichen

Praxis von durchschnittlichen oder doch jedenfalls nicht genialen Erziehern übermittelt werden können" (II, 65). Ohne daß er sich näher auf diesen Punkt einläßt, meint Weniger, daß man da doch einiges lernen kann. Es ist typisch für ihn wie für die geisteswissenschaftliche Pädagogik überhaupt, daß alles Nachdenken bei der alltäglichen Praxis als der primären Wirklichkeit ansetzt und sich als Begleitung und Hilfe für diese Praxis ansehen möchte und dazu doch wieder (versteckt normativ) relativ ideale Muster auswählen muß. Die Methoden, meint Weniger, entstehen in der Regel aus schöpferischer Intuition, aus Phantasie, produktiven Einfällen von erzieherischen Persönlichkeiten. Man könne das in der Theorie eigentlich nur nachvollziehen, ordnen, weitergeben. Die Theorie selbst sei nicht unmittelbar produktiv. Da unterscheidet sich Weniger erheblich von Methodiktheoretikern, die der Meinung sind, man könne durchaus von der Wissenschaft her wohlbegründete Empfehlungen geben, beispielsweise über lernpsychologische Theorien.

Zum Schluß noch einmal zu einem Gegensatz, der bei Weniger und Klafki von grundlegender Bedeutung ist, nämlich dem Gegensatz zwischen didaktischem Materialismus und didaktischem Formalismus. Einseitige Orientierung am Stoff hat schon Willmann didaktischen Materialismus genannt. Ihr steht die andere Einseitigkeit gegenüber, die man didaktischen Formalismus nennen könnte, von der man aber in der Regel als von der Theorie der formalen Bildung spricht. "Bei der formalen Bildung treten Stoff und Gegenstand des Unterrichts zurück gegenüber dem Ziel der Erziehung, z. B. dem Gebildeten, dem Gentleman, dem Gelehrten" (II, 59). Wenigers Fassung von formaler Bildung wird weit weniger bezogen auf einzelne Kräfte des Menschen als bei Klafki.

An dieser Stelle ist es günstig, zwei Geisteswissenschaftler näher vorzustellen, die einen eigenen Weg innerhalb der geisteswissenschaftlichen Pädagogik gegangen sind, nämlich den der *Dialektik*, die jedenfalls Hermeneutik und Dialektik stärker miteinander verbunden haben, nämlich Litt und Derbolav. Theodor *Litt* (1880-1962), Pädagoge in Bonn, ist einer der prägnantesten Modernen unter den Bildungstheoretikern insofern, als er versuchte, das alte Konzept der klassischen Bildung, das neuhumanistische Konzept, zu überholen und zu ergänzen durch ein Konzept, das an der modernen Arbeitswelt orientiert ist. Bezeichnend für ihn ist sein kleines Buch "Das Bildungsideal der deutschen Klassik und die moderne Arbeitswelt" (1955, Neuaufl. Kamp-Tb. Nr. 3). Hier redet Litt vom Siegeszug der Sache, von der Vollendung der sachbestimmten Arbeitsordnung, vom Wert der Planung, der Arbeitsteilung, der Organisation. Er sieht klar die Spannung zwischen klassischer Humanitätsidee und moderner ökonomischer Entwicklung. Er erkennt, daß erst bei Kerschensteiner (in der Betonung der Arbeit und der Arbeitsschule) die neue Linie gefunden worden sei, aber doch noch stark in Anlehnung an Goethe.

Kerschensteiner sei ein Übergang, aber eben noch nicht die volle Einstellung auf die moderne Situation. Litt geht aus vom technischen Handeln im Lebenszusammenhang, von der Versachlichung der Welt, von der Unangreifbarkeit von mathematischer Naturwissenschaft und Technik. Er bringt Sachbeherrschung und Menschenbildung zusammen. Der Wille zur Sache, zur Sacherschließung, "die Sache zum Reden zu bringen" (96), sei der Vorzug der modernen Bildung. Dies bedeute kein Zurückweichen des Selbst, sondern eine "äußerste Kräfteanspannung" (97). Nicht nur die Zwecke, sondern auch die Mittel der Bildung seien bedeutsam. Das Heraufkommen der technischen Arbeitswelt sei keine Folge eines Fehltritts oder eine Fehlentwicklung, sondern voll zu bejahen. Der Mensch sei damit seinem Auftrag nicht untreu geworden. Allerdings erkennt Litt auch die Gefahr der "Verdinglichung" des Menschen, eine Gefahr, auf die die "kritische Theorie" der "Frankfurter Schule" nicht müde wurde hinzuweisen. Diese Gefahr der "Versachlichung" von allem und jedem und die Gefahr der bloß technischen Behandlung aller Probleme ist tatsächlich eine mögliche Folge des modernen, sachorientierten Denkens in der technischen, industriellen Gesellschaft. Bei allen Vorzügen, die dieses Denken mit sich bringt, ist diese Gefahr nicht zu übersehen. Nun sei, so Litt, aber typisch für den Menschen, daß er Antinomien, d. h. Spannungen gegensätzlicher Art, aushalten, durchhalten müsse, daß er Spannungen nicht verdrängen, sondern bearbeiten solle. Er solle weder das "Innere" gegen das "Äußere" noch das "Äußere" gegen das "Innere" ausspielen. Er gebrauche seine Reflexion und könne mit ihr durchaus viele Spannungen und Widersprüche, die es in der menschlichen Existenz gebe, bearbeiten und aufarbeiten. Neben der Reflexion brauche er natürlich auch den zwischenmenschlichen Umgang als eine Bearbeitungsform nicht-technischer Art. Weiter brauche er die Begegnung mit Natur und Kunst, er brauche Sprache und Dichtung usw. Er müsse Freiheit und Ordnung miteinander verbinden: Eines von Litts Büchern heißt "Freiheit und Lebensordnung". Der Mensch muß z. B. "Führen und Wachsenlassen" in der erzieherischen Praxis miteinander verbinden. Für Litt ist der Mensch das durch Gegensätze bestimmte und in Gegensätzen befangene Wesen. Er muß geradezu aus Antinomien leben, muß mit Antinomien fertig werden, muß zwischen diesen Antinomien und in einer Welt von Spannungen immer wieder Ordnung schaffen, wenn auch nur vorübergehend, aber er muß es immer wieder versuchen. Insofern muß er die Komplexität, die durch Spannungen entsteht, immer wieder "reduzieren". Typisch für Litt ist eine Definition von Bildung in "Naturwissenschaft und Menschenbildung" (1959, S. 11): "Bildung ist jene Verfassung des Menschen, die ihn in den Stand setzt, sowohl sich selbst als auch seine Beziehung zur Welt in Ordnung zu bringen". Antinomie einerseits, Ordnung und damit relative, wenn auch nur vorübergehende Harmonie andererseits, werden von

Litt in einer älteren Definition noch "ästhetischer" gefaßt ("Die Kultur der Gegenwart", 1921, 205): "Bildung ist eine Fähigkeit, die das Innere zu Fülle, Ebenmaß und Haltung gelangen läßt". Insgesamt zielt Litt auf Realisation von "Menschlichkeit" unter den Bedingungen des modernen Lebens, vor allem des modernen Arbeitslebens. Der Erzieher sei Anwalt des Geistes, aber auch Anwalt des Kindes. Dies sind seine Spannungen. Er müsse sie in sich selbst zuerst austragen, müsse realisieren, daß er nicht "Funktionär" irgendeiner Gruppe oder von Lebensmächten sei oder gar von beschränkten Gruppeninteressen usw. Der Erzieher handle aus einer eigenen pädagogischen Verantwortung, die in einer doppelten Anwaltschaft bestehe. Er sei Anwalt des Geistes und Anwalt des Kindes. In dieser Spannung müsse er allerdings dann das Kind einerseits führen, andererseits aber auch wachsen lassen.

Stärker an Hegel angelehnt ist der Nachfolger Litts auf dem Bonner Pädagogiklehrstuhl Joseph *Derbolav* (1912-1987), der grundlegend geworden ist für mehrere bildungstheoretische Strömungen, auch für die "kategoriale Bildung". Derbolav ist ein Kategorialforscher, der Grundkategorien des Pädagogischen zu eruieren suchte und schließlich eine eigene "Praxeologie" entwickelt hat. Wirksam wurde u. a., was er zur pädagogischen Anthropologie gearbeitet hat und was er über Grundbegriffe der Pädagogik geschrieben hat (zuletzt in Enzyklopädie Erziehungswissenschaft, Band 9.2). Derbolav hat seine ersten Ansätze zu dem Begriff der kategorialen Bildung wohl 1956 geliefert. Für ihn ist der Mensch in seiner Entwicklung gekennzeichnet durch einen dialektischen Weg, der also nicht geradlinig ist, eher eine Zickzackbahn, ein Aufstieg auf ein Bergmassiv über allerlei Umwege. In seiner älteren Theorie der menschlichen Entwicklung wird deutlich, wie sich Bildung herausarbeitet (Zeitschrift für Pädagogik, 2. Beiheft 1960). Er konstruiert ein Dreistufenmodell der Emporarbeitung zur Bildung. Auf der ersten Stufe, der Stufe des Umgangs, sind Wissen und Gewissen noch ungeschiedene Einheit. Der Mensch ist noch unmittelbar praktisch auf seine Welt bezogen und mit ihr verflochten. Dies ist typisch für die kindliche Situation. Zugleich ist das individuelle Selbst ins Normativ-Allgemeine von Sitte, Lebensordnung, Kultur, Religion, Sprache, Tradition "noch gleichsam hineingebunden", aber ohne daß das Kind dies als unangenehm empfindet. Auf der zweiten Stufe tritt eine Krise und ein Wechsel in der Richtung ein; die Einheit zerbricht, die Einheit nämlich zwischen Wissen und Gewissen, zwischen Subjekt und Objekt. Dies ist die Stufe des gegenständlichen Wissens. Sie setzt schon in der späteren Kindheit ein und dauert oft über ein Jahrzehnt und noch länger. Ähnlich wie in der Geschichte der Menschheit werde die Wirklichkeit vergegenständlicht. Subjekt und Objekt treten auseinander. Natur, Sitte, Kultur seien nun nicht mehr etwas, das einem gewissermaßen angewachsen ist. Diese Wirklichkeiten werden objektiviert, werden mit wissenschaftlich-kritischem, intellektuellem Denken angegangen. Diesen Vorgang stütze unser gegenwärtiges Bildungssystem in der "wissenschaftsorientierten" Bildung. Das Selbst richtet sich auf "objektive Erkenntnis". Die Sollensbestimmungen, ursprünglich ungeschieden vom Umgang mit den Gegebenheiten der Wirklichkeit erfahren und befolgt, würden im Mißverstehen von Freiheit und Autonomie suspendiert. Erkenntnis werde dadurch auf die Mittel-Zweck-Relation, auf technisch-funktionales Wissen verkürzt. Es bedarf nun, wie man sich vorstellen kann, einer Umkehr. Nur durch sie komme man auf die dritte Stufe hinauf, die Stufe des persönlichen Gewissens. Hier sollen Wissen und Gewissen wieder aneinander gebunden werden. Der Weg führe also vom Umgang über das gegenständliche Wissen zum persönlichen Gewissen. Wir sollen hier die (in der zweiten Stufe) untergegangenen Sollensvoraussetzungen wieder erringen, z. B. über die normativen Voraussetzungen der Wissenschaft. Das Wissen soll dadurch wieder in einen positiven Bezug gebracht werden zum Gewissen und Handeln. Diese Vermittlungsleistung von Wissen und Gewissen, von Subjekt und Objekt, nennt Derbolav "kategorial". Die in den Sachinhalten (Wissenschaften) vorausgesetzten bereichsspezifischen Normstrukturen und Sinngehalte, denen sich das Selbst im Bildungsgespräch aufschließt, nennt er "Bildungskategorien". Sie sind Schlüsselerlebnisse (oder Schlüssel selber), die das Normgefüge der Wirklichkeit aufschließen. Während man vorher nur gedacht hat an objektive Strukturen, wie sie sich in ihren Wechselbeziehungen darstellen, wie man sie in der Physik oder in einer anderen Wissenschaft darstellen kann, geht es jetzt um eine Verantwortung gegenüber der Welt und der Wirklichkeit. Solche Verantwortung ist uns heute über das ökologische wie das Atomwaffenproblem klar aufgegangen (vgl. E. Mertens: Umwelterziehung. 1989). Die Menschheit ist bis in ihre Existenz hinein gebunden an die verantwortliche Benützung von Wissen.

Den Bildungskategorien gemäß strukturiert sich das Selbst nach Derbolav zugleich individuell in Gestalt eines bestimmten Verantwortungshorizonts (Systematische Perspektiven der Pädagogik 1971). Diese Selbststrukturierung auf einen bestimmten Verantwortungshorizont taucht bei Klafki wieder auf in der kategorialen Bildung. Sie meint die Gleichzeitigkeit von Erfahrung, Erlebnis, Kenntnis des Normenhorizonts, Aufarbeitung vom Objektiven her und die innere Ausgestaltung zu einem eigenen Verantwortungshorizont. *Blankertz* (ein anderer Weniger-Schüler), hat (in "Theorien und Modelle der Didaktik", S. 47) eine Zusammenstellung versucht, wie der Wissenshorizont im Sinne Derbolavs ausgedehnt wird auf den kategorialen Bildungssinn hin. Beispielsweise habe das Sachgebiet Mathematik vom Wissenshorizont her operationales Regelwissen als Inhalt, aber vom kategorialen Bildungssinn her ideale Ordnungsstrukturen (die modellartig von Plato bis Kerschensteiner in die Pädagogik eingewirkt haben). Oder das Sachgebiet Geschichte hat als

Wissenshorizont das Verstehen der Geschichte und als kategorialen Bildungssinn politische Verantwortung, denn ein bloßes Wissen über geschichtliche Vorgänge kann für Existenz und Lebenssituation erst Sinn gewinnen, wenn es in politische Verantwortung übersetzbar ist. Die Rechtskunde habe als Wissenshorizont das positive Recht, aber als kategorialen Bildungssinn die Gerechtigkeit. Im Philologischen ziele der Wissenshorizont auf Sprachbeherrschung, der kategoriale Bildungssinn auf Sprachgewissen. Das Wort Gewissen ist ein Lieblingswort Derbolavs, das dann freilich auch die Grenzen seines Konzepts kennzeichnet. Der Bildungssinn wird letztlich hingeordnet auf den Aufbau eines Gewissens. Wissen wird in seinen tieferen, wesentlichen Sinnzusammenhang gebracht. Insofern finden wir bei Derbolav eine ethisch apostrophierte Theorie. 1980 wurde von ihm noch (in König/Ramsenthaler, Diskussion Päd. Anthropologie) eine Theorie der Genese des Selbst dargestellt, über Sachlichkeit und Verantwortungsbereitschaft hinausgehend (in den Erwachsenenstufen) zur Stufe des Dienstes in der Schule des Lebens und zur letzten Stufe der Weisheit. Stufen der Selbstverwirklichung werden als Gewissenshorizonte interpretiert. Von der Inhaltseite kommt die Horizonterweiterung in Annäherung an die Curriculumtheorie zur Sprache. Die größeren Linien laufen von den "nächsten Verhältnissen", also von "Haus-, Erziehungs- und Berufsgemeinschaft" über den "Kult-- und Staatsverband", die "Völkerverbände" bis zur "Menschheit" hin (65 f.). Wir begegnen hier einem Gedanken, wie wir ihn schon wiederholt gefunden haben, besonders bei Humboldt (über Schelsky) und Kerschensteiner, der letzten Verbindlichkeit des Bildungsbegriffes im Bezug zur Menschheit. Heute kann man wahrscheinlich den Bildungsbegriff überhaupt nicht mehr anders konzipieren. Ein engerer Bildungsbegriff, also etwa "nationale Bildung", wäre hoffnungslos veraltet. Auch eine einseitige Einengung auf *eine* Kultur, und sei es auch unsere ehrwürdige abendländisch-christliche Kultur, wäre in sich, wenn sie einseitig und nur in sich geschlossen gesehen würde, obsolet. Das Zusammenleben der Menschheit auf diesem Planeten macht eine stufige Identität mit Kulturen bis zur Menschheitseinheit erforderlich. Wichtig ist für Derbolav nicht nur das Moralische im Gewissensbegriff, sondern vielmehr Identifikation als Engagement.

Klafki erkennt an, daß Derbolav über seinen Ansatz hinausgeht. Er meint, daß Derbolav ein altes platonisches Motiv, nämlich das der Versöhnung von Wissen und Gewissen, wieder aufgreife. Er zeigt sich aber insgesamt von dem Konzept von Derbolav nicht voll überzeugt. Vor allem könne man nicht alles vom sittlichen Gewissen her und auf dieses zurück interpretieren, obwohl man hier heute den Kern der Bildungsfrage sehen müsse. Der Gewissensbegriff könne nicht zur umfassenden Kategorie der Bildungstheorie oder Didaktik erhoben werden. Die geistige Welt lasse sich nicht allein als Inbe-

griff potentieller Handlungssituationen im Sinne von Gewissens- und Verant-
wortungsansprüchen deuten. Klafki weist u.a. auf die ästhetische Bildung
hin, die ja gerade eine Freisetzung bedeute. Das "ästhetische Gewissen" sei
nicht identisch mit dem sittlichen Gewissen und es sei auch fragwürdig, ob
man das Wort Gewissen hier überhaupt brauchen soll. Die theoretischen,
ästhetischen und gegebenenfalls weiteren Sinnrichtungen lassen sich nach
Klafki weder zur Deckung bringen mit dem sittlichen Gewissen noch würden
sie wechselseitig in ein eindeutiges Bezugsverhältnis zueinander zu bringen
sein. Die Didaktik solle aber solche Bezugsverhältnisse ermitteln. Man müsse
aber wohl zum Teil bei einem "Nebeneinander" bleiben, u. U. sogar mit
einem spannungsreichen "Auseinander" rechnen (vgl. N. Luhmann: Ökologische Kommunikation. 1986). Die Sinnrichtungen könnten letztlich "nur je
persönlich zur Einheit des individuellen Lebens zusammengenommen werden" (Hauptwerk 302). Bei Klafki kommt einer gewissen Ordnung doch entgegen, daß es für die einzelnen Fächer in der Schule je eine Wert-Vorzugs-
richtung gibt, die diesem Fach entspricht, beispielsweise in den künstlerischen Fächern der ästhetische Wert. Dabei sind die anderen Werte nachge-
ordnet. Man wird also differenzieren müssen, wahrscheinlich von den einzelnen Gebieten her. Das aber löst natürlich die Frage nicht, wie sie sich für ein
Gesamtkonzept von Bildung stellt.

Klafki hat (in: Studien 39 ff.) an einem Beispiel aus dem naturwissenschaftlichen Unterricht und an einem Beispiel aus dem geisteswissenschaftlichen Unterricht aufgezeigt, was er unter kategorialer Bildung versteht. Das
erste Beispiel hat er von Martin *Wagenschein*, einen Stoff für exemplarisches
Lernen im Physikunterricht der Oberstufe der höheren Schule. Das Thema
heißt: "Der Mond und seine Bewegung". Wagenschein zeigt, wie man das
Newtonsche Erklärungsprinzip der Mondbewegung zu einem geistigen Nach-
vollzug für die Schüler machen könnte in der Form, daß man sich vorstellt,
daß man von einem Gipfel aus Steine wirft und zwar immer stärker wirft, so
daß die Aufschlagorte immer weiter weg liegen. Man kann sich vorstellen,
daß man – immer größeren Kraftaufwand vorausgesetzt – schließlich an der
Erdkrümmung entlang wirft, so daß irgendwann einmal der Stein aus der
Erdanziehung derart hinaus kommt, daß er nicht wieder zurückfällt, sondern,
wie der Mond, um die Erde kreist. Dieses Modell macht verständlich, wie aus
dem Werfen ein Kreisen werden kann. Klafki kommt es nun darauf an, daß
die vier Methoden, die er als Ansätze zur Bildungstheorie kritisiert hat, als
Momente eingehen können in das Modell, daß sie dort fruchtbar werden können. Klafki faßt ja seine kategoriale Bildung als eine Art Vermittlung dieser
vier Ansätze, der zwei materialen und der zwei formalen, in einem Gesamtkonzept von Bildung auf. Hier bleibe das Moment des Objektiven, des Sachlichen im Sinne der ersten Theorie erhalten, weil es sich um einen bestimm-

ten Sachverhalt handelt, der repräsentiert werden soll; weiter das Moment des Klassischen, da die Suche nach der reinen Form im Suchen nach dem Elementaren, dem Exemplarischen, dem überzeugend Einfachen liege. Es bleibe aber auch das formale und das methodische Moment erhalten, etwa in der geistigen Selbsttätigkeit und dem im Modell enthaltenen Denkweg. So gehen die vier Ansätze als Momente ein in die Theorie der kategorialen Bildung. Sie verschwinden nicht in ihr, sondern werden in einem dialektischen Sinne in ihr aufgehoben. Jeweils das richtige Modell oder den richtigen repräsentativen Gegenstand zu finden, wäre die entscheidende didaktische Leistung. Denn von hier aus würde der Einzelne erschlossen für eine breitere Wirklichkeit, und zwar gewissermaßen auch in seinen inneren "Kategorien" (des Denkens, Erlebens, Fühlens usw.). Zugleich wird die Wirklichkeit selbst für den Betreffenden erschlossen. Dies nennt Klafki "doppelseitige Erschließung", die man "kategorial" nennen könne. (Studien 43): "Diese doppelseitige Erschließung geschieht als Sichtbarwerden von allgemeinen, kategorial erhellenden Inhalten auf der objektiven Seite und als Aufgehen allgemeiner Einsichten, Erlebnisse, Erfahrungen auf der Seite des Subjekts. Anders formuliert: Das Sichtbarwerden von 'allgemeinen Inhalten', von kategorialen Prinzipien am paradigmatischen 'Stoff', ist nichts anderes als das Gewinnen von 'Kategorien' auf der Seite des Subjekts". Klafki faßt zusammen (S. 44): "Bildung ist *kategoriale Bildung* in dem Doppelsinn, daß sich dem Menschen eine Wirklichkeit 'kategorial' erschlossen hat und daß eben damit er selbst – dank der selbstvollzogenen 'kategorialen' Einsichten, Erfahrungen, Erlebnisse – für diese Wirklichkeit erschlossen worden ist". Es kommt ihm auf die Vermittlungsstelle an, auf den Kristallisationspunkt zwischen dem Objektiven der Welt und dem Subjektiven der Person, auf den Punkt, an dem die beiden etwas gemeinsam haben (vgl. Kerschensteiners Sinnstrukturen).

Zur Vorbereitung eines kategorial fruchtbaren Unterrichts dient nach Klafki die *didaktische Analyse*. In ihr wird das kategoriale Bildungsdenken umgesetzt in die Praxis. Hier liegt die Hauptaufgabe des Lehrers. In seiner Unterrichtsvorbereitung habe er eine didaktische Analyse zu versuchen, d. h. vorwegnehmend sich vorzustellen, was da wesentlich ist für das geplante Thema und seine Vermittlung. Man solle sich dabei fünf Grundfragen stellen (Studien 135 ff.): Die *erste* Frage zielt auf das Exemplarische: "Welchen größeren bzw. welchen allgemeinen Sinn oder Sachzusammenhang vertritt und erschließt dieser Inhalt?" Der Lehrer hat ein Thema, das ihm durch den Lehrplan vorgegeben ist, oder im Fortgang des Lehrbuches, nach dem er arbeitet. Nun soll er sich diese Frage stellen, damit also einen *Zusammenhang* herstellen, der über das engere Thema hinausreicht, etwa: "Welches Urphänomen oder Grundprinzip, welches Gesetz, Kriterium, Problem, welche Methode, Technik oder Haltung läßt sich in der Auseinandersetzung mit ihm (diesem Inhalt) 'exemplarisch' erfassen?" Die *zweite* Frage zielt auf die Gegenwartsbedeutung (136): "Welche Bedeutung hat der betreffende Inhalt, bzw. die an diesem Thema zu gewinnende Erfahrung, Erkenntnis, Fähigkeit oder Fertigkeit bereits im geistigen Leben der Kinder meiner Klasse?", also: was haben meine Kinder damit zu tun, jetzt schon, gegenwärtig; und: "Welche Bedeutung sollte er – vom pädagogischen Gesichtspunkt aus gesehen – darin haben?" Also auch die Ist-Soll-Differenz sollte dem Lehrer bewußt werden. Wenn man mit Dreizehnjährigen über das Mofa redet, wird man damit rechnen können, daß die meisten Jugendlichen Interesse an diesem Thema haben, was aber z. B. für bestimmte geschichtliche oder politische Stoffe weit weniger der Fall sein dürfte. Die *dritte* Frage der didaktischen Analyse lautet: "Worin liegt die Bedeutung des Themas für die *Zukunft* der Kinder?" (137). Die *vierte* Frage richtet sich auf die Inhaltsstruktur: "Welches ist die *Struktur* des durch die Fragen 1, 2, 3 in die spezifisch pädagogische Sicht gerückten Inhalts?" (ebda). Es wird also nicht etwa gefragt nach der Bedeutung für den Fachwissenschaftler; der kann ganz andere Interessen an der Sache haben und ganz anders differenzieren. Der Inhalt wird jetzt noch einmal und zwar unter seinem Strukturgesetz betrachtet. Was dies bedeutet, wird weiter aufgeschlüsselt in Teilfragen (nach den einzelnen Momenten des Inhalts als Sinnzusammenhang, nach deren Zusammenhang, nach einer eventuellen Schichtung, nach größeren Zusammenhängen, nach vermutlichen Zugangsschwierigkeiten der Kinder und nach dem notwendigen "Mindestwissen"). Die *fünfte* Frage könnte man die Frage nach der *Vermittlung* nennen: "Welches sind die besonderen Fälle, Phänomene, Situationen, Versuche, Personen, Ereignisse, Formelemente, in oder an denen die Struktur des jeweiligen Inhalts den Kindern dieser Bildungsstufe, dieser Klasse interessant, fragwürdig, zugänglich, begreiflich, 'anschaulich' werden kann?" (140). Es geht also um die Zugänglichkeit bzw. um die Darstellbarkeit einschließlich methodischer Überlegungen. Klafki hat sein Unterrichtsplanungs-Konzept später ergänzt, etwas erweitert und differenziert (vgl. Rainer Winkel (Hg.): Didaktische Theorien, 1981 und in "Neue Studien" ... 1985, 213 ff.). Klafki bekennt sich jetzt zu einer "kritisch-konstruktiven" Erziehungswissenschaft bzw. Didaktik, verteidigt aber weiterhin den Bildungsbegriff. In seinem "Perspektivenschema zur Unterrichtsplanung" (1985, 215) hebt er außer der "Bildungsanalyse" heraus: die *Gegenwartsbedeutung*, die *Zukunftsbedeutung* und die *exemplarische Bedeutung*. Diese drei zusammen nennt er den Begründungszusammenhang oder die Begründungsproblematik. An vierter Stelle steht wie bisher die *thematische Struktur* (einschließlich Teillernzielen und sozialen Lernzielen). Neu hinzu kommt 5. *Erweisbarkeit und Überprüfbarkeit*. (Inzwischen hat sich die Curriculumtheorie durchgesetzt!). Die Fragen 4 und 5 gehören zusammen und bilden den Komplex der "Thematischen

Strukturierung und Erweisbarkeit". Dann kommt 6. *Zugänglichkeit bzw. Darstellbarkeit*, (bisher Frage fünf). Es wird nun auch auf die Medien besonders hingewiesen. Hier spürt man den Einfluß der "Berliner". Die methodische Analyse (früher im Anschluß an die didaktische Analyse behandelt) wird nun einbezogen unter 7. *"Lehr-Lern-Prozeßstruktur*, verstanden als variables Konzept notwendiger oder möglicher Organisations- und Vollzugsformen des Lernens (einschließlich sukzessiver Abfolgen) und entsprechender Lehrhilfen, zugleich als *Interaktionsstruktur* und *Medium sozialer Lernprozesse*" (215). Klafki läßt also in diesem Schema den bisher betonten Unterschied zwischen Didaktik und Methodik fallen, damit auch den Begriff "didaktische Analyse".

Aber er hält am Bildungsbegriff fest. Eine zentrale Kategorie wie der Bildungsbegriff sei notwendig, "wenn die praktisch-pädagogischen Bemühungen nicht in ein beziehungsloses Nebeneinander von Einzelaktivitäten auseinanderfallen sollen" (1985, 42 f.). Die Notwendigkeit erweise sich auch daran, daß in manchen neueren pädagogischen bzw. didaktischen Konzepten auf den Bildungsbegriff verzichtet wird, aber nicht im Sinne einer gleichsam ersatzlosen Streichung, sondern so, daß an seine Stelle, in analoger Funktion, andere Zentralbegriffe treten, Kategorien wie "Emanzipation", "Selbst- und Mitbestimmungsfähigkeit", "autonome Handlungsfähigkeit" u. ä.. Allgemeinste Prinzipien, als oberste pädagogische Lernzielbestimmungen verwendet, sollen strukturell das gleiche leisten wie die Kategorie "Bildung": Sie bezeichnen zentrierende, übergeordnete Orientierungs- und Beurteilungsmaßstäbe für die Vielzahl pädagogischer bzw. didaktischer Einzelmaßnahmen. "Ein Begriff dieser Art scheint offenbar so oder so nötig und warum dann nicht den Bildungsbegriff nehmen?" (In: König/Zedler (Hg.): Erziehungswiss. Forschung. 1982).

Einige kritische Äußerungen zur "kategorialen Bildung" die das bisher letzte beachtenswerte Konzept der geisteswissenschaftlichen Bildungstheorie ist. Die Berliner Schule (Heimann, Schulz) weist auf den hohen Abstraktionsgrad und damit den formalen Charakter des Entwurfs der kategorialen Bildung hin, die sich empirischer Nachprüfung weitgehend entziehe, die Geschichte der Bildung aus dem Blick verliere. Man spricht auch von einer Verkürzung des bildungstheoretischen auf den didaktischen Ansatz. Die sozialpolitische und sozialwissenschaftliche Kritik betont, gesellschaftliche Faktoren und Sozialisierungsprozesse würden zu wenig berücksichtigt. Andere stellen fest: Es werde nicht aufgewiesen, wie aus Erkenntnissen und Erlebnissen Haltungen resultieren können, die sich in einem richtigen Tun zu aktualisieren vermögen (vgl. *Menze* in: Handbuch pädagogischer Grundbegriffe I, 163) *Froese* (in Pleines (Hg.): Bildungstheorien, Freiburg 1978) sieht die Gefahr der Flucht in eine reduktive Bildung, nämlich aus dem

Enzyklopädismus in eine Art Elementarismus und Exemplarismus, d. h. daß man nicht mehr die Fülle der Wirklichkeit und der Welt ins Auge faßt, sondern sich auf bloße Exempel zurückzieht und meint, man habe von da aus auch gleich die ganze Welt. E.E. *Geissler* (Allgemeine Didaktik, Stuttgart 1981) meint, die kategoriale Bildung sei zwar theoretisch ausführlich diskutiert worden, habe aber nirgends nachhaltig in die unterrichtsrelevante Curriculumdiskussion hineingewirkt. Das ist ein hartes Urteil. Wir haben gesehen, daß Klafki in seinem späteren Konzept der didaktischen Analyse oder Unterrichtsvorbereitung auf alle Fälle auch curriculumtheoretische Elemente aufgenommen hat, wie auch Elemente aus der Berliner Didaktik, daß er in seiner Theorie wandlungsfähig ist. Er hat zudem sein letztes Wort noch nicht gesprochen.

II. Curriculumtheorie

Inzwischen hat es eine andere bildungstheoretische Strömung gegeben, die der Curriculumtheorie. Mit ihr hat die geisteswissenschaftliche Bildungstheorie gewisse Gemeinsamkeiten in der Affinität zur Lebensphilosophie (z. B. in der Betonung der Lebenssituationen). Zur Curriculumtheorie führen Ansätze aus dem amerikanischen Pragmatismus und der Entscheidungstheorie. Saul Benjamin *Robinsohn* (1916-1972) ist der führende Kopf der Curriculumtheorie in Deutschland. Sein Buch, das hier wegweisend geworden ist, heißt: "Bildungsreform als Revision des Curriculum" (1967). Robinsohn war Direktor des Max-Planck-Instituts für Bildungsforschung in Berlin. Er hat den Curriculumbegriff aus der amerikanischen Pädagogik in die deutsche Diskussion eingeführt. In diesem Begriff werden Lehrplantheorie, bildungspolitische Praxis (besonders als Curriculumentwicklung) und Bildungspraxis (als lernzielorientierter und kontrollierter Unterricht) eng zusammengeführt. Das Strukturkonzept Robinsohns arbeitet mit drei Klassen von Curriculumvariablen, über deren Realisation jeweils zu entscheiden ist, mit Lebenssituationen, Qualifikationen und Curriculumelementen (Bildungsreform als Revision des Curriculum, 5. A. 1975, S. 79 f.): "Da 1. das allgemeine Erziehungsziel ist, den einzelnen zur Bewältigung von *Lebenssituationen* auszustatten und 2. eine solche Ausstattung durch den Erwerb von *Qualifikationen* und Dispositionen erfolgt und 3. diese Qualifikationen wiederum durch die verschiedenen *Elemente des Curriculum* vermittelt werden, kann ein rational geplantes Curriculum nur auf der Basis einer mit optimaler Genauigkeit und Objektivität ermittelten Bestimmung jener Situationen Qualifikationen und Curriculumelemente entwickeln". Daraus folgt für die Konstruktion von solchen Curricula: "Somit scheint die Aufgabe einer systematischen Curriculumentwicklung allgemein gesprochen darin zuliegen, Hypothesen zur Identifizierung dieser drei Klassen von Curriculumvariablen und zu ihrer Verknüpfung zu formulieren und zu überprüfen" (80). Robinsohn versucht das auch an einem Beispiel zu erläutern: "Wenn wir Situationen personeller, gesellschaftlicher, politischer, beruflicher Existenz analysieren und so zu den in ihnen geforderten Qualifikationen gelangen, werden wir unterscheiden müssen zwischen den kognitiven und affektiven Strukturen, die zu entwickeln sind, einerseits und den sogenannten 'Strukturen der Wissenschaften', die zu ihrer Entwicklung vermutlich oder nachweislich beitragen, andererseits" (80 f.). Es geht also jedesmal um eine Identifikation der Lebenssituationen, in die die Jugend später vermutlich kommen wird (oder eine bestimmte Gruppe , beispielsweise in der Berufspädagogik) und wie die einschlägigen Wissenschaften darüber bereits denken. Beides ist zu erkunden. Es werden also Fachleute aus der Praxis, aus der Schule und aus den Wissenschaften benötigt, um entsprechende Expertenkommissionen und Institutionen zu begründen, die dann darüber befinden und abstimmen. So arbeitet z. B. das Bayerische Staatsinstitut für Schulpädagogik (das 1978 auf dem Sollstand von etwa 60 Referenten angelangt war [nach Klaus *Westphalen*: Praxisnahe Curriculumentwicklung. Donauwörth 6. A. 1978, S. 14]). Es arbeitete zu dieser Zeit zusammen mit rund 850 Lehrern, Didaktikern und Fachwissenschaftlern der Hochschulen. 1973 hat dieses Staatsinstitut erstmalig einen Katalog von 96 *fachübergreifenden Richtzielen* vorgestellt (ebda. S. 66-72). Diese Ziele sollen hier nicht wiedergegeben werden, aber die zwölf Bereiche in denen sie zusammengefaßt werden. Sie decken sich zum Teil mit den Sachbereichen, die uns in der Kultur- und Wertpädagogik schon begegnet sind: Person, Wahrnehmung, Sprache, Handlung, Zusammenleben, Staat, Beruf, Wirtschaft, Technik, Wissenschaft, Weltansicht, Entwicklung. Über den fachübergreifenden Richtzielen stehen die *Leitziele* (als "oberste Bildungsziele"). Sie werden nicht präzisiert. Man denkt da (nach Westphalen) an den demokratischen Bürger, eine Person mit Eigenschaften, die sie "befähigen, innerhalb einer demokratischen, industriellen und offenen Gesellschaft ihren Standort zu finden" (67). Kriterien werden dem Grundgesetz der Bundesrepublik Deutschland und der Bayerischen Verfassung entnommen. Unter den Richtzielen folgen in der Zielhierarchie die *Grobziele*. Die werden in den staatlich verordneten "Curricularen Lehrplänen" festgelegt. Die *Feinziele* für die einzelne Unterrichts- oder Bildungseinheit wird in der Regel jeweils der Lehrer selbst bestimmen nach eigenen didaktischen Entscheidungen, unterstützt von Empfehlungen oder Auswahlvorlagen, genehmigten Lehrbüchern usw. Es fallen zwar die weiterreichenden Bildungsentscheidungen auf Lehrplanebene immer noch bei den Kultusverwaltungen. Sie sind aber auf der Basis dieser Curriculumrevisionsentwicklung durch Lehrer und Wissenschaftler wenigstens vorbereitet. Sie werden in der Regel auch auf Praktikabilität überprüft und zunächst auf Probe eingeführt. Die Curriculumarbeit wird zu einer Art "rollender" Reform. Das bedeutet relativ viel Unruhe für die Praxis, worüber viele Lehrer klagen. Es bedeutet weiter die Notwendigkeit ständiger Weiterbildung für die Lehrer, die damit ein entsprechendes zusätzliches Weiterbildungsangebot brauchen. Man kann vielleicht sagen, daß die Curriculumtheorie eher eine Technik der Bildungsplanung und Entscheidungsfindung ist als eine umfassende Bildungstheorie. Aber sie hat eine breite Vermittlungsleistung zustandegebracht zwischen Theorie (mindestens einer vagen lebensphilosophischen Bildungstheorie), Bildungspolitik und Lehrplanentwurfspraxis. Das ist schon viel, wenn man bedenkt, wie weit oft die Bildungstheorien von der Praxis der Unterrichtswirklichkeit entfernt waren und sind. Es gibt daher kein Zurück hinter die Curriculumtheorie. Zusammen mit der "Taxonomie der Lernziele" fordert sie von jeder künftigen Bildungstheorie (über eine allgemeine Klärung des Bildungsbegriffes hinaus) eine konkrete Zielaufschlüsselung wenigstens auf der Richtzielebene. Dahinter zurückbleibende "Bildungstheorien" werden künftig als nicht den modernen Ansprüchen genügend, bzw. als hoffnungslos veraltet, oder als zu undifferenziert eingestuft werden. Es ist klar, daß dies einen Anspruch auch an die hier entwickelte Bildungstheorie enthält. –

Neben der geisteswissenschaftlichen Pädagogik und der Curriculumtheorie laufen eine differenzierende und eine existentielle bildungstheoretische Strömung. Die differenzierende Linie wurde vor allem vertreten von Wilhelm Flitner (1889-1989), vor allem in seiner "Theorie des pädagogischen Weges" (1950, 4. A. 1958). Er spricht zwar lieber von Erziehung (in seiner "Allgemeinen Pädagogik" oder in "Theorie des pädagogischen Weges"), entscheidet sich aber nicht streng für Erziehung oder Bildung. Jedenfalls handelt er, wie andere, von "Bildsamkeit", vom "Bildungsprozeß" und von den europäischen "Bildungswegen". Davon soll noch kurz die Rede sein. Flitner sieht die Erziehungs- oder Bildungswege differenziert und zwar im Grund immer durch den Gedanken des Berufs bestimmt. In seiner geschichtlich zurückgreifenden Art arbeitet er fünf Typen des Bildungsweges heraus, den des germanischen und später christlichen Bauern, seiner Arbeit, seiner Bräuche, seiner Wahrhaftigkeit usw., dann den des christlichen Asketen, also den Bildungsweg der christlichen Orden und der caritativ tätigen Bruderschaften, drittens den Typ des ritterlichen Weges, der ritterlichen Lebensführung (vom Pagen über den Knappen zum Ritter, später auch über "Ritterakademien"), viertens die humanistische Lebensform und Bildung (den Bildungsweg über die Lateinschule, das Gymnasium; er erzeugte den Typus des Gelehrten, des betrachtenden kritischen Denkens) und fünftens den Bildungstyp des Zunfthandwerkers. Wilhelm Flitner vermutet, daß es nicht unbedingt ein Glück sei, eher eine Gefahr, daß in der Moderne ein Typ von Einheitsbildung aufkam mit dem Ziel der Beherrschung der Technik. Das könne dahin führen, daß die Bildungslandschaft geistig verarmt (Theorie des Bildungsweges, S. 19). Die "Einheitsbildung" erzeuge das gleiche Gesicht, den "uniformen Typ". Sie sichere vor allem die Beherrschung der heutigen Technik. In den Vereinigten Staaten werde sie vertieft teils durch die puritanische Tradition, teils durch die hohe soziale Kultur, welche ihrerseits auf der Fortentwicklung ritterlicher Tugend, des Gentleman-Ideals, und auf dem politischen Ergebnis demokratischer Freiheit und Brüderlichkeit beruhe. Aber Amerika hätte sich eines dauernden Zustroms aus Europa erfreut und damit seien Bauern, Werkleute, Künstler, Wissenschaftler eingeströmt, die sich immer auf den differenzierten Bildungswegen des europäischen Lebens entwickelt hätten. Es wird die Frage sein, ob die undifferenzierte Jugendbildung aufrechterhalten werden kann, wenn nunmehr Amerika überwiegend aus seinem eigenen Nachwuchs lebt. Ob es dann nicht auch in einer solchen Industriegesellschaft Bildungsstätten und Erziehungswege wird geben müssen, durch welche die Sammlung des Geistes im humanistischen Sinn oder die Verinnerlichung einer vita religiosa frühzeitig und entschieden erstrebt werden? Man muß natürlich heute dazu sagen, daß das freiheitlich-demokratische Lebensideal jedem typisierten Bildungsideal entgegensteht, ob das nun ein allgemeiner, uniformer Typ ist oder ein berufsspezifischer. Dazu kommt, daß sich durch die Differenzierung nach Berufen und Kulturgebieten (siehe Hochschuldifferenzierung) ohnedies ein sehr gemischtes Bild in der wirklichen Bildungslandschaft entwickelt hat, weiter, daß viele Berufe selbst nicht mehr so prägnant und prägend sind wie ehedem. Dazu gehört der Berufswechsel für den Durchschnitt der Berufstätigen zum normalen Lebensgang und somit die Verarbeitung mehrerer Berufslaufbahnen, besonders auch bei Frauen und im lebenslangen Lernzusammenhang (vgl. F. Pöggeler in Röhrs/Scheuerl 1989). Dann muß man sagen, daß der Gedanke der Arbeit sich für viele immer mehr (weniger natürlich für hochqualifizierte Berufsträger) in Richtung des bloßen "Jobs" verschiebt. Auch Arbeitsplatzunsicherheit verhindert, daß man sich früh oder intensiv auf ein Berufsideal festlegt. Wie sollte man das können, wenn man gar nicht weiß, ob man in dem gewählten Beruf, selbst wenn man gut ausgebildet ist, nach vieljähriger Ausbildung und Fachstudien eine Beschäftigung findet.

III. Bildung und Existenz

Differenziert man immer weiter, so kommt man am Ende zur individuellen menschlichen Person in ihrer einmaligen "Existenz", ihren Entscheidungen und ihrer Lebensplanung. Diesem Aspekt haben sich besonders die Existenzphilosophie und Existentialpädagogik im 20. Jahrhundert zugewandt. In manchen Bereichen freilich und für manche Berufe bleibt daneben die differenzierende und konzentrierende Bildungsidee als Identifikationsangebot nach wie vor erhalten (z. B. für Priester und Ordensleute, für Offiziere, Künstler u. a.). Das Existenz-Modell hat in Schüben, zuletzt nach dem zweiten Weltkrieg, an Boden gewonnen. Hier muß der Zusammenhang zwischen "Existenz" und Bildung bedacht werden. Man kann ansetzen bei Karl Jaspers (1883-1969), der diese Beziehung ausführlicher als andere Existenzphilosophen durchdacht hat. Als führender Vertreter der deutschen Existenzphilosophie und einer "appellierenden" Auffassung dieser Philosophie, meint er, daß Bildung eine Art Boden sei und Bedingung der "Existenz". Sie sei Aneignung geistiger Gehalte, geschichtlichen Wissens, "Erfüllung der Seele mit Gestalten der Größe". Sie könne verflachen in eine "Bildungswelt" mit ihrem "scheinbaren Allesverstehen" und dem Steckenbleiben im Wissen. Sie könne sogar zu einer Art "Religion der Bildung" werden mit jener "öffentlichen Unwahrheit, die Kierkegaard und Nietzsche beschwörend offenbar machten, aber ohne sie besiegen zu können". Denn diese Bildungsreligion, meint Jaspers, habe standgehalten bis heute. Sie verhindere den "geistigen Ernst" (Was ist Erziehung? dtv-Tb. 1617, S. 127). "Immenses historisches Wissen und Verstehen verwechselt sich mit eigener Wirklichkeit. Alles wurde Kulisse, alles wie Theater" (128). Das ist natürlich auch ein Stück Kritik an der neuhumanistischen und altväterlich geisteswissenschaftlichen Bildungswelt. Alles werde nur geschichtlich wahrgenommen und nachgefühlt, aber eigene Wirklichkeit, eigene existentielle Tat fehle meist. Alles werde unverbindlich, man lasse sich unterhalten und genieße das Sicherregenlassen. Es fehle an Beteiligung und Betroffenheit. Die Härte und der Realismus des Heroischen gehe verloren. Das sind allerdings Töne, die auch in anderen Zusammenhängen aufgetreten sind (in rechts- und linksradikalen "Welten", bei Nietzsche u. a. revolutionären Denkern). *Existenz* reiße aus dem ästhetisch-Unverbindlichen heraus, fordere Entscheidung, Zerschlagen der Form. Die Spannung der Existenz wachse mit dem Umfang und der Höhe der Bildung. Hier sieht Jaspers eine Funktion der Bildung für Existenz. Auf diesem Wege gebe es die Möglichkeit ihrer "Steigerung zur klarsten Entschiedenheit" (13). Aber Bildung und Existenz bleiben zwei verschiedene Dinge.

In einer ähnlichen Weise hat Otto Friedrich Bollnow, (geb. 1903) versucht, Philosophie und Pädagogik auf existentieller Grundlage zusammenzusehen. Ausgehend von lebens- und existenz-philosophischen Gedanken, weitergehend zu phänomenologischen Arbeiten, begründet er eine "anthropologische Betrachtungsweise der Pädagogik" und kreiert die sogenannten "unstetigen Formen der Erziehung", die über die "stetige"Arbeit der Bildung hinausgehen und den Menschen via Ermahnung und Appell ansprechen. Vor allem ist ihm der Begriff der "Begegnung" zum Zentralbegriff geworden, der auch das existentielle Moment ausdrücken kann. Begegnung ist bei Bollnow ein unvorhergesehenes und unvorhersehbares Stoßen auf etwas, das einem schicksalhaft entgegentritt, das einen zwingt, sich neu zu orientieren. Ein "unstetiges" Ereignis also ist Begegnung, das erschüttert und zu einem neuen Anfang zwingt. Der Mensch wird auf die Probe gestellt, nämlich auf eine Probe seiner Echtheit. Solche Begegnung kommt bei Bollnow in Konflikt mit der Bildung. Die Ordnung des harmonischen Nebeneinander wird durchbrochen. Der Härte der Begegnung gegenüber verliert alle harmonische Ausbildung ihren Sinn. Die Unbedingtheit des Anspruchs der Begegnung fordert heraus, mit seiner ganzen eigenen Existenz zu antworten (Existenzphilosophie und Pädagogik, Urban-Tb. Nr. 40, S. 98 ff.). Trotzdem sollen Begegnungen durch Bildung vorbereitet, ermöglicht werden. Der Unterricht muß die Breite der Möglichkeiten durch bloße Information bereitstellen, "vor dem jungen Menschen ausbreiten, innerhalb derer es dann zur Begegnung kommen kann" (123). Bollnow spricht von der "Vorläufigkeit aller bloßen Bildung", von ihrem "vorbereitenden Charakter" (124), daß sie nicht mehr das letzte Ziel der Erziehung darstellen könne.

Vermittelnder als Bollnow geht Romano *Guardini* (1885-1968) vor, Inhaber eines für ihn geschaffenen Lehrstuhl für "christliche Weltanschauung" an der Universität München, auch als Jugendführer bekannt geworden (Quickborn, Burg Rothenfels, liturgische Bewegung) und durch seine Beiträge zur Geistesgeschichte und Literaturdeutung. In einer Schrift zur "Grundlegung der Bildungslehre" (1928, 4. A. 1959) fragt Guardini nach dem "pädagogisch-Eigentlichen". Er sucht nach einer dialektischen Vermittlung zwischen Bildung und Begegnung. Mit Bollnow zusammen hat er eine kleine Schrift herausgegeben unter dem Titel "Begegnung und Bildung" (2.-A. 1960). Bildung entwickelt Guardini vom Bildbegriff her. Sie sei ein menschliches Bild-Werden, getragen durch eine dreifache Initiative: im biopsychischen Bereich durch die Initiative des Lebendigen, einem "aus dem Inneren des Individuums entspringenden Impuls, sich zu erhalten, zu behaupten und auszuwirken" (Grundlegung S. 24). Dies sei ein biologischer Impuls. Wie alle Lebewesen habe ihn auch der Mensch. Im geistigen Bereich werde das Bild-Werden getragen durch eine Initiative des Geistes, der Erkenntnis, Freiheit und Tat. Diese Initiative sei schöpferisch: schöpferische Entscheidung, schöpferischer Ausdruck eines gottähnlichen Wesens. Schließlich wirke im religiösen Bereich die Initiative des Lebens aus Gottes Willen. "Das Bild entspringt nicht mehr autonom im Geist, sondern im Verhältnis zum schöpferischen und gesetzgebenden Willen Gottes" (26). Der Ausgangspunkt dieser dritten Initiative liegt durch den Menschen hindurch im Heilswillen Gottes selbst (vgl.

Eggersdorfer). Das "Bild" enthalte den Inbegriff der Wesensbestimmungen und Wertaufgaben dessen, was der Mensch sein soll.

Gegen diesen grundlegenden Bild- und Bildungsbegriff erfolgt nach der Ansicht von Guardini mit Sicherheit Einspruch, nämlich: was ist das "rechte Bild"? Vielleicht gibt es überhaupt kein geschlossenes Wesensbild des Menschen oder dieses einen Menschen. Was dem Menschen *begegnet*, ist doch immer das Konkrete. Dabei geht es um Bewältigung und Bewährung in der *Situation*. Erst in dieser Auseinandersetzung wird etwas. Da ist man weit weg von vollkommenem Bild und Harmonie. Da ist Kampf und Sieg oder Untergang, wenigstens aber Grenze. Was nottut, ist Mut zum Wagnis. Auf die Fruchtbarkeit der Grenzsituationen und Krisen hat die Existenzphilosophie hingewiesen. Um sie zu bewältigen oder durchzustehen braucht es Mut. Deshalb ist Mut die Grundtugend, auf die es ankommt. Das ästhetische Bild und Bildungsdenken, das eher statisch ist, müsse ergänzt werden durch den dynamischen, existentiellen Bewährungsgedanken. Beide sind für sich genommen gefährlich. "Die tiefste Gefahr des Bildwillens ist die Heranziehung des 'vollkommenen Wesens', des ganz schönen Menschen; des göttlichen Menschen: die Hybris des Halbgottes. Die aktualistische Geisteshaltung (also die dynamische der Bewährung, d. Verf.) hingegen splittert das Dasein auf, atomisiert es. Sie vermag keine Kontinuität zu sehen und zu schaffen: des Weltganzen; der Gesellschaft, der Geschichte; des Werkes; der Tradition. Dadurch, daß aller Zusammenhang nur in 'Hoffnung' steht, im 'Anderen', fällt ihr die Kontinuitätsfunktion im Sein und Tun aus" (35). Guardini versucht, beide Momente zusammenzubinden. Das "Pädagogisch-Eigentliche" liege "im dialektischen Schnittpunkt der beiden Bestimmungssysteme" (36), also zwischen Bildwillen und Bewährung. Es könne "in einem einheitlichen Begriff nicht mehr erfaßt werden" (37). Man könnte vielleicht an Lebensgestalten denken, etwa an Thomas Morus oder Albert Schweitzer.

Aber auch mit dieser neu gewonnenen Vermittlung sei der Gipfel noch nicht erreicht. Was erst noch voll zur Geltung kommen müsse, sei der Gegenstand. Es komme darauf an, den Gegenstand zu finden, "der ein Recht hat, vom Individuum zu fordern, daß es ihm diene" (38). Erziehung bedeute hier die Hinführung zum richtigen Verhältnis zu den Gegenständen: den Ideen, Normen, Werten, leblosen und lebendigen Gegenständen, den Menschen, der Geschichte, der objektiven Kultur, dem Du und dem Wir, den religiösen Wirklichkeiten, Gott. Sie verlangen, von mir anerkannt zu werden, in mich eingelassen zu werden. Sie "verlangen Hingabe, Dienst" (39). Während alles, was oben besprochen worden ist, noch in gewissem Sinne personimmanent ist, auf die Person rückbezogen, also Bildung und Bewährung, kommt hier ein transzendierendes Moment hinzu, ein Sich-Überschreiten hin auf den Gegenstand zu, auf Dienst. Der einzelne Mensch besitze Freiheit, "seinen

Schwerpunkt zu legen" (44), in den Begriff des Bildes oder in den der Bewährung, der Bewegung, oder in den des sachlichen Dienstes. Hier falle die letzte Entscheidung. "Immer aber muß ich die übrigen Momente mit ihrer Dialektik in etwa hereinziehen, weil nur so die Totalität des konkreten Lebens gewährleistet wird" (45). Der Totalitätsbegriff Humboldts erscheint wieder, nun in einem anderen Licht. Mit diesem Gedankenbau schließt Guardini seine Grundlegung der Bildungstheorie. Für Guardinis Bildungsdenken ist weiter wichtig das Büchlein über "die Lebensalter, ihre ethische und pädagogische Bedeutung" (5. A. 1959), in dem er die existentielle Bildungstheorie auslegt auf die menschliche Biographie, über Schul- und Jugendwelt hinaus auch auf die Erwachsenen-Lebensphasen mit ihren jeweiligen Krisen und neuen Gestaltungen, ihren Durchgängen bis ins hohe Alter. Da liefert er so etwas wie eine Grundlegung für die Erwachsenen- und Altenbildung, eine der ersten Konzepte einer Anthropologie des Erwachsenen und des alten Menschen.

Einen ähnlichen "gegenständlichen" Schwerpunkt wie Guardini finden wir bei Theodor *Ballauff* in seiner "Systematischen Pädagogik" (Heidelberg 1962). Ballauff schließt sich an Heidegger an, den neben Jaspers bedeutendsten deutschen Existenzphilosophen. Er fordert eine Pädagogik der Sachlichkeit und der Mitmenschlichkeit. Man solle nicht reflexiv sich selbst suchen, sondern sich um Selbstlosigkeit bemühen, ein Anwalt des Seins von Sachen, Wesen und Mitmenschen werden. Dazu soll sich der Mensch vor allem dem Denken und der Wahrheit erschließen. Dann werde er frei zum selbstlosen Werk und zur Menschlichkeit, denn "ich bin das, zu dem ich stehe und was ich verantworte" (25). Ballauff wendet sich ziemlich aggressiv gegen Kerschensteiner und seine Persönlichkeitsbildung, obwohl er, was die praktischen Bildungs-Prinzipien betrifft, diese fast unkritisch übernimmt. Im Grund hat Ballauff in seinem Begriff von Mitmenschlichkeit und Sachlichkeit viel von dem aufgenommen, was Kerschensteiner in seiner Orientierung auf Arbeit und konkrete Mitmenschlichkeit schon vertrat. Sonst hätten ja auch Kerschensteiners Prinzipien nicht so gut in Ballauffs System (die erste Auflage, später finden sie sich so nicht mehr) gepaßt. Zur Kritik der Sachlichkeit hat sich u. a. Jürgen-Eckhardt *Pleines* geäußert (Heidelberg 1971, S. 78-92). Der Begriff Sachlichkeit sei vieldeutig und sogar gefährlich, etwa wenn man sagt: Da darf jetzt das Persönliche keine Rolle spielen; die Sache ist entscheidend. Hans-Eduard *Hengstenberg*, der sich für eine Ethik der Sachlichkeit eingesetzt hat, hat zugleich aber den Primat der Person vertreten. Wenn eine Differenz bestehe zwischen einem sachlichen Anspruch und einem persönlichen Anspruch, müsse immer zuerst der persönliche Anspruch geprüft werden.

Einige abschließende Bemerkungen zu den angesprochenen Theorieansätzen. Man kann erkennen, daß die "kategoriale Bildung" eine didaktische Konzentration der Bildungsidee meint. Ein Forschungs- und Suchprogramm führt wohl immer auf das Exemplarische bei dem Versuch, die (wachsenden) Stoffmassen zu bewältigen, sie zu reduzieren auf das, was pädagogisch notwendig und möglich ist. Hier liegt der Grundgedanke des kategorialen Bildungsschemas. Was die Curriculumtheorie betrifft, so ist sie noch enger, im Grunde eher eine Planungstheorie, Entscheidungstechnik und Kontrollinstrument. Sie ist aber immerhin ein interessanter und heute nicht mehr zu übergehender Weg, der zur rationalen Curriculumgestaltung und Lernzielorientierung geführt hat. Die Existentialpädagogik bringt als Grundgedanken eine Transzendierung der bisherigen Bildungsidee, vor allem der Bildungsidee des Neuhumanismus und der Kultur- und Wertpädagogik, nämlich hin zur konkreten Situation des einzelnen Menschen, mit all den Schwierigkeiten, die für die Theorie in dieser Wendung stecken. Alles verweist hier auf die Freiheit und Verantwortung des einzelnen. Durch ihren appellierenden, "unstetigen" Akzent fällt die ganze Masse der alltäglichen Schularbeit, auch der regelmässigen, "stetigen" Jugendarbeit, Hochschularbeit, Weiterbildung, aus ihrem Horizont. Sie macht zurecht aufmerksam auf das Elend einer bloß mechanischen Bildungsarbeit, die kaum mehr Begegnungen, Erlebnisse und Wertgestalten vermittelt und damit auch den Mensch-Weltbezug reduziert. Ihre wichtigste Wirkung liegt wohl im Praxis-Impuls (Sachlichkeit, Dienst, Engagement).

Es wird hier schon deutlich, daß die gewonnene Einsicht in die Komplexität der Bildung eine komplexere begriffliche Fassung und sowohl differenziertere als auch curricular klarer ausgelegte Dimensionierung verlangt. Einflüsse gegenwärtiger Zeitströmungen, auch soziologischer, wissenschaftstheoretischer, schultheoretischer und schulplanerischer, also nicht unmittelbar bildungstheoretischer Art ("kritischer" wie "orientierender" u. a. Schulen und Denker), werden im folgenden systematischen Hauptteil unmittelbar einbezogen. Dieser erste Teil sollte nur wesentliche Zugänge zu diesem Hauptteil eröffnen und erhellen. Sein Zweck war nicht ein umfassender historischer Überblick. Dies würde auch den Rahmen unseres Theorieversuchs sprengen.

Die persönliche Kultur läßt sich nicht isolieren
von der Gruppenkultur; diese wiederum
kann nicht losgelöst werden von der
Gesamtkultur der Gesellschaft.

T.S. Eliot

2. Teil: Theorie

Wesen und Dimensionen der Bildung

In diesem Teil zielen wir auf das "Wesen" von Bildung, d. h. auf systematische Begründung, Fassung und Dimensionierung des Bildungsbegriffs. Es geht um das Erkennen der überhistorischen Konstanten, der Kategorien, der Dimensionen von Bildung. Die Strukturen von Bildung an sich sollen freigelegt und beschrieben werden. Das leitende Prinzip ist nun nicht mehr Rezeption, sondern Rationalität. Eine rational, d. h. theoretisch begründete Definition von Bildung wird angestrebt, ein Begriff von Bildung, der das Phänomen und den Wert Bildung über die historischen und regionalen Bedingungen hinaus aufhellt.

Damit dieser Begriff in seiner erkenntnistheoretisch notwendigen Reduktivität nicht bloß Idee und Prinzip von Bildung "philosophisch" faßt, soll der Zusammenhang mit der Bildungspraxis durch klare Zieldimensionierung zu konkretisieren versucht werden. Es muß also die Differenzierung der in der Bildungsdefinition angesprochenen Leitziele bis auf eine Taxonomie der dimensionalen Richtziele versucht werden. Auf diese Weise wird die Bildungsidee als eine handlungsleitende Idee für die kollektive und die individuelle Bildungsarbeit curriculumrelevant und praktisch anwendbar, bleibt also nicht nur oberstes Kriterium, sondern wird ein konkretisierbares Angebot für die Bildungsplanung jedes Bildungssystems und jedes bildungsorientierten Menschen.

Die Suche nach dem "Wesen" schließt die nach System, Struktur und Entwicklung also ein, nicht in einem veralteten Substanzdenken aus. Die gesuchte "Definition" ist daher entschieden vielstrahliger als alte lehrbuchartig reduzierte Kurzfassungen, die nur in einem geschlossenen Begriffssystem funktionieren. Sie muß sich vielmehr im offenen Sprachhorizont des Bildungswesens und der dieses reflektierenden Wissenschaften bewähren können und soll zugleich "philosophisch" jedem interessierten "Laien" zugänglich sein. Angesichts des Reichtums der Bildungslandschaft wird sich freilich nicht alles extensiv darstellen lassen. Manches wird eher "konnotativ" andeutbar sein. Die wichtigsten Strukturlinien werden andererseits nur über die Anstrengung des Gedankens sichtbar und einleuchtend werden. Diese Anstrengung können wir uns daher von Anfang an nicht ersparen.

5. Kapitel: Theoretische Grundlegung

I. Zur ontologisch-metaphysischen Grundlegung der Bildungstheorie

Wir beginnen den systematischen Teil mit den schwierigen Überlegungen zur ontologischen und metaphysischen Begründung der Bildungslehre. Wir haben gehört, daß, wenn es noch einmal eine Bildungslehre geben soll, sie wohl nur möglich sei auf dem Boden einer Metaphysik. Beginnen wir daher bei einer philosophischen Schule, die hier noch Mut und geistige Kraft aufweist, wie sie sich in Walter *Brugger's* "Philosophischem Wörterbuch" (14. A. 1976) darstellt. Brugger und Lotz sind Vertreter einer Philosophie auf christlicher Basis, aber einer philosophischen Seinslehre, die mit der natürlichen Vernunft arbeitet. Sie legt also Wert darauf, daß nicht Glaube und Offenbarung zugrundegelegt werden, sondern das natürliche Denken. Die Wissenschaft vom Sein und seiner letzten Ursache heißt von Aristoteles her "Metaphysik", weil sie nach der Physik von ihm behandelt worden ist, also ein sehr äußerlicher Gesichtspunkt. Das Wort hat aber dann den Sinn gewonnen, daß etwas, was hinter dem physikalisch, dem empirisch-erfahrbar Gegebenen liegt, nämlich daß alles, was ist, ein Sein hat und daß man davon eine letzte Ursache denken kann, daß das die letzten Möglichkeiten unseres Denkens überhaupt sind. Es geht in der Metaphysik um die letzten, obersten möglichen Begriffe der Philosophie. Man unterscheidet dann, ob man mehr auf das Sein der einzelnen Seienden achtet, also des Erfahrbaren (Ontologie), oder im Sinne "natürlicher Theologie" auf die Ursache allen Seins, das Absolute. Innerhalb der Seinslehre oder Ontologie ist die Lehre von der *Welt* die umfänglichste, die sich denken läßt. Innerhalb dieser Lehre von der Welt ist ein wichtiger Teil die Lehre vom Menschen, die philosophische Anthropologie. Daß die philosophische Anthropologie hier für uns interessant ist, ist, meine ich, für jeden unmittelbar einsichtig, denn es geht ja um Erziehung und Bildung von Menschen. Daß das, was außerhalb des Menschen in der Welt noch geschieht und was Welt bedeutet, interessant sein kann und interessant sein muß, geht aus unseren bisherigen Überlegungen hervor. Ich darf zurückblenden auf Wilhelm von Humboldt. Da hieß es, daß der Ich-Welt-Bezug das Fundament sein muß für eine Theorie der Bildung und für die Bildung als praktische Wirklichkeit. Dabei kommt es Wilhelm von Humboldt vor allem auf die "Verknüpfung von Ich und Welt" an, auf ihre Wechselwirkung. "Einheit und Allheit", die "den Begriff der Welt" bestimmen, können zur Stärkung der Kräfte des individuellen Geistes führen, wenn er sich auseinandersetzt mit der Welt als Ganzem. In diesem Sinne ist also Welt der eine, einzig richtige und notwendige Gegenstand für den Menschen, der sich bilden will. Er muß sich mit dem Ganzen der Wirklichkeit auseinandersetzen. Er muß den Realitätsbezug optimieren. Er muß die gesamte Realität als Gegenstand zu einer Konfrontation zulassen. Er darf also gewissermaßen nichts verdrängen, er muß die gesamte Wirklichkeit zunächst einmal akzeptieren, ihr ins Auge sehen. Darum geht es im Bildungsprozeß. Es ist also nicht ein vordergründiges Wissen, ein Ansammeln von bloßen Wissensmengen, was Bildung heißen kann, sondern eben dieses auf die Gesamtheit der Welt zugehen, sie ins Auge fassen, mit ihr "konspirieren", mit ihr in "Resonanz" kommen, sich mit ihr "auseinandersetzen". Auch von Willmann kann man sagen, daß er das Ganze der Philosophie und auf diesem Wege der rational erfaßbaren Welt in den Mittelpunkt seiner Überlegungen stellt. Hamann erklärt: "Willmann stützt seine Pädagogik als Wissenschaft auf die Begriffe Welt und Leben. Daher hat Willmann seine Erziehungs- und Bildungslehre durch eine Anthropologie, durch eine Erkenntnislehre, durch Metaphysik und eine metaphysisch fundierte Wertlehre unterbaut" (83 und 85 ff. in Hamann 1965). Selbst für Kerschensteiner, der gewiß weniger Metaphysik heranzieht, meint doch sein Kritiker Theodor Wilhelm (in: Scheuerl (Hg.): Klassiker der Pädagogik, Bd. 2, München 1979), daß er eine ganze Reihe von Metaphysiken verwende, z. B. eine Staatsmetaphysik und eine Berufsmetaphysik. Wenn das auch bei Theodor Wilhelm nicht gerade freundlich gemeint ist, sondern eher abwertend (wie ja der Begriff Metaphysik nicht selten, besonders von Philosophen, die glauben, man könne rational überhaupt nicht erreichen, was die Metaphysik will, abwertend gebraucht wird), so verwendet doch Wilhelm selbst in seiner "Theorie der Schule" auch eine Metaphysik, nämlich die Schopenhauers (allerdings "halbiert", nämlich: Schopenhauer hat über "Welt als Wille und Vorstellung gehandelt, während Wilhelm sich nur auf die Vorstellungswelt stützen will). Es zeigt sich vielfach, daß Leute, die sich gegen die Metaphysik wenden, oft in ihre Gedankengänge selbst metaphysische Überlegungen einbringen, die sie dann nur nicht bis zur Klarheit und Deutlichkeit reflektieren und präzisieren. Ich möchte ausgehen vom Begriff der Welt, weil mir scheint, daß von hier am leichtesten noch ein Zugang zur Metaphysik heute möglich ist. Ich glaube auch, daß größere Klarheit darüber, wie das Verhältnis zwischen Selbst und Welt gesehen und gedacht werden kann und soll, auch dazu verhilft, über Bildungsprobleme wie über die Möglichkeiten des Menschen in der Welt überhaupt besser Bescheid zu wissen. Dieser Weltbezug scheint auch in einer ganzen Reihe von Begriffen schon vorgegeben, die in der Bildungslehre gewöhnlich verwendet werden, oder in Aussagen über das, was Bildung heißt, z. B. in Begriffen und Wendungen wie Weltoffenheit, umfängliches Weltbild, Weltwissen, Welthorizont. Hans Meyer handelt in seiner fünfbändigen Geschichte der abendländischen "Weltanschauung" in der Hauptsache über Geschichte der Philosophie. Er definiert Philosophie als "Weltanschauungslehre", näherhin als "wissenschaftliche Weltanschauungslehre", obwohl er in seiner Geschichte auch die Weltanschauungen großer Dichter behandelt, weil er der Ansicht ist, daß da auch Erkenntnisse und Wahrheitsgehalte zu finden sind, die man durchaus für den Aufbau eines Weltbildes verwenden kann. Die Begriffe Selbst und Welt hängen schon daher zusammen, weil man Selbstrealisation, die ja auf gleicher Linie mit Bildung liegt, nur denken kann im Rahmen von Realisation überhaupt und zwar von Realität des Ganzen. Ich bin als einzelner, als Ich, als Selbst, immer nur Teil des Ganzen oder der Welt. Wenn ich das Ganze verstehe, falls das möglich ist, und seinen Sinn verstehe, verstehe ich auch mich besser und meinen Sinn. Daher kann der Versuch, die Welt als das Ganze der Wirklichkeit zu verstehen, sinnvoller Weise am Anfang stehen. Dieses Nachdenken über das Ganze, über die Welt, hat die Ontologie am höchsten kultiviert.

Welt im weitesten Sinne meint alles Seiende, alles was wirkt und wirklich ist. Im metaphysischen Sinn werden gewöhnlich die geschöpflichen Seienden zusammen als Welt bezeichnet und vom absoluten Sein, der Allursache, unterschieden, dieser Allursache gegenübergestellt. Die modernen ontologischen Ansätze gehen eher aus von der Einheit und dem Zusammenhang alles Seienden und sind zunächst zum Teil bewußtseinsimmanent, also im Sinne von Welt als Entwurf des Bewußtseins, oder realistisch, ausgehend von der Realität des Kosmos und dann weiterschreitend zu anderen Dingen, die offenbar auch Wirk-samkeit haben. Ich möchte hier *Welt* verstehen in einem dreifachen Sinne. Bei "Welt" ist zu denken erstens an *physikalische Wirklichkeiten*, die also über physikalische Methoden erfaßbar sind, zweitens an *psychische Wirklichkeiten*, die durch psychologische Forschungsverfahren feststellbar sind, und drittens an *geistige Wirklichkeiten*, die sich geisteswissenschaftlichen Methoden als identifizierbar und verstehbar erweisen. Sie alle sind in dem Sinne "wirklich", daß sie selbst Wirkungen zeigen, daß von ihnen Wirkungen ausgehen, daß sie einwirken auf andere Seiende, auf andere Wirklichkeiten. Die Einschränkung des Wirklichkeitsbegriffs nur auf das, was man mit Sinneswahrnehmungen erfahren kann, ist längst überholt. Dies wäre bloß die physikalische Welt und die nur eingeschränkt. Diese Form des Materialismus ist philosophisch und wissenschaftlich völlig veraltet. Denn selbst in der physikalischen Welt sind eben nicht nur Gestein, Licht und Leben wirklich, sondern auch Kräfte und Kraftfelder, beispielsweise Schwerkraft oder magnetische Felder. In der psychischen Welt sind nicht nur die beobachteten Verhaltensreaktionen wirklich, wie der strenge Behaviorismus meint, sondern es sind auch Empfindungen sehr deutlich wirklich, z. B.

Zahnschmerzen oder Lust, psychisch wirklich, weiter Vorstellungen, aber auch Dispositionen z. B. Wahrnehmungsfähigkeit, Erinnerungsfähigkeit. Am meisten Nachdenken erfordert die Erkenntnis der dritten Art von Wirklichkeiten. Sie sind, selbst für viele Wissenschaftler und Philosophen, nicht ohne weiteres als Realitäten gegeben, aber trotzdem gelten sie, auch bei kritischen Philosophen, heute als Realitäten der geistigen Welt. Theorien, Mythen, Dichtungen, soziale Institutionen, Ideen, Werkzeuge, wissenschaftliche Probleme sind nicht identisch mit psychischen Vorgängen. Sie sind wohl durch psychische Vorgänge entstanden und werden von ihnen "getragen", aber sie haben ihre eigene Realität und wirken fort, auch unabhängig von ihren Erzeugern und über die Zeit hinweg. Ob nun einige Zeit eine Theorie aufgegriffen wird oder nicht, ist dabei völlig belanglos, ebenso ob bestimmte Werke der Dichtung von Menschen erlebt werden. Wenn sie nur in irgendwelchen Zeichen niedergelegt sind, so können sie irgendwann wieder von Menschen aufgenommen werden und sind dann unter Umständen wieder voll wirksam. Es ist also eine eigene Wirklichkeit, die im sogenannten "objektivierten Geist" gegeben ist und das, was im augenblicklich lebendigen geistigen Leben als "objektiver Geist" existiert. Das hat schon Hegel entwickelt und hat dann Nicolai Hartmann differenziert. Wichtiger ist heute wohl, einzugehen auf eine moderne Welttheorie, die von Karl *Popper*, dem führenden Kopf des kritischen Rationalismus. Er betont den Wirklichkeitscharakter nicht nur der physikalischen, sondern auch der psychischen und der geistigen Welt und spricht in dieser Reihenfolge von "Welt 1", "Welt 2" und "Welt 3". Er meint mit Welt 1 die Gegenstände der physikalischen Welt, Stoffe, Kräfte, Kraftfelder (hier ist Popper Fachmann; er hat eine "Logik der Forschung" auf der Basis der Physik geschrieben). Mit "Welt 2" meint Popper die Welt der psychischen Zustände (Bewußtseinszustände, psychische Dispositionen und unbewußte Zustände) und mit "Welt 3" die Inhalte des Denkens und die Erzeugnisse des menschlichen Geistes. Er exemplifiziert die "Welt 3" gerne mit "Theorien", aber auch mit Kunstwerken und Institutionen. Hier in "Welt 3" wäre wohl der Ort für das, was wir Bildungssystem nennen. Bildung würde sich in der Hauptsache ereignen in "Welt 2". Denn es sind psychische Zustände und Bestände, die sich da verändern. Insofern ist für uns das Verhältnis von Welt 3 und Welt 2 von besonderer, zentraler Bedeutung für jede pädagogische Theorie. Poppers Drei-Welten-Theorie ist entwickelt in "Objektive Erkenntnis", kürzer und erweitert neuerdings in Popper/Eccles: "Das Ich und sein Gehirn" (2. A. München 1982). Popper interessiert vor allem, wie die drei "Welten" miteinander in Beziehung stehen, wie sie aufeinander einwirken. Die zentral vermittelnde Stellung hat die Welt 2. Sie steht nämlich mit Welt 1 und mit Welt 3 in Wechselwirkung. Dagegen wirken Welt 1 und Welt 3 nicht unmittelbar aufeinander, sondern über Welt 2. Popper geht in der Hauptsache von der Evolution aus. Er sieht die Evolution des Menschen als eine Art Aufschaukeln zwischen Welt 2 und Welt 3, wobei auch in Welt 1, vor allem das menschliche Gehirn, verändert wird. So kommt Popper zum Beispiel zu dem Schluß, "daß der Mensch sich durch die Schaffung der darstellenden Sprache und damit der Welt 3 selbst geschaffen hat" (Ich und Gehirn, 665). Sein Gesprächspartner, der bekannte Gehirnforscher John Eccles, stimmt mit Popper hinsichtlich der Drei-Welten-Theorie weitgehend überein, betont aber noch stärker die Rolle des "selbstbewußten Geistes" (das ist Eccles' Lieblingsausdruck für Welt 2). Er beachtet vor allem dessen freie Aktivitäten im Verhältnis zum Gehirn. Beide Autoren betonen die Rolle des Menschen in der Welt, seine geistigen und schöpferischen Möglichkeiten, seinen Wert und seine Verantwortung. Beide bekennen sich zum Humanismus, zur menschlichen Vernunft, zur Wissenschaft und zu anderen menschlichen Leistungen und wollen der Herabsetzung des Menschen entgegentreten. Ihr gemeinsames Werk ist ein Dokument heutiger Kooperation zwischen Philosophie und Fachwissenschaft auf der Suche nach einem zeitgemäßen Weltbild und für alle pädagogischen Disziplinen von erheblicher, grundlegender Bedeutung.

An dieser Stelle möchte ich auch kurz eingehen auf die Möglichkeit, die Begriffe "Welt" und "Weltbild" individuell zu verstehen, also in Abhebung von dem objektiven, allgemein bedeutsamen Weltbild, als Welt eines einzelnen, als eine konstruktive Leistung dieses einzelnen. Ich denke z. B. an die Welten der Dichter. Nehmen wir z. B. die Welt Kafkas. Hier wird eine Fülle von persönlichen Erfahrungen und objektiven Daten zu einer Weltsicht verschmolzen, mit Elementen wie etwa existentielle Angst, Übermächtigung des einzelnen durch Heraufkommen der Superstrukturen, brilliante Detailbeobachtungen in der Welt der Junggesellen, jüdische Sonderwelt, Welt der Klagenden und der Angeklagten. Insofern ist die Welt, die Kafka uns zeigt, in ihrer Kombination etwas Hochindividuelles, eine Mischung aus Erfahrung, Gefühl, Meinung, Wahrheit, jedenfalls eine unverwechselbare Eigenwelt, ein, wenn auch reduzierter, Weltentwurf. Auf diese Weise entstehen Sonderwelten, die das Gesamt an "Welt 3" entschieden erweitern, Erlebensmöglichkeiten für alle eröffnen, denn jeder von uns kann sich ja für einige Zeit auf solche Welten einlassen. Es gibt auch Erweiterungen des Weltbegriffs durch Musiker und bildende Künstler. Man spricht etwa von der Welt Bachs, oder der Welt Leonardo da Vincis, oder denkt auch an Welten dichtender Denker, wie die Nietzsches, Rilkes, Hesses, Brechts; durch Begegnung mit solchen Sonderwelten können wir etwas erfahren von dem, was Wirklichkeit und Welt alles sein kann. Hier scheint auch der berechtigte Kern zu liegen dessen, was Hans Meyer anstrebte, nämlich künstlerische Weltsichten mit Philosophien in einer Theorie der Weltanschauung zusammenzusehen (vgl. heute auch N. Goodman: Weisen der Welterzeugung. Frankfurt 1984).

Zur Bedeutung der Metaphysik sind noch einige Anmerkungen notwendig. Die Weltenlehre Poppers hebt sich wie die Seinslehre Nicolai Hartmanns von der Antimetaphysik Kants und seiner Nachfolger ab. Dort wird Bewußtsein als das letzte angesehen. Man kann heute mindestens von einem neuen Realismus sprechen. Die Realität des Seienden (außerhalb des Bewußtseins) wird wieder als erfahrbar und erkennbar akzeptiert und damit wenigstens die Ontologie als erste Philosophie wieder breiter anerkannt, nicht unbedingt die gesamte Metaphysik, besonders nicht gern die Gotteslehre. Freilich sind die schwierigsten Probleme der Seinslehre wohl nicht ohne haltungsmäßige Vorentscheidungen klärbar, dann aber dem Denken durchaus zugänglich. Antimetaphysik wird heute selbst als eine Form metaphysische Weltanschauung erkannt. "Keineswegs", schreibt *Schleissheimer* (in: Beck (Hg.): Philosophie der Erziehung 1979, S. 167), "ist die Anti-Metaphysik problemloser als die Metaphysik, der sie entgegengesetzt wird", weil sie nämlich mit den gleichen Problemen zu kämpfen hat. "Die Alternative heißt also keineswegs Metaphysik *oder* Wissenschaft, sondern Metaphysik oder fraglose Hinnahme einer Weltanschauung". Verzicht auf Metaphysik und Ontologie ist somit eine Art halbierter Rationalismus, der irgendwo aussetzt und die letzten Fragen auf sich beruhen läßt, sich zurückzieht oder aggressiv reagiert auf Metaphysik. Am vornehmsten gibt sich da noch der Agnostizismus: das kann man nicht wissen, also reden wir lieber nicht davon; etwa wie Wittgenstein, der hier Schweigen empfiehlt, aber doch noch eine gewisse Offenheit zeigt. Verbreitet ist die Antimetaphysik bei den Positivisten, die glauben, man müsse haltmachen bei den erfahrbaren Wirklichkeiten. Das heißt aber doch Ausschalten der schließenden Vernunft, der urteilenden Vernunft. Dazu sehen viele Philosophen heute keinen Anlaß mehr und getrauen sich wieder, Metaphysik zu versuchen. Daß Metaphysik, ja jeder Denkversuch, ein Versuch ist, ist dabei heute ohnedies klar. Die Reflexion der obersten möglichen philosophischen Begriffe bleibt, so meine ich, eine unabdingbare Aufgabe der Philosophie, denn es müssen unbedingt die Kategorien durchleuchtet werden. Die Kategorien sind Hauptgegenstände der Ontologie. Was für uns "kategoriale" Bildung bedeuten kann, haben wir ja erörtert. Wenn wir unsere kategoriale Bildung richtig verstehen wollen, müssen wir auch die Kategorien, wie sie die Philosophie erfassen kann, richtig verstehen. Weiter muß die Metaphysik den Seinsgesetzen nachgehen und den Seinsprinzipien, den Versuch machen, die Wesenseigenschaften des Seins, die sogenannten Transzendentalien, zu erfassen, die, nach der Geschichte der Philosophie, wesentlich bestehen in Begriffen wie Einheit (denn wenn etwas keine Einheit bildet, kann man es überhaupt nicht identifizieren), Wahrheit (in dem Sinne, daß dieses Seiende erfaßbar ist und daß unser Denken mit dem Erfaßten einigermaßen – und bei entsprechend kritischem Bemühen immer mehr – übereinstimmt) und Gutheit (im Sinne der Grundqualität des jeweiligen Seienden in seiner Möglichkeit; das bedeutet nicht unbedingt ethische Gutheit wie bei menschlichen Entscheidungen). Schließlich ist bei manchen Philosophen noch das Transzendentale der Schönheit zu finden. Wahrheit, Gutheit und Schönheit: wir können uns denken, daß hier eine pädagogische Wertlehre ihre tiefste Begründung erfahren kann, wenn es eine plausible Metaphysik der Transzendentalien gibt.

Nun zu dem Verhältnis von absoluter und bedingter Realität, also zu den zwei Grundlehren der Metaphysik. Das größte und schwierigste Problem der Metaphysik ist das Problem der Relation Welt-Gott. Hier scheiden sich die Geister. Nicolai Hartmann etwa verschließt seine Ontologie gegen die Gotteslehre. Karl Popper erklärt sich als Agnostiker. Dagegen hält die philosophia perennis, die also über die Zeiten denkende und die wesentlichen Probleme und Erkenntnisse festhaltende Philosophie (z. B. Hans Meyer, D. v. Hildebrand, A. Brunner, Brugger, Lotz) an der Verbindung von Gottesproblem und Seinsproblem fest. Für diese Philosophen bilden Ontologie und philosophische Gotteslehre (oder natürliche Theologie) nur *eine* Wissenschaft, "denn" (so Lotz in Brugger, 276): "das Gottesproblem ist nur das voll entfaltete Seinsproblem, und dieses nichts anderes als das unentfaltete Gottesproblem". Also kann man von einer wechselseitigen Verschränkung der beiden Probleme, dem Seinsproblem und dem Gottesproblem, sprechen. Wenn man an dem Wirklichkeits- bzw. Wirkungsbegriff der Weltenlehre Poppers anknüpft, wird Gott als erste Wirkursache, als Bedingung der Möglichkeit der Welt überhaupt, denkbar. Man kann freilich nicht übersehen, daß es allerlei psychologische Schwierigkeiten gibt, sich auf den Gottesgedanken einzulassen; es gibt aber auch heute nicht wenige Menschen, die aus dem Denken und Glauben an Gott viel für ihr Weltverständnis, besonders aber für ihre Existenz und Identität gewinnen. Andererseits stellt Gotteserkenntnis auch Anforderungen an Haltung und Verhalten. Hier dürfte oft ein Grund dafür liegen, daß man sich lieber nicht oder doch nur zögernd auf diesen Gedanken einläßt. Solche Hemmungen für die Erkenntnis beobachten wir auch bei anderen Seinserkenntnissen, die mit Werterkenntnissen – und damit ethischen Anforderungen – verbunden sind, beispielsweise bei der Erkenntnis der Solidarität aller Menschen. Zu dem Vordringen zu höchsten Erkenntnissen gehört daher auch so etwas wie Mut und Änderungsbereitschaft, denn eine Erkenntnis, die einen nachher angeht mit Forderungen, wird man möglicherweise lieber gleich abblocken, möglichst lange zurückhalten oder jedenfalls sehr viel "behutsamer" aufnehmen als eine, die einem nichts abverlangt. Die Schwierigkeiten auf dem Weg zur Gotteserkenntnis, meine ich, dürfen allerdings nicht nur in dieser Richtung gesucht werden. Es wurde und wird auch zuviel Mißbrauch mit dem Gottesbegriff und der Religion getrieben. Paradoxerweise haben mächtige Religionen den natürlichen Erkenntnisweg nicht selten selbst verstellt oder durch einen gedankenarmen praktischen Fideimus (der auf Glauben und zwar betont auf a-rationalen Glauben abstellt) den rationalen Weg zu Gott abgewertet, wenn nicht gar mitunter durch erklärte Gegnerschaft gegen Philosophie und Wissenschaft sich ausgezeichnet.

Gewiß ist, können wir hier abschließend sagen, daß es geistige Wirklichkeit gibt. Sie ist für die pädagogische Wirklichkeit von enormer Bedeutung, ist doch Bildungsarbeit vorwiegend Vermittlung geistiger Realität, Aufbau subjektiven oder personalen Geistes am objektiven Geist und objektivierten Geist, oder, anders ausgedrückt, Entwicklung subjektiver Kultur mittels Begegnung mit ausgezeichneten und zugleich geeigneten Werken der objektiven Kultur.

Es sind noch einige Auswirkungen der Metaphysik auf die Sichtweise von Natur und Kultur zu bedenken, die für unseren Bereich im engeren Sinn besonders interessant sind. Die Welt als Natur und Kultur erscheint im Lichte der Gotteserkenntnis anders und neu. Die Natur wird interpretierbar als Schöpfung Gottes. Die z. B. auch von Goethe oder Albert Schweitzer geforderte Ehrfurcht vor dem Leben und der Natur findet so ihre tiefste Begründung. Auch die Evolution läßt sich auf diesem Wege anspruchsvoller deuten (Teilhard de Chardin) und zu einer kosmologischen und gesellschaftsethischen Gesamtschau weiterführen, die ohne den Gottesgedanken nur über Ersatzgötter oder atheistische Utopien versucht werden, die die Menschheit oft teuer zu stehen kommen und am Ende scheitern müssen, weil sie die höchste Realität nicht berücksichtigen. Die Kultur wird vom Gottesgedanken her interpretiert als Auftrag Gottes an den Menschen und bekommt dadurch Maß und Mitte. Hybride Wucherungen und Aktivitäten im Widerspruch zur gottgewollten Seinsordnung werden als solche leichter identifizierbar, nicht leicht, aber doch leichter. Ahumane Barbarei, Verachtung und Vernichtung anderer Lebensformen, fremder Rassen und Völker werden ethisch nicht mehr vertretbar. Religiöse Erlebnisse und Ideen inspirieren auch die Künste zu höchsten kulturellen Leistungen. Wir denken etwa an Dante, Michelangelo, Raffael, Dürer, Händel, Bach. Das Heraufkommen einer Universalkultur und universaler Normen wird durch große Religionen, besonders auch durch die christlichen Kirchen, gefördert (vgl. Vaticanum II: Gaudium et spes 1965). Kultur und Natur können bei Beachtung religiöser Normen weniger zum Schaden menschlichen Lebens in Konflikt geraten, d. h. die ökologischen Probleme werden leichter lösbar. Mit der kulturellen Entwicklung breitet sich jedoch immer mehr nicht-religiöses Wissen aus. Wissenschaft und

Technik, Politik und Therapie übernehmen ehemals religiöse Funktionen der Lebensführung. Sprache und Formen der Religion werden für viele immer unverständlicher, die Vermittlung und Interpretation der religiösen Inhalte und Texte wird immer schwieriger. Die Symbolsprachen der Religionen benötigen vor allem die Vermittlung zum wissenschaftlichen Denken und Sprechen. Daher gewinnen Theologie und Religionsphilosophie zentrale Bedeutung, denn in ihnen wird philosophischer, historischer, kritisch-wissenschaftlicher Geist praktiziert. Auch wird der Skeptizismus der Menschen in einer Hoch- und Spätkultur besser verstanden. So gelingt z. B. in der Theologie die Sortierung der altehrwürdigen Glaubensaussagen nach Glaubwürdigkeit und Lebensbedeutsamkeit und ihre Interpretation für die Zeitgenossen wohl noch am ehesten.

II. Zur kulturtheoretischen Grundlegung der Bildungslehre

Da Bildung als personale oder individuelle Kultur definierbar ist und in Ländern, in denen es kein ädäquates Wort für Bildung gibt, etwa in den angelsächsischen Ländern, nur vom Kulturbegriff aus definiert werden kann, und da das Verhältnis von objektiver zu persönlicher Kultur für Bildung und Bildungsvorgang zentral ist, ist eine Kulturtheorie unerläßliche Grundlage der Bildungstheorie. Thomas S. Eliot (1888-1965) meint in seiner Schrift "Zum Begriff der Kultur" (Frankfurt 1961): Kultur "ist das, was das Leben lebenswert macht" (S. 29), und das reicht bei ihm von der Speisenzubereitung (er meint, die Engländer hätten das ein bißchen verlernt und daher läge auch anderes in ihrer Kultur im argen) bis zur Religion. Er denkt an drei Bedeutungen von Kultur, zunächst an *persönliche* Kultur und zählt hier auf: Gute Umgangsformen, Gepflegtheit und Feingefühl, wissenschaftliche Bildung, Vertrautheit mit dem Geistesgut der Vergangenheit, Philosophie, die Fähigkeit mit abstrakten Ideen umzugehen, künstlerisches Schaffen, Kunstliebhaberei, Kunst- und Musikverständnis. Er denkt also zunächst an den kultivierten Menschen oder an das, was wir im Deutschen mit dem Bildungsbegriff abdecken. Dann spricht er von der Kultur einer *Gruppe* oder Klasse, z. B. im Kontrast zu der weniger entwickelten Kultur der Masse einer Gesellschaft. Das deckt sich ziemlich mit dem ständischen Bildungsbegriff, wie wir ihn noch von Willmann her kennen. Und schließlich erscheint ihm die dritte Bedeutung am wichtigsten, nämlich die Kultur der *Gesamtgesellschaft,* darunter versteht er in erster Linie die Kultur eines Volkes, aber auch letztlich der ganzen Menschheit. Er weist hin auf die fruchtbaren Spannungen innerhalb dieser Gesamtgesellschaft, nämlich zwischen den einzelnen Teilen der Kultur, den einzelnen Bereichen oder Kulturgebieten z. B. Religion, Politik,

Wissenschaft, Kunst; das sind die vier, die er zunächst ausdrücklich nennt. Die Kämpfe dieser Gebiete um Autonomie oder Vorherrschaft können zu schöpfersichen Reibungen führen, auch zu Spannungen in der Seele bewußter lebender Individuen (Sophokles, Antigone). Wir bemerken, daß auch der dritte Begriff wieder im Zusammenhang gedacht wird zu dem, was wir Bildung nennen, also zur Kultur des einzelnen.

Wir fassen Kultur hier gewöhnlich im Sinne von Mühlmann, also in Abhebung des "Gesamtwerkes einer Großgruppe von Menschen" von der Natur (z. B. eines Volkes, eines Staates oder des Einflußbereiches einer Religion bzw. auch der ganzen Menschheit). Dabei versteht man unter Gesamtwerk auch die Lebensformen, Ordnungssysteme und Leistungssysteme. Wenn wir diesen Kulturbegriff übertragen auf Lebensformen des einzelnen, nämlich im Bildungsbegriff, meinen wir einen Komplex von Eigenschaften, besonders von Wertbezügen, z. B. zum Wahren, Guten, Schönen, Heiligen.

Eliot meint, daß die Kulturentwicklung zur Arbeitsteilung führt, und damit z. B. zu kulturellen Schichten, zur Spezialisierung, zur Trennung der Gruppen. Das kann bis zu einem relativ verbindungslosen Nebeneinander führen und damit die Gesamtkultur gefährden, vor allem, wenn zwischen den Grundgebieten kein Zusammenhang mehr besteht. "Das künstlerische Empfinden ist verarmt, weil es vom religiösen geschieden ist; das religiöse, weil es sich vom künstlerischen getrennt hat, und gepflegte Formen finden sich bald nur noch in Spuren ..." (27). Eliot betont sehr die wechselseitige Einwirkung der Kulturgebiete und Berufsklassen, ihre Verbundenheit in der "Kultureinheit", z. B. über die gemeinsame Sprache und die Gesellschaftsordnung. Zwischen den Kulturen einzelner Völker entsteht eine "Kulturgemeinschaft" vor allem durch die Religion. Eliot ist hier ähnlicher Ansicht wie Toynbee, der in seiner Weltgeschichte ja von den großen Religionen ausgeht. Die Bedeutung des Christentums in dieser Hinsicht für Europa erkennen neben Eliot auch eine Reihe anderer Kulturtheoretiker, vor allem Dawson, auf den sich Eliot u. a. stützt, aber auch Toynbee, Dempf und Maritain. "Auf dem Boden des Christentums hat sich unsere Kunst entwickelt; im Christentum ist das Rechtswesen Europas – bis vor kurzem jedenfalls – verwurzelt gewesen. Ohne das Christentum als Hintergrund hätte unser ganzes Geistesleben keinen Sinn. Der einzelne Europäer mag die Lehre des Christentums für falsch halten und doch wird alles, was er sagt und tut und schafft, seinem christlichen Kulturerbe entspringen und diese Kultur als sinngebend voraussetzen" (138). Der Welthistoriker Toynbee definiert die Hochkulturen der Welt wie gesagt von ihrem religiösen Kern aus. Die Religion mache die Seele des jeweiligen Gesellschaftskörpers aus, ihre Abschwächung bedeute Siechtum dieses "Körpers", Verfall der Kultur. Kulturen werden bei ihm geschichtlich in Analogie zur Biographie von Lebewesen gesehen.

Nun zu den *Kulturebenen*. Heute kommt langsam eine *Universalkultur* herauf. Es ist schwieriger geworden, einzelne Kulturen auf dem Globus zu unterscheiden. Vor allem Weltverkehr, Weltwirtschaft, Weltpolitik erzwingen globale Informations- und Rechtsregelungssysteme, sprachliche und geistige Mobilität der Kontaktträger zwischen den Regionalkulturen und -gesellschaften. Wissenschaft und Kunst werden durch Informationskanäle, Verkehrsmittel und Medien aller Art immer mehr international. Weltzivilisation vermittelt ähnliche Lebensformen, z. B. in allen Großstädten der Welt. Ich will an dieser Stelle feststellen, daß ich den Unterschied von Kultur und Zivilisation nicht aufrechterhalten möchte, weil ich ihn für veraltet halte. Man sprach früher von einer unteren Kulturschicht der Zivilisation, die sich als äußerlich und technikbezogene von der "eigentlichen" Kultur abhebe. Diese Unterscheidung spielte in der älteren Kulturkritik eine erhebliche Rolle, hat aber heute praktisch keine Bedeutung mehr, weil in den Kulturbegriff Zivilisation vollständig eingegangen ist. Über gemeinsame Lebensformen und kulturelle Gemeinsamkeiten, wie Wissenschaft, Technik, Medizin, Handel, Tourismus, entsteht in unserem Jahrhundert eine globale Kultur. Regionale Kulturleistungen gehen in die globale Kultur ein. Sie hat die westliche Technik aufgenommen und diese westliche Technik hat zweifellos das äußere Bild geprägt. Die Weltgroßstädte z. B. sind alle vom gleichen Typ. Regionale Sonderwerte, die schwerer zu vermitteln sind, werden dadurch allerdings leicht als Provinzialismen behandelt, dadurch teils innerhalb dieser Regionalkulturen wieder überbetont, teils aber auch vergessen. Hier geschieht ähnliches wie bei den unteren Integrationsentwicklungen mit Brauchtum, Dialekt und ähnlichem der Stammes- und Heimatkulturen.

Weltkultur und *Regionalkultur*, beispielsweise globale Kultur und christlich-abendländische Kultur, müssen sich nicht ausschließen. Weltweite Begegnungen und Anregungen befruchten auch die regionalen Kulturen. Es bedarf einer *gestuften kulturellen Identität*, das heißt eines Zugehörigkeitsgefühls und Zugehörigkeitsbewußtseins zu allen Kulturebenen, zur universalen Menschheitskultur, zur regionalen Kultur (hier des christlichen Abendlandes) und zur nationalen Kultur (z. B. des deutschen Volkes und der deutschen Sprachwelt), schließlich auch zur bayerischen Heimat. Die jeweils weiteren Kulturebenen und die entsprechenden Identitäten sind dabei stärker verbunden mit Ethos und Religion. Deshalb sind sie die human bedeutsameren und haben von daher eine Art Vorrang. Die umfassendste, die Weltkultur, kann letztlich nur von einem gemeinsamen Ethos, also von der Humanisierung her verstanden werden. Das humanitäre Prinzip ist die oberste Möglichkeit, die wir haben, wenn wir auf dem klein gewordenen Planeten Erde friedlich zusammenleben wollen. Das heißt nicht, daß die unteren Kulturebenen notwendig darunter zu leiden hätten, denn sie sind als Identifikationskulturen in der Fülle ihrer Bedeutungen ohnedies wirksamer. Man denke nur an die Sprache, an das tägliche Zusammenleben, das Recht, die Nahinteressen. Sie alle sichern die durchgreifende Wirkung der näheren Kulturkreise. Es ist daher schwierig, Motivationen zu finden für die Werke der weiteren Kulturkreise, etwa im übernationalen oder gar im Welthorizont zu denken. Dabei würden heute mehr übergreifende sinnvolle Regelungen allen beteiligten Nationen nur nützen. Alle können die Notwendigkeit des Welthorizonts in politischer und ökologischer Sicht begreifen. Die Regional- und Ortskulturen würden auch in einer globalen politischen Ordnung (mit universaler Rechtsordnung, entscheidungsfähigem Weltparlament und Weltregierung) ihren Platz behaupten könne, wenn etwa nach dem Modell unserer Republik "Kultur" Ländersache bleiben würde, also auf einer niederen politischen Ebene entschieden würde. Kulturelle Vielfalt sollte erhalten bleiben.

Die Verbindungsstelle zwischen Kultur und Bildung, die sich auch für die Analyse beider gut eignet, liegt innerhalb des Bildungssystems bzw. Bildungswesens bei den *Hochschulen*. In den Hochschulen werden die Führungskräfte für die einzelnen Kulturbereiche qualifiziert. Die Hochschulen und ihre Fakultäten geben schon von daher ein Spiegelbild der Kulturbereiche (vgl. Wissenschaft, Technik, Wirtschaft, Recht; zu diesen Bereichen gibt es jeweils Hochschulen oder wenigstens Fakultäten, siehe auch Medizin, Kunst, Musik, Sozialwesen, Religion, Bildung). Die meisten Hochschulen (bzw. Fakultäten) verstehen sich zudem nicht nur als Ausbildungsstätten, sondern auch als Produktionsstätten in ihrem Kulturbereich. So definieren sich z. B. die wissenschaftlichen Hochschulen als Stätten der Forschung und Lehre, in Kunsthochschulen wird auch schöpferisch gestaltend gearbeitet. Wie alle Berufssschulen vermitteln die Hochschulen Grundqualifikationen für die Arbeitswelt. Sie lenken (etwa durch ihre Prüfungssysteme) die kulturelle Entwicklung in ihrem Sektor entscheidend mit. An den Hochschulen als Schaltstellen der Kultur wird die kernhafte Bedeutung vor allem von Sprache und Wissenschaft deutlich. Hochschulen vermitteln Wahrnehmungs-, Denk-, Beurteilungs- und Aktionsschemata, damit den bereichs- und berufsspezifischen "Habitus" mit seiner "Grammatik" (vgl. G. Portele und L. Huber in "Enzyklopädie Erziehungswissenschaft Bd. 10, 1983. 97 ff.). An allen Hochschulen wird in einer elaborierten Sprache gelehrt und gedacht, an allen wird (wenigstens tendenziell) das optimale Wissen über ein Sachgebiet gesammelt, bearbeitet und nach Kräften vermehrt. Es wird nach wissenschaftlichen Prinzipien, mit wissenschaftlichen Methoden auf wissenschaftliche Ziele hin gearbeitet. Wenn auch die speziellen Werte und Zwecke, um deretwillen die Hochschulen und Fachbereiche da sind, sie voneinander trennen und unterscheiden, so verbindet sie doch die wissenschaftliche Arbeit. Das kulturell Gemeinsame ist daher für alle akademisch Gebildeten die wissenschaftliche

Denkweise. Was liegt näher, als Wissenschaftsorientierng als Grundprinzip schließlich aller Schulen in unserem offenbar wissenschaftlichen Zeitalter zu empfehlen. Dazu gehört als Voraussetzung notwendig ein entsprechendes Sprachniveau, d. h. der elaborierte Code. Eine einseitige Reduktion auf dieses Prinzip der Wissenschaftsorientierung und die Gleichschaltung des schulischen Bildungswesens unter diesem Vorzeichen übersieht allerdings die andere, die materialiter wichtigere Seite, weil sie die Spezifität der Hochschultypen (bzw. Fakultäten) nicht beachtet. Die Fachorientierung bringt die nichtkognitiven Werte zur Geltung (vgl. Kunsthochschulen, technische Hochschulen, Lehrerhochschulen, theologische Hochschulen, Bundeswehrhochschulen). Jede hohe Schule bzw. Fakultät vertritt neben dem Wahrheitswert der Wissenschaft ganz bestimmte Werte. Die juristische Fakultät z. B. vertritt in ihrem Werthorizont nicht nur das geltende Recht, sondern Gerechtigkeit als Idee, die Medizin nicht nur das, was machbar ist am Körper, sondern die Idee der Gesundheit, die Technologie die Idee der naturbeherrschenden Leistung, die Pädagogik die Idee der Bildung usw. Diese Werte machen den kulturellen Sinn der einzelnen Hochschule/Fakultät aus. Wenn auch ihre Methode, zumeist das Erkenntnisziel, immer wissenschaftlich ist, so ist der letzte kulturelle Sinn der jeweiligen einzelnen Fachbereiche nur über den speziellen Wertsinn des jeweiligen Kulturgebietes gegeben. Dies bedeutet für ihren Bildungssinn, daß er nur möglich wird in einer Integration von Wissenschaftsorientierung *und* Wertorientierung. Von allen diesen Werten, die für die Kultur wichtig sind, werden daher in den den Hochschulstudien vorausgehenden Schulen Grunderfahrungen und Grundmuster zu vermitteln sein. Um den einzelnen Schüler als späteren Studenten zu befähigen, nach dem jeweiligen vorherrschenden Wertbezug sein Studium aufzunehmen, braucht er entsprechende elementare Wertbegegnungen, damit er eine Chance bekommt, in dieser Richtung überhaupt motiviert zu werden. Es ist also notwendig, neben die Wissenschaftsorientierung gleichberechtigt – auch schon auf der Sekundarstufe – die Wertorientierung treten zu lassen, wenn die Bildungsarbeit nicht von vornherein einseitig, reduktionistisch und damit ineffizient werden soll. Vor allem zur richtigen Gewichtung von Wissenschaftspropädeutik und Wertvermittlung in der fruchtbaren Reifungsphase auf den Gymnasien sollte diese Gleichberechtigung beider Prinzipien im Auge behalten werden. In den Berufsschulen lenkt die berufsethische Motivation die berufliche und allgemeine Grundbildung leichter zu einer integrierenden Berücksichtigung der beiden Orientierungsprinzipien.

Abschließend noch einige Überlegungen zu den *drei Formen des überindividuellen Geistes*. Wir kommen da zu einem verbindenden Lehrstück, in dem sich das, was weiter vorne gesagt worden ist über die Welt, wieder einholen läßt. Ich schließe mich hier zunächst Nicolai *Hartmann* an, der die umfänglichste und wohl beste Analyse des objektiven und objektivierten Geistes in diesem Jahrhundert geliefert hat (in: "Das Problem des geistigen Seins", Berlin 2. A. 1949). Er hat mit ihr eine moderne Grundlegung der Kultur- und Geisteswissenschaften vorgelegt. Zunächst zum *objektiven Geist*. Der objektive, geschichtliche Geist eines Volkes ist ein lebendiger Geist mit eigenem Gepräge. Er kommt durch die Erlebnisse und Akte der personalen Geister auf, er reift und geht nieder (197). Er lebt in der Sprache, in der Erkenntnis, im Stand der Wissenschaft, in der geltenden Moral, im künstlerischen Geschmack und im Lebensstil, im religiösen Leben, im revolutionären Geist der Technik, in der aktuellen Politik und im Erziehungswesen. Es geht also hier um einen lebenden Geist, nicht um einen allgemeinen Begriff von Kultur über alle Zeiten, sondern um das, was jetzt in den Köpfen und Herzen der Menschen an Kultur lebendig ist; das ist der "objektive Geist". Er ist stets lebendig. Was nicht lebendig ist, scheidet aus diesem Begriff aus. Erziehung ist nun nach Hartmann Führung des einzelnen bei seinem Hineinwachsen in den objektiven Geist: "Alle Erziehung ist Erziehung zum objektiven Geist und durch den objektiven Geist" (190), ob sie nun bewußte Führung oder ungewollter Einfluß ist. Geist wird nicht vererbt, er muß übernommen, erworben, zu eigen gemacht werden. Wo das nicht von selbst geschieht (weitgehend "von selbst" geschieht die Übernahme bei Sprache, Sitte, Lebensstil), muß bewußt betriebene Lehre und Übung einsetzen. "Diese Notwendigkeit ist im Gebiete des Wissens am größten. Denn Erkenntnis tradiert sich am wenigsten von selbst im bloßen Mitleben" (191). "Die Kooperation der berufenen Erzieher ist der Idee nach die objektive Lehrinstitution – ein geschaffenes Organ des lebenden Geistes, gleichsam das Organ seiner geschichtlichen Fortpflanzung von Generation zu Generation" (ebda). Es gebe keine Erziehung zum individuellen Geist. Persönliche Individualität wachse nur von selbst. Die Persönlichkeit habe einen gewissen Spielraum innerhalb des gemeinsamen Geistes, in den sie hineinwächst.

Der *objektivierte Geist* ist Produkt des Geistes, ist geschaffenes Werk und geistiges Gut. Hierher zählen Werkzeuge, Geräte, Waffen, Bildwerke, Dichtungen und das ganze "Gedankengut". Der objektivierte Geist ist vom personalen und objektiven Geist abgelöster, in seiner Geformtheit stabil gewordener Geist. Das Geschaffene überdauert den Schöpfer, z. B. kann das schriftlich Fixierte oder eine Statue auch nach Jahrhunderten oder Jahrtausenden wieder gefunden werden und in den objektiven Geist eingehen. Musikwerke, Gedankensysteme bestehen als fixierte fort und ragen als vergangener Geist in den gegenwärtigen hinein. Dieses "Hineinragen" betont Nicolai Hartmann oft; sie sind also wie Felsformationen, die Information enthalten; man kann sie entschlüsseln, dann werden sie wieder lebendig; dies ist wirklich etwas "Wunderbares" (421). Während der objektive Geist der Griechen und ihre

Dichter und Bildhauer tot sind, sprechen uns ihre Objektivationen (Homer, Phidias, Sophokles, Plato in ihren Werken) heute noch nach zweieinhalbtausend Jahren unmittelbar an. Wir können noch sehen, was beispielsweise Rembrandt sah und wie er es sah. Wir können gedanklich die Welt sehen, wie Plato sie sah, wenn wir uns in seine Dialoge vertiefen. Objektivationen fordern von uns allerdings die "hermeneutische" Leistung, die Anstrengung des Wiedererkennens. Dadurch können wir sie wieder zum Leben erwecken. Welche fruchtbaren und schöpferischen Möglichkeiten für jeden einzelnen von uns! Wir können Totes wieder beleben. Besonders deutlich wird dies, wenn wir ein lange verschollenes Musikstück wieder aufführen. Besonders Künstler, Lehrer und Medien können einen Text so gut interpretieren, daß die Zuhörer (wieder) begeistert werden. Nicolai Hartmann betont die befreiende Wirkung von Werken großen Formats. Sie können nicht nur einzelne stark inspirieren, sondern ganze Epochen fruchtbar neuprägen (Renaissance). Andererseits können auch wir durch Objektivationen in zeitlich und räumlich ferne, zukünftige Welten hinein-"ragen" und -wirken.

Die dritte Form des überindividuellen Geistes ist die des *normativen* Geistes. Ich schließe da an die Tübinger Vorlesung 1948 von Eduard Spranger an (Gesammelte Schriften Bd. II). Spranger geht über Hegel und Nicolai Hartmann hinaus, wenn er einen normativen Geist annimmt. Er meint damit das Gesamt, den Inbegriff von Sachnormen (wie Nutzen für die Wirtschaft, Schönheit für die Kunst, Wahrheit für die Wissenschaft) und von sozialen Normen (Normen des Zusammenlebens, der Moral, des Rechts, der politischen Ordnung). Spranger erkennt, daß der Satz Pestalozzis "das Leben bildet" nicht stimmt, weil "das Leben" nämlich auch verbildet. Auch das geistige Leben, so meint er, bildet nicht nur. Wenn man kritisch sieht, was in einer Kultur geschieht, kann man niemals mit allem einverstanden sein. "Das geistige Milieu gefährdet die gesunde und sittliche Entwicklung" (70). Der Erzieher muß daher allemal auslesen und planvoll lenken, das hat schon Rousseau betont. Der normative Geist gibt hierzu Maßstäbe, z. B. nach Spranger in den Bildungsidealen, die allerdings inzwischen sehr ins Gerede gekommen sind und weit weniger Freunde finden als früher. Es komme auf die Erziehung des Gewissens an, der "Quelle der verpflichtenden Normen" (71). Spranger weiß: der höchste Sinn wird durch die Gottheit empfangen. Religion ist daher Mittelpunkt des Sinnempfangens und Sinngebens (72). Der normative Geist liefert im Kultivierungsprozeß die obersten Maßstäbe, Zielgedanken und Auswahlkriterien. Man kann in der Bildungsarbeit nicht alles, was in der Kultur, im objektiven oder objektivierten Geist angeboten wird, aufgreifen, auch nicht für die Selbstbildung, sondern man braucht Maßstäbe. Man muß wissen, was ist wichtiger, was ist besser. Der Erzieher soll die Kräfte nicht einfach zur gegebenen objektiven Kultur, sondern zur idealen

Kultur hin entbinden. Er will Kultur veredeln, über seine Zeit hinausbauen (173). Er ist also nicht nur gebunden an das, was im Augenblick gilt, sondern gerichtet auf die "ewigkeitsbezogenen Werte" (132). Beides muß zueinander gebracht werden, die objektive Kultur und diese Werte. Am Ende seiner Vorlesung bekennt Spranger, es sei "eine dreifache Liebe beim Erzieher erforderlich: Liebe zu den echten Werten, Liebe zum 'Leben', alles umfaßt von der höchsten Liebe, die wir als den Sinn des Lebens spüren" (140). Damit sind wir genau an der Stelle, an die wir schon bei der metaphysischen Grundlegung gekommen sind. An dieser Stelle, meine ich, ist so wohl auch der Gipfelpunkt der kulturtheoretischen Bildungslehre erreicht.

Einen Zugang zum "normativen Geist", wenigstens zu den Werten, besonders zur Wahrheit, findet auch Karl Popper. Er gelangt über die Analyse der menschlichen Sprache zu den Werten Gültigkeit (vs. Ungültigkeit), Wahrheit (vs. Falschheit) und Wirksamkeit (vs. Unwirksamkeit). Popper kritisiert den radikalen Physikalisten und den radikalen Behavioristen, die bei ihren Ansätzen nicht über die niederen Sprachfunktionen (Ausdrucks- und Signalfunktion) hinauszuschauen vermögen. Menschliche Sprache dient aber zu mehr als zur "Kommunikation". Mit ihrer Hilfe können vom Menschen wahre oder falsche Aussagen gemacht, gültige und ungültige Argumente vorgebracht werden. Physikalist und Behaviorist unterliegen bei ihrer Sprachtheorie-Einengung "verheerenden" Folgen. Sie sind "nicht in der Lage, dem Unterschied zwischen Propaganda, verbaler Einschüchterung und rationaler Argumentation Rechnung zu tragen" (Ich und Gehirn 87 f.). Hier, wie in den "Ausgangspunkten", hat Popper die Welt der Werte gesehen. Er siedelt sie in "Welt 3" an, in der allerdings "wahre wie falsche" Theorien, Mythen wie Märchen noch völlig ungeordnet nebeneinander zu Hause sind. Bei fortgeschrittener Ordnung würde die Ordnungsfunktion der Werte aber wohl auch bei Popper noch klarer herauskommen können. Eine Kulturtheorie ohne Werttheorie erscheint jedenfalls beim philosophischen Forschungsstand als unvollständig und für die Pädagogik letztlich als wenig fruchtbar. Hier liegt daher eine wichtige Verbindungsstelle zwischen Ontologie/Metaphysik, Kulturtheorie und Bildungstheorie.

III. Zur anthropologischen Grundlegung der Bildungstheorie

Holzamer hat betont: es gibt keine Menschenbildung ohne Menschenbild. Die anthropologischen oder Humanwissenschaften liefern eine Menge Wissen über den Menschen. Als relativ junge Art hat die Menschheit in kurzer Zeit den Erdball besiedelt und durch ihre technische Findigkeit stärker verändert als andere erdbeherrschenden Arten. Seine kulturellen, geistigen Möglichkeiten bestimmen die Eigenart des Menschen unter den Lebewesen. Bildung betont die Entfaltung dieser Eigenart und dient insofern der Menschwerdung des einzelnen Menschen. Sie schließt im universellen Informationsstrom (C. F. v. Weizsäcker) "die individuellen Gehirne an das große kulturelle 'Gehirn' an und partizipiert damit an einem Selektionsvorteil, der immer dann entsteht, wenn zwei verschiedene emergente Systeme ihre Informationsverarbeitung synchronisieren" (Treml 1987, 155).

Individuell erscheint der Mensch als Embryo, als Kind. Wir wissen, daß er als Organismus durch Verbindung einer Samenzelle des Vaters mit einer befruchtungsreifen Eizelle der Mutter im Leib der Mutter entsteht. Seine *Individualität* und seine *Sozialität* erscheinen damit von Anfang an: in der Abgegrenztheit und Erbausstattung des individuellen Organismus, der aber seine Lebensbedingungen vollständig im Konnex mit dem mütterlichen Organismus und damit mit der Elterngeneration findet. Dieser Konnex wird auch nach der Abnabelung durch die Hilflosigkeit des vergleichsweise früh geborenen Säuglings (Portmann spricht von einem extra-uterinen "Früh-Jahr") nicht verringert, sondern vom vorwiegend organischen zum vorwiegend psychischen Bezug verschoben. Die Mutter ernährt und reinigt das Kind nicht nur, sie versorgt es in jeder Beziehung. Wir kommen aus der Sphäre des Leibes jetzt in die Sphäre der Psyche, des Bewußtseins. So findet sich das Kind mit erwachendem Bewußtsein von sozialer Sorge umgeben, beachtet, beschützt, geliebt. Man kann sagen: Der Mutter-Kind-Bezug ist der anthropologische und pädagogische Urbezug (vgl. in Pestalozzi: "Wie Gertrud ihre Kinder lehrt" die letzten Briefe). Die ersten Werterlebnisse des Kindes sind gleichermaßen vitale und soziale, weithin in ungeschiedener Verbundenheit. Solche Grunderlebnisse bleiben für den menschlichen Werthorizont prägend. So werden Geliebt- und Umsorgtwerden in Verbindung mit Wohlbehagen Grundmuster menschlichen Glücks. Zunehmend wird aber auch der Drang nach *Selbständigkeit* und *Aktivität* rege. Wie alle frei schweifenden höheren Lebewesen strebt das Kind, handelnd und sich bewegend in seine Umwelt auszugreifen und sich in ihr nach Kräften umzutun. Dies alles in Verbindung mit sich differenzierender Wahrnehmung und Sammlung von Erfahrungen mit den Dingen und Personen der Umwelt. Eine der wichtigsten Überprüfungen der Dinge ist die auf Genießbarkeit, Einverleibbarkeit. In diesem Sinn ist Selbsterhaltung Grundmotiv aller Lebewesen.

Durch Nachahmung und Spiel erlernt das Kind zahlreiche Verhaltensmuster, besonders auch die *Sprache*. Wir befinden uns hier an einer für das Werden der Geistigkeit des Menschen enorm wichtigen Übergangsstelle. Das hochkomplexe Zeichensystem der menschlichen Sprache erweist sich in der Folge als zentrales Medium der psychischen und geistigen Entwicklung. Die Einübung des *Denkens*, selbst wenn es und soweit es sprachfrei beginnen kann, ist erst als sprechendes Denken in der menschlichen Evolution gesichert und erweitert worden. Eltern und ältere Geschwister sind für Spiel und Gespräch zunächst die wichtigsten Sozialpartner. Sie sind also hier erneut notwendig. Das Gespräch dehnt sich aber sofort aus auf alle Teilnehmer der *Sprachgemeinschaft*. Das bedeutet, daß geistige Gemeinschaft mit all denen, die die gleiche Sprache sprechen, sehr schnell hergestellt ist. Die Geistigkeit des Menschen erweitert sofort sein Bezugssystem. Das sprechende Kind ist nicht nur eingebettet in den Familienschoß, oder gar nur in die Mutter-Kind-Diade, sondern es ist sofort mit dem Erwachen der Sprachfähigkeit in die geistige Gemeinschaft der die gleiche Sprache Sprechenden aufgenommen. Wir wissen, daß Spiele mit Interaktions- und Sprechanreizen besonders für die geistige Entwicklung förderlich sind (vgl. Bronfenbrenners Ausführungen zur kompensatorischen Frühförderung). Im *Spiel* lernt das Kind auch kreatives Gestalten, den Reiz des Werks, diesen Sinn für ein Werk, etwas außer sich zu setzen, etwas zu tun, zu machen, herzustellen und sich dadurch auszudrücken. Diese Tendenz bleibt für den gesamten Bildungsverlauf ein zentraler Aspekt: der Reiz der Arbeit, später der Produktion, Technik, Leistung, Gestaltung erhalten hier ihre ersten Motivationen. Nun werden auch *ästhetische* Anregungen wichtig und möglich, Farben, Töne, Materialbearbeitung. Sozial, emotional und sprachlich wichtig wird das Rollenspiel, mit dem eine enorme Erweiterung des Lebenshorizonts anläuft, nämlich ein Ausprobieren anderer Lebensformen, anderer Lebensmöglichkeiten, beruflicher Möglichkeiten. Gleichzeitig verlangen die Kinder nach Geschichten und Märchen. Die reale und die phantasierte Welt werden zwar noch vermischt, treten aber zunehmend auseinander. Moralische Anforderungen erreichen das Kind durch Forderungen der Eltern, durch Mitleid, durch Konflikte mit Geschwistern und Spielgefährten. Regeln für die moralische Entscheidung werden erlernt. Begegnungen mit der religiösen Welt werden in einem religiösen Milieu möglich. Arnold *Gesell* und seine Mitarbeiter (Das Kind von fünf bis zehn, Bad Nauheim 1954) haben herausgearbeitet, daß das Kind mit fünf Jahren sich in einem ersten Gleichgewichtszustand zur Welt befindet (wie später wieder mit zehn und mit sechzehn Jahren) und so etwas wie eine kleine Persönlichkeit darstellt. Mit fünf Jahren erreiche damit das Kind einen ersten Höhepunkt seiner Entwicklung. Es sei mit sich zufrieden und die Eltern mit ihm. Es sei ausgeglichener als vorher und nachher. Es gilt als leistungsfähig und sicher, es übernimmt schon kleine Verantwortungen, es hat eine gute Selbstkontrolle, es gehorcht und hilft der Mutter, es erzählt gerne. Es kommt auf diesen Punkt an, weil es bei jeder Bildung letztlich immer ankommt auf einen relativ ausgeglichenen, harmonischen Menschen, wenn auch Konflikte nicht ausbleiben und bewältigt werden müssen. Gesell stellt fest: "Fünfjährige wollen sich in die Kultur, in der sie leben, einfügen" (77).

Die Wertbegegnungen, die in der Familie eingeleitet wurden, werden unter günstigen Bedingungen im Kindergarten und in der Schule über diese familiären Wertbegegnungen und Aktivitäten hinaus weiter gepflegt. Das Kind erlernt die wichtigsten Kulturtechniken, ein erweitertes Sozialverhalten, und ein geordnetes und geklärtes Lebenswissen. In dieser Zeit teilen sich Elternhaus und Schule in der Hauptsache die Aufgabe der Kultivierung, um die es hier geht. Es kommen in dieser Zeit natürlich immer stärker auch Einflüsse der Massenmedien hinzu und solche der Gleichaltrigengruppe, später solche der Berufswelt. Die Schulen fördern vor allem in den Bereichen Sprache, Wissenschaft und Gemeinschaft.

Heinrich *Roth* hat (Pädagogische Anthropologie, Bd. 2, Hannover 1971) das Zusammenwirken von Reifung und Lernen im Jugendalter vor allem auf *Mündigkeit* hin ausgelegt und zwar in drei Kompetenzbereichen: Sachkompetenz, Sozialkompetenz und Selbstkompetenz. Zur *Sachkompetenz* oder *intellektuellen* Mündigkeit kommt das Kind über Sacherfahrung, Sacheinsicht und sachkonstruktives Denken. Durch relative Freiheit von Triebspannungen kann das Kind vielfältig spielend mit Dingen umgehen, hier werden die Grundlagen für Rationalität, Sachlichkeit und wissenschaftliche Distanz gelegt. Dazu kommt der symbolische Umgang mit den Dingen über Vorstellung und Begriff, Phantasie und Denken. Die Schwerpunkte sind also Sprachfähigkeit, Denkfähigkeit und Wissenschaftsorientierung, besonders natürlich Aufgaben der Schulen, aber auch der Familien, der Medien und der Jugendgruppen. *Sozialkompetenz* oder soziale Mündigkeit deckt etwa das ab, was die Soziologie Sozialisation nennt. Sozialkompetenz wird erzielt durch verschiedene Formen sozialen Lernens in Kommunikation, Identifikation, Internalisation und Imitation, weiter durch Sanktionen, die dem Verhalten beigegeben werden, wenn es nötig ist, durch das Erlernen von Rollen und Regeln. *Krathwohl* und *Bloom* haben in ihrer berühmten "Taxonomie" (affektiver) Lernziele herausgestellt, wie Sozialkompetenz und überhaupt affektive Lernprozesse in einer hierarchischen Ordnung von Lernzielen aufgebaut werden können. Die wichtigste sozialerzieherische Instanz im gesamten Bildungssystem bleibt die *Familie*. Grundlegend ist die Bindung an die Eltern. Sears fand, daß delinquente Jugendliche in einem pathogenen Grad ungebunden bzw. unabhängig im Hinblick auf die Eltern waren. Emotionale und Gewissensbildung hängen eng zusammen. Dazu ist das "Lernen am Modell" prägend, man braucht Beispiele und Vorbilder. In der *Schule* müssen die sozialen Erfahrungen und Haltungen auf größere und Großgruppen übertragen, überführt werden. Die zentrale Übungsform ist die Kooperation. Dazu kommt der soziale, politische und ethische bzw. Religionsunterricht. Auch die Auswahl sozial förderlicher Lektüre im Sprachunterricht kann Sozialkompetenz entwickeln helfen. Von besonderer Bedeutung für die Entwicklung der Sozialkompetenz sind weiter die *Jugendgruppen*, nämlich durch ihre probierende Einübung nichtfamiliärer Sozialbeziehungen, Lebensrollen und Umgangsformen. Hier besteht allerdings auch die Gefahr der Einübung abweichenden Verhaltens. An der Sozialmotivation beteiligen sich auch die *Kirchen* und die kirchliche Jugendarbeit. Ein Hauptproblem ist heute die generationsverbindende Sozialmotivation. Es besteht zunehmend die Gefahr der Entstehung von Alters-"Klassen" samt "Klassenkampf" der Generationen.

Die *Selbstkompetenz* oder moralische Mündigkeit kann man als das sehen, was die Wurzbacher Schule "Personalisation" nennt. Roth weist hin auf die Untersuchungen von *Bettelheim*. Bettelheim hat bei seinen KZ-Analysen "Ich-starke" und "Muselmänner" (wie man sich im Konzentrationslager ausgedrückt hat) unterschieden. Die letzten, die eher durch Ichschwäche auffielen, waren nach Bettelheim wie "wandelnde Leichen", die die Verfügung über sich selbst den anderen überließen, ohne moralische Selbstbehauptung, die auch meistens früher starben als die anderen. Man trennte sich im Lager nach Möglichkeit von ihnen, um nicht von ihrem inneren Verfall angesteckt zu werden. Wer sich sein Ich, sein Selbst, seine Autonomie, seine inneren Vorbehalte trotz erzwungener äußerer Anpassung bewahrte, blieb Person und konnte sein Leben nach der Lagerzeit als unveränderte Person fortsetzen (Roth, Bd. 2, 542 ff.). Entscheidend war, durch kritische Reserve sich als moralisch intakte Person zu behaupten. Bettelheim betont die "inneren Gegenmaßnahmen", Bewahrung von inneren "Winkeln, in denen man Handlungsfreiheit und Gedankenfreiheit besaß". In: "Aufstand gegen die Masse" (München 1980) empfiehlt Bettelheim für den Aufbau von Ich-Stärke: die dauernde und bedeutungsvolle Beziehung zu einem anderen Menschen; eine besondere Lebensgeschichte, die man selbst gestaltet hat; Achtung vor der eigenen Arbeit und Freude, sie gut verrichten zu können; Erinnerungen an persönliche Erlebnisse; Lieblingsbeschäftigungen und Lieblingsaufgaben (122). In: "Pädagogische Anthropologie" (Heidelberg 1983) betont auch Rudolf *Lassahn* die "Selbstorganisation" des Menschen und innerhalb dieser Selbstorganisation die Rolle der "Privatheit", als innerstem Refugium für diese Selbstorganisation. Er versteht unter Privatheit: eine Welt der Erinnerungen, der Wünsche und Hoffnungen, Sehnsüchte und Gedanken, auch die Welt persönlicher Ängste, Verfehlungen, Enttäuschngen, Demütigungen, von denen andere Menschen nichts wissen sollen; hier sei auch der Bereich der Schuld. Von diesem abschließbaren Raum der Unabhängigkeit und Privatheit werde in entscheidender Weise, meint Lassahn, das Bewußtsein und Handeln des Menschen dirigiert (163). Man könnte hier auch die ältere Literatur der philosophia perennis zum Gewissen und zur Mystik heranziehen. Heute wird eher hingewiesen auf die Theorie der Moralentwicklung von Lawrence *Kohlberg* (geb. 1927) Professor in Harvard, der (im Anschluß an Piaget) die moralische Entwicklung psychologisch-empirisch untersucht hat. Er unterscheidet folgende sechs Stufen der Moral: Stufe 0: gut ist, was ich will und mag. Das ist eine noch amoralische Haltung, der absolute Selbstbezug. Die erste Stufe ist gekennzeichnet durch Strafe-Gehorsam-Orientierung, die zweite durch instrumentellen Hedonismus (Lust-Orientierung) mit einfacher, konkreter Reziprozität (Wechselseitigkeit: wie Du mir, so ich Dir). Die dritte Stufe erhebt sich zur Orientierung an interpersonalen Beziehungen der Gegenseitigkeit (good boy-Moral). Auf der vierten Stufe will man bereits die Aufrechterhaltung der sozialen Ordnung, unveränderbare Regeln und Autorität; eine legitime Autorität wird anerkannt. Die fünfte Stufe wird bei Kohlberg unterteilt: 5 A: sozialer Vertrag, Aufstellen von Gesetzen nach dem Gesichtspunkt der Nützlichkeit (Respekt vor demokratischen Prinzipien), 5 B: höhere Gesetzes- und Gewissensorientierung. Die Stufe sechs schließlich ist auf die ganze ethische Ordnung hin orientiert, ist "Orientierung an universellen ethischen Prinzipien" (wie: Gerechtigkeit, Menschenwürde und Menschenrechte, Respekt vor der Person). Aufgabe der Erziehung sei es, die jeweils nächste Stufe anzusteuern, also eher bescheiden zu sein, nicht gleich die letzte Stufe zu wollen. Psychologisch richtig sei, bewußt Denkanstöße zu geben, die nächste Stufe über Konfliktfälle den Heranwachsenden als Herausforderung vorzustellen und ihre Anerkennung zu erreichen suchen, auch dann, wenn die Stufe selbst noch nicht erreicht ist. Ist doch ihre Anerkennung die Voraussetzung für das Anstreben. Diese Selbsteinstellung, meint Kohlberg, kann man nicht erzwingen. Man kann sie nur durch Diskussion anstossen, also immer wieder die Überlegung einbringen, daß das doch jetzt eigentlich das Bessere wäre (vgl. den "Meliorismus", d. h. immer das Bessere zu wählen bei F. Birnbaum). Besonders wichtig seien Gespräche, in denen das Kind wie ein Moralphilosoph zu behandeln sei (moral reasoning). Daß man das mit Erfolg verfolgen kann, z. B. den Gerechtigkeitsbegriff entwickeln, hat *Piaget* untersucht. Der moralische Status kann durch solche Belehrung enorm verbessert werden. Selbstkompetenz kann und muß verbessert werden. Dies gilt jedenfalls gegenüber einer "laissez-faire"-Erziehung, die einfach wachsen und alles alleine finden lassen möchte. Kohlberg betont die Stufigkeit. Das tun nicht alle Moralpädagogen. Es scheinen auch Sprünge und raschere Entwicklungen nicht ausgeschlossen. Den Kindern und Jugendlichen begegnen zudem Leute auf verschiedenen moralischen Stufen. Man kann manche Jugendlichen auch früh für höhere Ideale begeistern. Vermutlich ist ein Mischverfahren möglich, derart, daß man auf mittleren Entwicklungsstufen auch schon vollendete Menschen lebendig darstellt einerseits, und daß man einen Durchblick gibt durch die gesamte Moralentwicklung andererseits (Beispiele älterer Art finden sich bei Friedrich Wilhelm Foerster). Kohlberg ist der Ansicht, daß es nur wenige sind, die überhaupt die oberste Stufe erreichen. Er ist also relativ skeptisch, was die gesamte Moralentwicklung angeht, hält aber trotzdem daran fest, daß die oberste Stufe, auch wenn sie einen Idealzustand darstellt, doch der psychologisch erkennbare oberste Entwicklungsstand sei. Interessant sind schließlich noch jüngere Überlegungen Kohlbergs zu einer Stufe 7 (Faith orientation). Zwar nicht für die Ausformulierung und Rechtfertigung moralischer Prinzipien sei Glaube notwendig, aber im gewissen Sinne sei Glaube erforderlich, um bestmöglich nach moralischen Prinzipien zu *leben* (G. Schreiner (Hg.): Moralische Entwicklung und Erziehung. Braunschweig 1983, 114). Wichtig ist sicher neben der affektiven und sozialen die kognitive Förderung, damit die Einsicht in größere Zusammenhänge, z. B. sozialer und politischer Art, gewährleistet oder doch verbessert wird. Einen detaillierten Bericht über die augenblickliche Pädagogik des Gewissens gibt Klaus Kürzdörfer in seinem Buch "Pädagogik des Gewissens" (Bad Heilbrunn 1982). Roths Konzept, auf das ich mich vor allem gestützt habe, geht aus von der Differenz Säugling-Erwachsener, und beschreibt insofern nur die Grundlage dessen, was hier interessiert, nämlich den *Erziehungs*aspekt, dagegen nicht den darüber hinausreichenden (die Erwachsenenbildung einschließenden) Bildungsaspekt, also das, was man *kulturelle Kompetenz* nennen könnte. Wir müssen daher über Roth hinausgehen (vgl. Guardini: Die Lebensalter, Pöggeler: Der Mensch in Mündigkeit und Reife 2.A. 1970, Edgar Faure: Wie wir leben lernen 1972). Im Begriff "kulturelle Kompetenz" könnten die restlichen Werte noch berücksichtigt werden. Man könne diesem Begriff auch im Sinne von "kulturell übergreifend" eine Integrationsfunktion zuweisen, so daß die behandelten sozialen, theoretischen und ethischen Werte, die Roth herausstellt, mitgedacht werden. Bei Roth zu kurz kommen der ästhetische Wert, der vitale Wert, der technisch-ökonomische Wert, auch zum Teil der politische Wert (obwohl da einige Aspekte im moralischen Bereich mitgesehen sind), der Wert der Umwelterhaltung (er war damals allerdings auch noch nicht so aktuell wie heute). Weithin zu kurz kommt der religiöse Wert. Ein Bezug zu allen diesen Werten ist aber erwünscht und notwendig, wenigstens ein Grundbezug. Neben einer allgemeinen Grundbeziehung in allen wesentlichen Wertbereichen scheint für kulturelle Kompetenz auch notwendig zu sein: Leistungsfähigkeit in wenigstens einem Bereich. Dies ist dann die Basis einerseits für Berufstüchtigkeit (also eine Art berufliche Grundbildung) selbstverständlich auf einer breiten Berufsfeld-Basis, andererseits für eine notwendige praktische exemplarische Kulturerfahrung.

Zu bedenken ist noch der *Zusammenhang der drei theoretischen Ansätze*, die hier vorgestellt wurden, also des ontologisch-metaphysischen, des kulturtheoretischen und des anthropologischen, in unserem Zusammenhang naturgemäß wieder genauso nur skizziert wie die einzelnen Ansätze selbst. Der

Mensch findet sich als in der Welt seiend vor, in einer Welt von Dingen und Menschen, einer Welt der Natur und einer Welt der von Menschen geschaffenen Kultur. Der Mensch kann sich nur im Konnex mit dieser vorgefundenen Gesamtwirklichkeit selbst verwirklichen. Sieht man die Welt als Makrokosmos, so kann man vom Menschen als Mikrokosmos sprechen, weil der Mensch in Leib, Seele, Geist an den drei erkennbaren "Welten" teilhat. Dieser Gesamtwirklichkeit der Welt gegenüber ist der Mensch in einem vielfachen Bezugsverhältnis, sowohl weil er dazu in einem Bedeutungszusammenhang steht, als auch, weil er selbst Anteil hat an diesen Welten durch seine Struktur. Wenn er sich also selbst verwirklichen will, muß er sich mit diesem Gesamtgegenstand Welt konfrontieren, sich in ihren "Informationsstrom" einbetten und sich in ihm betätigen. Insofern bewahrheitet sich das, was Humboldt gesehen hat, daß in der Wechselwirkung zwischen Mensch und Welt die Möglichkeit des Menschen liegt, zu seiner Selbstvollendung zu kommen. Es gibt keine andere, wenn man das negativ ausdrücken will. Selbstverständnis und Weltverständnis wachsen aneinander und ermöglichen dann optimales Handeln, wenn nicht bloße Anpassung an vorgefundene Realitäten gesucht wird, sondern im Horizont des normativen Geistes, zuletzt unter dem Anspruch Gottes, entschieden wird. Das optimale Bild menschlicher Selbstrealisation ist nur unter wenigstens der Doppelrichtung der Orientierung auf Wissen und Werte vorstellbar. Wir haben diesen Zusammenhang abgeleitet über die Hochschulen/Fakultäten als Knotenpunkten im kulturellen System: Wissenschaftsorientierung als konzentrierte *Wissensorientierung*, weil dort das beste Wissen gesammelt wird, das jeweils die jeweilige Zeit hat, einerseits, und *Wertorientierung* als Selbstverpflichtung auf die obersten, regulativen Prinzipien und Leitideen der Kulturbereiche andererseits. Die konkrete Erscheinung des Menschen in der Zeit läßt seine besondere Struktur in der Leib-Seele-Geist-Natur sichtbar werden. Die durch das ganze Leben anhaltende Beziehung zu den Realitäten Natur, Mitmensch, Kultur und Gott läßt die Möglichkeiten eines Wachstums in der Richtung auf eine Intensivierung dieser Bezüge und damit eine Vervollkommnung des Menschen erkennen. Hierin liegt die wichtigste Bedingung der Möglichkeit der Bildung. Dies ist zugleich die Grenze einer Grundlegung der Bildungstheorie von Randtheorien aus. Die Bildungstheorie muß sich letztlich von ihren eigenen Wertkonzepten aus formieren, wie auch Kerschensteiner schon erkannt hat, daß Bildung selbst ein Wert ist.

6. Kapitel: Eine Bildungsdefinition

I. Über Kulturteilhabe zur Persönlichkeit

Wir beginnen zunächst mit einer scheinbar wenig sagenden, aber doch auslegbaren kurzen Arbeitsdefinition. *Bildung ist wachsende Teilhabe an der Kultur mit dem Ziel einer wertgeleiteten, harmonischen Persönlichkeit.* Die Frage erhebt sich: werden die einzelnen Begriffe, die da kombiniert sind, das tragen können, was wir bis jetzt analysiert und gedacht haben. Die Anregungen stecken ja immer im Detail, nicht in allgemeinen Definitionen. Das Mitdenken der Details macht die eigentliche Erkenntnis aus, obwohl in der Definition dann auch das Entscheidende zusammengefaßt werden soll. Diese Definition soll folgende Elemente betonen. Erstens, das *dynamische* Element: in dem Begriff "wachsend". Da der Mensch lernen kann, solange er lebt, ist Bildung als Vorgang nicht abschließbar. Also Bildung ist nie (gegen Kerschensteiner) Zustand, ein verfestigter Endzustand, sondern ist immer Prozeß, mit vielen graduellen Steigerungsmöglichkeiten. Es gibt selbstverständlich ein mehr an Bildung und ein weniger an Bildung. Das zweite Moment ist das der Be*tei*ligung, der Teilhabe. Maritain spricht von Teilhabe (im Hinblick auf den Humanismusbegriff) an allem in Natur und Geschichte, das den Menschen bereichern kann. Wir akzentuieren hier das Werk des Menschen, die *Kultur*, eröffnen aber die *Natur* als Bereich der Teilhabe über den ästhetischen und den wissenschaftlichen Wert. Teilhabe oder Partizipation bedeutet mehr als gelegentliche Teilnahme, ist also etwas relativ Dauerhaftes, ist ein Mitleben in der Kultur. Der personale Geist vermehrt außerdem durch diese Teilhabe selbst den objektiven Geist, auch durch Reaktivierung objektivierten Geistes. Er ist selbst Teil des lebenden, des Gemeinschaftsgeistes der Menschheit oder einer begrenzteren Kultur. Er lebt in ihm aber doch in der selbständigen Art von "Welt 2" mit ihrer kritischen, wählenden und kreativen Potenz. Das ist die Besonderheit dieses nicht nur Teilseins, sondern des aktiven Teilnehmens, das der Mensch dadurch ist, daß er *Persönlichkeit* ist. Er ist nicht nur ein Teilchen wie in einer Maschine, sondern ein jederzeit potentieller Veränderer der Gesamtkultur. Schon durch seine Auswahl der Dinge, die ihn interessieren, bestimmt er mit, was im Augenblick objektiver Geist ist. Dies ist also eine fortlaufende – quasi demokratische – Entscheidung darüber, was die jeweilige Kultur ausmacht, durch das auswählende Verhalten des einzelnen Menschen. Jeder bestimmt jederzeit mit, was wirklich Kultur ist, was augenblicklich lebender "objektiver" Geist ist. Denn nur das lebt an diesem Geist, was in den "Köpfen" und "Herzen" der einzelnen lebt. Diese Teilhabe ist ein besonderer Typus der Seinsteilhabe und damit im Sinne der Ontologie und Metaphysik eine Teilhabe an den "Transzendentalien", d. h. an den Grundeigenschaften des Seins (also an Einheit, Wahrheit, Gutheit und Schönheit). Beim Moment der Beteiligung denken wir nicht nur an das produktive, sondern auch an das rezeptive Kulturleben. Wir bauen in der Regel unser individuelles Kulturleben erst über Rezeption auf. Dieses rezeptive Element ist auch produktiv, nämlich (re-)produktiv, ein reobjektivierendes Aktivsein, z. B. durch Interpretation von Kunstwerken. Manche Kunstwerke werden erst "fertig", wenn sie jemand interpretiert, "spielt", wie Theater- und Musikstücke. In der modernen Kunsttheorie wird herausgearbeitet, daß der einzelne beim Betrachten einer Plastik, dem Lesen eines Gedichtes das Kunstwerk auf seine Art interpretiert; dabei wird der Kommunikationskreis zwischen Produzent und Konsument erst geschlossen. Wir sprechen etwa von visueller Kommunikation. Derjenige, der etwas verständig aufnimmt, ist selbst zugleich produktiv, nicht zwar in dem Sinne, daß er jetzt etwas ganz Neues herstellt, einen Kommunikationskreis initiiert, aber er ist re-produktiv und gibt zugleich etwas in den objektiven Geist. Das dritte Definitionsmoment ist *wachsende kulturelle Identität*. Unter kultureller Identität meinen wir ein Zugehörigkeitsgefühl und -bewußtsein zu einer Kultur. Das ist, wie wir die verschiedenen Ebenen unterschieden haben, gestuft zu denken. Wenn wir von der weitesten Ebene ausgehen, also von der Kultur der Menschheit, zu der wir uns zugehörig fühlen, werden wir im Welthorizont denken und empfinden, wobei z. B. kulturelle und politische Toleranz wichtig sind und ein humanes Ethos, das wir als Spitzenergebnis moralischer Entwicklung auch bei Kohlberg gefunden haben. Wir haben als Menschheit keine Überlebenschance, wenn wir uns nicht eine universelle Ethik aneignen. Auch wenn es zunächst nur relativ wenige sind (der Ansicht ist auch C.F. v. Weizsäcker), die aber genügend Einfluß haben müssen, kann vielleicht der Weltfriede erhalten bleiben. Insofern ist Welthorizont der Weltelite Bedingung der Möglichkeit des Überlebens der Menschheit. Die mittlere Ebene, die Regionalkultur, die wir meistens als Typus im Auge haben, wenn wir von Kultur reden, in unserem Zusammenhang also die christlich-abendländische Kultur im Sinne Toynbees, also Kultur als "Hochkultur", legt besonders nahe einen personalen, humanistischen und rationalen Einstellungstypus. Die dritte Ebene kultureller Identität ist die der nationalen Kultur. In sie wachsen wir hinein durch unsere Sprache, Literatur, Geschichte, politische Kultur (Rechtsordnung, demokratische Lebensform). Ich meine, daß man sich auf allen drei Kulturebenen identifizieren muß, dann erst ist individuelle kulturelle Identität im modernen Sinne gegeben. Solche "gestufte Identität" fordert nicht geringe Balance-Leistungen vom einzelnen im Konfliktfalle. Eine politisch-gesellschaftliche Weltfriedensordnung könnte solche Konflikte, z. B. für Soldaten einer nationalen Armee, entsprechend verringern. Das Ziel der Bildung ist *Persönlichkeit*, d. h. entwickelte Individualität. Es wird damit zugleich der traditionelle philosophische Begriff der *Person* festgehalten. Personalität meint die psychisch-geistige Grundausstattung für das typische Bild des Menschen. Jedes menschliche Wesen besitzt eine solche Grundmitgift: die Vernunftnatur und die Fähigkeit zur freien Wahl, den Willen. Vernunft und Wille wurden schon immer als Definitionselemente von "Person" angesehen. Diese "Grundausstattungen" müssen freilich erst konkret realisiert und entfaltet werden. Da sie aber als Wesensanlagen prinzipiell mitgegeben sind, wehren wir uns zutiefst mit Recht, von einem Menschen einfach rundweg zu sagen, er sei nicht "gebildet". Realisiert doch jeder bereits ein "Bild" des Menschen, den Eindruck, den man sich von einem Menschen prinzipiell erwartet. Personalität meint also die menschliche Grundstruktur, die Potenzen oder Grundkräfte, die menschlich spezifisch sind, besonders Vernunftanlage, freier verantwortlicher Wille, Gewissen, Gemüt, Phantasie, und dann die speziellen Begabungen des einzelnen. Man kann abgekürzt sagen, daß der Weg der Bildung von der "Person" zur "Persönlichkeit" verläuft. *Persönlichkeit* ist gekennzeichnet a) durch ausgewogene Entfaltung und Verfügbarkeit aller Grundkräfte, b) durch lebendige Beziehungen zu den wichtigsten Kulturbereichen, besonders zu Kunst, Wissenschaft, Moral, Religion, c) näherhin Orientierung an den in diesen Kulturbereichen liegenden Leitideen, den Werten. Schließlich ist "Persönlichkeit" gekennzeichnet d) durch besondere Leistungsfähigkeit in wenigstens einem kulturellen (beruflichen) Bereich. Es muß noch ein fünftes Kennzeichen hinzugefügt werden, das wesentlich erscheint im Persönlichkeitsbegriff, nämlich d) das Humanum, Humanitas und damit Gestalt, Form, Harmonie. Humanitas wird dabei vor allem verstanden im Sinne antiker und christlicher Tradition, meint also insbesondere Menschenfreundlichkeit, Toleranz, Milde, ausgeglichenes Wesen.

Was den Inhalt der Kultur betrifft, kann man bei der kategorialen Bildung ansetzen. Es kommt dabei darauf an zu sehen, wie man diese Theorie weitertreiben kann. Ich vermute, daß man das durch eine Dreistufung erreicht, wenn man in aufsteigender Reihe Gehalte, Normen und Werte unterscheidet und aufeinander aufbaut, sie in ein hierarchisches Beziehungsgefüge bringt. a) *Gehalte*: auf die Unterscheidung von bloßen "Inhalten" des Kulturlebens und ihren "Gehalten" hat schon Willmann aufmerksam gemacht. Es kommt für die Bildung auf die "gehaltvollen Inhalte" an. Nicht alles, was im Kulturleben produziert wird, ist für unsere Bildung persönlich oder in Schule und Jugendgruppe wichtig und interessant. Die Theorie des Klassischen ist fraglos *ein* Einstieg für die Auswahl der Gehalte. Belehrt durch die Theorie des Kategorialen beachten wir aber auch das, was methodisch erschließend ist, schließlich das Elementare, das Exemplarische, das Repräsentative und das Typische. Innerhalb aller dieser gehaltreichen Stoffe haben nun weiter hierarchisch einen Vorzug b) die *Normen*. Wir schließen uns hier tendenziell dem Begriff des Normativen bei Spranger an, unter Akzentuierung des Normenbegriffes, wie er heute in der Soziologie verwendet wird, nämlich in dem Sinne, daß Normen Ordnung schaffen. Sie sind Ordnungshilfen, reduzieren Komplexität, bewältigen chaotisch mannigfaltiges Geschehen, praktisch und gedanklich, z. B. Naturgesetze, Verkehrsnormen, Umgangsformen, wissenschaftliche Standards, Spielregeln, Vertragsregeln, Diskursformen. Die Normen sollen deshalb einen Vorzug haben, weil von ihnen aus die Struktur einer Kultur effizienter und besser erfahrbar und durchsichtig wird. Nun benötigen aber diese Normen selbst letzte regulative Prinzipien. Dies sind c) die *Werte*, die Kriterien, Maßstäbe, Letztbestimmungen liefern und damit neue Freiheit gegenüber den Normen, diese veränderbar machen.

Wenn beispielsweise im Rechtsbereich bestimmte Gesetze nicht das mögliche Optimum an Gerechtigkeit erzielen, dann muß die Idee der Gerechtigkeit, d. h. der Wert der Gerechtigkeit als Maßstab angelegt werden, um zu entscheiden, ob die hier praktizierte Gesetzesnorm wirklich zu mehr Gerechtigkeit führt. Die Wertidee der Gerechtigkeit ist in diesem Falle die oberste Leitidee, von der aus man entscheiden kann und soll. Entsprechend gewichtig und vorrangig ist für die Bildung, wie Kerschensteiner schon klar erkannt hat, die innere Bestimmtheit durch die höchsten Werte. "Wertsinn" ist zentral für jede Bildung. Enkulturation kann sich auf Normenanpassung beschränken, Bildung niemals. Innere Steuerung von den höchsten Werten aus garantiert erst Charakter und Persönlichkeit. Nur eine wertgeleitete Persönlichkeit ist gebildet. Deshalb ist die *Förderung der Wertorientierung die höchste Aufgabe der Bildungsarbeit.* Für die (Selbst-)Bildung von Lehrern und Pädagogen bedeutet dies, daß zu ihrer "didaktischen Bildung" vor allem Orientierung am Wert, an der Idee der Bildung und damit entsprechende Klarheit hinsichtlich dieser Idee, d. h. eine elaborierte Bildungstheorie unerläßlich ist.

Wir haben Werte gefaßt als oberste Leitideen, konsensfähige regulative Prinzipien, die sich plausibel aus allgemeinen Orientierungen innerhalb der Kulturgebiete auffinden lassen. So ist orientiert die Wissenschaft auf wahre Erkenntnis, die Kunst auf schöne Gestalten, die Ethik auf gutes Verhalten, die Religion auf den Liebesbezug zwischen Gott und Mensch. Diese Werte sind höchste Kriterien für Normen, Gehalte und Inhalte der Kultur. Deshalb kann man vereinfacht mit Kerschensteiner sagen, daß die Ausbildung des Wertsinnes, als des Sinnes für diese höchsten Kriterien, die Hauptaufgabe der Bildung ist. Von da aus läßt sich dann auch der Sinn bzw. das Maß der Sinnlosigkeit von konkreten kulturellen Vollzügen erkennen. Relative Sinnwidrigkeiten lassen sich kritisieren und unter Umständen einer Veränderung unterziehen. Werte sind nicht einfach kulturimmanent, nicht einfach nur "affirmativ", wie man kritisch gesagt hat, zu dem, was besteht. Es wird nicht blind hingenommen, was im Augenblick kulturell existiert, sondern dieses wird zugleich auf seinen tiefsten Sinn hin befragt oder mindestens befragbar. Das kann man mit Hilfe der Wertkategorien leisten. Es handelt sich hier also um ein kritisches Instrumentarium. "Kulturteilhabe" meint also nicht, es soll alles so weiterlaufen wie es ist, sondern es wird innerhalb der Kulturbereiche immer auf das geachtet, was der bestmögliche Sinn der Sache ist. Von da aus wird gemessen und entschieden. Das *Zentrum* der *persönlichen Kultur* liegt in der *Urteilsfähigkeit*, in *Geschmack* und *Gewissen*. In der Hierarchie Gehalte – Normen – Werte liegt die Chance, mit verhältnismäßig einfachen Mitteln, durch eine kybernetische Ordnung, leichter Entscheidungen treffen, sich leichter auf etwas festlegen zu können, was im Sinne der einzelnen Werte für gut zu halten ist. Wer keine solche Ordnung besitzt, steht der Komplexität der Wirklichkeit, der Welt und den Ereignissen gewissermaßen hilflos gegenüber. Wertorientierte Bildung leistet Komplexitätsreduktion. Wertpädagogik, verbunden mit der kategorialen Bildung, ist unerläßlich.

Andererseits ist es nicht damit getan, daß man sich damit zufrieden gibt, die Wertorientierung geschafft zu haben. Es kommt nun auf das erkennbare *Wachstum* an, auf die einzelnen konkreten fortschreitenden Erweiterungen der Horizonte und Bezüge der Persönlichkeit. Das Wachstum an Wissen, an Kunstverständnis, an Weisheit, an Verinnerlichung könnte man als *Prosperität* bezeichnen, also als Wertwachstum der Persönlichkeit selbst. Das macht ja auch den Reiz aus, wenn man sich auf Bildung hin orientiert, daß man versucht, seinen eigenen Wert zu steigern, daß man dem Anreiz folgt, der in der Werterfüllung liegt, und daß man dabei zugleich den Reiz der Wertsteigerung der eigenen Person erfährt. Bildung als Persönlichkeitssteigerung gehört zu den objektiven Werten selbst, weil dieses Prosperieren, das Gedeihen selbst, vor allem wenn es sich in Werken konkretisiert, das ausmacht, was subjektiv als wachsender Eigenwert, überindividuell als qualitatives Wachstum der gesamten Gruppe oder Gemeinschaft feststellbar wird. Selbstwertgefühl des einzelnen und der Gruppe werden dann berechtigt und stützen den gesamten Bildungs- und Kulturwillen durch Rückverstärkung.

Franz *Kutschera* (Einführung in die Logik der Normen, Werte und Entscheidungen, München 1973) unterscheidet zwei Arten von Normsystemen: a) solche, die durch Werte flexibel gemacht worden sind; gemeint sind Normensysteme, bei denen man jeweils mittels der Werte als Maßstäbe, Kriterien, entscheiden kann, welche Einzelnorm praktiziert werden soll. Die Normen verlieren dadurch etwas an ihrer relativen Starrheit. Davon unterscheidet

Kutschera b) rigide, harte, bewußt nicht durch Werte geordnete Normsysteme (124). Letztere sind besonders in niederen Ordnungsbereichen nützlich, denkt man z. B. an die deutsche Industrienorm DIN – ohne gleiche Steckdosen gäbe es unzählige praktische Probleme oder an das Rechtsfahrgebot im Strassenverkehr. In den personnäheren Bereichen würden Normsysteme, die derart hart geregelt sind, die Freiheit sinnwidrig beeinträchtigen und dem Sinn der höheren persönlichen Leistungen, d. h. den Leistungsstrukturen des Verstandes, des Willens, des Gewissens zuwiderlaufen. Deshalb ist es in den höheren Bereichen der Entscheidung eben sinnvoller, daß die dort stattfindenden Handlungen durch den Typ a), d. h. nicht *nur* durch Normen, sondern *auch* durch Werte geregelt sind.

Aus dem gleichen Grund ist es sinnvoll, der *Rangordnung der Werte* näher zu treten, hier also von Kerschensteiner abzuweichen. Ich glaube, daß hier Willmann, Scheler, Spranger, Maritain, Schwarz, die für eine Rangordnung der Werte plädiert haben, weitergesehen haben als Kerschensteiner. Wenn man die moderne Logik der Werte und Normen ansieht, zeigt sich das erneut. Eine Ordnungschance haben wir immer in dem Ausmaße, als wir Präferenzen erkennen und setzen können und diese Präferenzen in sich sachgerecht sind, d. h. also, daß wir sie letztlich begründen können. Begründbar ist die Rangordnung der höheren Werte letztlich nur, wenn man sie auf eine metaphysische Basis bezieht. Spranger sprach vom Totalwert des individuellen Lebens, dem religiösen Wert, von dem aus man das individuelle Leben ordnen kann. Das ist allerdings erst ein rein psychologischer Religionsbegriff. Tiefer greifen Existenzphilosophie und Logotherapie. Wodurch einer seine Existenz im Augenblick vor allem versteht, das, worin er den Sinn seiner Existenz sieht, ist hier letzter Bezugswert. Es ist logisch unbestreitbar, daß der religiöse und der ethische Wert übergeordnet sein müssen aus dem Sinn dieser Werte. Wenn eine Lehre beansprucht, über den letzten Sinn der Welt Aussagen zu machen, und das tut die Religion, dann ist dort auch die letzte Möglichkeit einer Wertfestschreibung zu suchen. Das geht einfach aus dem Begriff der Religion und dem Begriff Gottes hervor. Wenn Gott die letzte Ursache allen Lebens, aller Wirklichkeit, alles Guten ist, dann ist er auch Herr über Leben und Tod, dann ist die oberste Wertfestsetzung nur von Gott her zu denken oder wenigstens zu "legitimieren". Es gibt keine andere Möglichkeit, wenn wir metaphysisch begründen und klären wollen. Philosophische Begriffe von Gott und Religion sind nur Rahmenbegriffe und erfüllen noch nicht die existentiellen Erwartungen, die eine lebendige Offenbarungsreligion ausfüllen kann. Philosophische Begriffe dieser Höhe sind in aller Regel sehr leer und sagen noch wenig; aber es sind immerhin Rahmenbegriffe. Wenn man sich also der Metaphysik anvertraut, hat man eine

Chance, zu konkreter, existentiell tragfähiger Religion und Religiosität zu vermitteln.

Ethisch gesehen ergeben sich auch aus der Personnatur und damit aus der Grundstruktur des Menschen ganz bestimmte Möglichkeiten, *Grundmöglichkeiten*, die Formen der Selbstbildung, der Selbstgestaltung im Rahmen humaner Kultur abstecken. Hier liegen auch unsere Chancen, zu dem "Bild" zu werden, das uns zwar nicht vorgezeichnet ist im Detail, aber eröffnet wird durch die Grundstruktur, mit der wir ausgestattet sind. Was wir an Seinsnormen und Sollensnormen vorfinden, setzen wir nicht wesentlich kraft eigener Vernunft und eigenen Willens (wir sind in diesem Sinne nicht absolut "autonom"), sondern wir finden in der eigenen Struktur entscheidende, wesentliche Möglichkeiten vor. Diese sind auch schöpferischer Art, aber sie sind eben nicht einfach vom Menschen zu "setzen", sondern ergeben sich (zumindest als Rahmen) aus der Grundstruktur der menschlichen Seinsart. Damit werden oberste menschliche Ziele – und damit auch Bildungsziele – vorgefunden und nicht willkürlich und beliebig vom Menschen gesetzt. Wenn es dem Menschen gelingt, das hat auch Allport gemeint, sich in einem religiösen Sinne selbst zu verstehen, d. h. also auf die Gottheit hinzubeziehen, die einem nahe ist und einem auch hilft, das zu finden und anzustreben, was man für das Optimum halten kann, ergeben sich für ihn so etwas wie letzte Maßstäbe, letzte Beurteilungsmöglichkeiten, freilich auch die Möglichkeit, schuldig zu werden vor dem Anspruch, der da auf ihn zukommt, aber insgesamt gesehen (und das haben religiöse Menschen auch immer wieder gezeigt in allen Religionen der Welt) auch Glücksmöglichkeiten. Deshalb sind einsichtige, bekehrte, heiligmäßig lebende Menschen – meist – psychologisch gesehen bei ihrer "Sache" geblieben. Deshalb hat das was mit der "Mitte" zu tun. Sedlmayr hat in seinem Buch "Verlust der Mitte" für die Kunst nachgewiesen, daß es einen Verlust der Mitte gegeben hat. Die Unterscheidung von Mitte und Randphänomen findet sich auch bei Allport im "Werden der Persönlichkeit". Richard Schwarz hat in "Wissenschaft und Bildung" hingewiesen auf die Frage nach der Mitte. Wenn man aus der Mitte herausfällt, d. h., wenn man sich nicht mehr aus einem Kern versteht, nicht mehr von einem Totalwert her geleitet ist, ist man dauernd in Gefahr, keine letzte Präferenz zu haben. Was einen jeweils anfällt an Anforderung, Krise, Lust oder Schmerz, bestimmt einen. Man hat keine Wahl, man läßt sich treiben. Zu erinnern wäre hier wieder an Bettelheims "Muselmänner". In dem Ausmaße, als man seine Mitte verliert, verliert man auch an Ich-Stärke, verliert man an Gerichtetheit der ganzen Existenz, damit auch an Möglichkeiten, ein Optimum aus seinem eigenen Leben zu machen. Das macht aber den tieferen Sinn von Bildung aus, daß man etwas aus sich und aus seinem Leben macht, was einen zutiefst selbst befriedigt, daß man ein Bild der Menschheit darstellt, das einigermassen ansehenswert ist.

Die höchsten Wertbezüge bedürfen der Konkretisierung. Hier haben Religion, Theologie und Religionssphilosophie ihre oft lange erprobten Vorschläge. Glaube, Hoffnung und Liebe gelten als religiöse Zentralhaltungen. Wir leben zwar, wie Peter *Wust* richtig dargestellt hat hinsichtlich der konkreten Aussagen unserer Religionen in einem "Halbdunkel" von Gottesgewißheit, Offenbarungsgewißheit und Heilsgewißheit. Wir stehen andererseits persönlich, politisch und religiös im Hinblick auf Weltprobleme vor einer Art Totalverpflichtung für alle. Von daher besteht Konsensnot und Diskursverpflichtung für alle. Religiöses, Ethisches, Politisches läßt sich nicht länger systematisch sauber trennen. Die menschliche Praxis zwingt diese Wert- und Kulturbereiche näher zusammen. Praktisch hat sich das in der Novemberrevolution (1989) der DDR-Bevölkerung gezeigt. Theoretisch gilt die politische *Ethik* heute mit Recht als Integrationszentrum, weil weitblickendes, die menschliche Not auf Dauer wendendes Denken um sich greifen sollte und von da Impulse ausgehen können. Menschenrechtserklärungen machen einen ethischen Konsens deutlich, auf den man sich global berufen kann. Aber trotzdem kostet es sehr viel Mühe und Geduld, solche Rechtsideen zu realisieren. Der Wert solcher Erklärungen ist jedoch beträchtlich, auch wenn die Wirklichkeit nachhinkt. Wenn sich Mächtige nicht an dieses Recht halten, kann man sie immerhin (wie Amnesty International) kritisieren. Sie müssen dann zumindest Stellung nehmen. Der Journalismus kann Wertwidrigkeiten aufdecken und verfolgen. So wird durch Öffentlichkeit allgemeine Moral stützbar. Man muß die ethischen Werte weit sehen. Über die Menschenrechtserklärungen hinaus besteht ethischer Konsens in den Erklärungen der Rechte des Kindes, in internationalen Verträgen, in den Verfassungen. Ethische Werte finden sich in den Personfreiheiten und in gesellschaftlich-sozialen Verpflichtungen, in Arbeitsethik, Selbstkontrolle und Verantwortlichkeit. Auch die einfachen, elementaren Umgangsformen können als ethische Formen erkannt werden; erträgliche Umgangsformen sind auch sozial-ethische Leistungen. Kultiviertheit, Zivilisiertheit haben hier ihre Grundschicht. Gute Manieren sind ein eigenes ethisches Bildungselement. Von guter Sitte ausgehend kommt man zu Regelungen in Rechtsform, zu Verträgen. Verträglichkeit ist unerläßliche Basis höherer ethischer Niveaus. Probleme allgemeiner, besonders gesellschaftlicher Art, müssen im herrschaftsfreien Diskurs ausgehandelt werden. So wird in den frei gewählten Parlamenten diskutiert, was Gesetz sein soll, was gelten soll. Die höchsten ethischen Prinzipien, die Werte, lassen sich allerdings letztlich nicht via Diskurs entscheiden. Ob man über das Lesen von anderen auf dem Diskursweg befinden kann, darüber ist bestimmt Zweifel angebracht. Das gilt dann vor allem für Entscheidungen über Krieg und Frieden. Hier erscheint nur die Verteidigung, wenn man lebensbedrohend angegriffen wird, legitim.

Von Ethikern werden einige Haupthaltungen oder Kardinaltugenden entwickelt, in denen man – gewissermaßen schlüsselartig – zusammenfassen kann, was für ethische Entscheidungen wichtig ist. Sie sind für eine ethische Bildung selbstverständlich auch zentral. Seit der Zeit der Griechen werden vor allem genannt: Klugheit, Gerechtigkeit, Tapferkeit und Mäßigkeit. Das sind die vier Kardinaltugenden, in denen man "das Gute" zentrieren kann, um die man sich bemühen kann im ethischen Prozeß der Selbstwerdung und Charakterentwicklung. Es scheint, daß wir vor allem Gerechtigkeit als soziale und politische Haltung erkennen und in die Bildungsdefinition aufnehmen müssen. d. h. daß, wenn wir von ethischen Werten sprechen, wir besonders soziale und politische Werte meinen. Es ist heute ganz unmöglich, das Ethische nur individuell zu verstehen, nur im Rückzug auf private Tugenden. Dem Platz des ethischen Wertes entspricht der Rang der Gewissensbildung unter den Bildungszielen. Derbolav hat darauf aufmerksam gemacht, daß man das Wissen wieder an das Gewissen binden muß. Erfahrungstatsache ist, daß die ethische Motivation durch religiöse Motivation gesteigert und besser abgesichert werden kann. Friedrich Wilhelm Foerster hat in seiner Altersphase erkannt, daß man mit religionsfreier ethischer Erziehung und Motivation nicht die besten Ergebnisse erzielen kann. Besser sei unbedingt, die Religion hinzuzuziehen, die rein ethische Motivation reiche in den allermeisten Fällen nicht aus. Es brauche noch eine letzte Begründung. Wie immer man das Gewissen auslegt, sicher ist es nicht nur das Über-Ich Freuds. Es wird zwar viel internalisiert und die konkreten Normen kommen immer von außen in das Gewissen. Aber die Potenz, daß man hier überhaupt Normatives aufnimmt, also die Grundlage des Gewissens, ist schon vorher da gewesen. Das Gewissen erscheint von vornherein als strukturell humanes Steuerungsorgan unseres Selbst. Man könnte die ethische Erziehung auch zusammenfassen unter dem Humanitätsbegriff. Humanität ist heute vom antikisierenden Humanitätsbegriff durch Universalität getrennt und durch eine eher problematisierende Behandlung des Heldischen. Das Heldische hat bei den alten Griechen und Römern noch eine enorme Rolle innerhalb ihrer Humanität gespielt, was es für uns nicht mehr in gleicher Weise kann, höchstens in einem analogen Sinne, im Sinne des Einsatzes für eine große Gruppe (vgl. Gandhi). Wir denken bei Humanität eher an Selbstkontrolle, Teilnahme, Hilfsbereitschaft, Verständnis, Toleranz. Human ist Ehrfurchtserziehung im Sinne von Goethe und Albert Schweitzer. Die konkreten Erwartungen im ethischen Bereich kann man in die Formel zusammenfassen: *der Mensch soll nach bestem Wissen und Gewissen handeln.* Diese Verbindung von Wissen und Gewissen scheint als ethische Bildungsformel möglich. Derbolav hat dies deutlich erkannt. Auch die ganze Gewissensethik betont dieses Prinzip. Vgl. heute auch V. Havel: Versuch in der Wahrheit zu leben. Reinbek 1989. Es zeigt sich auch da, daß der Zusammenhang von Wissensbereich und ethischem Bereich nicht größer sein kann. Wir können nur sinnvoll handeln, unser Gewissen kann nur dann optimal entscheiden, wenn wir den Sachverhalt gut überschauen, wenn also auch ein entsprechendes Maß an Wissen und Einsicht erarbeitet (und ermöglicht) wird. Eine ethische Entscheidung wird mehr wert, wenn man weiß, was für Folgen eine Handlung mit sich bringt.

Der Wert des *Wissens* steht an dritter Stelle unter den Werten. Populär wird Wissen als Hauptkennzeichen von Bildung angesehen. Auch in der pädagogischen Tradition weiß man vom Wert der "Bildung der Köpfe" (Herbart). Verstandesbildung war besonders in der Aufklärung vorrangig. In der jüngsten Zeit haben wir eine Welle wissenschaftsorientierter Bildung hinter uns. Wissenschaft und Kunst sind jedenfalls die zwei Hauptelemente, die immer essentiell zur Bildung gezählt wurden, mit jeweilig verschiedenen Akzenten und Zusatzelementen, aber doch diese beiden vor allem. Der wissenschaftliche Wert besteht in wachsender Erkenntnis, in dem Versuch, unser Wissen voranzutreiben. In immer neuen Anläufen untersuchen die Wissenschaften Hypothesen und Theorien, um genaueres Wissen, Aussagen von höherem Wahrheitsgehalt zu erzielen. Für die Konkretisierung des wissenschaftlichen Wertes im Bildungswesen kommt es darauf an, daß man eine relative Ausgewogenheit bei der Berücksichtigung der großen Wissenschaftsbereiche in den allgemeinbildenden Schulen sucht. Das naturwissenschaftlich-technische Wissen, das geisteswissenschaftlich-historische Wissen, das sozial-wissenschaftliche Wissen und das philosophische Wissen (als Versuch, das Gesamtwissen zusammenzuschauen, in eine Ordnung zu bringen und kritisch zu befragen mittels Methodologie, Logik, Wissenschaftstheorie, Ontologie und Metaphysik), diese vier Bereiche gehören im Weltwissen des Menschen zusammen und sind daher gleichermaßen bildungsrelevant. Jeder sollte versuchen, sich eine zusammenhängende, konsistente Schau der Wirklichkeit, einen Überblick zu verschaffen. Teilphilosophien (wie Natur-, Kultur-, Sozialphilosophie) und Gesamtphilosophie versuchen zusammen unser Gesamtwissen in eine Struktur zu bringen, in ein philosophisches System. Der Sinn jeder Wissenschaft ist System, sinnvolle Zusammenstellung. Die höchste Taxonomiestufe in der Wissenswelt ist *Urteilsfähigkeit hinsichtlich der Gesamtordnung der Welt und ihrer wissenschaftlichen und philosophischen Erfassung.* Dahin zielt letztlich die Bildungsarbeit im kognitiven Bereich. Daß der Wissensaufbau ganz bescheiden anfängt beim Kind (wie auch in unseren einzelnen wissenschaftlichen Lernbemühungen) bei Problemidentifikationen und elementarem Faktenwissen, darf dabei nicht vergessen werden. Von Wahrnehmungen gelangt man weiter zu Begriffen, Klassifikationen und Kategorien, über Grundmethoden (wie Analyse, Synthese, Interpretation) schließlich zu Prinzipienwissen und Kriterienwissen. In etwa dieser Reihenfolge verdeutlichen auch Bloom und Mitarbeiter in ihrer Taxonomie die kognitive Entwicklungsarbeit. Natürlich sind Ordnung und Verfügbarkeit des Wissens entscheidender als lexikalische Faktenmassen, aber ohne je entsprechend breites Faktenwissen ist eben auch nichts zum Ordnen da. Von erheblicher Bedeutung sind auf der obersten Ebene die Wissenschaftstheorie und die Kritikfähigkeit, insbesondere Urteilsfähigkeit hinsichtlich objekt-adäquater Forschungsmethoden, weiter die Urteilsfähigkeit hinsichtlich erkenntnisleitender Interessen, also ideologiekritische Kompetenz.

Eine unserer besten Wissenssoziologien ist die von Max *Scheler*. Sie ist zwar noch relativ wenig differenziert, aber sie hat doch einen Grundansatz, der für unsere Überlegungen sehr wichtig ist. Scheler unterscheidet drei Arten von Wissen: Herrschafts- (und Leistungs-)wissen, Bildungswissen und Heilswissen. *Herrschafts- und Leistungswissen* ist die Schicht von Wissen, mit der man mit der Wirklichkeit umgehen, sie technisch beherrschen kann. Scheler unterscheidet die Wissensarten nach den obersten Werdenszielen, denen Wissen dienen kann. Hier zeigt sich, daß das erkenntnisleitende Interesse nicht von Habermas, sondern eher von Scheler (wenn nicht schon von den Griechen) entdeckt worden ist. Das Herrschafts- und Leistungswissen ist auf "Beherrschung und Umbildung der Weltgeschichte" gerichtet, soweit sie uns verfügbar ist. Mir scheint, daß das Robinsohn-Curriculum-Suchverfahren im Grunde auf dieser Ebene verbleibt, nämlich, daß Lebenssituationen als bemächtigbar und beherrschbar angesehen werden und das entsprechende Rüstzeug zu ihrer Bewältigung bereit- oder hergestellt wird. Verständlich, daß etwa die meditative Seite des menschlichen Denkens bei diesem Modell zu kurz kommen muß.

Schelers *Bildungswissen* zielt auf "Erweiterung des Seins und Soseins der geistigen Person in uns zu einem Mikrokosmos, in dem wir an der Totalität der Welt, wenigstens ihren strukturellen Wesenszügen nach, in der Weise unserer einmaligen Individualität Teilhabe zu gewinnen suchen" (in Röhrs (Hg.): Bildungsphilosophie Bd. II, 183). Eine brilliante Definition, die den Wissensbereich von Bildung klassisch herausstellt und ohne Abstriche in die hier verfolgte Linie Humboldt, Willmann, Kerschensteiner, Klafki paßt! Schließlich kann und soll das *Erlösungswissen* "unserem Personkern" auch wieder "Teilhabe" ermöglichen, nun "am obersten Sein und Grund der Dinge selbst" (ebda.). – Scheler hält die "Weltstunde für gekommen" zu einer Ausgleichung und Ergänzung dieser drei Wissensarten, die sich nicht gegenseitig ersetzen und vertreten können, wobei das Leistungswissen zuletzt dem seelischen Fortschreiten, dem humanistischen Bildungswissen, zu dienen habe, sich aber dieses wiederum der Idee des Erlösungswissens unterzuordnen habe

(186 f.). Scheler stellt so eine eindeutige Wertrangordnung der Wissensarten heraus. Teilweise deckt sie sich mit der Unterscheidung technokratischer und praktischer Erkenntnisinteressen der kritischen Frankfurter Schule, mit der Unterscheidung von Interessen- und Wertleitung des Denkens bei Habermas. Diese bleiben freilich meist fern vom Erlösungswissen (Habermas selbst hat die Entwicklungsbedeutung der Religion für eine universalistische Identität erkannt; vgl. Henz 1983). Die von Scheler postulierte Über- und Unterordnung der Wissensarten ist vielleicht noch kurz kritisch zu beleuchten. Ich meine nicht, daß man schlechthin sagen kann, daß sich die "unteren" Wissensarten den jeweils höheren absolut unterzuordnen haben. Ich meine, daß das jeweilige Fachwissen seine Unabhängigkeit in der Forschung hat und haben muß, daß also die Wahrheitsgewinnung in der Unabhängigkeit des freien Forschens gesichert sein muß. Im kritischen Fall des Widerspruchs zwischen Wissensarten haben die sachgerechteren Methoden die höhere Wahrheitswahrscheinlichkeit für sich. Konkret heißt das, daß der Wahrheitsgehalt über eine astronomische Aussage eben bei der Astronomie höher ist als bei Religion und Theologie (der Fall Galilei zeigt die Möglichkeit, hier grob überzugreifen). Notwendig ist immer die Berücksichtigung des Sachverstandes der einzelnen Wissenschaften, eine Art Vorordnung des Sachverstandes. Es steht allen Wissenschaften gut, das von den anderen Wissenschaften anzunehmen. Was man nicht selbst kritisch prüfen kann, kann man ja dahingestellt sein lassen und muß es nicht unbedingt annehmen, aber man kann auch nicht behaupten, das von einer anderen Wissenschaft deklarierte Wissen sei von vornherein falsch, wenn man es nicht kritisch geprüft hat und kompetenzmäßig vielleicht auch gar nicht prüfen kann. Schlimm ist, wenn *ein* fachwissenschaftlicher Bereich sich aufschwingt zu einer Art umfassender Philosophie und Weltanschauung, wenn von dort aus dann eine sogenannte wissenschaftliche Welttheorie entwickelt wird. Wenn nicht über ökonomische Interessen, entstehen auf diesem Wege *Ideologien*, wenn z. B. eine biologistische Weltanschauung aus der Evolutionstheorie, eine materialistische Weltanschauung aus einer ökonomischen Theorie usw. errichtet wird. Wenn Theorien fachüberschreitend ausgeweitet werden, so daß daraus so etwas wie ein weltanschaulicher Systemrahmen gewonnen wird, so steckt hier eine (politische) Entscheidung, die äußerst gefährlich sein kann und sich enorm ahuman auswirken kann, weil eine solche Gesamt-Theorie nicht mehr viel übrig haben kann für nicht systemkonforme Menschen. Natürliche Auswahl und Auslese gelten dann (im Rassismus) als stärkere und sinnvollere Mächte. Wird die politökonomische Theorie, die in sich ihre Wahrheiten hat, (im Marxismus-Leninismus) zum materialistischen Kommunismus und damit zur (scheinbar wissenschaftlichen) Weltanschauung aufgeschaukelt, so wird sie für die freie Entwicklung des Menschen gefährlich und wird den Menschen

(wir erlebten das in unserem Jahrhundert im kommunistischen Machtbereich) höchst gewaltsam oktroyiert.

Ideologie kann man definieren als scheinwissenschaftliches Denksystem mit dem Zweck der Rationalisierung von (oft ökonomischen und politischen) Gruppenzielen. Rationalisieren ist ein Bemänteln, ist Scheinbegründung, die aber eine gewisse Plausibilität für sich hat. Ideologen benützen oft massenpsychologisch eingängige Schlagworte, daran kann man sie auch entlarven, besonders an ihren Stereotypen und Feindbildern. Stereotype sind affektiv negativ gefärbte Typenbegriffe von fremden Gruppen und positiv gefärbte von der eigenen Gruppe. Der Feindgruppe wird zugeschrieben, was an Übeln in der Welt ist. Die beiden bekanntesten und mächtig hervorgetretenen Ideologien sind die faschistische und die kommunistische Ideologie. Die faschistische Ideologie mit den Realzielen des Nationalsozialismus der Revanche für den verlorenen Krieg und der Erkämpfung neuer Lebensräume für die Nation. An Stereotypen wurden da verwendet vor allem das Rassenstereotyp (die "jüdische Rasse"), im Krieg gegen die Sowjetunion auch das nationale Stereotyp ("russisches Untermenschentum") als Feindbild ("die Juden sind unser Unglück"). Beliebt war hier immer die Frage: Wer steckt dahinter? Wer sind die "Drahtzieher"? (Freimaurer, Plutokraten, Jesuiten). Analog findet es sich in der kommunistischen Ideologie. Reales Ziel ist die Erringung der Macht für die kommunistische Partei (wo es gerade möglich ist, die "historische Stunde gekommen ist" für Revolution, Enteignung o. ä.). Das Stereotyp, das dem Rassenbegriff der Faschisten entspricht, ist hier der Klassenbegriff (Bourgeoisie). Als Schlagworte fungieren: der Klassenfeind, die Kapitalisten, das Kapital. – Mitunter findet sich heute auch ein "universaler" Ideologiebegriff. Er steht für alles, was Weltanschauung ist. Mit diesem Ideologiebegriff kann man aber praktisch nichts anfangen, weil er keine Unterscheidung zuläßt zwischen Ideologie und Wahrheit. Insofern ist er wissenschaftlich nutzlos. Die Ideologiekritik hat darauf aufmerksam gemacht, daß man nachdenken kann und muß, wieviel an Ideologie in jede Weltanschauung, die mächtig ist, eingegangen ist.

Wissenssysteme, die der Wirklichkeit entsprechen sollen, also der Idee der Wahrheit und damit dem Wert der wahren Erkenntnis, brauchen wegen dieser Anfälligkeit des Menschen für Ideologie besonders strenge Methoden, strenge Sachlichkeit. Selbstbeschränkung und vor allem wechselseitige Kritik. Überall, wo man sich gegen Kritik immunisiert, sie nicht mehr duldet, wird der Wissensfaden abgeschnitten. Es wird blockiert, daß man darüber nachdenkt. Nach der Forschungslogik von *Popper* fordert der sogenannte Falsifikationismus das Bemühen, jede aufgestellte Hypothese (und jede wissenschaftliche Theorie ist eine Hypothese) zu Fall zu bringen. Eine gute wissenschaftliche Theorie würde sich dadurch auszeichnen, daß sie selbst die

Punkte angibt, an denen sie möglicherweise zu Fall kommen könnte, selbst also die schwächsten Glieder in der Kette markiert. Popper ist allerdings der Ansicht, nachdem die Wissenschaftler meist nicht geneigt sind, ihre eigenen Theorien zu falsifizieren (sie wollen sie vor allem erst einmal verifizieren, bestätigen, was auch wieder sinnvoll ist, denn zuerst muß man eine einigermaßen gestützte Hypothese haben), daß man daher andere braucht, sie durch strenge Untersuchungen zu Fall zu bringen oder einzugrenzen. Insofern ist die wechselseitige Kritik innerhalb des Wissenschaftsbetriebs eine unbedingte Notwendigkeit, um unfruchtbare Hypothesen auszusondern, Theorien sachgerecht einzuschränken und so wieder Platz zu schaffen für neue Entwürfe und Versuche. Die Wahrscheinlichkeit, daß der einzelne Forscher die Lehrmeinung durchsetzen will, die er gerade vertritt (oder die seiner wissenschaftlichen "Schule"), ist zu hoch, als daß man nicht eben die Kritik von außen braucht. Auch bei einem starken Willen zur Wahrheit ist das notwendig, denn es gibt immer Täuschungen aus der "persönlichen Gleichung" oder von der Gruppe her. Kein Wissenschaftssystem ist so perfekt, daß es alle möglichen Perspektiven beachten kann. Es gibt immer Grenzen; das gilt auch für die "exakten" Wissenschaften.

Der Glaube an die Wissenschaften, den wir heute in starkem Maße verbreitet finden, hat durch die Vielfältigkeit der wissenschaftlichen Schulen und Ansätze auch wieder gelitten, wenigstens bei den Fachstudenten. Insofern ist der Szientismus, die Meinung, daß die Wissenschaften einzig die höchsten Möglichkeiten der Erkenntnis haben und daß man über ihre Methoden praktisch alles erkunden und letztlich auch lenken kann, heute nicht mehr unbestritten so wie vielleicht noch vor wenigen Jahrzehnten. Pädagogisch weiß man oder sollte man wissen, daß die Entscheidung über Curricula, Curriculumkonstruktionen daher auch nicht rein wissenschaftlich unterbaubar sind, weil es zu viele wissenschaftliche Ansätze, zuviele Theorien gibt, auch widersprüchliche. Jeder Student bekommt in seinem Fach gleich zu Anfang oft ein Dutzend verschiedener Ansätze serviert und muß sehen, wie er damit fertig wird. "Die Wissenschaft" kann tatsächlich auch nicht mehr anbieten, denn die gibt es nicht in der schönen glatten Form, wie man sie für Lehrbücher der Sekundarstufe zusammenstellt. Man muß unter Umständen mehrere Semester lang ringen um eine für einen selbst plausible Balance der herrschenden Lehrmeinungen. Bis dahin übt man am besten Epoché, d. h. die Enthaltung vom endgültigen Urteil. Diese Haltung gehört zum wissenschaftlichen Grundbestand.

Das bedeutet für die Feststellung von *Curriculum*elementen und Grobzielen, die wir für die Bildungsarbeit in den Schulen brauchen, daß man sowohl Fachwissenschaftler aus verschieden "Schulen" und Ansätzen heranziehen muß, als auch Fachdidaktiker und Bereichsphilosophen, beispielsweise für ein Geographiecurriculum nicht nur Geographielehrer und Lehrbuchverfasser, sondern Geographen, nicht nur Kulturgeographen, sondern auch solche, die von der physikalischen Richtung kommen, dazu Geographiedidaktiker und Naturphilosophen. Sie gehören *alle* zum guten Curriculumteam, wenn das Curriculum einigermaßen ausgewogen sein soll. Was der Wahrheit am meisten entspricht, das ist "der Stand der Wissenschaft", das, was im Augenblick als das beste Wissen in einem bestimmten Bereich angesehen wird. Daß sich dieser "Stand" wandelt im Laufe der Zeit, daß immer wieder neue Erkenntnisse hinzukommen, daß andererseits auch ältere Wissensbestände gültig bleiben, daß sich Wissen immer mehr differenziert, ist daher evident. Um eine "rollende" Curriculumreform kommt deshalb kein modernes Bildungswesen herum.

Den *ästhetischen* Wert finden wir an der vierten Stelle in der Werthierarchie. Hier ist zu denken an die Begegnung mit den Künsten, aber auch mit der Natur als einer Welt, die viel Schönes und Erhabenes enthält. Die Ästhetik ist in der Hegelschule verkürzt worden auf Kunstwissenschaft. Das Naturschöne wurde vernachlässigt. Das wird in der jüngsten Zeit wieder revidiert. Adorno meint, daß, wer für das Naturschöne kein Auge habe, im Grunde immer ein Banause bleibe. Denn er habe auch für viel Kunstschönes kein Auge. Über die Kunstbetrachtung wird man andererseits angeregt zum Sehen von Naturschönheiten. Auch über Naturschilderungen (vgl. Stifter) kann man das Sehen des Naturschönen lernen. Natur- und Kunstästhetik befruchten sich – mindestens über die Praxis – gegenseitig. Beim Ästhetischen ist an die Fülle der Wahrnehmungsreize, besonders an die Vermittlung von Geschmacksmustern durch Kunstbereiche zu denken, an Musik, Theater, Literatur, Malerei, Plastik, Architektur, Film, Hörspiel, Medien. Da nicht alles, was dort produziert wird, hohe Kunst ist oder auch nur besonders wertvoll, bedürfen wir der *Urteilsfähigkeit,* der *Kriterien,* des *Geschmacks.* Man wird sich daher umtun nach den Kriterien, die von der Ästhetik, die innerhalb der einzelnen Künste und Kunstwissenschaften, in kunstgeschichtlichen Werken und durch die Kunstdidaktiken eruiert worden sind. Da man heute auch wieder Wert legt auf die Aufschließung der menschlichen Wahrnehmungsfähigkeit, die Sensibilisierung überhaupt, lohnt es sich, von früh an, elementar an der ästhetischen Bildung zu arbeiten. Die zwei wesentlichen Charaktere, die in der Ästhetik herausgearbeitet werden, sind das Schöne und das Erhabene. Daß der Mensch durch die Begegnung mit "*der Aisthesis*" stark berührt wird, hat Hartmut von Hentig in seiner Lernzielreihe (für die gesamte Schulwelt) beachtet. Da der Mensch durch Ästhetisches angeregt und bewegt wird, auch beglückt werden kann, ist der Weg über das Ästhetische so natürlich und macht solche Bildungsarbeit besonders reizvoll. Selbst der Sinn für Kinder und Jugendliche ist etwas Ästhetisches, spielt mit in der Grundmotivation der Eltern, Erzieher und Lehrer. Werdendes Leben begleiten, das hat eine Menge ästhetischer Reize (vgl. Platos und Sprangers "*Eros*"). Man kann das Ästhetische kaum überschätzen in seiner Bedeutung für die Bildung. Populär wird es eher unterschätzt. Wer aber fortschreitet in der Selbstkultivierung, weiß von der Gleichrangigkeit des Ästhetischen mit dem Wissen, der Wissenschaft. Mitunter wurde in der Geschichte der Pädagogik auf den *Vorrang* des Ästhetischen gesetzt, so bei Plato und in Schillers "ästhetischer Erziehung des Menschen". Fasziniert vom Ästhetischen möchten auch heute manche die Pädagogik zur Ästhetik umformulieren. Auch Herbart hatte zunächst einen ästhetisches Ansatz für die Pädagogik, obwohl er für eine ganz andere Richtung steht, nämlich für die Intellektualisierung und Moralisierung im 19. Jahrhundert durch die "Herbartianer". Wenn man zum Begriff von einer Sache kommen will, also zum Wissen, muß man in aller Regel über die Wahrnehmung, über die Anschauung gehen. Auch insofern ist der Ansatz der Bildungsarbeit beim Ästhetischen der natürlichste. Kunst und Wissenschaft sind ein Zwillingspaar und unzertrennlich. Man muß aber über die Sinnenwelt hinaus weiter durchstoßen bis zur Ideenwelt. Bei Plato läuft dieser Prozeß über die Liebe zu schönen Gestalten (im "Symposion"); die Verfeinerung der Sinneswahrnehmung. Sensibilisierung wird durch die Einführung und Betrachtung von Kunstwerken beschleunigt. Ästhetische Weltbegegnung öffnet Phantasie, Freiheit und Gestaltungswillen, hat daher auch ethische und politische Werte, mindestens Anregungswerte. Das hat nicht nur Schiller herausgearbeitet in seinen Briefen, es wurde auch von der kritischen Theorie (Adorno, Marcuse u. a.) erkannt. Der Anregungs- und Bildungswert ist aber weit umfangreicher, wenn man, angefangen von der Volkskunst und von den elementaren Gestaltungen der Kinder, bis hin zu höchsten Formen religiöser Kunst denkt, wie an Händels Messias, Dantes "Göttliche Komödie", die Hagia Sophia. Wenn man diese ganze reiche Welt von den kleinen Gestaltungen des Alltags bis zu den höchsten Formen einbezieht, sich auch nicht scheut, so etwas Verachtetes wie die Welt der Werbung ästhetisch zu reflektieren, dann merkt man, wie intensiv wir "mit der Aisthesis leben". Kunstwissenschaften, Kunsthistorien und Kunstdidaktiken, samt der diese krönende Ästhetik stehen hier zum Teil noch am Anfang. Am klarsten wurde in der "Kunsterziehungsbewegung" zu Beginn unseres Jahrhunderts (H. Lorenzen (Hg.): Kunsterziehungsbewegung, Heilbrunn 1966) die pädagogische Bedeutung des Zeichnens, Malens, Formens, der Kunstbetrachtung erkannt, dann die Bedeutung der sprachlichen Künste, also der Lektüre, der Dichtung, des Theaters und schließlich die Bedeutung von Musik, Rhythmik, Tanz und Gymnastik. Nach der Phase der Kunsterziehungsbewegung folgt in der deutschen Schulgeschichte eine Phase der "musischen Bildung"; leider war sie antiintellektualistisch geprägt, deshalb vermeidet man heute meistens diesen

Begriff ("musische Bildung"). Man geht über zu Begriffen wie ästhetische Erziehung, ästhetische Bildung, visuelle Kommunikation, auditive Kommunikation. Man betont den Zusammenhang zwischen Produzent (Komponist) und Rezipient (Hörer, Betrachter, Leser). Was der Künstler produziert, ist eine Botschaft. Er möchte, daß sie Leute lesen oder hören und dabei etwas fühlen, denken, phantasieren und dadurch das "Kunstwerk" gewissermaßen "vollenden". Dazu kommt, daß man sich heute auch wieder erinnert an die "artistische" Tradition, also an die septem artes, damit also den Konnex zur universitäten Vor- und Grundbildung aus der Gesamtgeschichte der Gymnasien und der Artistenfakultät wieder gewinnt. Heute arbeiten auch die Universitäten mit Musik- und Kunsthochschulen enger zusammen. Die Unterschiede werden weniger stark betont als das Verbindende, man möchte meinen und hoffen zum Nutzen von Kultur und Bildung. Daß über ästhetische Erfahrung Weltwirklichkeit zugänglich werden kann, wurde schon erörtert, denken wir an die Welten von Shakespeare, Goethe, Kafka, Rilke. Es ist aber klar, daß ein volles, zeitgemäßes Weltbild einseitig und nur ästhetisch nicht hergestellt werden kann, also ohne wissenschaftliche Bildung, ohne Philosophie, ohne Weltgeschichte unzureichend bleibt. Es wäre eine unverantwortbare Einseitigkeit, die Bildung eines jungen Menschen *nur* vom Ästhetischen her aufbauen zu wollen. Pädagogischer Ästhetizismus, den gelegentlich gewisse Künstler und Kunsttheoretiker pflegen (und für sich auch pflegen können), wäre für die allgemeine Bildungsarbeit ähnlich einseitig wie pädagogischer Intellektualismus oder Szientismus, das Aufbauen von Bildung bloß auf Wissenschaft. In der Praxis ist der Ästhetizismus ohne breites öffentliches Gewicht. Die Not ist eher, daß sich einzelne Kunstfächer immer wieder durchsetzen müssen. So hat man dem (1973 veröffentlichten) wissenschaftsorientierten "Bildungsgesamtplan" in der deutschen Bundesrepublik erst Jahre später einen "musisch-kulturellen" Ergänzungsplan nachgeschickt und damit gezeigt, wie einseitig und ohne bildungsphilosophische Klärung dieser "Gesamtplan" entstanden ist. Im Ergänzungsplan finden leider auch wieder nur eine unsystematische Reihe von ästhetischen Bereichen Beachtung: Musik, Theater, darstellendes Spiel und Tanz, Literatur, Museum, Film, visuelle Kunst (einschließlich Filmen und multimedialen Angeboten). Es wird in diesem Ergänzungsplan immerhin die Bedeutung der ästhetischen Bildung im Zusammenhang mit kreativer und intellektueller Bildung erkannt, ihre Freizeitbedeutung und ihr therapeutischer Wert. Zu wenig gesehen werden die Zusammenhänge zur ethischen und politischen Bildung. Im Ergänzungsplan wird immerhin anerkannt, daß ästhetische Bildung "den Einzelnen und den Einzelnen in der Gemeinschaft in seiner Persönlichkeitsbildung und -entfaltung fördern, ihn harmonisieren und zur Selbstverwirklichung führen will" (1977, S. 6).

Das "*Harmonisieren*" ist näher zu betrachten. Nach einer Welle der Betonung von Konfliktfähigkeit und politisch-sozialem Kampfgeist einerseits und Schwierigkeiten individueller Balancen und Lebensbewältigung andererseits weiß man relative Ausgeglichenheit in der Persönlichkeitsstruktur und ihrer Grundbefindlichkeit wieder zu schätzen. Der konflikttheoretische Ansatz hat seinen Höhepunkt überschritten; auch Vorläufer, wie die existentialistischen Sichtweisen und Dezisionstheorien, die Entscheidungen überbetonen, haben an Bedeutung verloren. Dagegen sucht man heute wieder Ausgeglichensein, Besonnenheit und Gelassenheit. Man findet damit Anschluß an die gute Tradition, auch weltweit (Taoismus, Buddhismus). Der Mensch strebt immer wieder nach Ordnung, Harmonie und Ausgeglichenheit. Wir sprechen z. B. von Identitätsbalance. Erst wenn man ausgeglichen, innerlich einigermaßen befriedet ist, kann man gute Entscheidungen treffen, kann man auch Konflikte eher durchstehen. Ein unharmonischer, zerrissener Mensch ist dazu nicht in der Lage. Er kann aus seinem Affekt heraus auch kein weises Urteil fällen. Zum "audiatur et altera pars" braucht man wirkliche innere Offenheit, Erschlossenheit; das kann nur ein ausgeglichener Mensch realisieren. Wer schon affektiv befangen ist, hat oft vorentschieden, kann dann nicht mehr genau hinhören. Wenn es um wichtige Urteile geht im Bereich der Wissenschaft, der Philosophie, der Geschichte, der Politik, geht es auch darum, einen großen Weitblick zu haben, möglichst echt die Realität zu spiegeln, also relativ affektfrei (mit Ausnahme des "Affektes" in Richtung Wahrheit und Weisheit) zu sein, d. h. möglichst viel Harmonie zu besitzen. Deshalb, meine ich, gehört zum Begriff der gebildeten Persönlichkeit, daß sie harmonisch ist. In diesen Tagen klingen noch weitere Horizonte von Harmonie an, z. B. in einem Vortragstitel wie "Die Verpflichtung unserer Zeit zur Harmonie von Mensch, Raum, Natur und Kultur". Die "Verpflichtung zur Harmonie" weist hier ins Ökologische und Ethische. Daß der Harmoniegedanke im menschlichen Glücksdenken eine Stütze hat, zeigt sich in Vorstellungen eines jenseitigen Lebens. Es sind durchwegs harmonische Vorstellungen, niemals disharmonische (es sei denn als drohendes Gegenbild). Der Harmoniegedanke als Metapher stammt aus der Musik. Im vollen Ton klingen die Obertöne mit, die ja bekanntlich den Dur-Dreiklang, damit ein Grundelement der Harmonie, implizieren, ein hoffnungsvolles Zeichen, ähnlich wie die Schönheit der Kristalle. Vielleicht ist das ens et pulchrum convertuntur im Grunde doch wahrer als die nihilistische Verzweiflung am Sinn der Welt, als die Konfliktanthropologie des homo homini lupus. Das Böse hat nach der scholastischen Theorie keine "Realität". Es ist zerstörte Harmonie. Das volle Sein kommt immer nur einer Sache zu, die auch harmonisch, in sich geschlossen, gut und schön ist. Das ist ein sehr hoch angesetzter philosophischer Gedanke (und Glaube). Man muß ihn mit dem Begriff der Einheit zusammenbringen, letztlich mit dem Gottesbegriff (Wenn Gott die Welt erschaffen hat, muß er sie harmonisch gemeint haben. Zur Erklärung der Disharmonien brauchte man die Erbsünde. Das zeigt schon, daß das Gebäude christlicher Weltanschauung prinzipiell auf Harmonie angelegt ist).

Werden wir wieder *konkreter*: wenn jemand im ästhetischen Bereich ansetzen will, um seine Bildung zu betreiben, so hat ein junger Mensch, der etwa ein Musikinstrument zu spielen erlernt oder in einem Chor mitsingt, sicherlich schon etwas Wichtiges für seine Bildung getan. Wir wissen von großen Pädagogen, daß sie auf diese Dinge enormen Wert gelegt haben, von Pythagoras bis herauf zu Praktikern wie Philipp Neri, Don Bosco, Flanagan. Er braucht keine besonders großen Leistungen, aber doch kleine Erfolgserlebnisse und einen gewissen kommunikativen Effekt. Daß man merkt, das kommt irgendwo an, ich kann mich ausdrücken und der andere versteht das, das bringt Rückmeldung, hat stabilisierende, präventive und therapeutische Effekte. Kinder sollten animiert werden zu und verstärkt werden in ihren ästhetischen Versuchen und Bemühungen, in ihren kleinen schmückenden und gestaltenden Leistungen. All dies heißt nun, daß der Rangplatz vier für die ästhetische Bildung keinesfalls bedeuten kann, daß das Ästhetische nicht unbedingt erforderlich sei. Sie ist hier als bildungsrelevant und unersetzbar unter die engeren Werte aufgenommen, nicht nur, weil sie bedeutende Theoretiker so gesehen haben, sondern weil sie essentiell, wesentlich dazugehört zum Bildungsganzen wie das Wissenschaftliche, das Ethische und das Religiöse auch. Die Basis auch für noetische Weltwahrnehmung, Weltkenntnis ist allemal Aisthesis, Anregung vom Reizvollen der Welt her. Das Schöne, das aus Natur und Kunst auf uns zukommt, regt uns auch an, uns einzuschwingen in die Rhythmen der Welt. Von hierher kommt Harmonisierung. Birnbaum sprach von Vitalharmonisierung und von therapeutischer Harmonisierung. Wir können aber auch weiterdenken, etwa an die Arbeitswelt. Es gab früher Arbeitslieder, z. B. bei der Landarbeit. Für uns ist in der technischen Welt Arbeit eher mit "Takt" verbunden, wenig mit Rhythmus. *Klages* hat hier eine wichtige Polarität bemerkt. Der mechanisierenden, belastenden, frustrierenden, entseelten Arbeit darf nicht das Feld gehören. Die Rhythmen müssen mehr beachtet werden. Ästhetisches hineinbringen in die alltägliche Wirklichkeit war auch die Bemühung des "Bauhauses". Alltagswelt ist mit der Kunstwelt zu verbinden, damit das ganze Leben erfreulicher, die Lebensqualität von den Grundelementen her gehoben wird. Ästhetisierung der Arbeitswelt ist etwas sehr Wünschenswertes. Dasselbe gilt für die Freizeitwelt, in der wir geradezu spontan versuchen, unsere Lebenswelt schöner zu machen und reicher. Das gilt aber auch für die übrige Welt, für Liebe, Ehe, Familie. Dieses "Einschwingen" in die Welt ist für den Gläubigen, der die Welt als Gottes Schöpfung sieht, zugleich ein Einschwingen in die Gottbeziehung selbst. Das höchste Bild, das Gottesbild, korrespondiert letztlich mit dem gelungenen "Bild" der Bildung, worauf Guardini aufmerksam gemacht hat. Ein Bild vom Menschen darstellen, und zwar ein wertvolles Bild, das sei der Sinn von Bildung. Ich bin nicht so sicher, daß das schon der ganze Sinn ist. Aber daß ästhetische Grundmuster Modelle bieten können, um anzudeuten, was mit Bildung letztlich gemeint ist – eine Art Gestaltfaktor (vgl. die Gestalttherapie) –, ist ziemlich evident; deshalb ziehen wir auch solche Muster dauernd heran und sprechen von Harmonie, Einklang, Stimmigkeit, Zusammenklang, Wohlklang, Wohl des Kindes, Gemeinwohl. Darin liegen Elemente von Glück, Lebensqualität, von Vollendung der Welt, weil eine Grundübereinstimmung gemeint ist mit dem Sein, letztlich mit dem Gründer des Seins. – Hier schließt sich ein Kreis in unserer Theorie. Sie gibt sich tendenziell optimistisch. Das Moment des Zerstörerischen, des Negativen, Des Disharmonischen, des Leids wird nicht ausgeblendet und verdrängt. Es wird aber prinzipiell abgestellt auf das Positive. Der Bildungsgedanke selbst hat etwas Positives. Wer Bildung möchte, ist zukunftsgerichtet, hoffnungsvoll, aktiv, will Leid und Böses überwinden durch Freude und innerlich reiches Leben. Er kann sich nicht anfreunden mit einem dauernd konfliktreichen und innerlich gespannten Zustand.

Bildung ist Kulturteilhabe mit dem *Ziel der Persönlichkeit*. Man darf nicht stehenbleiben bei der bloßen Kulturteilhabe; da könnte man auf die Idee kommen, zu meinen, das sei etwas relativ Statisches und würde nur den Status quo verfestigen. Daß das nicht gemeint sein kann, liegt schon darin begründet, daß die Entwicklung der Wirklichkeit und der Welt selbst, wie in ihr des Einzelnen, enorm dynamisch strukturiert sind. Der Begriff Persönlichkeit weist zurück auf die existentielle Realität, auf den einmaligen Einzelnen und seine Welt. Dieser Begriff ist nicht vom allgemeinen Kulturbegriff her festlegbar. Er stellt die Freiheit des Einzelnen voll ins Kalkül, ohne sie definieren zu können und zu wollen; denn was Freiheit ist, läßt sich inhaltlich nicht ausdefinieren; das ist eben das Moment der Freiheit, daß da noch höchst Einmaliges, Persönliches hinzukommt und möglich ist, die existentielle Entscheidung, die einmalige Bewährung, durch die das Individuum, der einzelne Mensch, seine Freiheit, Realität und Welt selbständig gestaltet. Persönlichkeit ist insofern letztlich nicht mehr wissenschaftlich faßbar. Sie ist höchstens einkreisbar, wie dies Psychologen versuchen mit Persönlichkeitstheorien, Typenlehren, Tests, Eigenschaftszuschreibungen.

Die Persönlichkeit vollständig einfangen, vielleicht gelingt das annähernd über eine gute Biographie. Wenn man eine solche Biographie liest (etwa "Wallenstein" von Golo Mann), kann man erfahren, wie man langsam einer Persönlichkeit immer näher kommt, aber auch das noch nicht vollständig. Selbst wenn man einen Dauerfilm laufen ließe über ein Leben hin und ein

Dauertonband dazu, dann hätte man die Persönlichkeit noch nicht verstanden, weil man beim Sehen und Hören (nach der eigenen "Gleichung") schon selektiert) wohl (von außen) allerhand wüßte. Man müßte aber ein ganzes Leben darauf verwenden, dem zuzuhören und zuzusehen und könnte trotzdem immer noch nicht ins Innerste schauen. Persönlichkeit ist eine Welt für sich. Es ist die letzte Realität, um die es hier geht. Alles was wir hier (qua Theorie) machen können, ist, ein Zeichen zu setzen für das, was vermutlich wichtig ist im menschlichen Leben, was wichtig ist an Eigenschaften, um die man sich bemühen sollte, damit so etwas wie Bildung zustande kommt, also ein paar Kriterien benennen. Vielleicht kann man mit fünf Zuschreibungen auskommen: eine gebildete Persönlichkeit sollte nach allen bisherigen Überlegungen jedenfalls *leistungsfähig, wertgeleitet, geistig reich, human* und *harmonisch* sein. Unsere nun mögliche volle Definition von Bildung und die dazu gehörigen Konnotationen findet der Leser nebenan auf Tafel 1.

II. Zur Diskussion, Begrenzung und Konkretisierung

Bei dem Engländer Eliot wird Bildung unter "Kultur des Individuums" behandelt, bei dem Franzosen Jacques Maritain (Christlicher Humanismus, Heidelberg 1950) eher unter "Humanismus". Der Zusammenhang zwischen geistigem Reichtum, Humanum und Persönlichkeit wird bei Maritain besonders deutlich. Er definiert Humanismus dahingehend, daß er "seinem Wesen nach dazu neigt, den Menschen wahrhaft menschlicher zu machen und seine angeborene Größe dadurch zu bekunden, daß er ihn an allem teilhaben läßt, was in Natur und Geschichte seiner Bereicherung zu dienen vermag durch Verdichtung der Welt im Menschen und durch Ausweitung des Menschen zur Welt. Der Humanismus fordert vom Menschen, daß er sowohl die in ihm enthaltenen Möglichkeiten, seine schöpferischen Kräfte und sein geistiges Leben entwickelt und auch daran arbeitet, aus den Kräften der physischen Welt Werkzeuge seiner Freiheit zu machen. So verstanden ist der Humanismus untrennbar mit der Zivilisation oder Kultur verbunden, sofern man diese beiden Worte synonym nimmt" (2). Bei dem Franzosen wird mit leichter Hand Zivilisation hereingenommen. Auch in der modernen deutschen Literatur wird Zivilisation und Kultur, werden Berufsausbildung und Bildung nicht mehr getrennt. Allerdings erleben wir, daß Kant erneut beachtet wird und seine Unterscheidung von Zivilisierung und Kultivierung. Zivilisation sehen wir ethisch und in unserer Regionalkultur im christlichen Humanismus, in den "humanen" Konnotationen Menschenfreundlichkeit, Milde, Hilfsbereitschaft, Toleranz, Friedfertigkeit, Verständnis für alles Menschliche und Verantwortlichkeit. Mit Kerschensteiner halten wir fest, daß Bildung selbst

Bildungsdefinition

Bildung ist	Konnotationen
wachsende	lebenslanges Lernen, Jugend- u. Erwachsenen-bildungsarbeit, Offenheit; dynamischer Begriff
Teilhabe an den	erlebend und aktiv gestaltend, rezeptiv und (re-)konstruktiv; lebendige Beteiligung
ästhetischen,	Geschmacksb., literar.B., musikal.B., Kultiviert-heit, Welt-(Kunst- u.Natur-)erschlossenheit
wissenschaftlichen,	Verstandesb., Urteilsb., Sachlichkeit, Wahrheit, kognitive, fachwiss. u. philosoph. B.
ethischen (einschl.soz.u.pol.)	Gewissensb., Charakterb., Gemütsb., soz. und polit. Beteiligung, Mitmenschlichkeit, Ehrfurcht
und religiösen	cultura animi, spirituelle, meditative B., theolog.B., Glaubenshaltung
Gehalten,	kategoriale B.: das Elementare, Exemplarische, Repräsentative, Klassische
Normen	Gesetze, Regeln, Formen, Rituale; Sozialisation, Ordnung
und Werten	Leitideen, regulative Prinzipien, Kriterien (bes. das Schöne, Wahre, Gute und Heilige)
der nationalen Kultur,	Sprache, Rechtsordnung, politische Formen, nationale Identität, Volk, Heimat
der regionalen (z.b. abendländ.) Hochkultur	(christlicher) Humanismus, personale und rationale Kultur, Enkulturation
und der entstehenden Weltkultur	universale Werte, Menschenrechte, Welthorizont, Friedensordnung
mit dem Ziel einer	Fokus: Person, Selbstbildung, Freiheit, Selbstverwirklichung, Selbstvervollkommnung
leistungsfähigen,	Kräfte-B., Berufsb., Lebensmeisterschaft, Dienst, Bewährung, Kompetenz, Qualifikation
wertgeleiteten,	Wertsinn, hochethisch Motiviertsein, Wahrheitsorientierung, Seinsorientiertheit
geistig reichen,	Universalität, umfängliches Wissen, vielseitige Interessen, Horizontweite
humanen,	Menschenfreundlichkeit, Milde, Hilfsbereitschaft, Toleranz, Friedfertigkeit, Verständnis
harmonischen	Ausgeglichenheit, innere Ordnung, Identität, Gelassenheit, Weisheit, Ausstrahlung
Persönlichkeit.	Personalisation, Individualität, Totalität, Existentialität, Kreativität.

Tafel 1

ein Wert ist. Viele Menschen halten Bildung, Selbstgestaltung, persönliche Kultur für ihre Selbstverwirklichung und Selbstwertsteigerung für wichtig. Hierin liegt eine Art empirischer oder phänomenologischer Nachweis für ihren Wertcharakter. Bildung ist die Leitidee eines unbestrittenen und effizienten Kulturbereichs, des Bildungswesens. Die Idee der Bildung markiert das Ziel der Arbeit im Kulturbereich Bildung. Sie fungiert also ähnlich für das Bildungssystem wie die Idee der Staatsordnung für das politische System, die Idee der Wahrheit für das Forschungssystem usw. Das bedeutet, der Bildungsbegriff als Wertbegriff kann nicht daran gemessen werden, ob das, was er besagt, in der Wirklichkeit genauso geschieht oder gar in allen Bildungssystemen genauso geschieht. Es handelt sich um eine Idee, einen inneren Anspruch. Man kann nicht so vorgehen, daß man sagt, alles was im Wissenschaftsbereich geschieht, ist der Wahrheit verpflichtet, also kann ich den Wahrheitsbegriff nur daraus ableiten, was in der Wissenschaft geschieht. Man muß umgedreht die Wissenschaftsanstrengungen daran messen, ob sie mehr Wahrheit produzieren, ob der "Wahrheitsgehalt" (um mit Popper zu sprechen) steigt, ob er sich vermehrt; daran wird der Wissenschaftsbereich gemessen. Ähnlich ist es hier im Bildungssystem mit der Bildungsidee. Man kann nicht davon ausgehen, was im Bildungssystem geschieht und festlegen: das ist Bildung. Das wäre ein empirisch-soziologischer Ansatz, er würde pädagogisch nicht ausreichen. Es ist leicht zu erkennen, daß die Pädagogik an diesem Punkt "normativ", genauer wertphänomenologisch, arbeiten muß, wenn sie die Bildungsidee eruiert, ähnlich wie der Erkenntnistheoretiker, der den Wahrheitsbegriff herausarbeitet, ihn als Idee formulieren muß und dann die Einzelerkenntnisse daran messen. Solchen Sinn hat der Bildungsbegriff für das Bildungssystem. Der Wertbegriff Bildung ist keineswegs "ideologisch", denn er ist keine nachträgliche Rationalisierung von Machtvollzügen und läßt sich letztlich auch nicht durch Macht und Machtvollzüge durchsetzen. Er ist nur ein Leitgedanke, von dem aus man zu begreifen versuchen kann, was im einzelnen geschieht und dieses bewerten, kritisieren kann. Er ist ein Kriterium. Unsere Definitionstafel mit den Konnotationen kann jeder verwenden, um damit zu prüfen, an sich selbst oder an anderen oder an ganzen Bildungssystemen, in welchem Ausmaß Bildung vorliegt, an welchen Stellen sie unvollständig, ergänzungsbedürftig, erweiterungsfähig ist. Wertideen können im Grunde nur über den Diskurs verifiziert werden. Man kann eine Wertidee wie die Bildungsidee aber letztlich nicht durch Mehrheitsbeschluß annullieren, ähnlich wie man den Wahrheitsbegriff oder den Gerechtigkeitsbegriff nicht einfach durch Mehrheitsbeschluß abschaffen kann. Man wird auch dem Versuch nicht ausweichen können, Ideen metaphysisch abzusichern. Nun heißt das nicht, daß Wertbegriffe nicht der Geschichte, der Tradition und dem Wandel unterliegen. Wir haben auch zunächst historische

Zugänge verfolgt. Bloß historische Analysen verstellen aber leicht die Wahrheitsfrage (hier: was ist Bildung wirklich?). Man kann auf dem historischen Weg wohl fragen: was ist verschiedenen Bildungsvorstellungen gemeinsam? Was wird heute als Bildung deklariert und verstanden? Alle Begriffssichten sind der weiteren Diskussion ausgesetzt, wie alle wissenschaftlichen Aussagen. Der Bildungsbegriff als Wertbegriff kann aber nicht daran gemessen werden, ob das, was er besagt, in der Wirklichkeit genau so (oder oft so) geschieht, oder gar in allen Bildungssystemen genau so geschieht, sondern umgekehrt: Bildungssyteme können daran gemessen werden, wie weit sie der Idee der Bildung entsprechen. Als normative oder Wertidee ist die Bildungsidee Bestandteil des normativen Geistes. Sie ist deshalb keineswegs leer oder kritikimmun. Sie ist vielmehr aus einer uralten bildungsphilosophischen Reflexion und Diskussion erwachsen, der Menschheit zum Bewußtsein gekommen, wie die anderen genannten Wertideen auch, und dies samt ihrem Anspruch, ihrer Geltung. Wie diese Idee in plausiblem Konnex zu ontologisch-metaphysischen, zu kulturphilosophischen und anthropologischen Erkenntnissen steht, haben wir herauszustellen versucht.

Noch einige Anmerkungen zu der hier vorgeschlagenen Definition! Sie ist nicht auf Besonderheit, Profilierung, Neubestimmung abgestellt, sondern auf Wahrheitsfeststellung, also eher auf Synthese erkennbarer gültiger Elemente. Daher wird mancher meinen, sie bringe nicht viel Neues. Das soll sie auch nicht, eher eine größere Klärung durch Hervorhebung, Bezugsverweise, Strukturierung und Komplexitätsspiegelung. Zugleich mit der notwendigen Reduzierung sollen in den Konnotationen die vielfältigen Verästelungen und Bezugsrealitäten anklingen, damit die Mannigfaltigkeit nicht neben der sprachlichen Raffung verschwindet. Sicher ist auch deutlich geworden, daß in dieser Begriffsfassung Grundbildung und Spezialbildung zusammen "Allgemeinbildung" ausmachen. Ich denke dabei aber nicht nur an das allen Gemeinsame, sondern an konkrete Lebensmeisterschaft des einzelnen, an bewußte Lebensgestaltung und an situative Bewährung neben Dienst an Überindividuellem. Es gibt Schwierigkeiten, die existentiellen Grundgedanken hier unterzubringen. Dazu wird später noch einiges zu sagen sein. Ich möchte auch etwas Distanz halten zu modernen Begriffen wie Kompetenz und Qualifikation. Die Fähigkeiten, etwas konkret zu leisten, im sozialen Bereich beispielsweise, oder im Bereich der Arbeitswelt, dadurch auch etwas beizutragen für das Ganze, das ist im Begriff "leistungsfähig" mitgedacht. In diesem Wort stecken also wieder mehrere Ideen. Mir schien, daß solche Ideen bei "wertgeleitet, geistig reich, human, harmonisch", man versteht es wahrscheinlich besser, wenn man es in dieser Kompaktheit vernimmt, nicht immer hinreichend anklingen. Man wird mit "leistungsfähig" vielleicht nicht ganz zufrieden sein, weil der Leistungsgedanke ins Gerede gekommen ist, aber realpraktische Arbeitsfähigkeit, Produktivität und Kreativität sind Wesenskennzeichen der Persönlichkeit. Daß die Arbeitswelt an nicht wenigen Stellen ihre Mängel hat, weiß jeder. Wenn wir aber genügend einfallsreiche, leistungsbereite Persönlichkeiten in der Arbeitswelt haben, werden sie die Verhältnisse auch in der Arbeitswelt verbessern können.

Wer in der Definition Rangordnungen sucht, findet die meines Erachtens ranghöheren Elemente in der jeweiligen Elementengruppe in der Regel später genannt. Bei "Gehalten, Normen und Werten" habe ich das, glaube ich, hinreichend deutlich gemacht. Der jeweilig weiter unten stehende Begriff ist der wichtigere. Das meine ich sogar für die Persönlichkeitseigenschaften; "leistungsfähig" ist die Basis; ein Mensch, der nicht fähig ist, sich selbst am Leben zu erhalten, der Gesellschaft an irgendeiner Stelle nützlich zu sein, dem würde ich das Prädikat gebildet auch nicht gerne zusprechen wollen, selbst wenn er sonst geistig reich ausgestattet wäre. Ich würde nicht sagen, daß alles nur daranliegt, daß einer berufsmäßig besonders Hervorragendes leistet. Da hat Humboldt wohl recht, wenn er mehr an die allgemeinen Kräfte und ihre Entwicklung denkt. Das gilt für Bildung auch heute noch. Spezifische Befähigung und Kompetenz gehören aber auch dazu. Mangelnde Lebenstüchtigkeit kann durch Ästhetizismus nicht kompensiert werden. Hier hatte der neuhumanistische Bildungsbegriff Schwächen. Die hat aber schon Goethe (Meister, Faust II) überwunden.

Popper folgend, möchte ich noch darauf hinweisen, wo Kritik ansetzen könnte, und wer kritisieren könnte und sollte. Weil Bildung immer über die Fachwissenschaft hinausgreift, so meine ich, wären die kompetenten Kritiker für diese Bildungstheorie, außer den anderen Erziehungs- und Bildungsphilosophen natürlich, vor allem Wertphilosophen, in Detailfragen auch Kulturphilosophen, Ethiker, Moraltheologen, Rechtsphilosophen, Ästhetiker, Anthropologen. Was hier zu fixieren versucht worden ist als Idee, liegt auf der Linie Paideia – Humanitas – Humanitas Christiana – persönliche Kultur – Wertsinn – kategoriale Bildung – Lebensqualifikation – Lebensgestaltung. Bildung ist, meine ich, in diesem Sinne ein perenner Wert mit einem die Zeiten überdauernden Sinn. Seine Formulierung ist selbstverständlich immer wieder zu überholen. Diese verbale Fassung wird wahrscheinlich sowieso durch die dauernd sich wandelnden Sprachen zu überholen sein. Was ich bewußt nur konnotativ aufgenommen habe, sind die existentiellen Begriffe wie Begegnung, Bewährung, Dienst, durch die man meinte, über den Persönlichkeitsbegriff hinauszugehen und ihn an den Rand stellen zu müssen, vor allem Ballauff, und dagegen Mitmenschlichkeit und Sachlichkeit in den Mittelpunkt zu stellen. Ich glaube, daß der existentielle Bereich bildungspraktisch und damit auch bildungstheoretisch weithin unverfügbar bleibt. Andererseits meine ich, daß der Bildungsbegriff nicht "total" werden kann, d. h.

alles zusammenfassen muß, was überhaupt menschlich wertvoll ist. Dann würde das dem Sinn eines historisch-gewachsenen Begriffes, der ja einen Trennsinn hat, eine gewisse Trennschärfe haben soll, nicht entsprechen. Das sieht man schon, wenn man den Begriff Bildung mit dem Begriff Erziehung vergleicht. Man sollte wohl so weit wie möglich dem Sprachgebrauch folgen. Bildung und Erziehung haben das gleiche Ziel, nämlich Persönlichkeit. Aber verschiedene Akzentuierungen, und nicht nur hinsichtlich der Wege, sind doch gemeint: Bildung meint mehr ästhetische und wissenschaftliche Kultur, Erziehung mehr ethische und religiöse. Erziehung bezieht sich auch eher auf pflegerische und disziplinierende Grundfunktionen (vgl. die Berufsbezeichnung "Erzieher"). Bildung denkt mehr vom Ende der pädagogischen Bemühungen her und reicht entschieden über die Jugendjahre hinaus. Diese beiden Begriffe sind jedenfalls jetzt bei uns die obersten in der Pädagogik. Der Bildungsbegriff ist also nicht alles umfassend, was für Menschen wertvoll ist. Es gibt auch andere Wege zu einem gelingenden und großen Menschsein, z. B. den Weg der Bewährung in Grenzsituationen, in Konflikten, in Herausforderungen, im Leid. Verlust, Schuld, Kampf, Liebe sind nicht pädagogisch verfügbare Situationen, jedenfalls weithin nicht. Oder Guardinis Weg des selbstlosen Dienstes im Engagement für eine große Sache, da gibt es natürlich auch Möglichkeiten der Selbstverwirklichung. Ich würde z. B. sagen, daß eine im Dienst an den Kranken alt gewordene Schwester einen unvergleichlichen menschlichen Wert hat, auch wenn ihr wenig Kraft und wenig Motive für die Ausweitung ihrer Bildung geblieben sind. Sie ist von der Idee der Bildung her vielleicht nicht auf die höchsten Stufe gelangt. Aber in ihrer menschlichen Qualität ist sie unter Umständen viel höher einzustufen als mancher, der in seinem Leben viel Zeit hatte, an seiner Bildung weiterzuarbeiten. Wir können und wollen also den Bildungsbegriff nicht totalisieren. Auch wenn er sehr viel enthält, was man über menschliche Qualität sagen kann und eine breite *Grundlage* ist für Bildungssysteme und für viele, die sich human entwickeln wollen. Sehr viele Menschen versuchen ja auch, mindestens von der Grundbildung her, ein Stück auf diesem Wege voranzukommen, vielleicht auch einen Abschluß (einer Berufsschule und Berufsbildung oder Abitur und vielleicht Studium) zu erreichen. In diesem Sinne ist der Bildungsweg der normale und durchschnittliche Weg. Für die Elite in entwickelten Kulturen sind erweiterte Bildungsgänge unerläßlich, wie auch lebenslange Weiterbildung und Selbstbildung zu fordern. Ein höheres Bildungsniveau vieler ist Bedingung für die Erhaltung und Weiterentwicklung des kulturellen Niveaus. Deshalb brauchen Kulturstaaten auch die Schulpflicht und viele Abiturienten. Der Bedarf an Abiturienten kann niemals allein vom Arbeitsmarkt her festgestellt werden. Von der Freiheit der Selbstentfaltung durch Bildung ist dabei noch gar nicht die Rede. Diese Freiheit und reichlich Möglichkeiten gehören aber zur Lebensqualität in einem Kulturstaat.

Zur Konkretisierung und Exemplifizierung der Bildungsidee kann man sich fragen, auf welche Persönlichkeiten aus unserem Jahrhundert mit hohem Bildungsgrad man hinweisen könnte, die so etwas wie repräsentative Qualität, Modellhaftigkeit besitzen. Eine gewisse Anerkennung in Richtung Bildungsideal fand z. B. Albert Schweitzer, der ja noch in den sechziger Jahren ein Ideal für viele Jugendliche war. Man könnte an Mahatma Gandhi denken, der unter dem Zeichen der politisch engagierten Friedensbewegung und des gewaltlosen Widerstandes seine Bedeutung auch heute noch hat. Hochgebildete und vorbildliche Persönlichkeiten sind wohl auch weiter Bertha von Suttner, Thomas Mann, Theodor Heuß, Roger Schütz, Edith Stein, Romano Guardini, Martin Luther King, Karl Jaspers, Gertrud von le Fort, Papst Johannes XXIII. u. a. Hochgebildete Menschen kommen oft nicht ins grelle Licht der Öffentlichkeit. Sensation ist da seltener. Proportionierlichkeit schließt auch eine gewisse Einseitigkeit aus, mit der ein Mensch oft erst auffällt, was wiederum nichts gegen dessen Wert sagt. Die Existentialität der Persönlichkeit läßt sich über den Bildungsbegriff nicht fassen. *Bildung ist nur ein Weg – ein propädeutischer, ermächtigender, freisetzender – zur Persönlichkeit.* Viele Hochgebildete sind zu finden unter Leuten, die gar nicht besonders auffallen, aber doch ihren (oft auch gesellschaftlich bedeutsamen) Weg gehen. Man findet sie, um nur einige eher zufällige Beispiele zu nennen, unter höheren Verwaltungsbeamten, Richtern, Kurienkardinälen, Diplomaten, Schriftstellern, Bibliothekaren, Historikern, Benediktineräbten, Kaufleuten, aber auch immer wieder in Berufen, in denen man sie gar nicht erwartet.

Abschließend ist noch einmal entschieden ein Akzent auf "*wachsend*" zu legen. Im Unterschied zu Willmann und Kerschensteiner betonen wir das dynamische Moment, die lebenslange Steigerungsmöglichkeit. Dadurch haben wir Schwierigkeiten mit dem Begriff des "Gebildeten", wie er noch bei Willmann zu finden ist. Wir sind alle auf dem Weg und strengen uns an, wir wollen also etwas aus unserem Leben machen und das einigermaßen sinnvoll. Wenn wir uns an unserer Kultur erfreuen und in ihr mitwirken, sie und uns dadurch lebendig erhalten, bilden wir uns zugleich. Dies können wir auch als Erwachsene gezielt bis ins hohe Alter tun. Bildung rückt dann immer mehr mit "Existenz" zusammen. Neben dem Leben muß schließlich auch der Tod einen Sinn gewinnen. Weisheit und Religiosität treten in den geistigen Mittelpunkt. Bildung erweist nun ihre persönlichkeitsformende Wirkung oder versagt, scheitert. Sie bleibt "im Angesicht des Todes" allemal nur ein "Vorletztes".

III. Bildung als Wert

Kulturbereiche haben in der Regel eine leitende Idee, eine regulierende Wertidee, z. B. das Rechtswesen die Idee der Gerechtigkeit, das Gesundheitswesen die Idee der Gesundheit, die Wissenschaft (das Forschungssystem) die Idee der Wahrheit usw. In diesem Sinne hat das Bildungswesen die Idee der Bildung als leitende Idee. Ideen sind in dem Sinne eine Wirklichkeit, als sie leitend und maßstäblich wirken. Sie sind also nicht willkürlich und aus der Phantasie heraus erfunden, sondern sie ergeben sich aus der Faktizität des jeweiligen Kulturbereiches. Die Kulturbereiche selbst sind die Realität, von der wir hier ausgehen. Wertideen, wie wir sie hier behandeln, sind nicht einfach Entwürfe aus wie immer sinnvollen Einfällen, sondern sie sind bewährte, leitende Gedanken. Wenn man in einem Kantschen Begriff sprechen will, muß man sagen, diese Wertideen haben die Funktion von regulativen Ideen. Sie werden nicht von Menschen willkürlich gesetzt, sondern sie werden als Forderungen, die sich aus der Sache selbst ergeben, vorgefunden.

Werte werden aber nicht immer voll in der Sache selbst gefunden. Sie haben einen gewissen Abstand von der historischen Wirklichkeit. Daher läßt sich diese Wirklichkeit an ihnen messen: Rechtssysteme an der Idee der Gerechtigkeit, Bildungssysteme an der Idee der Bildung. Ob das, was da als geltendes Recht auftritt, auch wirklich in hohem Maß der Gerechtigkeit entspricht, muß sich im Einzelfall erst herausstellen; darüber läßt sich streiten. Das tun z. B. die Parlamente; sie versuchen, ein relatives Optimum an realisierbarer Gerechtigkeit zu finden und im Rechtssystem zu installieren. Ähnlich soll das auch in anderen Systemen, z. B. im Bildungssystem sein. *Die Wertideen bezeichnen den inneren Sinn je eines Kulturbereichs, seine Zielrichtung oder den bereichsimmanenten Sinntrend, das zu Fördernde, zu Vermehrende, z. B. Gerechtigkeit, Gesundheit, Wahrheit, Bildung usw.*

Diese Aktionsrichtungen haben bleibenden *Weisungs-* oder *Orientierungs*-charakter. Der Begriff der Orientierung ist im Augenblick sehr in Mode. Man kann ihn ziemlich wörtlich nehmen, also in dem Sinne, wie man sich bei Nacht orientiert, wenn man den Sternenhimmel überblicken kann und den Polarstern findet. Dann hat man einen festen Punkt, von dem aus man sich "orientieren" kann, d. h. den Osten und damit seinen Ort finden und die Richtung festlegen kann, wohin man sich bewegen will. Ähnlich dienen die Wertideen zur Orientierung. Sie sind relativ fixe Punkte, die sich aus der menschlichen Natur und aus dem Sinn der jeweiligen menschlichen Kulturleistung ergeben. Sie sind in diesen Handlungsbereichen selbst, in ihren Institutionen und Gütern, installiert, aber nicht vollkommen, sondern immer verbesserungsbedürftig. Die reale Kultur und die einzelnen wirklichen Kulturbereiche sind keine absoluten Verkörperungen ihrer Wertidee. In diesem Sinne sind alle Wertverwirklichungen relativ. Aber die Werte als solche haben einen "abgelösten", "absoluten" Charakter, d. h. einen dauernden Sinn. Jedenfalls haben wir keine Möglichkeit, diesen bleibenden Sinn innerhalb von wenigen Jahrhunderten zu ändern; er tritt zunehmend hervor in einer langen Tradition, besonders wenn eine Kultur schon lange währt, wenn sie schon lange aufgebaut ist und sich bewährt hat.

Wir können uns also durch Werte innerhalb des einzelnen Kulturbereichs orientieren und bei Unsicherheiten, in Zweifelsfällen, Wahlentscheidungen an ihnen eine Hilfe haben. Werte sind Kriterien, Wertmaßstäbe, an denen wir die Einzelrealisation in der Kultur messen können. Der Charakter des Kriteriums oder des Maßstabs ist besonders wichtig in einer Zeit, die darauf wert legt, kritisch zu sein. Es gehört zum wichtigsten für ein kritisches Bewußtsein, Kriterien zu haben. Wenn wir genau wissen wollen, wonach einer seine Kritik richtet, müssen wir seine Kriterien angeben können. Für ein kritisches Bewußtsein oder eines, das auf einem höheren Niveau sich als kritisch versteht, ist es notwendig, über die Kriterien auch zu reflektieren. Deshalb ist das Reflektieren über die Grundidee – hier der Bildung – unerläßlich, wenn man ein kritisches Bewußtsein als Pädagoge haben will. Kritikfähigkeit in Bildungssachen kann man sich nicht anders aneignen, als durch den Versuch, den Kriterien, die für Bildung gelten, auf die Spur zu kommen und dann daran zu messen, was im Bildungswesen oder an eigenen bildenden Anstrengungen wertvoll oder weniger wertvoll ist. Die Wertideen erlauben relative Distanz zur Realität und Kritik der Faktizität, der bestehenden Verhältnisse, der objektiven Realitäten einschließlich der gängigen Normen. Die Normen stehen unter dem Wert. Sie werden durch die Werte kritisch beleuchtet und befragt auf ihren Sinn und auf ihre Richtigkeit. Es ändert sich zwar auch konkret langsam, was als Bildung empfunden wird. Wir sind heute z. B. nicht mehr so sicher, daß die Begegnung mit der Antike in Form von Beschäftigung mit der griechischen Sprache erfolgen muß. Dieses Kriterium ist in den letzten hundert Jahren unsicher geworden. Es sind andere Kriterien bewußter geworden, z. B. das der praktischen Handlungskompetenz. In diesem Sinne wird das Bewußtsein von Werten langsam verändert und – hoffentlich – reifer, ausgewogener, vollständiger.

Unter *Kultur* verstehen wir das Gesamtwerk der Menschheit. Wir heben dieses Werk ab von der Natur. In engerem Sinn ist eine Kulturidee eine meist über Jahrtausende einflußreiche, eine große Region der Erde beherrschende Leitvorstellung, wie etwa die der chinesischen Kultur oder die der abendländischen Kultur. Die Weltgeschichte (Toynbee u. a.) hat in diesem Sinne Kulturen unterschieden. Es gibt aber auch einen noch engeren Kulturbegriff, der sich auf kleinere Gruppen bezieht, auf Nationen oder auf noch kleinere Gruppen bis hin zu Stämmen, wie sie die Kulturanthropologie untersucht. Der

154

Kulturbegriff ist in diesem Sinne, was den Umfang des jeweilig gemeinten Phänomens betrifft, schwankend. Man muß sich jeweils im Einzelfall klar werden, von welcher Kultur eigentlich gehandelt wird. Als Pädagogen interessiert uns vom anthropologischen Gesichtspunkt aus vor allem die *Gesamtkultur der Menschheit*, das, was Menschen hervorbringen an *Kunst, Wissenschaft, Rechtswesen, Gesundheitswesen, Bildungswesen, Religion, Technik, Wirtschaft. Diese Bereiche zusammen nennen wir in der Regel Kultur.* Es ist das, was die Menschen aus ihren Grundbedürfnissen heraus hervorgebracht haben und was ihnen ihr Leben erleichtert, es angenehmer und schöner macht, alles was sie durch Veränderung der Natur bewirkt haben. Man kann sagen, der Mensch ist von Natur ein kulturschaffendes Wesen. Kultur gehört zur menschlichen Natur. Insofern kann man letztlich alles in die Natur zurückverfolgen und die Anthropologie so aufbauen. Das hat aber auch seine Risiken, weil der Mensch doch etwas sehr Eigenwilliges ist und dadurch auch seine eigene Existenz gefährden kann. Die Realisationen der menschlichen Möglichkeiten sind nicht immer und unbedingt nur gut, sondern sie brauchen – und dieses Bewußtsein haben wir in den letzten Jahrzehnten besonders stark gewonnen – wieder wechselseitig Kriterien. Wir brauchen z. B. ethische Kriterien auch hinsichtlich wissenschaftlicher, technischer und wirtschaftlicher Entwicklungen, wenn wir verantworten wollen, was wir auf diesem Erdball machen. Wir müssen lernen, auch an die kommenden Generationen zu denken. Es wird oft zu kurzschlüssig zugegriffen, wo man glaubt, etwas sei für die augenblickliche Lebensqualität gut und wichtig. Wir brauchen ein höheres ethisches Bewußtsein, wenn die Menschheit überleben soll auf diesem Planeten. Das ist für den Weltfrieden und für die sinnvolle Ausnützung der Ressourcen unerläßlich. Ethik, die wir gerade auch als Pädagogen zu fördern haben, ist eine Notwendigkeit für das Überleben. Es geht um Grundwerte und ihren Zusammenhang. Hier liegt z. B. ein fundamentaler Zusammenhang zwischen Natur, Kultur und Ethos. Das sind keine Erfindungen von Philosophen und weltfremden Idealisten, sondern das sind Grundbedingungen der Existenz der Menschheit. C. F. v. Weizsäcker hat das in seinen Büchern meisterhaft herausgearbeitet. Er spricht sowohl als Naturforscher und Philosoph, als auch als verantwortlich mahnender Mitmensch (vgl. besonders "Bewußtseinswandel" 1988!).

Die Zusammenhänge zwischen Natur und Kultur, Anthropologie und Ethik, die wir in diesem Zusammenhang angesprochen haben, sind für alles, was wir als Erziehung und Bildung tun, fundamental. Es sind philosophische Grundlagen, ohne die wir letztlich keine feste Basis haben. Ohne sie verfallen wir in einen oberflächlichen, oft bloß juristischen Begründungszusammenhang, wie man ihn heute dauernd in Zielbegründungstexten lesen kann: das Erziehungsziel stehe etwa in der Bayerischen Verfassung, heißt es da, und dann wird aufgezählt, was dort steht und damit gibt man sich zufrieden. Natürlich waren die Verfassungsväter guten Willens, das wird nicht bestritten; aber Wertideen kann man nicht nur rechtlich ableiten und sichern. Man kann sie nur aus der Sache ableiten, d. h. philosophisch, phänomenologisch, aus dem Phänomen der Forderung des verantwortlichen Gewissens selber. Wir können unser Wissen nur verantwortlich gebrauchen, wenn wir das Gewissen mit einschalten. Insofern steht alles in einem ethischen Zusammenhang. Ein Wissen, das wichtig ist für unsere Existenz, hat auch immer etwas mit dem Gewissen zu tun. Wir können uns da aus der Verantwortung nicht fortstehlen, weil wir als bewußte freie Menschen verantwortlich ergreifen, was wir tun. Wir sind von Natur, aus unserer Natur heraus, in die Verantwortung berufen. Wir können uns vielleicht vorläufig drücken, wir können uns sogar in Rauschzustände flüchten und uns damit von der Freiheit und Verantwortung für ein paar Stunden oder Tage verabschieden, aber wir können unsere Existenz und geistige Struktur nicht ändern. Sie ist unausweichlich mit Verantwortung und Bewußtsein begabt oder belastet, je nachdem wie man es sieht. Es geht also aus der anthropologischen Situation hervor, was Wertforderungen sind. Werte sind nicht Setzungen, gewissermaßen willkürliche Entscheidungen via Mehrheitsbeschluß in irgendwelchen Gremien, sondern sie gehen aus dem menschlichen Handlungszusammenhang selbst hervor und sind Anrufe zum verantwortlichen, sinnvollen Handeln.

Der Unterschied des Bildungswertes zu den einzelnen anderen Werten läßt sich zunächst dadurch kennzeichnen, daß wir sagen, in den anderen Werten werden einzelne Handlungsbereiche auf ihren Sinn hin festgelegt oder befragt. Beim Bildungswert geht es nicht um einzelne Handlungen, sondern um die *Gesamtpersönlichkeit* selbst, also um den Menschen, um unsere eigene Person als eine zu entwickelnde und um die der jungen Menschen oder auch die der Erwachsenen, die wir zu beeinflussen suchen. Es geht um die Gesamtpersönlichkeit. Es geht natürlich dann auch, weil Persönlichkeit sich nur denken läßt im Kulturzusammenhang, um die einzelnen Werte der Kulturbereiche und zwar um alle diese Werte, aber der eigentliche Sinn des Bildungswertes ist gerichtet auf die Person als eine in sich zu fördernde. Deshalb müssen die einzelnen Werte auch gegeneinander abgewogen werden. Das gilt nicht nur für den Lehrplan, sondern auch für unsere eigene Existenz. Wir brauchen so etwas wie eine *Rangordnung* der Werte. Wir brauchen so etwas wie Leitvorstellungen. Aber wir meinen damit immer unsere Gesamtexistenz und eben nicht bloß einzelne Handlungsbereiche. Früher hat man den Begriff der Ganzheit für diese Betrachtungsweise genommen. Das tut man heute nicht mehr so gern, weil die einzelnen Entscheidungen mehr oder weniger nebeneinander stehen. Die sogenannte Ganzheit läßt sich eben nur durch aufeinanderfolgende Bemühungen, durch einen Lernprozeß in vielen

Einzelbereichen realisieren. Wir sollten uns erinnern, daß bereits enorm viele Lernprozesse für unsere geistige Existenz notwendig waren, durch eigene Bemühungen oder durch das sogenannte Bildungswesen. Es waren viele Lernvorgänge in vielen einzelnen Bereichen, die jeweils zunehmend freier und selbständiger von uns entschieden werden mußten. Wir sollten uns darüber Gedanken machen, warum das eine oder das andere, warum dieser Lernbereich und der andere nicht, bedeutend war, warum der so stark und der andere nicht. Diese Unterscheidungsfähigkeit ist etwas, das wir uns selbst aneignen sollten, eine Fähigkeit, letztlich in Lehrplankommissionen mitzuarbeiten, Entscheidungen mitzutragen, eine Fähigkeit, die auf die Zukunft hin denkt, möglichst sachkundig und möglichst weltkundig und eben möglichst menschenkundig, was dem Menschen gut tut und was für ihn wichtig ist. Da müßten Pädagogen ein Mehr an Kompetenz haben als andere.

Die Persönlichkeit als Ganzes ist also gemeint im Bildungswert. Diese Persönlichkeit als Ganzes steht als Leitidee, als Wertidee ähnlich zur realen Person wie der Begriff der Kultur als Wertbegriff zur Gesellschaft. Jede Gesellschaft hat mehr oder weniger eine Form menschlicher Kultur entwickelt. Ähnlich hat der Einzelne mehr oder weniger Bildung, mehr oder weniger seine Persönlichkeit entfaltet. Der Einzelne kann es aber nur in Analogie zur Gesamtgesellschaft oder Gesamtmenschheit, weil die Gesamtgesellschaft die Möglichkeiten vorentwirft, vorgibt, aus der Geschichte und aus der Realität ihrer einzelnen Kulturbereiche heraus. Die Gesellschaft gibt Möglichkeiten vor, die wir ergreifen oder auch fallen lassen können und die wir für unsere eigene Bildung nützen. Was für eine Gesellschaft Kultur ist, jetzt in einem Wertsinn, nicht nur in einem realen Sinne, das ist für den Einzelnen Bildung. Man kann dann sagen: Bildung ist individuelle Kultur oder die Kultur einer Gesellschaft ist die Bildung einer Gesellschaft, das Bildungsmaß einer Gesellschaft. Der Einzelne kann sich nur orientieren an vorhandenen Kulturmustern, an Lebensformen, an geschichtlich Gewachsenem, das sich schon bewährt hat, an klassischen Wertinhalten, am Exemplarischen. Wenn man in der Kultur solche Muster vorfindet, wäre es unklug, diese zu ignorieren und zu meinen, man müsse alles gewissermaßen erst allein und selbständig finden und erproben. Das kann man auch bis zu einem gewissen Grad, aber die Genialität, die in einer Kultur integriert ist, bringen wir als einzelne niemals auf. Wir merken das schon, wenn wir nur je unseren eigenen Wissenschaftsbereich ansehen; da reicht es meist gerade so, so daß man innerhalb seiner Wissenschaft einigermaßen das überschaut, was man praktisch braucht; aber schon die anderen Wissenschaftsbereiche im eigenen Fach bleiben doch nur ziemlich oberflächlich bewußt und ähnlich ist es dann mit den Künsten und ähnlich ist es mit der Wirtschaft, ähnlich mit der Religion und mit dem Rechtssystem usw. Wir können da immer nur auf das jeweilig

Essentielle, Klassische, Exemplarische zurückgreifen. Das ist analog zu dem Problem der Auswahl der Bildungsstoffe im Lehrplan. Der Einzelne kann seine Bildung nur voll realisieren durch begrenzte Teilnahme an der überindividuellen Kultur, also an der Sprache zunächst – denn wir symbolisieren das meiste über die Sprache –, dann an den Ordnungen der Gesellschaft in den verschiedenen Bereichen und vor allem an den Werten, um diese gesellschaftlichen Realitäten selbst wieder beurteilen zu können. Der Mensch kann also nur vom Naturwesen zum Kultur- und Gesellschaftswesen werden, wenn er die Geschichte, die Tradition, die Werte seiner Kultur ernst nimmt. *Bildung ist individuelle Kultur.* Individuelle Kultur läßt sich konkret nur entwickeln an der überindividuellen, gesellschaftlichen Kultur. Bildung ist deshalb Teilhabe an der Kultur, aber mit dem Ziel der Persönlichkeit. Ohne Teilhabe an der gesellschaftlichen Kultur ist eine Realisation individueller Kultur selbstverständlich nicht optimierbar. Und was der Einzelne realisiert, ist dann selbst ein Bestandteil der Gesamtkultur. Der individuelle Geist, der Geist des Einzelnen, ist ein Teil des objektiven Geistes, also der lebenden Gesamtkultur. Die individuelle Kultur und die objektive Kultur sind aufeinander wechselseitig bezogen. Sie können nicht ohne einander sein. Der Einzelne entwickelt seine Kultur nur durch die objektive, die allgemeine menschliche Bemühung und das, was durch die Geschichte gegeben ist, aber das Ganze kann nur funktionieren, weitergetragen und verbessert werden dadurch, daß der Einzelne es trägt, daß er zum Mitträger der Gesamtkultur wird. Bildung und Kultur hängen unmittelbar zusammen. Das ist der Grundgedanke der Bildungstheorie, die hier entwickelt wird. Er wird ausdifferenziert nach dem, was an wichtigen Werten nach unserer Tradition in Kultur und Bildung aufscheint, nämlich Kunst, Wissenschaft, Ethos und Religion, also ästhetische, wissenschaftliche, ethische und religiöse Werte. Die Kultur selbst ist hier weiter gestuft gedacht. Mir scheint, daß alle drei Stufen jeweils in Umfang und je größerem Bereich wichtig sind, nämlich die nationale, die regionale und die globale Kultur und zwar in einem ausgewogenen Verhältnis zueinander. Wir kommen nicht ohne die nationale Kultur aus (man denke nur an die Sprache!). Wir haben eine "Heimat" und haben entsprechende Grundgefühle. Wir haben eine Bindung an den Naturraum, in dem wir aufgewachsen sind (Spranger). Es gibt so etwas wie Wurzelhaftigkeit unserer sich nun einmal lokal darstellenden Existenz. Die regionale Kultur bestimmt uns durch Religion, Kunst, Rechtssystem, Philosophie. Ohne solche regionale Hochkultur blieben Kultur und Kultiviertheit provinziell und in ihrer Enge gefährdet und gefährlich. Aber auch in dieser regionalen Hochkultur ist stärker zu betonen, was allen Menschen auf der Erde gemeinsam sein muß als Bedingung der Möglichkeit unserer Existenz. Ein Mehr an Menschheits- und Weltorientierung über die nationalen und regionalen Kulturen hinaus ist unbedingt erforderlich. Es zeigt sich an allzu vielen Stellen, daß wir noch gar nicht sehr weit sind in der Entwicklung zu einer gesamtkulturellen Verantwortung der Menschheit gegenüber.

Zur Unterscheidung Bildung – Erziehung

Man spricht heute davon, daß der Lehrer in erster Linie Bildner sei, zu unterrichten habe, dann aber auch Erzieher. Was soll das heißen und wie stehen die beiden Begriffe Bildung und Erziehung zueinander? Welche Unterschiede heben Bildung und Erziehung voneinander ab? Einmal ist Bildung lebenslang, während Erziehung nur in der Regel verstanden wird bis zum Erwachsenenstatus, also bis zur Mündigkeit. Wenn man einen Erwachsenen noch erziehen will, entmündigt man ihn in gewisser Weise, weshalb deutsche Gerichte einen Erziehungseinfluß der Erwachsenen auf Erwachsene, auch wenn das eigene Kinder sind, verbieten. Der Erziehungsbegriff wird auf die Jugend, auf das Jugendalter festgelegt. Es gibt allerdings im Sprachgebrauch der Pädagogik Ausnahmen, z. B. ist Selbsterziehung selbstverständlich lebenslang möglich, ja erwünscht.

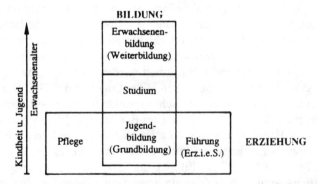

Die zweite Differenz zwischen Bildung und Erziehung ist, daß Bildung eher selbstbestimmt ist, Erziehung eher fremdbestimmt, eben weil man bei Erziehung in der Hauptsache an Kinder und Jugend denkt. Da wird noch stärker von außen eingewirkt, es werden Normen gesetzt, es werden Vorschriften gemacht, es wird lenkend eingegriffen. Bildung dagegen ist mehr individuelles Lernen aus Bildungsinteresse oder aus einem Interesse, das das jeweilige Lernen bewirkt hat. Das ist jedoch nur ein Akzent, eine Akzentverlagerung zwischen den beiden Begriffen. Die dritte Differenz setzt axiologische Akzente, d. h. Wertakzente. Die Wertakzente der Bildung sind Wissenschaft und Kunst. Dieser Akzent stammt aus unserer Tradition, vor allem aus der

Zeit des Neuhumanismus. Goethe meinte einmal, wer Wissenschaft und Kunst besitze, der brauche nicht unbedingt auch noch Religion, wohl weil er sich dann selbst schon vernünftig und eben gebildet benehme. Der Schwerpunkt der Wertrichtung bei Erziehung liegt im Ethischen, im Sozialen und bei den religiösen Werten. Was nun wieder nicht heißt, daß es nicht im Bildungsprozeß auch Elemente aus diesen Wertgebieten gibt, die notwendig sind, ethische und religiöse, soziale und politische usw. Das ist uns heute hinreichend bewußt. Die vierte Differenz ist eine anthropologische. Da liegt der Schwerpunkt der Bildung beim Geist, beim Logos. Logos, Ratio, Vernunft, Aufklärung, Steigerung des Bewußtseins sind hier apostrophiert. Der anthropologische Schwerpunkt in "Erziehung" ist weiter, ist "allseitige" Besorgung. Typisch für den Erziehungsvorgang ist (deshalb greift er auch in unserem Schema breiter aus), daß er alles umfaßt, was das Kind, der Jugendliche braucht. Pestalozzi meint, von der Familienerziehung und ihrer Personsorge ausgehend, das totale Besorgtsein um das Wachsen, das Aufziehen des Kindes, die Gesamtsorge; sie reicht vom Körperlichen (Bios) bis ins Moralisch-Willensmäßige (Ethos); auch da greifen wir erzieherisch ein, deshalb ist der Bereich "Führung" ein Vorgang der Gewissens- und Willensbildung. (Auch wenn das schwerer zu verantworten ist aufgrund der freiheitlichen Natur des Menschen, geschieht es real und ist auch gar nicht anders möglich). Das Kind muß zuerst mal seine Freiheit unter die Normen der Gesellschaft mehr oder weniger einfügen lernen, man denke nur an den Straßenverkehr o. ä. Da sind Notwendigkeiten des praktischen Lebens. Führende Erziehungsmaßnahmen müssen freilich begründet, legitimiert werden. Erziehung meint also allseitige Besorgung in den drei Bereichen Bios, Logos und Ethos. Die fünfte Differenz entsteht durch berufliche Schwerpunkte in der Arbeit vom Erwachsenen her gesehen. Die Lehrer sind tätig im Bereich der Bildung (einschließlich der Lehrer an Hochschulen und Volkshochschulen). Im Bereich Erziehung liegt der Schwerpunkt bei den Eltern, Erziehern, Jugendführern und Heimerziehern. Insoweit liegen also Bildung und Erziehung auseinander. Das Gravierendste ist wohl, daß Bildung ein lebenslanger Prozeß ist. Erziehung und Bildung sind aufeinander bezogen und sich überlappend mindestens im Bereich der Jugendbildung. Pädagogik als der zu beiden Begriffen gehörige Wissenschaftsbegriff wäre zu definieren als die Wissenschaft von der Erziehung und Bildung des Menschen. Erziehung und Bildung ergänzen sich und sind beide Bemühungen mit dem Ziel der Persönlichkeitsentwicklung. In zwei Grundsätzen läßt sich die wechselseitige Bezogenheit fassen: Es gibt keine Erziehung ohne Bildung; und: Es gibt keine Bildung ohne Erziehung. Wenn man in einem "Gedankenexperiment" die Arbeit der Schulen, der Kindergärten usw. aus dem System herausnehmen würde, dann würden "die Köpfe nicht geweckt", damit wäre alles andere auch gefährdet, sogar die Selbstpflegetätigkeit, auch die vernünftige Willenstätigkeit und Gewissenstätigkeit. Es gibt keine Erziehung ohne Bildung. Willmann und Eggersdorfer nennen deshalb Bildung eine Grundfunktion der Erziehung. Die Erziehung hat nach ihnen drei Grundfunktionen: Pflege, Bildung (im Sinne von Jugendbildung) und Führung (oder Erziehung im engeren Sinne, also Charakterbildung, Gewissensbildung). Diese drei Grundfunktionen sind aufeinander bezogen, sind nicht ohne einander denkbar, weil der Mensch, in seiner Gesamtgestalt als Anthropos, alle diese Funktionen für seinen konkreten Lebensvollzug braucht. Man kann also nicht von einzelnen Funktionen real absehen und sich gewissermaßen nur von dem einen oder anderen Bereich steuern lassen. Es gibt aber auch keine Bildung ohne Erziehung. Eine Erwachsenenbildung und das, was wir an Bildungsarbeit an uns selbst tun, ist nur möglich, wenn wir eine entsprechende Jugenderziehung – einschließlich Jugendbildung – genossen haben. Weiter-bildung ist nur möglich auf der Basis einer Grundbildung. Jedes wissenschaftliche Arbeiten erfordert z. B. hochentwickelte Willens- und Charaktereigenschaften.

IV. Verfälschungen und Vereinseitigungen der Bildung

Daß auch die berufsmäßigen Lehrer von Bildungsfächern in der Gefahr stehen, die Bildungsidee zu verfälschen, zeigte die Kritik griechischer Philosophen an den *Sophisten*. Sokrates und Plato standen geradezu in einem dauernden Kampf gegen das Denken der Sophisten. Die Sophisten verkürzten, kurz gesagt, weithin Bildungswissen zu Herrschaftswissen, Weisheit zu Rhetorik, Einsicht zu nützlicher Cleverness. Von daher verstehen wir auch heute noch unter einem Sophisten einen sprachgewandten Intellektuellen, der im Streitgespräch durch frappierende Argumente oder Scheinargumente glänzt, denen man aber zutiefst nicht traut, weil man die Argumente als ad hominem (auf den einzelnen Menschen hin gezielt) durchschauen kann. Man ahnt, daß hier das Denken händlerisch, ideologisch, manipulierend mißbraucht wird, oder daß der Sprecher dem Relativismus bzw. Nihilismus nahe steht oder schon verfallen ist. Man fühlt sich zutiefst getäuscht und wendet sich ab, wenn man nicht schon selbst Nützlichkeit über Wahrheit, Interessen über Werte gestellt hat.

Nietzsche kritisierte den *Bildungsphilister* und die journalistische Kultur und Bildung. Unter Bildungsphilister versteht man den selbstzufriedenen, auf sein Bücherwissen bzw. sein formales Wissen stolzen Menschen. Man kennzeichnet ja schon den Philister im allgemeinen als kleinbürgerlich, engstirnig, als beschränkt und spießig. Der Gedanke eines Standes der Gebildeten, dem man sich durch entsprechende Gymnasial- oder/und Universitätsabschlüsse glaubt zuzählen zu können, führte im 19. Jahrhundert zu dem Bemühen, wenigstens entsprechenden Bildungsanschein, z. B. durch gelegentliche klassische oder französische Zitate, zu erwecken. Veräußerlichung und Abkapselung solchen Bildungsbürgertums gegen die Schicht der "Ungebildeten" waren die Folge. In Sprache, Kleidung, Wohnung suchte man "Distinktion". Jedoch die "feinen Unterschiede" wurden innerhalb des gebildeten Standes weiter veräußerlicht und oft derart mit dem materiellen Besitz verknüpft, daß geistig-produktive und in ihrer Bildung entwickelte Menschen den äußerlichen Aufwand des Bildungsbürgertums nicht mehr mithalten konnten und so oft einen angemessenen Platz und eine entsprechende Anerkennung in der Gesellschaft entbehren mußten. Die Oberflächlichkeit in der sogenannten Kulturwelt des späten 19. Jahrhunderts, die aus der mechanischen Verbreitung und der daraus resultierenden Verflachung der Bildung hervorging, sah Nietzsche in der *Journalistik* kulminiert. Der Journalist tritt an die Stelle des Genius, so schrieb er in seinen Vorträgen über die Zukunft unserer Bildungsanstalten von 1872. Statt den großen klassischen Werken wenden sich Schüler und Studenten und bald auch ihre Lehrer der Zeitung zu, der Zeitschrift und dem Zeitroman. "Im Journal kulminiert die eigentümliche Bildungsabsicht der Gegenwart" (1. Vortrag). "Müssen sie" (gemeint sind die armen zahlreichen Lehrer) "nicht denjenigen Mächten zum Opfer fallen, die Tag für Tag aus dem unermüdlich tönenden Organ der Presse ihnen zurufen: 'Wir sind die Kultur! Wir sind die Bildung! Wir sind auf der Höhe! Wir sind die Spitze der Pyramide! Wir sind das Ziel der Geschichte!' – wenn sie die verführerischen Verheißungen hören, wenn ihnen gerade die schmählichsten Anzeichen der Unkultur die plebejische Öffentlichkeit der sogenannten 'Kulturinteressen' in Journal und Zeitung als das Fundament einer ganz neuen, allerhöchsten, reifsten Bildungsform angepriesen wird" (3. Vortrag). Nietzsche findet scharfe Worte auch über Pseudokultur und die zugehörigen Bildungsanstalten und Bildungslehrer, über Volksbildung und Volksaufklärung, über den Staat als Leitstern und Lenker der Bildung. Er will scharf unterschieden wissen zwischen Anstalten der Lebensnot und Bildungsanstalten. Zu ersteren zählen alle, die z. B. zu "Beamten und Kaufleuten, Offizieren und Großhändlern, Landwirten, Ärzten, Technikern" qualifizieren; auf den Bildungspfad bringen sie deshalb – nach Nietzsches Ansicht – noch nicht. Scheler würde von Herrschafts- und Leistungswissen sprechen, das vom Bildungswissen klar zu unterscheiden ist. Diese Unterscheidung geht zurück auf den Neuhumanismus, wo z. B. Schiller in seiner Antrittsvorlesung den Brotstudenten, der also nur "ins Brot" kommen möchte, von dem "philosophischen Kopf" unterschieden hat. Der philosophische Kopf ist der, der sich bemüht, die Sache selber zu verstehen, in sie einzudringen, während der Brotstudent nur das mitbekommen will, was er im Examen braucht, damit er eben "ins Brot kommt". Die Journale (wie heute die Robinsohnsche Reform) helfen eher für die Lebensnöte, die durchschnittlich zu erwartenden Lebenssituationen. Kulturförderung, individuelle Werke, Persönlichkeiten von Format werden auf diesem Wege eher unterdrückt wegen der vorwiegend anpassenden Gleichschaltung. Wir sprechen da auch heute lieber von Sozialisation als von Erziehung und Bildung und meinen damit die anpassende Gleichschaltung der Individuen im gesellschaftlichen Prozeß, im Funktionssystem einer Gesellschaft. Gleichgesinnte in Reih' und Glied sind von nicht wenigen Machthabern der Welt eher gewünscht als eigengeprägte Persönlichkeiten. Wer das Einmalige, Besondere will, wird eher von Mißtrauen, Neid, Ressentiment, Konformitätsdruck verfolgt, ja gehaßt (4. Vortrag). Nietzsche wollte die Bildung des Studenten an drei Gradmessern messen: an seinem "Bedürfnis zur Philosophie", an seinem "Instinkt für Kunst" und an seiner Beziehung zur griechisch-römischen Antike als "kategorischem Imperativ aller Kultur" (5. Vortrag). Hinsichtlich der Antike sind wir heute freilich nicht mehr ganz so sicher wie Nietzsche, obwohl dort sicher Lebensmodelle und Menschliches in seiner Größe sichtbar werden, vor allem in der griechischen Kunst. Es gab in der Zeit Nietzsches auch andere Theoretiker, die z. B. das Soziale, das sich im 19. Jahrhundert als Notwendigkeit herausgestellt hatte, viel stärker gewichteten und dem bildungselitären Denken Nietzsches entschieden widersprachen. Man vergleiche etwa Willmann. Insofern liegen hier Grenzen Nietzsches in seiner Kompetenz als Bildungskritiker.

Nun zum Begriff des *Halbgebildeten*. Den findet man (nach Willmann, Didaktik als Bildungslehre, S. 76) schon bei den alten Indern. Es gibt bei ihnen sogar ein eigenes Wort dafür, Durvidagdha. Gemeint ist aus der Bilderwelt der Töpferei "das schlecht Durchgebrannte", das nicht ganz Fertige, mit dem Brahma selbst nichts anzufangen weiß. Willmann umschreibt mit der "üblen Mittelstraße". Was Halbbildung meint, hat auch *Paulsen* beschrieben. Er nennt als Merkmale das Zurschaustellen von Wissensbrocken, das zur ständigen Selbstbehauptung und Selbstbestätigung benötigt werde, weiter das In-allem-mitreden-wollen, das anhand gewisser Schulabschlüsse und Fremdsprachenliteratur- und Kunstkenntnisse Zugehörenwollen zum "Stand der Gebildeten". Wenn jemand Bildung hätte, müßte er diese Bemühungen nicht dauernd aufwenden, dann könnte er darauf verzichten. Tiefer greift in unserem Jahrhundert *Adorno*, ein Vertreter der kritischen Theorie der Gesellschaft, in seiner Skizze über Halbbildung (in Horkheimer und Adorno, Soziologica II, Frankfurt 1962). Auch in anderen Äußerungen von Adorno steckt Interessantes dazu, z. B. in der "Notiz über Geisteswissenschaft und Bildung" von 1962. Hier wird unter Halbbildung eine Art gesellschaftlich bedingter allgemeiner Zeitkrankheit gemeint, die aus der Geschichte des Bürgertums resultiere. Durch die "Kulturindustrie" werde die Spaltung der Gesellschaft verschleiert. Es komme darauf an, denen Bildung zu bringen, die vom Bildungsprivileg ausgesperrt seien. Jeder benötige Zeit und Kraft zu dem mühsamen Prozeß der Selbstverwandlung durch Verlebendigung und Erneuerung der Kultur. Die Zuhandenheit von Dichtung, Musik, Philosophie lasse deren Aufgaben- und Aufforderungscharakter verblassen. An die Stelle echter Bildungsarbeit trete "sozialisierte Halbbildung". Die Gehalte der Kultur würden dabei "warenhaft verdinglicht", also zur Ware, käuflich, d. h. genauer scheinbar käuflich; aber wenn man etwas kauft, das Taschenbuch oder die Platte, hat man das noch nicht "intus", es erfordert dann erst Bildungsarbeit, verlangt, daß man sich damit auseinandersetzt. Die Gehalte der Kultur erstarrten und würden unlebendig, scheinbar beliebig verfügbar. Deshalb sei kritische Reflexion auf diese allgemeine Negativform von Bildung das Zeitnotwendige. Adorno meint, die Reflexion über den Zustand hinsichtlich Bildung unserer Gesellschaft sei in der Hauptsache von den Geisteswissenschaften zu leisten, die sich besonders intensiv täuschten hinsichtlich ihrer Bildungswirkung. Daher auch die Enttäuschung vieler Studenten in den ersten Semestern. Daran sei nicht nur deren Naivität schuld, sondern "ebenso, daß die Geisteswissenschaften jenes Moment von Naivität, von Unmittelbarkeit zum Objekt eingebüßt haben, ohne das Geist nicht lebt" (Eingriffe, 1963, S. 55). Unmittelbarkeit zum Objekt wird ja in den Geisteswissenschaften meistens verhindert durch das Dazwischentreten von Textinterpretation. Jeder, der in den Geisteswissenschaften zu studieren anfängt, muß hier erst Enttäuschungen überwinden. Es wird meist nicht über die Sache geredet, sondern über Texte. Die Methode der Schau auf die Phänomene selbst hat übrigens die Phänomenologie innerhalb der Geisteswissenschaften kultiviert und insofern sind nicht alle geisteswissenschaftlichen Versuche so sachentfremdet, wie Adorno das fürchtet. Es ist aber richtig, daß das Übergewicht der textanalytischen-hermeneutischen Methoden in den Geisteswissenschaften dazu führen kann, nichts mehr zu sagen über das, was den etablierten Regeln dieser Methode nicht gehorcht. Allmählich, so meint Adorno, verlerne man, das in geistigen Gebilden schwer Faßbare auch nur wahrzunehmen, weil man sich eben schon anders eingestellt habe, nämlich auf das, was wissenschaftstechnisch faßbar ist. Der Effekt sei so etwas wie eine "Entgeistung" der Geisteswissenschaften. Entgeistung und Verwissenschaftlichung seien miteinander verwachsen. Einem Kunstgeschichtestudenten sei gesagt worden: Sie sind nicht hier, um zu denken, sondern um zu forschen. – Soviel also zu Adornos "Halbbildung".

Mir scheint, daß das Wort Halbbildung für die von Willmann, Paulsen und Adorno beschriebenen Phänomene nicht durchweg brauchbar ist. Dieses Wort ist selbst eher "journalistisch" wirksam, ein Schlagwort, ähnlich wie die Rede von den Halbstarken. Da der Bildungsbegriff den Wachstumsbegriff einschließt, also lebenslang offen ist, und damit der Gedanke des voll und ganz Gebildeten nicht sinnvoll ist, ist jeder in seiner Bildung irgendwo unterwegs. Wer will schon sagen, ob jemand jetzt über die Hälfte des Möglichen hinaus ist oder nicht. Freilich gibt es Bildungsgrade, und vor allem dort, wo etwas meßbar ist, in der Vorbildung gewissermaßen, in der Ausbildung, im Bildungswesen gibt es auch sogenannte Abschlüsse. Dies sind aber genau genommen keine Bildungsabschlüsse, sondern eben zunächst Schulabschlüsse. Das gilt auch für akademische Abschlüsse und Grade. Bildung ist unabgeschlossen und steigerbar bis zum Lebensende. Es ist ja immer möglich, daß man noch etwas dazulernt. Wichtiger ist, daß Adorno Halbbildung als "tendenziell unansprechbar" bezeichnet (in: Hartfiel (Hg.): Bildung und Erziehung in der Industriegesellschaft. 1973, S. 114), so daß ein pädagogisches Korrektiv nur erheblich erschwert zur Wirkung kommen kann. Die Halbgebildeten im Sinne von Adorno sind gewissermaßen so stur, daß sie tatsächlich nicht mehr bereit sind, noch etwas dazuzulernen. Adorno macht nur Andeutungen, daß man ihnen vielleicht tiefenpsychologisch-therapeutisch beikommen und eine Art Gegenwirkung derart versuchen könne, daß man schon in frühen Entwicklungsphasen "ihre Verhärtungen lösen" und kritische Besinnung stärken solle. Wieweit das aber in frühen Entwicklungsphasen möglich ist, diskutiert Adorno nicht; das scheint doch recht problematisch.

Feiner in der Abhebung von Bildung als die Rede von der Halbbildung ist der Begriff der *Ausbildung*. Er wird nicht selten abwertend verwendet, oft aber auch nur präzis bezeichnend, z. B. als Ausbildung für einen Beruf, d. h. die erforderlichen Kenntnisse und Fertigkeiten erwerben. In diesem Sinne gehören die Berufs-, Fach- und Hochschulen vorwiegend zum Ausbildungswesen. Ausbildung ist Teilbildung, Spezialbildung, ein Bildungselement, sachlich von Bildung insofern nicht abzuheben, sondern in ihr aufzuheben, einzuordnen. Die frühere Abhebung der allgemeinen Menschenbildung von der Berufsbildung hat insofern einen berechtigten Kern, als einer weitgehenden Verzweckung des Menschen durch die Berufs- und Arbeitswelt entgegengewirkt werden sollte. Das gilt auch heute noch. Der Mensch hat seinen Zweck in sich selbst. Kant hat hier die nötigen philosophischen Sätze längst gesagt und die werden auch in Grundsatzerklärungen gern wiederholt. Aber die Wirklichkeit sieht manchmal leider gar nicht so ideal aus, so daß Menschen doch vorwiegend als "Arbeitskräfte", wie andere Kräfte und Energien auch, eingeschätzt und behandelt werden. Es gab natürlich auch schon bei Comenius das Wissen, daß es allgemein verwertbare Kenntnisse, Fertigkeiten und Einstellungen gibt, die breiter angelegt sein sollten als Spezialberufe sie benötigen, die den Menschen zur Meisterung möglichst vieler Lebenssituationen qualifizieren. Besonders wurde das Gefühl für das Humanum, für die Freiheit, für die Menschenwürde apostrophiert in der Idee der allgemeinen

Menschenbildung. Insofern ist gegen eine Unterscheidung von Allgemeinbildung und Berufsausbildung oder besser Spezialbildung nichts einzuwenden. Nur schleichen sich da leicht Denkfehler ein, wenn die derart abgehobene Allgemeinbildung mit Bildung überhaupt gleichgesetzt und damit verwechselt wird. Dann wird leicht in einem elitär arroganten Denken Berufsbildung oder Ausbildung verächtlich behandelt und von Bildung diskriminierend, abwertend abgehoben. Der korrekt und nichtwertend verwendete Begriff Ausbildung unterscheidet sich im Grunde nur durch seine Spezifizierung von Bildung überhaupt, stellt aber semantisch zugleich die Verbindung zur Bildung im Grundwort "-bildung" her. Ausbildung dient der Leistungsfähigkeit, der Gesellschafts- und Lebenstüchtigkeit, erhöht den Funktionswert, zugleich aber auch den Selbstwert und das zugehörige Selbstgefühl der einzelnen Person. Eine abgeschlossene Berufsausbildung ist daher jedem jungen Menschen zu wünschen. Große Erzieher wie Bosco, Kerschensteiner, Flanagan haben deren erzieherische und bildnerische Bedeutung erkannt und darauf gedrängt. Flanagan hat größten Wert darauf gelegt, daß jeder in seiner Boys Town eine Berufsausbildung abschließt und etwas wirklich kann. Das war bei ihm auch eine Überzeugung aus der Kenntnis der Individualpsychologie Adlers. Der junge Mensch strebt nach Geltung und von daher auch nach einem Stück Macht und Einfluß auf andere. Das kann man nur auf eine gesellschaftlich akzeptable Weise erreichen, wenn man wirklich etwas leistet und so zu einer fundierten, gerechtfertigten Geltung gelangt. Selbstgefühl ist für die Persönlichkeit von elementarer Bedeutung. Die berufliche Ausbildung als Spezialbildung kann aber auch – und das ist der andere Aspekt, der besonders heute bei Fachschülern, aber auch Studenten nicht selten zu finden ist, – so hoch eingeschätzt werden, daß dagegen die allgemeine Bildung vernachlässigt oder sogar verachtet wird. Der Fachmann und der Fachwissenschaftler sind heute derart leitbildlich und den Ehrgeiz junger Menschen und vieler Akademiker hinreichend befriedigend, besonders wenn sich mit einem Examen und Titel bald eine gut bezahlte Berufsstelle findet, daß weitere Bildungsinteressen gar nicht selten ziemlich bald erlahmen.

Seit der Gesellschaftsveränderungs-Bewegung um das Jahr 1970 wird in diesem Sinne der "Fachidiot" als Fehlentwicklung menschlicher Bildung gekennzeichnet. Gemeint ist einer, der damit zufrieden ist, daß er in seinem Fach Gutes leistet. Denn er ist ja nicht in seinem Fach Idiot, sondern in dieser Beziehung wahrscheinlich eher hochqualifiziert. Man hat den Begriff sogar besonders gern für Wissenschaftler verwendet, die sich nur auf ihr Fach konzentrieren und dadurch außerhalb ihres Faches weitgehend Interessen und Urteilsfähigkeit vermissen ließen. Besonders mangelnde politische Informiertheit und Interessiertheit wurde dabei übelgenommen. Bildung ist als das genaue Gegenteil zum Fachidiotentum zu sehen (so z. B. in "Ist Bildung noch aktuell?" von Nikolaus Lobkowicz 1984). Jedenfalls sollten auch Lernprozesse in Kategorien und Methoden, die außerhalb des eigenen Faches und Berufes liegen, in Gang kommen, damit geistige Weite und Tiefe möglich wird. Eine besondere Rolle spielt dabei die Philosophie, als Fachphilosophie, die den Versuch macht, den Prinzipien des jeweiligen Faches (in unserem Fach als Bildungsphilosophie) auf den Grund zu kommen, als Bereichsphilosophie, die mehrere solcher Fachphilosophien zusammenfaßt und übergeordnete und verallgemeinerte Prinzipien sucht (z. B. Sozialphilosophie, Naturphilosophie) und als Gesamtphilosophie. Das bedeutet z. B. konkret für den Pädagogen, der sich bemüht, mehr Weite und Tiefe zu gewinnen, daß er sich mit der Erziehungs- und Bildungsphilosophie beschäftigen sollte, mit der Bereichsphilosophie, z. B. der Anthropologie, der Kultur- und Wertphilosophie und der Gesamtphilosophie (einschließlich ihrer Geschichte). Weiter spielt sicher eine bedeutende Rolle in dem Versuch über Fachbeschränktheit hinauszukommen, die Beschäftigung mit Geschichte. Wenn man nicht weiß, woher man kommt, weiß man auch nicht, wohin man geht oder gehen könnte. Und dann natürlich die Beschäftigung mit den Künsten, vor allem mit Literatur, aber auch mit Musik und anderen Kunstbereichen. Weiter die Auseinandersetzung mit der modernen Gesellschaft und mit der Religion. Man hat versucht, das Allgemeinbildende in einem "Studium Generale" zusammenzubinden und sich auch an den Universitäten noch um die Allgemeinbildung oder um die vertiefende Bildung wenigstens der Anfangssemester zu bemühen. Ansätze nach dem zweiten Weltkrieg sind gescheitert. Es bleibt heute dem einzelnen überlassen, ob er sich über sein Fach hinaus interessiert, ob er die Möglichkeiten, die das Universitätsleben bietet, auch ausnützt oder nicht. Ein bißchen gegengesteuert gegen Fachenge wird auch durch die Prüfungsordnungen, in denen man versucht, durch Pflichtnebenfächer ein wenig abzusichern von der alten Idee des Studium Generale. Denn wenn wir lauter "Fachidioten" nebeneinander haben, kommt – auch in einem Diskurs – noch nicht zwingend ein problemadäquates Urteil zustande. Es gibt ein interessantes literarisches Exempel, wie ein Fachmann durch radikale Konzentration auf seine Fachwelt zu einem totalen Weltverlust gelangen kann: Elias *Canetti*: "Die Blendung" handelt von dem hochqualifizierten Sinologen Peter Kien, der als der "reine Büchermensch" einer Entwicklung unterliegt vom (das sind die drei Hauptteile des Werkes) "Kopf ohne Welt" über die "kopflose Welt" zur "Welt nur noch im Kopf". Sein Scheitern ist entsprechend radikal. Er stellt eine Art Gegentyp dar zur Bildung als Mensch-Welt-Bezug.

Unter den Gegenbildern zur Bildung gibt es weiter den *Banausen*. Wenn Personen ihre Wissenschaft oder Kunst rein handwerksmäßig und auf Verdienst orientiert betreiben und daneben unzulängliche, flache Ansichten in geistigen und künstlerischen Dingen vertreten, spricht man von Banausen. Es ist das also eine Mischung aus technischer Versiertheit, Cleverness und Geldmachen. Sonst findet man nicht gerade viel, was Horizont und Bildungsanstrengungen betrifft. Von *Spießern* oder Spießbürgern spricht man bei selbstzufriedenen und engstirnigen Menschen, die sich an den Konventionen der Gesellschaft und dem Urteil der anderen orientieren, die davon keinen Abstand gewinnen können. Dem Spießer genügt es zu wissen, was *man* über eine Sache sagt, dann hat er auch schon seine Meinung (wenn er das erfahren hat aus dem öffentlichen Gerede oder der Tageszeitung). Von *Borniertheit* spricht man bei eingeengtem geistigen Horizont verbunden mit Unbelehrbarkeit und Eingebildetheit.

Gefährlich für die Bildung ist auch jede wertspezifische *Einseitigkeit*. Sie besitzt zwar weiteren Horizont als das Fachidiotentum, ist aber auch nicht ohne Risiken. Wenn jemand z. B. an seiner literarischen Bildung vergleichsweise viel gearbeitet und viel gelesen hat, also bedeutende Literatur etwa von Homer bis Thomas Mann, kann er trotzdem ein einseitiger *Ästhetizist* bleiben, wenn ihm nämlich Werterlebnisse und Wertbezüge im Bereich der anderen großen Werte abgehen. Zur Bildung gehören auch Wissenschaften, gehören auch soziale und politische Beteiligung. Wem das fremdbleibt, wer nur in seiner ästhetischen Welt lebt, ist gefährdet und gefährlich, denn seine Entscheidungen sind nicht so ausgewogen, wie man sich das wünschen muß. Der Ästhetizist scheut sich oft vor Konfliktlagen, es sei denn, es wären Konflikte, die man verbal und intellektuell austragen kann. Er fühlt sich sicher und wohl nur in seinem ästhetischen Bereich. Die Welt ist aber mehr und oft alles andere als ästhetisch. Das Ästhetische ist wichtig, d.h. daß sich jedermann ästhetisch bilden und weiterbilden sollte. Wenn er das nicht tut, fehlen ihm gewiß eine Menge Möglichkeiten. Die Phantasie eröffnet ein Bild von der Fülle der Lebensformen und Angebote. Kreativität kann man schon gar nicht entwickeln, wenn man nicht wenigstens eine Ader für das Ästhetische entwickelt, weil ja über die Wahrnehmung jede Art von Bildung läuft. Wir werden das noch ausgiebig erörtern. Nicht nur Schiller hat betont, daß man Bildung nur über das Ästhetische einleiten kann. Aber wenn man dabei stehen bleibt, andere Bildungsdimensionen vernachlässigt, so ist das eine Einseitigkeit, die für die Gesamtentwicklung gefährlich werden kann. Wir brauchen eben auch so etwas wie ein wissenschaftliches Weltbild. Wir benötigen ein astronomisches, physikalisches, biologisches Weltbild usw. Wir brauchen auch einen Überblick über die Geschichte der Weltkulturen und die politische Geschichte, ein Verständnis, z. B. von der jüngeren Philosophie und Wissenschaftstheorie von Kant bis zum kritischen Rationalismus und zur kritischen Theorie der Gesellschaft. Aber alles, was man als wissenschaftliche oder theoretische Bildung bezeichnen könnte, kann auch wieder einseitig bleiben, nicht jetzt im Sinne des Fachidiotentums, sondern im Sinne des mangelhaften Bezugs zu den anderen Grundwerten, z. B. zum sozialen und zum ethischen. Vielleicht hat ein solcherart einseitig Gebildeter zu wenig Takt, zu wenig Kultivierung der affektiven Domäne, der Gefühle, jedenfalls der Wertbereiche außerhalb des Theoretischen, des Kognitiven. Solche Menschen nennt man gewöhnlich *Intellektuelle*, d. h. einseitig verstandesentwickelte Leute, die sicher ihren Wert innerhalb der Gesellschaft haben, die durch ihr Fachwissen und durch ihren theoretischen Blick auf die Welt vielleicht anderen etwas zu sagen, etwas mitzuteilen haben, aber doch eher in der Art eines Computers oder Fachlexikons als in der Art eines mitfühlenden Menschen. Intellektualismus ist eine Einengung des Bewußtseins. Wir wissen daher heute, daß es gar nicht gut ist, schulische Bildung ausschließlich über Wissenschaftsorientierung zu betreiben. Deshalb wurde ja die Wertorientierung wieder ausgegraben und in den letzten Jahren wieder belebt. Andererseits kann keine gute Entscheidung getroffen werden, auch keine gute ethische Entscheidung, ohne entsprechendes Sachwissen. Deshalb ist Wissen in jedem Fall Voraussetzung für eine gute, weittragende, auf weite Sicht verantwortbare Entscheidung. Vor allem politische Entscheidungen, die ja über ein paar Jahrzehnte tragen sollen, brauchen den entsprechenden Sachverstand. Es braucht aber über dieses bloße Wissen hinaus Verantwortlichkeit, Ethos, Moral, Sinn für Gerechtigkeit, Sorge für die nächsten Generationen, auch über das eigene Land und über die eigene Gruppe hinaus. Es braucht Sinn für Mitleid, für Menschenliebe, damit man im Dienste des Guten etwas Wertvolles bewirkt. Aber selbst dann, wenn jemand in diesem Sinn politisch, sozial, ethisch orientiert ist, kann er immer noch, wenn er nur *dies* ist und in den anderen Bereichen wieder eine verhältnismäßige Engführung aufweist, sich da nicht umgetan hat, gefährdet und gefährlich sein. Auch der *Moralist*, der nur diese, in sich wertvolle, ethische Einstellung hat, kann unter den heutigen Bedingungen gefährlich sein, weil er nicht den nötigen Sachverstand oder die nötige Mühe aufwendet, um über seine, sicherlich gutgemeinten Kategorien hinaus, auch auf den Sachverhalt genau hinzuschauen, wenn er sich z. B. nicht die Mühe macht, die religiösen Werthorizonte seiner Mitmenschen zu berücksichtigen und die auch gelten und in der nötigen Freiheit zu belassen, sie weiter auch in der Freiheit zu belassen innerhalb des Forschungsbereichs und des ästhetischen Bereichs. Ein Moralist kann möglicherweise ein böser Fanatiker werden, der den anderen nicht nur ganz schön auf die Nerven geht, sondern auch moralische, rechtliche und politische Fehlentscheidungen trifft. Der Moralist kann so unangenehm sein, weil ihm, wie den anderen einseitigen Typen, Gesamtbildung fehlt, die Proportionierlichkeit der Bildung, der Takt. Die Gefahr des Fanatismus besteht übrigens in jedem Wertbereich. Am gefährlichsten sind heute Fanatiker wohl im politischen Bereich. Das gilt aber auch für den obersten Wertbereich, den religiösen. Man benötigt Wissen über die Grundtendenzen und die Grunderfahrungen der Weltreligionen. Es ist auch wünschenswert, daß man sich mit einer dieser Religionen in gewisser Weise identifiziert, selbst also sein Leben aus einer religiösen Mitte gestaltet, da nur so der religiöse Wert persönlich erfühlt werden kann. Erst dann wird man auch die religiöse Einstellung der anderen tolerant und mit einem gewissen Respekt akzeptieren und sich entsprechend verhalten. Gefährlich und gefährdet ist der religiöse Mensch, wenn er die anderen Werte ignoriert oder herabsetzt oder seine eigene Religion derart verabsolutiert, daß ihm die anderen als böse oder arg minderwertig vorkommen. Dann neigt er leicht zum *religiösen Fanatismus.* Unter dem Zeichen der Religion wurde und wird viel Unmenschliches praktiziert, so daß man erkennen muß, daß die Gefahr der Unbildung, der Einseitigkeit hier genauso durchschlagen kann wie in den anderen Bereichen auch. Humane Bildung umfaßt eben Grundbeziehungen in allen wesentlichen Wertbereichen und zwar in einer proportionierlichen Weise. Wir Menschen können zwar nie in allen Wertbereichen perfekt sein und höchste Leistungen vollbringen, aber wir können uns in allen wesentlichen Wertbereichen um Teilhabe und Kultivierung bemühen. Es kommt auf die *Proportionierlichkeit* an. Für Bildung im allgemeinen müssen wir hier Begriffe entwickeln, die auslegbar sind bis in die Curricula hinein. Nur wenn die Wertgebiete zusammenklingen, gibt es einen Akkord und damit so etwas wie Harmonie. Wenn eine Kultur ausgewogen ist, dann sind alle diese Bereiche, wie Wissenschaft, Kunst und Religion einigermaßen intakt und prosperieren, florieren Ethik und Recht, Politik und Soziales usw. Wo eine Kultur intakt ist, da fühlt man sich wohl, da möchte man leben. Aus einer einzelne Kulturgebiete vergewaltigenden Gesellschaft fliehen die Menschen. Ähnliches gilt für das Individuum, da es an dieser Kultur teilhat. Es wird disharmonisch, zerrissen, gestört (vgl. den "Bildungsroman" in der DDR in Jacobs/Krause 1989, 228 f.).

7. Kapitel: Bildendes Leben

Es bleibt hier also der bessere Weg, die Bildungstheorie selbstkritisch, auf die Bildungspraxis hin auszulegen. Und um dies zu leisten, ist zunächst phänomenologisch und kategorial zu klären, was Bildungspraxis meint, oder präziser, wie Bildung sich ereignet. Man kann sich das in drei Kreisen vorstellen, von denen jeweils der weitere den engeren umschließt. Der engere hebt sich aber zugleich vom weiteren ab und wahrt seine Selbständigkeit und Überlegenheit über den weiteren. Das läßt sich nur dreidimensional vorstellen. Diese drei Kreise werden in drei Ebenen übereinander gedacht, so daß der jeweilig kleinere Kreis weiter oben zu denken ist. Man könnte sich drei Brunnenschalen vorstellen, die von oben betrachtet werden. Der Zusammenhang ist gegeben durch das herunterfließende Wasser, der Unterschied durch die verschiedene Höhe. Die unterste, basale Schale in diesem Brunnen entspricht dem allgemeinen Lebenszusammenhang. Bildung ereignet sich ja immer in einem allgemeinen Lebenszusammenhang. Die mittlere Schale entspräche dem Gesellschaftssystem, denn Bildung ereignet sich immer im Kontext einer ganz bestimmen Gesellschaft und deren Kultur. Die oberste Schale entspricht dem Individuum, dem Ich. Den Bildungszusammenhang zwischen diesen Bezugsrealitäten Leben, Gesellschaftssystem und Ich kann man sich durch das fließende Wasser repräsentiert vorstellen. Dabei wird das Wasser von der untersten Schale wieder nach oben gepumpt. Dadurch entsteht eine Art Kreislauf, ein geschlossenes System. Wichtig ist weiter das Getragenwerden der jeweils oberen Schalen durch die untere: die Gesellschaft wird durch das Leben getragen, der Einzelne durch die Gesellschaft. Aber der Einzelne wirkt auch wieder auf die Gesellschaft usw.

Wir wollen die ätiologischen Faktoren der Bildung angehen. Ätiologie meint den Wissenschaftsbereich von den Ursachen. Die Medizin fragt in ihrer Ätiologie nach den Ursachen der Krankheit. Wir fragen uns nach den Ursachen der Bildung. Worauf kommt es an, wo sind die tragenden Ursachen, welches sind die wirkenden Faktoren? Die drei zusammenhängenden ätiologischen Faktorenkreise des Bildungsgeschehens würden dann heißen: a) das Leben, soweit es bildet, b) die kollektive Bildungsarbeit oder das Bildungswesen und c) die individuelle Bildungsarbeit, das persönliche Lernen, die Selbstbildung.

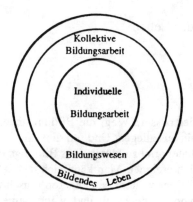

Kollektive
Bildungsarbeit

Individuelle
Bildungsarbeit

Bildungswesen

Bildendes Leben

I. Spranger: "Das Leben bildet"

Spranger befragt diesen "pädagogischen Gemeinspruch", der immerhin von
Pestalozzi in seinem "Schwanengesang" vertreten wurde. Das Leben bildet.
Kann man das sagen? Spranger meint, daß nicht alles im Leben bildet. Das
Leben "draußen", außerhalb von Schule und Heim, bildet nach Spranger
recht wenig. Die Hypothese "Das Leben bildet" erscheint ihm am Ende seiner
kritischen Prüfung sogar falsifiziert: "Die Prüfung des Gemeinspruchs 'Das
Leben bildet' hat ergeben, daß im großen und ganzen das Gegenteil der Fall
ist. Die emporbildenden Faktoren des Lebens sind überwiegend schwächer
als die herabziehenden" (Ges. Schr. 2. Bd. 174). Spranger untersucht das
"Geistesleben", wie es von Hegel, Hartmann, Scheler untersucht worden ist.
Er prüft zuerst Einflüsse des objektivierten Geistes, dann des objektiven
Geistes, schließlich solche des normativen Geistes. Er konstatiert, die schöne
Wirkung des Apollo-Torso auf Rilke ("Du mußt dein Leben ändern") gehe
von den zahlreichen künstlerisch minderwertigen oder gar unsittlichen objek-
tivierten Gestalten des Geisteslebens eben nicht aus. Der objektive Geist als
Gruppengeist wirkt zwar, aber "die entscheidende Frage ist nicht, ob der
Gruppengeist wirkt, sondern: was er selbst, diese anonyme überindividuelle
Macht, seinem Gehalte nach wert ist" (S. 151). Es kommt also auf den Wertgehalt des Gruppengeistes an, den z. B. totalitäre Regime hemmungslos
manipulieren und – wie man gerade in den an Wertgehalt armen kommunistischen wie faschistischen Diktaturen beobachten kann –, mit Hilfe gleichge-
schalteter Medien recht wirkungskräftig. In unserer Zeit, die mehr sozio-
gisch als geistesphilosophisch zu sehen gewöhnt ist, besteht "die Neigung,
dem 'großen Subjekt', der Gesellschaft, ohne weiteres Recht zu geben. Es soll
ja für die Gesellschaft erzogen werden" (151). Was wahr und was gut ist,
kann aber weder durch Massengewohnheiten noch durch Mehrheitsbe-
schlüsse festgelegt werden. Wir sind als Pädagogen keine Funktionäre einer

wie auch immer gearteten Gesellschaft. Wir brauchen einen humanen Begriff von Bildung und Erziehung. Deshalb ist die Sozialisationstheorie von Grund auf ein falscher Ansatz in der Pädagogik, wenn man glaubt, von ihm aus bildungsphilosophische Konsequenzen ziehen zu können. Die sozialisationstheoretische Erziehungs- und Bildungslehre ist auf dem Holzweg. Die in einer Gesellschaft geltende Moral ist zwar eine normativ gewordene Regelung im Gruppengeist mit dem Sinn der Sicherung des Bestandes der Gesamtheit. Sie verträgt und braucht aber Durchbrüche zu größerer Vollkommenheit, wie sie durch moralschöpferische Persönlichkeiten gefördert werden. Diese wiederum "schöpfen", wie Spranger feststellt", "nicht nur aus der Berücksichtigung äußerer Verhältnisse, sondern aus der Tiefe ihres Gewissens. Daran", so folgert er, "wird erkennbar, daß der eigentliche Erzeugungs- und Brennpunkt der Moralbildung doch in dem Gewissen der Einzelnen liegt" (154). Man muß demnach von der jeweils geltenden Moral die echte Sittlichkeit unterscheiden. Aber selbst die verbesserte Formel, "das Geistesleben bildet", erscheint nach allen Überlegungen für Spranger zweifelhaft. Das durch Geistesarbeit Gestalt annehmende Leben kann man Kultur nennen, die entsprechenden Güter oder einzelnen Realisationen der Kultur Geistesgüter oder Kulturgüter. Diese Geistes- oder Kulturgüter enthalten geistige Gehalte und stehen der Aneignung der sich bildenden Individuen mehr *zur Verfügung*, als daß sie selbst aktiv bilden. Sie stehen zur Verfügung. Wir können ein bedeutendes Buch jederzeit in einer Bibliothek ausleihen. Aber das Werk fängt nicht einfach an, uns zu bilden, sondern wir müssen versuchen es zu verstehen, wir müssen uns in einen Bildungsroman, wenn wir ihn tiefer erfahren wollen, durch wenigstens zweimalige Lektüre, hineinarbeiten. Bildung ist nicht passives Massiertwerden, sondern Arbeit, Selbstbildungsarbeit. Je höher man auf den Stufen der Bildungsleiter emporkommt, umso mehr wird die Aktivität des Einzelnen herausgefordert. Das bloß passive Sichberieselnlassen genügt nicht. Schon im Proseminar gilt: man kann nicht studieren ohne zu studieren, ohne sich also selbst die Mühe zu machen, mitzulesen, mitzudenken, vor- und nachzuarbeiten. Es gibt natürlich auch Medien, die manches leichter vermitteln, etwa das Theater oder der Film.

Da das Geistesleben durchweg historisch ist, prüft Spranger auch das Diktum "die Geschichte bildet". Gemeint sei in der Regel das vom Historiker Mitgeteilte. Bei der inneren Auseinandersetzung mit dem historisch Geschehenen komme es gar nicht immer zu einer Veredelung. Viel häufiger sei das Hinnehmen der Notwendigkeit der Geschichte bis zur Hörigkeit gegen Tendenzen oder Trends. Das ist nun mal der Trend, also machen wir am besten mit, dann haben wir vielleicht die besten Chancen. Es wird also nicht nur Enthusiasmus in mitreißenden Lebens- und Entscheidungsmodellen bewirkt durch die "Lehrmeisterin Geschichte", sondern ebenso Gefühle des Drucks der Verhältnisse und sittliche Entmutigung. Wie die Existenzphilosophie fragt Spranger auch nach schicksalhaften freudigen und tragischen Erlebnissen. Auch sie können in ihrer Wirkung tief ambivalent sein (d. h. doppelwertig, zugleich positiv und negativ). Auch "das Schicksal" sei daher eine sehr unzuverlässige Erziehungsmacht.

Erst den sittlichen Mächten spricht Spranger tiefgreifende, emporbildende Wirkung zu. Zu ihrem Aufbau wurden sittliche Energien aufgewandt. Wenn das sittlich Wertvolle errungen wurde, muß es "erhalten und verteidigt werden" (166). Es hält sich nicht von allein. Eine Zeit kann sehr schnell sittlich absinken, die Gesellschaft wie auch der Einzelne, in Krisen- und Kriegszeiten wie in Zeiten des Überflusses. Was der Mensch soll, Sachnormen, Sozialnormen und Normen der Selbstgestaltung, wird über das Gewissen bewußt. Das Gewissen ist insofern nicht etwas nur Andressiertes, sondern es hat eine ursprüngliche Sprechbereitschaft, die freilich durch die konkreten Internalisierungen modifiziert wird. Das Gewissen ist in der Struktur des Menschen angelegt. Es ist der existentielle "Ort" des Vernehmens der Normen und Werte. "Die 'Idee' der Wahrheit erzieht; die jeweils bestehende Lage der Wissenschaft ist nicht so eindeutig vom Heiligenschimmer der Reinheit bestrahlt. Gute Kunst veredelt das Gemüt. Aber gemeiner Schund und Edelschund geben sich auch als Kunst aus. Wenn niemand da ist, der den Geschmack des Jugendlichen planmäßig zu bilden bemüht ist, bleibt die veredelnde Wirkung meistens der Laune des Zufalls überlassen" (170). Die Arbeit der Lehrer, Bildner, Kunsterzieher ist nicht umsonst, denn "die Kunst" erzieht ebensowenig von alleine wie "die Wissenschaft". "Das Entscheidende für alle Erziehungsprozesse liegt nicht bei den objektiven Mächten (Gruppengeist, Geistesobjektivationen, überindividuell normativem Geist) sondern primär im subjektiven Geist, sowohl des Erziehers wie des Erzogenen" (172). Diese Ansicht lastet den beteiligten Personen Verantwortung auf. Man sollte aber nicht übersehen, daß nicht selten bedeutende Kulturwerke, z. B. Kunstwerke, bereits vom Wollen ihres Urhebers her einen ethischen, sozialen, politischen Sinn und ein entsprechendes Informationsangebot an die Rezipienten enthalten. Sophokles' Antigone z. B. oder Schillers Tell kann man wohl kaum ohne solche Impulse aufnehmen. Spranger vermutet in der Pubertätszeit eine kurze Phase erhöhter Fruchtbarkeit für die Bildung zur Humanität, ein "Blühen der Seele" (181) im Sinne Platos. Es wäre wichtig für die schulische und außerschulische Bildungsarbeit, dieser Hypothese nachzugehen. Schließlich fragt Spranger noch nach der religiösen Bildung durch "das Leben". Hier äußert er sich besonders negativ. "Das Leben, wie es ist, macht nicht religiös, geschweige denn christlich. Es müssen Persönlichkeiten da sein, die den Geist in der Tiefe der Seele wecken. Damit leuchtet dann auch die christliche

Umschreibung des normativen Geistes auf. Sie lautet: 'Ich bin der Weg, die Wahrheit und das Leben' " (S. 187).

Die moderne *Antipädagogik*, die gegen Schulen, Lehrer, Erzieher usw. Sturm läuft, muß sich in diesem Zusammenhang fragen lassen, ob die von ihr angezielte Befreiung der Kinder von ihren besorgten, verantwortlichen Erwachsenen, nicht einem Überlassen an den höchst zweifelhaften Erzieher und Lehrer "Leben" gleichkommt. Wie der Begriff "Nichterziehung" der sogenannten "Antipädagogik" (K. Rutschky), oder bloß therapeutische Spiegeltechnik (Miller), auf heutige Eltern (und wohl auch Lehrer) eher entmutigend und in Richtung auf weitere Zurücknahme ihrer Beziehungen zur Jugend wirken, hat Andreas Flitner (Konrad, sprach die Frau Mama. Über Erziehung und Nichterziehung. 1983) dargestellt.

Ich möchte nicht bei der skeptischen Position von Spranger bleiben. Die Flucht ins Leben, wie wir sie bei den Antipädagogen finden, ist wohl das andere Extrem. Zwischen beiden muß für die Praxis eine vernünftige Haltung gefunden werden. Deshalb sollten wir zunächst die bildungspositiven Elemente des Lebens zu gewichten suchen, um auf dieser Basis die engere Bildungspraxis zu analysieren.

II. Fünf bildende Elemente des Lebens: Spielen, Lernen, Arbeiten, Lieben, Leiden

In der Lebenspraxis finden sich wenigstens fünf Elemente, die einen eher positiven Bildungseinfluß erkennen lassen. Es sind dies im biographischen Kontext: Spielen und Lernen, Arbeiten und Lieben, schließlich auch Leiden, soweit es nicht in die Verzweiflung treibt. Diese Elemente wurden in den letzten Jahrhunderten philosophisch, pädagogisch oder auch aus therapeutischem Aspekt als menschenbildend erkannt. Mindestens zwei davon, nämlich Spielen und Arbeiten, gehören zum Grundrepertoire der sogenannten Erziehungsmittel. Wir betrachten sie hier allerdings von einem anderen Aspekt, nämlich vom Lebensaspekt aus, welche Rolle sie im Leben generell spielen, also anthropologisch. Aber auch die anderen Elemente sind unmittelbar mit dem Lebensvollzug gegeben. Man könnte sie geradezu als anthropologische Konstante ansehen. Mitunter werden sie auch (etwas einseitig) als essentielle anthropologische Zuschreibungen gedeutet. Dann ist die Rede vom homo ludens, dem spielenden Menschen oder vom homo discens, dem lernenden Menschen, dem homo faber, dem Menschen, der etwas macht, herstellt, dem homo amans (dem liebenden Menschen) und dem homo patiens (dem leidenden Menschen).

Das *Spiel*element beherrscht vor allem die frühe Kindheit, nimmt dann zwar bedeutungsmäßig ab, bleibt aber in der gesamten Jugendzeit gewichtig und auch im Erwachsenenleben im Maße der Kreativität und Flexibilität unübersehbar notwendig. Es ist das am meisten ästhetische Element unter diesen fünfen und neben dem Lernen das vielseitigste. Im Kind werden durch Spiele, Spielsachen, soziale und individuelle Spielformen fast alle Kräfte angeregt. Es ist kein Wunder, daß sich große Pädagogen wie Locke, Jean Paul, Fröbel, Montessori diesem Element besonders zuwandten und auch gezielt Spielgaben entwickelten. Von frei gestaltenden, völlig unreglementierten Aktivitäten bis zu streng normierten und in eigenen Spielkulturen tradierten Regelspielen reichen die Formen des kindlichen wie des Erwachsenenspiels. Das Spielen wird je nach Spieltheorie besonders mit den Elementen Lernen und Arbeiten in Zusammenhang gebracht, oft aber auch ziemlich einseitig gedeutet, z. B. im Konnex mit Kraftüberschuß, Erholung, Spannungserlebnis und Abreaktion, Vorübung, Symbolisierung, Sozialisation, Konfliktverarbeitung, Identitätsfindung. Die Einzeltheorien leuchten meistens nur einzelne Facetten der Spielwirklichkeit an. Bei Huizinga und Buytendijk werden Zusammenhänge mit der Kulturentwicklung überhaupt erkannt. In fast allen Künsten und im Sport ist das Spiel essentiell. Seine reizvolle, über Spannung, Lust und Freude motivierende Aktivitätsanregung ist Vorteil und Grenze des Spiels als bildendes Lebenselement zugleich. Spiel kann heilen (Gruppe, Musik, Theater), aber auch süchtig machen (Spielhöllen, Glücksspiele). Vorwiegend zusehende Spielbeteiligung hat natürlich andere und geringere Bedeutung, wird aber gelegentlich recht positiv, z. B. als "moralisches Äquivalent des Krieges" (James), d. h. als aggressionsverarbeitend eingeschätzt. Daß der "Spieler" (Dostojewsky) oder der "Playboy" eher Gegenideale als Bildungstypen sind, wird gewiß allgemein so gesehen. Totale Ablehnung des Spiels für die Jugenderziehung aus asketischen Motiven finden sich bei August Hermann Francke, partielle bei Vertretern der Arbeitspädagogik. Viele große Praktiker der Jugenderziehung haben Sport, Theaterspiel, Musikspiel sehr geschätzt. Im Schulunterricht und -leben hat das Spiel inzwischen seinen festen Platz, besonders seit der Kunsterziehungsbewegung und Jugendbewegung und der neueren positiven Verstärkungsmotivation. Da ein konzentriert spielendes Kind "arbeitet" und sich – vorwiegend unbewußt selbstverständlich – bildet, ist eine Störung möglichst zu vermeiden. Entstehende "Werke" verdienen besondere Anerkennung. Bildend wirken Spiele vor allem dann, wenn sie ästhetisch, sprachlich und sozial fördern. Entsprechend gelten als pädagogische Kriterien für gute Spiele und Spielsachen wenigstens die folgenden: 1. Entwicklung von Phantasie, Findigkeit, Kreativität, 2. Förderung von Gesprächs- und Verständigungsbereitschaft und 3. Förderung von Aufmerksamkeit und Konzentration. Für Spielsachen fordert man noch zusätzlich besondere Haltbarkeit, hygienische Merkmale (Sicherheit, Gesundheit), ästhetische Merkmale (Stimmigkeit, Proportionalität), Aufforderungscharakter (Interesseauslösung) und didaktische Merkmale (Exemplarität, Lernanregung, Einübung von Fertigkeiten). Im Spielelement des Lebens steckt ein Stück Freiheit. Schillers hohe Einschätzung (der Mensch ist nur dort ganz Mensch, wo er spielt), hat vor allem damit zu tun. Auch kommt zum ästhetischen das poietische Moment hinzu, der Selbstausdruck, ein Stück Selbstverwirklichung. Es tut allen menschlichen Aktivitäten gut, wenn in ihnen das freie, frohe, gelockerte, ausdrucksbereite Moment des "Spielerischen" zum Tragen kommt. Alle menschlichen Aktivitäten werden erfinderischer, ausdrucksvoller, formbewußter, interessanter, weniger mechanisch durch das Spiel. Dies gilt besonders für das Lernen und Arbeiten. Daß trotz und in aller Freiheit und Leichtigkeit viel Ernsthaftigkeit im Spiel (besonders im Spiel der Kinder) enthalten ist, hat Jean *Chateau* (1976) herausgearbeitet, eine neue Version der Vorübungstheorie: das kindliche Spiel, (etwa ab dem dritten Lebensjahr) stelle eine "Strategie des Erwachsenenseins" dar, des "Groß-Sein-Könnens", eine kindliche Form der "Teilhabe am Leben der Erwachsenen". Es wird der Selbstdisziplin, der frei inszenierten Mühe und Verausgabung, Ernsthaftigkeit und Würde besonderer Wert beigemessen. Die Bildungsbedeutung wird übrigens auch von *Heckhausen* (1978) erkannt, obgleich bei ihm eher die psychologische Beschreibung vorherrscht (Pendeln um einen mittleren Spannungsgrad, Inszenierung eines Spannungsdramas, Aktivierungszirkel). Daß Spiele lebenslang eine belebende und harmonisierende Wirkung haben können, kann man auch noch bei alten Menschen beobachten, wenn sie etwa bei einem Gesellschaftsspiel beisammen sitzen, eine Patience legen oder zu ihrem oder ihrer Enkel Vergnügen auf einem Musikinstrument spielen (vgl. die Schriften von H. Scheuerl, A. Flitner, J. Piaget).

Lernen steht derart im Mittelpunkt des organisierten Bildungswesens, ist derart das Hauptelement des Schulwesens, daß leicht übersehen wird, daß es zunächst und übergreifend ein allgemeines Element des Lebens darstellt. Werner Loch bezeichnet den Menschen als homo discens, Heinrich Roth beschreibt den Menschen als das lernbedürftigste und lernfähigste Wesen. Wir lernen die meisten lebenswichtigen Fertigkeiten vor, neben und außerhalb der Schule. Einer der bildungsbedeutsamsten Lernvorgänge ist das *Lernen der Sprache*. Durch Eltern, Kinder, Medien wird die Sprache meist ohne Plan und "assimilativ" übermittelt. Was der Aufbau der Sprache für Denken, Denkentwicklung und Menschenbildung bedeutet, weiß wohl niemand besser als der Lehrer in Frühförderungs- und Vorschuleinrichtungen für taube und hörbehinderte Kinder. Die menschliche Symbolisierungsfähigkeit zu entwickeln, ist von enormer Bedeutung für die Selbststeuerung und Kommunikation des Menschen. Als entscheidendes Mittel des Lernens erscheint im Sprechen – (wie im Spielen-)Lernen die *Imitation.* Vormachen und Vorleben sind daher für die meisten Lernprozesse (einschließlich der schulischen) vermutlich wichtiger als alle übrigen Lern- und Lehrmittel zusammen. Ein guter Lehrer greift immer dann, wenn alle anderen Mittel versagen, zu dem einfachen Mittel des Vormachens und/oder des Handführens. Moderne Untersuchungen über das Modellernen oder soziale Lernen (Bandura 1976) haben die enorme Wirkung dieses lebendigen und anschaulichen Lernmediums neu bestätigt. Von daher ist auch der *Umgang* des Kindes von kaum zu überschätzender Bedeutung. Es gibt Pädagogen wie Langeveld, die das ganze pädagogische System auf die Basis des Umgangs zurückführen. Deshalb tun Eltern gut daran, darauf zu achten, mit wem ihr Kind umgeht. Böse Beispiele verderben gute Sitten.

Das Lernen der Sprache ist schichtspezifisch geprägt. Viele Kinder der Unterschicht verarmen sprachlich. Mittelschichteltern bemühen sich mehr um genaue Bezeichnungen und gute Artikulation, sprechen überhaupt mehr mit ihren Kindern, lesen vor, verbessern die Sprache des Kindes, verstärken Sprachleistungen, vor allem Differenzierungen in der Sprache. Mittelschichtkinder lernen so einen "elaborierten Code" (B. Bernstein, U. Oevermann). Da die differenziertere Sprache Kennzeichen der Mittel- und Oberschichten ist, droht auf diesem Wege eine Perpetuierung der alten Differenz Gebildete – Ungebildete. Vom Bildungsaspekt her kann man der Meinung nicht beipflichten, daß der restringierte Sprachcode der Unterschicht keineswegs defizitär sei. Zwar spiegelt sich in ihm eine reale Lebenswelt, aber wer möchte verantworten, die Intelligenzentwicklung im sprachlichen Bereich derart einzuschränken und dabei noch eine Kulturdichotomie auf Dauer in Kauf zu nehmen? Sprachliche und kommunikative Kompetenz gelten nicht nur als, sondern *sind* essentielle humane Potenzen, deren Optimierung wesentliche Bildungschance bedeutet (vgl. U. Oevermann in Roth: Begabung und Lernen, 1969; Baumgartner 1978).

Lernen als Lebenselement wirkt dann von früh an bis ins hohe Alter bildungsfördernd, wenn es als solches, besonders von den Erfolgen her, lustvoll erlebt wird, so daß immer wieder Lernsituationen aufgesucht und solche nicht gemieden werden. Fehlt Lernfreude, nehmen Informationsaufnahme und Interessen ab. Dies bedeutet Verzicht auf Horizontausweitung, auf Bildungsanstrengungen. Im Bereich der Sprache scheinen Literaturerschlossenheit und Reisen von erheblicher Bedeutung, vor allem im Erwachsenenalter. Beide ermöglichen ein vergleichsweise lustvolles, freudiges, lebenslanges Weiterlernen. Schon Aristoteles hat Lernen in die Dimension des Wissens und der Haltung (wie etwa heute die Petzelt-Schule) ausgelegt. Heute beachtet man auch seine "poietische" Dimension, die Dimension des gestaltenden

Handelns. Comenius dimensionierte nach kognitiv, emotional und praktisch. Pestalozzis Dreiersicht (Kopf, Herz, Hand) wird auch heute noch in Wissen, Wollen (Affektivität) und Können ausgelegt. Auch bei Herbart gehen Lernvorgänge (Erfahrung, Umgang) dem planmäßigen Lehren voraus. Die älteren Dimensionierungen gehen auch in moderne Didaktiken (Heimann) und Taxonomien (Bloom, Krathwohl, Dave) ein. Heute berühren sich Lern- und Sozialisationstheorien. Zur Erzielung von "Gleichgewicht" und Proportioniertheit (vs. Einseitigkeiten) sind theoretische Dimensionierungen von erheblicher Bedeutung. Deshalb hat die neue "Enzyklopädie Erziehungswissenschaft" auch das Kapitel Dimensionierung der Lerntheorien aufgegriffen. Man kann sogar so weit gehen zu sagen, daß die theoretischen Dimensionierungen in ihrer praktischen Wirkung einer oft kaum geahnten und eher unbemerkten Vorentscheidung nach Lernzielen allgemeiner Art gleichkommen. Andererseits spielen die Elementarisierungen der Lerntheorien eine gewichtige Rolle für die praktische Bildungs- und Unterrichtslehre, also eher für die konkrete Praxis in den einzelnen Unterrichtseinheiten und Stunden. Man kann hier etwa die Auswirkungen der alten Assoziationspsychologie, der neueren Reiz-Reaktionstheorie und der Bekräftigungstheorie beobachten. Heute betont man die aktive, symbolische Leistung der Lernenden und die Integration in umfassende Bedeutungsstrukturen. Einen dimensions- und elementar-orientierten Integrationsansatz finden wir bei R. M. Gagne (Bedingungen des menschlichen Lernens, 1969). Er dimensioniert nach fünf Richtungen: intellektuelle Fertigkeiten, kognitive Strategien, sprachliche Information, motorische Fertigkeiten und Einstellungen. Elementarisiert und synthetisiert wird über eine Hierarchie, die beim elementaren Signallernen und Reiz-Reaktionslernen beginnt. Dann geht es über etliche Stufen bis zu Begriffslernen, Regellernen und Problemlösen. Das Problemlösen greift natürlich über das kognitive Lernen hinaus in die Lebenspraxis. Man denke an soziale Probleme, psychische Probleme, mit denen man persönlich fertig werden muß; sie sind nicht in erster Linie kognitiv, sondern da sind emotio-nale Lagen, Wertentscheidungen und Einstellungen im Spiel.

Lernziel-Differenzierungen und –Hierarchisierungen allein helfen bei höheren Lernleistungen zuletzt ebensowenig weiter wie theoretische Dimensionierungen und Elementarisierungen. Es braucht hier immer wieder Neustrukturierungen. Konflikte und Probleme bilden auf beiden Ebenen (praktisch und theoretisch) Anlässe zur Umorganisation. Daher ist das Umorganisieren selbst eines der wichtigsten Lernelemente für Intelligenzentwicklung (vgl. Intelligenztests, Umspringfiguren, Umstrukturierungen). Solche Flexibilität ist eines der allerwichtigsten Intelligenzmomente. Der Mensch ist in dem Maß intelligent, das heißt fähig, Aufgaben verschiedenster Art zu lösen, als er Aspektwechsel, Umorganisation der Denkinhalte jeweils relativ schnell schafft, also umstrukturieren kann. Dies ist auch für das soziale Lernen von erheblicher Bedeutung. Man muß sich in die Situation des Kommunikationspartners versetzen können, um ein vernünftiges Gespräch führen zu können. Eltern, die ihre Kinder entsprechend fördern, gehen vor allem auf die Fragen der Kinder ein oder stellen auch selbst immer wieder Fragen. Daß das organisierte Lernen, die kollektive Bildungsarbeit beim spontanen Lernen jeweils konkret ansetzen muß, ist evident. Bedeutende Pädagogen, wie Peter Petersen (Führungslehre des Unterrichts) haben die Grundelemente des Bildungsvorganges geradezu aus der Lebenspraxis abgeleitet. Deshalb betont Petersen Spiel, Gespräch, Arbeit und Feier als Elemente des "Schullebens". So knüpft er an die Bildungselemente des Lebens an.

Das *Arbeiten* als menschliche Grundtätigkeit ergibt sich aus zwei Wurzeln, einmal aus der Notwendigkeit der Beschaffung der Mittel zur Befriedigung von Bedürfnissen und andererseits aus dem Drang des Menschen zum Selbstausdruck, zum Werk, zur gestalteten "Arbeit". Die seit den Stammeskulturen sich entwickelnde Arbeitsteilung (Jagd, Kinderbetreuung, Feldbau, Waffenherstellung, Medizin) bringt Differenzierung der Berufe und dadurch zugleich Integrierung (der Gesellschaft) mit sich. Die Spezialisierung der Arbeitsleistung, die "Professionalisierung" bedeutet Abhängigkeit von der Arbeitsleistung der anderen Spezialisten, sowie die Notwendigkeit von Tauschäquivalenten (später Geld). Wenn jeder nur ganz bestimmte Dinge gut kann, ist er von der Gesamtgruppe stärker abhängig, weil die anderen auch ihre Leistungen erbringen müssen, die man eben für eine bestimmte Lebensqualität benötigt. Hochdifferenzierte Gesellschaften benötigen qualifizierte Arbeiten und Arbeitsformen in allen Bereichen und auf allen Ebenen, wenn sie funktionieren und, z. B. im Sozialstaat, die Versorgung aller Mitglieder gewährleisten sollen. Daher ist (quasi im Gegenzug) jedes Gesellschaftsglied zu entsprechend qualifizierter Arbeit – nach seinen Möglichkeiten – verpflichtet. Daß der Mensch arbeiten muß, ergibt sich aus der Notwendigkeit des Miteinanderlebens und aus der Differenzierung der Arbeiten. Man muß neben diesem ethischen Aspekt natürlich auch den ökonomischen betrachten. Die einfachste negative Formel sagt: wer nicht arbeiten will (obgleich er es kann), soll auch nicht essen. Aus diesen Grundüberlegungen geht hervor: die Ausbildung zu qualifizierter Arbeit ist selbst eine notwendige Arbeit in der Gesellschaft. Das zur Legitimation des Bildungswesens und der Bildungsarbeit. Aber auch die Bildung im vollen Sinne wird weitgehend als Arbeitsvorgang definierbar, also nicht nur die Ausbildung im engeren Sinne, da der Einzelne bzw. die Gesellschaft die Persönlichkeitsqualität braucht, um ihr kulturelles Niveau zu erhalten und zu steigern.

Daß Arbeit auch im Sinne nichtgeistiger Arbeit bildet, wurde und wird erst langsam bewußt. Natürlich gibt es keine reine Handarbeit, immer ist sie auch

Kopfarbeit. Handarbeit wurde im griechisch-römischen Altertum eher verachtet. Erst im Christentum trat mit der Zeit eine Wendung ein, z. B. in der Lebensregel der Benediktiner, dem ora et labora. Von da aus wird die Arbeit als kulturschöpferische Aktivität gesehen; diese Entwicklung war bei den Römern vorbereitet. Die Römer hatten schon mehr Sinn für Landbau (cultura kommt ja auch daher). Die Benediktiner wären undenkbar ohne diesen römischen Boden und kulturellen Hintergrund. Man kann also sagen, daß aus dieser Sicht erst die Arbeit geadelt und damit auch als Bildungselement erkannt und anerkannt wurde. Körperliche und geistige Arbeit wurde in Benediktinerklöstern eineinhalbtausend Jahre lang als menschenbildend betrieben. Hier liegen Muster, Modelle von kulturtragender und kulturfördernder gemeinschaftlicher, nichtentfremdeter, ökologisch sinnvoller Arbeit, Grundmodelle, die sich offenbar sehr lange halten und bewährt haben. Im Christentum wurde damit auch die alttestamentliche Einschätzung der Arbeit als Strafe, als Folge der Erbsünde, grundsätzlich wenigstens, überwunden. Die kulturschaffende Aktivität wird mit der notwendigen zusammen gesehen. Einer der bedeutendsten Theoretiker der Christlichen Arbeits- und Soziallehre, Nell-Breuning, schreibt (in W. Brugger 1976) über Arbeit: "Der Mensch arbeitet, wenn er seine geistigen oder körperlichen Kräfte betätigt in der Richtung auf ein ernstgenommenes Ziel, das erreicht oder verwirklicht werden soll". Das ist ein sehr weiter Begriff von Arbeit. Nell-Breuning ist in diesem Sinne der Meinung, daß Lernen oder Beten auch Arbeit seien, auch wenn dadurch kein Produkt erzeugt werde. Die Grenze zum sinnvollen Spiel ist fließend. Der professionelle Violinspieler oder der Bundesligaspieler arbeitet, wenn er spielt. Mühe und Zielstrebigkeit, unter Vernunft und sittlichen Willen gestellt, geben der Arbeit ihre Würde, ihren Wert, auch wenn sie nicht (oder nicht entsprechend) entlohnt wird. Die Entlohnung ist zwar in unserer Gesellschaft für viele Arbeiten vertraglich fixiert, ist aber nicht aus dem Charakter der menschlichen Arbeit unmittelbar zu ersehen. Die Entlohnung besteht im Grunde darin, daß die Gesellschaft den Einzelnen trägt, weil der Einzelne seine Arbeit in die Gesellschaft einbringt. Man denke etwa an die Hausfrau und Mutter. Die sozial-ethische Motivation (oder auch die religiöse) gibt jeder Arbeit einen höheren Wert als der nur ökonomische Aspekt sie bieten kann. Die finanzielle Entlohnung ist nicht die eigentliche Gegenleistung, sondern die ethische Selbstverwirklichung des Menschen als Gesellschaftswesen.So kann die Beugung unter den Arbeitszwang oder den Bedürfnisdruck nur indirekte Motivation sein. Aber selbst diese minimale Motivation von Arbeitszwang oder Bedürfnisdruck aus reicht zu gewissen minimalen erzieherischen Wirkungen, ähnlich wie ja auch die Strafe noch disziplinierend und heilend wirken kann unter bestimmten Bedingungen, wenn sie nicht überzogen ist oder das Grundverhältnis stört. Erziehung und Bildung sollten aber damit nicht zufrieden sein. Erziehung zu Arbeits*willen* und Arbeits*ethos* ist besser und gesellschaftlich notwendig, wenn auf die Dauer die in der Gesellschaft notwendigen Arbeiten verrichtet werden sollen. Arbeit bildet in aller Regel nicht durch sich allein, sondern es muß erst so etwas wie Arbeitsethos aufgebaut werden. Dieses bedarf der Einübung. Die muß nicht gewaltsam sein, sondern aus den jeweiligen Notwendigkeiten sich ergeben, beispielsweise in der Familie, im Haus, im Jugendheim, bei Sozialpraktika und in Jugendgemeinschaften, auch beim Militär, in der Sozialarbeit, auch in der Lern- und Bildungsarbeit selber, die gesellschaftliche Arbeit ist und als solche identifiziert und anerkannt werden muß. Der eigentliche "Gegenwert" der Arbeit sollte die persönliche und gesellschaftliche sittliche Wertung und Anerkennung sein. Die wirtschaftliche Nützlichkeit sollte – besonders in einem Sozial- und Rechtsstaat – erst an zweiter Stelle gewichtet werden. Eine sinnvoll gestufte Entlohnung ist jedoch angesichts der verbreiteten menschlichen Neigung zur Trägheit ein oft notwendiges und jedenfalls sinnvolles Motiv für jede Arbeit. Spezielle Kräftebildung, wie sie in der Berufsarbeit naturgemäß stattfindet, ist selbstverständlich, was die Gesamtbildung betrifft, immer nur partiell, es sei denn, es handelt sich um einen Beruf, der sehr vielseitig ist ("Hausfrau und Mutter" ist übrigens einer der vielseitigsten Berufe, die es überhaupt gibt. Einer der schönsten Berufe in diesem Bereich ist, weil er den gesamten Bildungsbereich abdeckt, der Grundschullehrer). Spezielle Kräftebildung bewirkt jede Berufsarbeit, freilich oft relativ wenig Allgemeinbildung. In jeder Berufstätigkeit, in jeder menschlichen Tätigkeit werden eine Menge an Vernunft- und Willensaktivitäten mobilisiert, selbst bei eintöniger Arbeit. Wir wissen durch das Montessori-Phänomen, wo ein Kind einige Dutzendmal immer wieder Einsatzzylinder betätigt hat, daß auch monotone Arbeit einen gewissen Funktionswert hat. Es muß also nicht unbedingt monotone Arbeit persönlich destruktiv wirken, obwohl es immer noch ein Elend ist, wenn der Mensch als eine Art Ersatzteil innerhalb einer großen Maschine zu funktionieren hat. Wilhelm Flitner hat den werktätigen Menschen, der sich seine Arbeit zum Beruf macht, als eine typische Lebensform des Abendlandes herausgestellt (1950, S. 123): "Im Mittelpunkt dieser Lebensform steht die Entwicklung der beruflichen Tüchtigkeit und die tätige Mitwirkung am Gemeinwesen. Die Freude an Haus, Familie, Kindern, Eigentum, an Garten und Werkstatt, an Natur und Heimat, die Teilnahme an dem inneren Geistesleben in einer volkstümlichen Weise, an einer schlichten Geselligkeit und sozialen und karitativen Hilfeleistung". Dieser werktätige Typus ist hier freilich ziemlich romantisch geschildert. Heute spricht man darüber sachlicher, z. B. über Facharbeiterbildung. Durch die industrielle Entwicklung ist der Facharbeiter von erhöhter Bedeutung. Insofern ist das Spezialistentum wohl unser Schicksal. Wilhelm Flitner äußert sich gelegentlich auch skeptisch, wenn er schreibt, daß dieses neue Arbeitertum ein bloß kollektivistisches sei.Er meint, daß auch der Wissenschaftler nicht mehr Humanist sei, sondern ein spezialisierter Arbeiter. Es gäbe aber auch, so Flitner, neue Modelle (wie bei Hermann Lietz), die an einen "sozialen Typus des ritterlichen aktiven Menschen" als Bildungsideal denken. Ob sich das heute noch halten läßt? Ich glaube eher, daß das "Verjoben" der Arbeit ziemlich weit fortgeschritten ist. Wir können nicht mehr Kerschensteiners Berufserziehung und Arbeitserziehung schlicht zur Deckung bringen. Trotzdem hat Flitner nicht Unrecht, wenn er meint, daß eine neue Ordnung für die Lebensform des werktätigen Menschen mit ethischem und geistigem Gehalt gefunden werden müsse (128). Man kann jedenfalls nicht die Arbeitswelt, wie sie sich heute darstellt, vor allem als industrielle Arbeitswelt, von vorne weg als bildungsträchtig ansehen, sondern muß die Gefahren, die da stecken, auch erkennen. Die alte Arbeitsschulbewegung (Kerschensteiner, Gaudig, Scheibner) war noch zu euphorisch. Eine ähnliche Entwicklung hat sich auch im Marxismus gezeigt, in der die "polytechnische" Bildung propagiert wird. Eine gewisse Zusammenführung von schulischem und außerschulischem Arbeiten sollte versucht werden, wenigstens eine stärkere Verzahnung. Dann werden die Lebenserfahrungen aus dem "Arbeiten" besser als Bildungserfahrungen verstanden und akzeptiert.

Der Club of Rome empfiehlt in seinem "Bericht für die achtziger Jahre" (Zukunftschance lernen, hgg. v. Peccei, 1979, S. 151): "Jedes Kind (gemeint ist spätestens ab 12. Lebensjahr, d.V.) sollte einen Tag pro Woche außerhalb der Schule arbeiten". Man unterschätzt jedenfalls die berufliche Arbeit, wenn man meint, da gäbe es nahezu keine Bildungswirkungen. Man muß freilich versuchen, die Arbeitswelt von übermäßig ermüdenden, gleichförmigen und geisttötenden Arbeiten zu entlasten. Die Humanisierung der Arbeitswelt und die Verbesserung der Lohngerechtigkeit schreiten – jedenfalls weltweit gesehen – nicht rasch genug voran. So führt Arbeit nicht selten zu Entbildung, Abstumpfung, geistiger Lähmung, Verrohung, bis zu Bitterkeit, Haß und Neid. Dieses "Affektpotential" dient skrupellosen Parteigruppen zur Erzielung von Macht und Herrschaft. Die Arbeitswelt ist von daher belastet durch Kämpfe, die nur durch Mäßigung der Konfliktparteien und sozial-ethische Bemühungen ohne Schaden für die Gesellschaft in Maßen gehalten werden können. Auf diese Weise wird die Arbeitswelt zum Feld ethischer, besonders politisch-ethischer Bewährung, so daß Interessen- und Gruppenpolitik letztlich am Gemeinwohl und an den Rechten der einzelnen Personen ihre Wertgrenze und -orientierung finden müssen.

Die bildende Wirkung der *Liebe* als Lebenselement hat Johann Heinrich Pestalozzi vor allem vom Aspekt der Mutterliebe her herausgearbeitet. Die Grundmodelle emotionaler und moralischer Entfaltung aller Sozialität und

Religiosität findet er in der Familie (Wie Gertrud ihre Kinder lehrt, Stanser Brief). Seine Sichtweise ist zutiefst christlich. Die im Christentum zentrale Menschen- und Gottesliebe wird bei Pestalozzi in ihren elementaren Bildungs- und Entstehungszusammenhängen erforscht und beschrieben. Die Rolle der Mutterliebe bei der Entfaltung der Menschenliebe, der Bruderliebe, der Gottesliebe, ist wohl nirgends so eindringlich beschrieben worden wie bei ihm. Hier ist weiter zu denken an die bildenden Wirkungen der geschlechtlichen, der ehelichen Liebe für die Partner selbst. Die Hochschätzung, die heute vor allem von der Psychoanalyse gefördert wird, hat alte Wurzeln. Die Griechen haben davon gewußt, daß Liebe ein erfüllendes Erlebnis ist. Diotima redet z. B. im platonischen "Symposium" mit großer Hochschätzung von allen Formen der Liebe. Jedenfalls muß eine realistische Anthropologie und Pädagogik auch den Schwerpunkt der ehelichen Liebe gewichten. Sie ist die stärkste Kraft, die Menschen zusammenführt und zusammenbindet. Liebe ist gemeinschaftsstiftende Grundkraft. Die Liebe zwischen Mann und Frau ist derart in der menschlichen Grundstruktur verankert, daß ihre volle Verwirklichung zutiefst ersehnt und bei ihrem Gelingen in einer fruchtbaren und dauerhaften Ehe als Hauptelement eines geglückten Lebens von der überwältigenden Mehrheit der Menschheit angesehen wird. Da eine gute Ehe kein Naturgeschenk ist, bedarf sie als kommunikative Leistung vieler personaler Qualitäten und beschenkt dann allerdings die Partner reichlich. Die in einer lebendigen Ehe zwischen selbständigen, kulturell interessierten Partnern mögliche wechselseitige Anregung, das oftmalige vertraute Gespräch, die gemeinsame Bewältigung zahlreicher Lebensaufgaben erweitern die Grenzen und Horizonte des Einzelnen dauerhaft, besonders aber dann, wenn die natürliche Verwirklichung der ehelichen Liebe in der Erziehung und Bildung der eigenen Kinder ihre Vollendung findet. Die "Autorität der gemeinsamen Aufgabe", nämlich am Lebensvollzug und an den Kindern, vollendet eheliche Partnerschaftlichkeit auch durch Konflikt und Krisen hindurch, wenn die gemeinsame Wertbasis der Ehepartner breit und tief genug ist, wenn beide charakterlich und ethisch stabil und flexibel genug sind und wenn sie die Basis ihrer zärtlichen Gemeinsamkeit behutsam und taktvoll pflegen. Diese Leistungen zusammen sind eine hohe Schule der Menschlichkeit und menschlicher Bildung. Es gibt wohl neben der Arbeit kein anderes Lebenselement, das so vielen Menschen offen steht wie diese Art der Selbstverwirklichung. Da sie zugleich eine soziale Leistung ist, verdient und braucht sie den Schutz und die Förderung durch die Gesellschaft.

Die nächste Art der Liebe, eine Ausweitung und schon deshalb auch besonders bildungswirksam, ist die caritative Liebe zu allen Menschen. Dies ist ein universaler Anspruch, der heute über die christliche Liebe hinausgeht, aber in ihr sicherlich eine ihrer Hauptwurzeln hat, wie in der gleichmäßigen

Wertung aller Menschen als Personen mit gleichen Rechten, der Ansätze hat auch in anderen Kulturen, wie in der chinesischen Kultur, der indischen Kultur, im Buddhismus. In der caritativen Liebe zu allen Menschen wird die Liebe universal und eine ethische Hochleistung, die bei allgemeiner Anerkennung und Übung weltweiten Frieden und geordnetes Leben aller Völker der Erde gewährleisten könnte. Hier liegt die bildende Funktion der Religionsgemeinschaften, soweit sie sich dieser menschheitlichen Liebe verpflichtet wissen (wo nicht, führen sie eher zur Fanatisierung und Abkapselung von Einzelgruppen, die dann kaum mehr der universalen Friedensidee dienen). Eine menschheitliche Ethik kommt heute ohne diese Idee angesichts des klein gewordenen Planeten und der begrenzten Mittel, wie auch der Gefahr der Selbstvernichtung einfach nicht mehr aus. Die humanisierenden Wirkungen der Religionen seien dabei hervorgehoben, obwohl heute caritative Dienste z. T. auf weltliche Institutionen übergegangen sind, wie Entwicklungsdienste, Internationales Rotes Kreuz, Kinderhilfswerk, UNESCO usw. Das Festhalten der Idee der Menschenrechte für alle Menschen ruht zuletzt auf religiös-ethischer Weltanschauung. Der praktisch-soziale Geist, der unter vielen Menschen, auch unter vielen jungen Menschen, heute verbreitet ist und der bereit macht, etwas zu "investieren", sich zu engagieren, ist ein Bildungsfaktor erster Ordnung. Trotz der kritischen Weltlage ist daher Pessimismus nicht am Platz.

Die Liebe zu allen Menschen erhält eine tiefe Begründung durch die Idee der gemeinsamen Gottes-Kindschaft aller Menschen. Von daher wird eine gewisse Gleichrangigkeit und Gleichartigkeit aller Menschen behauptet, weil man unter dem gemeinsamen Vater lebt und daher Bruderliebe realisieren sollte. Das Christentum fordert die Liebe zum Vater Gott "aus allen Kräften" und bezeichnet dies als erstes und höchstes Gebot. Hochentwickelte Formen des freundschaftlichen Umgangs mit Gott lassen sich finden bei besonders frommen Menschen, bei Heiligen, Propheten, Kirchenlehrern, Mystikern (Augustinus, Theresa von Avila, Thomas a Kempis, Franz von Sales). Höchstformen haben Vorstufen und Einübung nötig. Schon diese Vorstufen asketischer und meditativer Art können seelisch stabilisierenden, heilenden Gewinn bringen, so daß sie auch dem glaubensmäßig wenig erschlossenen Menschen eine gestaltbildende Hilfe sein können. Weiter zu helfen vermag das Vordringen zu klarerem Erlösungs- und Heilswissen, z. B. durch religionsphilosophische, religionsgeschichtliche, theologische Studien und praktische Selbstverpflichtung auf gottesdienstliche und gebetliche Regelformen, wie sie die Kirchen empfehlen. Man kann auf diesem Wege zum Heil, zum seelischen Heilwerden, zur inneren Reife und Vollendung gelangen durch eine wirkliche liebevolle Freundschaft zwischen Mensch und Gott. Selbstbildung ist dann letztlich bezeichenbar als Bildung durch Gott selbst. Die hohe

Idee der Gottebenbildlichkeit des Menschen wird verständlich und die Formulierung der Bildungsidee als Realisation der von Gott in jeden von uns gelegten Möglichkeiten. Der Wege des Menschen ist gewöhnlich nicht nur von Lust und Beglückung begleitet, oft auch von verschiedenen Formen des *Leidens*. Bildungsromane arbeiten oft leidvolle und desillusionierende Lebenserfahrungen heraus, durch die der Mensch reife. Das Element des Leidens erschien Buddha in seinen Erleuchtungen derart dominant, daß er an die Spitze seiner Lebenslehre den Satz stellte: "Alles Leben ist Leiden". Das ist die erste seiner "heiligen Wahrheiten". Sein zweiter Lehrsatz hieß: "Das Leiden kommt aus den Leidenschaften". Es erschien ihm schon viel gewonnen, wenn diese Ursache des Leidens erkannt und reduziert würde. Viktor E. Frankl hält es für möglich, auch dem Leiden einen Sinn abzuringen. Er spricht in einer aspektiven Analyse des homo sapiens vom "homo faber, der schaffend seinen Daseinssinn erfüllt", vom "homo amans, der erlebend, begegnend und liebend sein Leben mit Sinn anreichert", und vom "homo patiens: Zur Leidensfähigkeit aufgerufen, ringt er noch dem Leiden einen Sinn ab" (1975, S. 187). Der Sinn eines Leidens muß nach Frankl von jedem Leidenden im Zusammenhang seines Lebens, seiner Existenz, seiner Situation selbst gefunden, begriffen und ergriffen werden. Diese Sinnfindung kann von Mitmenschen, vom Arzt gestützt, vielleicht auch etwas gefördert werden. Frankl spricht hier von "Existenzanalyse" und "ärztlicher Seelsorge". Besonders verdeutlichen kann diese Unterstützung die Situation des Endes der ärztlichen Kunst des Heilens, also die Situation des nahenden Todes. Frankl trägt dazu einen Fall vor (184 f): "Eine Krankenschwester meiner Klinik wird operiert und der Tumor erweist sich als inoperabel. In ihrer Verzweiflung läßt mich die Krankenschwester zu sich bitten. Im Gespräch ergibt sich, daß sie nicht einmal so sehr wegen ihrer Krankheit verzweifelt ist, als vielmehr wegen ihrer Arbeitsunfähigkeit: sie liebt ihren Beruf über alles, kann ihn aber jetzt nicht mehr ausüben. Was hätte ich dieser Verzweiflung gegenüber sagen sollen? Die Situation dieser Krankenschwester war ja wirklich aussichtslos (Eine Woche später starb sie). Dennoch habe ich versucht, ihr klarzumachen: Daß sie acht oder weiß Gott wieviel Stunden im Tag arbeitet, ist noch keine Kunst – das kann ihr bald jemand nachmachen; aber so arbeitswillig sein wie sie und dabei so arbeitsunfähig – und trotzdem nicht verzweifeln –, das wäre eine Leistung, sagte ich ihr, die ihr nicht so bald jemand nachmachen kann. Und, so fragte ich sie weiter, begehen Sie nicht eigentlich ein Unrecht an all den Tausenden von Kranken, denen Sie als Krankenschwester doch ihr Leben geweiht haben: begehen Sie kein Unrecht an ihnen, wenn Sie jetzt so tun, als ob das Leben eines Kranken oder Siechen, also eines arbeitsunfähigen Menschen, sinnlos wäre? Sobald Sie in Ihrer Situation verzweifeln, sagte ich ihr, tun Sie ja so, als ob der Sinn eines Menschenlebens damit stünde und fiele, daß der Mensch so und so viele Stunden arbeiten kann; damit aber sprechen Sie allen Kranken und Siechen jedes Lebensrecht und alle Daseinsberechtigung ab. In Wirklichkeit haben Sie gerade jetzt eine einmalige Chance: Während Sie bisher all den Menschen gegenüber, die Ihnen anvertraut waren, nichts anderes leisten konnten als dienstlichen Beistand, haben Sie nunmehr die Chance, mehr zu sein: menschliches Vorbild."

Es kommt darauf an, sich trotz des Verlustes vieler, ja fast aller Wertmöglichkeiten, auf einen selbstgefundenen letzten Wert einzustellen. Frankl spricht vom "Einstellungswert". Man könne ein Rezept für diese Situationen in gar keinem Fall geben. Stille, Dabeisein und damit die menschliche Anteilnahme einfach spüren lassen, ist oft der einzige Weg. Die moderne praktische Theologie spricht von Trauerarbeit z. B. beim Sterben und nach dem Tod eines geliebten Menschen. Auch diese "Arbeit" ist vom Betroffenen allein zu leisten. Der dem Trauernden nahestehende Mensch kann oft nur helfen durch stille Teilnahme, menschliche Nähe und Ansprechbarkeit. Da wird deutlich, was es heißt, mitleiden. Vielleicht kann man die ganze Ethik auf das Mitleiden aufbauen. Das hat u. a. Schopenhauer versucht. Er meint, daß diese Begründung auch in östlichen Kulturen verbreitet sei.

Janusz *Korczak* (1878-1942), der polnische Arzt und Waisenerzieher, der mit seinen Kindern während der Nazi-Besetzung von Warschau in den Tod gegangen ist, hat in seiner "Schule für das Leben" einen wichtigen Aspekt unseres Themas angesprochen. Er war Schriftsteller und Radiosprecher und schrieb wunderbare Kinderbücher (König Hänschen), auch pädagogische (Wie man ein Kind lieben soll; Das Recht des Kindes auf Achtung). In: "Begegnungen und Erfahrungen" (3. A., Göttingen 1982) finden wir unter anderem den Text "Eine Schule für das Leben", in dem Korczak beschreibt, wie Kinder in einem Spital mitleben (S. 36 f.): "Das Spital ist so sehr mit unserer Schule für das Leben zusammengewachsen, daß wir – wollten wir es abschaffen – unwiederbringlich das gesamte Gebäude zerstören würden. Körperliche Gebrechen sind so eng mit dem Leben verknüpft, daß es ohne das Spital keine Allgemeinbildung gibt und auch nicht geben kann. Diese Wahrheit hat nur die absolut blinde Schule der toten Papiere, der trägen Selbstbetrachtung, der gedankenlosen Ammenmärchen oder der Haarspaltereien verkennen können. Ein Spital lehrt einen, zu sehen und Schlußfolgerungen aus dem Gesehenen zu ziehen, es verlangt wachsame Tätigkeit, ständige schöpferische Gedankenarbeit und eine ständige Prüfung der eigenen Gedanken. Es lehrt einen, entschlossen zu handeln, und sich sogar mit den kleinsten Zweifeln auseinanderzusetzen und bestrebt zu sein, diese zu beseitigen! Ein Spital – das ist das allerschönste Handbuch der Naturwissenschaft und der Soziologie; die Wahrheiten, die es verkündet, wissen von keiner Widerlegung; die

Fragen, die es stellt, sind mit Buchstaben aus Feuer niedergeschrieben, und seine Vorwürfe sie sind auch nicht zu widerlegen. Es gibt keinen anderen Bereich des Lebens, in dem noch nicht erwiesene, formulierte, blendend helle und brennende Fragen unter so starkem Druck konkret werden."

"Unter unseren Zöglingen befindet sich keiner, der nicht die eine oder andere Abteilung des Spitals kennengelernt hätte, es gibt keinen unter ihnen, der nicht beim Abschied seine Weltanschauung grundlegend geändert hätte; und viele von ihnen bleiben für lange Zeit oder gar für immer bei uns."

"Diejenigen, welche die Arbeit Minderjähriger im Spital für ein beinahe ungeheuerliches Experiment halten, vergessen dabei, daß unser jugendlicher Zögling intellektuell und moralisch reifer ist – reifer nicht nur als das Personal im Spital, sondern reifer auch als etwa ein junger Mediziner, der den Kopf voller abstrakter Theorien hat, der aber ebenso bar jeder Lebenserfahrung ist. Diese Leute vergessen, daß das Leben im Spital – wie jedes andere Leben auch – mit tausenderlei Tätigkeiten verbunden ist: diese reichen von so einfachen Tätigkeiten wie der, einem Blinden die Zeitung vorzulesen, einem Gelähmten die Kissen aufzuschütteln, einem Fiebernden ein Stückchen Eis in den Mund zu schieben, eine Kompresse zu erneuern, einem Patienten eine Schere, ein Medizingläschen oder ein Glas Wasser zu reichen, bis hin zu den sehr schwierigen Tätigkeiten, die einer gründlichen wissenschaftlichen Vorbereitung bedürfen. Sie vergessen, daß all jene, die nicht bloß unbeteiligte Zuschauer, sondern aktive Mitarbeiter des Spitals sind, eine Fülle von rührender Dankbarkeit erleben. Wie sollten sie auch wissen, daß selbst ein Kind, welches Patient im Spital ist, immer ein aktiver und selbstloser Helfer für das Personal sein kann." Korczak hat hier nicht nur Worte gemacht, er hat dafür gelebt; er hat zwei Waisenhäuser in Warschau geleitet, ist für seine Kinder betteln gegangen und hat sie unter schwierigsten Umständen über die Runden gebracht; und dazu geistig gefördert. Bei ihm, so könnte man sagen, sind Existenzanalyse und Logotherapie in höchstem Maße realisiert worden.

In der modernen Existenzphilosophie hat *Jaspers* die Bedeutung der Krisen und Grenzsituationen herausgearbeitet als Möglichkeiten, zu einer reiferen menschlichen Entwicklung zu kommen; unter den Grenzsituationen nennt er vor allem vier: Tod, Leid, Übel und Schuld; alle sind mit Leiden verbunden. Wenn Leid für das Erringen einer hochwertigen personalen Existenz fruchtbar werden kann, können wir uns auch in der Pädagogik kaum dem Gedanken verschließen, es in der Bildungstheorie mit zu bedenken. Bollnow stellt in seinem Buch "Existenzphilosophie und Pädagogik" die Krise als Krise in der Krankheit und als sittliche Krise an den Anfang seiner anthropologischen Analyse zur Begründung einer neuen Pädagogik, einer Pädagogik der "unstetigen" Phänomene (gegenüber der "stetigen" Lehr-, Lern- und Bildungsarbeit an den Schulen). Die plötzlich herankommenden, überraschenden Krisen des Lebens, meint er, können ein Leben unter Umständen stärker formen als alles, was wir an Stetigkeitsarbeit leisten. Eine Situation kann einen Menschen aufrütteln und ihn in eine Krise stürzen. Wenn er diese Krise besteht, durch das "Stirb und Werde" (Goethe) durchgeht, hat er eine Chance, ein Stück weiterzukommen.

Ludwig *Kerstiens* hat in seinem Buch "Erziehungsziele neu befragt" (Bad Heilbrunn 1978) auf die Leiden in unserer Zeit Bezug genommen, auf Erfahrungen der Sinnlosigkeit, das Leiden an der Tatenlosigkeit, an der Vereinsamung, das Leiden am Untergang des Menschen im Funktionssystem, am Konsumanspruch, das Leiden an der "Verkopfungsneurose", an der Negativität der Wirklichkeit. Kerstiens meint, daß man gerade über Leidenserfahrungen und Leidensdruck zu Lebens- und Bildungsmöglichkeiten finden kann. Er übersieht nicht, daß solche Erfahrungen, solcher Druck auch einen Menschen in die Depression und Selbstzerstörung führen können. Eine Krise ist immer Unsicherheit, Risiko, Grenze.

Daß Leiden und Durchstehen von Leiden für die Vervollkommnung des Menschen größte Bedeutung besitzt, hat man in der Antike und im Christentum immer gewußt. Die Ehrfurcht vor den Leiden der Helden bezeugt das. Im Mittelpunkt der christlichen Botschaft steht die Leidensgeschichte Jesu. Die Verehrung der Märtyrer gehört hierher. Moderne Vorbilder sind Helfer in Notsituationen, wie Albert Schweitzer und Mutter Theresa von Kalkutta. Leidensfähigkeit und Mitleidsfähigkeit liegen nahe beieinander. Beide sind für eine weltweite, universale Ethik von zentraler Bedeutung. Sie vermögen sogar über die verschiedenen Weltanschauungen der Menschheit hinweg zu verbinden. Hochreligionen und antireligiöser Humanismus (Kommunismus, Schopenhauer) können sich über Ziele der Leidminderung treffen. Selbst noch im Krieg gilt der Respekt vor dem Verwundeten und dem Toten, ein humanes Minimum.

III. Zum Wert- und Zielaspekt der Lebensbildung

Vielleicht können wir in den Mittelpunkt die *Ehrfurcht vor dem Leben* stellen, wie sie Albert Schweitzer als den Mittelpunkt seiner Ethik verstanden hat. Humanität und Bildung zur Humanität werden dann richtig verstanden, wenn sie die Ehrfurcht vor dem Leben, die auch etwas menschheitlich Verbindendes hat, zur Basis nimmt für eine humane Grundbildung. Das bedeutet, wenn man es differenziert und konkret sieht, Respekt und Achtung vor den einzelnen Elementen des Lebens, etwa wie wir sie eben bedacht haben. Das bedeutet Achtung vor der Natur als Lebensbedingung des Menschen und als

Schöpfung Gottes und vor der Kultur als dem Lebenswerk des Menschen, Respekt vor Geburt und Tod, vor Mutter und Kind. Wer Ehrfurcht vor dem Leben hat, zeigt auch Respekt und Takt gegenüber dem leidenden und liebenden Menschen, vor dem hingegeben spielenden Kind, vor dem arbeitenden Menschen an seinem Arbeitsplatz, vor dem Lesenden in der Bibliothek, dem Betrachtenden in der Kunstgalerie, dem liebenden Paar und dem Betenden und Forschenden. Der Mensch mit Lebensehrfurcht wird diese zentralen Lebenstätigkeiten nicht stören wollen. Sie haben je ihre eigene Würde. Ein unmittelbares Wertfühlen läßt die Weihe dieser Lebenstätigkeiten spüren und achten. Herbart hat richtig erkannt, daß der Grund aller Bildung wie aller Bildungsarbeit der *Takt* ist. Takt galt auch immer als ein Wesenskennzeichen adeliger Bildung. Die Ehrfurcht wurde von Goethe in den Mittelpunkt der pädagogischen Ziellehre gerückt. Albert Schweitzer stellt, wie gesagt, die Ehrfurcht vor dem Leben in den Mittelpunkt der Ethik. Eine solche Ethik könnte die Basis werden für eine weltweit orientierte, humanisierend gemeinte Bildungstheorie. Heute wird viel über das mitmenschlich wertsuchende Gespräch, den Diskurs, gerade im Bereich der Ethik, geredet. Ich meine, daß Pädagogen weltweit sich einig werden könnten, daß das bildungsleitende Grundinteresse im Sinne einer Bildung für und durch das Leben die Förderung der Ehrfurcht vor dem Leben sein sollte. Humane Grundbildung entwickelt und besitzt somit jeder Mensch, der diese Lebensehrfurcht in seinem Verhalten äußert, der an den Mitmenschen mitfühlenden und nach Kräften tätigen Anteil nimmt. Sie ist jedem Menschen zugänglich, von jedem Menschen zu erwerben und auch zu erwarten, ganz gleich ob er Analphabet ist oder Akademiker. Diese humane Grundbildung, könnte man sagen, ist fundamentale Kultiviertheit des Menschen, die durch alle Formen von Schulbildung zwar unterstützt, ergänzt und erweitert, niemals aber ersetzt werden kann, also ein essentielles, wesentliches, unersetzliches Element menschlicher Bildung. Ich glaube, daß auch eine wissenschaftliche oder künstlerische Bildung nur dann fruchtbar sein kann, wenn sie dieses Grundhumanum hat. Wenn es fehlt, wenn dieses Fundament brüchig ist, wenn ein Mensch zynisch dem Leben gegenübersteht, dann zersetzt das auch seine Einstellung zu seiner wissenschaftlichen Wahrheit, zu seiner Philosophie, zu seiner Kunsterfahrung und -arbeit. Es geht um eine lebensdienliche Ethik für alle Menschen, die heute und in der Zukunft leben, beruhend auf der Grundüberzeugung der fundamentalen Menschenrechte, vor allem des Rechts auf Leben. Hier liegt der normentheoretische und normenlogische Ansatzpunkt dieser Theorie. Die "biologischen" Grundwerte der Selbsterhaltung, Arterhaltung und Umwelterhaltung, letztere als Bedingung der Möglichkeit der Selbst- und Arterhaltung, sind in diesem Ansatz aufgehoben, denn Lebensehrfurcht im entwickelten Sinne schließt Selbst- und Arterhaltung ein und weist logisch zwingend auf die Umwelterhaltung hin; daß es beim menschlichen Leben nicht nur um die bare Reproduktion der Art, sondern um ein im kulturellen Sinne gutes und schönes, lebenswertes Leben geht, darf dabei nicht übersehen werden. Alle Kultur und Bildungsarbeit strebt ja in diese Richtung (vgl. F. Pöggeler (Hrsg.): Grundwerte in der Schule).

Zum differentiellen Bezug zwischen Leben und Bildung hat in einem weiten Sinne auch die moderne *Curriculumtheorie* einen Beitrag geliefert. S. B. Robinsohn hat formuliert, "das allgemeine Erziehungsziel ist, den einzelnen zur Bewältigung von Lebenssituationen auszustatten" (Bildungsreform als Revision des Curriculum, 1975, S. 79). Konkret entwickelt wird diese hier vorgeschlagene Beziehung der Lebenssituationen zu Qualifikationen und Curriculumelementen in den Staatsinstituten, die entschlossen, wenn auch kaum tief begründet, zu umfänglichen Lernzielkatalogen mit einer Fülle lebenswichtiger Dispositionen und Qualifikationsbestimmungen schreiten als Richtzielen für alle Schularten. So begrüßenswert die Stiftung des Zusammenhangs Leben – Schule ist, so sehr ist doch zu bemerken, daß hier ohne viel philosophische und bildungstheoretische Reflexion gearbeitet wird. Man nennt dieses Verfahren oft "pragmatisch"; es wäre besser, wenn Pädagogik und Philosophie in der Zielsuche stärker beteiligt würden.

8. Kapitel: Kollektive Bildungsarbeit

I. Zur Professionalisierung

Einer der bedeutsamsten Teile des Lebenselements Arbeit bezieht sich auf die Bildung. Wie die meisten anderen Arbeiten auch, war die Bildungsarbeit in den alten Stammeskulturen allen Stammesmitgliedern aufgegeben, besonders natürlich den Erwachsenen an ihren Kindern. Aber auch jeder Einzelne hatte an sich selbst zu arbeiten und die Gruppen taten das an den Einzelnen und an sich selbst als Gruppe. Eine Professionalisierung der Bildungsarbeit entwickelte sich langsam auf doppeltem Weg; einmal durch die Initiation, die Einführung in die Stammesweisheit, in Geheimnisse, Praktiken, Fertigkeiten und Einstellungen; und zweitens durch Spezialbildung für entstehende Berufe. Das galt zunächst für Medizin und bestimmte Techniken, auch für hausfraulich-mütterliche Tätigkeiten, deren "Geheimnisse" von den Frauen wieder den Mädchen vermittelt wurden. Es gab in der Regel andererseits Männerhäuser, in denen die Jungen (etwa ab fünf Jahren) mit den Männern zusammenlebten. Die Initiationsbeauftragten des Stammes mußten mit der Stammeskultur besonders gut identifiziert sein, mußten den Jugendlichen gegenüber Autorität besitzen und die Vermittlung der Inhalte und Einstellungen beherrschen, die erwartet wurden. Man kann sagen, hier liegt die Wurzel des Lehr- und Erzieherberufs. Die Spezialbildung ergab sich mit der Arbeitsteilung (auch der zwischen den Geschlechtern). Ihre Vermittlung erfolgte meist imitativ, aber sicher waren auch verbale Erklärungen oft damit verbunden. "Qualifiziert" wurde, was die Frauen betraf, zu Kinderpflege, Sammeln von Eßbarem, Feldbau und Gartenbau, bei den männlichen Jugendlichen zu Jagd und Herstellung von Waffen und Werkzeugen. Die Berufsträger waren in der Regel, besonders bei weiterer Differenzierung der Arbeit, zugleich die Bildner in der speziellen Fertigkeit oder der speziellen Kenntnisse für die jungen Stammesgenossen (eine Art Meisterlehre). Die Professionalisierung der kollektiven Bildungsarbeit ist heute noch im Gang, sie ist noch nicht abgeschlossen; das zeigt sich besonders bei den Eltern und in der Meisterlehre. Jedenfalls ist man bei der Ausbildung der Eltern erst am Anfang der Professionalisierung und von Entlohnung ist noch gar keine Rede; das gilt besonders für die hausfraulich-mütterliche "Meisterlehre", sie wird mit Selbstverständlichkeit von allen jungen Müttern (und heute auch Vätern) erwartet und noch kaum als Meisterlehre identifiziert oder gar entlohnt. Erst in der jüngsten Zeit spricht man von Elternbildung und hat entsprechende Vorstufen eingebaut in schulischen Fächern, wie etwa in Familien- und Erziehungskunde. Nun ist es gar nicht so neu, daß man erkannt hat, daß es hier um echte Lehrtätigkeit geht. Schon Comenius hat von der Mutterschule gesprochen (für die ersten sechs Lebensjahre). Die Mutter ist der erste Sprachlehrer des Kindes. Auch was die Eltern an moralischer und ästhetischer Erziehung versuchen und an Einsicht in die Lebenszusammenhänge vermitteln, ist sehr vielseitig und grundlegend. Man kann der Ansicht sein, daß Kinder in den ersten sechs Jahren mehr lernen als später in einem Universitätsstudium. Wenn man überlegt, welche Funktion da unsere Eltern haben im Hinblick auf den Nachwuchs, müßte man sie eigentlich auch entsprechend anerkennen und honorieren.

Es ist natürlich so, daß viele einfache Lernvorgänge keine umständliche Schulung brauchen, jedoch schwierigere und langwierigere Lernvorgänge brauchen Schulung und hier liegt (neben der Bewahrungsfunktion) die Wurzel der Kindergärten und Schulen für alle. Man braucht ausgebildete Lehrer. Solche Vorgänge haben wir auch heute (Klavierlehrer, Fachlehrer). Es geht meist um bestimmte Fertigkeiten oder Kenntnisse (Schreiben, Sprachen), die nur in langwierigen und schwierigen Lernprozessen vermittelt werden können. Ich meine, daß man daraus Schlüsse ziehen sollte, daß man die Schule nicht belasten sollte mit allem und jedem, mit *aller* Befähigung für *alle* Lebenssituationen. Eine Begrenzung der Schulzwecke auf bestimmte, von anderen gesellschaftlichen und familiären Bildungsangeboten nicht zu leistende Ziele, gewissermaßen subsidiär, in diesem Sinne ist Schule sinnvoll und gut, ist Schulbildung notwendig. Eggersdorfer hat m. E. mit Recht immer unterschieden zwischen Schulungswissen und Bildungswissen. Schulung sei nur ein Teilbeitrag zur Bildung. Aber sie ist eine oft notwendige Basis, man denke nur an Lesen- und Schreibenlernen, die "Alphabetisierung". Ohne sie ist ein höherer Grad von Bildung nicht erreichbar. Fertigkeiten, die durch die Schule vermittelt werden, sind meist nicht die unmittelbar lebens- und überlebenswichtigen, sie sind eher Möglichkeiten zur Steigerung der Lebenschancen. Das kann man an den Lese- und Schreibschulen, den Rechenschulen, bis hin zu den Rednerschulen beispielsweise in der Antike studieren. In gutbürgerlichen Häusern war es die Aufgabe des Knabenführers, des paidagogos, die Knaben von Spezial-Schul-Laden zu -Laden zu führen. Weil für immer mehr Berufe Lesen, Rechnen, dann auch Schreiben und Sprachen bedeutsam wurden, Vorteile brachten, schickten Eltern ihre Kinder in entsprechende Schulen. Daneben gab es Spezialbildungsgänge für Sonderberufe, vor allem für die Priesterschaft und für das Militär. Wie bei der Rittererziehung wurde auch in der alten Meisterlehre der Junge in die Lebensgemeinschaft des Meisters aufgenommen. Sozialisation, Motivation, Gewohnheits- und Haltungs-bildung erfolgten auf diese Weise relativ problemlos und "ganzheitlich".

Die Idee der kollektiven Bildungsarbeit wurde bereits von Plato erkannt. Besonders über die Bildung des Wächterstandes und die der Herrscher-Philo-sophen wird im "Staat" nachgedacht. In der jüngeren Pädagogikgeschichte haben besonders Schleiermacher und Willmann die Stellung des Kollektiv-wesens im Bildungsgeschehen herausgearbeitet. *Schleiermacher* sieht die Pädagogik als Theorie der Einwirkung der älteren Generation auf die nach-wachsende jüngere Generation. Ähnlich *Willmann*: er sieht Erziehung und Bildung mehr geschichtlich im Ganzen des sozialen Erneuerungsprozesses, in der geschichtlichen Lebensbewegung. Obwohl in einem Körper sich dau-ernd die einzelnen Zellen austauschen (mit Ausnahme der Nervenzellen), wie man weiß, sind wir ja materiell nach sieben Jahren vollständig "ausge-tauscht", bleibt doch unsere Grundstruktur erhalten. So ähnlich verlaufe auch der soziale Erneuerungsprozeß, den das Bildungssystem trage. Was einem Volke als Bildung gelte, welche geistigen Güter bei ihm im Umlauf seien, welche als Lehrgut verwendet werden, zeige, welche Anstrengungen dieses Volk unternehme, seine geistigen Interessen, seine Literatur, Wissenschaft und Kunst lebendig zu erhalten und fortzupflanzen. Hier sind kollektive Bil-dungsarbeit und Kulturarbeit in einem engen Zusammenhang gesehen. Es kommt zu einer Theorie des "*Bildungswesens*". Willmann definiert das Bil-dungswesen als die Gesamtheit der kollektiven Veranstaltungen, die dem Bil-dungserwerb, d. h. der individuellen Bildungsarbeit, dienen. Als den festen Kern dieses Bildungswesens sieht er das *Schulwesen* an. Diese Definition der kollektiven Bildungsarbeit als Bildungswesen gilt heute noch, wenn es auch inhaltliche Erweiterungen gibt, z. B. hin zur Erwachsenenbildung oder Weiterbildung, besonders durch zunehmende Verbindung dieser Idee mit der gesellschaftlichen Entwicklung selbst, das, was man im englischsprachigen Raum als community development bezeichnet. Dies gilt vor allem für die dritte Welt, aber es gilt auch in etwa in der Stadtteilarbeit, in der Sozialarbeit und Bildungsarbeit zusammengekoppelt werden.

Neben den Schulen kennen wir eine Fülle von Angeboten kollektiver Art für den freien Bildungserwerb, die *außerschulischen Bildungsangebote*: die Massenmedien bieten Bildungsangebote, also Fernsehen, Hörfunk, Film, Presse, dann die Bibliotheken, Theater, Kunstausstellungen, Vorträge, Museen, Konzerte, Tourismus: aber auch verschiedene Vereine, die sich teil-weise oder auch ganz direkt Bildungszwecken widmen (oder einem künstleri-schen oder wissenschaftlichen Zweck), nicht zuletzt die Kirchen, die auch ein vielfältiges Angebot bereithalten an außerschulischen (und übrigens auch schulischen) Bildungsmöglichkeiten. Das Schulwesen ist also nur der am meisten professionalisierte, organisierte, institutionalisierte Kernbereich des

Bildungswesens oder der kollektiven Bildungsarbeit. Es stellt aber, und das ist politisch wichtig für die einzelnen Nationen, einen zentralen Bereich ihrer kulturellen Leistungen dar, einen Indikator ihrer kulturellen Entwicklung im internationalen Wettbewerb. Dabei sollte man heute zur Beurteilung des Bildungsstandes einer Nation genauso das kulturelle Niveau der Medien und die Vielfalt, Zugänglichkeit und Ausstrahlung der übrigen Bildungsangebote mitgewichten, sonst bekommt man ein falsches Bild. Man darf das Bildungswesen einer nationalen Gesellschaft also nicht verwechseln mit dem *staatlichen* Angebot an Schulen und staatlichen außerschulischen Bildungsangeboten. Diese Verwechslung kommt in solchen Ländern nicht selten vor, in denen praktisch ein staatliches Schul- und Informationsmonopol besteht. In der Bundesrepublik Deutschland gibt es z. B. in diesem Sinne kein staatliches Schulmonopol, ein praktisches aber für die Grund- und Hauptschulen. In der Bundesrepublik gibt es vor allem eine große Zahl kirchlicher Kindergärten (sie sind sogar die Mehrzahl) und eine große Zahl von Gymnasien und Weiterbildungseinrichtungen, die nicht vom Staat direkt getragen werden. Man muß also unterscheiden zwischen Gesellschaft und Staat. Gesellschaft und Staat sind in freien Ländern nicht identisch. Die Balance zwischen Kirche und Staat ist eine Besonderheit der abendländischen Geschichte und kann wohl insgesamt, nicht nur machtpolitisch, sondern auch besonders für die Kultur- und Bildungsentwicklung, als günstig eingeschätzt werden. Eine Differenzierung der Macht, eine Teilung der Macht, auch wenn dies Konflikte bringt, ist allemal für die Entfaltung der Kulturgebiete und des Einzelnen, der einzelnen Persönlichkeit und für ihre freie Selbstverwirklichung günstiger als monolitische Machtstrukturen, die Künste und Wissenschaften wie auch das Individuum zur weitgehenden Anpassung an ihre Ideologie (oder auch Religion) zwingen können. Konkret kann z. B. echte Konkurrenz zwischen kirchlichen und staatlichen Schulen (Modell Niederlande) die Bildungsanstrengungen der Schulen und der Schulträger vermehren.

Das Problem der Bildungsorganisation wird national und international diskutiert. Auf nationaler Ebene arbeitete sehr produktiv der Deutsche Bildungsrat und arbeitet noch die Bund-Länder-Kommission für Bildungsplanung (neben der Kultusministerkonferenz die wichtigste Institution für die Bildungsorganisationsarbeit in der Bundesrepublik). Auf internationaler Ebene arbeiten die UNESCO und OECD. Es besteht ein weitverbreitetes Bewußtsein vom Nachhinken der Schulorganisation hinter gesellschaftlichen und individuellen Bedürfnissen, hinter wissenschaftlichen und anderen kulturellen Entwicklungen. Dazu kommt ein Mangel an Grundlagenforschung und an Bildungstheorien. Mitunter entfaltet sich Planungs- und Reformeifer, dann meist eher strukturändernd als inhaltlich. Einen Schritt in die richtige Richtung ging die Berufung von Forschungskommissionen z. B. die Faure-Kommission der UNESCO, die nach bewährtem angelsächsischem Muster einen Report vorzulegen hatte (E. Faure u. a.: Wie wir leben lernen. Reinbek 1973). National kam hinzu die Gründung von Instituten für Bildungsforschung und Bildungsplanung in den Bundesländern und des Max-Planck-Instituts für Bildungsforschung in Berlin. Ein Weg, der bei dieser Entwicklung zu wenig beschritten wurde, war der, die pädagogischen Institute an den Universitäten und Hochschulen zu ermutigen und sie personell und materiell in die Lage zu versetzen, mehr in der bildungstheoretischen und bildungspraktischen Forschung zu arbeiten. Wenige Sonderforschungsbereiche stehen hier einer Übermacht der Lehre gegenüber. Zu schwach ist hier auch die Rückkopplung zur Praxis, besonders zur Praxis in den Schulen und der Mangel an Versuchsschulen z. B. an den Hochschulen analog zu den Kliniken in den Medizinischen Fakultäten. Auf diese Weise erklärt sich zum Teil das Elend der Bildungsforschung und Bildungsplanung.

II. Das gesellschaftliche Bildungsangebot

Das gesellschaftliche Bildungsangebot besteht in den Schulen und in den außerschulischen Bildungsangeboten. Wenn man der Sache auf den Grund gehen will, muß man ansetzen bei der Kultur der Gesellschaft selbst. Denn die unmittelbare Begegnung mit Kultur ist die primäre Möglichkeit, Bildung zu erwerben und zu steigern. Wir können Kultur sehen als die durch menschliche Tätigkeit veränderte Natur. In ihr begegnet der wachsende Mensch, das Kind, der Jugendliche, den Artefakten und Lebensformen, an denen er die Fülle der Möglichkeiten menschlicher Existenzgestaltung erfahren kann. So gesehen, ist eine offene, moderne, pluralistische Gesellschaft reicher und horizonterweiternder als eine geschlossene Stammes- und Nationalkultur oder die einer Diktatur, die freilich eine raschere Enkulturation und (im Falle der Diktatur anscheinend) ungebrochene bzw. einheitliche kulturelle Identität fördern kann. Der Aufbau des kultivierten individuellen Geistes an den Realitäten der Kulturwelt, den Sprachen, Theorien, Werkzeugen, Kunstwerken, Institutionen ist ein hochkomplexes Gefüge von Erfahrungen und Handlungen. Wie sich in der Gesamtgeschichte der Menschheit Werkzeuggebrauch und Sprache (Symbolbildung) durch lange Zeiträume und langsame Differenzierung als Hauptmedien der Herausbildung des homo sapiens erwiesen haben, so wird auch die individuelle Kultivierung des jungen Menschen über diesen Weg gehen müssen. Damit kann natürlich keine völlige Parallelität bis in die Einzelheiten der Kulturgeschichte hinein gemeint sein.

George Bernhard Shaw hat gemeint, die Jugend sei so etwas wie eine hereinbrechende Horde von Wilden in die Zivilisation. Sie müsse erst einmal zivilisiert und kultiviert werden. Das ist nicht ganz falsch, denn, wenn man die Kinder völlig frei sich entwickeln ließe, dann würde sicherlich nicht rasch genug die Heranführung an die heutige Kultur und Zivilisation erfolgen. Es bedarf schon einiger Nachhilfe (vgl. W. Golding: Herr der Fliegen). Kant hat mit Recht gemeint, daß die Hauptaufgaben der Erziehung Zivilisierung und Kultivierung seien. Die Lehr- und Lernprozesse, die dabei zu durchlaufen sind, kann man abkürzen. Das ist der Weg der Bildung, den wir versuchen, wenn wir kollektive Bildungsarbeit leisten. Durch diese Abkürzung hat der junge Mensch die Chance, normalerweise in ca. zwei Jahrzehnten die Gesamtkultivierung der Menschheit in seiner Persönlichkeit so weit einzuholen, daß er den Kulturprozeß von da an selbst mittragen kann. Hierin liegt der Sinn seiner Existenz als Kulturwesen. Seine personale Vollendung liegt darüber hinaus. Da wir Bildung als Persönlichkeitswachstum via Kulturbeteiligung sehen, stellen wir Personen generell höher als Sachen. Der Sinn der Bildung ist Persönlichkeitssteigerung. Die Parallelität oder Analogie zwischen den Strukturrelationen Gesellschaft – Kultur einerseits und Individuum – Bildung andererseits ist an dieser Stelle zu Ende. Kultur ist nämlich um des Menschen und seiner Existenz willen da, niemals umgekehrt. Kulturgüter sind primäre Bildungsgüter. Die direkte Berührung mit ihnen ist daher von bildender Bedeutung. Ob dabei immer auch Bildung stattfindet, ist eine andere Frage. Es braucht ganz bestimmte Vorereignisse, oft einer Hinführung und Öffnung. Ganz einfach sind höchste Kulturgüter nicht erlebbar. Es bedarf entsprechender Vorarbeit. Die unmittelbare Begegnung mit der gegebenen Kultur erfährt das Kind in den ersten sechs Jahren fast nur (Ausnahme Kindergarten) und später noch sehr lange Zeit sehr intensiv durch die Familie, das Elternhaus. Da ist die Berührung mit der Kultur auch relativ problemlos, weil das Gegebene meist nahe am Alltag und daher für das Kind relativ leicht erfahrbar bleibt. Welches sind solche Elemente im familiären Raum, in denen Bildungselemente stecken? Das beginnt etwa mit der Wohn- und Eßkultur. Dann gehört dazu die Hygiene, die Begegnung mit der Hauswirtschaft, mit der Herstellung der Speisen, mit Kommunikationsformen; wichtige Elemente sind die Sprache, die Medienbenutzung, die Lektüre, die häuslichen Arbeiten, Spiele, Gespräche, die Pflege von Tieren und Pflanzen, Gartenbestellung, Familienfeste, Hausmusik, Gebetsformen, Konfliktlösungen. Dies alles zusammen nennt man auch "Kinderstube", die man nicht leicht ersetzen kann. Wir sind als Pädagogen zwar der Überzeugung, daß man viel dazulernen kann. Aber vieles prägt sich doch in der Familie, in der z. B. bestimmte Formen nachdrücklich erwartet werden, durch Gewohnheit fester ein. Durch die Erfahrungen in der gesitteten Familie werden Fundamente der Bildung gelegt. Daher sind Mängel der "Kinderstube" später nur unter Mühen ausgleichbar, durch langes, intensives und selbstdiszipliniertes Üben. Ähnlich

wirken frühe Berührungen mit der Technik, mit dem Verkehr, mit der außerhäuslichen Wirtschaft, mit Kirche, Kindergarten und Schule. Alle diese
Begegnungen sind auch Kulturerfahrungen und wirken besonders nachhaltig,
wenn sie von der Familie als selbstverständliche Erfahrens-, Erlebens- und
Handlungsmöglichkeiten ergriffen und eingeübt werden (also nicht dauernd
problematisiert werden, sondern als Alltagskultur etwas Selbstverständliches
haben). Man kann vielleicht zusammenfassend so sagen: die ästhetischen,
wissenschaftlichen, ethischen und religiösen Begegnungen im Elternhaus
bewirken in den Kindern Grundmuster, die als kulturelle Basiserfahrungen
und -praktiken prägender wirken als viele indirekte, sekundär vermittelte
Kulturteilhabe. Durch die lange Dauer des Lebens im Elternhaus ist dazu der
Gewöhnungseffekt sehr hoch, auch wenn der Jugendliche später in seinem
eigenen Zimmer, in seiner peer group, in der Arbeitsgemeinschaft eine
medien- und schulbeeinflußte Kulturwelt ausbaut und pflegt. Die Familie ist
zudem der Ort, an dem Feste und Feiern des Jahreslaufs nationaler, kirchlicher und persönlicher Art begangen werden. Regelmäßige Wiederholung bei
reger Teilnahme der Familie prägt sehr stark spätere Erwartungen und macht
Tradierung wahrscheinlich. Über solche Rhythmen und Gestalten wird nationale und kirchliche Identität aufgebaut, werden Sinnmuster festgemacht und
ständig erneuert. Dazu kommen die Feste in der Biographie der Familienmitglieder und ihre Gestaltung, Taufe, Geburtstags-, Konfirmations-, Kommu-
nionfeiern, Hochzeiten, Begräbnisse. Sie führen auch die Familienmitglieder
zusammen und stabilisieren familiale Identität. Diese elementare Identität
bindet auch, wenn Staaten zusammenbrechen, über Krisenzeiten hinweg und
ist daher so etwas wie eine fundamentale Sozialversicherung. Die Bindung an
die Familie ist daher oft stärker als die an den Staat. Elementar bildend und
bindend wirken in der Familie auch scheinbar weniger wichtige Dinge wie
regelmäßige Verwandtenbesuche, Telefonate, Geschenkpraxis, Ferienreisen,
Sonntagsausflüge usw. Zentrale Bildungswirkungen können vom elterlichen
Bücherschrank ausgehen, von der elterlichen Teilnahme an der literarischen
und musikalischen Kultur. Das hat z. B. Popper beschrieben in seinen "Aus-
gangspunkte(n). Meine intellektuelle Entwicklung". Er beginnt das Kapitel
über den Einfluß seines Elternhauses mit den Sätzen: "In meinem Elternhaus
spielten Bücher eine große Rolle. Mein Vater, Dr. Siegmund Popper, war
ebenso wie seine beiden Brüder Jurist und Absolvent der Wiener Universität.
Er hatte eine große Bibliothek und es gab überall Bücher, mit Ausnahme des
Speisezimmers, in dem ein Konzertflügel stand und viele der Werke von
Bach, Haydn, Mozart, Beethoven, Schubert und Brahms" (Seine Mutter war
Pianistin). "Das erste Buch, das einen großen, bleibenden Eindruck auf mich
machte, wurde meinen beiden Schwestern und mir, ich das jüngste von drei
Kindern, von meiner Mutter vorgelesen. Es war ein Buch, das die große

schwedische Dichterin Selma Lagerlöf für Kinder geschrieben hatte. Es hieß in der deutschen Übersetzung 'Die wunderbare Reise des kleinen Nils Holgersson mit den Wildgänsen' ". Popper geht vielleicht etwas weit, wenn er weiter meint: "Lesen zu lernen und in einem geringeren Grad Schreiben zu lernen sind natürlich die wichtigsten Ereignisse in unserer intellektuellen Entwicklung. Ich glaube, daß man einem Kind nur Lesen, Schreiben und Rechnen beizubringen braucht, und für manche Kinder ist nicht einmal das notwendig. Sie lernen es von selbst. Alles andere kommt durch den Einfluß der Umwelt, durch die Atmosphäre, in der man aufwächst und durch Lesen, Sprechen und Denken". Eltern können von früh an ihre Kinder fördern über Bilderbücher und Vorlesebücher, Märchen, Puppentheater, Kinder- und Jugendbücher (Da gibt es auch vielfach Empfehlungen und preisgekrönte Bücher). Literarisch fördern können der Theaterbesuch, aber auch ausgewählte, Kindern verständliche Klassikertexte im Seh- und Hörfunk, Besprechung der von den Eltern gerade gelesenen Bücher am Familientisch. Natürlich wird man sich auch von den Kindern, besonders aber von den Jugendlichen von ihrer Lektüre erzählen lassen und dafür Interesse zeigen. Schließlich sind Buchgeschenke gute Möglichkeiten, die literarische Bildung zu fördern. Dabei geht es nicht nur um "fiction", um sogenannte schöne Literatur, sondern auch um "nonfiction", um Sachliteratur wissenschaftlicher technischer, auch politischer, sittlicher, religiöser Art. Der Primärkontakt zur Kultur kann in der Familie am ehesten gestiftet werden. Er ist, wie Petersen richtig meinte, auch ein Grundmodell für eine gute Bildungsarbeit in der Schule. Natürlich ist dieser primäre Kulturkontakt in differenzierten Hochkulturen und modernen Gesellschaften oft nicht problemlos gegeben, schon wenn man an die elterliche Berufstätigkeit denkt. Viele kulturelle Aktivitäten ereignen sich außerhalb der kindlichen und jugendlichen Lebenswelt, außerhalb des Wohnhauses und sind auch kaum unmittelbar einsichtig. Die Begegnung mit der väterlichen und heute auch mütterlichen außerhäuslichen Arbeit und Arbeitswelt wird immer seltener. Günstige Verhältnisse gibt es in diesem Punkt noch bei Handwerker- und Bauernfamilien. Da werden Betrieb und Berufstätigkeit noch unmittelbar erlebbar. Unmittelbare Partizipation in Betrieben wäre zwar vom Jugendlichen her erwünscht. Denkt man aber an Industriebetriebe, ist der vom Club of Rome empfohlene wöchentliche Arbeitstag ein echtes Problem. Denn das ist oft eine Störung für diese Betriebe, weil die Effektivität der Beteiligung der Jugendlichen äußerst begrenzt ist. Trotzdem muß man für solche Beteiligung, für Partizipation, für ein gewisses Maß an "polytechnischer Bildung" eintreten. Einblicke in moderne Produktionswelten sind unersetzlich. Schule und Fernsehen bieten sie an, wenn auch oft zu unkoordiniert und zufällig. "Weltverständnis" war vor zwei Jahrhunderten leichter einigermaßen "universal" zu erzielen als heute. Trotzdem ist auch heute ein ausgewogenes "Weltbild" und in ihm Einsicht in die Strukturen (über ausgewählte Gehalte) der menschlichen Kultur eine fundamentale Notwendigkeit der Bildung. Es wird an dieser Stelle die Notwendigkeit der Informationssteuerung bei der Überfülle der interessanten Informationen deutlich. Der Aufbau des Kulturhorizonts ist in hochentwickelten Gesellschaften nur durch Vermittlung möglich. Das heißt: Schulen sind notwendig. Kulturbegegnung ist heute auf Lehrer, Lehrpläne und Massenmedien angewiesen. Die Auswahl der als Lehrgut geeigneten und notwendigen Kulturgüter bedeutet eine wichtige Vorentscheidung für die reale Weltbegegnung der Jugend. Wenn wir uns in der Regel und im Kern für das philologische Element (Muttersprache und Fremdsprache), für Wissenschaften und Künste entscheiden, um in unseren allgemeinbildenden Schulen Kulturbegegnung und Entwicklungsförderung zu kombinieren, schränken wir zugleich notwendig das Informationsfeld ein.

Die Problematik des unmittelbaren Lernens durch Partizipation z. B. in der Wissenschaft, kann man in den Hochschulen studieren, die ja Forschung und Lehre derart verbinden sollen, daß die Studierenden nicht nur schulähnlich eingeführt werden, sondern möglichst unmittelbar am Erkenntnisprozeß der Wissenschaft teilhaben sollen. An den Kunsthochschulen, sind idealtypisch Meisterklassen, in denen alle, Lehrende wie Studierende, z. B. jeder an seiner Plastik, produktiv arbeiten. Alle Bildungsarbeit von Erwachsenen kann an diesem Modell lernen. Da wird unmittelbar Kulturelles produziert und so unabhängig wie nur möglich, aber trotzdem in einer Art Führung durch Leute, die schon eine Qualifikation, einen gewissen Status haben. Kulturelle Aktivität wird heute besonders gerne ausgelegt in Richtung auf politische Beteiligung, z. B. denkt man an Kurse für Arbeiter zugleich mit der Einsicht in ihre Lebensstruktur und in Möglichkeiten, diese Lebensstruktur zu verbessern. Das ist nicht unbedingt immer marxistisch auszulegen in Richtung auf Revolution. Unmittelbare Beteiligung an kultureller Arbeit in Verbindung mit Bildungsarbeit scheint mir jedenfalls ein Grundmodell zu sein, von demman ausgehen kann, das solche Erfahrungen einbringen will, die nur durch unmittelbare echte kulturelle Beteiligung entstehen können.

III. Gesellschaftliche Funktionen des Bildungswesens

Das Bildungssystem, näherhin das Schulsystem als Aktivitätskomplex der Gesellschaft, erfüllt (bzw. sollte erfüllen) gesellschaftliche Funktionen, aber eben nicht *nur* die Bildungsfunktion, sondern auch noch andere Aufgaben. Die neuere Soziologie, besonders die Sozialisationsforschung, hat eine Reihe solcher Funktionen herausgearbeitet. Diese Funktionen des Bildungssystems für die Gesellschaft liegen zum Teil offen, sind leicht erkennbar, wie etwa die Funktionen der Sozialisation, der beruflichen Qualifikation und der Enkulturation. Zum Teil werden diese Funktionen aber von einer "enthüllenden" Soziologie erst "entdeckt" oder behauptet, wie z. B. die Funktionen der Reproduktion der Sozialstruktur, der Zuteilung von Sozialchancen, der Selektion, der Legitimation des Herrschaftssystems.

Schließlich hebt man eine dritte Gruppe von Funktionen heraus, die aus bewußt pädagogischen oder politischen Zielvorgaben dem Schulwesen aufgegeben werden, wie die Funktion der Personalisation und die der politischen Bildung. Die Sozialisationstheorie der Schule hat sich besonders um die offenen und "enthüllten" gesellschaftlichen Funktionen des Schulwesens bemüht. Helmut Fend hat (Theorie der Schule 1980) drei gesellschaftliche "Reproduktionsfunktionen des Schulsystems" herausgearbeitet: 1. die Qualifikationsfunktion, 2. die Selektionsfunktion und 3. die Legitimationsfunktion. Die erste Funktion vermittle durch Lehrer und Unterricht zum Berufs- und Beschäftigungssystem. Sie liefere allgemeine Qualifikationen, d. h. Fertigkeiten und Kenntnisse zur gesellschaftlichen Teilhabe und die speziellen beruflichen Qualifikationen. Die zweite, die Selektionsfunktion, vermittle durch Prüfungen und Berechtigungen zur spezifischen Sozialstruktur einer Gesellschaft (Positionsverteilung). Mittel seien hier speziell die Schulabschlüsse. Die dritte Funktion, die Legitimationsfunktion, vermittle, besonders durch die Formen des Schullebens und die Rollenerwartungen, zum politischen System. Sie diene der Sicherung der Herrschaftsverhältnisse durch Reproduktion hierzu dienlicher Normen, Werte und Interpretationsmuster.

Zur Qualifikation durch die Schulen stellt Fend fest, daß allgemeine Einstellungen und Dispositionen, z. B. Mobilität, Flexibilität, Disponibilität, Lernbereitschaft, wichtiger seien als Qualifikation zur einzelnen konkreten Arbeit (die könne oft am Arbeitsplatz durch Anlernvorgänge auch noch erzielt werden), ähnlich überfachliche, allgemeine Arbeitshaltungen (was die "Arbeitsschule" lange gewußt hat), z. B. Verläßlichkeit, Genauigkeit, Ordentlichkeit, Pünktlichkeit. Das Schulsystem könne auch als Instrument der Arbeitsmarktregulierung dienen, indem etwa überzählige Arbeitskräfte gebunden werden. In manchen Ländern der Welt wurde z. B. das zehnte Schuljahr eingeführt, als man nicht mehr genug Ausbildungsplätze für die Jugendlichen hatte. Die Schulzeitverlängerung hänge also mit Arbeitslosigkeit zusammen. Dabei komme allerdings unter anderem im tertiären Bereich die Angst vor der Erzeugung eines "akademischen Proletariats" auf.

Die Selektionsfunktion wird zunächst beschrieben als "Allokationsfunktion", d. h. der einzelne wird an einen bestimmten Ort verwiesen. Das Schulsystem sei eine Art "Rüttelsieb", eingebaut zwischen den Generationen, das zu einer Neuverteilung von Lebenschancen führe, indem es "den Zugang zu hohen oder niedrigen beruflichen Positionen und damit zu Prestige, Macht und Einkommen" reguliere (29). Fend betrachtet diese Sichtweise der Allokationsfunktion kritisch. In der deutschen Soziologie wurde übrigens die Schule als Zuteilungsapparatur für Lebenschancen schon 1957 durch Schelsky herausgestellt. Man hat in der Folge gehofft, durch Umorganisation, besonders durch die Gesamtschule, mehr Chancengleichheit herstellen zu können. Die Möglichkeiten der Schule für eine relativ gelungene oder gar gerechte Neuverteilung wurden, wie man heute weiß, aber sehr überschätzt. Die außerschulischen Faktoren (besonders die biologischen und psychologischen) und die mangelnde Beweglichkeit des bestehenden Systems wurden unterschätzt.

Hinsichtlich der "Legitimationsfunktion" setzt sich Fend mit Habermas auseinander. Der Schüler lerne, die ungleiche Verteilung knapper Güter (durch Leistungsideologie) und die politische Herrschaft in ihrer gegebenen Form, einschließlich der Ungleichheit der sozialen Positionen, durch Anerkennung des Aufsteigens durch Schulabschlüsse zu akzeptieren. Das Schulsystem diene hier der staatlichen Befriedigungsstrategie. Fend glaubt, daß der Staat dabei aber eher eine aktive, weniger eine bloß reaktive Funktion ausübt. Man müsse auch unterscheiden, *welche* politischen Verhältnisse durch das Schulsystem legitimiert werden, ob es Verhältnisse der Unfreiheit seien, oder ob ein freiheitlich-demokratisches politisches System gerechtfertigt werde (49).

Zur Kritik pauschaler Zuschreibung von Funktionen an das Schulsystem haben sich Achim Leschinsky und Peter Roeder geäußert (Gesellschaftliche Funktionen der Schule, in: Walter Twellmann (Hrsg.), Handbuch Schule und Unterricht, Bd. 3, 1981, 107 ff.): Die beiden Autoren drängen auf eine kritische Weiterentwicklung der Funktionsanalyse. Die Verhältnisse seien gesellschaftlich viel komplexer und mobiler als in den pauschalen Funktionsbestimmungen angenommen. Andererseits sei auch das Schulsystem weiterverzweigt mit allen seinen Stufen (und Tücken) und in seinem Zusammenhalt problematisch. Deswegen entsteht immer wieder das Problem der Übergänge zwischen verschiedenen Schulen. Leschinsky und Roeder fragen, ob die verschiedenen Schulformen, die Hochschulen, die Berufsbildungsinstitutionen, die Weiterbildungsinstitutionen nicht ganz unterschiedliche, von einander abweichende Funktionen erfüllen können. Sie weisen darauf hin, daß die sozialen Gruppierungen in unterschiedlichem Maße von diesen Institutionen Gebrauch machen (vgl. den Besuch von Volkshochschulen). Die verallgemeinerten Funktionsbestimmungen würden fast unumgänglich mit Verkürzungen arbeiten und sich meist ziemlich einseitig auf bestimmte Bereiche des Bildungswesens konzentrieren (108 f.). Interessant ist, daß bei Leschinsky und Roeder gelegentlich auch das Schulwesen von der Sicht der individuellen Lebensplanung und individuellen Nutzung aus gesehen wird (134), ein

Aspekt, den wir bei der individuellen Bildungsarbeit besonders herausheben wollen. Hinsichtlich der gesellschaftlichen Benützung des Schulsystems betonen sie zurecht, daß die Belastung der Schule mit immer mehr gesellschaftlichen Aufgaben dazu führe, daß sie "in die Rolle eines allgemeinen Reservemechanismus zur Lösung vielfältiger gesellschaftlicher Probleme" gedrängt würde (147). Mit dieser Zumutung sei sie weit überfordert. Man muß hinzufügen, daß öffentliche Enttäuschungen über die Leistungen der Schule bei derart überzogenen Erwartungen nicht ausbleiben können.

Das Schulsystem ist – zusammenfassend – nicht nur Teil des Bildungssystems, sondern auch ein Teil anderer gesellschaftlicher Subsysteme, besonders des politischen und des ökonomischen Systems (vgl. K. Hurrelmann: Erziehungssystem und Gesellschaft, 1975). Der Bildungstheoretiker ist geneigt, diese Überlappungen der Systeme entweder zu übersehen oder eher negativ einzuschätzen, nicht durchgängig mit Recht, denn die Verbindungen haben auch ihre gewachsene Struktur und teilweise einen positiven Aspekt. Freilich gerät dadurch die Schule in funktionelle Widersprüche (vgl. Theodor Schulze: Schule im Widerspruch, 1980). Schulze arbeitet, allerdings eher nur auflistend, etwa zwanzig Funktionsansätze heraus. Die Schule gerät durch Überlappungen mit anderen Systemen in Spannungen, die sich aber umso mehr auflösen, je älter und mündiger die Adressaten und "Lernenden" sind und je freier sie verschiedene Angebote wählen können. So sind der tertiäre und quartäre Teil, also Hochschulen und Weiterbildung, in den Schultheorien sehr vernachlässigt. Sie sind, wenigstens in freien, offenen Gesellschaftsformationen, weit weniger von den herrschenden Eliten und wechselnden Administrationen bestimmt, so daß die individuellen Bildungsabsichten besser auf diesem Weg anzielbar werden. Die Einengung der Horizonte und Möglichkeiten durch regionale Übermacht der pädagogischen Funktionen, bleibt allerdings durch die Polyfunktionalität der Schulen bestehen. Diese Polyfunktionalität haben wir zur Kenntnis zu nehmen, sie ist eine Realität. Die Bildungsidee ist nur eine der bestimmenden Ideen, die in einer Art Kräfteparallelogramm mit anderen Ideen zusammenwirkt und so das Bildungssystem real je nach einer bestimmten Richtung zieht. In den freien Gesellschaften besteht eine in den vergangenen Jahrzehnten immer deutlicher erkannte Gefahr der Übermächtigung durch das ökonomische System. Besonders deutlich sieht Fritz Borinski (in: K. Kürzdörfer, Grundpositionen und Perspektiven in der Erwachsenenbildung, 1981) durch das Weiterbildungskonzept des Strukturplans (in dem unter Weiterbildung Fortbildung, Umschulung und Erwachsenenbildung zusammengefaßt sind) das allgemeinbildende Anliegen der Erwachsenenbildung zwischen wirtschaftsorientierten Fortbildungs- und Umschulungsanliegen erdrückt. Die "Sache der Erwachsenenbildung" sei in diesem Plan "aufgegeben, liquidiert" (41). Allerdings ist bei Borinski selbst diese "Sache" stark in einen Machtkampf politischer Art geraten, werden bei ihm (und nicht nur bei ihm) Arbeiterbildung und politische Bildung in den Mittelpunkt gestellt. Hier liegt eine andere Gefahr, nämlich die der Übermächtigung der Bildungsinteressen durch politische Interessen und Interessengruppen. Je mehr sich der politische Wille übergruppalen Interessen, dem Gemeinwohl *aller* Gruppen einer Gesellschaft zuwendet, um so kompatibler sind politische und Bildungsinteressen. Die Tendenz auf Universalität, die wesentlich in der Bildungsidee steckt, die Humanitätsidee, widerstreitet an dieser Stelle (auch berechtigten) Gruppeninteressen. Sie ist strukturell analog der Verschiebung von (Gruppen-)Interessen auf (universale) Werte. Wo die Universalität sich via Bildungsidee durchsetzt (z. B. in Richtung auf Europagedanke und Menschheitsfrieden) um so mehr ist das System mit der Bildungsidee in Deckung zu bringen. Auch Habermas unterscheidet nachdrücklich gruppenbedingte Interessen und universale Werte. Wir können in der Menschheit nur dann überleben, wenn wir in einen Diskurs eintreten über alles, was hier in Frage steht und wenn wir menschheitlich zusammenwachsen über die gemeinsamen universalen Werte. So ist humanitär, nicht nur marxistisch gesehene politische Bildung Wesensbestandteil der ethischen Dimension der Bildungsidee und insofern unverzichtbar. Je mehr sich die politische Idee im baren Machtkampf von Interessengruppen verstrickt, umso eher wird sie sich der Bildungsidee entfremden und in ihrem Hauptanliegen schließlich zur Funktionärsschulung für Parteikader und zum Mobilisierungsmittel im Klassenkampf. Es ist dann auch nicht verwunderlich und begrifflich konsequent, wenn z. B. die radikale Linke (Oskar Negt und Adolf Brock, Arbeiterbildung, in: Wulf (Hrsg.) Wörterbuch der Erziehung, 1974) statt des Begriffes Arbeiterbildung (wahrscheinlich ist man gegen den Bildungsbegriff ohnedies allergisch) den der Schulung bevorzugt. Die Älteren in Deutschland wissen, was "Schulung" heißt, noch aus der Nazizeit; da wurden besonders die "politischen Leiter" "geschult". Schulung wird bei Negt und Brock "im Unterschied zur Arbeiterbildung, als eine direkte Transformation des Wissens in klassenbewußtes, revolutionäres Handeln verstanden; sie ist Aufforderung zum Klassenkampf, Agitation und Auflösung der bewußtseinshemmenden Einflüsse und Blockierungen der bürgerlichen Gesellschaft in einem" (35). Mit der Übermächtigung von Bildungssystemen durch derartige Ideologien wird leider zugleich der bildungspositive Sinn der politischen Bildung generell für viele verdunkelt. Friedliebende Menschen wenden sich dann oft von ihr gänzlich ab und erkennen zu wenig die Notwendigkeit politischer Beteiligung. Sie überlassen in der Folge oft radikalen Kräften verschiedenster Richtung dieses wichtige gesellschaftliche Feld. Hier sind Konflikte immer unvermeidlich und es bedarf daher einen gewissen Konfliktfestigkeit, der Erziehung zur Konfliktfähigkeit, zu Artikulationsvermögen und Zivilcourage.

Aber dieses Feld wird nur dann nicht zu einem inhumanen homo-homini-lupus-Getümmel, wenn der "politische Stil" (Bußhoff), das Rechtsdenken und die Persönlichkeitsbildung human bleiben und das heißt konkret, sich an universalen Menschenrechten und -werten orientieren. Von daher ist die Bildungsidee in allen öffentlichen Schulen vorrangig vor jeder Interessengruppenschulung. Besonders ahuman ist die "Schulung" bereits der Kinder bis hinunter zum Kindergartenalter. Hier hat Möbus (Klassenkampf im Kindergarten) auf Entwicklungen dieser Art in den Ostblockländern hingewiesen. Die frühe Fixierung der Kinder auf Feindbilder, ihre Manipulation zu Kampf und Haß widerspricht der Weltfriedensidee wie der Bildungsidee. Haß ist zudem ein schlechter Berater, er führt zu Verblendung und Fanatismus. Bald ist es dann auch um die Ehrfurcht vor dem Leben geschehen. "Liquidierung" wird zum möglichen Denk- und Handlungsschema. Die Selbsttäuschung der Hassenden reicht bis zur wahnbestärkenden Zuschreibung einer höheren Moral, wie man sie beobachten kann in Terroristengruppen und revolutionären Parteigruppen. Die Verzweckung der Schulen in diese Richtung durch radikale Parteien, wenn sie die Macht lange genug inne haben, kann man an kommunistischen und faschistischen Ländern beobachten. Das haßgeleitete Denken bringt zwar oft auch mehr "kritische" Potenz hervor als das harmonisch-liebegeleitete, aber die Erkenntnisse bleiben feindbildorientiert selektiv und sind daher als ganze falsch. Sie verhindern geradezu ein alle Realitäten verstehendes Gesamtbild, das nur durch aufgeschlossene Zuwendung möglich wird. So schädigt sich das hassende Denken im Endeffekt schließlich selbst. Liebe ist besser als Haß. Sie hat in der humanen Bildungsidee mehr Platz als in kampforientierter Menschenschulung, die letztlich Menschenmassen eher aufhetzt und bis in blutige Konflikte treibt.

Wenn das Schulsystem optimale Menschenbildung voranbringen soll, muß es primär unter der Bildungsidee stehen. Partikuläre Interessenkämpfe müssen dann aus der Schule, wenigstens aus den allgemeinen Schulen für die Jugend, ferngehalten werden. Diese Forderung ergibt sich aus allem, was wir bis jetzt überlegt haben. Ich bin der Überzeugung, daß das auch für die Erwachsenenbildung gut ist. Die Politisierung der Hochschulen ist ein Übel, das der Wahrheitsfindung und dem offenen Diskurs schwer schadet. An den Hochschulen sollte niemand seine politische Position aufgeben müssen, sondern er sollte sie in die Diskussion einbringen können, wenn es vom Thema her erforderlich ist, aber nicht so, daß schließlich Angst und Terror aufkommen. Dann schweigen viele aus Furcht und die radikalen Gruppen beherrschen die öffentliche Diskussion. Wahrheitsfindung ist aber nur sine ira et studio und unter offener Beteiligung aller Wissenden und Betroffenen möglich. Sonst wird das Modell der Akademie für Hochschulen aufgegeben; es geht dann nicht mehr um Findung des Wahren, Schönen und Guten im geistigen Austausch, sondern um das Durchsetzen politischer Ideologien, um rhetorische Dialektik und um den "Marsch durch die Institutionen" zur Besetzung von multiplikationsmächtigen Lehrpositionen. Wie an diesen Konfliktfeldern erkenntlich, hat es die Bildungsidee nicht leicht, sich bei ökonomischen und politischen Übermächtigungen im Schulwesen durchzusetzen. Es ist daher die These "das Schulwesen ist der Kern des Bildungswesens" als beschreibende Aussage erheblich einzuschränken, wenigstens derart, daß hinzugefügt wird: "soweit in ihm die Bildungsidee nicht durch politische, ökonomische (oder andere) Interessen überlagert wird". Daß man diese Interessen vollständig ausschalten kann, dieser Illusion gibt sich niemand hin. Aber daß sie nicht die Vorherrschaft haben sollten im Schulsystem als einem Teil des Bildungssystems, ist wohl evident. Bei Übermächtigung durch politische Interessen entartet ein Schulwesen zum Schulungswesen, z. B. für politisch mächtige Parteien oder clevere Wirtschaftszweige, die auf solche Weise die spezielle Qualifikation ihrer Arbeitskräfte (für sie viel billiger) weitgehend der Gesellschaft, besonders dem Staat und seinen Schulen, zuschieben. Am Beispiel der Schultheorie der letzten 20 Jahre in unserem Land kann man beobachten, daß über eine scharfe Reduktion (Theodor Wilhelm, Helmut Fend) inzwischen zur Bildungsidee zurückgefunden wird. Wilhelm handelt in seinem jüngsten Buch "Funktionswandel der Schule" (1984) im fundamentalen Teil wieder über Allgemeinbildung, ja, er vertritt nun die These, "daß die bleibende Aufgabe der Schule in der Grundlegung von 'Allgemeinbildung' besteht" (59). Er betont zwar mit Roth das Suchenmüssen nach neuer Orientierung, kommt aber auf alte Bestände der Bildungstheorie zurück, wie Gesichtskreisweitung, Zukunftsverantwortlichkeit, Dankbedürfnis, Zusammenhangsbetonung, Toleranz. Schulen seien geradezu "Fachschulen für Allgemeinbildung", wenn sie auch dem "Spezialistentum" ... "natürlich nicht im Wege stehen" dürfen (63).

9. Kapitel: Grundriß eines Bildungsplanes

I. Schwankungen in Schultheorie und Bildungsplanung und die Wiedergewinnung der Mehrdimensionalität

In Schultheorie und Bildungsplanung wird immer wieder versucht, die gesellschaftliche Realität des Schulwesens zu beeinflussen. Das Schulwesen wird durch Schwankungen im "Oberbau" zunächst natürlich nur relativ schwach betroffen; entscheidend bleiben auf die Dauer aber doch die herrschenden Ideen. In den letzten zwanzig Jahren konnte man in Westdeutschland eine Entwicklung beobachten, die zeigt, wie leicht Schultheorie und Schulplanung die Bildungsidee vergessen können, obwohl für die praktischen Felder der klangvolle Name der Bildung weiterverwendet wird. Zugleich zeigt diese Entwicklung aber auch, daß die Bildungsidee in der Diskussion wieder belebt werden konnte, und sie sich z. Zt. durch das Prinzip der Wertorientierung in den Lehrplänen durchzusetzen scheint. Der von Kerschensteiner definierte Wertsinn und der von Derbolav geklärte gewissensbildende Sinn der Grundbildung, können heute als erneut wirksam im Sinne der Bildungsidee gedeutet werden.

Die Theorieentwicklung vollzog sich, vereinfacht gesehen, in unserem Land in den letzten zwei Jahrzehnten in drei Phasen:

1. Wissenschaftsorientierung der Schule,

2. Ergänzung der Wissenschaftsorientierung durch ästhetische Bildungselemente und

3. Wertorientierung der Schule.

Zu 1.: Einen imposanten Versuch, die Funktionen der Schule radikal zu entideologisieren und zu reduzieren, hat Theodor Wilhelm mit seiner "Theorie der Schule" (Stuttgart 1967, 1969) unternommen. Er propagierte die "wissenschaftliche Schule" in Verbindung mit einer "Neuvermessung der Vorstellungswelt". Er erklärte die "Wissenschaftsschule" für die gebotene "Alternative" (228) zur Bildungsschule. Von ihr erwartet er eine "neue Sachlichkeit", die allerdings erst "regelrecht trainiert" werden müsse. Sich auf die "Sachen" einzulassen, sei ein oberstes Erfordernis wissenschaftlichen Verhaltens. Von der Sachlichkeit erhofft sich Wilhelm (mit Ballauff) "ein Loslassen von sich selbst als Selbst". Er betont den "Öffentlichkeitscharakter der menschlichen Existenz" (S. 232) versus Innerlichkeit. Er will in der Schule eine neue "Vorstellungsordnung" erzielen, um den Schüler für künftiges Verhalten in eine produktive Verfassung zu bringen. Er denkt dabei zunächst immerhin auch praktisch, wenn er z. B. täglich eine halbe Stunde in der heutigen Schule für notwendig hält, um das am Vortag von den Kindern ferngesehene Durcheinander zu sortieren und zu entwirren (255). Das genügt natürlich noch nicht zur Ordnung der Vorstellungswelt. Der erwünschte Vorstellungszusammenhang wird durch Lehrplanveränderungen für Gymnasien, Real- und Hauptschulen verdeutlicht. Wilhelm plädiert für mehr Naturwissenschaft, für Fächer wie Rechtslehre, Pädagogik, Psychologie, Hygienik und Politische Theorie. In diesen Richtungen tritt er für erweiterte "Horizonte" ein. Es wird schon bei diesem kurzen Blick auf Wilhelms Schultheorie klar, daß seine Wahl der Wissenshorizonte betont nicht "kategorial" sondern "pragmatisch an der Gegenwartsgesellschaft orientiert" ist (177). Trotz seiner Forderung der Wissenschaftsschule kommt er jedoch nicht auf den Gedanken, seinem Schulkonzept eine Wissenschaftstheorie vorzuordnen. Wenn man das Ganze schon auf Wissenschaft bauen will, müßte man sich aber zuvor klar sein, was Wissenschaft ist. Darüber findet sich keine grundlegende Reflexion. Selbst wenn man konzedieren muß, daß die wissenschaftstheoretische Diskussion in der Pädagogik in den sechziger Jahren noch nicht im Gange war, bleibt das doch eine erhebliche Schwäche des Wilhelmkonzepts. Hinzu kommt, daß Wilhelm die höheren Taxonomiestufen der Wissenschaft, insbesondere die Philosophie, unterschätzt.

Sein Versuch der "Umfunktionierung" der Sekundarschulen wird (in der Grundrichtung) geteilt durch die "Bildungskommission des deutschen Bildungsrates", die 1970 in ihrem "Strukturplan für das Bildungswesen" die "Wissenschaftsorientierung der Bildung" zum Programm machte und folgendermaßen begründete: "I. 4.1: Wissenschaftsbestimmtes Lernen. Die Bedingungen des Lebens in der modernen Gesellschaft erfordern, daß die Lehr- und Lernprozesse wissenschaftsorientiert sind. Das bedeutet nicht, daß der Unterricht auf wissenschaftliche Tätigkeit oder gar auf Forschung abzielen sollte; es bedeutet auch nicht, daß die Schule unmittelbar die Wissenschaften vermitteln sollte. Zwischen Schule und Hochschule und innerhalb des Hochschulbereichs wird es fließende Übergänge hinsichtlich der Vermittlung von Wissenschaft geben; dasselbe gilt für das Verhältnis des beruflichen Unterrichts und der beruflichen Lehre zu den Wissenschaften. Wissenschaftsorientierung der Bildung bedeutet, daß die Bildungsgegenstände, gleich ob sie dem Bereich der Natur, der Technik, der Sprache, der Politik, der Religion, der Kunst oder der Wirtschaft angehören, in ihrer Bedingtheit und Bestimmtheit durch die Wissenschaften erkannt und entsprechend vermittelt werden. Der Lernende soll in abgestuften Graden in die Lage versetzt werden, sich eben diese Wissenschaftsbestimmtheit bewußt zu machen und sie kritisch in den eigenen Lebensvollzug aufzunehmen. Die Wissenschaftsorientiertheit von Lerngegenstand und Lernmethode gilt für den Unterricht auf jeder Altersstufe. Es wird eine vordringliche Aufgabe der didaktischen Forschung sein, den für das jeweilige Lebensalter und den geistigen Entwicklungsstand förderlichsten Grad aufzufinden und einen entsprechenden Modus der Vermittlung zu entwickeln" (33).

An dieser "Bedingtheit und Bestimmtheit durch die Wissenschaften" muß man natürlich auch Kritik üben, denn primär sind die außerwissenschaftlichen Kulturbereiche nicht wissenschaftsbedingt. Sie werden teilweise und selektiv durch die Wissenschaften erforscht oder reflektiert. Sie werden durch Wissenschaft mehr oder weniger auch weiterentwickelt. Aber allgemeine "Bedingtheit" und vor allem "Bestimmtheit" muß man in Frage stellen. Die einzelnen Kulturgebiete werden durch andere Regulative, Standards, Normen und Werte geleitet. Man denke nur an die Kunst oder an die Wirtschaft; die Technik freilich ist von der Wissenschaft viel stärker beeinfluß; besonders weit weg sind dagegen die Normen und Werte von Ethik und Religion. Sie sind nicht unmittelbar "wissenschaftsbestimmt". Die nichtwissenschaftlichen Sachgebiete haben ihren Eigencharakter. Deshalb haben sie sich ja auch eigenentwickelt. Sie entwickelten eigene Hochschulen. Man denke an die Kunsthochschulen. Sie lassen sich eben nicht vollständig in die wissenschaftlichen Hochschulen einbauen und von den Wissenschaften "bestimmen". Man kann natürlich nicht leugnen, daß überall die Wissenschaft heute mit im Spiel ist. Aber die einzelnen Praxen haben je eigene Wertpräferenzen und arbeiten unter diesen Werten. Deswegen sind sie ja als Kulturgebiete getrennt, brauchen einen eigenen Entwicklungs- und Führungsstab, eigene Kader.

Natürlich stellt der Strukturplan auch anderes Lernen vor, berufliches Lernen, praktisches und soziales Lernen. Alles ist aber immer mit der Wissenschaftsorientierung verknüpft. Die "stärkere Wissenschaftsorientierung", so schreiben die Planer, ist (neben der Stufengliederung) das Grundmotiv des Strukturplanes. Um so verwunderlicher, daß im Plan die Verbindung zur Wissenschaft selbst, zu den wissenschaftlichen Hochschulen und zur Forschung, nicht hergestellt wird. Der Hochschulbereich sei dem Wissenschaftsrat vorbehalten. Der Bildungsrat hat sich also mit diesem Bereich überhaupt nicht ausführlich beschäftigt. Man hat bei Wilhelm wie bei der Bildungskommission den Eindruck, daß angesichts der pluralen Gesellschaft und der Kritik an der älteren Bildungstheorie der kleinste gemeinsame Nenner, der dazu eine gewisse Festigkeit und Dauerhaftigkeit zu bieten scheint, gesucht wurde. So kam man in Anlehnung an ältere Gymnasialtheorien auf den Wertbegriff "Wissenschaft". Auf alle Fälle konnte man die "volkstümliche Bildung" für die "Volksschüler" aus Gleichheitsrücksichten nicht mehr aufrechterhalten. Das war gewiß ein Fortschritt, denn zweierlei Bildung zu konzipieren, wäre allemal falsch. Elitebildung für höhere Schichten und volkstümliche Bildung für das Volk, das war eine unglückliche Unterscheidung. Dazu spielen religiöse und konfessionelle Orientierung inzwischen keine so erhebliche Rolle mehr. Die ethische Orientierung (der Herbartschule) wollte man trotz struktureller Nähe (z. B. in der Betonung des Lernbegriffs) aus ähnlichen Gründen nicht mehr verwenden. Die Reformpädagogik hatte dazu viel bemängelt. Man kam da auch mit etwas "Sozialkompetenz" aus. Die Künste und die ästhetische Erziehung hatte man weitgehend vergessen. So wurde "Wissenschaft" das Stichwort, die Wertmarke der neuen "Jugendschule", mit praktischen Folgen: eifrige Umsetzer der neuen Idee ins fachdidaktische Detail fanden sich prompt. Die Tradition der Bildungsidee, zunehmend auch die der Bildungstheorie, wurde (z. B. von jungen Empirikern) nur zu gern übergangen oder gar nicht mehr rezipiert. Ein kognitiver Überhang in den Schulen war die Folge. Es kam bis in die Grundschulen hinein zur "Lernschule" der 70er Jahre (vgl. den neuen Bayerischen Grundschullehrplan, Einleitungstext von Hans-Joachim Schumacher, 1981). Nun war diese tendenzielle Eindimensionalität für die Schule natürlich nicht zwingend. Historische und gesellschaftliche Kräfte wirkten der angestrebten Reduktion entgegen.

So kam es zur zweiten Phase: das Aufbrechen der eindimensionalen Schultheorie kam von den ästhetischen Pädagogen, die ihre Fächer, also Literatur, Musik, Zeichnen, Sport, Handarbeiten, Gestaltung aller Art in den neuen Ideen und Plänen kaum, jedenfalls viel zu wenig, wiedergefunden hatten. Im Zuge der Enthistorisierung der didaktischen Theorien hatte man die zahlreichen und vielseitigen Impulse der Kunsterziehungstheorie seit der Jahrhundertwende bis hin zur "musischen Bildung" und zur modernen "visuellen und akustischen Kommunikation" sträflich vernachlässigt. Eine Erinnerung gar an Schillers ästhetische Erziehung des Menschen war höchstens von ein paar historisierenden Außenseitern der Schulpädagogik und Schultheorie zu erwarten. Hinzu kamen die permanente Krise in einigen publikumswirksamen modernen Kunstrichtungen und Schwächen der philosophischen Ästhetik. Die neue Idee hat auch Planer gefunden, aber nicht mehr im Bildungsrat, sondern in der anderen bedeutenden Kommission, die die westdeutsche Bildungswelt bestimmt hat, in der "Bund-Länder-Kommission für Bildungsplanung". In ihrem "Bildungsgesamtplan" von 1973 hat sie die Wissenschaftsorientierung des Strukturplans zwar weitgehend übernommen. Sie arbeitete aber von vornherein in einem weiteren Horizont, bezog nicht nur (wie schon der Strukturplan) Elementarbereich und Weiterbildung ein, sondern auch den tertiären Bereich, die Hochschulen und die außerschulische Jugendbildung. Diese Planer hatten schon kurz nach Verabschiedung des Bildungsgesamtplanes beschlossen, im Rahmen der Bildungsplanung auch die musische Bildung – unter vorrangiger Berücksichtigung der Musikerziehung – zu behandeln. Es wurden außer der musikalischen auch andere (besonders außerschulische) Bildungsangebote in die Überlegungen einbezogen, z. B. Theater und Museen, Film, Fernsehen, Literatur, Bibliotheken. So wurde der von der Bund-Länder-Kommission 1977 verabschiedete "Ergänzungsplan zum Bildungsgesamtplan" unter dem Titel "Musisch-kulturelle Bildung" nicht nur ein Aufmerksammachen auf die außerschulischen Bildungsangebote und die darin offensichtlichen außertheoretischen Akzente, sondern indirekt auch ein Hoffnungszeichen für die außerwissenschaftlichen Schulfächer und ihre Wertaspekte, besonders für die ästhetischen Fächer und deren Vertreter.

Der Bildungsbegriff für die Schulen kam aber erst entschiedener aus der Eindimensionalität heraus, als auch theoretische Konzepte angeboten wurden, die für Curriculumplaner hinreichend griffig erschienen. Hier spielte z. B. eine Rolle, daß in der Bloom-Krathwohl-Taxonomie die Ordnung der kognitiven durch die affektiven Lernziele ergänzt wurde. Die Schwierigkeit der "Operationalisierung" z. B. von ästhetischen Lernzielen (sie wird oft übertrieben) brachte bisher ihrer adäquaten Einschätzung nicht wenige Nachteile. Das wurde nun besser. Man dachte über angemessene Erfolgskontrollen nach. Von der Bildungskommission sind in dem Text "Zur Neuordnung der Sekundarstufe II" dafür praktikable Möglichkeiten entworfen worden. In dem Lernort "Studio" sollen, z. B. in Form von Ausstellungen und Musikaufführungen, Effizienzkontrollen stattfinden, nicht mehr durch die schulübliche Benotung. Die Eigenart des Ästhetischen und seiner Vielfalt hat noch keine gemeinsame Repräsentation im politischen Raum finden können. Das ist ein Nachteil. Künstler sind eher Individualisten, daher leicht isoliert und ungenügend bildungspolitisch vertreten. Es ist jedenfalls ein Gewinn, daß inzwischen diese zweite Dimension der Bildung in der Theorie der öffentlichen Erziehung wieder beachtet wird. Kunst und Wissenschaft gelten seit der deutschen Klassik als die beiden Bereiche, von denen Bildung lebt und auf die sie sich hin bezieht. Wenn man einen wesentlichen Teil wegschneidet, muß man sich sagen lassen, daß man keine Bildungsschule mehr betreibt, sondern eben eindimensional eine bloße Wissenschaftsschule. Das ist an sich nicht unmöglich. Man muß der Schule nicht alles aufhalsen. Man muß sich dann aber klar sein, was mit den anderen Bildungs- und Kulturbereichen geschieht. Man muß sich klar werden, was das für Folgen hat, besonders für die Menschen, die dann einseitig wissenschaftsorientiert erzogen werden; man muß sich klar werden, woher sie die anderen Wertanregungen bekommen. Aber gerade wenn man bedenkt, daß Familien, Medien, Werbung durch Einseitigkeiten viel verderben im ästhetischen Bereich, auch im ethischen Bereich, dann muß man der Schule schon mehr Bildungsaufgaben zumuten. Diese Einsicht ist dann auch schnell wieder gewachsen. Für die Bildungsarbeit ist das Hand in Hand gehen, mindestens von Künsten und Wissenschaften, wenn die Schule sich als Bildungsschule versteht, unverzichtbar; erst Zweidimensionalität ergibt ein Bild, obzwar noch nicht Bildung, die ist nämlich nur dreidimensional vollständig. Es ist interessant, wie die Bund-Länder-Kommission die musisch-kulturelle Bildung im Detail begründet. Sie meint:

"Musisch-kulturelle Bildung weckt schöpferische Fähigkeiten und Kräfte des Menschen im intellektuellen und emotionalen Bereich und stellt Wechselbeziehungen zwischen diesen Fähigkeiten und Kräften her. Sie spricht alle Menschen, in jedem Alter, in jeder Schicht, gesund, behindert oder krank, an. Sie ist selbst da noch wirksam, wo menschliche Sprache versagt. Insbesondere will musisch-kulturelle Bildung den einzelnen und den einzelnen in der Gemeinschaft

1. zu einer differenzierten Wahrnehmung der Umwelt anregen und sein Beurteilungsvermögen für künstlerische oder andere ästhetische Erscheinungsformen des Alltags fördern. Dies gilt sowohl gegenüber Kunstwerken wie auch gegenüber Formen der Werbung, der Industrieproduktion, der Mode, der Unterhaltungsmusik, der Trivialliteratur und der Medienprogramme, deren spezifischer Eigenwert zu erkennen ist.

2. zu eigen- und zu nachschöpferischen Tätigkeiten hinführen. Diese Tätigkeiten tragen zur Entfaltung von Begabungen, Neigungen und Fähigkeiten bei und vermitteln Befriedigung und Freude am Tun, fördern kommunikative Verhaltensweisen und erleichtern soziale Bindungen. Voraussetzung hierfür ist das Erlernen künstlerischen Ausdrucks durch Stimme, Mimik und Gestik des Menschen sowie durch Instrumente und Materialien,

3. in seiner intellektuellen Bildung vervollständigen. Die Angebote musisch-kultureller Bildung und intellektueller Bildung ergänzen einander. So setzt musisch-kulturelle Tätigkeit Einüben und Können von Techniken voraus; intellektuelle Bildung wird durch musisch-kulturelle Inhalte und Methoden vertieft.

4. in seiner Persönlichkeitsbildung und -entfaltung fördern, ihn harmonisieren und zur Selbstverwirklichung führen. Des weiteren hat musisch-kulturelle Bildung über ihre anthropologische und pädagogische Bedeutung hinaus einen besonderen heilpädagogisch-therapeutischen Wert.

5. Musisch-kulturelle Bildung vollzieht sich in erheblichem Umfang im Freizeitbereich. Sie entwickelt und fördert menschliche Fähigkeiten und Begabungen, die beim Erwerb einer beruflichen Qualifikation in der Regel keine hinreichende Berücksichtigung finden, jedoch für das Leben des einzelnen in Arbeit und Freizeit unerläßlich sind und auch auf die Gestaltung der Arbeitswelt zurückwirken. In dem Maße, wie eigenschöpferische und emotionale Fähigkeiten und Wünsche in der Arbeitswelt nicht zur Geltung gebracht werden können, wächst die Bedeutung musisch-kultureller Bildung als Inhalt von Freizeit. So gesehen hat sie einen wichtigen kompensatorischen Stellenwert.

6. Andererseits ist die musisch-kulturelle Bildung auch ein wesentlicher Sozialisationsfaktor, da sie schichtenspezifische Unterschiede, insbesondere Mängel in der Differenzierung von Wahrnehmung und Ausdruck ausgleicht und dadurch einen wesentlichen Beitrag bei dem Bemühen um mehr Chancen leistet. Deshalb soll musisch-kulturelle Bildung Angebote für Menschen mit unterschiedlichen Leistungsfähigkeiten und Bedürfnissen enthalten". (Ergänzungsplan S. 6)

Das alles ist natürlich sehr optimistisch gesehen. Vor allem die kompensatorische Wirkung hat sich insgesamt nicht derart umfänglich eingestellt, natürlich auch nicht im Bereich der ästhetischen Erziehung. Die Begründungen wiesen besonders stark auf anthropologische, persönlichkeitsbildende Effekte, ziehen aber auch einige gesellschaftliche Wirkungen heran, obwohl hier noch viel zu ergänzen wäre. Wenig beachtet wurden die politischen Effekte. Die Theorie der ästhetischen Kommunikation ist heute stärker politisch aufgeladen, vielleicht schon wieder überladen, das wurde hier noch nicht beachtet. In diesem Text liegt aber im Grunde schon der Übergang zur dritten Phase vor, zur Wiedergewinnung der dritten Dimension.

Zu Beginn der dritten Phase sprach man von der "Wiedergewinnung des Erzieherischen" und von "Wertorientierung". In Fachdiskussionen wurde die Problematik angegangen (vgl. Pöggeler, Bensberger Protokolle Nr. 27, Grundwerte in der Schule, auf der Suche nach neuer Verbindlichkeit, 1980). Die Problematik basierte auch auf politischen Unsicherheiten in der Bevölkerung. Die Grundwertediskussion war angelaufen. Man forderte, die Schule zum Medium der Einpflanzung und Absicherung der politisch notwendigen Grundwerte zu machen. Man hegte im Zusammenhang mit politischen Entwicklungen um 1970 (sog. Studentenbewegung) die Befürchtung, die Grundwerte würden nicht genügend eingepflanzt. Es würde zu wenig gemeinsames Wertbewußtsein geschaffen, durch das sich diese Gesellschaft noch einigermaßen konstant erhalten kann. In der Erziehungsphilosophie und Schultheorie mußte man sich nun erneut mit dem Wertbegriff auseinandersetzen und hatte dadurch eine Chance, über theoretische und ästhetische Werte hinaus, die ja inzwischen akzeptiert waren, sich auf soziale, ethische, politische, ja religiöse Werte und deren gesellschaftliche Funktionen erneut zu besinnen. Synthetische und praxisorientierte Schultheoretiker, wie Schröder, Zöpfl, Geißler, zeigten praktische Wege der Wertorientierung im Unterricht und arbeiteten so der Übernahme der dritten Dimension in die öffentlichen Schulen zu. Inzwischen zeigen sich Auswirkungen bis in die Lehrpläne hinein. Hans-Joachim Schumacher charakterisierte die neue Schule als "die Schule der Wertorientierung für die 80er Jahre" (Lehrplaneinführung S. 4) in Abhebung von der Lernschule der 70er Jahre. Die "grundlegende Bildung" in der Schule soll "Hilfen zur allgemeinen, persönlichen Entfaltung und Selbstverwirklichung geben und Wege zu verantwortlichem Leben und Wirken in der Gemeinschaft aufzeigen". In solchen offiziellen Formulierungen hat der Staat "Essentielles" aus der Bildungsidee für die Schule wiedergewonnen. Erich Geißler ("Allgemeine Didaktik", 1981, "Allgemeinbildung in einer freien Gesellschaft", 1977) und Josef Derbolav bringen sie auch theoretisch wieder zur Geltung. Mit dieser Wiedergewinnung der Wertorientierung, "des Erzieherischen", könnte man sagen, ist ein Kapitel des versuchten Reduktionismus als Weg aus den Widersprüchen (was die Schultheorie betrifft) abgeschlossen. D. h., es könnte abgeschlossen sein, ist es jedoch im Endeffekt noch nicht. Die Bildungsidee ist für die meisten Bildungspolitiker jedenfalls noch viel zu unscharf, als daß sie in ihre Entscheidungen klar wirksam eingebracht werden könnte. Das Gewoge aktueller Gefühle und Problemlagen, gemischt mit historisch bzw. biografisch gewachsenen Ansichten und Gewohnheiten, Gruppendruck und vage Vorstellungen bestimmen leider die konkrete Bildungspolitik mehr als ein klares Bildungskonzept. Das Reduktionsproblem wird daher meist "pragmatisch" ausgehandelt und es ist nicht immer das ausgewogenste und beste Konzept, das da ausgehandelt wird. Das Problem läßt sich auch theoretisch verfolgen. Schon die Trennung außerschulischer und schulischer Bildungsarbeit legt eine Arbeitsteilung nahe. Es ist keineswegs zwingend, die Schulen ohne jede Einschränkung unter die vollständige, "elaborierte" Bildungsidee zu stellen. Wenn sie einen ihr zumutbaren sinnvollen *Beitrag* zur Verwirklichung dieser Idee leisten, ist dies gesellschaftlich schon zureichend. Vom individuellen Aspekt aus leisten sie vollständige Bildung ohnedies niemals, weil sie als Massenschulen wesentlich nur auf die allen, oder doch vielen gemeinsame Grundbildung ausgerichtet sein können. Eine nur auf Wissenschaft oder nur auf Wissenschaft und Kunst ausgelegte öffentliche Schule ist daher durchaus denkbar. Nur müssen die Nachteile der verringerten Dimensionalität sorgsam bedacht werden. Und es müßten um der Einheit von Kultur und Bildung willen wirksame Kontaktstellen zu den außerschulischen Angeboten und Aktivitäten hergestellt und diese außerschulischen Kräfte und Medien entsprechend öffentlich gestützt werden. In einer pluralistischen Gesellschaft ist Konsens, z. B. in der Wissenschaft, eher herzustellen als in den Bereichen der "dritten Dimension" der Bildung (Recht, Ethik, soziale und politische Werte, Religion), obwohl auch hier ein Minimalkonsens erforderlich ist, wenn eine Gesellschaft nicht an ihren inneren Spannungen zerbrechen soll. In der "Minimalität" liegt zugleich aber immer eine Grenze der schulischen Bildungsarbeit überhaupt. Nicht möglich ist ein Rückgang auf eine reine Fertigkeitenschule: Lesen, Schreiben, Sprachen, mathematische und Denkmethoden, manuell-technische Leistungen, Bewegungsschulung. Obwohl diese Fertigkeiten einen festen Teil der Vermittlungen in den Primar- und Sekundarschulen der Welt ausmachen, würde sich doch keine nationale Gesellschaft mit einer solch radikalen Reduktion zufrieden geben. Oft lassen die Familien und Religionsgemeinschaften in ihrem Erziehungs- und Bildungswillen oder -einfluß nach. Dazu besteht über die Notwendigkeit der Herstellung oder Sicherung eines ethisch-sozialen Mindestniveaus das Bedürfnis nach nationaler Identität und das nach Identifizierung mit der örtlichen Herrschaftsform. Man muß sich jedenfalls darüber klar werden, daß Schulen Instrumente sind und nichts naturwüchsig Essentielles. Es gibt kein "Wesen der Schule" mit Inhaltsfixierungen anthropologischer oder axiologischer Art (wie das etwa noch von Comenius in seiner Totalplanung der lebenslangen Schule konzipiert wurde), sondern es gibt außerhalb des Bildungskonzepts im Grunde nur ein lern- und organisationstheoretisches Konzept der Schule, das in seiner Inhaltlichkeit immer neu – wenn auch weithin historisch-kontinuierlich eingebunden – bildungspolitisch verantwortet werden muß. Und das innerhalb eines Gesamtkonzepts über Mensch-Kultur-Natur, also einer Gesamtphilosophie, über die ein Minimalkonsens in einer politisch strukturierten Gesellschaft bestehen muß, soll sie ohne allzuviel Zwang einigermaßen stabil bleiben. Ob die Herstellung dieses Konsenses die höchste gesellschaftliche Aufgabe der Pädagogik ist, wie Wilhelm Flitner noch meinte, wird nach der Bildungsidealdestruktion in der Pädagogik selbst heute in Zweifel gezogen. Eine breitere Basis der Konsensfindung und ihrer Verantwortung bahnt sich an, etwa in der Art moderner Curriculumentwicklung. Sie wird auch theoretisch reflektiert, z. B. in der Diskurstheorie der kommunikativen Ethik.

Wir stehen an den Grenzen der kollektiven Bildungsarbeit. Hier findet sich auch eine Nahtstelle zur individuellen Bildungsarbeit. Das Basisinteresse "der Gesellschaft" kann im Erziehungs- und Bildungsbereich als das der "Sozialisation" beschrieben werden. Wenn der Begriff der Sozialisation ausgefaltet wird, wie etwa bei Wurzbacher, entstehen differenziertere Betrachtungsweisen, wie die der Unterscheidung von Sozialisation im engeren Sinne, Enkulturation und Personalisation. Die für ein Kollektiv optimale Ausbildung der Mitglieder deckt sich nicht restfrei mit der für jede Person optimalen Persönlichkeitsbildung. Der Staat ist z. B. in seinen Massenschulen gezwungen, den gemeinsamen Mindestbildungsinhalten den Vorrang zu geben. Im Strukturplan heißt es dazu: "Die Individualisierung hat ihre Grenzen darin, daß allen Lernenden in der Schule eine gemeinsame Grundbildung zu vermitteln ist " (I.4.6). Der Staat ist in der Regel nur insoweit an der individuellen Selbstverwirklichung interessiert, als dadurch das Staatswesen funktioniert. Daß der einzelne seine Bildungsinteressen selbst verfolgt, ist letztlich die Basis für staatliche Steuerungen und Kanalisierungen. Wenn der Staatszweck erfüllt ist, läßt das öffentliche Interesse schnell nach. Es wird also eher ein Interesse für Sockelqualifikation für alle als für Höchstqualifikation für alle bestehen. Auch die Selbstprogrammsetzung als "Kulturstaat" reicht in manchen Sektoren der Kultur oft nicht weiter als bis zu gewissen Opfergaben (z. B. 2 % Kunst am Bau) und Kunstförderungen in dem Maße, wie das Staatsprestige dies zu erfordern scheint. Die hier entscheidenden Stellen stehen allerdings unter Begründungsdruck vor der Öffentlichkeit. Ein Kollektiv ist hinsichtlich seiner Kulturarbeit letztlich nur so viel wert, wie das Kulturniveau seiner Bevölkerung (da sie zustimmen muß, wenn z. B. für Kunst mehr ausgegeben wird), besonders aber natürlich seiner einflußmächtigen Eliten.

Die mit der Bildungsidee verbundene Idee der individuellen Selbstvervollkommnung, der Selbstvollendung, der optimalen Persönlichkeitsverwirklichung, ist letztlich ein Interesse der einzelnen Person. Daher besteht die Notwendigkeit, seine Bildung durch individuelle Bildungsarbeit selbst zu leisten. Keine Schule würde funktionieren, wenn nicht der einzelne Schüler selbst lernen und über die Sockelqualifikation hinaus Bildungsarbeit selbst leisten, seine Bildung ausbauen wollte, z. B. durch Studium und Selbstbildung im Erwachsenenalter. Dieser Prozeß beginnt schon bei der Lernaktivität der Jugend und die Jugend muß dazu befähigt werden. Von früh an muß der junge Mensch wissen, daß er "sein eigenes Werk tut", wenn er Schulen besucht, wenn er sich Wissen, Können, Haltungen aneignet, daß er dabei wesentlich für sich selbst arbeitet. Dies ist kein Rückfall in Individualismus oder Egoismus. Bildung ist letztlich auch wieder für die Gesellschaft nützlich, wenn sich aktive Menschen in Freiheit und innerer Kultiviertheit an der gesellschaftlichen Arbeit beteiligen. Solche Persönlichkeiten können ein entwickeltes gesellschaftliches Ganzes, einen Kulturstaat besser tragen als weniger an der Kultur partizipierende Bürger. Als Vertreter der Pädagogik wird man immer für die Höchstqualifikation aller, soweit es nur möglich ist, eintreten, nicht bloß für den dem jeweiligen Bedarf in der Wirtschaft angepaßten Qualifiziertenausstoß des Bildungssystems. Das entspräche nicht der Bildungsidee und nicht der optimalen Humanität. So lange es eine Volkswirtschaft verkraftet, daß mehr Akademiker ausgebildet werden, sollten auch mehr Akademiker ausgebildet werden. Hochqualifizierte sind flexibel und können, selbst wenn sie in ihrem eigenen Lande keine Verwendung finden, vielleicht anderswo auf der Welt oder in einem anderen als ihrem Ausbildungsberuf arbeiten und leben.

Die Notwendigkeit der Selbsttätigkeit in der Bildungsarbeit beginnt in der Jugend, denn ohne Lernwilligkeit des Schülers nützt das Angebot der Lehrer wenig.In der Jugendschule kann allerdings noch eine gewisse Motivationspflicht der Lehrer angenommen werden. An den Hochschulen und in Erwachsenenbildungsveranstaltungen wird dagegen voll auf die Selbstmotiviertheit der Lernenden gebaut. Jedenfalls gibt es Vollendung der Bildung weder durch das Leben noch durch die kollektive Bildungsarbeit, sondern ausschließlich durch die Person selbst.

Freilich gibt es einen Ansatz zur individuellen Bildungsarbeit auch schon in der Grundschule, nämlich dann, wenn sich Lehrerinnen und Lehrer ihr Selbstbildungsstreben erhalten haben und dementsprechend den Schülern als ebenso werdenden Persönlichkeiten begegnen. Solche Lehrer werden dann über den Fachlehrerauftrag hinaus immer wieder für einzelne Schüler "Leitbilder gelebten Lebens" (A. Reble), mögliche Muster kultivierter Existenz. Übrigens vermitteln solche Lehrer oft auch gern zu bedeutenden Gestalten der Geschichte. Persönlichkeiten entwickeln sich eben meist an Persönlichkeiten. Da liegt übrigens auch der Wert der Hermeneutik, des verstehenden Einfühlens und interpretierenden Hineindenkens in Personen, für die Bildung. Günther Buck hat herausgearbeitet, daß hermeneutische Arbeit im Grunde Bildungsarbeit ist (Hermeneutik und Bildung, 1981).

II. Bildungsdimensionen

Jeder Selbstbildungsentwurf im individuellen Lebensplan und jeder Lehrplan einer Gesellschaft beruht letztlich auf einem Bildungsplan, wie dieser Plan, wenn er sinnvoll und ausgereift ist, auf gründliches Einarbeiten in die Bildungsidee. Ein "Lebensplan" (Rawls) ist ein individueller Entwurf, wie mein Leben ungefähr aussehen könnte, was ich aus meinem Leben machen möchte. Er ist jederzeit überholbar, aber ich richte mich nach diesem Entwurf. Solche Entwürfe korrigieren wir zwar immer wieder einmal, aber wir haben gewisse Grundvorstellungen, was wir für unser Leben für wertvoll halten und was wir zu machen gedenken, was wir erreichen wollen, wenn sich das als einigermaßen erreichbar erweist. Dieser Lebensplan bedingt dann den individuellen Bildungsplan: das, was man durch Lernen, durch Bildungsarbeit zur Erreichung des Ziels dieses Lebensplans tun kann, beispielsweise ein Studium abschließen, um einen ganz bestimmten Beruf zu erreichen. Abstrakter, aber ähnlich ist es bei einer Gesellschaft, wenn sie sich auf eine Zukunftsentwicklung hin politisch festlegt. Dann muß sie ihre Jugend, ihre Schüler, Auszubildenden und Studierenden in einem entsprechenden Lehrplan für diese Zukunft vorbereiten.

Die Bildungsidee suchen wir in der Bildungsdefinition zu dimensionieren. Sie ist in Persönlichkeit und Kulturteilhabe fokussiert, beruht also – theoretisch gesehen – auf anthropologischen und kulturtheoretischen Prämissen. Der Sichbildende ist auf die kulturelle Realität und besonders auf die aus ihr erkennbaren wie in ihr zentral wirksamen Werte verwiesen. Nicht alles, was inhaltlich in einer Kultur Gehaltvolles existiert, kann man informationspraktisch in das Bewußtsein der einzelnen Personen hineinbekommen, sondern es muß eine sinnvolle Auswahl getroffen werden, geleitet durch die Idee der kategorialen Bildung und durch die Vorrangigkeit der wichtigsten Werte. Jeder kann an den Werten des Wahren, Guten, Schönen und Heiligen teilnehmen. Das kann er auf Grund seiner Personstruktur. Jeder normalbegabte Mensch hat die Fähigkeit, an seiner Bildung zu arbeiten und das Glück, das in den damit verbundenen Werterfahrungen liegt, zu empfinden. Werterlebnisse sind Schlüsselpunkte der Bildungsentwicklung. Durch sie werden Menschen "aufgeschlossen" (Goethe). Manchmal liegen einer Entfaltung nur ganz wenige Erlebnisse zugrunde und machen offen für ein Stück Welt. In der Mensch-Welt-Beziehung liegt der Kern der Bildung. Erweiterung des Welthorizonts ist Bildung. Kulturteilhabe und in ihr besonders Wertsinn, wurden als zentrale Momente herausgearbeitet. Die vorrangig zu entfaltenden Dispositionen oder psychischen Bereiche sind vom Bildungsziel her gesehen Geschmack, Wissen und Gewissen.

Kultur als menschliches Gesamtwerk ruht auf anthropologischen Vorgaben, greift aber weiter, weil in ihr der Mensch sich selbst formiert, gestaltet, geistig entwickelt. Als Vorgaben erscheinen wichtig die biologischen Strukturen, z. B. die Bedürfnisse, aus denen B. Malinowskis (Eine wissenschaftliche Theorie der Kultur, 1975) "Kulturreaktionen" entwickelt wurden. Im Behaviorismus wurden im Anschluß an die nervöse Grundstruktur Reiz und Reaktion herausgearbeitet. Aus der Biologie ist bekannt, daß alle Lebewesen so gebaut sind, daß sie Reize aufnehmen, daß sie diese "bei höherer Entwicklung im Nervensystem) verarbeiten und sich dann wieder in Reaktionen auf die Umwelt beziehen. Im Grunde kann man von diesem Schema aus auch Bildung begreifen in ihren notwendigen Dimensionen, weil die Reize besonders durch das Ästhetische aufkommen, durch die Wahrnehmung, weil sie durch den Denkprozeß verarbeitet werden (im Zentralnervensystem) und dann wieder umgesetzt werden in Praxis, in verantwortliches Handeln. Es kommt sehr darauf an, daß man diesen anthropologisch-biologischen Zusammenhang erkennt. Auf weit höherer Ebene hat A. Toynbee als Welthistoriker strukturell analog die Momente von Herausforderung und Antwort als Kulturprinzipien erkannt. Jede große Geschichtseinheit, jede Gesellschaft entstand durch Herausforderung. Man denke an die Bearbeitung des immer wieder überschwemmten Nils und die Entstehung der ägyptischen Kultur. Das ist historisch ins Große gewendet ein dem Stimulus-Response-Schema ähnliches Grundmuster. Kulturen entwickeln sich durch Herausforderung und Antwort, Challenge und Response. Individuen wie Gesellschaften reagieren in ähnlicher Weise auf Reize und Herausforderungen. Man kann auch an das alte Theorie-Praxis-Schema denken. Diese beiden Dimensionen wurden je von der Erlebnisdidaktik einerseits und der Aktivitätsdidaktik andererseits apostrophiert und ins Bildungspraktische gewendet. Die Zeit für eine Synthese ist reif. Kulturteilhabe ist sowohl rezeptiv wie aktiv zu fassen, beide sind in einem Funktionskreis gekoppelt. Philipp Lersch hat (Aufbau der Person) diesen "Funktionskreis des Erlebens", des Aufnehmens von Reizen, die Verarbeitung in einem Zentralbereich und die Rückwendung auf die Welt bündig dargestellt. So ist unser normales Handeln strukturiert. Heinrich Roth (Pädagogische Anthropologie) hat ähnlich differenziert. Die Teilsysteme des menschlichen Handelns können je für sich kultiviert und in ihrem Konnex trainiert werden. Ein Planentwurf nur auf dieser Basis wäre aber bildungsformalistisch, also nur auf Kräfte der Persönlichkeit bezogen. Die materiale Sicht setzt das menschliche Werk, also die Kultur, in den Brennpunkt der Aufmerksamkeit. Hier entsteht der Ansatz bei den bildungsrelevantesten Kulturbereichen, also Wissenschaft, Kunst und verantwortete Praxis. Der Planungsentwurf nur von dieser Perspektive aus wäre nun wiederum, weil primär am Material der Bildung orientiert, bildungsmaterialistisch zu nennen. Beide Ansätze, der bildungsformale, der bei den Kräften der Person ansetzt und der bildungsmateriale, der bei den Kulturbereichen und -werten ansetzt, gelten als einseitig und sind durch kategoriale Bildung überwindbar, didaktisch und methodisch zu verknüpfen. Man müßte jedoch zugleich in eine fundamentalere Ebene hineingehen, also in eine anthropologisch-kulturtheoretische Synthesis und sie dort verbinden, nämlich über die in den bildungsrelevanten Kulturbereichen zentralen Aktivitätstypen ästhetische Erfahrung, theoretische Erfahrung und praktische Erfahrung, oder einfacher ausgedrückt, durch Wahrnehmen, Denken, Handeln. Da wir diesen drei Elementen der fundamentalen Synthesis einen differentiell nuancierten Sinn geben müssen, wählen wir – als Kunstbegriffe, die speziell unsere Intention ausdrücken und im folgenden expliziert werden – dafür: Áisthesis, Nóesis und Praxis. Ihr Zusammenwirken wird – in das anthropologische Schema des Erlebenskreises eingebracht – zunächst schematisch – so vorgestellt:

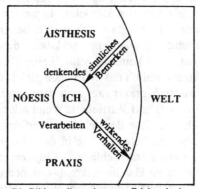

Die Bildungsdimensionen im Erlebenskreis

Es ist Wert darauf zu legen, daß die materialen und die formalen Gesichtspunkte gleichermaßen zur Geltung kommen, d. h. hier die innerpsychischen, die den menschlichen Grundfunktionen entsprechen, einerseits und die Perspektiven aus der Realität von Gesellschaft und Kultur, andererseits. In diesem Sinne wird kategoriale Bildung hier so fortgeführt, daß sie sich anthropologisch *und* kulturtheoretisch ausweisen läßt. Die Kulturbereiche lassen sich diesen drei Aktivitäts- und Erfahrungstypen Wahrnehmen, Denken und

Handeln mit verschiedenen Schwerpunkten zuordnen:

Áisthesis ist selbstverständlich besonders die in der Kunst, aber auch abgestuft in allen anderen menschlichen Tätigkeiten, auch der Technik und der Praxis im engeren Sinne. *Nóesis* ist selbstverständlich zuerst zu finden in der Wissenschaft als Kulturbereich, aber es gibt keine Praxis, keine Technik, keinen wie immer gearteten Kulturbereich, der ohne Denken, Wissen und Wissenschaften auskommt. Insofern sind alle diese Bereiche nur schwerpunktartig zu benennen und sind real untereinander so vernetzt, daß man nur von Akzenten sprechen kann. Es entspricht der geisteswissenschaftlichen Begriffsbildung, von Akzenten auszugehen und nicht von scharfen Abgrenzungen. Wie ein Lichtstrahl von einem Scheinwerfer auf einen ganz bestimmten Fleck leuchtet und den besonders erhellt, einen "Spot" setzt, aber außen herum doch ein gewisses Feld mitbeleuchtet, so diffundiert auch ein geisteswissenschaftlicher Begriff immer nach allen Seiten, ist nie so scharf abgrenzbar wie ein Begriff, der zählbare Mengen bezeichnet. Das entspricht der Integriertheit des Bewußtseins, analog zu sehen zur Vernetzung in unserem Gehirn. Ähnlich verhält es sich mit der Struktur unseres Wissens. Daß die *Praxis* besonders dem Verantwortungsbereich zuzuordnen ist, also dem ethischen, dem politischen, dem religiösen, geht aus der Sache des verantwortlichen wirkenden Verhaltens hervor. Wirkendes Verhalten wird in allen Kulturbereichen realisiert. Wissenschaft ist so gesehen auch eine Praxis. Am extensivsten theoretisiert hat dies Derbolav. In seinem Praxisschema wird alles als Praxis definiert. Es erheben sich jedoch Bedenken, da ein Begriff, der total angewandt wird auf *alle* Lebenspraktiken, dann keinen unterscheidenden Sinn mehr hat, weil keine Akzente, keine Differenz, keine Trennschärfe. Dann kann man nämlich das Wort auch gleich weglassen. Statt Wissenschaftspraxis, Wirtschaftspraxis sagt man dann am besten gleich wieder, wie gewohnt, Wissenschaft und Wirtschaft. Wenn alles, was Lebenstätigkeit heißt, unter Praxis fällt, ist diese Bezeichnung überflüssig. Eine Schwäche in Derbolavs praxeologischem Schema! Die in den einzelnen Kulturbereichen ausdifferenzierten Bereiche menschlicher Tätigkeit haben sich deshalb getrennt, weil sie je anderen Handlungskombinationen und Wertpräferenzen entsprechen. In der Wirtschaft gelten andere Wertpräferenzen als in der Wissenschaft, in der Kunst, im Rechtswesen, in der Religion usw. Diese Bereiche haben dadurch immer Differenzen, ja zum Teil gegeneinander stehende Belange. Sie harmonisieren nicht einfach miteinander. Solche Konflikte können notwendig und produktiv sein. In der Regel erscheint der Einfluß der einzelnen Kulturbereiche balanciert. Mitunter wird freilich durch Übergriffe auch gestört, beispielsweise, wenn Politik oder Wirtschaft in die Bereiche der Wissenschaft und Kunst übergreifen. Dann kann das gesamte Kultursystem unausgeglichen werden und an Humanität verlieren. Für die einzelne Person ist das Wichtigste im Leben die Urteilsfähigkeit hinsichtlich der einzelnen Kulturgebiete aus den Werten heraus, die die Kulturgebiete als jeweils regulative Idee bestimmen. Bei dem Versuch der Persönlichkeitsoptimierung via Bildung muß der Mensch diese zentralen Wertbezüge erleben und handelnd realisieren, damit er Welt und in ihr Kultur in ihren Dimensionen verstehen, bewerten und im Maß seiner Möglichkeiten auch aktiv mittragen kann. Auch wenn seine gesellschaftstragenden und kulturschöpferischen Möglichkeiten nur bescheiden sind, sollte er seine individuell erreichbare Bildung in dem Ausmaß, als es ihm möglich ist, anstreben.

Die ältere Bildungstheorie hat immer von den regulativen Ideen des Schönen, Wahren und Guten gesprochen. Für sie bestand Bildung in einer intensiven Beziehung zu diesen für Kunst, Wissenschaft und verantwortlicher Praxis bestimmenden Wertideen. Man kann daher aus der Tradition heraus sagen, daß erst ein Zusammenklang von ästhetischer, theoretischer und ethisch-religiöser Bildung eine volle und ausgewogene Bildung charakterisiert (Nach Fertigstellung des Manuskripts fand der Verfasser in Wiater: G. W. Leibniz und seine Bedeutung in der Pädagogik, 1985, daß bereits Leibniz die drei systematischen Ordnungsbegriffe "scientia", "ars" und "praxis" für praktisch-philosophische Bereiche verwendet und empfohlen hat).

Nun lassen sich diese drei Gruppen der Erfahrung, des Verhaltens und, wie wir sehen, der Werte, wieder finden auch in so elementaren Dingen wie der praktischen Lehrplanung oder einzelnen Unterrichtseinheiten. Sogar an den Unterrichtsschritten kann man das sehen, weil ja in den meisten Unterrichtsstunden von etwas Anschaulichem, etwas "Ästhetischem" im Sinne der Wahrnehmung, ausgegangen wird. Die Unmittelbarkeit der Wahrnehmung ist durch nichts zu ersetzen. Áisthesis meint die unmittelbare Weltbegegnung im sinnlichen Bemerken, in den Anmutungserlebnissen einschließlich der Gefühle, die davon ausgelöst werden. Dann geht jede Unterrichtsstunde weiter zu denkendem Verarbeiten (Noesis). Das dürfte die Haupttätigkeit in unseren Unterrichtsstunden sein, die Arbeit im Bereich von verstehendem und verarbeitendem Denken. Dies setzt sich schließlich um, wenn die Rückwendung zu Welt und Praxis mit eingebaut ist, in Anwendung, Übersetzung in die Lebenswelt. So scheint es, daß die gefundene Dreiteilung im Erlebenskreis auch zugleich eine Dreiteilung ist, die sich in den einzelnen Unterrichtseinheiten in aller Regel wiederfinden läßt als Anschauung, Denken, Anwendung.

III. Áisthesis – die ästhetische Dimension der Bildung

Ich gehe davon aus, daß Áisthesis zunächst nichts anderes meint als Wahrnehmung. In den Plänen des Münchner Schulinstituts ist auch ein Wahrnehmungsbereich herausgestellt, der ähnlich das meint, was hier angesprochen wird. Hartmut von Hentig spricht vom "Leben mit der Áisthesis". Wir entwickeln heute eine elaborierte Psychologie der Wahrnehmung. In der Geschichte der Pädagogik gibt es ein ausgeprägtes Bewußtsein (mindestens seit Pestalozzi) des Anschauungsprinzips. Wir wissen, daß alles Denken und Wissen von der Anschauung ausgeht. Kant hat nachgewiesen, daß es keine Begriffe gibt ohne Anschauung und (letztlich) keine klare Anschauung ohne Begriffe. Wir wissen von der Selektivität der Wahrnehmung. Reiz hat biologische Strukturbezüge. Unsere Merkwelt ist der Wirkwelt zugeordnet, wenn auch in einer gewissen Weise freigesetzt. Der Mensch ist nicht wie die übrigen Lebewesen vollständig eingebunden in biologische Mechanismen. Im allgemeinen ziehen wir lustvolle Reize vor. Angenehme Bilder und Töne sprechen wir als "ästhetisch" an. Das Schöne hat besondere Faszination. Plato hat das "Zeugen im Schönen" als Eros beschrieben und den Aufstieg zum höchsten geistigen Schönen, zur Idee des Schönen (im "Gastmahl") dargestellt. Schiller ("Über die ästhetische Erziehung des Menschen") bewertet die ästhetische Erziehung als unerläßliches Fundament der ethischen Kultur, und zwar der des Einzelmenschen wie des Staates. Die Romantik und Stifter haben dazu auf das Naturschöne aufmerksam gemacht. Die Kunsterziehungsbewegung um die Jahrhundertwende hat über die musische Bildungsbewegung die aus den "artes liberales" stammenden, aber auch neue ästhetische Fächer, in den Schulen fest installieren können. Hartmut von Hentig hat unter seinen "Allgemeinen Lernzielen der Gesamtschule" (Deutscher Bildungsrat: Lernziele in der Gesamtschule, 1971) als wichtiges Lernziel das "Leben mit der Áisthesis" so formuliert: "Fähigkeit, die Wahrnehmung und Gestaltung der eigenen Umwelt zu genießen, zu kritisieren, zu verändern; Verständnis der gesellschaftlichen Bedingungen und Wirkungen ästhetischer Phänomene; Ich-Stärkung durch Sensibilisierung der Perzeption" (29). Er hält unsere jetzige ästhetische Bildung im Vergleich zu unserer ästhetischen Beanspruchung im Leben, wie im Vergleich zur wissenschaftlichen, beruflichen und politischen Bildung, für unterentwickelt und das trotz der vergleichsweise doch zahlreichen Kunstfächer, wenn man die ästhetischen Themen aus den nicht als Kunstfächer bezeichneten Schulfächern hinzunimmt. Als Kunstfächer gelten Musik, Kunsterziehung, Literatur (in Muttersprache und Fremdsprachen). Ästhetische Bereiche bzw. Themen in anderen Fächern finden sich im Sport, in Textilarbeit, Werken, Biologie, Geschichte, Religionslehre.

Wie läßt sich Áisthesis kategorial differenzieren? Es gibt heute praktisch zwei Wege, sich auf Áisthesis einzustellen, einen mehr affirmativen, positiven und einen kritischen, eher negativen und natürlich auch wieder synthetische Versuche. Affirmativ, also positiv hat Helmut Kuhn das Ästhetische gesehen und bei seinem Versuch eines Systems der Künste (Schriften zur

222

Ästhetik, 1966) nach dem Ort der Kunst im Leben gefragt. Kuhn findet, "daß das Fest der Ort der Kunst im Leben ist" (222). In diesem Sinne sei Kunst ein gesellschaftliches Phänomen. Stammesfeier, ludus sacer, Drama, werden in einer Linie gesehen. Die Menschen würden sich in der Feier selbst ermutigen oder nach einem gelungenen (z. B. Jagd-)Unternehmen der Gruppe, des Stammes, selbst wieder stützen. Kollektivfeiergestaltung und Furchtverarbeitung haben miteinander zu tun. Hierher gehören auch die zehntausende Jahre alten Höhlenmalereien, in denen Tiere im Jagdzusammenhang dargestellt werden. Es lassen sich viele künstlerische und religiöse Ansätze in solchen "Beschwörungen" finden oder in der einer gelungenen Jagd nachfolgenden Dankfeier und Mahlfeier. Kuhn gibt auch ein individuelles Beispiel, berichtet von einem Eskimo, der auf einer abgetriebenen Eisscholle singt, sich so Hoffnung macht, daß ihn seine Stammesgenossen suchen und finden werden. Man erzählt sich, daß er sich da ein Lied erfunden und das immer wieder vor sich hingesungen habe. Es scheint, daß diese Selbstermutigung so etwas wie ein unbewußtes Ritual sein könnte, über eine gefährliche Zeit hinwegzukommen. Daß kollektive wie individuelle Selbstermutigung ein Prinzip der Lebensbewältigung ist, kann man aus Kuhns Beispielen glaubhaft entnehmen.

Negativ "dialektisch" sieht die Funktion der Kunst Theodor W. Adorno (z. B. in "Ästhetische Theorie", 1973 und "Negative Dialektik", 1975). Die Kunst hat nach Adorno vor allem eine gesellschaftskritische Funktion. Es ist in der Tat so, daß viele Künstler ihren Einfluß, ihre Macht benützt haben, um Kritik zu üben an ärgerlichen Erscheinungen der Gesellschaft. Viele Künstler mußten aus dem nationalsozialistischen Deutschland oder aus dem kommunistischen Machtbereich auswandern, weil sie zu kritisch erschienen für die jeweiligen Machthaber. Dieses kritische, vorantreibende Moment wird jedoch bei Adorno einseitig betont, wenn es auch in seinem antithetischen Charakter als ein möglicher, vielleicht notwendiger Durchgangspunkt der Gesellschaftsentwicklung bejaht werden muß. Es bleibt jedoch typisch für die einseitige Sichtweise Adornos, daß er den Sinn von Katharsis und Klassik letztlich nicht erkennen kann. Das hat vor allem H. R. Jauß kritisiert. Negativität und Klassizität schließen sich nach Jauß nicht aus. Viele Klassiker wirkten zunächst kritisch, gesellschaftlich verneinend und umorientierend, Unmoralisches kennzeichnend, bevor sie zu Klassikern wurden (vgl. Schiller, Beethoven, Beckett, Brecht). Auch Günther Buck ("Rückwege aus der Entfremdung, Studien zur Entwicklung der deutschen idealistischen Bildungsphilosophie", 1984) hat Ästhetik und Arbeit als Rückwege aus der Entfremdung begriffen. Wenn der Rückweg aus der Entfremdung wieder zu etwas Positivem, etwas Affirmativem führt, so ist dieses gewonnene Affirmative nicht schlechtweg nichtästhetisch. Adorno bleibt zu einseitig bei seinem kritischen

Aspekt und geht dabei im Grunde hinter Hegel zurück. Der Sinn der Bewegung ist jedenfalls nach Hegel immer die Synthesis, also ein relativer Harmoniezustand, auch wenn er immer nur vorübergehend erreicht wird. Wir wollen Negativverhältnisse oder unangenehme Reize weghaben, wollen sie beseitigen, damit wir wieder einigermaßen erträglich leben können. Das ist der normale Prozeß im Lebensvollzug. Das hält zwar auch nicht lange, weil immer wieder – von innen oder von außen – irgendwelche Störungen herankommen, die man wieder bearbeiten muß usf. Unser Streben ist jedoch immer auf eine relative Balance und Harmonie gerichtet und nicht wesentlich vom Negativen her bestimmt. Im Gegenteil: das Negative kommt uns zu und wir versuchen es zu bearbeiten, abzubauen, einzuordnen.

Hans Robert *Jauß* hat in seinem Buch "Ästhetische Erfahrung und literarische Hermeneutik" (1982) eine neue Theorie der ästhetischen Erfahrung entworfen, angeregt durch Gadamer und Adorno. Er hat auf drei Grundfunktionen hin ausgelegt, auf Áisthesis, Poiesis und Katharsis. Dabei vermittelt er auch zu den "angrenzenden Realitätserfahrungen", nämlich zu den "Sinnbereichen der religiösen, der theoretischen und der ethischen (oder politischen) Erfahrung" als zu den nächsten "Angrenzern". *Poiesis* meint Produktion, die produktive Seite der ästhetischen Erfahrung. Sie reicht in unserem Schema in Praxis hinein, bleibt aber bei Jauß im ästhetischen Bereich. Historisch sieht Jauß Poiesis emanzipativ als schrittweises Freisetzen von Bindungen, die dem herstellenden Tun in antiker wie in biblischer Tradition auferlegt waren. Durch Arbeit und Werk der Künstler wurde dieser Prozeß eine zunehmende Verwirklichung der "Idee des schöpferischen Menschen" (103). *Áisthesis* meint bei Jauß Rezeption, die rezeptive Seite der ästhetischen Erfahrung, wobei die genießende und die kritisch-reflektierende Einstellung gleichermaßen zur Geltung kommen. Das ist ungewöhnlich, weil es einige Zeit tabu war, vom "Genießen" zu sprechen, obwohl es als Kunstgenuß oder doch Freude beim Erleben selbstverständlich ist. Jauß sieht die Kunst heute (mit D. Henrich) als eine Möglichkeit, Welt ertragbarer, vertrauter und "zur Grundlage eines sich erweiternden Lebensgefühls zu machen" (127). Dies ist genau in unserem Bildungssinn: erweiterte Welt, sich erweiterndes Lebensgefühl, mehr Empfindungsfähigkeit, also Sensibilisierung in verschiedenen oder vielleicht sogar neuen Bereichen. Jauß betont für die ästhetische Wahrnehmung die Möglichkeit, "den Gegensatz von Welt und Seele ästhetisch, in den 'Korrespondenzen' von Außen und Innen, aufzuheben" (140). Was Jauß weniger sieht, m. E. zu wenig, ist das Naturschöne. Die Relation Welt-Mensch wird ja zunächst vermittelt durch die Reize der Natur und nicht durch das Kunstschöne. Das haben Autoren wie Stifter und Adorno (hier gegen Hegel) bemerkt. *Katharsis* versteht Jauß als Kommunikation, als kommunikative Leistung der ästhetischen Erfahrung. Der Zuhörer und Zuschauer, z. B. im

Theater, wird in seinen Affekten erregt. Das kann zu einer Umstimmung seiner Überzeugung wie zu einer Befreiung seines Gemütes führen. Jauß spricht vom "Selbstgenuß im Fremdgenuß". Es geht aber auch um Mitleid, Staunen, Bewunderung, Erschütterung, Befremdung, Denkanregung, um Übernahme von Vorbildern, Bejahung sittlicher Lebensmuster. Diese letzteren Wirkungen seien stärker und effektiver als die durch Religion und Erziehung nahegebrachten, "weil hier der Selbstgenuß im Fremdgenuß als Verlockungsprämie wirksam ist" (167). Man wird sich hier an das Schultheater (z. B. in den Klosterschulen) erinnern. Bei der Identifikation mit dem Helden, so Jauß, kommen "Genuß und Lehre" gleichermaßen zur Geltung. Mitleid und Exemplarität kommen z. B. in den kirchlichen Formen des Passionsspiels zur Wirkung. Augustinus, einer der führenden Köpfe der Väterzeit, bestreitet aber (mit Plato gegen Aristoteles), daß die kathartische Lust die aufgerührten Leidenschaften reinige. Er vertieft den Vorwurf der unvernünftigen "Lust am Schmerz" (176). Ein verallgemeinerter "Katharsis"-(als Reinigungs-)Begriff muß auch als teilweise sinnwidrig angesehen werden. Man kann z. B. von Herzenshärte reinigen wollen, man sollte aber sicher nicht vom Mitgefühl reinigen. Andererseits kann auch erregtes Mitgefühl leicht selbstgenügsam bleiben. Was sicher bleibt, ist die praktisch anregende Bedeutung historisch-exemplarischer Gestalten und Handlungen, z. B. im Drama und in Romanen (historia docet) auch im Sinne des Gegenideals (vgl. Märchen und Sagen). Jauß hält einen Übergang von ästhetischer zu moralischer Identifikation also für möglich. Das wird nicht immer angenommen. Jauß führt seine Katharsistheorie bis zu Kants Sicht des Exemplarischen als Muster eines offenen, normbildenden Konsensus zurück und zu Herbarts "Ethik als Ästhetik" (191). Die kommunikative Funktion des ästhetischen Gegenstandes wurde auch von Helmut *Schütz* herausgearbeitet (Didaktische Ästhetik, 1975). Bei ihm wird allerdings diese kommunikative Funktion von der edukativ-moralischen Funktion getrennt. Sobald ein Kunstwerk auf einen Rezipienten trifft, entfaltet es seine kommunikative Wirkung, selbst wenn sie nur in Ablehnung besteht, denn "man kann nicht nichtkommunizieren" (Watzlawick). Kunstwerke können den Blick für die Welt im künstlerischen Sinne öffnen. Viele Kunstwerke sind auf Interpretationen angewiesen oder – in der neueren Kunst zunehmend – angelegt, also nicht restfrei definiert. Moderne Plastik fordert die Phantasie des Rezipienten oft heraus. Moderne Kunstwerke fordern Mitkreativität des Rezipienten als Interpreten. Rilke sagte von dem berühmten Apollo-Torso, daß er einen anblicke aus unendlich vielen Augen: "Es gibt keine Stelle, die dich nicht sieht". Der Künstler hat den Körper so dargestellt, daß er mit jeder Stelle dem Beschauer etwas sagt, also kommuniziert mit dem möglichen Rezipienten. Das Verständnis der Kunst als Kommunikation ist neueren Datums. Wir sprechen deshalb z. B. in der Kunsterziehung heute von "visueller Kommunikation". Das Ästhetische wird hier also auch "poietisch" gesehen, als eine Tätigkeit, die sogar zurückgehen kann vom Rezipienten zum Produzenten. Das ist für die moderne Mediensicht von enormer Bedeutung. Bei den Medien wird das Kommunikative schon in der Bezeichnung deutlich: "Massenkommunikation". Die ist in der Regel ja heute noch einlinig. Weiterentwickelt wird immer mehr wechselseitige Kommunikation möglich sein. Man kann rückrufen, kann auch Einfluß nehmen auf Aussagen, auf Programme und dadurch kommunizieren auch mit größeren Mengen von Mitmenschen über die Medien. Den Einsatz von Kommunikationsmitteln kann man natürlich auch übertreiben. Diese Seite der Kunstherstellung und Kunstrezeption ist noch verhältnismäßig wenig entwickelt. Sie ist ein vermittelndes Element zwischen Eindruck und Ausdruck. Daß zwischen Rezeption und Produktion vermittelnde Organe und vermittelnde Momente treten, wie etwa analog zum zentralen Nervensystem, wie es in unserem Schema auch dargestellt ist, liegt auf der Hand. Die zentrale Verarbeitung ist aber in diesen Theorien meist wenig behandelt. Genauer zu wissen, wie die Verarbeitung psychologisch vor sich geht, wäre für uns als Pädagogen von erhöhter Bedeutung. Da gibt es noch viel zu tun.

Die zentrale Verarbeitung wird durch Begriffe wie Katharsis oder Kommunikation nur exemplarisch, noch nicht komprehensiv beschrieben; zudem sind viele von Jauß erwähnte Details noetischer und praktischer Art. Man wird sich klar werden müssen, daß ästhetische Erfahrung *allein* nicht zu einer Bildungsstruktur ausgebaut werden kann. Die menschliche Lebenswelt ist nicht rein ästhetisch. Der Ästhetizist muß in ihr versagen. Wenn sich Kultur entfalten soll, muß unsere Lebenswelt allerdings ästhetischer werden. Die Verarbeitung im Noetischen und Praktischen ist viel konfliktreicher. Freud hat gemeint, daß man vom Wunsch- und Phantasiedenken zum Realitätsdenken fortschreiten müsse. Das leistet in erhöhtem Maße erst die Nóesis, die wissenschaftliche, kritische, nüchterne Betrachtungsweise der Realität. Mit ästhetischer Erfahrung allein läßt sich kein vollständiges Bildungskonzept entwickeln. Auch Unästhetisches ist ein Stück Wirklichkeit. Um das Ganze der Wirklichkeit zu bearbeiten, braucht es eben Nóesis und Praxis, z. B. soziale Praxis. Wir verdrängen gerne Bilder von Kindern aus dem Elend der unterentwickelten Länder. Nicht, daß wir nicht helfen möchten, aber dauernd unseren Blick und unser Bewußtsein darauf zu richten, ist "ästhetisch" unerträglich. Wir müssen diese Realität verarbeiten. Das können wir nur über vernünftiges Überlegen und soziale Praxis. In angemessenem Ausmaß sind wir alle dazu aufgefordert. Ähnlich steht es mit den Millionenmorden der Stalin, Hitler, Mao und ihrer Gehilfen in unserem Jahrhundert. Solche Realitäten lassen sich ästhetisch nicht einordnen. Die Wirklichkeit der Welt ist nicht rein ästhetisch. Menschen sind gut *und* böse. Deshalb ist die ästhetische Weltsicht, wenn sie sich allein als Gesamtbildungssicht versteht, einseitig unrealistisch und führt zwangsläufig zum Ästhetizismus, zu partieller Wirklichkeitsverdrängung, zur Flucht in eine Scheinwelt. Schiller hat daher das Erlaubtsein des ästhetischen Scheins sehr genau ethisch durchgedacht. Bei ihm ist auch der Brückenschlag zum Ethischen besonders prägnant.

Wir fassen zusammen, was hier unter Áisthesis zu verstehen ist: das Gesamt aus Kunstproduktion und Naturästhetik, im einzelnen

a) Wahrnehmung und Kommunikation (letztere soweit sie ästhetisch begriffen werden kann),

b) Kunst- und Naturästhetik,

c) Beziehung zu den ästhetischen Werten, besonders zum Schönen.

Das Schöne steht dabei stellvertretend für die anderen ästhetischen Werte. Kant hat neben dem Schönen das Erhabene herausgearbeitet (Bergwelt, Meer, Helden). Es gibt noch andere ästhetische Werte, z. B. das Charakteristische, das Liebliche, das Anmutige, das Würdige (vgl. Schiller "Über Anmut und Würde").

Ästhetische Bildung ist nicht nur eine Sache, die hervorragende Künstler und die nur für sich selbst leisten können, wie Rilke andeutete. Áisthesis ist Grunddimension von Bildung überhaupt. Schon für Rilke (Florenzer Tagebuch) kam es nicht zuerst auf das Genießen an, sondern auf die innere Befreiung. Befreiung solcher Art kann nur einer leisten dadurch, daß er sich selbst in irgendeiner Form ausdrückt. Man muß an dieser Stelle von der hohen Kunst auf die elementare Form des Selbstausdrucks in der Áisthesis zurückgehen. Die ältere Theorie der ästhetischen Bildung hat ziemlich einseitig nur die rezeptive Seite der Áisthesis beachtet, auch Schiller. Künstlerische Ausdrucksversuche wurden damals unter Dilettantismus behandelt (wie Singen, ein Instrument spielen, ein bißchen Zeichnen). Als Vorbereitung für die Bildungsreise nach Italien wurde jungen Damen etwas Zeichnen beigebracht, damit sie etwas differenzierter sehen konnten. Wir denken heute viel stärker vom Tun aus, von der Selbstverwirklichung, vom Ausdruck. Ich möchte einige Beispiele geben, damit klar wird, daß es schon im Kindergartenalter "*Produktion*" im Sinne unserer Áisthesis-Dimension gibt. Der Bildungsprozeß in der Áisthesisdimension wird in die Wege geleitet durch Auswahl entsprechender Möbel, durch Wandschmuck usw. Besonders wichtig ist die Pflege kultivierten Sprechens, denn das Sprechen ist das Medium des Ausdrucks des Menschen und in besonderer Weise kultivierbar. Jeder schöne Satz, jeder gelungene Ausdruck des Kindes wäre entsprechend zu verstärken. Das ist schon Poiesis. Man weiß aus den Bronfenbrenner-Berichten, daß kleine Kinder dann am meisten bildungsmäßig gefördert wurden, wenn die Spiele, die von den Betreuern zwischen Mutter und Kind eingeübt wurden, mit Sprechen verbunden waren, d. h. wechselseitigem Sprechen, verbalem

Ausdruck zu dem, was man im Augenblick tut oder erlebt. Es müssen sinnvolle Sprechakte angeregt werden, man soll die Kinder z. B. berichten lassen über ihre Erlebnisse, sich Zeit lassen, zuhören; man kann aber auch selbst erzählen; Kinder sollen Reime lernen. Es ist wichtig, daß man die Rhythmen und den Reiz des Reimes erst einmal erfährt, dann kann man später auch größere Kunstwerke genießen. Man kann Bilderbücher kommentieren, Märchen spielen und ausdenken, mit Handpuppen spielen usw. Grundformen ästhetischer Produktion finden sich in gestaltenden Tätigkeiten wie Bauen, Kneten, Legen, Flechten, Fädeln, Stricken, Reißen, Kleben, Falten, Schneiden; bekannt sind Zeichnen, Malen, Drucken, Bewegungsgestaltung und -übung, besonders entwickelt in der rhythmischen Gymnastik, im Reigen, Tanz, bei Ausdrucksübungen; wichtig ist schließlich Musizieren und Singen, wobei man auch viel Spontaneität und Erfindungsgeist erhalten und entwickeln sollte; zu denken ist auch an die Gestaltung von Festen und Feiern, also vom Ausdenken über Einladungen, Anordnen der verschiedenen Dinge für das Fest, Zimmerschmuck, eigene Kleidung, bis zur Feierplanung mit eigenen Vorführungen, Gedichtvorträgen usw.

Es soll nun eine Zusammenfassung in Form einer Liste der wichtigsten Bildungsziele im Bereich der Áisthesisdimension versucht werden, die curricular umsetzbar sind. Ich stütze mich dabei vor allem auf F. E. *Sparshott* (Die Einheit der ästhetischen Erziehung, in: R. A. Smith, (Ed.): Aesthetics and Problems of Education, Urbana, Chicago. London, 1971) und Krathwohl/Bloom (Taxonomie von Lernzielen im affektiven Bereich, 1975). Dazu kommen Anregungen von den Ziellisten Hentigs und des Münchner Schulinstituts.

Hauptbildungsziele im Bereich der Áisthesis-Dimension
(Geschmacksbildung, Kunsterziehung, ästh. Urteilsfähigkeit)
Leitziele: Befähigung zur künstlerischen Weltwahrnehmung und -erzeugung; Kultivierung der Sinnlichkeit und Phantasie; Schönheitsorientierung.

Richtziele:

1. Förderung der Empfänglichkeit für natürliche und künstlich geschaffene ästhetische Gestalten im visuellen, akustischen, sprachlichen und motorischen Bereich (Steigerung der Eindrucksfähigkeit, der Sensibilität für Natur- und Kunstschönes, der ästh. Welterschlossenheit).

2. Ermutigung zur Produktion in diesen Bereichen (Steigerung der Ausdrucksfähigkeit) und zur ästh. Gestaltung der Lebenswelt einschl. der Arbeitswelt.

3. Bewußtsein vom Wert des Ästhetischen für das Wohlbefinden des Menschen (einschl. der Wiederherstellung von Lebensqualität; therapeutischer Wert; Katharsis) und Vorziehen ästhetisch gestalteter Wirklichkeit; Liebe zum Schönen.

4. Kenntnis vieler Wege (Methoden) ästhetischer Information/Rezeption und einiger der Produktion (Techniken).

5. Wissen über die Künste und die berühmtesten Meisterwerke der Welt und Freude bei ihrem Erleben (Schillers "ästhetischer Zustand").

6. Ästh. Urteilsfähigkeit, Geschmack (einschl. kritischen Vokabulars zur Klassifikation, Beschreibung und Analyse von Kunstwerken).

7. Vertrautheit mit einzelnen Kunstwerken und persönlich ausgewählten Meistern.

8. Sinn für fremde und neue Kunstproduktionen.

9. Streben nach Verbindung des Ästhetischen mit der gesamten Lebenspraxis.

10. Reflexion über die Künste und die ästhetischen Werte auf philosophischer Ebene (Ästhetik).

11. Einordnung dieser Ästhetik in eine Gesamtphilosophie; besonders Zuordnung zur Ontologie, Anthropologie, Wissenstheorie, Ethik und Theologie.

12. Reflexion über die Vermittlung und Erarbeitung ästhetischer Bildung: Ästhetische Didaktik. –

Tafel 2

Der Leser wird gebeten, an dieser Stelle die Tafel "Hauptbildungsziele im Bereich der *Áisthesis*-Dimension" zur Kenntnis zu nehmen. Zu 2. Der gesellschaftliche Auftrag der Ästhetik und ästhetischen Bildung wird in der jüngsten Zeit besonders beachtet (vgl. H. Mayrhofer u. W. Zacharias: Ästhetische Erziehung. 1976). Man denkt auch an eine bewußtere Umweltgestaltung. Schon das "Bauhaus" hat darauf wert gelegt, Lebenswelt und Arbeitswelt ästhetischer zu gestalten. Das hängt mit Lebensqualität (siehe 3) eng zusammen. Zu 3. Heilpädagogik/Sonderpädagogik wissen heute, daß Kunst auch in einfachsten Formen heilende Wirkung haben kann. In der Musiktherapie hat man die Bedeutung des Elementaren erkannt (L. H. Debes). An einer Sonderschule konnte ich erleben, wie gestörte und lern- bzw. geistig behinderte Kinder aufgeblüht sind, wenn sie sich täglich ein- oder zweimal nach einem einfachen Walzer rhythmisch bewegt haben. Sie waren nachher ruhiger, konzentrierter, froher und bereit, wieder mitzuarbeiten. Bewegung und entsprechende Musik sind auch für den tätigen Erwachsenen harmonisierend. Zu 6. Es ist selbstverständlich, daß sich nicht jeder zum Kunstkritiker bilden kann. Aber daß man einige grundlegende Wertungskategorien entwickeln muß, wenn man höhere Grade von ästhetischer Bildung erreichen will, ist evident. Sonst bleibt man im Grunde unmündig und läßt andere für sich sprechen und entscheiden, etwa wie gut oder schwach ein Fernsehstück oder eine Theateraufführung war. Ästhetische Urteilsfähigkeit, wenigstens in einigen Kunstbereichen, ist für entwickelte Bildung unverzichtbar. Zu 10. Kunstwissenschaften und Philosophische Ästhetik führen hinüber zu einer Art "Oberstufe" der *Áisthesis*, die mit der *Nóesis* besonders integriert und damit besonders bildungsintensiv wirkt. Zu 11. Man muß hier wieder erinnern, daß es sich um höchste Möglichkeiten der Bildungsentfaltung handelt, die in der Regel erst in jahrzehntelangen Bemühungen erreichbar ist. Zu 12. Plato lehrte, daß einer, der zur Schau der Ideen gelangt ist, sich seinen Mitmenschen zuwendet und ihnen etwas sagt von dem, was er erfahren hat, damit diese Erfahrung weitergereicht wird und nicht verloren geht. Zum vollen Verständnis dieser Zieltafel ist die Kenntnisnahme und das Zusammenhalten mit den *Nóesis*-und den *Praxis*-Zielen erforderlich sowie mit der Bildungsdefinition!

In den Schulen dienen diesen Zielen elementar das Schreiben und Sprechen (vgl. das Schönschreiben, die Kalligraphie, weiter das Singen, Musizieren, gestaltete und rhythmische Bewegung, Spiel und Feier, Zeichnen, Malen, Formen, Werken, Handarbeit, Literaturunterricht, aber auch Heimat- und Sachkunde, Kunst in Heimat, Geschichte, Religion. Es wird noch nicht von allen Pädagogen erkannt, daß ästhetische Erfahrung mehr ist als ein Unterrichtsprinzip. Es gibt jedoch einige Prinzipien, die ansatzweise der Áisthesisdimension dienen, nämlich das Anschauungsprinzip, das Selbsttätigkeitsprinzip, das Ganzheitsprinzip. Diese Prinzipien wurden allerdings oft einseitig

kognitiv ausgelegt. Dadurch sind die Bezüge zur Phantasie, zum Emotionalen, zur Kommunikation, zur Kreativität, zu wenig beachtet worden. Einige
Schultheorien haben versucht, das Ästhetische stärker zu gewichten, z. B. die
von Peter Petersen und von Ernst Weber (er nahm die Ästhetik neben Logik
und Ethik als eine wissenschaftliche Grunddisziplin der Pädagogik), die von
Rudolf Steiner, von Irene Marinoff (In der Schule der Kunst, 1964) und
schließlich von Helmut Schütz und Hans-Günther Richter. Es ist auch auf die
fernöstliche Alltagskultur hinzuweisen, die zu wenig planmäßig bei uns
erforscht wird, obwohl in Erwachsenenbildungsinstitutionen heute auch Blu-
menstecken und Teezeremonie vermittelt werden. Auch in den Schulen kann
man einen ästhetischen Stil pflegen (Petersen, Montessori), wenn auch der
größere Teil der ästhetischen Bildung lebenslang außerschulisch zu entwickeln ist und weitgehend eine sehr persönliche Aufgabe bleibt. Die Bildungskommission des deutschen Bildungsrates hat kurz vor ihrer Verabschiedung (1974) noch zur Neuordnung der Sekundarstufe II ein Konzept für eine
Verbindung von allgemeinem und beruflichem Lernen vorgelegt und in diesem Konzept den Lernort "Studio" vorgestellt. Das ist eine neue Form der
Bildungsarbeit neben den drei bekannten Lernorten (Schule, Betrieb und
Lehrwerkstatt). Die Schüler der Sekundarstufe II sollen sich einige Jahre im
"Kolleg" (mit seinen vier Lernorten) aufhalten und einige Stunden in der
Woche in diesem Lernort Studio zubringen. Das soll ein für ästhetische Pro-
zesse adäquater Lernort sein, in dem "Spiel und Gestalten im Bildungsprozeß
der Jugendlichen einen angemessenen Platz erhalten". Es geht vorwiegend
um "ästhetisches Wahrnehmen und Gestalten", um "den freien Umgang mit
Materialien und die Kommunikation im Spiel". Es geht auch um die Aufnah-
mebereitschaft für die mannigfaltigen Möglichkeiten und Formen von Ausdruck, um eigenes Gestalten und Tun, schließlich um "die Heranbildung von
Urteilsbereitschaft und Urteilsfähigkeit über Ausdrucksformen und Angebote
der verschiedenen Medien". "Die Lernangebote im Studio können sich auf
viele Medien erstrecken, wie Dramatik, Tanz, Musik, Bild, Film, Video, auf
den Umgang mit Materialien wie Textilien, Holz, Kunststoffe, Metall und
andere, sowie auf die Gestaltung der Umwelt (Design, Wohnung, Siedlung,
Stadt, Region)". Dabei sollen inhaltliche Vorgaben minimiert werden. Die
Lerngruppen sollen als Produktionsgruppen weitgehend selbständig agieren,
von äußerem Leistungsdruck frei. Es gibt keine Noten. Es wird neben den
angestellten Lehrern an freie Mitarbeiter gedacht, besonders an Künstler,
Handwerker und Medienfachleute. Man arbeitet mit freien kulturellen Einrichtungen zusammen, wie Jugendzentren, Theater, Museen, Galerien,
Mediotheken. Die Projekte werden in ihrem Ergebnis in je geeigneter Weise
vorgestellt, in Form von Ausstellungen und Aufführungen. Sicher ist dies
alles jetzt noch Planung. Man muß auch kritisch bemerken, daß die Absonde-

rung des Studios von der Schule einige neue Probleme mit sich bringen würde. Die Frage ist, was dann in der Schule mit den Kunstfächern passiert, ob dann die Schule nicht ihre ästhetische Dimension abbaut und sich vollständig auf Wissenschaft und ihr nahestehende Leistungen reduziert. Ich glaube, daß man der Schule ästhetische Fächer, Themen und Formen trotz dieser begrüßenswerten Schwerpunktbildung des "Studios" erhalten sollte. Theodor Wilhelm meint mit Recht, daß mit der Lernort-Differenzierung die Fanfaren geblasen werden für eine völlige Neugestaltung der Schule (Pädagogik der Gegenwart. 1977). Im außerschulischen Bereich entwickeln sich unabhängig von dieser Planung in der Wirklichkeit vielerlei ästhetische Erfahrungsformen, weil solchen Erfahrungen die Freiheit besonders gut tut z. B. in Gruppen, die sich völlig frei organisieren, überall dort, wo gesungen, wo musiziert, gestaltet, getanzt, geturnt wird. Ganz individuell bleiben fast immer die Bereiche des Lesens, des Gebrauchs der modernen Medien, auch Fotografieren und Filmen. Weiter sind zu erwähnen Konzerte, Museumsbesuch, Theaterbesuch, Laienspiel, Brauchtumspflege, Kunstpflege usw. Daß es besonders darauf ankäme, das Ästhetische in die Arbeit hineinzutragen, wurde schon erwähnt. Das Leben mit der Aisthesis muß nicht irgendwann im Leben abbrechen, sondern es sollte durch das ganze Leben hindurchreichen. Auch ältere Menschen, gerade wenn man an die Altenarbeit und Altenbildung denkt, wollen sich noch gerne mit Ästhetischem beschäftigen. In den Volkshochschulen und von Touristikunternehmungen werden Möglichkeiten zum Besuch ästhetischer Stätten und Ereignisse angeboten und auch gerne benützt. Alte Leute gehen auch zu Diavorträgen und schauen sich Reisefilme an. Sie haben ihr Fernsehgerät, mit Hilfe dessen sie sich informieren und weiterbilden können. Oder sie gehen sogar etwa zu einer Tonarbeitsgruppe oder treiben altersgemäß Gymnastik, Tanz, Gesang, Sport usw. Gerade alte Menschen legen oft Wert auf ästhetische und hygienische Kultur in ihrem Privatbereich. Viele pflegen Pflanzen, Blumen, ihren Garten. Aisthesis bleibt etwas Hindurchreichendes für das ganze Leben, gibt Form, macht geschmackvoll, liebenswürdig, wenn sich Menschen in einer ästhetischen Atmosphäre bewegen und sich selbst pflegen. Man spürt dies besonders deutlich im negativen Falle, wenn jemand sich gehen läßt, unästhetisch wird. Dann verliert die betreffende Person auch an Kontakt. Aisthesis hat mit Kommunikationsfähigkeit zu tun, ist Form, die man hält und die einen hält. Das hat schließlich auch mit Moral zu tun. Friedrich Schiller hat gelehrt, wie stark das Ethische und das Ästhetische miteinander verbunden sind, nicht nur über jene Schauspiele, die direkt ethische Themen beinhalten (vgl. Die Schaubühne als eine moralische Anstalt betrachtet). Schiller hat die gesamte Volksbildung über das Ästhetische vermitteln wollen, und hat vermutet (wie heute Jauß), daß das oft wirkungsvoller geht über das Schauspiel als über Gesetze und Religion. Es wird natürlich auf die Medienmächtigen und die "Stückemacher" ankommen, ob von den "Stücken" auch (im Sinne Schillers) "das Licht der Weisheit ausströmt", ob "Menschlichkeit und Sanftmut in unser Herz gepflanzt" wird, ob "der Nebel der Barbarei, der finstere Aberglaube verschwindet".

Wenn sich Menschen ästhetisch orientieren, gewinnen sie an Liebenswürdigkeit, wirken harmonischer und freundlicher, halten sich selbst "in Form", erhalten sich dadurch ein ausgeglichenes Selbstgefühl. Kultiviertheit, Stil, Geschmack sind hohe Lebenswerte. Die ästhetische Dimension macht zugleich das Leben reicher, öffnet Phantasie und den Sinn für andere Welten, ja für die Welt überhaupt, ist also auch wesentlich öffnend für die zweite Dimension der Bildung, für Weltverständnis, Noesis, Wissenschaft, Philosophie. Das bloß nüchterne Bemerken, der bloße Realismus der Wissenschaften, würde unser Bewußtsein einschränken. Es kommt nicht nur auf den Realitätsbezug an, wie Freud gemeint hat, sondern es kommt auch (das wird heute in der Philosophie erkannt) auf die Phantasie an (vgl. N. Goodman: Weisen der Welterzeugung. 1984, A. Schöpf u. a.). Durch sie gewinnt der Mensch mehr Freiheit. Wir haben immer die Möglichkeit, die Welt, wenigstens ein bißchen, zu verändern, mindestens unsere eigene, und das sollten wir in der Richtung auf eine ästhetischere Welt hin tun.

Die Rolle der ästhetischen Erfahrung im Erwerb von Weltverständnis wird oft unterschätzt. Die ästhetische Erfahrung ist nämlich nicht ausschließlich affektiv, wie man sie heute gerne zuordnet; sie ist weithin auch kognitiv. Die Wahrnehmung des Schönen oder Erhabenen usw. ist zwar selektiv, aber selektiv ist Wissenschaft auch. Wenn der ästhetisch Geschulte beispielsweise die Schönheit von Blumen, Bäumen, von Landschaften, schönen Menschen, von entsprechender Literatur usw. selektiv aufnimmt, dann sondert er sicherlich eine ganze Menge an Wirklichkeit aus, beachtet die weniger, aber was er beachtet, ist auch Wirklichkeit, es ist möglicherweise die lebenswichtigere und lebensförderliche und daher vielleicht interessantere Wirklichkeit, die uns deswegen als reizvoll anspricht, rein biologisch gesehen, weil wir sie brauchen, weil sie zu unserem Leben gehört. Ästhetisch ansprechende Wirklichkeit hat besonderen Bezug zu uns; deshalb sprechen uns ja auch die Reize des anderen Geschlechtes an. Wir sind schon deswegen so gebaut, weil biologisch hier etwas stattfinden soll. Ähnlich ist es wohl mit einer ganzen Reihe ästhetischer Kategorien. Dazu kommt, daß die meisten unserer Erkenntnisse, besonders Begriffe, sich ableiten aus der Wahrnehmung. Die Wahrnehmung ist immer die Basis. Es gibt keine Begriffe ohne Wahrnehmung, ohne Anschauung; deshalb ist die Schulung der Wahrnehmung auch ein kognitiv fundamentaler Lernprozeß. Auf Begriffserkenntnis baut wieder die Gesetzeserkenntnis auf, also jede wissenschaftliche Erkenntnis. Über die Wahrnehmung, die Aisthesis, läuft auch die Kritik, vor allem dort, wo es um Widerlegung empirisch gewonnener Hypothesen geht. Der Empirismus weiß vom Wert der Wahrnehmung und der Beobachtung. Die Therapien beachten zunehmend den Wert der Phantasie und der Kreativität. Da sogar jede lebensweltliche verbale Formulierung als poietischer Akt gesehen werden kann, ist jede Verbalisierung als ästhetische Aktivität zu gewichten oder wenigstens gewichtbar und der Unterschied zum "literarischen Text" nur graduell. Die sprachliche Fassung von Wirklichkeit ist in jeder Hinsicht eine Vorstufe wissenschaftlicher Fassung. Der Bericht eines kritischen Beobachters kann z. B. bereits ein historisch-relevantes Dokument sein.

Der kognitive Wert der ästhetischen Erfahrung liegt freilich im engeren Sinn in der Welterfahrung des Künstlers, die zur Teilhabe einlädt und hierdurch einen "hermeneutischen" Prozeß im Rezipienten auslöst, der dessen Horizont durch neue Deutungsmuster, Wertanregungen und Gefühle bereichert. Auch "wissenschaftlich" kann das Menschenbild eines heranwachsenden oder erwachsenen Rezipienten, seine "persönliche" Anthropologie oder Psychologie, z. B. durch Hören und Lesen von Shakespeare-Dramen, enorm erweitert und differenziert werden. Ich kenne Psychologen, die durch solche Anregungen, z. B. durch Dostojewski-Seminare in ihrem Studium, glauben, mehr substantiell als Psychologen gelernt zu haben als durch Fachwissen über psychologische Theorieansätze.

Zur Beziehung Áisthesis-Praxis: die Bedeutung des Ästhetischen für verantwortliche Praxis hat in klassischer Form Schiller in seiner Lehre vom "ästhetischen Zustand" vorgestellt. Sie wird weitergeführt in der Ästhetik Kuhns, vor allem im Hinweis auf Fest und Feier, und in der Herausarbeitung der Bedeutung der Katharsis bei Jauß, ähnlich auch bei der Erkenntnis des praktischen Sinnes der Ästhetik bei einzelnen Neomarxisten, wie Marcuse und Adorno. Schiller hebt im sechsten Brief (der "Briefe über die ästhetische Erziehung des Menschen", 1795) die Notwendigkeit allseitig ausgewogener Entwicklung aller Kräfte hervor. Das gelte z. B. schon von den Körperkräften. "Durch gymnastische Übungen z. B. bilden sich zwar athletische Körper aus, aber nur durch das freie und gleichförmige Spiel der Glieder die Schönheit" (vgl. Schillers "Über Anmut und Würde", in der er Feinheiten hinsichtlich der Bewegungserziehung besonders verdeutlicht). "Ebenso kann die Anspannung einzelner Geisteskräfte zwar außerordentliche, aber nur die *gleichförmige* Temperatur derselben glückliche und vollkommene Menschen erzeugen". Die *Totalität* unserer Natur gelte es auszubilden: Sensibilität und Phantasie und Gemüt und Denken und Tun, alle Körper- und Geisteskräfte. So könne der Mensch "die Harmonie seines Wesens entwickeln". Die Gesamtkultur der *Gesellschaft* braucht zwar die Aufgabenteilung, die Spezialisierung. Man dürfe ihr aber nicht "einige Jahrtausende lang", meint Schiller, die individuelle Bildung, den "freien Wuchs der Menschheit" im einzelnen Menschen opfern, so daß "ganze Klassen von Menschen nur einen Teil ihrer Anlagen entfalten, während die übrigen, wie bei verkrüppelten Gewächsen, kaum mit matter Spur angedeutet sind". Aufklärung des Verstandes und Entfaltung der Sittlichkeit seien zentral wichtig. "Der Weg zu dem Kopf muß aber durch das Herz geöffnet werden. Ausbildung des Empfindungsvermögens ist also das dringendere Bedürfnis der Zeit" (so im achten Brief). Das Zeitalter, das durch Rohigkeit einerseits, Erschlaffung und Verkehrtheit andererseits auf Abwegen wandle, solle "von dieser doppelten Verirrung durch die Schönheit zurückgeführt werden" (10. Brief). Im 18. Brief steht der pädagogisch wichtige Satz: "Durch die Schönheit wird der sinnliche Mensch zur Form und zum Denken geleitet, durch die Schönheit wird der geistige Mensch zur Materie zurückgeführt und der Sinnenwelt wiedergegeben". Im 20. Brief: "Die Erziehung zum Geschmack und zur Schönheit hat zur Absicht, das *Ganze* unserer sinnlichen und geistigen Kräfte in möglichster Harmonie auszubilden". Im 21. und 22. Brief arbeitet Schiller den "ästhetischen Zustand" heraus, der frei mache zu sittlicher Praxis. Die Begegnung mit einem Kunstwerk soll uns freimachen, in eine freie, allgemeine, mittlere Stimmung versetzen, in der Sinnlichkeit und Vernunft zugleich tätig sind. Ein Kunstwerk sei um so vollkommener, je weniger speziell seine Wirkung (z. B. vornehmlich Empfindung oder Phantasie oder Verstand stimulierend) sei. Eine einseitige Wirkung, meint er, sei zwar auch wertvoll, aber die vollkommensten Kunstwerke würden auf unsere Totalität einwirken, also möglichst auf das Ganze aller Kräfte. "Das Gemüt des Zuschauers und Zuhörers muß völlig frei und unverletzt bleiben, es muß aus dem Zauberkreis des Künstlers rein und vollkommen wie aus den Händen des Schöpfers gehen" (22. Brief). Der Übergang von der Empfindung zum Denken und Wollen geschehe "nicht anders als durch einen mittleren Zustand ästhetischer Freiheit" als notwendiger Bedingung: "Es gibt keinen anderen Weg, den sinnlichen Menschen vernünftig zu machen, als daß man denselben zuvor ästhetisch macht" (23. Brief). "Es gehört also zu den wichtigsten Aufgaben der Kultur, den Menschen auch schon in seinem bloß physischen Leben der Form zu unterwerfen und ihn, soweit das reicht, der Schönheit nur immer reichen kann, ästhetisch zu machen, weil nur aus dem ästhetischen, nicht aber aus den physischen Zustand der moralische sich entwickeln kann" (ebda.). Schiller geht so weit, daß er nicht nur den einzelnen ästhetisch machen will, sondern den Staat, die Gesellschaft; er fordert den "ästhetischen Staat", in dem "der Geschmack allein Harmonie in die Gesellschaft bringt, weil er Harmonie in dem Individuum stiftet" (27. Brief). Erst in diesem Staate werde das Ideal der Gleichheit erfüllt (Das ist 1795 geschrieben, nach der französischen Revolution, die ihm gar nicht so entsprochen hat in ihren Auswüchsen, obwohl er ja die gleichen revolutionären Ideen in seinen Frühwerken vertreten hatte). Individuum und

Gattung werden in diesem Staate verbunden. Die Freuden der Sinne genießen wir nur als Individuen *und* als Gattung zugleich, d. h. als Repräsentanten der Gattung ... Die Schönheit allein beglückt alle Welt und jedes Wesen vergißt seine Schranken, solange es ihren Zauber erfährt" (ebda.). Wer denkt da nicht an die von Beethoven vertonte Ode an die Freude.

Der Ort in der Praxis des individuellen und gesellschaftlichen Lebens wurde durch Schiller emphatisch und klassisch formuliert; konkreter erscheint er z. B. bei John Dewey (Kunst als Erfahrung. 1934). Für ihn ist "das Kunstwerk der Gegenstand erhöhter und intensiver Erfahrungen" (343) und "die moralischen Propheten der Menschheit sind immer Dichter gewesen, auch wenn sie in freien Versen oder Parabeln sprachen" (401). Dewey sieht das Ästhetische nicht gerne in einer isolierten Kunstwelt, sondern lieber als Qualität in der Alltagswelt. "Achtet ein umsichtiger Handwerker bei der Ausübung seines Berufes darauf, daß er seine Arbeit einwandfrei und für sich selbst zufriedenstellend ausführt und behandelt er sein Material achtsam und liebevoll, so ist seine Arbeit eine künstlerische Tätigkeit" (11 f.). Riten und Feste sind für ihn nichts vom Leben Abgetrenntes, sondern zentrale Teile des Lebens selbst. Man müsse bei einer Konzeption der Kunst bei der gewöhnlichen Erfahrung ansetzen. Mit Shelley ist er sicher, daß Imagination das große Instrument des moralischen Guten ist (400 f.). Wie bei Schiller und Kuhn ist diese Position weit entfernt von einem engbrüstigen, unvitalen Ästhetizismus. Da wird das Ästhetische unmittelbar im Leben gespürt und realisiert. Im Rhythmus von Arbeit und Feiern sucht auch heute der Mensch nach Formen des Ästhetischen. Dazu zählt der "Feierabend" und der "Feiertag", wenn sie noch gestaltet werden, wenn sie Form haben. Oft sind sie freilich entartet, entleert, ähnlich wie die Arbeit. Gute Arbeit und Genuß des Feierabends gehören zusammen. Die Religionen verstehen es, Fest- und Feiertage im festlichen Raum oder in feierlicher Prozession, in den Elementen der Liturgie mit Orgelklang und Gesang zu feiern und ästhetische Formen zu erhalten. Ihre Gottesdienste wollen Feiern gesteigerten Lebens sein. Ob eine Steigerung des Lebensgefühls auch heute noch stattfindet, müssen sich die Menschen, die religiös praktizieren, selbst fragen und bei wenig erfreulicher Bilanz – wenn möglich – aktiv Konsequenzen ziehen, mitarbeiten an der Belebung der Feiertage, nicht an ihrer Abschaffung, deren Folge trostlose Verarmung wäre.

Manches Feierliche hat sich auch profanisiert und findet in anderen Gruppen statt, z. B. nationale Feiern, Gruppenfeiern verschiedener Art. Sie bringen das Ästhetische im Leben in ähnlicher Form zur Geltung. Der Musentempel hat sich zum Theater, Konzertsaal, Kino, Museum gewandelt, vieles ist in den Raum des Freizeitbetriebes oder der Familie abgewandert oder wo immer man Feiertage und Feierabende eben verbringt. Überindividuelle und überfamiliäre Gemeinsamkeit im Ästhetischen bleibt aber unverändert sinnvoll, hat ästhetische und kommunikative Funktionen und wäre kulturpolitisch, pastoral und pädagogisch zu stützen. Vom Bildungsgedanken her haben wir immer auf das Integral der verschiedenen Momente, also des Ästhetischen, des Noetischen und des Ethischen zu sehen. Wir müssen darauf achten, daß alle Momente zusammenklingen in der Persönlichkeit. Je vitaler, je existentieller etwas Ästhetisches ist, um so besser. Das bleibt dann auch und hat einen festen "Sitz im Leben". Wenn wir die Zusammenhänge vernachlässigen, zerlöst sich auch unser Bildungsdenken, die Bezüge zerfallen, unsere Persönlichkeit wird schizoid. In den Schulen können Schulfeste und Schulfeiern von da aus nicht als bloße Randveranstaltungen gewertet werden oder bloß als etwas für die Kollegen von den musischen Fächern. Schulfeiern und -feste haben einen unmittelbar kulturellen Sinn und damit Bildungssinn. Die Schüler sollten daher selbst aktiviert werden. Wenn man sie interessieren, beteiligen kann, wird es ihre eigene Sache, dieses Schulfest oder diese einzelne Feier auch in einem kleineren fachlichen oder Klassen-Rahmen. Im Deutschunterricht läßt sich z. B. eine kleine Monatsfeier in einer normalen "Stunde" von den Schülerinnen/Schülern gänzlich selbst gestalten, irgendwie angeschlossen an die Jahreszeit oder das jeweilig in der Nähe liegende Fest. Ich habe beobachtet, wie sie dies mit viel Begeisterung gemacht haben, mit Gedichten und Musik, zur eigenen Freude und zum Applaus gelegentlicher Besucher. Diese Monatsfeiern waren für die Schülerinnen, wie mir noch nach Jahren versichert wurde, ein Erlebnis. Petersen (nach dessen Vorstellungen ich diese kleinen Feiern einführte) spricht vom "Schulleben". Er möchte in der Schule echtes Leben haben, Schulleben statt bloß Unterricht; Unterricht ist ihm nur ein kleiner Teil des Schullebens; Schulleben ist das Leben der Schüler selbst, und zwar nicht nur das Leben für morgen, auf das man sich vorbereitet (Führungslehre des Unterrichts, 1953). Hier werden Leben und Bildung (als Kulturrealität) unmittelbar verknüpft. Es gibt überall in lebendigen Schulen Versuche, Lernen ganzheitlicher zu gestalten durch Einbeziehung von Spiel und Musik.

Nun etwas über Steigerungsmöglichkeiten ästhetischer Bildung. Von Hentig hat im modernen Sinn Áisthesis als reizvolle Wahrnehmung auch im Alltag gesucht und die kritische Sensibilität angesprochen. Das ist zutiefst platonisch. Plato hat im "Gastmahl" Steigerungsstufen ästhetisch-"erotischer" Bildung bezeichnet. Die unterste Stufe geht aus vom alltäglich-sinnlichen Wahrnehmen, vom Reiz des Schönen. Als Basis figuriert hier der Anreiz durch die Schönheit einer menschlichen Gestalt. Auf der zweiten Stufe liebt man die Schönheit in allen schön gestalteten Menschen, eben nicht mehr nur in dem einen und läßt in der Heftigkeit der Zuwendung zu dem einen nach. Auf der dritten Stufe hält man die Schönheit in den Seelen für weit herrlicher als die in den Leibern, d.h. die Schönheit in den Handlungsweisen und Sitten. Auf der vierten Stufe erschaut man die Schönheit der Erkenntnisse, der Philosophie, der Weisheit. Auf der fünften und obersten Stufe geht einem schließlich die Idee des Schönen an sich auf, an dem alles einzelne Schöne Anteil hat; es ist "das göttlich Schöne in seiner Einartigkeit", das man in der "Idee" des Schönen schaut. Solche Schau oder Berührung des göttlich Schönen verwandelt den Menschen von Grund auf. Wer bis dahin durchdringt, und das ist gar nicht leicht, offenbar eher selten, hat ein umformendes Bildungserlebnis erreicht. In Platos Dialog ist dies der Höhepunkt. Die verschiedenen Vorstellungen von der Liebe, vom "Eros", die vorher besprochen werden, sind weit simpler und sinnlicher und bleiben auf unteren Ebenen. Erst wenn man zur Idee des Schönen durchgedrungen ist, ist man auch zum Guten hingewandt: "Meinst Du, daß einer ein schlechtes Leben führen könnte, der dort hinsieht und jenes erblickt und damit umgeht?" Als Erzieher und Lehrer wissen wir auch von Steigerungsstufen, z. B. im Aufbau mathematischer Erkenntnis oder moralischer Einsicht (Kohlberg). Am Aufbau der Ideenschau des Schönen wird aber an unseren Schulen nicht systematisch gearbeitet, und doch wäre es möglich und sicher gut. Die platonischen Stufen geben über die sinnlichen Gestalten hinaus aber fraglos didaktische und methodische Probleme auf; bloß gelegentliche Hinweise wohlmeinender Pädagogen genügen nicht; es käme darauf an, die Lehrer entsprechend zu schulen, nicht nur in den Einzeldidaktiken der Literatur, der Musik, der Kunst usw., sondern auch in einer Didaktik der Ästhetik, um das, was hier modelliert und gefordert ist, kunstgerecht leisten zu können. Bei den platonischen Stufen fällt auf, daß die Hauptlinie vom sinnlich Schönen zum geistig Schönen geht und daß die Sprache, die schöne Rede, die Vermittlerin ist. An dieser Stelle wird erneut deutlich, wie zentral im Bildungsprozeß des philologische Moment angesiedelt ist, wohlgemerkt vermittelnd, über sich hinausweisend, zeichenhaft, aber möglicherweise auch selbst modellhaft wie in den großen ästhetisch durchgeformten Epen, den "Meistererzählungen". Platos "Symposion" ist selbst ein Kunstwerk; es wird also das, was zu sagen ist, auch in künstlerischer Form gebracht. Vielleicht wäre die Bildungstheorie optimal aufgehoben, gefaßt in einer "Menschlichen Komödie". Homer und Dante fanden die große Form. Goethes Meister und Stifters Nachsommer streben danach. Das große Bildungsepos steht noch aus.

Über Schlüsselereignisse der ästhetischen Bildung. Neben der großen Stufenlehre ästhetischer Bildung, die man knapp und karg vereinfacht auch aus der Krathwohl/Bloomschen Taxonomie der "affektiven Domäne" herauslesen kann, ist didaktisch die Lehre vom *fruchtbaren Moment* im Bildungsprozeß nicht unwichtig, die der im zweiten Weltkrieg gefallene Sprangerschüler Friedrich *Copei* 1930 (2. Aufl. 1950) vorgelegt hat. Er fragt nach dem fruchtbaren Moment im Intellektuellen, im Ästhetischen, im Ethischen und im

Religiösen und zieht aus dem Gefundenen pädagogische Folgerungen für die geistige Bildung, die ästhetische, ethische und religiöse Erziehung. Unter fruchtbarem Moment versteht Copei "jene Momente aus dem seelischen Geschehen, die zugleich stärkste seelische Lebendigkeit und größte Fruchtbarkeit an Bildungswirkung in sich fassen. Man denke ... vorläufig nur an jene eigentümlichen Augenblicke, in denen blitzartig eine neue Erkenntnis in uns erwacht, ein geistiger Gehalt uns packt, uns plötzlich ein Licht aufgeht" (S. 17). Solche Momente bedürfen der Vorarbeit. Copei beginnt mit der Sokratischen Mäeutik (Menon und Gorgias), mit der Bedeutung der persönlichen Anregung zum Philosophieren, mit der Bedeutung einer Gemeinschaft von Suchenden. Dann bemüht er sich, den fruchtbaren Moment im genialen intellektuellen Schaffen und in jedem "echten geistigen Prozeß" aufzuspüren. Er zeigt ähnlich wie Ribot (Die Schöpferkraft der Phantasie, 1902), daß drei Phasen zu unterscheiden sind in der fruchtbaren Entdeckung, und zwar – abgekürzt – eine erste Phase der allgemeinen unbewußten Vorbereitung, dann eine Phase, in der die Inspiration, der Durchbruch, die Idee erscheint und die dritte Phase des Aufbaus und der Entwicklung (S. 35). Den fruchtbaren Moment im Ästhetischen sucht er zunächst im künstlerischen Schaffen und dann im Empfangen ästhetischer Sinngehalte. Stefan *Zweig* bringt den künstlerischen Prozeß auf die Formel "Inspiration plus Arbeit" (Das Geheimnis des künstlerischen Schaffens, 1938). Er beschreibt den fruchtbaren Moment in Bildern der elektrischen Entladung oder der Zeugung: "Schöpferische Entladung entsteht fast immer nur durch Spannung zwischen zwei gegensätzlichen Elementen und so, wie sich in der Natur das Männliche und das Weibliche zur Zeugung verbinden muß, so sind im künstlerischen Zeugungsakt immer beide Elemente gemischt, Unbewußtheit und Bewußtheit, Inspiration und Technik, Trunkenheit und Nüchternheit. Produzieren heißt für den Künstler 'realisieren', von innen nach außen stellen, eine innere Vision, ein Traumbild, das er im Geiste vollendet vor sich gesehen, im widerstrebenden Material der Sprache, der Farbe, des Klangs in unsere Welt tragen" (244). Dilthey hat für das dichterische Schaffen die drei Faktoren Ausschaltung, Steigerung und Ergänzung eines Vorhandenen herausgestellt (Ges. Schriften Bd. VI). Schiller meint, daß bei seinem Schaffen "eine musikalische Grundstimmung" vorhergehe und dann erst die Idee komme. Copei spricht von Versunkenheit, innerer Abgeschlossenheit, mimosenhafter Berührungsangst mit dem Alltag, die dem Einfall vorangehe. Anstrengung, Suchen, Qual, Spannung werden genannt. Der Augenblick des Aufgehens der Idee sei ein Moment großer Erschütterung. Goethe habe geweint wie ein Kind, als er den Plan zur "Iphigenie" zwischen Schlaf und Wachen fand. Die Idee wird als "erlösende" Idee beschrieben, als "gestaltendes Prinzip". Bis zum Abschluß der Gestaltung ist dann noch eine Arbeitsphase zu durchlaufen, die wiederum, in kleinerem Umfang ähnliche Prozesse des Suchens und Findens einschließen kann. Nach diesem großen Durchbruch, dem Aufleuchten der Hauptidee, scheint alles leichter zu gehen. Eine starke Motivation geht von der zentralen Gestaltungsidee aus, ein schöpferischer Impuls. Die Konzeption muß sich in Detailplanung und Durchgestaltung konkretisieren. Nicht alles gedeihe bis zum Abschluß, viele Kunstwerke oder wissenschaftliche Werke bleiben unvollendet liegen.

Nach Zweig muß der Rezipierende (wie auch Goethe meinte) die Entstehung des Werkes in einigen Grundzügen nachvollziehen; Goethe: "Man kennt die Kunstwerke nicht, wenn man sie nur fertig sieht, man muß sie auch in ihrem Werden gekannt haben". Zweig: "Nur wer in das Geheimnis des Schaffens bei einem Künstler eindringt, versteht seine Schöpfung". "Um richtig zu fühlen, müssen wir nachfühlen, was der Künstler gefühlt hat". "Genuß ist kein reines Empfangen, sondern ein inneres Mitwirken an den Werken" (alle S. 247). Die Museen sollten nicht nur vollendete Bilder zeigen, sondern, wenn es sich machen läßt, auch Vorstufen dazu, also Skizzen und Entwürfe; das wäre ein Weg, auf dem man das lernen könnte. Eine Folgerung für die moderne "Museumspädagogik"! Man kann die didaktische Funktion der Museen verbessern und sie dadurch attraktiver machen.

Für die Rezeption stellt Copei als notwendigen ersten Schritt die Isolierung von allen anderen Eindrücken heraus, die Konzentration auf das ästhetische Objekt, die eher passive, sich öffnende (weniger die einengende, punktuelle) Aufmerksamkeit, die "Hingabe" an das ästhetische Objekt. Sicher wichtig ist das Verweilen vor dem Objekt, das Ruhigwerden, der "Aufenthalt" (Hammelsbeck). Die Bedeutung des Aufenthalts für die innere Aufnahme z. B. eines Naturschönen, einer Landschaft, kennt jeder, der mit dem Auto in den Urlaub fährt. Erst bei ruhigem Aufenthalt ist das tastende Aufgliedern eines Bildeindrucks möglich, das zum fruchtbaren Moment hinführen kann. Das Packende, Ergreifende, Entzückende eines Natur- oder Kunstschönen erschließt sich erst dem Verweilenden, ruhig Suchenden, dem sich die innere Bewegung des Werks erschließt wie in einem langsam hellwerdenden Raum. Copei: "Aber das bloße 'Haben' von Impressionen, das Angeregt- und Erfreutsein durch ein Kunstwerk, ist noch nicht die Wirkung im Bildungssinne, es ist zunächst nur eine Lebenssteigerung für den Augenblick. Die Dauerwirkung für die Bildung setzt erst da ein, wo wir in intensiver, hingebender Schau bis zur Tiefe des ästhetischen Sinngehaltes durchstoßen und uns von ihm erfüllen lassen" (87). Erst dann entsteht eine Art "Vorgeformtheit" für künftige Prozesse ästhetischen Sinnerlebens. So verfeinert sich das Organ der Auffassung, letztlich der ästhetische "Geschmack". Didaktisch wichtig ist daher das erste, tiefe Eindringen in die spezifische Formungsart, z. B. einer Plastik, das erste Erschließen einer Sonate, einer Landschaft, einer fremden Kunst. Dieses erste Eindringen wirkt quasi paradigmatisch. Ein kunsthistorisches Studium kann solche bahnbrechenden Eindrücke, von denen aus sich "gleichsam ein Sensorium, das feine Organ des Empfangens (Copei S. 88) bildet, nicht ersetzen, aber sehr wohl ergänzen und auf die wertvollsten Muster und didaktisch effektivsten Kunstwerke aufmerksam machen. Copei gibt eine ganze Reihe von Anregungen zur ästhetischen Bildungsarbeit. Es müsse das intensive, die Dinge ganz umfassende Sehen gepflegt werden: von der flüchtigen Impression zur nachhaltigen Wirkung. Bei der Gedichtbetrachtung komme es vor allem auf die Loslösung von den Eindrücken der Umwelt an, auf die stille Sammlung, mehr als auf erklärende Vorbereitung oder gezielte Einstimmung der Gefühle. Wenn in Kunstwerken moralische Anregungen enthalten sind, sollen sie nicht zerredet werden. Bei allen starken Eindrücken solle man darauf achten, daß sie nicht in einem schnell akzeptierten Gelegenheitswort untergehen. Soweit etwas besprochen wird, sollen die Kinder nicht *ein* Wort, sondern *das* Wort finden, dessen es bedarf. Allgemein empfiehlt Copei sorgfältige, immer schärfere Beobachtung. Sie ist etwas Elementares für den gesamten ästhetischen Bereich. "Bildung ist: die feinen Schattierungen treffen und doch einfach bleiben" (123).

Nicht immer sind die hervorragendsten Werke für das sich bildende Sensorium unmittelbar fruchtbar. Man braucht, besonders in der ästhetischen Bildung der Jugend, Vor- und Zwischenstufen, damit das höhere Geschmacksniveau erreicht werden kann (vgl. die Betonung der Stufen bei Kohlberg!). Die von P. *Bourdieu* (Die feinen Unterschiede, Kritik der gesellschaftlichen Urteilskraft, 1982) in gesellschaftskritischer und klassenunterscheidender Absicht herausgestellten Geschmacks- und Bildungsniveaus können daher didaktisch auch als Stufen interpretiert werden. Bourdieu unterscheidet drei Stufen, einen "populären Geschmack", den "mittleren Geschmack" und den "legitimen Geschmack". Der "populäre Geschmack" wird repräsentiert durch Auswahl von Werken besonders der leichten Musik oder durch Verbreitung (scheinbar) entwerteter ernster Musik, wie "An der schönen blauen Donau"; diese Stufe ließe sich durchaus weiterentwickeln zum "mittleren Geschmack", der sich nach Bourdieu auf die "minderbewerteten Werke" der sogenannten "legitimen Künste" bezieht (mit etwa der Favorisierung der "Ungarischen Rhapsodie") und zum höchsten Niveau, dem des "legitimen Geschmacks", d. h. des Geschmacks für die legitimen, anerkannten Werke, hier repräsentiert durch das "wohltemperierte Klavier" und die "Kunst der Fuge" (36). Der Zugang zur Klassik geht in jüngeren Jahren nicht selten über populäre Werke. Ich denke da etwa an die "kleine Nachtmusik" oder die "Wassermusik". Die Entwicklung des Geschmacks ist eine lebenslange Aufgabe. Insofern ist die Entwicklung eine Hoffnung, eine Lebensperspektive, eine schöne Möglichkeit für die Zukunft, noch weitere, erfüllende Horizonte und höhere Geschmacksniveaus erreichen zu können. Viele lernen Bach und Händel erst in fortgeschrittenem Alter lieben. Man muß da auch mit sich selbst Geduld haben. Die Instrumentalkultur der Menschheit begann auch erst mit einfachen Saiteninstrumenten, mit Trommeln und Flöten und entwickelte sich nur schrittweise bis zur Orgel und zum großen Orchester. Daher ist eine tiefe Freundschaft zu Werken wie dem "Messias" und der "Matthäus-Passion" in aller Regel erst die Frucht eines langen Wachstums musikalischer (und religiöser) Kultur und Bildung. Die von Bourdieu herausgearbeitete Benützung von Geschmacksniveaus zur Betonung gesellschaftlicher Klassenunterschiede ist im Grund daher ein Mißbrauch. Die Klassenzuordnung wird bei ihm übertrieben. Nicht selten sind Geschmack und Gesellschaftsschicht different. Die kritische Potenz der Kunst und der Künstler hat sogar in solchen Differenzen nicht selten ihre ökonomische Basis. Nicht wenige Künstler haben in Armut gelebt und gewirkt. Natürlich hatte früher "bei Hofe" die Kunst und Geschmacksentwicklung relativ günstige Bedingungen; heute finden sich aber Muße und Kraft in viel weiteren Kreisen und möglicherweise auch bei ganz anderen Leuten, nicht gerade bei "Hofe", in der Nähe der Politiker. Anregungen kommen durch viele Medien und Informationskanäle. In manchen Ländern und Regionen gibt es eine gut ausgebaute Schulpyramide für einzelne Künste. Freilich ist das Motivationsproblem, sind familiale und schichtspezifische Umwelt zusätzliche wichtige Faktoren bei der realen Wahl kultureller Beteiligung. Das ist unbestreitbar. Aber es gibt Entwicklungsmöglichkeiten für jeden Einzelnen, besonders wenn wir das in lebenslangem Prozeß sehen. Es gilt für alle Bildung, daß man bereit sein muß, seine Horizonte zu erweitern, bereit, seine Gefühle und seine Möglichkeiten zu entwickeln. Ich glaube, daß jeder einen befriedigenden Ort und eine angenehme Teilhabe an der ästhetischen Welt finden kann. Das muß auch das Ziel von Bildungspolitik, Schulen und außerschulischen Bildungsangeboten sein. Zur Niveauanhebung bedarf es zuerst der Niveauanhebung der "Bildner", ihrer ästhetisch-didaktischen Qualifikation und entsprechender Einsicht der die Kulturmedien und Schulpolitik steuernden Elite.

II. *Nóesis* – die kognitive Dimension der Bildung

Nóesis (griechisch: Denken) meint hier wissenschaftliche, kognitive, theoretische Bildung und zielt auf den Aufbau und Ausbau eines wissenschaftlichen Weltbildes und auf die Befähigung zu objektiver d. h. gegenstandsadäquater Erkenntnis. Nóesis setzt konkret oft an bei Problemen, wie sie aus der Lebenspraxis entstehen und bei den Elementen des kognitiven Lernens, also Anschauung, Wort, Begriff, Hypothese, geht dann aber weiter auf ein umfas-

242

senderes "Théorein" (Schauen, Überblicken) mit dem Ziel eines umfassenden Überblicks über die Gesamtwirklichkeit, also einer Art Philosophie der Welt, des Seins. Noétische Bildung geht aus von konkreten Situationen und Dingen, geht weiter über Symbolisierung (vor allem durch die Alltags- und später die Wissenschaftssprache) zum Wissen über immer weiter greifende Sachzusammenhänge, schließlich zum Verständnis der Welt insgesamt. Dieser Gesamtprozeß wurde immer wieder erfahren als ein Prozeß der Aufhellung, der "Aufklärung", des Erwerbs klarer und distinkter Begriffe, des Wissens über die Gesetze der Wirklichkeit, als ein Prozeß des Überblickens, der Horizonterweiterung durch Erhöhung des Standpunktes. Am Gipfel dieser Entwicklung steht der Begriff der Weisheit (Sophía), der das Noétische verbindet mit dem Praktischen, denn Weisheit meint ja nicht nur Wissen, sondern auch Anwendung allgemeinen Wissens in der verantworteten Lebenspraxis, meint Verbindung von praktischer und theoretischer Vernunft. Wie die höchsten Stufen der ästhetischen Bildung führt auch die noétische Bildung letztlich weiter zur Praxis. Nur so ist die Einheit der Bildung in der Verwirklichung gewährleistet, jedenfalls im Begriff. Bildung ist als vollkommene Bildung integrale Bildung. Da fallen die theoretisch isolierten Momente Áisthesis, Nóesis, Praxis nicht mehr auseinander, sondern sind verbunden in der Einheit der Person. Als höchstmöglicher Abstand von unästhetischem, unwissendem und ungutem Verhalten ist das höchste Bildungsniveau Weisheit als integraler Humanismus, ein Zusammenklang des Menschenmöglichen. Diese Idee ist freilich eine Utopie. Aber ohne Utopie hat man auch keine weitgesteckten Ziele. Utopie hat, so gesehen, eine eminent praxiswirksame Bedeutung. Die Utopie soll allerdings Realutopie sein, d. h. sie soll möglich sein, nicht unerreichbar.

Nóesis allein fördert allerdings nur die sachliche Vernunft, den Intellekt, das Erkennen als kritische Befähigung, die Fülle der Information zu sondieren, zu ordnen, zu codieren (oder zu decodieren), sie zu überprüfen, sprachlich darzustellen und interessierten Mitmenschen zu vermitteln. Wie der Geschmack ist der kritische Intellekt eine Befähigung zur Unterscheidung, hier des Wahrheitsgehalts, d. h. der Objektivitätsqualität von Informationen. Wie in "der Kunst" ästhetisch Wertvolles versammelt ist, so in "der Wissenschaft" theoretisch, noétisch wertvolles Wissen. Der Intellekt als individuelle Intelligenz ist die Befähigung, relevantes Wissen in Problemlagen zu finden und anzuwenden, d. h. ins individuelle Leben zu transformieren. Wie der Geschmack ist er entwicklungsfähig. Es gibt intellektuelle Niveaustufen. Der vollentwickelte Intellekt hat Horizontweite und philosophische Tiefe, ist in allen "Wissensarten" (Scheler) urteilsfähig. Das voll entwickelte Denken, Nóesis in ihrer Vollendung, ist deshalb bei aller Möglichkeit relativ selten zu finden. Wissen dagegen kann jeder sammeln und einigermaßen ordnen, sich also in die Linie auf ein solches Optimum hinbewegen, und das muß wohl auch jedem zugemutet werden. Wissen meint speicherungswerte Erfahrungen und Einsichten, meint möglichst sichere Erkenntnis. Innerhalb des Wissens gibt es auch wieder Komponenten ähnlich wie die im ästhetischen Bereich. Auch das Wissen hat eine rezeptive, eine produktive und eine kathartisch-kommunikative Komponente. Das meiste Wissen rezipieren wir, empfangen wir, indem es uns von Eltern, Lehrern, Medien zugesprochen wird, indem wir es in Zusammenhang mit unseren Erfahrungen einordnen und merken. Produktiv im Nóesisbereich verhalten wir uns, wenn wir Erfahrungen verbalisieren und mitteilen, d. h. also symbolisieren, codieren, generalisieren, wenn wir Vermutungen anstellen, Hypothesen bilden (auch wenn sie noch so bescheiden sind), problematisieren, überprüfen, kritisieren, theoretische Zusammenhänge suchen usw. Auch der Nichtwissenschaftler ist im Wissensbereich produktiv. Kathartisch-kommunikative Funktionen hat Nóesis durch den Aufhellungs-Charakter. Durch Wissen wird Angst und Unsicherheit abgebaut, es werden Wege für die Praxis erkennbar, ihre Besonderheiten überschaubarer, Folgen kalkulierbarer. Triebhafte und affektive Einfärbungen des Erkennens können reduziert werden. Das Denken kann von Wunsch- und Phantasieüberlagerungen relativ befreit werden. Es wird realistischer. Wo "Es" ist, kann – wenigstens teilweise – "Ich" werden (vgl. auch die psychoanalytischen Traumverbalisierungen als Weg zu klarerem Bewußtsein über die eigene "Welt 2"!). Die kommunikative Wirkung liegt vor allem in der überindividuellen Symbolisierung des Wissens (Sprache, mathematische Symbole, das objektive Wissen der Wissenschaft). Die gemeinsame Sprache, das gemeinsame Bewußtsein bindet Menschengruppen stärker als gemeinsame körperliche Merkmale. Gemeinsames Weltverständnis, wenigstens in den Grundzügen und Prinzipien (gemeinsame Welt-"anschauung"), ist eine wichtige Voraussetzung für lebenslange Dauerkontakte (z. B. Freundschaft, Ehe, Arbeitsteam). Oft ist daher ein gemeinsames Studium der Ort, an dem amicitia, Freundschaft (einschließlich ehelicher), gut gedeiht (akademische Verbindungen!). Gesellschaftlich-kulturgeschichtlich betrachtet führt die Bildungsentwicklung des Menschen vom *Mythos zum Logos*, ein Prozeß, der bei den Griechen von Homer/Hesiod über Plato zu Aristoteles und damit in der Folge zur Rationalität der wissenschaftlichen Welt führte. Ein anderer Strang der Entwicklung führt von der Magie zum Logos bis zur Theologie. Die Zusammenhänge der Welt werden im Mythos naiv-bildlich, in erzählender Symbolik, anthropomorphen Deutungen von "Mächten" und "Kämpfen" vorgestellt. Daß auch das wissenschaftliche Weltbild mit Zeichen und "Chiffren" arbeiten muß, weiß man nach der rationalistischen Entmythologisierungskampagne wohl. Aber die Entwicklung ist noch nicht abgeschlossen. Rückfälle drohen immer wieder, nicht nur in der Kunst. In: "Die Zeit" vom 29.6.1984 hat sich

Fritz Raddatz mit diesen Rückfällen in den Mythos auseinandergesetzt. Rückfälle seien auch in der Philosophie festzustellen, etwa in der neuen Liebe zu Nietzsche und in der Religion (z. B. in Jugendsekten versus rationale Theologie). Bildung und Kultur sind nicht nur in der Kunst, sondern auch in der Wissenschaft und noch mehr im Praktischen, im Alltag, im Ethischen und Religiösen, ständig gefährdet. Der Mensch ist labil und kann sich auch zurückentwickeln. Es ist nicht gewährleistet, daß Bildung und Kunst insgesamt notwendig aufwärtsgehen.

Im Noétischen gibt es – wie im Ästhetischen – eine produktive Seite, die von früh an gepflegt werden sollte. Es sollte nicht nur "Fertiges" übermittelt werden. Einige Beispiele: Kinder lernen sich kognitiv oder noétisch zu verhalten immer dann, wenn sie selbst Erfahrungen machen, beobachten, staunen, das Beobachtete berichten. Hier kommt es darauf an, aufmerksam zuzuhören, den Kindern und sich Zeit zu lassen. Kognitiv lernen Kinder, wenn sie experimentieren, wenn sie ihre kleinen Versuche machen. Kleinkinder wollen jedes Ding erst einmal "begreifen", damit klopfen, es hinunterwerfen, probieren, was damit anzufangen ist und (die Kleinsten) vor allem natürlich erst einmal darauf beißen. Kinder sind so immer aktiv im Weltbegreifen. Der Wissenschaftler mit dem Geologenhammer unterscheidet sich nicht wesentlich von ihnen.

Wenn die Kinder ihre ewigen Warumfragen stellen, dürfen wir nicht die Geduld verlieren. Denken sucht Zusammenhänge. Das Warum zielt sowohl auf den Kausalzusammenhang wie ins Teleologische oder Funktionale. Wir müssen im einzelnen zu erraten versuchen, wohin die Kinderfrage jeweils zielt. Noétisch produktiv ist das Kind auch, wenn es Gegenstände zerlegt und auf jede Weise erforscht. Wenn Puppen die Augen schließen, möchte man wissen, wie das funktioniert, und wenn ich recht sehe, "forschen" da nicht nur die Buben. Oder wenn die Kinder Spielelemente kombinieren, wenn sie Mengen umordnen, vergleichen und zu zählen anfangen. Wenn-Dann-Zusammenhänge finden, das ist schon der Anfang der Kausalitätsfrage. Wenn Kinder kritisch werden ("das stimmt nicht!"), kleine Rätsel zu lösen suchen oder wenn sie bei ihren Tätigkeiten sprechen, bauen sie ihren noétischen Habitus auf. Es ist gut, wenn sie mit anderen über eine Sachfrage streiten und dann die Sachlage gemeinsam überprüfen. Produktiv sind sie auch, wenn sie ein praktisches Problem zu lösen haben und bei einzelnen Schritten nach Sacheinsicht streben müssen, weiter, wenn sie an einem größeren Projekt arbeiten, wie es sich eben für Kinder ergibt und dazu die nötigen sachlichen und technischen Kenntnisse zu erwerben suchen. Für die geistige Entwicklung besonders wertvoll ist, wenn sie über kleine und große Lebensprobleme mit Eltern und Erziehern oder Altersgenossen sprechen. In all diesen Denksituationen kommt noétische Bildung durch "Selbsttätigkeit" in Gang.

Der elementare "rezeptive" Denkaufbau geschieht weithin durch Informieren als "Ins-Bild-Setzen", durch Vermitteln der Namen, der Eigenschaften und "Aktionen" der Dinge, durch Mitteilen lebenswichtiger Kenntnisse, durch Unterstützung der Verselbständigung. Ziel ist, daß das Kind zu einer relativen Denk-Autonomie, zu selbständigem Denken gelangt. Über die Anschauungsbasis des Denkens wurde im Áisthesis-Kapitel gesprochen, sie muß aber hier erneut in Erinnerung gebracht werden. Bildung meint kognitiv "Im-Bilde-sein" und dazu gehört heute auch mittels Fernsehen, selbst wenn dieses Medium wie alle Medien (Personen unmittelbar übrigens auch) nur selektiv informiert. Es kommt darauf an, daß die Jugend lernt, dieses Medium (wie andere Medien auch) einigermaßen souverän, d. h. zunehmend kritisch zu benützen und zu behandeln. Wenn man richtig auswählt, liegt im Fernsehen eine enorme Möglichkeit der Information (wie auch der Unterhaltung und der ästhetischen Bildung). Selbst wenn sie schlecht vermittelt ist, läßt sich an ihr immer noch kritisches Bewußtsein entwickeln. Die unmittelbar anschauliche Information liefert freilich allein die reale Umwelt, besonders im Umgang mit den Dingen und Menschen selbst. Wir wissen, daß die Kinder im ersten Schuljahr mehr Worte aus dem Fernseher lernen als durch den Grundschulunterricht. Damit ist auch besonders viel selektive Anschauung verbunden, die nur dadurch allgemeingültig erscheint, weil sehr viele dasselbe Programm sehen.

Didaktisch wichtig ist, stets bei der Lebenswelt, bei Bedürfnissen, Problemen, Konflikten, Interessen der Kinder anzusetzen, Freude beim Lösen von Problemen und Aufgaben zu verstärken, wichtige Erkenntnisse zu "unterstreichen", Naturgesetze kenntlich zu machen, das Verstehen von Menschen zu fördern, Suchmethoden einzuüben (auch verbale und technische, z. B. Lexikongebrauch).

Herbert *Spencer* hat eine biologisch akzentuierte Wissenslehre vorgelegt (Die Erziehung in intellektueller, moralischer und physischer Hinsicht, 1861). Für ihn beginnt die Pädagogik mit der Frage: "Welches Wissen ist das wertvollste?" Seine Antwort auf diese Frage ist, und sie wird von ihm oft und nachdrücklich wiederholt: die Wissenschaft. Zwar schätzt Spencer ästhetische Kultur und Geschmackserziehung auch ("Ohne die Malerei, die Skulptur, die Musik, die Dichtkunst und die durch die Naturschönheiten verursachten Gemütsbewegungen würde das Leben die Hälfte seines Reizes verlieren", so S. 33). Aber auch den schönen Künsten müsse die Wissenschaft zugrundeliegen, (36 ff.). Für Spencer gilt als "die vernünftige Ordnung" der Rangfolge der Erziehungsziele: die Erziehung zu unmittelbarer Selbsterhaltung, dann die zur indirekten Selbsterhaltung, zur Elternschaft; dann folgt die Erziehung zum Bürgertum und dann erst die zu den "Verfeinerungen des Lebens" (9), also zu den ästhetischen Bereichen. Physiologie sei daher die erziehungswichtigste Wissenschaft, die Wissenschaft von den Lebensprozessen, wie sie jeder Mediziner und jeder Psychologe grundlegend studieren muß; weiter folgen Mathematik, Physik, Chemie, Biologie, Soziologie, Pädagogik, Psychologie, Kulturgeschichte und Ästhetik. So sieht der Bildungsplan von Spencer aus. Mit wissenschaftlicher Bildung würde nicht nur, so meint Spencer, der intellektuellen, sondern auch der charakterlichen (durch Denkdisziplin) und sogar der religiösen Erziehung (durch Wahrheitsbezug) weitgehend und am besten genügegetan.

Eine andere Wissenstheorie, schon einmal angesprochen, ist mehr im Geistigen beheimatet, die von Max Scheler (Bildung und Wissen, 1924, siehe in: H. Röhrs 1968). Er unterscheidet nach dem Wozu des Wissens drei Wissensarten, nämlich das Herrschafts- oder Leistungswissen (Arbeitswissen), das Bildungswissen und das Erlösungs- oder Heilswissen. Keine der drei Arten des Wissens könne die andere je ersetzen oder vertreten. Es gäbe jedoch Kulturkreise, die die drei Arten "je einseitig entwickelt haben, so Indien das Erlösungswissen und die vitalseelische Technik der Machtgewinnung über sich selbst, China und Griechenland das Bildungswissen, das Abendland seit Beginn des 12. Jahrhunderts das Arbeitswissen der positiven Fachwissenschaften" (187). Es sei nunmehr "die Weltstunde gekommen, daß sich eine Ausgleichung und zugleich eine Ergänzung dieser einseitigen Richtungen des Geistes anbahnen muß" (ebda.). Scheler ist gegen die Verwerfung einer der Wissensarten. Die Zukunft der Geschichte der menschlichen Kultur werde unter dem Zeichen des Ausgleichs und der Ergänzung stehen, nicht unter dem Zeichen der ausschließlichen Pflege des jedem Kulturkreise historisch Eigentümlichen. Das Arbeits- und Leistungswissen trage die heutige Weltzivilisation, vor allem Technik, Industrie, Kommunikation. Wer dieses Wissen aber als reines, absolutes Wissen oder als uns Menschen allein zugängliches Wissen ausgebe, gehe den üblen Weg eines "oberflächlichen Positivismus und Pragmatismus". Alles Arbeitswissen habe dem Bildungswissen in letzter Linie zu dienen, weil sich das Bildungswissen auf die Person beziehe, und die Person höher stehe als jede Technik. Das umgekehrte Verhältnis müsse als wissenschaftlich unterbaute Barbarei, sogar als "die furchtbarste aller nur denkbaren Barbareien", bewertet werden (vgl. die Kritik des technokratischen Denkens heute). Aber auch das humanistische Bildungswissen (Scheler hält Goethe für die erhabenste Verkörperung dieses Wissens auf deutschem Boden) "muß sich der Idee des Erlösungswissens noch unterordnen und in letzter Abzweckung ihr noch dienen. Denn alles Wissen ist in letzter Linie von der Gottheit und für die Gottheit" (188). Scheler besteht auf dieser letzten Aufgipfelung. Das wird vielleicht für manchen, der Bildungswissen selbstverständlich für nötig erachtet, nicht leicht akzeptabel sein. Aber es ist eine philosophische Erkenntnis, daß die oberste Hierarchiestufe, der letzte

Bezug des Menschen, als der zu dem höchstmöglichen Wert, eben kein anderer als der religiöse sein kann. Es gibt nur einen Gottesbegriff. Der ist zwar schwer zu fassen und noch schwerer ist es, sich ihm existentiell zu stellen. Aber die höchste Einsicht kommt eben an diesen Punkt.

Ähnlich wie Max Scheler sieht Franz Xaver *Eggersdorfer* eine Schichtung der Erkenntnisweisen und Weltbilder und unterscheidet

a) eine naturwissenschaftlich-sachliche Grundschicht des Bildungsaufbaues

b) eine mittlere Schicht des Kulturwissens, der Bildungsarbeit mit Kulturgütern und

c) die metaphysisch-religiöse Weltbetrachtung, die vom philosophisch-religiösen Lehrgut aus letzte Einsichten auch der naturkundlichen und kulturkundlichen Bildung zusammenfasse.

"Bildungstiefe" verlange, "daß in der Wahl und Bearbeitung des Bildungsgutes

a) Das Wissen von Sachwissen zum Kulturwissen und Heilswissen aufsteige, daß

b) das Können von der technischen Fertigkeit zum Ausdruckshandeln und zur sittlichen Tugend sich erhöhe, und daß

c) das Werten vom Materiellen zum Geistigen und Ewigen sich erhebe" (Jugendbildung, 5. Aufl. 1950, S. 57).

Im Vergleich zu Scheler sucht Eggersdorfer mehr Integration der Wissensarten vom Heilswissen aus, definiert er doch Erziehung letztlich als "Heilswille am werdenden Menschen" (13), während Scheler trotz des letzten Dienstzusammenhangs die Selbständigkeit der einzelnen Wissensarten stärker betont.

Differenzierter untersucht Richard *Schwarz* (Wissenschaft und Bildung, 1957) das Verhältnis von Bildung und Wissenschaft und fragt nach der Möglichkeit und Wirklichkeit einer "wissenschaftlichen Bildung". Wie in jüngster Zeit Heinrich *Rombach*, weist er darauf hin, daß man von jedem wissenschaftlichen Fachgebiet aus zur philosophischen Tiefensicht gelangen kann und sollte. Dies sei der eigentliche Sinn eines "Studium generale". "Es soll und muß der Homo faber, der Homo technicus, befähigt werden, seine letzte Sinnerhellung aus der Welt des Homo philosophus zu gewinnen und zu begründen" (121). Schwarz will die gegenwärtigen Strukturen des Gymnasiums und der Hochschule zwar nicht umkrempeln, aber durch historische, naturwissenschaftliche, philosophische, kulturvergleichende und religionskundliche Arbeitskreise und Vorlesungen in beiden Institutionen verklammern und durch inneruniversitäre Akademien für Graduierte ergänzen. Eine rein dem Studium generale gewidmete Abschlußklasse des Gymnasiums hielte er für zweckmäßig. Die jetzigen Abiturprüfungen sollten zuvor abgelegt sein. Das Zeugnis wird erst verliehen, wenn man die Arbeitskreise in der letzten Abiturklasse regelmäßig besucht hat. Schwarz legt Wert auf eine Zusammenfassung des Wissens. In den Arbeitskreisen wird nicht abgeprüft. Sie sollen in Gesprächsform verlaufen (möglichst kleine Kreise, eigens ausgewählte Leute als Lehrer, Dozenten mit dem halben Stundendeputat, also in einer Art platonischer Akademie). Dieses Modell ist sicher in den letzten Jahrzehnten in Vergessenheit geraten. Aber heute und in der Zukunft hätte man vielleicht wieder eher Zeit und Kräfte, etwas mehr zu tun für eine gediegene Allgemeinbildung. Die zunehmenden Mehrfachqualifikationen an den Hochschulen sind ein Schritt in dieser Richtung. Ein anderer wäre die Wiederbelebung der Diskussion über das "Studium generale" im Sinne von Schwarz. Ein integriertes wissenschaftlich-philosophisches Weltbild sich zu erarbeiten, bleibt im heutigen deutschen Bildungssystem weitgehend dem Studierenden des Gymnasiums und der Hochschulen selbst überlassen und so eine ähnlich ungesicherte lebenslange Aufgabe wie die Entwicklung eines elaborierten Geschmacks.

Den Ansatz Theodor Wilhelms weiterführend, hat jüngst der Bonner Philosoph und Pädagoge Werner *Stegmaier* (im Anschluß an Karl Ulmer's "Philosophie der modernen Lebenswelt" 1972) einen Versuch gemacht, die herkömmlichen Gymnasialfächer mit den Bedürfnissen nach Weltorientierung im philosophischen Sinn in einer von Demokratie, Wissenschaft und Technik geprägten modernen Welt zu vermitteln (Allgemeinbildung und Weltorientierung, in: "Universitas", Juni 1984). Stegmaier unterscheidet zur Grundgliederung der Weltorientierung vier Weltbereiche (Selbst, Mitmensch, Natur und Göttliches) und fünf Wissensbereiche (Sprach- und Zeichensysteme (einschließlich Mathematik), sprachlich manifestierte Literatur und Kultur, Geschichte (nicht nur der Politik, sondern aller Weltverhältnisse), Kunst und die Weltorientierung selbst).

Diese neun Bereiche sollen nach Stegmaiers Ansicht gleichberechtigt , wenn auch nicht mit gleicher Stundenzahl, im Fächerkanon der Allgemeinbildung sichtbar gegliedert vertreten sein. In dem von ihm entworfenen Rahmenlehrplan gibt er durchschnittliche Wochenstundenzahlen für die Sekundarstufe II an. Die Unterrichtsorganisation ließe sich, meint Stegmaier, auch flexibler gestalten als bisher und einfallsreicher, etwa in Epochenunterricht, Tagesunterricht, Team-teaching, Projektunterricht. Dieser Plan ist dem von Th. Wilhelm verwandt (Theorie der Schule, 314). Beide wollen den Lehrplan entwickeln in Richtung mehr Recht, Informatik, Technologie, Hygiene, Medizin und beide reduzieren (bzw. schichten um), vor allem im philologischen Element der Bildung.

Zum *philologischen Element* der Bildung. Dieses Element läßt sich in modernen Systemen oft nicht leicht unterbringen. Derbolav gesteht, daß es ihm bei seinen "Praxen" auch so gehe. Das philologische Element ist nach dem alten Verständnis des Gymnasiums von so hoher Bedeutung, daß es früher – praktisch unreflektiert – als das führende Element angesehen wurde. Das philologische Element wird voll erkannt und herausgestellt in der Bildungslehre von Otto Willmann. Willmann beachtet unter seinen vier fundamentalen Elementen der Bildung (Philologie, Mathematik, Philosophie und Theologie) das philologische Element besonders ausführlich. Darunter versteht er alles, was mit Schreiben, Lesen, Muttersprache, alte Fremdsprachen, neue Fremdsprachen und Literatur zu tun hat. Fast die Hälfte seiner Analyse des Bildungsinhaltes ist diesem Element gewidmet. Von der Dorfschule bis zur Gelehrtenschule sei die Handhabung von Sprache und Schrift ein Hauptfeld der Lehre. Die Befähigung zu dieser Handhabung gelte als Gradmesser der Bildung; die Kenntnis moderner Fremdsprachen sei das Merkmal der "weltmännischen", die Kenntnis der klassischen Sprachen das der gelehrten Bildung. "Seine Gedanken sach- und sprachgemäß ausdrücken zu können und mit den Werken der Sprachkunst Bekanntschaft zu besitzen" sei "das erste Erfordernis des Gebildeten schlechthin" (Did. S. 337). Bei Willmann sind, wie man sieht, im Sprachlichen die Momente des Noétischen, des Ästhetischen und des Praktischen eng verbunden; dabei steht das sprachliche Können im Mittelpunkt. Daß Wissenschaftssprachen, auch ästhetische Medien (Musik) Sprachen, d. h. Zeichensysteme sind, wird noch nicht erkannt. Daher werden die "Realien" nur als "akzessorische" Fächer, musische Fächer nur als "Fertigkeiten", "populäre Künste" unter den "Bildungsstoffen" eingeordnet. Stegmaier weist heute auf eine allgemeine Semiotik (im Zusammenhang mit Mathematik) hin. Da Programmiersprachen wichtig werden und vielleicht in Zukunft ein ähnliches Gewicht haben wie irgendeine (zweite oder dritte) Fremdsprache, läge in einer alle Sprach- und Zeichensysteme reflektierenden Semiotik (Zeichentheorie) ein der Ästhetik nahestehender und in seiner Schlüsselfunktion für die Allgemeinbildung im noétischen Bereich ähnlich allgemeiner Wissensbereich vor, der alle einzelnen Sprachen und zugehörigen Wissenschaften verbinden und überblicken ließe. Eine solche Wissenschaft (in Zusammenarbeit mit Linguistik, Logistik, Informatik, Kybernetik, eventuell auch im Kontakt zu Modell- und Systemtheorie) könnte auch als ein zentrales philosophisches Problemfeld betrachtet werden. Daß für die Bildungspraxis der Ausbau dieser Theorie ein Desiderat ist, kann jedenfalls festgehalten werden.

Noch zur Bedeutung der Sprache für Bildung und Kultur. Hier ist wiederum die moderne Dreiweltentheorie Poppers von Bedeutung: die Sprache und das in ihr vermittelte Empfinden und Wissen ist nämlich nicht nur konstitutiv für Welt 2 (die Welt der subjektiven Erlebnisse, des subjektiven Wissens, des individuellen Bewußtseins), sondern Sprache ist auch bedeutsam für die durch das Bewußtsein der Menschen aufgebaute Welt 3 (die Kultur, Erzählungen, erklärende Mythen, Werkzeuge, wissenschaftliche Theorien, soziale Einrichtungen und Kunstwerke). In beiden Welten (2 und 3) ist sprachliches Lernen Voraussetzung für diese hochdifferenzierten Welten, ist Sprachkompetenz zentrales Medium fast aller Prozesse, dient Sprache als Speicher und Gefäß im Gedächtnis und in Bibliotheken und weiter in Verbindung mit der Phantasie als Weg zu neuen Theorien und Gestalten und zu neuen "Welten" subjektiv-psychischer Art.

Sprache ist also ein Schlüsselphänomen. Man wird einsehen müssen, daß eine menschliche Kultur, subjektiv wie objektiv gar nicht anders möglich ist als über Zeichensysteme, vor allem eben über die lebendigen Sprachen, die Alltagssprachen, die Wissenschaftssprachen, die Bildungssprachen, die sogenannte schöne Literatur.

Der zentrale Wert, um den es im Noétischen geht, die "regulative Idee", ist der Wert der *Wahrheit*. Gemeint ist damit objektive *Erkenntnis*, Übereinstimmung unseres Denkens mit dem Sachverhalt, wie er an sich ist. Ein Satz ist wahr, wenn er mit dem Sachverhalt übereinstimmt. In diesem Sinne ist Erkenntnis unbedingt wertvoll. Hans Mohr hat das (in: Lorenz und Wuketits (Hg.): Die Evolution des Denkens, 1983) durch den Kontrast deutlich gemacht: "Erkenntnis ist gut, d. h. zuverlässiges Wissen ist unter allen Umständen besser als Ignoranz" (311). Hierin ist die Freiheit der Forschung legitimiert, weil wir "*unbeirrbar daran festhalten müssen, daß Erkenntnis unter allen Umständen besser ist als Ignoranz*" (ebda.). Daher sind (kollektive oder individuelle) Unterdrückung oder Verdrängung von Wahrheit, Tabuisierung von Forschungszielen mit dem wissenschaftlichen Ethos wie mit der Horizontoffenheit des Menschen prinzipiell unverträglich und für sachadäquate und weitblickende Praxis letztlich immer schädlich. Wahrheit ist allemal Realitätsbezug und steigert die Angemessenheit der Praxis, wenigstens prinzipiell, in dem Ausmaß, als die Informationen, die möglich sind, zur Kenntnis genommen und in das Handlungskalkül aufgenommen werden. Je wichtiger eine praktische Entscheidung, man denke etwa an weitreichende politische Entscheidungen, um so besser ist vorausgehende umfassende Information und denkende Verarbeitung. Das ist an und für sich selbstverständlich, aber man kann es gar nicht oft genug betonen. Es ist nicht mit einem kurzen Hearing getan, das vielleicht nur als Alibi fungiert. Ignoranz als Unwissenheit, Informationsmangel, Denkschwäche und/oder Denkfaulheit führen aus Mangel an Einblick, Umblick und Weitblick in fast allen Fällen auf weite Sicht zu Entscheidungsmängeln. Wenn man Entscheidungsmängeln entgehen will, muß man die Wahrheit, soweit es nur geht, zur Kenntnis nehmen.

Man muß also den Kopf anstrengen. Denkarbeit ist immer zugleich Bildungsarbeit, weil sie den Intellekt, die noétische Urteilsfähigkeit stärkt. In erhöhtem Maße bildend wirkt die Denkarbeit dann, wenn die kybernetische Hierarchie der Wissensbestände und Denkmethoden aktiviert wird. Es wirken nicht alle Datenkenntnisse und Einzelmethoden in gleichem Ausmaße bildend. Das Sammeln, Zählen, Ordnen von Spezialdaten ist immer nur die Basis. Hypothesenarbeit und Theorieentwürfe und deren Überprüfung führen weiter. Aber erst die Synthesis der theoretischen Ansätze, Pespektiven und Methoden schafft fachwissenschaftliche Kompetenz. Die philosophische Zusammenschau schließlich bedeutet erst Weltverständnis. Von der philosophischen Sicht aus wächst dann erst wieder – gewissermaßen im Herabsteigen – die Kompetenz, relevantes Wissen innerhalb der Fachwissenschaften als solches zu erkennen, Hypothesen zu gewichten, Daten sinnvoller zu ordnen. Zwischen den Hierarchiestufen des Wissens besteht so ein dauerndes Auf- und Niedersteigen. Nur durch eine intensive Verknüpfung aller Stufen wird Wissen optimiert. Für die Bildungspraxis bedeutet dies, daß Datensammeln, Hypothesenbearbeitung, fachwissenschaftliche Synthetik und philosophischer Überblick wie in einer Fuge verklammert, in wechselnden Folgen, variiert und kombiniert zusammenklingen und die entsprechenden Methoden ebenso mobil wechselnd gehandhabt werden müssen, wenn der Intellekt und das Weltverständnis optimiert werden sollen. Dies gilt auf allen Stufen der Bildungsorganisation von der Primarstufe bis zur wissenschaftlichen Akademie und ist für das Individuum lebenslang der Weg zum Ausbau von Intellektualität und Weltverständnis.

Fachwissenschaftliche Arbeit ist im allgemeinen Konsens die Basis fortgeschrittener intellektueller Bildung. Der überfachliche Horizont läßt sich außer durch die den eigenen akademischen Fächern zugeordnete Bereichsphilosophie (z. B. Naturphilosophie, Kulturphilosophie, Sprachphilosophie, Rechtsphilosophie, Religionsphilosophie usw.) und die Allgemeine Philosophie nach allgemeiner Ansicht besonders gut erweitern durch Geschichtskenntnisse (Forschungsgeschichte, Philosophiegeschichte, politische und Kulturgeschichte, Literaturgeschichte, Naturgeschichte, Biographien), aber auch durch immer erneute Rückkehr zu Einzelfragen der Fachwissenschaft und Fachphilosophie. Das individuelle Niveau läßt sich nur durch mehrere "Durchgänge" dieser Art "aufschaukeln". Deshalb ist es auch nicht gut, Philosophie als Studienfach nur einmal kompakt an einer Stelle des Studiums zu lokalisieren und sie dann endgültig zu vergessen. Zusammenschau über alle Wissensgebiete und über alles, was existentiell interessant ist, versucht vom Ansatz her nur die Philosophie. Wenn hier Philosophie als Bildungselement favorisiert wird, so ist an solche philosophische Systeme gedacht, die einen Überblick über das Gesamtsein, über die Gesamtwirklichkeit, wenigstens versuchen, also über Natur, Kultur, Psyche und Gott, die eine ausgearbeitete Ontologie bieten sowie eine ausgearbeitete Ethik und möglichst auch eine ausgearbeitete Ästhetik. Solche Systeme entfalten wiederum dann besonders tiefgehende, verwurzelnde und integrierende Wirkung, wenn sie die historische Dimension nicht vernachlässigen.

Konkret bedeutet dies: der Akademiker – und nicht nur er – muß im Laufe seines Lebens seine eigene Bildung immer wieder einmal "überholen". Er muß das, was er an Erfahrungen gewonnen hat in der Praxis des Lebens und Berufs, und was er an neuen fachwissenschaftlichen Erkenntnissen zur Kenntnis genommen hat, philosophisch zu integrieren suchen. Er wird also nie entlassen aus der Denkarbeit und muß wiederholt sehen, daß er nicht nur fachwissenschaftlich auf dem laufenden bleibt, sondern auch sein Gesamtwissen vertieft und seinen Horizont stetig erweitert, wenn er nicht stehen bleiben will in seiner geistigen Entwicklung oder gar verkümmern.

Zur wissenschaftstheoretischen Grundlegung. Die Struktur der Wissenschaft besteht darin, daß in ihr fundiertes Wissen fortlaufend erweitert und kritisiert wird. Es werden dauernd neue und differenziertere Erkenntnisse gewonnen und neue Theorien entworfen. Es werden dadurch ältere Theorien revidiert, in ihrer Bedeutung eingeschränkt, relativiert oder gänzlich fallengelassen. In der Wissenschaft herrscht das Prinzip der Kritik, eine Art Rüttel- und Stoßtest. Dieses Teilprinzip der Wissenschaft wurde vom "Kritischen Rationalismus" oder "Falsifikationismus" verabsolutiert. Nach seiner Ansicht ist die Hauptaufgabe der Wissenschaft – um des Erkenntnisfortschritts willen – der dauernde Versuch, gegenwärtig akzeptierte Hypothesen und Theorien zu Fall zu bringen, also zu falsifizieren. Dies sei wichtiger als Hypothesen und Theorien zu beweisen, sie zu verifizieren. So würden durch strenge Prüfung die "relativ haltbarsten" (Popper) Theorien bzw. Hypothesen ausgewählt. Empirisch-wissenschaftliche Sätze sollen daher intersubjektiv nachprüfbar, falsifizierbar sein. Für die Philosophie gilt das Prinzip der rationalen Diskussion, in der kein Argument unterdrückt werden sollte. Im Gegensatz zu den empirischen Einzelwissenschaften legt sich die Philosophie methodisch nicht fest. Selbst Karl Popper (Logik der Forschung, 3. Aufl. 1969) vertritt, wohl im Sinne der meisten Philosophen, die These: "Philosophen, genau wie andere Leute, können in ihrer Suche nach der Wahrheit alle Methoden wählen, die ihnen Erfolg zu versprechen scheinen" (Vorwort S. XIV.). Da die kritischen Rationalisten sonst jedoch dem Methodenpluralismus nicht gerade huldigen, sondern stramme Vertreter eines normativen wissenschaftstheoretischen Konzepts sind, muß ihrem Denken das Prinzip der *Objektadäquanz* der Methode beigestellt werden: Jedes Objekt soll mit Methoden erforscht werden, die ihm entsprechen. Wenn man einen Gegenstand in seiner Art optimal erkennen will, muß man Methoden anwenden, die diesem Gegenstand möglichst weitgehend entsprechen. Hier findet natürlich im Laufe der Wissenschaftsgeschichte auch eine Entwicklung statt, zu einem immer spezielleren Methoden-Set. Dieser Entwicklung setzen sich gelegentlich Methodenmonisten entgegen, die mit Hilfe einer in einem Feld (z. B. in der Physik) bewährten Methode *alle* Gegenstände aller Wissenschaften erforschen wollen und im Zuge eines solchen Versuchs der Reduktion der Wissenschaften auf eine Einheitswissenschaft alle anderen Methoden zu diskriminieren und zu verdrängen suchen. So ergibt sich auch in der Wissenschaft die Notwendigkeit, die verwendeten Methoden zu verteidigen. Daß man mit einer nichtobjekt-adäquaten Methode zwar auch Ergebnisse erzielt, aber in der Erkenntnis der Eigenart des Objekts kaum profunde Fortschritte macht, läßt sich an einem Beispiel leicht erkennen: Man kann ein Gemenge von Gesteinen z. B. sinnvoll auf Anteile von chemischen Elementen untersuchen und damit Wesentliches z. B. über die Bodenbeschaffenheit an einem bestimmten Ort aussagen. Wenn man aber ein hochentwickeltes Lebewesen, sagen wir eine Maus, nur chemisch-analytisch untersucht und die Prozentmenge der vorgefundenen chemischen Elemente auflistet, weiß man über das Wesen einer Maus nahezu noch nichts. Physikalisch-chemische Forschungsmethoden sind hier nur bescheidene Hilfsmöglichkeiten. Von physiologischen, anatomischen, evolutionshistorischen Methoden ist schon mehr zu erwarten und weitestgehende Aufschlüsse geben erst die speziellen Methoden der Säugetier-Zoologie, der Verhaltensforschung usf. Es kommt auf die Objektadäquanz des Methoden-Designs an, sonst sind die Aussagen weitgehend irrelevant. Weil der Mensch für den Menschen das interessanteste Objekt ist, auch das komplexeste aller Wesen angesichts seiner Teilhabe an allen drei (Popperschen) Welten, sind zu seiner Erforschung in den Humanwissenschaften die meisten und elaboriertesten Methoden erforderlich. Es genügt nicht, sich auf die einfachsten und daher scheinbar sichersten Methoden zu beschränken, sonst müßten wir bei Mathematik, Physik und Chemie, bei Statistik und Physiologie stehen bleiben. Aber wir können durchaus mehr wissen, weil wir ja auch voneinander mehr wissen. Alle Human-, Sozial- und Kulturwissenschaften bemühen sich um fundiertes objektives Wissen vom Menschen. Der Komplexität des Forschungsgegenstandes muß die Komplexität des Forschungsinstrumentariums entsprechen.

An die Grenze ihrer Möglichkeiten kommt Wissenschaft beim menschlichen Individuum, das man zwar, etwa in psychologisch-typologischen Rastern, grob einfangen kann, dem man aber in seiner Tiefenstruktur und in seiner Willens- und Gedankenwelt nur biographisch, "narrativ", psycho- und existenzanalytisch auf die Spur kommen kann. Die hier zuletzt erforderliche Methode des einfühlenden "Verstehens" erscheint dem "Erklären" etwa mechanischer Vorgänge aus dem Kausalitätszusammenhang diametral entgegengesetzt. Daher hat man auch "Geistes-" und "Natur"-wissenschaften entsprechend polarisiert, obwohl es für fast alle Wissenschaften auch Zwischenfelder gibt. Wissenschaftliche Methoden sind nicht starr und ewig. Mit den "erkenntnisleitenden Interessen" der Wissenschaftlergruppen und Gesellschaften verschieben sie sich, ohne doch den historischen Zusammenhang je ganz zu verlieren. Feste "Systeme" halten daher weniger lang als eher lebendige "Strukturen".

Heinrich *Rombach* hat (besonders in seiner "Strukturontologie" 1971) darauf hingewiesen, daß das Kantsche Wissenschaftskriterium des Grenzbewußtseins, dem auch der Kritische Rationalismus noch huldigt, überholt sei und "heute die fruchtbaren Probleme gerade in den Grenz- und Übergangsfragen gesehen werden" (13). Rombach hält *Struktur* für das Grundwort unserer Zeit, so wie Tao das Grundwort einer chinesischen Kultur, Logos das Grundwort der griechischen und abendländischen Kultur gewesen sei. Im Zeitalter der heraufkommenden Weltzivilisation werde der Sinn von "Welt" erst über eine Ontologie der Struktur definierbar. Rombachs Analysen von "Strukturverfassung" und "Strukturdynamik" werden hinaufgeführt zu "Strukturgenese" und "Strukturkombinatorik". Rombach nennt Struktur eine "Grundweise für Seiendes jeder Art" (19). Er siedelt diese hochmobile Kategorie zwischen Allgemeinem und Individuellem an. Fluchtpunkt des Strukturdenkens sei die Sache. Erfahrungen nimmt Rombach ernst. Sie seien in ihrer Präzisionsgestalt auf Reflexion und Selbstüberschreitung angelegt. Rombach hält einen *grundsätzlichen* Unterschied zwischen Geistes- und Naturwissenschaften für nicht existent. Er sieht den Unterschied in Sichtweisen: "Naturwissenschaften betreffen die Dinge als Systeme, Geisteswissenschaften die Dinge als Strukturen, möglicherweise dieselben Dinge" (152). Rombach hält die Einzelwissenschaften für autark, in sich selbst wurzelnd, "radikal". Wissenschaften arbeiten seiner Meinung nach nicht "theoretisch" im Sinne von bloß zuschauend, unbeteiligt, schlicht abbildend. Man soll ihnen *mehr* zutrauen: "Wissenschaften bilden nicht ab, sondern springen vor in Richtung des humanen Lebenssinnes. Sie sind generativ, kreativ, eröffnend" (153). Inzwischen dürfte dieser Glaube an die genuine Humanorientierung "der" Wissenschaften nicht mehr ganz unbezweifelt geblieben sein. Selbst wenn man Wissenschaften nicht generell unter Ideologieverdacht stellt, wie die "Kritische Theorie der Gesellschaft", bleibt doch der optimistische Praxiskonnex so einfach wohl nicht haltbar.

Wie das Strukturdenken in die Bildungstheorie eingedrungen ist, zeigt z. B. der "Strukturplan" für das Bildungswesen, der sich selbst als veränderbare Strukturskizze eines offenen Bildungssystems versteht. In ihm wird wiederum "strukturiertes Wissen" besonders hervorgehoben als "solches Wissen, bei dem Einzelheiten in einem System von Begriffen, Prinzipien und Regeln oder innerhalb des Grundgerüstes einer Theorie einen Halt gefunden haben" (79). Die Autoren des Planes betonen, es gehöre "zu den am besten gesicherten Ergebnissen der Lernpsychologie, daß strukturiertes Wissen *mehr* Verstehen erfordert und erzeugt als Einzelfakten und auch länger behalten wird und leichter reproduzierbar ist" (ebda.). Daß das Moment der Beweglichkeit im modernen Strukturbegriff besonders wichtig ist, läßt sich schließlich an der Bedeutung der Umstrukturierung zur Aufgabenbewältigung bei Intelligenztests und im Intelligenztraining nachweisen.

Die innere Mobilität der Wissenschaft betont die neue historisierende Wissenschaftstheorie durch ihre Hinwendung zur Theoriendynamik, zum Paradigmenwechsel. Thomas S. *Kuhn* (Die Struktur wissenschaftlicher Revolutionen, 1976) sieht als pädagogisch besonders interessantes Wesenselement der Wissenschaftsdisziplinen ihre "Paradigmata" (Musterbeispiele, exemplars): "Ich meine damit ursprünglich *die* konkreten Problemlösungen, denen die Studenten von Anfang ihrer wissenschaftlichen Ausbildung an begegnen, ob in Laboratorien, in Prüfungen oder am Ende von Kapiteln wissenschaftlicher Lehrbücher" (198). Für die Physiker zählt Kuhn beispielsweise auf: Probleme wie die schiefe Ebene, das konische Pendel, die Keplerschen Planetenbahnen. Von solchen Anfängen her werde die Struktur der wissenschaftlichen Gemeinschaft besonders geprägt. Man lerne in den Wissenschaftlergruppen durch derartig "exemplarische", d. h paradigmatische Prägungen dieselben Dinge zu bemerken, wenn man auf dieselben Reize stößt (205). Musterbeispiele könnten analog die Besonderheiten ganzer Kulturen verständlich machen. "Die Verfechter unterschiedlicher Theorien ähneln den Mitgliedern verschiedener Sprach- und Kulturgemeinschaften" (216). "Ein Paradigma ist das, was den Mitgliedern einer wissenschaftlichen Gemeinschaft gemeinsam ist, und umgekehrt besteht eine wissenschaftliche Gemeinschaft aus Menschen, die ein Paradigma teilen" (187). Kuhn kennt Abstufungen der Gemeinsamkeit, die z. B. von allen Naturwissenschaftlern bis zur Hundertschaft namhafter Fachwissenschaftler in einem Teilfach der Physik reicht. Revolutionen sieht er eher in der Nähe fachinterner Krisen, die in diesem kleineren Maßstab fast regelmäßig vorkommen und von außen oft gar nicht bemerkt werden (192). Daneben benützt Kuhn als Beispiele aber auch große Umwälzungen im Weltbild und spricht von Zusammenhängen mit der gesellschaftlichen Lage. Die Unschärfe sowohl von "Paradigma" wie von "wissenschaftlicher Revolution" hat Kuhn selbst zu Postskripten und nachgeschickten Werken veranlaßt. Sie ist aber, ähnlich wie beim Strukturbegriff, wegen des hohen Abstraktionsniveaus der philosophischen Begriffsbildung wohl unvermeidlich. Ob neue Theorien "wahrer" seien, läßt Kuhn letztlich dahingestellt, glaubt aber an den Fortschritt der Wissenschaft. Daß "neuer im Datum" und "qualitativ besser" bei wissenschaftlichen Theorien immer als identisch anzunehmen seien, wäre allerdings naiv. Trotzdem wird das Prinzip des Zitierens nach jüngsten Publikationen nicht selten mit dem "Stand der Wissenschaft" verwechselt, besonders von Anfängern. Kuhn sieht die Revolution in einer Wissenschaft heraufziehen, "wenn die fundamentalen Lehrsätze eines Fachgebietes plötzlich wieder strittig sind" (175). Man müsse dann seine Grundprinzipien überprüfen, könne sich nicht mehr wie in ruhigen Zeiten der Wissenschaftsentwicklung auf subtile Phänomene konzentrieren. Dies steigere "zwangsläufig" die "Wirksamkeit und die Leistungsfähigkeit, mit der die Gruppe als ganze neue Probleme löst" (175). Durch Revolutionen und Paradigmenwechsel werden andere Probleme in den Vordergrund gebracht, manche treten zurück und die zugehörigen Theorien mit ihnen. Das fachliche Interesse der wissenschaftlichen Gemeinschaft wird häufig eingeschränkt, die Spezialisierung erweitert, die Verbindung mit anderen Gruppen geschwächt (181).

Für die gesamte noétische Bildung bedeutsam ist ein ausgewogenes Verhältnis von *Spezialisierung und Entspezialisierung des Wissens* und Lernens. Das Übermaß der Informationen, des objektiven Wissens einerseits und die berufliche Differenzierung andererseits machen eine Spezialisierung auch im Wissensbereich unumgänglich notwendig. Die Spezialisierung hat zugleich einen Bildungseffekt, da intime Kenntnis einer Berufs- oder Fachwissenschaft den Bildungssinn der Praxis bzw. des Exemplarischen, des Konkreten einbringt, insofern die individuelle Beteiligung am Wissensfortschritt immer nur "vor Ort" in der konkreten Einzelwissenschaft erfahren werden kann. Man macht sich gern lustig über die detaillierte Spezifität von Dissertationen, aber eben auf diesem Weg geht die Forschung in notwendig zumeist kleinen Schritten voran. Dabei ist selbst der Nachweis, daß eine gängige Hypothese nicht signifikant bestätigt werden kann, ein echter Erkenntnisfortschritt. Andererseits ist die *Ent*spezialisierung durch Bearbeitung allgemeiner Kategorien und Methoden, sowie durch philosophische Entwürfe in gleichem Maße notwendig, weil nur so der Zusammenhang eines Wissenskomplexes, seine kybernetische Verfügbarkeit und die Adaption an die Wirklichkeit langsam verbessert werden können. Die Spezialisierung in der Praxis der Humangeschichte beginnt mit geschlechts- und berufsspezifischer Differenzierung. Sie ist typisch für den Menschen und seine kulturelle Entwicklung, zwingt ihn zugleich stärker in die Gruppe. Tiere tun meist alles, was sie tun können, oder was irgendein anderes Tier seiner Art tun kann (J. Rawls, 1979, S. 570). Der Mensch kann sich zwar auch vielseitig betätigen, entwickelt aber spezielle Fertigkeiten besonders hoch, so daß die Zusammenarbeit vieler Spezialisten die Qualität der Gesamtleistung entscheidend verbessern kann. Jeder kann gewissermaßen am Reichtum der anderen teilhaben, besonders im ästhetischen und intellektuellen Bereich. Die spezialisierten Musiker bilden zusammen ein großes Orchester. In der Teilhabe an der modernen Stadt- und Kommunikationskultur lassen sich die Vorteile der Spezialisierung genießen. Freilich muß jeder von den Tätigkeiten der anderen auch ein wenig verstehen, sonst gibt es nicht den guten Zusammenklang des Orchesters, bzw. der Berufe in der Kultur einer Gruppe. Neurologen sehen strukturell Analoges in der Gehirnentwicklung. Obwohl gewisse Teile des Gehirns sich zunehmend spezialisieren, bleiben viele andere offen, flexibel, anpassungsfähig. Franz Seitelberger schreibt (in Lorenz/Wuketits (Hrsg.): Die Evolution des Denkens, 1983, S. 171): "In dieser Hinsicht repräsentiert Lernen einen evolutionären Trend zur Entspezialisierung. Die Spezialisierung in der Evolution bedeutet, abgesehen von ihrer Wirksamkeit in einer definierten und stabilen Umgebung, oft gleichzeitig eine Sackgasse, aus der keine weitere Entwicklung erfolgen kann. Auf der anderen Seite stellt schon eine geringfügige oder relative Entspezialisierung Möglichkeiten für progressive evolutionäre Veränderungen bereit. Daraus entstand in den späten Phasen der Evolution ein gewisser Selektionsdruck auf die physische Entspezialisierung zusammen mit verstärkter Lernfähigkeit".

Im Bildungswesen muß ab Sekundarstufe II allemal ein Mittelweg zwischen Spezialisierung und Entspezialisierung (hier oft Allgemeinbildung genannt) gefunden werden. Die neueren Pläne helfen sich mit Zwischenformen, wie Schwerpunktbildung, Berufsgrundbildungsjahr u. ä., bzw. durch die Teilung in "allgemeinbildende" Pflichtfächer und Wahlfächer. Jedenfalls ist eine Annäherung bei unveränderten Akzenten der typischen Formen Gymnasium und Berufsschule in der Sekundarstufe II zu erkennen, zum Nutzen beider. Die Neuplanungsentwürfe für diese Schulstufe gehen in Richtung auf Individualisierung des Bildungsweges. Hohe Anteile an "Allgemeinbildung" dürften für einen anspruchsvolleren Bildungsweg allerdings immer wichtig sein. In diesem Sinne ist vom Bildungsaspekt aus festzuhalten, daß es so viele Abiturienten wie nur möglich (natürlich möglichst gute) geben sollte.

In der folgenden Auflistung der Hauptziele noётischer Bildung sollen die operationellen, sprachlichen und Organisationselemente des Wissens gleichermaßen beachtet werden: Hans *Aebli* hat das Wissen als Bildungsziel für die pädagogische Psychologie wieder entdeckt (Zeitschrift für Pädagogik, 18. Beiheft, 1983). Für die Pädagogik hat Benjamin S. Bloom (Taxonomy of educational objectivs, Handbook I, Cognitive Domain, 1956, 15. Aufl. 1969) bereits knowledge und intellectual abilities zusammen beachtet, durch die Absonderung der "Weltanschauung" ins "Affektive" aber einer Trennung von Wissenschaft und Philosophie, vermutlich ungewollt, Vorschub geleistet. Dieser Trennung muß in der Bildungstheorie unter allen Umständen aus Integrierungsgründen entgegengearbeitet werden. – Die Liste der Hauptbildungsziele im Bereich der Nóesis-Dimension dient der Definition unseres

Nóesisbegriffs. Sie ist parallel zur Áisthesisliste konstruiert und soll alle zentralen "Logos"-Elemente der Bildung akzentuieren. Im Logosbegriff ist in der abendländischen Philosophie-(und Theologie-)tradition das Verbale, Geistige (und Göttliche) und das Vernunftbezogene, Intellektuelle (auf verschieden akzentuierte Weise) verschmolzen. Das Logosmoment ist das zentrale Moment aller Bildung. Es bezeichnet Bildung im Kern als Geistesbildung. Es verweist auf Wort und Wahrheit, damit auf das philologische und das wissenschaftlich-philosophische Element von Bildung. Wortbetonte Lehre ist wiederum Hauptbildungsarbeit aller Schulen auf allen Stufen und für alle Lebensalter. Daher ist dieses Element zentral für die Bildungsarbeit der meisten Lehrer. – Insgesamt wird die Nóesisdimension in der heutigen Diskussion nicht unterschätzt, allenfalls in einzelnen Elementen. Umso deutlicher müssen solche Elemente in der Liste aufscheinen. Für die zentralen Schulwissenschaften muß man sich dagegen wohl nicht besonders stark machen. Ihr Platz ist unproblematisch und gesichert. – Selbstverständlich geht es bei dieser Liste wiederum nicht um eine Zielliste für das Abitur, sondern um eine für mögliches lebenslanges Lernen mit (oder in günstigen Fällen auch ohne) Hilfe aller Medien, Institutionen und Personen, die bei der persönlichen Bildungsarbeit helfen wollen.

Hauptbildungsziele im Bereich der Nóesis-Dimension
(Intellektuelle, wissenschaftliche, kognitive, theoret. B.)

Leitziele: Aufbau eines wissenschaftlichen Weltbildes;
Entfaltung sachlicher, kritischer Vernunft;
Wahrheitsorientierung.

Richtziele:

1. Klare, vielseitige Anschauung von vielen Dingen und Vorgängen (durch Experimentieren, durch mehrperspektivische und mehrsinnliche Wahrnehmung und gezielte Beobachtungen).

2. Kenntnis vieler Wörter in ihrer alltäglichen Bedeutung und Fähigkeit, seine Probleme zu formulieren und mitzuteilen.

3. Erarbeitung klarer und distinkter Begriffe aus lebens- und weltbildwichtigen Wissenschaften (durch Vergleich, Unterscheidung u. Abstraktion zur Definition mit Oberbegriff und unterscheidenden Merkmalen).

4. Beherrschung der Muttersprache in Wort und Schrift.

5. Wissen von allgemeinen Klassifikationen und Kategorien (z. B. System der Wissenschaften, der Elemente, der Lebewesen; bibliothekarische, mathematische, logische, ontologische Kategorien).

6. Kenntnis wichtiger Gesetze und Prinzipien der Natur- und Geisteswissenschaften (Formulierung, Beispiele).

7. Beherrschung von Denk- und Forschungsmethoden: Verstehen und Erklären, Problem- und Hypothesenformulierung, Analyse und Synthese, Vergleich, Anwendung, Diskussion, Kritik.

8. Vielseitiges Wissen von Theorien und Strukturen in allen Schulwissenschaften und von fächerübergreifenden Theorien und Strukturen (Kultur, Geschichte, Evolution, Information, Semiotik).

9. Kenntnis mindestens einer Fremdsprache.

10. Vertrautheit mit wenigstens einer Berufs- oder Fachwissenschaft, ihren Problemen, Theorien, Methoden u. ihrer Geschichte; Überblick über die Wissenschaften und die Forschungsgeschichte; wenigstens einmalige Mitarbeit in der Forschung in der eigenen Wissenschaft; Sach- bzw. Fachkompetenz.

11. Philosophisches Wissen (Fachphil., Logik, Erkenntnistheorie, Wissenschaftstheorie, Anthropologie, Ontologie, Wertphilosophie, Philosophiegeschichte) und philos. Einstellung (Liebe zu Wahrheit und Weisheit, Wertbezug).

12. Interesse am Erkenntnisfortschritt, an der Ausdehnung des eigenen Horizonts (Wissensstreben) u. des seiner Kinder und Schüler (Lehreifer) u. an der krit. Weiterentwicklung des obj. Wissens. –

Tafel 3

Diese Liste von noétischen Bildungszielen ist also nicht so gedacht, daß man sie am Ende eines akademischen Abschlusses abhaken kann. Es bedarf noch mehrerer "Durchgänge". Mit zunehmender Erfahrung muß man sich erneut der Fachwissenschaft wie der Philosophie widmen durch Kontaktstudien, durch Weiterarbeit an der Sache bleiben. Ein solcher Selbstanspruch sollt in der Regel vorhanden sein. Daß man in seiner Wissenschaft wirklich zu Hause bleiben möchte und das auch durch Lektüre von Fachzeitschriften, durch Aufrechterhalten eines gewissen Standards bewußt anzielt, ist in vielen Wissenschaften auch dringend notwendig; man denke nur an die Medizin. Fortbildung ist angesichts des Zuwachses von Wissen unerläßlich. Leider ist dieses Bewußtsein nicht bei allen Lehrern selbstverständlich. Dabei ist auch die Arbeit in den unteren Schichten der wissenschaftlichen Bildung nie abgeschlossen. Man muß immer wieder neue Begriffe erarbeiten, muß sich dazu die nötigen Anschauungen verschaffen, muß sich mit neuen Theorien auseinandersetzen. Man muß schon sprachlich immer wieder aufholen, muß neue Lexika und Handbücher zurateziehen, muß sich mit der wichtigen neuen Literatur vertraut machen. Besonders zum Wachsen philosophischer Einsicht ist viel Geduld notwendig und lebenslange Arbeit, die gewissermaßen nur idealiter abgeschlossen werden kann. Wer teilnimmt an der Wissenschaft, der nimmt auch an ihren Entwicklungen und Wandlungen anteil, ist also nie ganz "fertig". Dies hat den positiven Aspekt, immer noch weitere Chancen zu haben, noch etwas dazu zu erfahren und seinen Horizont zu erweitern. Fachwissenschaftliche Bildung bedeutet immer eine gewisse Einseitigkeit, Spezialisierung bedeutet immer auch eine gewisse Disproportionalität, was die anderen Bildungselemente betrifft. Es ist wichtig zu beachten, daß sich an der Gesamtbildung im Noétischen vieles erst *durch* Praxis, durch Erfahrungen in den mittleren Lebensjahrzehnten aufbauen kann. Diese Erfahrungen sind auch Wissen, sind Lebenswissen, das man nicht durch Studium ersetzen kann. Insofern muß jeder Geduld mit sich selbst haben. Es nützt nichts, wenn man meint, man könne Bildung auf schnellstem Wege packen. Das menschliche Leben ist so angelegt, daß man "diskursiv" lernen muß, daß man nur langsam Wissen durch "Herumgehen" um die Dinge erwerben kann, daß man Informationen immer nur auf begrenzten Kanälen aufnehmen und verarbeiten kann. Das akademische Studium ist allemal nur theoretische Vorbereitung auf die Praxis, die selbst einen Wissenswert hat. Durch das Zusammenwachsen von Theorie und Praxis bildet sich erst der Wissenschaftler aus, auch der, der in der Wissenschaft selbst arbeitet. Für den Normalfall heißt das, daß wir Praktika brauchen; sie sind Wesenselemente des Studiums. Die Praxis des Arztes, des Rechtsvertreters, des Lehrers, des Ingenieurs, des Wirtschaftsfachmannes, des Handwerkers, auch die der Hausfrau und Mutter, diese Praxis, – verbunden mit der allgemein menschlichen und individuellen Lebenspraxis außerhalb des Berufes, – entwickelt erst jene Fülle von konkreten Anschauungen, Begriffen, praktischen Hypothesen, die als posttertiäre Wissensbildung den Nóesishorizont über das Konkrete hinaus so entschieden erweitert und festigt, daß sie die reife Persönlichkeit, die ausgeglichene Balance von jugendlicher und erwachsener Denk- und Handlungserfahrung und -einstellung in Integrationsprozessen des Erwachsenenlebens (vgl. Jungs Individuation) ermöglicht. Es geht also bei der Darstellung von intellektuellen Niveaus nicht um gesellschaftliche "Distinktion" und Klassenunterscheidung, sondern – ganz ähnlich wie bei Geschmacksniveaus – um Erkenntnis von Möglichkeiten weiterer Steigerung der Erfahrung, des Wissens und Nachdenkens. Es geht nicht ohne die Anstrengung des Begriffes. Aufklärung, größere Klarheit des Denkens ist meist damit verbunden. Wir müssen unser Denken stetig an die Wirklichkeit anpassen; das ist Wahrheitsorientierung. Nicht durch eine willkürliche Konstruktion "erzeugen" wir "Welt", sondern durch ein mühsames, zähes und gleichmäßiges Arbeiten am eigenen Wahrheitshorizont erfahren wir Welt und Wirklichkeit und können uns dann auf diese Wirklichkeit besser einstellen. So wachsen Sachlichkeit und Mitmenschlichkeit. Gerade im Bereich der Sachkompetenz ist es wichtig, daß man sich auf Sachlichkeit, d. h. auf den Sach- und Realitätsbezug und auf Mitmenschlichkeit im Sinne des Verstehens und Akzeptierens des Mitmenschen, zunächst wie er ist, einstellt. Primäre Interessenorientierung verfälscht Erkenntnis. Es braucht Erkenntnisoffenheit und dazu eine gewisse Zucht sachlichen Denkens, auch des Wahrnehmens, als eine innere Haltung und Gestalt, die man sich erarbeiten kann. Durch wissenschaftliche Bildung sollte diese nüchterne Sachlichkeit erzielt werden, das genaue Beachten der Wirklichkeit, dieses mutige Sichstellen der Wirklichkeit, so wie sie ist. Objektivität hat bildenden Sinn. Es kann uns wirklich einen großen Schritt weiterbringen, wenn wir uns nie und nirgendwo vor der Wahrheit drücken. Wahrheit als Übereinstimmung unseres Denkens mit der Wirklichkeit ist Bewußtseinsoptimierung durch Anpassung an die Seinswirklichkeit. Innerhalb der Arbeit an der Nóesisdimension gibt es natürlich Stufen. So haben z. B. die rein praktischen Kenntnisse in einem begrenzten Bereich aufs ganze gesehen nicht die gleiche Wertigkeit wie theoretische Kenntnisse über einen größeren Bereich. Denn vom größeren Bereich aus kann man die Einzelheiten besser überblicken und begreifen. Aber die Kenntnisse im theoretischen Bereich setzen wiederum einige praktische oder Detail-Kenntnisse voraus. Goethe hat in Wilhelm Meister technisches und nützliches Wissen nur als Vorstufe zur reinen Theorie gelten lassen. "Um einen Gegenstand ganz zu besitzen und zu beherrschen, muß man ihn um seiner selbst willen studieren". Es kommt darauf an, daß man nicht nur ein Zweckstudium betreibt, sondern daß man sich für die Sache selbst interessiert, daß man der Sache selbst auf den Grund gehen will. Ähnlich meint Wilhelm Flitner, zur einseitigen Berufsbildung müssen "freie, kontemplative Geistesbeschäftigungen (kommen, d. Verf.), die in Beziehung zur praktischen Tätigkeit stehen und dennoch ihrer eigenen Gesetzlichkeit folgen" (in: Goethes pädagogische Ideen. 1948. S. 220). Bloße Handbarkeit von Wissen ist ein minderer Aspekt, der verhindert, die objektiven Beziehungen in all ihrer Breite zu sehen. Niveauunterschiede weist auch die Taxonomielehre von Bloom nach. Es geht aber nicht um ein einmaliges Durchschreiten von Phasen oder Stufen (insofern hat auch das Bild vom "Aufbau" eines wissenschaftlichen Weltbildes seine Grenzen). Es gibt da nicht einfach Steine, die man aufeinanderbaut und dann hat man schließlich seinen festen Bau und es braucht nichts mehr geändert zu werden. Es handelt sich eher um Regelkreise des Denkens, die sich immer wieder neu rekonstruieren müssen, die wiederholt durchlaufen werden müssen. Rückkopplungen sind notwendig. Bei den Elementen muß immer wieder angesetzt werden, bei der Kenntnisnahme von Sachverhalten, bei der Aufmerksamkeit, beim Nichtverdrängen von Fällen, die nicht in die bisher praktikable Theorie passen. Immer wieder kommen konkrete Probleme auf, auf die man nicht vorbereitet ist, die man neu bearbeiten muß. Das gibt dann wieder Anlaß zu neuer Aufmerksamkeit auf einzelne Erscheinungen und Begriffe und Theorien usw. Die Stufen von Erfahrungen über Begriffe, Theorien, Prinzipien und Kategorien müssen immer wieder durchlaufen werden. Auf der allgemeinsten Ebene schließlich werden Synthese, Evaluation, Selbstkritik des Wissens, Weltbild wichtig. Hier bedarf es der Urteilskriterien, regulativer Ideen, die man nur auf philosophischer Ebene finden kann. Gewiß ist: *Das höchste intellektuelle Niveau ist ohne Philosophieren nicht realisierbar.* Aber dem Philosophieren würde es auch an "Unterbau" fehlen, wenn es an berufs- und fachwissenschaftlicher Kompetenz fehlte. An der Basis benötigt man vielseitige Erfahrungen der Lebens- und Berufspraxis. Die fach- oder berufswissenschaftliche Intellektualität ist als mittlere Niveaustufe daher unerläßlich für die Optimierung noetischer Bildung. Die praktische Intellektualität ist als Basis aller Vernunftbildung anzusehen und ist selbst echte Intellektualität. Hier gilt analog das vom "populären Geschmack" Bourdieus Gesagte. Echte, gewachsene praktische Intellektualität ist mehr wert als immer nur lückenhafte wissenschaftliche Erst-"Qualifikation", die sich auf ein gerade erworbenes Diplom stützt. Der Akademiker tut gut daran, sich wenigstens vor sich selbst richtig einzustufen. Er hat eine Chance, durch Praxis, durch fachliche Weiterbildung und Ergänzungsstudien, das erworbene äußerliche Image durch Realität aufzufüllen, seinen Titeln durch ernste Bildungsarbeit an sich selbst mehr Wahrheit zu verleihen.

Wenn der wissenschaftlich Gebildete seine *Kompetenzgrenzen* kennt und beachtet, erweist er sich und vor allem den Zeitgenossen einen großen

Dienst. Selbstüberschätzung ist gefährlich. Wirklich geistig gebildet ist, wer seine Wissensgrenzen kennt. Von hier aus wird er erst fähig, weiterzusuchen, Rat einzuholen, Erkenntnisprozesse bei wichtigen Entscheidungen zu optimieren. In diesem Sinne ist wissenschaftliche Bildung eine fundamentale Notwendigkeit für alle wichtigen Entscheidungsstellen einer wissenschaftlich-technischen Zivilisation. Sie ist aber auch wichtig für die konkrete Lebens- und Berufspraxis jedes einzelnen Menschen. Daher ist eine wissenschaftliche *Grundbildung* für alle in hochentwickelten Gesellschaften eine Notwendigkeit geworden. Sie wird auch in Ost und West gleichermaßen angestrebt (vgl. J. Derbolav: Grundbildung, in: Enzyklopädie Erziehungswissenschaft, Bd. 9.2). Aber auch wissenschaftliche *Fachbildung* ist heute nicht mehr nur für die alten akademischen Berufsstudiengänge notwendig. Auch die Fachhochschulen und Fachschulen vermitteln gezielt praxisbezogene wissenschaftliche Bildung auf mittlerem Anspruchsniveau. Wenn sich hier gegenüber den Universitätsstudien eine Verschiebung des Theorie-Praxisverhältnisses zugunsten der Praxis ergibt, so ist das im Gesamtbildungsverständnis dann kein Minus, wenn das erwähnte Kompetenz-Grenzbewußtsein mit konkretem Können zusammenkommt. Das Wissen eines verantwortlich und gewissenhaft Praxisprobleme sachkundig bewältigenden Technikers oder Handwerkers kann dann sogar nicht selten genau so viel wert sein, wie das eines eher allgemeine Zusammenhänge überblickenden Promovierten.

Zur höchsten Stufe noetischer Bildung: Man spricht hier von Weisheit und Wahrheitsorientierung. Diese Stufe kann nicht ohne Verbindung mit praktischer Lebens- und Leidenserfahrung gedacht werden. Sie ist nur erreichbar, wenn man zu einem kritischen Bewußtsein, nicht nur nach außen oder in seinem Fache, sondern auch sich selbst gegenüber gelangt, also zu sich selbst so weit kritische Distanz gewinnt, daß man an sich selbst zu arbeiten bereit ist. Weisheit meint den reif denkenden und handelnden Menschen, nicht nur den denkenden. Weisheit ist eine verbindende Kategorie zwischen Nóesis und Praxis. In der Weisheit spielen auch Erfahrungen und Aussagen eine Rolle aus dem Bereich des "Heils- und Erlösungswissens", auch Erfahrungen, die man durch Literatur vermittelt bekommen hat. Es ist eine große, integrierende Leistung, wenn jemand zu diesem Vollendungszustand gelangt ist, wenn man ihm Weisheit zusprechen kann. Wir gebrauchen das Wort daher zurecht mit einer gewissen Vorsicht.

Den engen Zusammenhang von *Denken und Handeln* betont Hans *Aebli* (Denken: Das Ordnen des Tuns. 1981). "Der Mensch baut sich nicht nur sein Weltbild, sondern auch die Mittel auf, die Welt zu sehen" (II 388). Er baut sich also seine eigenen Denkschemata auf, so wie er sich seine Handlungsschemata baut. "Etwas meistern heißt letztlich die richtige Ordnung gefunden haben. Kompetent ist, wer sein Verhalten richtig zu ordnen vermag" (II 390).

Sach- und Selbstkompetenz hängen im intelligenten Organismus zusammen. "Ratio ist Ordnung auf allen Stufen" (ebda.). "Lebendige Organismen vermindern Entropie. Es ist, wie wenn sich die Kreatur nach Ordnung sehnte, wie wenn ihr letztes Motiv wäre, sich zu gestalten" (ebda.). Aebli gelangt hier zu einer tiefen Sicht des Bildungswertes. Er entdeckt, daß geistige Entwicklung zunehmende Gestaltung von *Ordnung* ist, innere Durchordnung, nicht nur intellektuelle, "sondern auch für und in der Wahrnehmung gestaltete und in der Handlung verwirklichte" (ebda.). "Ordnung läßt den Menschen erblühen, denn sie ist konstruktiv. Unordnung tötet, sie ist destruktiv" (ebda.). Letztlich vermutet Aebli, werden wir selbst allerdings mehr geordnet als wir uns selbst ordnen können, finden wir uns aufgehoben in größeren Ordnungen. Unser Bewußtsein gebe uns nur einen bescheidenen Spielraum. Es erhebt sich die Frage dann nach dem letzten Urheber der Strukturen. Aebli endet mit einigen religiösen Gedanken und weist auf den Erkenntniswert auch der Religionen hin.

V. Praxis – die lebenspraktisch-ethische Dimension der Bildung

Wie Nóesis sich auf das Denken und die im Denken aktive Vernunft und ihre Bildung bezieht, so bezieht sich Praxis auf das Handeln und den im Handeln aktiven Willen und seine Bildung. Es wird also anthropologisch davon ausgegangen, daß der Mensch Vernunft und freien Willen besitzt und daß diese Fähigkeiten zu kultivieren, zu optimieren die Aufgabe der Bildung ist. – Wie bei Áisthesis ist der volle Inhalt der Begriffe Nóesis und Praxis aus den Zieltafeln ersichtlich. – Praxis als Bildungselement zielt auf die Entfaltung eines tatkräftigen, gewissensgeleiteten Willens. Praxis beginnt und baut sich auf in den vielen konkreten Akten wirkenden Verhaltens, die im engsten Zusammenwirken mit den Akten der Áisthesis und der Nóesis stehen. Der menschliche Organismus ist eine Einheit und wirkt an verschiedenen Stellen gleichzeitig. Wenn wir einen Handgriff machen und unser Greifen optisch dabei beobachten, dann regulieren wir das Greifen danach, was wir optisch erkennen, also durch Rückkopplung über die Wahrnehmung, oft auch noch über das Nachdenken. Wenn das Kleinkind seinen Beißring nimmt und ihn zum Munde führt, so ist das bereits eine praktische Leistung. Wenn das Schulkind einen Buchstaben malt, so ist das eine ziemlich komplexe Leistung, die differenzierte Bewegungsabläufe einsetzt. Noch weit komplizierter laufen zusammengesetzte Handlungsabläufe ab, wenn wir bestimmte Ziele anstreben und im Detail nicht mehr darauf achten, aus welchen Bewegungsabläufen die Handlung zusammengesetzt ist, etwa bei einem Sprung im Sport oder bei einer Turnübung an einem Gerät. Die Japaner haben dazu eine interessante

Methode entwickelt: man konzentriert sich auf die Situation und das Ziel und beobachtet andere Springer sehr aufmerksam. Dann würde sich der Organismus so einstellen, daß man bereits beim ersten Versuch zumeist Erfolg hat. Das setzt voraus, daß über die Áisthesis die Einzelbewegungen, aus denen die Handlung zusammengesetzt ist, schon irgendwie vorhanden waren.

Trotz dieses Zusammenhangs zu Wahrnehmung und Denken zeigt sich aber Praxis als eine abhebbare Einheit und Dimension. Das Handeln wird in unserem Jahrhundert mehr beachtet als beispielsweise in der Klassik. Der neuhumanistische Bildungsbegriff stützt sich hauptsächlich auf erlebte Kunst und verstandene Wissenschaft. In unserer heutigen Auffassung spielt das Praktische eine viel größere Rolle. Wenn wir sagen, daß das Hochziel der tatkräftig gewissensgeleitete Wille ist, dann ist zwischen dem, was wir eben beschrieben haben als elementarem Bewegungsablauf und dieser Gesamtkonstellation, dem Komplex eines gewissensgeleiteten Willens, noch ein ziemlich großer Abstand, den es zu überbrücken gilt. Der Wille bezeichnet das Tat- und Aktivitätszentrum des Menschen, in dem sich die einzelnen Handlungen sinnvoll koordinieren, in dem entschieden wird und in dem entschlossen immer weiterreichende Handlungsketten zielbewußt aufgebaut werden, mittels dessen Werte gesetzt werden. Die gesamte Welt der Kultur entsteht ja durch menschliche Aktivität, durch menschliche Setzung. Der Wille ist, von innen her gesehen, die Mitte des geformten Charakters. Daher sprachen früher große Pädagogen gern von Charakterbildung. Sie hatte freilich besondere Akzente, war stärker auf die gleichmäßige und relativ berechenbare Haltung ausgerichtet, hatte auch einen ethischen Akzent. Man kann sagen, daß alle geschichtlich bedeutsamen Persönlichkeiten einen starken Willen hatten, eine ausgeprägte Willensstruktur. Die Anthropologie des Willens ist eine Anthropologie der Freiheit. "Der Mensch ist frei, und wäre er in Ketten geboren". Auch in Ketten hätte er noch das Bewußtsein der Freiheit. Sartre ist der Ansicht, daß der Mensch unbedingt absolut frei ist, in allen seinen Akten. Wir sind da heute nicht so sicher. Wir wissen aus der Biologie und Psychologie, daß der Mensch weitgehend bestimmt und geprägt ist, auch durch seine gesellschaftlichen Bedingungen. Aber es bleibt das Bewußtsein der Freiheit. Rawls hat den Lebensplan in die Mitte seiner Ethik gestellt. Der Mensch setzt sich selbst einen Lebensplan, auch wenn dieser nur vage ist. Einige leitende Zielvorstellungen, was er beruflich oder familiär erreichen will, hat jeder. Wir besitzen Freiheit als Fähigkeit, etwas zu bewirken, zu handeln, etwas zu verändern, uns Ziele zu setzen. Dabei lassen wir uns von Werten ergreifen und leiten. Wir sind von einem Ziel und den in ihm steckenden Werten fasziniert. Wir möchten dieses Ziel erreichen. Es ist für uns so wichtig, daß wir alles daraufhinbeziehen, uns dahin bewegen und trotz aller Barrieren an diesem Ziel festhalten, die Fakten danach strukturieren, planen und Schritt für

Schritt den Plan zu realisieren suchen. Dies sind zusammen jene Elemente, die die Willensstruktur ausmachen. Die Werke und Institutionen unserer Welt 3 sind Ergebnisse solcher Wollensstrukturen von Menschen. Der entfaltete menschliche Wille ist also neben der Vernunft die hervorstechendste menschliche Fähigkeit und Kraft. Er ist jedoch ebenso gefährdet wie die Vernunft. Aus ihm kommen nicht nur die "Güter" und "das Gute", sondern auch das Böse. Der Ort des Ethischen ist der menschliche Wille. Primär gut oder böse sind dabei die Entscheidungen, sekundär die aus diesen folgenden Handlungen und deren Folgen. Aus wiederholten Handlungen in gleicher Richtung entstehen Gewohnheiten und Haltungen, schließlich der Gesamtbau der individuellen Haltungen, der Charakter. Man kann sagen, eine hochentwickelte Willensstruktur ist ein psychisches System hierarchisch geordneter Ziele und Präferenzen, Verhaltensmuster und Könnenseigenschaften. Diese Willensstruktur qualifiziert die Persönlichkeit dann als wertvoll, wenn die Ziele und Pläne nicht nur subjektiv ("für mich") sondern objektiv ("an sich"), also für alle Menschen letztlich wertvoll sind, wenn das subjektive Gewissen an den objektiven Werten orientiert ist, moraltheologisch gesehen zuletzt an den göttlichen Forderungen. Auch Stalin und Hitler hatten einen ausgeprägten Willen. Der Wert ihres Willens ist aber nur zu ermessen an der Humanität ihrer Taten. Als Bildungsziel kann daher nicht ein zu beliebigem Handeln starker Wille, sondern nur ein gewissens- und wertgeleiteter Wille gelten. Wertorientierung wiederum ist gebunden an Nóesis, an klares Wertwissen. Hier liegt die wichtigste Kontaktstelle zur noétischen Bildung. Den vollen Werthorizont kann nämlich erst überblicken, wer einen umfänglichen Sachhorizont hat und in den einzelnen Kulturbereichen die regulativen Ideen kennt.

Praxis und Wille sind nicht nur individuelle Strukturen, sondern auch kollektive. Eine Gruppe von Menschen vermag meist mehr als ein einzelner; daher ist die geballte Kraft eines Kollektivs eine geschichtsmächtige Energiekonzentration. Die darin wirksamen ziel- und wegweisenden Kräfte bestimmen die gesellschaftliche Praxis. Wenn die Machtballung eines Kollektivs in unverantwortliche Hände gerät, ist Unheil die fast notwendige Folge. Daher kamen Gesellschaftsphilosophen immer wieder auf deterministische Ideen. Sie glaubten, daß sich "Geschichte" zwangsläufig so ereignen müsse, daß Freiheit nur Schein sei. Soweit Menschen freilich triebgebunden sind und sich von Massenreaktionen leiten lassen, ist das Maß ihrer Freiheit entsprechend reduziert. Barbarische Exzesse, Massenwahn können jederzeit ausbrechen und sind überall auf der Welt in Gang, wo sich kritische Vernunft und gewissensgeleiteter Wille nicht durchsetzen. Daher sind entsprechende selbstregulierende politische und rechtliche Strukturen unerläßlich, wenn man solche verirrte Entwicklungen minimieren will. Daher muß der Mensch, um der Freiheit willen, seine Freiheit selbst sinnvoll einschränken, muß sich über Verträge binden, um der Unordnung und dem Widersinn zu steuern. Der kollektive Wille artikuliert sich in der Politik und im Recht. Daher sind die Träger der Entscheidungen in den Regierungssystemen für jedes Kollektiv von weittragender Bedeutung. Ihre Persönlichkeitsqualitäten, ihre humane Bildung sollten besonders weit entwickelt und relativ zuverlässig sein. Aber auch jeder Staatsbürger sollte hohe Qualitäten besitzen, um die Entscheidungen der Regierenden einigermaßen kompetent beurteilen und sein künftiges Wahlverhalten danach richten zu können. Ein möglichst hohes Maß von Vernunft- und Willensbildung ist daher für alle Staatsbürger wünschenswert. Bleibt die Willens- und Gewissensentwicklung unterentwickelt, geraten ganze Gesellschaften, auch demokratische, in ahumanes Fahrwasser. Egoistische Genußsucht, Ungerechtigkeiten nehmen zu. Selbst das Leben ist nicht mehr gesichert, zunächst das der schwächsten, später auch das stärkerer Menschen und Gruppen. Brutalität und Barbarei breiten sich aus. Kriege werden als Lösungsmöglichkeit für Konflikte erwogen und schließlich praktiziert. Die Geschichte ist voller Beispiele für solche menschenunwürdige "Praxis". Unsere eigene Zeit ist nicht frei davon, wenn wir etwa daran denken, daß selbst in reichsten Ländern unserer Erde jährlich Hunderttausende ungeborene Menschen von "Ärzten" vom Leben zum Tod befördert werden, so ist dies ein Indiz für das noch sehr bescheidene sittliche Niveau der menschlichen Gesellschaft. Ähnliches gilt für die wahnwitzige Drohgebärde, mit der "zweitschlagkräftige" militärische Supermächte auf diesem Planeten einander gegenüberstehen. Oder man denke an die Bedenkenlosigkeit, mit der unsere Umwelt schwer beschädigt unseren Nachkommen überlassen wird. Wenn die menschliche Gesellschaft ihr sittliches Niveau nicht entscheidend verbessern kann, ist sie vermutlich über kurz oder lang verloren. Unter solchen Einsichten könnte klar werden, daß sittliche Erziehung, die allgemeine Hebung der praktischen Vernunft, keine bloße Privatsache oder achtenswertes Hobby ethischer Vereinigungen und Kirchen ist, sondern eine notwendige Bedingung für die Erhaltung der Menschheit. Politik und Ethik gehen im Welthorizont der heutigen Zeit engere Verbindungen ein als im veralteten, absoluten nationalstaatlichen politischen Denken (vgl. meine "Bezugssysteme politischer Bildung", 1974). Wie Carl Friedrich v. Weizsäcker hofft, ist vielleicht die intelligente Jugend der Welt in der Lage, einmal eine vernünftigere Friedensordnung auf dem Planeten Erde herzustellen. Daher ist vor allem die Vernunft- und Willensentwicklung dieser Jugend von höchster Bedeutung.

Grundlegende theoretische Konzepte der Praxis. Aristoteles hat bereits zwischen theoretischer, praktischer und poietischer Philosophie unterschieden. Zur praktischen zählen die Disziplinen Ethik, Ökonomie, Politik, mit Andeutungen einer Rechtsphilosophie und Pädagogik. Ausgearbeitet davon hat er die Ethik und die Politik. Die Ethik bezieht sich auf das Ethos, den sittlichen Charakter, die Politik auf die Prinzipien des gerechten gesetzgebenden und gesetzlichen Handelns und auf die Verfassungen der Staaten. Es ist in dem Zusammenhang auch interessant, auf das ethische Ideal von Aristoteles einem Blick zu werfen. Bei Aristoteles hat sich das antike Heldenideal schon gewandelt zum ethischen Ideal der Seelengröße, des Großmutes (Megalopsychia). Der Mensch mit dieser Tugend traut sich Großes zu, strebt nach Ehre, schätzt seine Kräfte aber richtig ein, achtet auf ein mittleres Maß (z. B. zwischen Angst und Tollkühnheit). Er verhält sich gleichmütig und gelassen gegen Reichtum und Macht, Glück und Unglück. Sein Adel zeigt sich auch darin, daß er anderen gerne einen Dienst erweist, sich aber scheut, sich Dienste erweisen zu lassen.

Für die christliche Philosophie soll hier *Thomas von Aquin* stehen, der eine umfängliche, heute noch nicht ausgeschöpfte ethische Theorie geliefert hat. Er baut seine Lehre vom Sittlichkeitsordo in seine theologische "Summa" ein. Seine Grundlegung der Ethik geht vom Ziel der menschlichen Existenz aus, anthropologisch vom Willensakt. Die sittliche Qualität des Willens hängt von der Übereinstimmung mit der Vernunftordnung ab. Sittlichkeit ist bei ihm (wie bei Augustinus) ordo amoris, die Ordnung der Liebes- und Strebkräfte. Aus rechter Liebe wächst der rechte Wille und die rechte Tat. Dabei muß das Höhere dem Niedrigeren vorgezogen werden: also Gott den Menschen, die seelischen Güter den leiblichen und diese wieder den bloß äußeren Gütern. Das höchste irdische Gut ist die Tugend, d. h. derjenige Habitus (die Haltung), der die Kräfte des Erkennens und Wollens vervollkommnet. Die Haupttugend der praktischen Vernunft ist die Klugheit; das ist eine Kardinaltugend, eine Schlüsseltugend. Dazu kommen die drei anderen aus der Antike herkommenden Kardinaltugenden, nämlich Tapferkeit, Selbstbeherrschung und Gerechtigkeit. Über den vier Kardinaltugenden gibt es in dieser Lehre die drei krönenden übernatürlichen (theologischen) Tugenden Glaube, Hoffnung und Liebe, letztere im Sinne von Agape, Caritas. Die Tugend ist ein Werk der praktischen Vernunft, des Gewissens. Das oberste ethische Prinzip heißt: das Gute ist zu tun, das Böse ist zu meiden. Das klingt sehr formalistisch, hat aber bei den Scholastikern einen bestimmten Sinn, weil das Gute bezogen ist auf die Seinsordnung und diese auf Gott. Grundbedingung für die Sittlichkeit ist die Freiheit des Willens. Thomas gibt letzlich dem theoretischen Ideal den Vorzug vor dem praktischen. So ist nach ihm die jenseitige Vollendung in der visio beatifica zu sehen, in der seligen Schau Gottes.

Goethes praktisches Ideal findet man im "Faust" und im "Meister". Faust, zunächst Theoretiker von titanischem Drang, wendet sich, schuldig geworden, schließlich praktisch politischen Gemeinschaftsaufgaben zu. Die Seele des immer strebend sich Bemühenden findet schließlich Erlösung. Wilhelm

Meister sehen wir als auf individuelle Ausbildung bedachten jungen Menschen: Der Glaube an das Theater als universale Bildungsanstalt wird später aufgegeben. Das Wandern soll Lebenserfahrung bringen und das Weltbild erweitern. Aber erst durch Übernahme der erzieherischen Verantwortung für seinen Sohn Felix, durch Entsagung und durch Dienst als Arzt findet er schließlich seine Vollendung. Goethes Ideal des Lebensmeisterschaft erringenden Menschen ist mit seiner Vision der Ehrfurchterziehung in der Pädagogischen Provinz zusammenzusehen. Goethe hat sich letzlich für einen Vorrang des Ethisch-Praktischen vor dem Theoretischen und Ästhetischen ausgesprochen, wenn auch sein persönliches Leben eher dem ästhetisch-theoretisch Betrachtenden zugetan war.

Der große Theoretiker der praktischen Philosophie aus dieser Zeit war Immanuel *Kant*. Er entwickelte eine formal orientierte, aber sehr wirksame Pflichtethik. Er untersucht (in "Kritik der praktischen Vernunft", 1788) die praktischen Grundsätze zur Bestimmung des Willens. Die subjektiven Grundsätze nennt er Maximen, die objektiven, für den Willen jedes vernünftigen Wesens als gültig erkannten Grundsätze, nennt er praktische Gesetze. Als Grundgesetz der reinen praktischen Vernunft, formuliert er den "kategorischen Imperativ", das unbedingt verpflichtende moralische Gebot (§ 7): "Handle so, daß die Maxime deines Willens jederzeit zugleich als Prinzip einer allgemeinen Gesetzgebung gelten könne". Die Unsterblichkeit der Seele und das Dasein Gottes bezeichnet Kant als Postulate der reinen praktischen Vernunft. Die völlige Angemessenheit des Willens zum moralischen Gesetz ist Heiligkeit. Nur in einem unendlichen Progreß können wir als begrenzte Wesen auf die Vollkommenheit der Heiligkeit bezogen sein. Dieser unendliche Progreß ist aber nur unter der Voraussetzung einer ins Unendliche fortdauernden Existenz unserer Persönlichkeit möglich. Also ist das höchste Gut, die Heiligkeit, praktisch nur unter der Voraussetzung der Unsterblichkeit der Seele möglich. Mithin ist diese, als unzertrennlich mit dem moralischen Gesetz verbunden, ein Postulat der reinen praktischen Vernunft. Ähnlich wird die Existenz eines höchsten Wesens, das durch Verstand und Wille die Ursache der Natur ist, als unzertrennlich mit dem moralischen Gesetz verbunden postuliert (gefordert). So führt das moralische Gesetz notwendig "zur Religion, das ist zur Erkenntnis aller Pflichten als göttlicher Gebote, nicht als Sanktionen ... eines fremden Willens, sondern als wesentlicher Gesetze eines jeden freien Willens für sich selbst" (1. Teil, II. Buch, 2. Hauptstück). In der Schrift "Über Pädagogik" (eine Nachschrift einer Vorlesung Kants) entwickelt Kant als die vier Aufgaben der Erziehung: Disziplinierung, Kultivierung, Zivilisierung und Moralisierung: Disziplinierung als Bezähmung der Wildheit, Kultivierung als Belehrung und Unterweisung, Zivilisierung zu Manieren, Artigkeit, Klugheit, und Moralisierung, "daß der Mensch nicht bloß zu allerlei Zwecken geschickt sei, sondern auch die Gesinnung bekomme, daß er nur lauter gute Zwecke erwählt" (Ziff. 18). Die moralische Kultur muß sich nach Kant gründen auf Maximen, nicht auf Disziplin (77). Man muß den Kindern "schon früh Begriffe beizubringen suchen, von dem was gut oder böse ist" (78). Zur Charaktererziehung empfiehlt Kant ein planmäßiges, geregeltes Leben. Dieses dauernd arbeitsame, geordnete Leben hat er selbst vorgelebt. Strafen sind für die Moralerziehung nicht gut. "Moralität ist etwas so Heiliges und Erhabenes, daß man sie nicht so wegwerfen und mit Disziplin in einen Rang setzen darf" (78). Der Weg geht von der Heteronomie (Fremdbestimmung) zur Autonomie (Selbstbestimmung), vom möglichst freiwilligen Gehorsam und Schulgeboten zum allgemeinen moralischen Gesetz, zu den Maximen der Menschheit. Wichtig ist der Begriff Gottes, ist die Religion. Religion sei "das Gesetz in uns", das Gewissen. Kant ist sich nicht zu schade, auch konkrete Hinweise zu geben auf erzieherische Einzelziele, auf die Beherrschung der Triebe, auch der Sexualität, schließlich auf Menschenliebe und weltbürgerliche Gesinnung.

Schiller hat bekanntlich die rigorose Pflichtethik Kants kritisiert und neben der Pflicht die Neigung gelten lassen. Später wurde der Formalismus der Kantschen Ethik gerügt, Scheler hat ihr eine materiale Wertethik an die Seite gestellt. Im übrigen hat die nachkantsche Ära der Ethik auch viele Einseitigkeiten hervorgebracht. Fichte und Schopenhauer überbetonen den Willen, Hegel favorisiert die Idee, Marx bekanntlich die Revolution. Hegel hat durch einen recht vereinfachten Begriff vom praktischen (versus theoretischen) Verhalten, das sich ihm wesentlich als von der Begierde bestimmt und selbstsüchtig darstellt (Hegels Beispiel ist der Hunger), auf das Mensch-Natur-Denken von Marx einen nachteiligen Einfluß ausgeübt. Die materialistische Rede von Assimilation und Stoffwechsel, schließlich der maßlose Vorrang des Praktischen und die Revolutionseuphorie, die auch bei Hegel zu finden sind, gehen im Marxismus natürlich entschieden weiter (vgl. Riedel: Theorie und Praxis im Denken Hegels. Neuaufl. 1976). Zahlreiche Erkenntnisse der ethischen Philosophie von Aristoteles über Thomas bis Kant werden jedenfalls von Hegel und seinen Schülern nicht mehr zur Kenntnis genommen.

John *Dewey* (Demokratie und Erziehung, 1916, deutsch 3. Aufl. 1964) verbindet als führender Vertreter des amerikanischen Pragmatismus Denken und Handeln besonders intensiv. Er betont die aktive Seite der Erfahrung, das Lernen durch Tun (learning by doing). Bloße Betätigung stelle aber noch keine Erfahrung dar. Erst durch In-Beziehung-bringen nach rückwärts und vorwärts (Veränderungen und Folgen), würde man durch Erfahrung lernen. Er erklärt (S. 188) "1. Erziehung ist in erster Linie eine Sache des Handelns und Erleidens, nicht des Erkennens, und 2. der Maßstab für den Wert einer Erfahrung liegt in der größeren oder geringeren Erkenntnis der Beziehungen und Zusammenhänge, zu der sie uns führt". Aus dem zweiten Satz kann man entnehmen, daß es doch wieder die Erkenntnis ist, das Denken, auf welche es letztlich ankommt. "Denken ist die Auseinanderlegung der Beziehungen zwischen dem, was wir zu tun versuchen, und dem, was sich aus diesem Versuch ergibt" (193). Das Denken erwächst durch die innere Beteiligung notwendig aus einer gewissen Parteilichkeit, es kann aber "seine Aufgabe nur erfüllen, wenn es sich bis zu einer gewissen Unparteilichkeit loslöst und durchringt. Der General, der seinen Wünschen und Hoffnungen Einfluß auf seine Beobachtungen und Auffassungen der gegebenen Lage gestattet, begeht zweifellos Rechenfehler" (197). "Denken bedeutet die planmäßige und sorgfältige Herstellung von Beziehungen zwischen Handlungen und ihren Folgen" (202). Es kommt in diesem Sinne auf die Erzeugung guter Denkgewohnheiten an. Demokratisierung der Bildung sei wichtiger als die Erziehung einer abgesonderten "Kulturklasse". Man solle an das gemeinsame Interesse aller Menschen anknüpfen. So werde Bildung und Wissen vermenschlicht und die Demokratie könne gedeihen. Der Lehrstoff soll daher in erster Linie aus denjenigen Sinngehalten bestehen, die dem gegebenen Gemeinschaftsleben Bedeutung verleihen. Die Schüler sollen mit wirklichen Betätigungen beginnen, die aus der Gemeinschaft entspringen und für die Gemeinschaft Wert haben und dann weiterschreiten zu wissenschaftlichen Einsichten in die Stoffe und Gesetze, die in dieser Betätigung eine Rolle spielen (257). "Die Aufgabe der Schule besteht darin, eine Umgebung zu schaffen, in der Spiel und Arbeit so angeregt und durchgeführt werden, daß sie das geistige und sittliche Wachstum begünstigen" (260). Die Scheidung zwischen naturwissenschaftlichen und humanistischen Bildungsplänen müsse verschwinden. Das Denken in solchen Gegensätzen, wie auch dem zwischen beruflicher und allgemeinkultureller Bildung sei von Übel. "Der Gegensatz zu einem 'Beruf' ist nicht 'Muße' oder 'Kultur', sondern – vom Individuum aus gesehen – Ziellosigkeit, Willkür, Fehlen einer geordneten Ansammlung von Erfahrungen und – von der Gesellschaft aus gesehen – müßige Schaustellung, schmarotzende Abhängigkeit von anderen. 'Beruf' ist ein konkreter Ausdruck für 'Zusammenhang'. Der Begriff umschließt die Entwicklung einer Leistungsfähigkeit irgendwelcher Art, wissenschaftliches Können, bürgerlichen Wert, geschäftliche Tüchtigkeit, Leistungsfähigkeit als Arzt, Lehrer, Jurist usw. und selbstverständlich auch mechanische Arbeit und Erwerbstätigkeit" (397). Das ist der Sinn der Demokratisierung der Bildung. Jeder, der ordentlich seinen Beruf ausübt und sich am Gemeinschaftsleben beteiligt, ist in Deweys Sinne gebildet. Nun kommt es darauf an, daß der Mensch auch über seinen engeren Beruf hinausschaut. Jeder habe nicht nur einen Beruf (vgl. Kerschensteiner). Es komme zugleich auf die Beziehung zu allen anderen und auf den Reichtum an Interessen an. Sonst würden sich die Berufe voreinander verschließen:

"der naturwissenschaftliche Forscher soll nicht *nur* Forscher, der Lehrer nicht *nur* Pädagoge, der Geistliche nicht *nur* Kirchenmann sein usw." (399). "Die oberste Berufsaufgabe aller Menschen zu allen Zeiten ist zu leben, geistig und moralisch zu wachsen" (491). Selbst wenn man diesen Satz als moralischen problematisieren möchte, muß man ihm doch im Sinne der Bildungsidee zustimmen. Dewey setzt sich sehr für ein allgemeinbildendes Gesamtschulsystem ein. "Das Schulsystem aufzuspalten, den weniger gut gestellten Kindern eine hauptsächlich als Berufsvorbereitung gedachte Bildung zu geben, heißt die Schulen herabwürdigen zu einem Mittel, um die alten Gegensätze von Arbeit und Muße, Kultur und Dienst, Geist und Körper, herrschende und geleitete Klasse in die neue demokratische Gesellschaft hineinzutragen" (411). Alle sollen zur Teilnahme am Leben der Gesellschaft gebildet werden.

Was bei Dewey noch verhältnismäßig äußerlich pragmatisch ist, aber im Grundansatz nach den neuen demokratischen Ideen konsequent, wird in tieferer Weise ausgelegt bei Georg *Kerschensteiner* in seiner Theorie der Bildung" (1926). Es wird die Rolle von Wissen und Können im Bildungsbegriff geortet. Kerschensteiner stellt fest, daß gemeinhin drei Punkte für den Bildungsbegriff als konstitutiv angesehen werden (20): "1. ein möglichst umfangreicher Besitz an Wissen auf möglichst vielen Gebieten, 2. eine möglichst große Leistungsfähigkeit in irgendwelchem Können, vor allem im beruflichen, und 3. ein mehr oder weniger gewandter Gebrauch der in einer Gemeinschaft positiv bewerteten und darum gepflegten Umgangs- und Verkehrsformen" (gutes Benehmen). Wissen, Können und Verkehrsformen seien aber nur "konsekutive, nicht konstitutive" Merkmale der Bildung. Bildung als individuell organisierter Wertsinn verlangt, daß diese Merkmale ganz in das Sinngefüge eingeflochten werden; erst wenn Wissen und Können "der seelischen Zentralität dienen" (21), dem geistigen Wert unmittelbar zugeordnet sind, erscheinen sie als Bildungselemente. "Wer im Beruf nur einen Zweck erreichen und nicht einen geistigen Wert verwirklichen will, wer im Beruf nicht einen tieferen Sinn erlebt und betätigt, bei dem mögen sich immerhin Veranlagung, Neigung und Arbeitsgebiet decken, aber er kommt nicht zur seelischen Zentralität der 'Bildung'. Solche Menschen können außerordentlich tüchtige Leute werden, aber niemals gebildete Menschen" (22). Kerschensteiner wehrt sich dagegen, "eine gewisse Größe und Leistungsfähigkeit auf einem Arbeitsgebiete der menschlichen Kultur" (25) als Wesenselement in den Bildungsbegriff aufzunehmen, obgleich er zugesteht (er ist ja einer der Väter der "Arbeitsschule" und ein Hauptvertreter der Berufsbildung), daß man sich "keinen Gebildeten" ohne solche Leistungsfähigkeit denken könne. Bildung sei ein geistiges Sein und man müsse z. B. "auch dem die Palme reichen können, der seine Leistungsfähigkeit in den Dienst der eigenen Selbstveredelung stellt" (26). Bildungsarbeit als formende Arbeit an sich selbst ist auch Arbeit. Auch Willmann spricht von Bildungsarbeit, was übrigens den Asketen in unserer Kultur längst bekannt war, die Arbeit an sich selbst als Arbeit zu sehen und zu gewichten. Dazu kommt, daß Kerschensteiner Bildung und Persönlichkeit selbst als Werte sieht, nicht nur das Wahre, Gute, Schöne, Heilige und ihre Ausstrahlung in die Gemeinschaft. Bildungsarbeit ist dann selbst Arbeit und Leistung. Wenn immer mehr Menschen, wenigstens zeitweise, keine äußere Arbeit finden, ist dieser Gedanke doch ein wertvoller Hinweis auf eine Arbeitsmöglichkeit, die zwar unmittelbar keinen finanziellen Ertrag, aber auf weitere Sicht auf alle Fälle für den einzelnen wie für die Gesellschaft nicht wenig bringen kann.

Eine pädagogische Persönlichkeitslehre auf der Basis der Handlungsstruktur hat in jüngerer Zeit Heinrich *Roth* vorgestellt (Pädagogische Anthropologie 1966 und 1971). Er geht von der Analyse der reifen menschlichen Willenshandlung aus. Er unterscheidet in dieser Willenshandlung sechs Phasen: Entstehung, Klärung, Planung, Entscheidung, Durchführung und Rückwirkung. Die Entstehung wird von Antrieb, Bedürfnis oder äußerem sinnlichen Bemerken, von Gefühlsstoß, von erlebter Not aus beschrieben. In der Klärungsphase arbeiten Denken und Werten zur Orientierung mit. Hieraus erwachsen erste Ansätze zur Bewältigung der Situation. Möglichkeiten werden auf ihre Realisierbarkeit hin untersucht. In der Entscheidungsphase tritt die Steuerungsinstanz des Ichs, der Wille hinzu. Bei Roth ist der Willensbegriff also eingeengt auf diesen Entscheidungsprozeß. (Bei Keller und Lindworsky ist der Willensbegriff weiter, vor allem bei Keller; Keller spricht von einer "Willensstruktur"; da sind die Vorphasen, die Roth genannt hat und die Nachphasen mitgedacht.) In der Durchführungsphase kommt die Spannung zwischen Wollen und Können zum Austrag. Die Energie des Durchhaltens wird wichtig. Die Folgen kommen in Sicht. In der Rückwirkungsphase wird die Handlung als Erfahrung eingebracht, reflektiert, bewußt aufgearbeitet. Roth entwickelt aus dieser Handlungsanalyse ein Strukturkonzept der Systeme der menschlichen Kräfte und Fähigkeiten. In deutlicher Überhöhung verbreiteter tierpsychologisch-behavioristischer Psychologie kommt er zu dem für die Psychologie und Pädagogik beachtenswerten Ergebnis, daß die menschliche Handlung "nicht analysierbar und beschreibbar ist, ohne daß neben dem Wahrnehmen von Denken, neben dem Fühlen von Werten, neben den Antrieben vom Wollen, neben dem Reagieren und Verhalten vom Handeln, neben dem Gedächtnis und Lernen von Erinnerung und 'Lernen des Lernens', neben dem Es, der Natur, der Gattung, dem Instinkt von einem Ich und 'Über-Ich' (Gewissen) gesprochen wird" (I 426). Roth spricht schließlich im Anschluß an die Tradition vom Menschen als Person und Persönlichkeit. Dabei versteht er unter "Persönlichkeit" die "entfaltete Person"; in ihr sind die potentiell angelegten Kräfte und Fähigkeiten des Menschen zur vollen Entfaltung gelangt (I 428, vgl. mein Lehrbuch der systematischen Pädagogik. 4. A. 1975, S. 34). Die Entfaltung geht vom sinnlichen Bemerken zum denkenden Erfassen, von vitalen zu seelischen und geistigen Gefühlen und Bedürfnissen, vom Es zum Ich. "Die Erfahrungen erwirbt sich der Mensch in der Auseinandersetzung mit sich und der Welt" (I 429). Parallel mit dem Entfaltungsprozeß differenziert sich unser Bild von der Außenwelt. Roth kommt zu einer Tafel der Entsprechungen der inneren und der äußeren Welt. Er erkennt die Bedeutung von Gewissen und Geschmack. Schließlich arbeitet er in seiner Darstellung der entscheidenden Fortschrittsstufen der menschlichen Handlungsfähigkeit besonders drei Zielkomplexe ("Kompetenzen") mit je zugehörigen Arten der Mündigkeit heraus (II. Band), nämlich Sachkompetenz (zugeordnet: intellektuelle Mündigkeit), Sozialkompetenz (soziale Mündigkeit), Selbstkompetenz (moralische Mündigkeit). Psychologisch gesehen ist diese Lehre von Roth im Augenblick die ausgereifteste Theorie der Handlungskompetenz.

Der neueste Entwurf einer Theorie der Praxis, von einem gesellschafts- und wertphilosophischen Ansatz aus, aber gezielt auf die Pädagogik, ist der von Josef *Derbolav* (Pädagogik und Politik, 1975 und Abriß europäischer Ethik, 1983). Er entwirft eine philosophische "Praxeologie". Er bringt die "Gefügeordnung der gesellschaftlichen Praktiken" in ein umfassendes Schema. In ihm führt er zwölf "Praktiken" auf, die auch deswegen besonders interessant sind, weil die jeweilig zugehörigen regulativen Ideen als die Werte, auf die sich Praxis zu beziehen hat, mit angeführt werden. Die Grunderfahrungen, also die Bildungserfahrungen im Ethischen, Politischen, Religiösen sieht Debolav vor allem in der "Familien- und Sozialpraxis" gegeben, die unter der regulativen Idee von Liebe und Hilfe zur Selbsthilfe steht. Er spricht weiter von "Herstellungspraxis", meint damit vor allem die Technik; leitende Idee sei hier Wohlausgestattetheit mit Mitteln. Die dritte Praxis, die er aufführt, ist die "Wirtschaftspraxis" oder Ökonomik mit dem Wert der Wohlversorgtheit mit Gütern; die vierte Praxis ist die Heilungspraxis (Medizin) mit dem Wert der Gesundheit; es folgen Erziehungspraxis (Pädagogik mit dem Wert der Mündigkeit), Wehrpraxis oder Stratetik mit dem Wert des positiven Friedens, Rechtssprechung oder Juristik mit dem Wert der Rechtssicherheit oder Eunomie. Eine zentrale Stellung nimmt die Politik ein (Staatsordnungspraxis mit den Werten des Gemeinwohls und der Gerechtigkeit). Alle anderen Praktiken laufen nach Derbolavs Meinung auf diese "königliche Kunst" zu. Von ihr her auch zu verstehen, aber doch mehr getrennt, sind die restlichen vier "Praxen": die Wissenschaftspraxis oder Szientistik, die unter dem Wert der Wahrheit steht und insofern eine Unabhängigkeit von der Politik haben muß, die Medienpraxis oder Journalistik (mit dem Wert der Wohlinformiertheit), die Kunstpraxis oder Artistik (mit dem Wert des ästhetisch geläuterten Geschmacks) und letztens die Religionspädagogik oder "Theologie" mit dem Wert der "Heilsgewährung". Diese vier letzten nennt Derbolav auch "menschheitsorientierte Praktiken". Derbolav durchleuchtet die Fehlentwicklungen im Begriff der Praxis und des Praktischen vor allem die bei Hegel und Marx und bei den jüngeren Verfechtern revolutionärer Ideen, bleibt aber durch die Mittelpunktstellung der politischen (und leider auch noch national akzentuierten) Praxis Hegel mehr verbunden als Kant. In seinen *anthropologischen* Äußerungen sieht Debolav die *Gewissens*realisation als Mittelpunkt der Personagenese. Ein Vorteil des Derbolavschen Praxeologiekonzepts ist die Betonung der praxisleitenden Werte, ein Nachteil ist die Totalisierung des Praxisbegriffs auf *alle* menschlichen Tätigkeiten, d. h. die mangelnde Unterscheidung zur Nóesis (zum theorein) und zur Áisthesis.

Zur Praxisregelung kollektiver und individueller Art. Praxis kann nicht vollkommen individuell willkürlich sein, wenn die menschliche Gesellschaft florieren soll. Gesellschaft bedeutet immer zahlreiche einzelne Willen. Es muß eine gewisse Regelung und Ordnung gefunden werden, mindestens müssen Rahmenbedingungen geschaffen werden, daß man sich möglichst wenig gegenseitig behindert oder gar schädigt. Die unterste Schicht der Vermeidung von Schädigung, die Basisebene der Praxisregelung geschieht durch Polizei und Verwaltung; damit wird nur das Äußerste an Überschreitung der individuellen Grenzen zum Nachteil des anderen eingedämmt, aber nicht eigentlich reguliert. Auf der Legalitätsebene wird das Handeln reguliert durch das Rechtssystem. Es spricht den Menschen von seinem Rechtsdenken, von seinem Gerechtigkeitssinn her an. Auf der Stufe der Moralität wird das Gewissen durch die internalisierten Normen, das Normenpotential gestützt. Auf der obersten Ebene werden praktische Vernunft, Gewissen, Wille motiviert und geordnet durch eine bewußte, philosophisch oder religiös begründete Ethik. Es ist also letztlich eine Vernunftethik oder eine religiöse Moral notwendig als Selbststeuerung der Gruppe wie des einzelnen. Daß diese Selbststeuerung bis zum religiös zentralen Motivkomplex hinaufreichen muß, haben große Ethiker wie Kant, Foerster, Kohlberg erkannt. Man darf die ethischen Einschränkungen, die durch Verbote und Regelungen auf uns zukommen, nicht nur negativ sehen, bloß als Zwänge und Freiheitsreduzierung. Ordnung vermehrt auch Freiheit und Handlungschancen. Es geht darum, daß man den Sinn einer Ordnung einsieht. Religiöse Gemeinschaften nützen sowohl die Stütze durch die Gruppe aus, wie die individuelle Beratung durch entsprechende Stellen, durch Geistliche und Beichtväter. Die Praxisberatung in Fragen humaner Ethik erfolgt am effektivsten nach meiner Ansicht immer noch durch die Religionsgemeinschaften. In einer pluralistischen Gesellschaft besteht die Möglichkeit, daß der Staat sich zurückzieht auf das niedrigere

Niveau der Legalität. Dann sind die Weltanschauungsgemeinschaften um so mehr gefordert. Was wir uns natürlich keinesfalls zurückwünschen, ist so etwas wie eine Diktatur um der erhöhten vereinheitlichten Sicherheit der (dann zwangsläufig eher äußeren) Moralität willen. Diktatur ist niemals das Ideal, weil die menschliche Freiheit des einzelnen in ihr nicht optimiert, sondern unter Druck gehalten wird. Deshalb ist die Art der moralischen Verwirklichung dort sehr dubios. Die bessere Möglichkeit ist die offene pluralistische Gesellschaft. Hier ist dann allerdings individuelle Willensbildung, ist mehr individuelle Willensbildungsarbeit gefordert, damit die Personalität optimiert wird, zwar unter möglicherweise enormen Verlusten, weil mehr Freiheiten für charakterlich Unentwickelte viele Gefahren mit sich bringen. Es ist freilich so, daß das Gesellschaftssystem als politisches System die Bildungsarbeit im Ethischen nicht bis in die höchsten Stufen schafft, sondern gewissermaßen irgendwo abbricht auf der Legalitätsebene. Sieht man aber im offenen Gesellschaftssystem auch beispielsweise die Kirchen und die sich ethisch verstehenden Gruppen und Verbindungen, dann ist dieses Gesellschaftssystem als Ganzes durchaus in der Lage, das Persönlichkeitssystem zu stützen, allerdings nicht mehr der Staat und die von ihm getragenen Schulen. Wir müssen unterscheiden: bis zu einer gewissen Grenze (Grundwerte) kann der plurale Staat als öffentliche Einrichtung Moralität aufbauen; aber die volle Entwicklung und die letzte Motivation kann er (als pluraler Staat) nicht liefern. Das können Kirchen und Gruppen, die sich auf höhere Werte verpflichten. Wichtige allgemeine – moralische belangvolle – Entscheidungen können auf staatlicher Ebene nur über Konsensfindung erzielt werden. Hier wirken Mächte (wie Parteien, Interessengruppen) gegeneinander und die Mehrheit entscheidet. Ob das letztlich immer das bessere ist, darf man wohl bezweifeln. So aber funktionieren demokratische Gemeinwesen. Schulische Moralerziehung kann aber auch hier noch sozial und philosophisch Grundlegendes leisten. Der freie Staat gibt am besten den Kirchen die Möglichkeit zu freier Entfaltung, zum Religionsunterricht wie zur Gründung eigener Schulen und Heime, in denen dann religiös-sittliche Erziehung optimiert werden kann.

Zu den Lernzielen im praktischen Bereich, besonders im elementaren, technischen psychomotorischen, sind die Handlungsschemata und das Handlungsgeschehen untersucht worden von J. P. Guilford (vgl. R. H. Dave, in K. H. Ingenkamp und Th. Marsolek (Hrsg.): Möglichkeiten und Grenzen der Testanwendung in der Schule, 1968). Hier wird versucht, taxonomisch, d. h. in einer Lernzielordnung, zu klären, was man im Bereich des Psychomotorischen, des Elementaren lernen soll und wie man praktisches Können aufbauen kann. Guilford entwickelt eine etwas andere Taxonomie als Dave, Guilford mehr nach einer Komplexitätsordnung und Dave nach einer Koordinationsordnung. Gemeinsam haben beide Autoren Momente wie Präzisierung, Koordinierung und Automatisierung bzw. Verflüssigung. Es ist notwendig, sich klar zu machen, daß elementare und komplexe Verhaltensmuster oder Handlungsschemata psychomotorischer Art in vielen Unterrichtsfächern erforderlich sind, besonders im Sport, in Handarbeiten, Werken, Musik, Zeichnen, Berufstechniken, aber auch beim Sprechen, Schreiben, Verkehrsverhalten, Hygieneverhalten. In der Vorschulzeit lernt das Kind eine Fülle von Bewegungen und Handlungsmustern, wie sie der Lebensalltag erfordert. Dazu gehören auch elementare Dinge, die zur Bildung und Erziehung im engeren Sinne zählen, wie das sogenannte gute Benehmen. Dieses besteht ja aus bestimmten Bewegungsabläufen und Redewendungen, oder auch im Sich-zurückhalten, Sich-nicht-äußern, sein Verhalten bremsen. Deshalb kennen Psychologen neben Motiven die "Quietive". Nun steigern sich die Fähigkeiten und geraten unter eine immer weiterreichende Kontrolle. Diese Kontrollfunktionen nimmt zunehmend der Wille wahr, der sich dann wiederum im Laufe der Zeit unter die Leitung der Einsicht, des Gewissens stellt. Voraussetzung ist Wissen von dem, was wertvoller ist und von dem, was man nicht soll. Die Entwicklung verläuft, grob gesehen, von den elementaren motorischen Handlungsschemata über die verschiedenen Willensregulative bis zum Gewissen, zum (im engeren Sinne) moralischen und ethischen Bereich der Praxis.

Die Willenspsychologie ist heute ein leider vernachlässigter Bereich der Psychologie (Behaviorismusmode). Noch bei Ph. Lersch spielt der Wille eine zentrale Rolle beim Aufbau der Person. J. Lindworsky war wohl der führende Kopf im Bereich der experimentellen Willenspsychologie (Willensschule, 5. Aufl. 1953). Weiterentwickelt wurde die Willenspsychologie durch Wilhelm Keller (Psychologie und Philosophie des Wollens. München-Basel 1954). Worum es hier vor allem geht, ist die Motivation und die dazu notwendige Werterfahrung. Erziehung versucht, dauerhafte Motive einzupflanzen und diese Motive so zusammenzubinden, daß ein Motivationskomplex entsteht. Werterfahrung ist Sache höherer Gefühle, die wiederum auf elementare Gefühle aufbauen. Durch rationale Verarbeitung zielt man auf die Befestigung der Motivation, daß sie wenigstens für einige Zeit trägt und hält. Man muß sich darüber klar sein (vgl. Allport), daß Motivation immer schwindet. Das erleben wir bei unseren guten Vorsätzen. Es müssen zusätzliche Aktivitäten unternommen werden, um bestimmte Motive immer wieder zu beleben. In den religiösen Orden spricht man z. B. von "Geisteserneuerung". Der Motivschwund setzt bei Nichtbetätigung in einem Handlungsbereich ebenso prompt ein wie der Muskelschwund bei mangelnder Körperbetätigung. Motive halten sich nicht, sie müssen immer wieder neu belebt werden.

Das Gesamt der Gefühle hat man in der älteren Psychologie als "Gemüt" beschrieben. Albert Wellek hat das Gemüt definiert als "Ort der Bindungen"

278

und Gewissen als Ort der verantwortlichen Bindungen. Man weiß heute, daß wir mit der emotionalen Erziehung ins Hintertreffen geraten sind bei all unseren kognitiven und handlungsorientierten Anstrengungen. Nur langsam werden im ästhetischen und sozialen Bereich (auch zum Teil im religiösen) Gefühle nicht nur zugelassen, sondern gefördert. Es fehlt aber überall noch sehr an Differenzierung. Ohne gemütsmäßige Bindungen gibt es keine dauernden sozialen Treueverhältnisse, Verantwortlichkeiten, Vertragstreue usw. All das ist aber notwendig, wenn die menschliche Gesellschaft dauerhafte Strukturen besitzen soll. Ohne ein gewisses Maß an Mitleid, überhaupt an Gefühlen, gibt es keine Humanität. Freilich besteht auch die Gefahr des Mißbrauchs der Gefühle. Man benötigt eine affektive Taxonomie, eine Wertrangordnung und deren Bewußtmachung. Man kann Gefühle, besonders Massengefühle, leicht anheizen und damit Positives aber auch Verderbliches in Gang setzen. Schon Herbart wußte und Lindworsky hat nachgewiesen, daß Gefühle durch Gedankenkreise geordnet und gefestigt werden müssen. Sie brauchen eine Absicherung im Gedanklichen, im Verbalen (vgl. z. B. das Versprechen bei Treueverhältnissen). Gefühle müssen geistig verarbeitet werden. Bloß vorübergehende affektive Regungen können nur Affekthandlungen tragen. Motivationskomplexe sind um einen Gedankenkreis anzusiedeln, letztlich um ganz bestimmte Ideen, die wertgeladen sein müssen (Lebensplan, persönliches Ideal, Gottesbild), wenn so etwas wie Lebensordnung, Ordnung der Liebeszuwendung (ordo amoris) zustande kommen soll.

Zur Liste der Hauptbildungsziele im Bereich der Praxis-Dimension: Die Liste ist nach den Überlegungen konstruiert, die wir eben angestellt haben. Die Zieldifferenzierung baut also auf der psychomotorischen Elementarbildung auf und geht über formale Handlungselemente und Willensbildung zur materialen Wertethik. Dabei ist das gemeinsame Handeln eingebaut und damit besonders auch das sozial-ethische Handeln, die Sozialkompetenz (bis hin zur politischen Kompetenz) bedacht. Wie der Áisthesis- und Nóesisbegriff ist der Praxisbegriff zugleich weit und komprehensiv angelegt. Alltagshandeln und Technik sind nicht ausgesondert, sondern vielmehr elementar und als mitzuverantworten eingebaut.

Hauptbildungsziele im Bereich der Praxis-Dimension (Lebens- und berufspraktische Bildung, Charakterbildung, Gemüts- und Gewissensbildung)
Leitziele: Handlungskompetenz;   Kultivierung des Könnens und Wollens;   ethische Orientierung.

Richtziele:

1. Erwerb zahlreicher psychomotorischer Fertigkeiten (Handlungsschemata) durch Imitation, Wiederholung, Präzisierung, Koordination.

2. Sensibilisierung für eigene und fremde Bedürfnislagen und Kenntnis bzw. Beherrschung von Wegen der Abhilfe (Techniken, Institutionen).

3. Fähigkeit, sich immer schwerer erreichbare Ziele zu setzen, sich von entsprechenden Werten ergreifen zu lassen, angemessene Mittel auszuwählen und den Weg zu etappieren (Motivation und Planung).

4. Entscheidungsfähigkeit bei alternativen Zielen oder Wegen; Fähigkeit zur entsprechenden Informationsbeschaffung und zur Wert- und Unwertabwägung.

5. Entschlossenheit, baldiger Beginn der Handlung, Konzentration, Geringschätzung kleinerer Barrieren, planvolles Angehen der größeren.

6. Selbstkontrolle, Rückblick mit Selbstermutigung, Analyse bei Mißerfolgen; Kontakt und Beratung mit ethisch aufbauenden Menschen.

7. Lebensplanung unter vernünftiger Bindung an gemüts- und gewissensmäßig tief aufgefaßte Werte, z. B. Bereitschaft, bestimmte Pflichten zu erfüllen, Verantwortung zu übernehmen, ein guter Christ, ein treuer Ehepartner, eine gute Mutter, ein guter Arzt, Lehrer ... zu werden.

8. Überblick über die menschlichen Praktiken (Kultur- u. Arbeitsbereiche) und Bereitschaft zur aktiven, dauernden Beteiligung an einigen Praktiken.

9. Befähigung und Bereitschaft zu gemeinsamem Handeln in Familie, Schule, Arbeits- und Freizeitwelt, sozialer Aktion, Politik, Religion (Kooperation, Solidarität).

10. Erfahrung und Reflexion der praxisleitenden Werte und Bereitschaft, sie auf die persönlichen und gesellsch. Einzelpraktiken u. Praxissysteme anzuwenden: (Kritische Identifikation mit rechtl., moralischen, religiösen Ordnungen).

11. Bereitschaft, sich von zentralen ethischen Haltungen (Vertragstreue, Gerechtigkeit, Humanität, Menschen- und Gottesliebe) leiten zu lassen und Verehrung von ethisch und religiös großen Menschen (Gewissensbildung).

12. Bemühung um individuelle Vervollkommnung und Bereitschaft, Mitmenschen auf eth.-rel. Wege zu bringen und sie auf diesen Wegen zu stützen.

Tafel 4

Wie unsere Zieltafel erkennen läßt, gibt es auch im Praktisch-Ethischen Niveauunterschiede und Entwicklungsstufen. Romano *Guardini* hat in "Die Lebensalter" (5. Aufl. 1959) das Ethische Altersentwicklungsstufen zugeordnet und damit auch so etwas wie eine mögliche Reihenfolge und Rangfolge vorgestellt. Man bemerkt gerade bei ihm, was wir bei den anderen Dimensionen schon bedacht haben, daß es dabei überhaupt nicht darum gehen kann, so etwas wie Klassentrennung in ethisch mehr Gebildete und ethisch weniger Gebildete zu betreiben. Es geht eher um die altersgemäßen Herausforderungen oder Anforderungen, die in der Regel auf uns zukommen und dadurch anregen, sich auf ganz bestimmte Situationen einzulassen. Guardini hat das Fortschreiten gekennzeichnet durch Phasen und dazwischenliegende Krisen. Er hat insofern eine Reihenfolge gewählt, wie man sie in der Existenzphilosophie kennt, daß nämlich der menschliche Fortschritt für den einzelnen immer nur durch Krisen erreicht wird (vgl. O. F. Bollnow), oder, mit Goethe ausgedrückt, durch "Stirb und Werde". Es treten Schwierigkeiten, Auseinandersetzungen, vielleicht auch Leid, auf jeden Fall Konflikte auf, durch die man hindurch muß, die einem insofern helfen können, so daß man sich auf einer höheren Ebene wiederfinden kann, wenn man die Krise tapfer durchgestanden hat. Alterstypische Krisen kennzeichnet Guardini in seiner "Lebensalter"-Schrift meisterhaft. Es findet jeweils eine Art Läuterung statt, man gelangt im positiven Falle durch die Krise zu einer neuen Daseinsform. So gelangt der die Reifungszeit bestehende Jugendliche zur "Daseinsform des jungen Menschen". Der junge Mensch "faßt in seinem eigenen Selbst Stand, tritt von ihm aus der Welt gegenüber und beginnt in ihr sein Werk zu tun" (22). Er ist gekennzeichnet durch die Aufstiegskraft der sich betonenden Personalität wie der durchdringenden Vitalität, andererseits durch "Mangel an Wirklichkeitserfahrung" (22); die kann er ja nur in bescheidenem Umfang haben. Alles erscheint ihm daher offen. Aber er täuscht sich leicht über die "Zähigkeit des Seins" und über "den Widerstand, den es dem Willen entgegensetzt" (23). Es fehlt noch an Geduld. Der junge Mensch bedarf "der Wahrhaftigkeit, Ehrenhaftigkeit, Treue, des Mutes und Dazustehens" (29). "Der Mut zu sich selber und das Wagnis ins Neue muß mit der Orientierung am Gegebenen und der Nutzung fremder Erfahrung zusammengehen" (33). Dazu ist erforderlich, daß diese Dinge miteinander in ein lebendiges, spielendes Gleichgewicht gebracht werden. Am Ende des dritten Lebensjahrzehnts kommt es aber in der Regel zur "Krise der Erfahrung". An ihr kann der junge Mensch, wie an jeder Krise, scheitern, z. B. wenn er "doktrinär, ein Fanatiker der Prinzipien" wird und an allem kritisiert, oder zum "ewigen Revolutionär, der es nirgendwo zu einer echten Leistung bringt, weil er den Kontakt mit dem Gegebenen nicht findet" (37) oder er "kapituliert vor der schlechten Wirklichkeit", fragt dann nur noch nach dem Nutzen und dem Genuß. In solchen

Fällen ist der Übergang zur neuen Lebensgestalt nicht gelungen. Er gelingt dann, "wenn die Erfahrung gemacht und angenommen – zugleich aber die Überzeugung von der Gültigkeit der großen Idee, die Verpflichtung gegen das Rechte und Noble festgehalten wird. Daß die Überzeugung bleibt, nein, sich überhaupt erst wirklich begründet, es kommt letztlich nicht darauf an, Geld und Macht zu gewinnen, sondern etwas Wertvolles zu leisten und aus sich selber einen rechten Menschen zu machen" (38).

Wichtig ist, daß in diesem dritten Lebensjahrzehnt durch die Erfahrungen so etwas wie eine persönliche Philosophie wächst, ein Bild von der Wirklichkeit des Lebens. Daß "Jugend als pädagogische Kategorie" so aufgefaßt werden kann, hat Wolfgang *Fischer* (in Enzyklopädie Erziehungswissenschaft Bd. 9.1) dargestellt. Er hat Jugend geradezu von diesen philosophischen Problemen her als Aufgabe definiert. Es darf aber vermutet werden, daß Fischer das Philosophieren damit den über 30-jährigen nicht weniger wünscht. Da die Lebenserfahrung im dritten Jahrzehnt noch vorwiegend Erfahrung "aus zweiter Hand" ist, also aus der Bildungsarbeit und aus langsam zugewachsenen praktischen Lebenserfahrungen besteht, muß hier das "Philosophieren" noch notwendig einen "theoretischen" Akzent besitzen (Das ist auch eine gewisse Chance für eine erste Rezeption der Bildungsphilosophie!).

Gelingt das Bestehen der "Krise der Erfahrung", so kommt der Mensch, nach Guardini, in die Phase der "charaktervollen männlichen und weiblichen Persönlichkeit, auf die das Leben sich verlassen kann" (39). Dieser erst wahrhaft "mündige Mensch" wird zur Verwurzelung und Festigkeit fähig. Als Vater und Mutter entwickelt er "innere Festigkeit, die stille Kraft des Ordnens, Festhaltens, Fortführens, auf der sich aufbaut, was Familie und Heim heißt" (ebda.). In der Mitte des fünften Jahrzehnts kommt es dann zur "Krise durch die Erfahrung der Grenze" (Heute beschreibt man sie meistens als midlife crises"). Das Frische, Neue, Anspornende geht verloren. Überdruß meldet sich. Wer sie ohne in Skeptizismus oder Torheiten zu verfallen durchsteht, kommt in die Lebensphase des *"ernüchterten Menschen"*, der seine Arbeit in Treue fortführt und mit seinen Versuchen zu ordnen und zu helfen nicht aufhört. Hierzu gehört viel Zucht und Entsagung (Dies ist ein Stichwort, das man in jungen Jahren nicht gerne hört, aber, wie man sich erinnern wird, hat auch Goethe in seinem Wilhelm Meister viel von Entsagung geredet). "Hier entsteht der überlegene Mensch, der fähig ist, Gewähr zu geben" (45), auf den man sich verlassen kann. Deshalb wählt man auch gerne solche Leute in die Politik. Guardini meint, man könne "die kulturelle Chance einer Zeit danach beurteilen, wieviele Menschen solcher Art es in ihr gibt und wie weit sie Einfluß haben" (ebda.). Schließlich setzt nach dieser Phase die "Krise der Loslösung" ein und wenn sie bestanden wird, könne das Lebensbild des alten, weisen Menschen entstehen. "Das Endliche wird dann transparent für das

Absolute" (51). Selbstlosigkeit bewirkt eine gewisse Ausstrahlung. Guardini beschönigt die noch mögliche letzte Krise des Eintritts ins Greisenalter nicht, er spricht vom senilen Menschen. In der letzten Phase sei der Mensch wieder gänzlich auf die Hilfe der anderen angewiesen. Seine mögliche Größe liegt in der Art des Abschiednehmens, in der alten ars moriendi (der Kunst zu sterben). Nun können sich Leidenskraft, Humor, Loslassen und Absinken ohne Bitterkeit noch bewähren. So findet Guardini wesentliche ethische Möglichkeiten der menschlichen Existenz in allen Lebensphasen und Krisen.

10. Kapitel: Individuelle Bildungsarbeit

I. Bildung als persönliche Kultur

Am Schluß der Betrachtung der drei Dimensionen steht der Wunsch, das wieder zusammenzusehen, was wir analytisch betrachtet haben. Wir sind ausgegangen vom menschlichen Handelns, das von der Wahrnehmung (Áisthesis) über das innere Verarbeiten (Nóesis) zum wirkenden Verhalten (Praxis) verläuft, einem mehrfach rückgekoppelten Funktionszusammenhang. Man kann den Zusammenklang aber auch metaphorisch und historisch verdeutlichen etwa mit Paul Natorp am Organismusbild oder am Bild des musikalischen Akkordes, des Dreiklanges. Natorp meint, daß die volle Bildung selbstverständlich alle drei Bereiche, Ästhetisches, Theoretisches und Ethisches einschließt. Aber es gibt Schwerpunkte oder Einseitigkeiten in der Geschichte. So sei in der Renaissance "das einseitige Vorwalten des ästhetischen Zwecks der Bildung" deutlich, in der Reformation ein nicht weniger einseitiges, oft tyrannisches Übergewicht "des sittlichen Interesses im Gewande des religiösen" und schließlich im Zeitalter der Aufklärung "eine kaum minder einseitige und tyrannische Vorherrschaft des intellektuellen Interesses" (in: H. Röhrs (Hg.): Bildungsphilosophie, Bd.2, S. 163). In der Klassik, im sogenannten Neuhumanismus, habe man versucht, diese drei Einseitigkeiten zu vermeiden, also die drei "Zwecke" zusammenzuholen und in ein ausgewogenes Verhältnis zu bringen. Zur harmonischen Entfaltung aller drei Grundkräfte habe Kant die Theorie geliefert, der ja drei Kritiken in diesen Richtungen vorgelegt hat. Nun kann man aber sagen, daß die Forderung Humboldts nach harmonischer, proportionierlicher Entfaltung aller Kräfte, selbst bei den Klassikern auch nicht ohne Einseitigkeiten war. Schiller hat seine Schwerpunkte im Ethischen und Ästhetischen gehabt, Kant wohl im Theoretischen und Praktischen. Ein gewisser Ausgleich findet sich bei großen Persönlichkeiten durch die persönliche Gleichung. Es kann niemand auf allen Gebieten gleich schöpferisch sein. Bildung darf selbstverständlich, wie entwickelt, nicht mit Kreativität und Genialität verwechselt werden. Bildung stellt zur Kreativität allenfalls eine günstige Basis.

Im Bild des Organismus, meint Natorp, könne wir sehen, daß die Organe völlig verschieden ausgebildet sind, aber nur durch ihr Zusammenwirken im Körper kommt das zustande, was unser Leben ausmacht. Auch wenn sie sehr verschiedenartig sind, können sie nur durch ihr Zusammenwirken das Gedeihen unseres Lebens bewerkstelligen. Analog sei es eben auch bei den psychischen Organen, die auf das Schöne, das Wahre, das Gute und Vollkommene gerichtet sind.

Natorp verwendet als Metapher schließlich den Dreiklang als Akkord. Er meint, der Grundton würde dem Ethischen entsprechen und durchtragen, weil alles positive Verhalten letztlich als "gut" qualifizierbar ist, auch das adäquate denkende und das ästhetische Verhalten. Beide würden als gut letztlich auch nur einzuschätzen sein, wenn sie den Grundregeln des Ethischen entsprächen. Insofern gibt es so etwas wie eine Dominanz des Ethischen, des Guten. Wir wissen heute aus der Musiktheorie, daß, wenn man einen Ton anschlägt, in der Obertonreihe die Terz und die Quint mitklingen, nur (versetzt) auf höheren Oktaven. Insofern steckt im Grundton bereits der Durdreiklang, steckt im elementaren Ton bereits die Harmonie des Durdreiklang wie im weißen Lichtstrahl das Spektrum der Farben. Natorp ordnet der Quint, dem vom Grundton relativ weiter entfernten Ton, den theoretischen Wert zu. Das Wahre ist manchmal nicht ohne weiteres in Einklang mit dem Guten, deswegen klingen diese beiden Töne zusammen gar nicht unbedingt wohltuend. Erst in der Vermittlung durch die Terz, das Ästhetische, entsteht der angenehme Dreiklang. Nun ist das ein Bild und kann nicht überinterpretiert werden, aber es ist vielleicht eine gelungene Analogie. Wir können nämlich auch in uns selbst nur einigermaßen ausgewogen sein, wenn wir uns auf allen diesen Wertbereichen etwas zumuten und nicht in einem verkümmern. Nur dann erhalten wir einigermaßen unsere innere Balance und Harmonie. Es ist bezeichnend, daß die allermeisten Bildungstheorien mit irgendeinem Bild von Harmonie o. ä. arbeiten. Diese musikalische Metapher trifft offenbar Wesentliches, wenn es um Bildung geht.

Mit unseren Dimensionen ist eine Entwicklung und Veredelung des Sinnes für das Schöne, das Wahre und das Gute gemeint. Dabei ist notwendig eine Herausführung aus der Begrenztheit der Unwissenheit, aus dem Unästhetischen und aus der bloß aus dem Affekt lebenden Wildheit, daß das Menschenwesen so geordnet wird, herausgeführt aus Konflikten in eine erträglichere Welt durch zunächst wenigstens ein Minimum an Ethos, ein Minimum an Ästhetik, ein Minimum an Wissen. Aber daß bloße Minimalität gefährlich ist in einer komplizierter gewordenen Welt, muß uns bewußt werden. Höhere Bildungsgrade sind für möglichst viele in Zukunft notwendig. Die Anforderungen in einer hochtechnisierten Welt sind höher. Deshalb ist es nicht mehr nur damit getan, ein schlicht "lieber" Mensch zu sein. Erhöhte Bildung ist eine Notwendigkeit, nicht nur eine Verzierung. Der Komplexität der objektiven, gesellschaftlichen Kultur muß die Komplexität der subjektiven, persönlichen Kultur entsprechen. Sonst sind erhebliche Störungen in beiden Strukturen unvermeidbar.

Man kann sich die drei Dimensionen als Koordinaten vorstellen, in die das persönliche Bewußtsein durch Bildungsanstrengungen expandiert, möglichst gleichmäßig durch Erfahrungen ästhetischer, noétischer und praktischer Art.

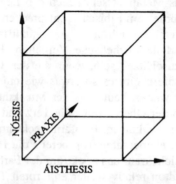

Heute wird auch operational zu definieren versucht, was eine Dimension ist. In empirischer Definition ist Dimension die Kurzinformation über die eine Größe definierende Meßvorschrift. Die Größe, die hier zu definieren ist, ist die Bildung. Wir wehren uns als Geisteswissenschaftler ein bißchen dagegen, daß Bildung in diesem Sinne dimensioniert wird. Wir sind aber gezwungen, wenn wir ernst genommen werden wollen, Bildungsarbeit in Lernzieldefinitionen aufzulisten. Dies haben wir entwurfsweise versucht in unseren Leitziel- und Richtziel-Listen. Sie sind empirisch aufbereitbar und zu operationalen Taxonomien zu entwickeln. Es kann sich auch jeder einzelne durch diese Art "Meßvorlage" darüber informieren, auf welchem Bildungsstand er ungefähr ist, oder er kann sich von anderen "taxieren" lassen, da Selbsttäuschungen nie auszuschließen sind. Zu unserer Graphik: Sie besagt, daß letztlich nicht ein- oder zweidimensionales Vorankommen Bildungssteigerung bewirkt, sondern nur ein Vorankommen in allen drei Dimensionen. Das Volumen repräsentiert das Bildungsniveau. Zu beachten wäre auch, daß jede Dimension ein Randelement der beiden anderen Dimensionen ist. In jeder Dimension gibt es die Möglichkeit der Ausdehnung wachsender "Tiefe". Bezogen auf unsere Ziel-Listen: die Richtziele unserer Zieltafeln werden mit wachsenden Ziffern immer anspruchsvoller.

In der Dimensionierung der Bildung muß man zwar einzelne Ziele entwickeln, aber es ist klar, daß sie praktisch immer nur erreichbar sind, wenn sowohl das Kollektiv wie die einzelnen gemeinsam darauf bezogen sind. Deshalb gibt es eine dauernde Interaktion der kollektiven Bildungsarbeit mit der individuellen. Vor allem läuft ohne die Mitarbeit der Individuen, der "Zu-Bildenden", nichts. Sie wirken auch bei kollektiv geleitetem Lernen selbst entscheidend mit. Daher ist hier noch zusammenfassend anzusprechen, was auf die Persönlichkeit bezogen ist, auf ihre Selbsterkenntnis, ihre Selbstbestimmung, ihre Identität.

II. Identitätsfindung und Lebensplanung

Zunächst zur Identitätsfindung und Begegnung! Wenn man die Ziellisten zu den Bildungsdimensionen durchgeht, muß man die Einzelziele stets zur lebendigen Persönlichkeit verbunden denken, in das individuelle Leben mit seinen Situationen, Schicksalen, Herausforderungen. Insofern gibt es in der individuellen Bildungsarbeit noch einmal eine weitere Differenzierung, weil jeder einzelne ganz individuelle Ziele hat, die man gar nicht allgemein beschreiben kann. Das Existentielle, das Biographische, dieses Einmalige läßt sich in einer allgemeinen Bildungstheorie nicht erfassen. Die Existenzphilosophie und die ihr angeschlossene Existentialpädagogik hat auf dieses höchst Individuelle hingewiesen, das nie über allgemeine Schemata erfaßbar ist. Wissenschaftlich erfaßbar sind hier allenfalls Details über "narrative" Verfahren, biographische Untersuchungen. Allgemein anerkannt ist das Ziel, im Laufe der Lebenszeit zu einer Integration zu kommen. Man spricht von Identität oder Integration oder Harmonie. Humboldt dachte an Totalität, an Zusammenklang von Individualität und Universalität. Die Identitätstheorie denkt an eine individuelle Balance verschiedener Anforderungen. Ethiker verwenden den Begriff der Lebensplanung. Pädagogen sprechen vom "gelingenden Leben". Die Integration ist also letztlich nicht eine Leistung von Theorien und kollektiven Systemen, sondern die des Individuums, der Person selbst. Wir können uns aber orientieren, besonders an Persönlichkeiten, ihren Lebensgeschichten und ihrer persönlichen Idee. Große Persönlichkeiten sind daher auch immer wieder Hilfsmuster, wie man vielleicht selbst eine integrierende Planung finden, wie man sein eigenes Leben zu einem Lebensbild gestalten könnte. Es kommt daher viel auf "Begegnungen" an mit Vorbildern aus der nahen Umgebung wie der Geschichte. In der Nähe sind das gar nicht selten die Eltern oder andere Gestalten gelungenen Lebens. Aus der Geschichte sprechen uns vielleicht Religionsstifter, Heilige, Dichter, Philosophen, Künstler, Politiker, erfolgreiche Persönlichkeiten unserer Berufssparte an. Es kommt darauf an, sich einerseits vielseitig an den Werten der allgemeinen Kultur zu orientieren und andererseits zugleich seine persönliche Zielidee zu finden. Produktive Einseitigkeit ist dann kein Nachteil, sondern ein Vorteil, auch (exemplarisch) für die eigene Bildung. Es ist so etwas wie eine Ermutigung, über das klassische Bildungsideal im Sinne der bloßen "Proportionierlichkeit" hinauszugehen. Die jungen Indianer wurden weggeschickt, um selbständig zu werden, sich einen Namen zu suchen, Entscheidendes zu erleben, um entscheidende Einsicht und dadurch ihre Identität zu gewinnen. Es ist auch heute noch wichtig, eine Idee für sich zu finden, für die es lohnt, sich einzusetzen. Es ist nachweisbar, daß junge Menschen heute ein ähnliches Bedürfnis haben. Der Wille, Sinnvolles aus sich zu machen, ist als Grundbedürfnis da. Es käme für Bildner und Bildungssysteme darauf an, Sinnangebote zu machen. Dann würde sich auch vielleicht die erschreckende Zahl jugendlicher Selbstmörder verringern. Es gab eine Pädagogik der Begegnung und des Dialogs. Ohne "Begegnungen" und "Dialoge" fehlt es Jugendlichen an identitäts-entwickelnden Anregungen, wenigstens zu sinnvollen nächsten Zielen zu kommen. Jeder sollte eine Lebensplanung mit angemessenen Teilzielen entwickeln. Man muß davon ausgehen, daß jeder Mensch in sehr verschiedenen Lebensformen denkbar ist, daß der Mensch unvergleichlich plastisch ist. Das Scheitern eines Teil-Planes der Lebensgestaltung ist daher keine absolute Katastrophe. Man kann auch anderswo etwas leisten. Es kommt darauf an, daß man eine gewisse Offenheit in sich und in den jungen Leuten stützt, den Glauben, daß man schon seinen Weg finden wird, daß dies nicht davon abhängt, daß man zu einer bestimmten Jahreszahl etwas genau Definiertes, Erwünschtes erreicht, obwohl man solche Ziele mit frischer Kraft angehen soll. Man muß heute Mobilität und Flexibilität mit Zielstrebigkeit verbinden, besonders in der Arbeitswelt. Festlegen wird man sich jedenfalls in den Hauptrichtungen, in den zentralen Werten, sonst sich aber trotz gezielter Versuche variabel halten. Sinnvoll ist es also beispielsweise, seine politische und religiöse Identität und wenn möglich seine berufliche Identität irgendwann im dritten Lebensjahrzehnt zu finden, auch eventuell die Entscheidung für einen Lebenspartner und Familiengründung. Aber sehr viel mehr planen wird man in diesem Lebensalter besser meist nicht. Eine gewisse Variabilität hinsichtlich des Berufes gilt heute als eine ganz normale Einstellung, obgleich man sich für seine Arbeit soweit engagieren sollte, daß sie nicht zum bloßen "Job", zum puren Geldverdienen entartet. Man sollte also Lebenspläne so anlegen, daß man berücksichtigt, daß Teilpläne scheitern können und sich bewußt bleiben, daß man sich immer wieder einmal neue Teilziele stecken muß. Außerdem sollte in den Lebensplanungen eingebaut sein, daß es sinnvoll ist und nicht als Charakterschwäche zu werten ist, wenn man aus Fehlern lernt und neu erkannte Werte in sein Handlungskonzept einbaut. Ein weiterer wichtiger Gedanke wäre, daß man relativ bescheiden die Wahl von Zielen und Teilzielen plant. Es ist auch eine Gefahr, sich immer an höchsten Idealtypen zu orientieren, wenn man sich nicht bescheidenere Zwischenziele auf dem Weg setzt. Zu oft scheitern ist für den Planungswillen entmutigend. Das gilt auch für persönliche Bildungsziele. Besser sind konkrete, bald erreichbare Nahziele (Teilziele) als Schwelgen in utopischen Fernzielen. Man sollte sich immer auch maßvolle Zwischenziele setzen und Schritt für Schritt voranzukommen suchen. Die ausgeglichene, gelassene, aktive, sachliche Persönlichkeit, die heute als Bildungsziel denkbar ist, hat nichts mehr von weichlichem Selbstgenuß, von narzißtischer Selbstbespiegelung, von Wissensprotzentum an sich. Sie ist vielmehr dadurch charakterisiert, daß sie die eigenen Lebensaufgaben ernst, wachsam, aufmerksam löst, daß sie inhumane Lösungen verabscheut, daß sie sich in einer komplizierter werdenden Umwelt umsichtig und kenntnisreich zurechtfindet, auch in konflikt- und gefahrenreichen Situationen und Zeiten, so daß sie nicht nur sich selbst tapfer und würdig durch das Leben führt, sondern sich auch noch kräftig und bereit erweist, für ihre Mitmenschen zu sorgen, sie zu ermutigen, sie wenn nötig zu stützen und mit ihnen Freude und Leid, Arbeit und Gemeinsamkeit solidarisch zu teilen.

Am Ende des zwanzigsten Jahrhunderts kann man Bildungsprobleme nicht mehr unbelastet von Geschichtswissen und Weltproblemen, von politischen, wirtschaftlichen und ökologischen Lagen, gewissermaßen auf einer paradiesischen Insel in glücklich-seliger Naivität angehen. Oft liegen sie an der Basis menschlicher Existenz und Geistigkeit überhaupt, wie in der Dritten und Vierten Welt, aber niemals nur dort. So ist etwa ein Elementarproblem heute die Alphabetisierung. In ihr liegt eine Basisaufgabe für jegliche Kulturentwicklung, die das Recht *aller* Menschen auf Bildung und damit Kulturteilhabe ernst nimmt. An dieser Basis liegen eine Menge Motivationsprobleme. Wie die UNESCO erkannt hat, sollte Alphabetisierung vor allem "funktional" sein, sonst verlernen die Menschen bekanntlich nach einiger Zeit wieder das mühsam gelernte Lesen und Schreiben. Die Menschen müssen sogleich etwas damit anfangen können, es verwenden können, z. B. für sie wichtige Zeitungen lesen können oder Anweisungen für die Bedienung von Maschinen, für die Benützung von Medikamenten. Auch die schönsten Bildungsbestrebungen nützen nichts, wenn sie abstrakt, also nicht funktional für die gegebene – und gleichzeitig zu entwickelnde – Kultur eingebracht werden. An diesem Problem wird auch erkennbar, wie nicht nur individuelle und kollektive Bildungsarbeit heute nur in menschheitlicher Solidarität gedacht und praktiziert werden können, sondern wie zugleich – aus ethischen Gründen – Bildungsarbeit und politische Kulturentwicklungsarbeit nur in engster Verbindung dauerhaft fruchtbar vorangebracht werden können.

Wichtig in diesem Zusammenhang ist, daß die individuelle Bildungsarbeit sich insofern von der kollektiven abhebt, als der einzelne im Laufe seines Lebens seine Staatsbürgerschaft, seine nationale Identität und Kultur wechseln kann. In jungen Jahren sollte man heute auch diese Offenheit pflegen. Es ist gut, wenn man, wenigstens für einige Zeit, einmal eine gewisse innere – und durchaus auch äußere – Distanz zur eigenen Nation gewinnt durch Reisen und Arbeiten im Ausland. Schon Rousseau schlug vor, dort einige Zeit zuzubringen, die dortigen Gesetze und Verhältnisse zu studieren und sich ernsthaft zu überlegen, ob man dort oder zuhause (oder woanders) sein Leben führen will. Dann würde man, auch wenn man zurückkehrt, und das wird wohl der Regelfall sein, die Kultur seiner Heimat unter einem anderen Aspekt sehen und man würde sich mit mehr Umsicht und Toleranz in ihr aktiv einsetzen können, weil man sich klarer, bewußter und kritischer damit identifizieren könnte. Dann ist nationale Identität nicht mehr ein gesellschaftlicher Zwang, der einem schicksalhaft auferlegt ist, oder eine kulturelle Nötigung, sondern sie wird selbstgewählte Lebensform, mit der man sich in kritischer Identifikation verbindet. Ähnlich haben Religionspädagogen erkannt, daß es gar nicht so schlecht ist, wenn man in der Jugendzeit (etwa zwischen 15 und 25) einmal durch eine kritische Zeit hindurchgeht, wenn man danach weiß, was man an seiner Religion hat, wenn man sie aus einem gewissen Abstand bewußt selbst ergriffen hat. Das Ergreifen von Lebensformen über einen zeitweiligen Abstand, daß man also erst einmal Distanz gewinnt und sich über den Abstand selbst entscheidet, können Kollektivsysteme nicht anbieten. Dazu eignen sie sich strukturell nicht (Sie können das nur ermöglichen und tolerieren und das sollten sie dann auch). Zutiefst ist nur das Individuum als Person in der Lage, seine Bildungsentwicklung essentiell voranzubringen.

III. Bildung als cultura animi

Von den drei Wirklichkeiten (Poppers "Welten") ist die psychische die privateste. Daher ist Bildung in dieser zentralen Wirklichkeit auch für das persönliche Wohl und Glück besonders wichtig. In einer Zeit, die körperliche und soziologische Aspekte der Anthropologie überbetont, tritt diese zweite, mittlere und vermittelnde Welt in den Schatten der Aufmerksamkeit. Selbst Popper/Eccles, die (in: "Das Ich und sein Gehirn", 2. A. Heidelberg 1982) erneut auf diese Wirklichkeit und ihre Bedeutung aufmerksam gemacht haben, wissen wenig über deren Kultur zu sagen. Body building, Körperpflege und -training, Kosmetik und Sport dagegen sind allgemein "in". Gegen sie ist soweit auch nichts zu sagen, als sie die seelisch-geistige Entwicklung nicht überschatten und durch Aufblähung behindern. Auch geistige Bildung wird heute beachtet und – wenigstens partiell – gesucht, auf alle Fälle in unserer Gesellschaft mehr als cultura animi. Es gibt Gründe für die Vermutung, daß durch diese Vernachlässigung die Unzahl von Psychotherapien und neuen Religionen/Sekten wie Pilze aus dem Boden schießt, weil sie Hilfen bei den durch diese Vernachlässigung bei vielen Menschen entstandenen Leiden und dem entsprechenden "Leidensdruck" versprechen.

Die großen Religionen wußten, daß es dem Menschen wenig nützt, wenn er "die ganze Welt gewinnt, aber Schaden leidet an seiner Seele". Der rapide Rückgang der Religiosität in unserer Zeit und Gesellschaft ist fraglos eine Hauptursache für die Vernachlässigung der Seelenpflege. Die von Medizin und Psychologie angebotene "Psychohygiene" ist nur ein kümmerlicher Ersatz, wenn auch eine Art "Erster Hilfe" in diesem Vakuum. In den Leerraum stoßen zahlreiche Sekten und "Jugendreligionen", auch politische Gruppen mit ideologischem Engagement und fesseln die Verwirrten und Alleingelassenen. Zu beklagen ist diese Lage besonders, wenn man bedenkt, daß im Religiösen das oberste Kriterium für alle Bildung zu finden ist (eine Art "vierte Dimension"), in der Vermehrung seelischen Gleichgewichts, innerer Harmonie, seelischen Wohls. Die Religionen sprechen vom Seelenheil. Primär wichtig ist die Vermeidung von Heillosigkeit, Schuld, Sünde, seelischer Verstörung. Besonders Kinder haben nach Ansicht aller ethisch sensibel Gebliebenen einen Anspruch auf solche Unverstörtheit. Dichter haben die "schöne Seele" gezeichnet (Goethe, Schiller) und geachtet, Philosophen haben den Wert der seelischen Reinheit (N. Hartmann), der Seelenscham (M. Scheler), des Takts und der Ehrfurcht herausgestellt. Gertrud von le Fort (Hymnen an die Kirche), auch Jean Paul (Rede des toten Christus) schildern die Nöte der alleingelassenen, vergessenen Seele. Die von den Kirchen angebotene Seelenführung war immer auch Hilfe in seelischer Not, Aufzeigen von Wegen aus Schuld und Verstörung. Seelische Ausgeglichenheit und frohes Selbstgefühl sind Grundbedingungen des Glücks, des Wohls, des Heils des Menschen. Jede Bildung als grundlegende Arbeit an der Verbesserung des Menschen hat daher hier eine unerläßliche, unverzichtbare, bleibende Aufgabe.

Vor allem ist auch die Idee der Proportionierlichkeit so auszulegen. Im "Handbuch der Innovativen Psychotherapien" (R. Corsini (Hg.), 1983) werden rund 70 "Therapien" vorgestellt. Fast alle menschlichen Tätigkeiten kann man da wiederfinden, die zur "Selbstverbesserungsarbeit" und Grundlage einer Therapie dienen. Da gibt es z. B. Programme zur Ermutigung, Entspannung, für Bilderleben, Gefühle, Bewegung, Phantasie, Kognition, Gespräche; es gibt Musiktherapie, Kunsttherapie, Tanztherapie, Poesietherapie; man trainiert Selbstsicherheit, Krisenmanagement, Neubewertung, Familienleben, Sexualleben, Feministisches, Beeinflussung, Identitätsfindung, Wiedergeburt usw. Die Angebote reichen bis ins Religiöse, z. B. Meditation, Transzendenztherapie (von Kaam), die Corsini selbst für die bedeutendste hält. Man kann aus dem ganzen entnehmen, wie reich persönliches Leben sein könnte, wie verkümmert wir bestimmte Fähigkeiten lassen, wie schon die zeitweilige Konzentration auf eine untrainierte Betätigung, verbunden mit dem Glauben an die positive Wirkung dieser Aktivität, Heilung, Restabilisierung, Reharmonisierung bewirken können. Es ist jedem möglich und zu empfehlen, das eine oder andere auch propädeutisch oder präventiv zu tun. Die Seele hat jedenfalls mindestens ebenso viel Aufmerksamkeit und Pflege verdient wie der Körper, dem wir bedeutend mehr Mühe oder Kosten zur Gesunderhaltung zuwenden. Also auch hier mehr "Proportionierlichkeit"! Wie befremdlich ist es doch, wenn heute oft gerade Leute, die im "Seelenfach" tätig sind, z. B. Psychotherapeuten, Pädagogen, selbst Theologen, verständnis- und taktlos aus der Mode gekommenen religiösen Übungen ihrer Mitmenschen gegenüberstehen, für sie allenfalls ein Lächeln oder abfällige Ironie übrighaben!

Es ist wichtig, daß jeder im Bereich des Geschmacks, des Gewissens und des Wissens ein gewisses Maß an Bildungselementen anreichert. Ausmaß und Art sind jedoch notwendig individuell und je nach Lage verschieden. Man kann nie allgemein verbindlich sagen, wo das beste Maß für den einzelnen liegt. Es ist wichtig, daß man die menschliche Variabilität kalkuliert. Die Proportionen sind nie für alle genau festzulegen. Sie müssen individuell gefunden werden. Seelische Proportioniertheit ist eine individuelle Leistung. Insofern haben diejenigen recht, die Bildung (als individuelle, existentielle Kategorie) für undefinierbar halten. Es bleibt hier nur die individuelle *Beratung*. Berater in psychischen Lagen kann nur ein Mensch sein, der sich in die einmalige Lage eines Mitmenschen besonders gut einfühlen kann und ihm aus der Fülle seines psychologischen Wissens und Könnens und kraft seiner persönlichen Reife helfen kann, vielleicht ein bißchen besser zu balancieren, seine Möglichkeiten und Grenzen zu sehen und zu akzeptieren, sich erreichbare Ziele zu setzen usf.

Zum Abschluß sollen drei Imperative als Hilfen genannt werden, die von Psychologie, Philosophie, Pädagogik, Religion als zentrale Aufgaben der individuellen Bildungsarbeit immer wieder hervorgehoben werden und die vielleicht auch heute noch der individuellen seelischen Kultur und Bildung nützlich sein werden:

Erkenne dich selbst! Die Selbsterkenntnis wird schon in antiken Philosophenakademien gefordert. Unser Imperativ soll als Leitmotiv auch wörtlich über dem Eingang von Philosophenschulen gestanden haben. In den Orden verschiedener Religionen wird die Selbstreflexion, die Selbstprüfung, auch unter Mithilfe von Seelenführern, planmäßig betrieben. Psychologie und Psychotherapien bieten ihre Dienste zur Aufarbeitung der frühen Biographie wie zur (tiefen-) psychologischen Erkenntnis der inneren Situationen vielfältig an. Das Selbsterkennen ist nämlich nicht leicht. Wir neigen zu Selbsttäuschungen, weil das Selbstgefühl eben unangenehm betroffen ist, wenn wir irgendwo versagen. Erfahrene Psychotherapien sind mit diesen komplizierten Verläufen, auch des Selbsterkenntnisprozesses, intim vertraut. So etwas geht in der Regel über Jahre. Man darf nicht glauben, das sei mit kurzen diagnostischen Verfahren zu erreichen. Man darf sich vor allem nicht für prinzipiell besser halten als die anderen. Dann hat man eine Chance, auch sich selber zu erkennen, d. h. besser zu verstehen. In manchen Phasen der Entwicklung ist zu starke Selbstreflexion auch riskant. Heute ist allerdings die Neigung dazu gewöhnlich nicht sehr groß. Es ist bei längeren Selbsterfahrungsprozessen gut, einen Berater an der Seite zu haben, der einen bejaht und versteht. Es ist freilich nicht leicht, einen solchen zu finden. Manchmal ist da auch ein Freund, mit dem man sich gut versteht. Dieser Freund kann durchaus der Ehepartner sein.

Ordne dich selbst! Man kann sich nicht selbst ordnen, wenn man sich nicht zuvor einigermaßen erkannt hat. Die Anstrengungen, die erforderlich werden, sind recht verschiedenartig. Sie werden auch gesellschaftlich durch die Institutionen, besonders durch Arbeits- und Familienordnung, gefördert, eher äußerlich und indirekt. Innerlich wird man sich ordnen durch Gewohnheiten, Haltungen, Maximen und Prinzipien. Menschen ordnen ihre Tätigkeiten in Tagesordnung, Wochenordnung, Jahresordnung. Geordnete Verhaltensweisen, geordnete Sozialbeziehungen bis zu den äußeren Ordnungen der Wohnung und im Arbeitsraum, geben mehr Sicherheit. Letztlich ist jedes Ordnen inneres Ordnen, das von außen in einem gewissen Ausmaß gestützt wird. Wenn man sich äußerlich gehen läßt, wirkt das auf die Dauer auch nach innen zurück. Vorübergehendes Durcheinander ist nicht schlimm, aber dauernd ist es schon bedenklich, weil dann innere Formen auch nachzulassen drohen. Daher sind gute Gewohnheiten, auch äußerliche, von Kindheit und Jugend an nützlich. Sie werden nur dann später fallengelassen, wenn sie nicht in ihrem Sinn begriffen wurden. Wenn die Jugendlichen aus dem elterlichen Haus gehen und selbständig werden, sieht man daran, wie sie in ihren eigenen Wohnungen und Wohngemeinschaften leben, ob bzw. in welchem Maße die ersten Gewohnheiten motiviert waren oder nicht. Es muß also innerlich aktiv ergriffen werden, was zunächst bloß äußere Gewöhnung ist. Es kommt auf die innere Durchordnung des Lebens und Verhaltens an. Muster liefern wieder Leute, die ihr Leben geordnet haben. Das sind Eltern und andere Erwachsene, aber auch Jugendliche und Gleichaltrige, die ihre Arbeit regelmäßig tun, ein freundliches Wesen zeigen, aufgeschlossen sind. Selbstverständlich gibt es auch hohe Anforderungen an geregelte Selbststeuerung, in Orden beispielsweise. Zunächst sind es jedoch geregelte Arbeitsgewohnheiten und -rhythmen, die die seelische Gesundheit besonders nachhaltig stabilisieren. Man kann sie sich auch selbst geben. Ähnlich wirken sinnvoll geordnete Freizeitgewohnheiten. Wichtiger noch als dieses äußerlich geregelte Leben ist die innere Präferenzordnung, die Wertrangordnung, in Verbindung mit der Lebendigkeit der Motive. Durch den Motivschwund ist (Selbst-)Verstärkung wichtiger Motive von Zeit zu Zeit notwendig. Man läßt sich durch befreundete Menschen oder gute Bücher anregen, reflektiert in Gesprächen oder anhand eines Tagebuchs. Wenn der Motivschwund immer wieder rechtzeitig aufgefangen wird, lassen sich auch schwere Krisen in Arbeit, Familie, Lebensplänen verarbeiten. In den Orden kennt man dazu die "Geisteserneuerung" durch Konferenzen, Einkehrtage und Exerzitien. Die innere Durchordnung und ihre Aufrechterhaltung gelingt letztlich nur, wenn der Mensch von einem Zentralwert ergriffen ist und wenn seine Einzelmotive in einem Motivkomplex mit diesem Zentralwert hinreichend verknüpft sind (Lindworsky, Willensschule). Dieser Zentralwert hat wiederum die höchstmögliche Stabilität, wenn er mit der dauerhaftesten Wirklichkeit fest verbunden ist. So liegt der dritte und letzte Imperativ nahe:

Lebe in Harmonie mit dem Gott im Innersten deiner Seele! Sokrates, Augustinus, Teresa von Avila, auch Pestalozzi erlebten – wie unzählige Menschen in vielen Kulturen – Gott als innerste Beziehung des Menschen. Pantheistische Denker sprechen von der "Harmonie mit dem Unendlichen" o. ä. Die dauerhafteste Wirklichkeit ist für jeden Menschen zunächst sein eigenes Selbst. Es ist das, was im Fluß der Ereignisse sich erlebnismäßig dauernd durchhält. Der Rückbezug auf sich selbst ist auf diese Weise auch mit dem Religiösen zu verbinden. Jedenfalls ist es eine Möglichkeit für denjenigen, der sich religiös offen hält, von der Bildungsarbeit zu dem überzugehen, was man Heiligung nennt. Die Religionen haben in diesem Bereich die besten Wege gewiesen und tausendfach erprobt. In den theistischen Religionen wird darauf hingewiesen, daß im Innersten der Seele Gott zu finden ist. Es wird von einem Wohnen Gottes in der "innersten Wohnung" der "Seelenburg" gesprochen (Teresa von Avila). An dieser Stelle geht die Bildungsarbeit in Heiligungs- und Heilswirklichkeit über. Die Bildungstheorie muß hier den Religionswissenschaften, der Theologie, die Erforschung und Erörterung überlassen. –

Der Weg zu dem wahren Wert aller Werke geht durch die Einsamkeit. Sich mit einem Buch, mit einem Bild, mit einem Lied einzuschließen, zwei bis drei Tage, seine Lebensgewohnheiten kennen lernen und seinen Seltsamkeiten nachgehen, Vertrauen zu ihm fassen, seinen Glauben verdienen und irgendetwas mit ihm zusammen erleben: ein Leid, einen Traum, eine Sehnsucht.

R.M. Rilke

3. Teil: Praxis

Prinzipien und Methoden der Bildungsarbeit

In diesem Teil der Bildungstheorie geht es um die praktische Erarbeitung bzw. Vermittlung von Bildung. Pädagogik als Handlungswissenschaft muß, wenn sie für die Praxis nicht folgenlos bleiben soll, konkrete Vorschläge machen, muß Regeln und Muster anbieten. Als "Praxeologie" rückt sie von der "Reinheit der Theorie" notwendig ab, damit sie in den Verwicklungen der konkreten Praxis brauchbar wird und nicht als pure Ideen- und Zielreflexion folgenlos bleibt. Es sind insbesondere zwei Hauptthemen, die hier von der Bildungstheorie unbedingt zu behandeln sind, wenn sie sich diesen Forderungen stellt: die bildungsdidaktische *Prinzipienlehre* und die *Methodenlehre*. Ein drittes Thema wäre die Institutionenlehre. Dieses Thema soll hier nun andeutungsweise behandelt werden. Seine Behandlung würde selbst ein Buch bilden (Grundlegendes zu den Bildungsinstitutionen siehe in meinem "Grundwissen Pädagogik", 1979). Dieses Thema ist in der politischen Diskussion und Planung des Bildungswesens so sehr entfaltet, daß es (in entwickelten Ländern) vergleichsweise heute am wenigsten Impulse benötigt.

Es soll in diesem Teil vor allem an den "Selbstbildner" gedacht werden, der an seiner eigenen Bildung arbeitet, und an den Lehrer (aller Schul- und Hochschularten). Behandelt werden also Grundfragen der *Allgemeinen Didaktik*. Und zwar möglichst so, daß der Selbstbildner und der Lehrer Bildungsidee und Bildungsziele in die Realität übersetzen können. So ist die hier entwickelte bildungsdidaktische Praxeologie im Sinne von Wilhelm Flitner "pädagogische Reflexion am Ort der Verantwortung". Gefragt ist also, wie man in der Bildungsarbeit konkret sich sinnvoll, effizient und verantwortlich verhalten kann. Das Schaffen selbst soll im Mittelpunkt stehen. Insofern stützt sich das Nachdenken in der Hauptsache auf eine Art pädagogischer "Handlungsforschung".

Praktische Bildungsarbeit ist für den sich Bildenden wie für den Lehrenden im vollen Sinne des Wortes "Arbeit". Wir vertreten hier die Meinung, daß das Bildungsgeschehen nicht reines Vergnügen ist, sondern echte Arbeit. Wir stellen also die Anstrengung, die mit Bildungsbemühungen verbunden ist, bewußt heraus. Feilich kann Bildungsarbeit, besonders freigewählte, auch viel Freude machen. Aber das Moment der langwierigen Anstrengung bleibt. Man muß Anstrengung nicht verwechseln mit Ärger und unguten Gefühlen. Arbeitsanstrengung macht dann besonders Freude, wenn etwas dabei herauskommt, was einem am Ende in Form eines Werkes oder in anderer Gestalt

gegenübertritt. Grundbildung, Studium und Weiterbildung sind die Haupt-
phasen der Bildungsarbeit. Im Mittelpunkt steht das Studium. Studieren heißt
aber sich anstrengen, sich bemühen um Einsicht, um spezifisches Können. Es
geht also um komplexe Anstrengungen, die auch eine ganze Serie von Arbeiten des Einzelnen einschließen, wenn wir von Bildung und Bildungsarbeit
sprechen. Eher zufällige Erlebnisse sind zwar auch u. U. bildungswichtig und
es ist keine Frage, daß sie für den Aufbau einer Persönlichkeit oder existentiell von entscheidender Bedeutung sein können. Aber darum geht es bei der
Bildungs*arbeit* selbstverständlich nicht. Entscheidend ist, daß in der Bildungsarbeit das, was wir Person nennen, also das menschliche Individuum, in
seiner Befähigung zu vernünftigen und willentlichen Handlungen gefördert
wird. Der Weg geht von der Person zur Persönlichkeit, daß die bloße Personnatur, die schon jedem Kind mitgegeben ist, sich ausfaltet zur freien, selbständigen, humanen, harmonischen Persönlichkeit. In einem übertragenen
Sinn kann man auch sagen, daß ein Volk, eine Nation an ihrer Bildung arbeitet. Manche Länder mit vitalem Entwicklungswillen setzen z. B. sehr auf das
Bildungswesen.

Unsere Theorie geht von dem Konzept des "*lebenslangen Lernens*" oder
der lebenslangen Bildung aus. Wenn wir daran denken, daß ein erster Berufs-
ausbildungsabschnitt später erweitert, gesteigert oder spezialisiert werden
kann, oder daß eine Umschulung notwendig wird, dann sprechen wir von
"recurrent education". Lernphasen sind bis ins Alter denkbar (Seniorenbildung). Gerade im Seniorenalter möchten manche noch etwas lernen, das sie
sich das ganze Leben gewünscht haben. Das Wachstum der Bildung ist
lebenslang möglich und offen. Jeder kann jederzeit noch mehr lernen, noch
mehr erleben und seinen Welthorizont erweitern.

		Weiter- bildung	Praxis und freie Bildungsarbeit
Selbst- bildung		Studium	Fachbildung und vertiefte Allgemein- bildung
	Schul- bildung	Grund- bildung	Allgemeinbildung und grundlegende Fachbereichsbildung

Graphik 5: Bildungsphasen

298

Man kann an unserer Graphik sehen, daß die Selbstbildung generell langsam wächst, und daß gegenläufig die schulischen Vermittlungsanstrengungen langsam zurückgehen. Das heißt nicht, daß es im Alter nicht auch noch schulische Phasen geben kann, sogar mit einem Studium an einer Hochschule. Im Schema ist nur der typische Verlauf angedeutet. Selbstbildung beginnt schon früh in der Familie, in Kindergarten und Grundschule. Sie sollte in dieser Zeit vermutlich noch stärker ausgebaut werden. Freilich benützen wegen der hohen Lernfähigkeit der Kinder dieser Altersstufe die Gesellschaften die Schulbildung als Vermittlung ihrer Kulturtechniken und elementaren Normen und Kenntnisse. Im Studium sind die Anteile von Selbstbildung und schulischer Vermittlung ungefähr ausgewogen. Die aktive Seite der Rezeption, selbst bei der Vorlesung, wird manchmal völlig übersehen. Grundbildung wird altersmäßig nicht präzis abgegrenzt. Man denkt in der Regel an die Zeit etwa von 5 bis 15 Jahren. Das ist auch die Zeit der Schulpflichtigkeit. Danach beginnt dann in der Regel die Studienphase (mit dem College, der fortgeschrittenen Berufsschulzeit, der Fachschule, den Hochschulen). Sie endet mit den Fach- und Hochschulabschlüssen. Dazwischen gibt es Übergänge. Auf der gymnasialen Oberstufe fördert man (u. a.) die Studienbefähigung. Die Studienphase kann auch erst nach einem Stück Praxis angesetzt sein, etwa in Meisterschulen. Nach der Studienzeit folgt gewöhnlich die "Weiterbildung". Dies ist der modernste Begriff. Man verwendet ihn heute lieber als "Erwachsenenbildung". Man will damit neben der zunächst betonten Allgemeinweiterbildung die berufliche Weiterbildung betonen, deren Notwendigkeit in mobilen Gesellschaften und bei schnelleren Entwicklungen immer mehr erkannt wurde. Man denkt also bei Weiterbildung neben der bisherigen Volkshochschularbeit an die gesamte berufliche (und politische) Fortbildung, neue Bildungsinhalte, Umschulung usw.

Was heute fehlt, ist ein Bildungskonzept für die mittlere Phase. Es gibt auch keinen adäquaten Begriff. Man könnte – angeschlossen an "Grundbildung" – von "Hauptbildung" sprechen. Wir bleiben bei dem Begriff *Studium*. Man denkt bei "Studium" an erhöhte Spezialisierung vor allem für intellektuell anspruchsvollere Berufe. Diese Phase ist aber in entwickelten Gesellschaften (wie die spätere Weiterbildung) tendenziell für *alle* notwendig. Das bedeutet weiter, daß, wenn wir dieses Studium als eigene mittlere Bildungsphase erkennen, man die Befähigung zum Studieren schon in der Phase der Grundbildung aufbauen muß. Man wird z. B. von der Grundschule an versuchen, Kinder zum selbständigen Finden von Wissensinhalten anzuhalten. Jede Beobachtungsaufgabe ist eine Art kleiner Forschungsauftrag. Kinder machen da auch mit, weil sie gerne etwas Neues finden, Hypothesen bilden, kritisieren usw. Insofern ist das Studium das strukturbildende Modell für die vorausgehende Phase (auch für die folgende). Die meisten bisherigen Bildungstheorien (Schultheorien) haben diesen strukturellen Akzent nicht gekannt. In der Studienphase kommen nicht nur Selbstbildung und Schulbildung in eine Art Gleichgewicht. Es kommen – bei entsprechender Ausgewogenheit – auch die Allgemeinbildung und Fachbildung in ein Gleichgewicht. Es wurde schon betont, daß es darauf ankommt, Spezialisierung und Entspezialisierung ins Gleichgewicht zu bringen. Zu oft ist das Studium bisher in Richtung Spezialisierung gelaufen. Wir differenzieren immer mehr in den Schulen, auch in der Erziehungswissenschaft. Der eine ist nur für Erwachsenenbildung, vielleicht gar nur für Seniorenbildung zuständig, andere verstehen nur etwas von Berufsschule, oder von Frühpädagogik, oder Geistigbehindertenpädagogik. Die Studienordnungen und Studiengänge müssen für ein ausgeglicheneres Verhältnis von Spezialisierung und Fach*bereichs*bildung Sorge tragen. Studien sind auch selbständig möglich über die Medien, über Bibliotheken, Fernsehen, Fernstudium, wie über Reisen und andere planmässige Erfahrungskumulation.

Hilfreich in dieser Situation ist eine gute Theorie der *Bildungsprinzipien*. Heute, muß man sagen, fehlt eine systematische, umfassende, klärende didaktische Prinzipienlehre, obgleich einige Werke praktische Unterrichtsprinzipien sammeln (P. Brunnhuber). E.E. Geißler (Allgemeine Didaktik, 1981) bringt eine kurze Sammlung didaktischer Prinzipien (ausführlicher K. Wöhler (Hrsg.): Didaktische Prinzipien, 1979). Themenzentriert hat über Prinzipien auch H. Schröder gearbeitet (Lernwirksamer Unterricht, 1977, Wertorientierter Unterricht, 1978). In der Praxis schulischer Bildungsarbeit werden Prinzipien offensichtlich gebraucht, vor allem sieht man das in der sogenannten Seminarliteratur. Von Lehranfängern besonders vernachlässigt werden (nach den Seminarrektoren R. Drescher und F. Hurych: Kunstfehler im Unterricht, 1976) die Prinzipien der Veranschaulichung, der Aktivierung, der Motivierung, der Zielorientierung und der Erfolgssicherung.

Einen knappen Entwurf einer allgemeinen "Pädagogischen Prinzipienlehre" hat m. W. nur Eggersdorfer versucht (Lex. d. Päd. d. Gegenwart 1932, Lex. d. Päd. Herder 1954). Er nimmt Prinzipien als Ausgangs- und Ansatzpunkte. Für die Pädagogik sieht er drei Arten: a) Prinzipien der pädagogischen *Erkenntnis*; sie seien von der "Fundamentalpädagogik" zu entwickeln: in der pädagogischen Phänomenologie, der pädagogischen Anthropologie und der pädagogischen Axiologie. b) Prinzipien der "Pädagogischen *Dialektik*"; hier behandelt er die in der Diskussion befindlichen Antinomien (wie: Autorität und Freiheit, Individualität und Sozialität, Führen und Wachsenlassen). c) Prinzipien des pädagogischen *Handelns*: Grundsätze mit Anspruch auf Normierung des Erziehungs- und Unterrichtsgeschehens, z. B. Entwicklungstreue, Sachgemäßheit, Heimatprinzip, Wahrheits- und Wertprinzip (1954, III, 953 ff.).

300

Die Frage nach den Prinzipien muß in unserem Zusammenhang lauten: Worauf ist bei der angezielten Persönlichkeitsbildung auf dem Weg über Kulturteilhabe in der praktischen Bildungsarbeit dauernd zu achten? Wir definieren daher: *Bildungsprinzipien sind übergreifende Ideen, die in jeglicher Bildungsarbeit beachtet werden sollen.* Darin liegt ihr prinzipieller Charakter. Wenn eine Forderung nur für einen Teil gelten würde, dann würde es kein Prinzip sein.

Welche Arten von Bildungsprinzipien lassen sich unterscheiden? Da es sich um einen Vermittlungsvorgang handelt, ist zunächst auf die in Verbindung zu bringenden Bezugsrealitäten zu achten. Es sollen miteinander in Verbindung gebracht werden (mit Pestalozzi) der einzelne Kopf und das einzelne Herz, d. h. die menschliche Person, mit (um mit Humboldt zu sprechen) der Fülle der Welt. Aber es ist nicht nur das Individuum, es sind auch Gruppen, die untereinander und mit dem Individuum in Beziehung treten und das Individuum mit ihnen, in einer komplexen Hierarchie bis hinauf zur menschlichen Gesellschaft. Die dritte Bezugsrealität im Bildungsgeschehen ist daher die soziale. Die drei Prinzipien, die auf die Bezugsrealitäten Mensch, Gesellschaft, Welt bezogen sind, lassen sich als *ontische Prinzipien* bezeichnen (ontisch meint hier die Grundbeziehung zu den Klassen der Seienden). Es sind uns dazu auch die entsprechenden Prinzipien aus der Geschichte der Bildungstheorie gegeben: *Individualität, Sozialität* und *Universalität.* Auf die ontischen Bildungsprinzipien ist besonders bei grundsätzlichen Überlegungen und Planungen und bei schwerwiegenden Konflikten zu achten.

Da es sich weiter um einen Handlungszusammenhang handelt, ist durchgängig das anzustrebende Ziel, hier des bildenden Lernens und Lehrens, im Auge zu behalten. Es handelt sich bei einer zweiten Gruppe daher um *Zielprinzipien.* Da das Bildungsziel in der Persönlichkeit zu sehen ist, sind in dem mit diesem Begriff gemeinten bestimmten Eigenschaften die (Teil-)Prinzipien zu suchen, auf die es im Zielbereich ankommt. Bei den definitorischen Überlegungen ergaben sich fünf. Wir können uns keinen Gebildeten vorstellen, der nicht leistungsfähig ist, auch wenn er etwa ein ausgezeichneter Ästhetiker oder voller Wissen wäre. Er wäre uns zu einseitig, auch für die Gesellschaft nicht tauglich. *Qualifikation* ist daher ein erstes notwendiges Prinzip umfassender Bildung. Weiter stellten wir als kennzeichnende Eigenschaft der Persönlichkeit heraus: wertgeleitet, geistig reich, human und harmonisch. Wenn wir diese Eigenschaften als die einzelnen zu akzentuierenden Qualitäten ansehen, ergeben sich im einzelnen vier weitere Zielprinzipien: das Prinzip des Wertgeleitetseins nennt man heute, mit Bezug auf pädagogisch-didaktische Ordnungen, *Wertorientierung.* Dies erscheint also als das zweite Zielprinzip. Weiter ist geistige Fülle eine Bildungsnotwendigkeit. Man braucht eine Menge Einzelwissen, wenn man die Welt und in ihr besonders die geistige Kultur des Menschen erfassen, das Wissen entsprechend integrieren und reduzieren will. Das hier zu beachtende Zielprinzip soll das der *Geistanreicherung* heißen. Das vierte Zielprinzip wäre dann das der *Humanisierung* und das fünfte *Harmonisierung* (ihre Begründung siehe oben zur Bildungsdefinition).

Bezogen auf den Vermittlungsprozeß ergeben bzw. ergaben sich aus typischen Merkmalen des Erkenntnisgewinns und der Lernvorgangs (und aus häufigen Schwächen des Lehrvollzugs) nach ihrer vermuteten praktischen Bedeutung ausgewählte *methodische Prinzipien*. Das ist die dritte Gruppe der Bildungsprinzipien. Sie ist am stärksten unterrichtsbezogen und für jeden Lehrvollzug unmittelbar relevant. Die methodischen Prinzipien gelten aber auch für die Methodik der Selbstbildung. Unterricht als Bildungsarbeit darf zuerst nicht ziellos sein. Nicht nur die lernzielorientierte Didaktik betont daher die *Zielbewußtheit* als methodisches Grundprinzip. Da letztlich der Mensch seine Bildung selbst betreibt, muß er – und das ist auch lerneffizienter – selbst im Detail der Lernfortschritte in diesem Sinne agieren. Eine alte Tradition weiß daher um *Selbsttätigkeit* als Prinzip. *Entwicklungsgemäßheit* faßt man heute differenzierter als früher, also nicht vereinfacht nach Altersklasse oder Entwicklungsphasen, sondern nach dem "*sachstrukturellen Entwicklungsstand*" der einzelnen Lerner in Bezug auf eine bestimmte Sache; d. h. fachlich vorhandenes Wissen und vorhandene Kapazität eines Schülers müßte man als Lehrer genau erkunden. Man spricht auch vom *Prinzip der* "*optimalen Passung*". Beziehen sich die ersten drei methodischen Prinzipien Zielbewußtheit, Selbsttätigkeit und Entwicklungsgemäßheit noch eher auf die Methode der Bildungsarbeit insgesamt, so die nächsten drei stärker auf konkrete Lern- oder Unterrichtseinheiten. Sie verlangen nahezu alle Motivation, Anschauung und Erfolgssicherung. Das Prinzip der *Motivation* sucht zu erreichen, daß die Lernenden überhaupt innerlich bewegt werden zu lernen und möglichst sachlich interessiert lernen. Das Prinzip der *Anschauung* fordert das Schaffen der "ästhetischen" Basis für Begriffsbildung und Erkenntnisgewinn. Das Prinzip der *Erfolgs*sicherung (einschließlich Kontrolle) sucht die Dauerhaftigkeit des Lernens zu sichern, z. B. durch Strukturierung, Begreifen, Wiederholungen, Übung, Prüfungen. Ich füge noch gerne hinzu, weil ich meine, daß es das moderne Prinzip des Wissenschaftsbereichs – letztlich aber auch anderer Kulturbereiche – ist, das Prinzip der *Kritik*. Für jede Bildungsphase, aber auch gegenüber den Kulturangeboten und eigenen "Produktionen", ist Qualitätsbeurteilung unerläßlich. Hierauf beruht jeglicher bewußter Fortschritt im Bildungsleben des einzelnen wie im Kulturfortschritt einer Gesellschaft.

11. Kapitel: Ontische Prinzipien

I. Das Individualitätsprinzip

Im ontischen, näherhin im anthropologischen Bezugsrahmen ist Individualität biologisch begründet in der Naturtendenz auf Vielfalt und Kombinatorik des genetischen Materials. Die Kombinationsmöglichkeiten im Bereich der menschlichen Chromosomen, Gene und DNS/RNS-Elemente sind praktisch unendlich, so daß die Individualität wirklich einmalig zu sein scheint. Auch die eineiigen Zwillinge sind Individuen und werden durch raumzeitlich differente Umweltreize je anders geprägt. Ihre Welt und sie selbst entwickeln sich individuell verschieden durch je andere Aktionskombinationen. Im Wortsinn bedeutet Individualität Unteilbarkeit. Gemeint ist, daß der Organismus wegen seiner Organdifferenzierung unteilbare Ganzheit ist. Alle einzelnen Organe müssen zusammenwirken, damit das Ganze lebt, funktioniert, existent sein kann. In unserem Rahmen betonen wir vor allem die Einmaligkeit des Individuums. Im Sinne der Popperschen drei Welten ist das menschliche Individuum eine einmalige Struktur von Empfindungen und Bewußtsein, ist als biopsychisch-biographisch-existentielle Realität einmalig und wird es immer mehr im Laufe seiner Biographie. Es schafft sich mittels seiner Welt 2 (in Verbindung mit Welt 1) eine Welt 3, d. h. eine kulturelle Welt als Integral aus dem selektierten Gesamt der aufgenommenen Elemente der kulturellen Welten und der selbst kreierten Weltversion. Jeder einzelne denkt sich so etwas wie eine Welt aus, baut sich eine ganz individuelle Welt auf. Das wurde bereits dargestellt an dem Muster von Welten von Dichtern. Etwas Ähnliches, vielleicht nicht so großartig und prägnant, baut sich jedermann auf. Wir haben also auch individuelle geistige Welten als Realität anzunehmen. Der Mensch ist als Individuum zwar keine von den anderen völlig isolierte Monade (wie Leibniz gemeint hat ohne "Fenster"), aber doch eine einmalige Ganzheit, eine massive, wirkende Realität, eine eigene Welt, mit (auch über denTod hinausreichenden) individuellen physischen, psychischen und geistigen Ausstrahlungen.

Was uns bildungsdidaktisch besonders interessiert, ist natürlich die *Begegnung* zwischen solchen individuellen Welten. Denn der "pädagogische Bezug", diese (am Typus Mutter-Kind oder Lehrer-Schüler entwickelte) Realität des pädagogischen Feldes ist ja eine Begegnung. Es ist immer eine wechselseitige prägende Auseinandersetzung, die hier stattfindet. Begegnungen implizieren eine Menge Prozesse im Physischen, im Psychischen und im Geistigen, Kulturellen. Dabei sind diese pädagogischen Bezüge im pädagogischen Akt und Prozeß bekanntlich nur ein Teil aller der Begegnungen, die ein menschliches Individuum erfährt. In den Theorien zum pädagogischen Bezug (z. B. bei Nohl) und zur Begegnung im Kontext existentieller Entwicklung (bei Bollnow, Prohaska und anderen Existentialpädagogen) wurden Momente herausgearbeitet, die für diesen Prozeß zwischen Individuen wichtig sein können. Vor allem hat Prohaska in seiner Pädagogik der Begegnung an hochdifferenzierten Individuen, vor allem an Dichtern (z. B. der Schiller-Goethe-Begegnung) dargestellt, wie sich Individuen befruchten können.

Unter den Dichtern hat Rilke der Individualität den höchsten Platz eingeräumt. Rilke hatte in Florenz eine intensive Begegnung mit der Renaissance erfahren (und dem in ihr aufkommenden Individualismus). Im Florenzer Tagebuch (1898, Neuauflage 1984) betont er die Identität von Kultur und Persönlichkeit. "Jede Kunsttat bedeutet Befreiung, und Kultur besitzen, will nichts anderes heißen, als befreit sein. So ist die Kunst der Weg zur Kultur für den Künstler. Aber nur seine Kunst und einzig für ihn" (30). Das ist Individualismus in äußerster Ausprägung. "Da man doch nicht aufhört von dem erziehlichen Einfluß der Kunst zu reden: gewiß wirkt sie bildend, doch nur auf den, welcher sie schafft; denn sie steigert seine Kultur" (ebda.). Wie stark Rilke "Kultur" absetzt von dem, was wir gemeinhin als die gemeinsame Kultur von Menschen bezeichnen, zeigt das nächste Zitat (32): "Eine gemeinsame Kultur gibt es ... nicht. Kultur ist Persönlichkeit; das, was man bei einer Menge so nennt, ist gesellschaftliches Übereinkommen ohne innere Begründung". Diese Zitate weisen Ähnlichkeiten auf mit Schillers Gedanken zur befreienden Wirkung des "ästhetischen Zustandes", verraten aber auch Nietzsches Einfluß. Auch Humboldt und Schelsky sprechen von Einsamkeit und Freiheit als Prinzipien der Bildung in ihrer Bildungs- (bzw. Universitäts)theorie. Natürlich weiß Rilke von der Bedeutung der Begegnung und der Liebe, versäumt aber nicht auf deren Gefahren hinzuweisen. "Künstler sollen einander meiden. Die große Menge rührt nicht mehr an sie, wenn ihnen erst bestimmte Befreiungen gelungen sind. Zwei Einsame aber sind eine große Gefahr füreinander" (33). "Es soll keiner tasten an des anderen Kunst. Denn nimmt er von einem Größeren, so verliert er sich; und neigt er zu der Art eines Engeren hin, so entweiht er sich und nimmt seinem Gemüt die Keuschheit; aber von des anderen Kultur darf der Künstler gerne und dankbar empfangen. So bildet jeder den zweiten zu höherer Menschlichkeit und also zur reineren Kunst" (ebda.). Das klingt zwar ziemlich elitär und bezogen auf die Welt der Künstler. Rilke denkt aber auch allgemein-anthropologisch in "individualistischen" Bildern, z. B. in dem schönen Bild von den Menschen als Bäumen: "Und ich sehe, daß die Menschen starke und einsame Stämme sind, die wie breite Brücken von den Wurzeln zu den Blüten führen und ruhig und heiter die Säfte heben in die Sonne hinein" (64).

Daß die Kunstpädagogen aller Sparten der Individualität hohe Bedeutung beimessen, hat sich vor allem in der Kunsterziehungsbewegung um die Jahrhundertwende gezeigt. Man sollte aber nicht übersehen, daß besonders (aber nicht nur) in geisteswissenschaftlichen Fächern eine Begegnungsmöglichkeit mit Individuen besteht, vor allem über Biographien. Das ist ein wichtiger Zugang zur Individualität im Bildungssinne, zunächst zur Persönlichkeit des anderen (besonders in seinen Werken) und von da aus zur eigenen Individualität. Der Sinn unseres Individualitätsprinzips ist es, eine "eigene Welt" zu werden, nicht die Begegnung mit dem Klassiker als solche; die ist Mittel, Bildungsmittel. Die erlebten und erforschten Klassiker können wenigstens in Teilaspekten Muster für das innere Werden und Erleben, zur Befreiung der Bildung werden. Begegnungen dieser Art sind unersetzlich. Es müssen nicht viele Begegnungen sein. Tief wirkende Begegnungen sind ohnehin selten und einmalig in ihrer Art. Es kommt auf die Befreiung des einzelnen an aus seiner Enge, aus seiner triebhaften Gebundenheit, aus seinen beschränkten Umweltbedingungen, daß er zu sich selber findet, daß er seine kreativen Kräfte entdeckt, daß er sie schließlich in der Praxis des Lebens in einem Praxisfeld realisiert. Begegnungen müssen nicht immer über Kunst laufen, über Literatur o. ä. Für einen Politiker ist es eher ein anderer Politiker, ein geschichtliches Buch oder eine persönliche Begegnung. Auch das ist "hermeneutisch" wirksam. Ohne solche "Hermeneutik" geht nichts in der Bildung. Deshalb ist allemal eine Auseinandersetzung mit einer historischen Persönlichkeit, ihrer Lebensqualität, ihrem Werk, ihren Entscheidungen ein enormer Gewinn. Heute meinen nicht wenige, solche geschichtliche Auseinandersetzung lohne sich nicht. Leider ist deshalb die Begegnung mit historischen Persönlichkeiten zurückgegangen. Begegnung ist nicht immer nur gebunden an Biographisch-Hermeneutisches, sondern auch möglich in der einmaligen Situation im Sinne des Existenzmodells. In der Existenzfindung geht es darum, daß der einzelne aus Beengungen und Typisierungen heraus- und so seine optimale Lebensgestalt findet.

Kerschensteiner hat von Humboldt und Spranger Individualität und Totalität als Prinzipien des Bildungsverfahrens übernommen. Diese beiden "Forderungen" ergeben sich sofort als notwendige Folgerungen aus unserem Bildungsbegriff, wonach das ganze einzig- und eigenartige sinnliche Sein in ein ganzes einzig- und eigenartiges geistiges Sein überzuführen ist, also das individuelle Triebwesen in seiner Totalität in ein individuelles Vernunftwesen" (Theorie der Bildung 1926, S. 402). Kerschensteiner sieht in der sittlichen Autonomie der Persönlichkeit, im Charakter das höchste individuelle Gut. "Charakter ist die organisierte Gesamtheit der Maximen, die in einer Seele aufgerichtet sind; Charakter ist Totalität" (408). Es kommt nach Kerschensteiners Ansicht in einer Kulturgemeinschaft letztlich nicht auf die größte Leistungsfähigkeit der geschulten einseitigen Funktionsanlage an, sondern auf den Charakter. "Alle diese Betrachtungen führen dahin, daß das Bildungsverfahren die höchste Leistungsfähigkeit des Individuums niemals in der bloßen Entwicklung einzelner Seiten des geistigen und seelischen Lebens suchen darf, und wären es auch die für das Leben des Individuums wie der Gemeinschaft jeweils fruchtbarsten Seiten, sondern daß es bei aller Berücksichtigung der stärksten Seite des Individuums zu allen Zeiten sein Augenmerk darauf richten muß, das ganze geistige Wesen zur sittlichen Entfaltung zu bringen" (409). Konkret fordert Kerschensteiner im Sinne des Individualitätsprinzips die Deckungsgleichheit der herangetragenen Kulturgüter (in ihrer individuellen Struktur) mit der individuellen Aktstruktur des Zöglings. Das ist seine Idee des Grundaxioms. Insofern gehören Totalität und Individualität als Prinzipien zusammen. Totalität bringt nichts wesentlich Neues, betont nur deutlicher die Entwicklung *aller* Seiten der Individualität und die innere *Einheit* der Wertgestalt der individuellen Persönlichkeit.

Im modernen *Identitäts*begriff finden sich beide Prinzipien wieder (erweitert allerdings durch die sozialen Implikationen, vor allem die Erwartung der anderen, das "Me" im Gegensatz zum "I". "I" meint bei G. H. Mead den inneren Kern der Individualität und seine Bedürfnisse. "Me" meint die Anpassungsnotwendigkeiten an Rollen, an Erwartungen der anderen. Zwischen beiden muß das Individuum letztlich eine Balance herstellen, die bekannte "Identitätsbalance". Der Identitätsbegriff bleibt allerdings im Bereich der (hier weniger betonten) Vervollkommnung hinter dem Humboldt – Kerschensteinerschen Totalitätsbegriff um einiges zurück. Am ehesten treffen sich beide Begriffe in der Idee der "Identitätsbalance" einerseits, und der "inneren Widerspruchslosigkeit" (Theorie der Bildung 413 f.) andererseits. An dieser Stelle kommt Kerschensteiner der I-Me-Identitätsbalance recht nahe, denn, so begründet er den vom ihm geforderten Verzicht auf Maßstäblichkeit der eigenen Wertorganisation für die Wertorganisation der anderen Mitglieder der Gemeinschaft, "die Anerkennung des absoluten Wertes meiner sittlichen Persönlichkeit schließt zugleich die Anerkennung des absoluten Wertes jeder sittlichen Persönlichkeit in sich" (414). Ich kann also nicht mich selbst als absoluten Wert bejahen und die anderen nicht, sondern ich kann beides immer nur gleichzeitig. Die Idee des interaktionalen Normenaushandelns steht hier gewissermaßen unmittelbar vor der Tür.

Das isolierte Individualitätsprinzip (wenn wir nur dieses eine Prinzip hätten) würde im Idealfalle Einzelunterricht nahelegen (vgl. Rousseaus "Emile"). Spranger weist auf *eine* Grenze dieses Prinzips hin, Kerschensteiner auf eine andere. Spranger sieht vor allem die Einseitigkeit der Individualität (darin liegt aber auch ihre Kraft), die nach Ausweitung verlangt und damit auch das Universalitätsprinzip hervortreibt (Wilhelm von Humboldt und die Humanitätsidee 1909, S. 14). Kerschensteiner betont, daß mit dem Individualitätsprinzip *zugleich* und *notwendig* das Sozialitätsprinzip gesetzt sei: "Zwar mag der Bildungsprozeß tausendmal am einzelnen Individuum gelingen, ohne daß dieses aktiven Anteil an dem sinnlichen und geistigen Leben der Gemeinschaft nimmt, welcher es angehört. Aber diese Möglichkeit ist nur gegeben durch den Schutz, den jene Gemeinschaft der Verfolgung aller Interessen ihrer Glieder angedeihen läßt und durch die Pflege der Güter, die dem einzelnen ermöglichen, seinen Selbstbildungsprozeß zu vollenden. Würde jedes Individuum fern von aller Gemeinschaftsverpflichtung nur auf die Vollendung seines geistigen Seins bedacht sein, so würde über kurz oder lang auch der einzelne nicht mehr seinen einsamen Bildungsweg gehen können. Der Weg zur sittlichen Autonomie verlangt unweigerlich die Mitarbeit des einzelnen an der Versittlichung der Gemeinschaft" (Theorie der Bildung 403). Auch wenn man an dem ersten Satz dieser Argumentation zweifeln muß, wenn wir diesen Gedanken also einklammern würden, so wird durch Kerschensteiner insgesamt eindrucksvoll eine zugleich soziologische wie ethische Begründung des Sozialitätsprinzips als notwendigem Pendant zum Individualitätsprinzip gegeben.

In der Praxis der Unterrichtsorganisation dient das methodische Prinzip der *"Differenzierung"* (und das der Statusadaption, d. h. der Berücksichtigung der Entwicklungszustände des einzelnen im Hinblick auf ganz bestimmte sachstrukturelle Zusammenhänge) der Annäherung an die Erfüllung der Individualitätsforderung. Individualitätsberücksichtigung liegt konkret auch in den Regeln der "Passung" der Angebote in der Bildungsarbeit an das jeweilige Niveau, das jeweilige Wissen, den jeweiligen Könnensstand des einzelnen in jedem einzelnen Bereich und besonders in der Anpassung an das persönliche Tempo, die persönlichen Umstände, die persönliche Motivation. In der Studienphase läßt sich Individualisierung langsam und besser anbahnen (durch individuell angelegte Abschlußarbeiten) als in der Grundbildung (obgleich auch da bereits analoge Möglichkeiten gefunden werden können). Ein guter akademischer Lehrer wird sich bei der Zuteilung der Diplom- oder Doktorarbeit nach der Individuallage und den Interessen des Kandidaten erkundigen und dessen Persönlichkeitsstruktur und Selbstbildungsrichtung zu entsprechen versuchen. Aber auch in der Grundbildungsphase können individuelle Werterlebnisse und Wertrichtungen zur Geltung kommen, etwa in der Auswahl eines Dichters bei literarhistorischen Referaten, bei der Wahl eines Instrumentes, und ähnlichem. Andererseits gibt es gewisse Grundmuster, die in der Schule einfach allen in gleicher Form vermittelt werden müssen.

Etwas einseitig betont haben die Individualität die "Persönlichkeitspädagogen" (Itschner, Linde, Ernst Weber). Individualisierten Unterricht versuchte konsequent Parkhurst ("Dalton-Plan"). Heinrich Roth betont die Persönlichkeit als reife und mündige Gestalt der Person. Die Erlanger Soziologenschule hat die "Personalisation" für die Sozialisationstheorie wiederentdeckt und damit über die Sozialisation und Enkulturation hinausgewiesen auf die Bedeutung des einzelnen. Auch Luhmann, ein Systemtheoretiker durch und durch, hat die Bedeutung des Individuums für seine Sichtweise wiederentdeckt und von einer "Institutionalisierung des Individuums" gesprochen. Das Individuum ist notwendig, um z. B. bestimmte Entscheidungsprozesse in komplizierten Organisationen zu realisieren. Voll realisierbar ist das Individualitätsprinzip nur in freien, entwickelten Gesellschaften und – vom Alter her gesehen – in der Regel erst im Erwachsenenalter, im freien Bildungserwerb. Alle Schulen und gesellschaftlichen Bildungssysteme typisieren und normieren und müssen das auch (etwa im Rechtschreiben, im elementaren Rechnen, im Erlernen von Verkehrs- und Rechtsregeln, von naturwissenschaftlichem Grundwissen usw.).

Typisierung steht der Individualisierung zwar nicht völlig entgegen, kann sich sogar bei frei wählbaren Kursangeboten der Individualisierung sehr dienlich erweisen. Durch sie bleibt aber die Schule immer hinter der möglichen Individualisierung zurück. Deshalb sind Schulen, das hat Kerschensteiner in aller Schärfe betont, immer nur Mittel und Unterstufen für Bildung, denn letztlich muß der einzelne sich selbst befreien und bilden, es gibt keine letzte Hilfe von außen. Man kann diese Selbstbefreiung der Person, die wie eine Explosion und Expansion des Individuums ist, in der sich die Persönlichkeit selbst als eine neue Welt setzt, *Personation* nennen (eine kleine Form von "Big Bang" analog der großen Expansion des Gesamtuniversums). C. G. Jung sieht *Individuation* als Selbstgestaltungsaufgabe, vor allem späterer Erwachsenenbildung. In der Tat ist in aller Regel dann erst ausgewogene und voll entwickelte Selbstentfaltung zu finden, wie in Rilkes Bild bei voll entfalteten freistehenden Bäumen. Aber auch bei ihnen ist das Wachstum noch nicht zu Ende. Und die Fruchtbarkeit schon gar nicht.

Den heutigen Menschen in freien Gesellschaften, besonders den jungen Menschen, entspricht dieses Prinzip – als Prinzip der Freiheit und Selbstverwirklichung – sehr, wenn auch dieses Streben, "zu sein wie kein anderer", durch das andere Streben, "zu sein wie alle anderen" (man denke nur an Jeans und Turnschuhe), in Schach gehalten und nicht selten praktisch überlagert wird. Der Mensch braucht beides, er braucht das Gefühl, daß er zu anderen dazugehört (Gruppen-Identität) und er braucht auch das Bewußtsein, eine einmalige Persönlichkeit zu sein, persönliche Freiheit zu besitzen, seine Selbstverwirklichung nach eigenen Ideen realisieren zu können. Es besteht natürlich eine Gefahr bei dieser Betonung von Freiheit im Sinne des Nichtgebundenseins, daß die Berücksichtigung des Sozialen und der gesellschaftlichen Verpflichtungen vernachlässigt werden. Insofern kann dieses Prinzip selbstverständlich niemals das einzige sein. Keiner ist eine Insel, völlig für sich allein, den die anderen nichts angehen. Wir bekommen viel von den anderen und müssen daher auch für sie etwas leisten. Mitunter werden Identitätsbalance und Rollendistanz bis zur Ablehnung von Bindung hin getrieben, dann pervertiert Freiheit zu oft undurchschauter Triebknechtschaft, zu launischer Willkür. Die in der Bildungsidee mitgedachte Selbstformung an Hand bedeutender kultureller Muster und Modelle wird dann mitunter sogar bewußt verneint, weil man Selbstformung und relativ dauernde Gestalt gar nicht will, oder weil man die maßgeblichen großen Menschen einer Kultur nicht mehr zu hören bereit ist, ja selbst bestimmte wissenschaftliche Erkenntnisse nur unter äußerstem Leidensdruck aufzunehmen bereit ist. Das sind heute unübersehbare, zunehmende Perversionen des Individualismus.

Zwar ist die Bildungsbereitschaft im Ganzen im Zunehmen, aber man kann sie nicht einfach generell voraussetzen oder erwarten. Man darf eben nicht vergessen, daß einerseits schon zur selbständigen Erfassung der Bildungsidee ein gewisses Maß gelungener Grundbildung Voraussetzung ist, und daß andererseits die Bildungsarbeit Anstrengungen verlangt, für die viele nicht hinreichend motiviert sind, wenn sich nicht bald materieller oder Lustgewinn damit verbindet. Man muß nicht Schopenhauer sein, um zu erkennen, daß die meisten Menschen, wenn sie einmal leidlich "im Brot stehen", mit Bildung nicht mehr so viel im Sinn haben und dadurch ihre mögliche Individualisierung verkümmert bleibt. So liegt es am einzelnen, wenn er weitgehend im Sinne der verächtlichen Bemerkung von Marx bloß ein "Ensemble der gesellschaftlichen Verhältnisse" (Feuerbach-Thesen) bleibt.

Zusammenfassung: Sinn von Individualität als Bildungsprinzip ist, daß die personale Einmaligkeit des zu Bildenden und sich Bildenden bei der Bildungsarbeit derart berücksichtigt wird, daß er seine Individualgestalt optimal realisieren kann. Individualgestalt meint die selbstgewählte Form der Persönlichkeitsgestaltung in ihrer möglichen idealen Totalität, proportionierliche Realisation aller positiven individuellen Kräfte und der allgemein menschlichen Kräfte (Vernunft und freier Wille, Gemüt, Geschmack, Phantasie und Gewissen).

II. Sozialität

Die Realität des Überindividuellen, der Gruppen, Gemeinschaften, Staaten, Kirchen, Religionsgemeinschaften, schließlich der Menschheit, wurde in der Pädagogik lange Zeit nicht gleichrangig mit der Individualität behandelt.

Schleiermacher und Willmann, Natorp und Kerschensteiner u. a. m. haben daher ihre Verdienste, den Denkhorizont der Pädagogik ins Soziale geweitet zu haben. Heute bringen moderne Gesellschaftstheorien das Sozialisationsdenken in die Pädagogik, mitunter so stark, daß sich die Sozialisationstheorie als Mittelpunkt der Erziehungswissenschaft fühlt (Fend).

Da die Schule in der Regel eine staatliche Institution geworden ist, fühlt sich der (Kultur-)Staat zumeist als Herr des Schulwesens (das er auch gerne klangvoller Bildungswesen nennt). Daneben gründen auch andere Gruppierungen Schulen, z. B. Religionsgemeinschaften und Kommunen. Ihre Schulen werden in der Regel staatlich kontrolliert. Alle vitalen Sozietäten haben ein Interesse an Fortbestand und Prosperität. Daher müssen sie den zunächst zwangsläufig unzivilisierten und unkultivierten Nachwuchs assimilieren, sozialisieren, zivilisieren und kultivieren, jedenfalls verstehen sie das so. Soweit das nicht schon die Familien, Kirchen und Kommunen leisten, muß sich der Staat darum kümmern. Insbesondere langwierige und schwierige Lernprozesse übergibt man professionellen Lehrkräften. Völker bzw. Staaten können durch ein entwickeltes Schulsystem den Bildungsstand der Bevölkerung grundlegen und dem studier- und bildungswilligen einzelnen vielfältige Bildungsangebote machen. Aber man kann wohl nur in einem übertragenen Sinn von der Bildung eines Volkes sprechen. Die Übertragung des Bildungsbegriffs vom Individuum auf den Staat ist problematisch. Der Staat wird dabei im Grunde personifiziert und damit nicht mehr adäquat gefaßt. Eine wenig realistische Gestalttendenz schreibt dem Gesamtbild dabei eine individuelle Form zu. Im Sinne historischer Kollektivbegriffe ist das bis zu einem gewissen Grade auch möglich. Der Übergang zum (oft vorurteilsreichen) Stereotyp ist jedoch fließend. Gefährlich für Bildung und Kultur wird der totale oder totalitäre Staat, weil er die Interessen der Herrschenden notfalls auch gegen Wahrheit, Kunst, Sitte, Recht, Religion durchzusetzen beginnt, weil er Kritik verhindert, Kritiker unterdrückt, Entwicklungen rigoros kanalisiert, im Extremfall die Bevölkerung nicht nur in der freien Äußerung, sondern auch in der freien Bewegung schwer behindert. So können sachgemäß nur eine offene Gesellschaft und ein freier, alle geregelt an der Macht partizipieren lassender Rechtsstaat als günstige Bedingungen für die Entwicklung von Bildung angesehen werden. Aber auch da bestehen noch zahlreiche Schwierigkeiten, solange wichtige Entscheidungen von wenig aufgeklärten Mehrheiten und Gruppen getroffen werden. Erst wenn die Entscheidungsträger selbst einen gewissen Bildungsgrad erreicht haben, bestehen größere Chancen für Kultur und Bildung. Der entwickelte Kulturstaat läßt die Kräfte der Wissenschaft, Kunst usf. möglichst frei zu Entfaltung kommen, verhält sich "subsidiär", d. h. hilfsbereit, also nicht absolut wertneutral, da er ja Rechte und Freiheiten schützen und ermöglichen soll.

Das Sozialitätsprinzip hat als Prinzip des Bildungsverfahrens *Kerschensteiner* unter dieser Bezeichnung eingeführt, da ihm die "Versittlichung der Gemeinschaft" besonders am Herzen lag. Er hielt viel von der Einfügung der Jugendlichen in "freiwillige Wertgemeinschaften" oder Arbeitsgemeinschaften. Wertgemeinschaften streben ihrer Tendenz nach über bloße Spiel- und Zweckgemeinschaften hinaus."Wenn die Arbeitsgemeinschaft Träger einer sittlichen Idee ist, wenn sie etwa die Pflege edler Kameradschaftlichkeit, der Hingabe an eine Wissenschaft, eine Kunst, an eine religiöse Gemeinschaft, der Pflege der sittlichen Ehre der Schule, der Unterstützung Hilfsbedürftiger, dem Siege der Gerechtigkeit usw. dient, dann ist es leicht verständlich, daß der freiwillige Dienst in solchen Arbeitsgemeinschaften, wie häufig ein solcher Dienst und eine solche Gemeinschaft auch von Knaben und Mädchen aus anderen Gründen gesucht werden mag, sich aus einem Dienst um eines konkreten Zweckes willen in einen Dienst um der sittlichen Idee willen umzuwandeln vermag" (Theorie der Bildung 459). In der Schule setzt sich Kerschensteiner für die Selbstregierung ein als ein Hauptmittel der "staatsbürgerlichen" (= sozialen) Erziehung. "Wir haben Schulen für intellektuelle Erziehung, für künstlerische Erziehung, für technische Erziehung, wir haben aber keine Schulen für soziale Erziehung. Erst die Selbstregierung wird unsere Schulen dazu machen" (466).

Eggersdorfer hat in der Nachkriegsausgabe seiner "Jugendbildung" (5. Aufl. 1950) das Sozialprinzip, wie er es nennt, aufgenommen. Als "Bereiche sozialer Bildung" arbeitet er heraus: Erziehung zur Vitalgemeinschaft (vor allem Familie, aber auch Nachbarschaft, Freundschaft, Spielgruppe u. a.), zur Wirtschaftsgemeinschaft (Betrieb), zur Kulturgemeinschaft, zur Staatsgemeinschaft und zur sittlich-religiösen Gemeinschaft. "Sozialerziehung ist Bildungsprinzip. Deshalb müssen alle Lehrer und alle Fächer eines Bildungsganzen der Erziehung ihrer Schüler zur Gemeinschaft dienen wollen" (Jugendbildung 248). Zur Sicherung des "Prinzips" setzt sich Eggersdorfer auch für Institutionalisierung in einem *Fach*, nämlich Sozialkunde, ein. Das war damals noch nicht selbstverständlich. Dieses Fach ist in der Folge ja eingeführt worden. Bei der wachsenden Zahl sozialer und sozialerzieherischer Probleme in einer sich rasch wandelnden pluralen Gesellschaft ist ein solches Fach in der Tat notwendig geworden, obwohl das in manchen anderen Fächern dazu verführt hat, in ihrem Unterricht dieses Prinzip auszuklammern und dadurch ihre Bildungswirkung zu reduzieren.

In den vergangenen Jahrzehnten wurde die Aufmerksamkeit besonders auf die *politische Beteiligung* als Notwendigkeit menschlichen Zusammenlebens und gemeinsamen Ordnens gelenkt. Politische Beteiligung geht schon seit der Jahrhundertwende (Kerschensteiner, Foerster, Wilhelm, Litt) in dieses Bildungsprinzip ein. Man muß allerdings beachten, daß sich die Ziele der Politik und der politische Horizont ausgeweitet haben. Wir kommen heute nicht mehr mit dem Ziel der (national-)politischen Bildung, der staatsbürgerlichen Bildung aus. Wir brauchen den Horizont des Weltbürgers, das Schauen auf die gemeinsamen Belange der Menschheit (deshalb auch die große Bedeutung der Friedenserziehung heute), also das Denken im globalen Horizont (vgl. meine "Bezugssysteme politischer Bildung", 1974). Hinzu kommen heute auch stärker die Probleme des Sozialstaats und des pluralen Rechtsstaats.

Die Realität der *Menschheit* als Gattung ist der Sachgrund, eine ontische Einheit, auf die der Einzelmensch stets bezogen bleibt und von der her er sich verstehen kann. Ganz gleich welche politischen und sozialen Ordnungen im einzelnen gerade herrschen. Da ist die globale menschheitliche Einheit auf einem inzwischen klein gewordenen Planeten, von der wir als Realität auszugehen haben. Die Realität der Menschheit als Selbstzweck und ihre Lebensform (Kultur) fordern Berücksichtigung in aller Bildungsarbeit. Bildungsarbeit ist ein Teil der allgemeinen menschlichen Lebens- und Kulturanstrengungen und untersteht daher ihrem Sinn.

Wir können zusammenfassen: Sozialität als Bildungsprinzip hat den Sinn, daß bei der Bildungsarbeit die Menschheit als Ganzes und alle ihr dienenden Gruppierungen gestützt und gefördert werden. Nicht nur der Einzelmensch ist Selbstzweck, sondern auch die Menschheit als Gattung. Es muß demnach nicht nur der einzelne in seine ratio gebracht und in ihr gehalten werden, sondern auch die menschliche Gesellschaft und ihre einzelnen Gruppierungen. Einen zentralen Dienst leistet dazu die politische und rechtliche Ordnung im engen Zusammenhang mit ihrer sozial- und individualethischen Fundierung. Daher sind Befähigung zur politischen und sozial-moralischen Beteiligung Kernaufgaben von Sozialität als Bildungsprinzip. Identität läßt sich nur gewinnen durch angemessene Berücksichtigung von Rollen, Gruppenbildungen, soziale Persönlichkeit nur durch soziale Verpflichtungen, Haltungen, Bindungen, Liebe. Individualisierung ist nur ein Prinzip von Bildung, Sozialisierung ist ein gleichwertiges zweites.

III. Universalität

Das Universalitätsprinzip ist von Comenius und Humboldt in die Pädagogik eingeführt worden. *Comenius* (Komensky 1592-1670) nimmt Pan (= universalitas) als Bezug zum Ganzen. Das Wesen der "Pampaedia" sei, "daß alle Menschen das wahre Wissen vom Ganzen erlangen, das heißt, 1. daß sie Einsicht gewinnen in die Gliederung der Sachenwelt, der Gedanken und der

Rede; 2. daß sie die Ziele, die Mittel und die Vollzugsweisen der eigenen und der fremden Handlungen verstehen; und 3. daß sie das Wesentliche vom Beiläufigen, das Gleichgültige vom Schädlichen unterscheiden können ... Wenn nämlich alle Menschen vom Grund aus über das All belehrt würden, wären sie alle wahrhaft weise (Pansophoi) und die Welt wäre voll Ordnung, Licht und Frieden" (21). Die Sehnsucht nach Frieden und Ordnung war im 30-jährigen Krieg wohl nur zu verständlich. Der seit Sokrates immer wieder auftauchende Gedanke, daß (universales oder philosophisches) Wissen auch tugendhaft macht, kann hier vielleicht undiskutiert bleiben. Der Sinn von universalitas ist idealiter die Erfüllung der Weltordnung, Harmonie und Frieden. Wir haben heute angesichts unseres Wissens von Evolutionsmechanismen, Geschichtsdeterminanten und Aggression unsere Schwierigkeiten mit einem derart harmonistischen Weltbild. Aber auch bei Comenius handelt es sich eher um eine (utopische) Friedenssehnsucht. Im Pan-Prinzip steckt aber auch bereits das philosophische Aufklärungsprinzip, der umfassende Realitätsbezug, die weite Öffnung des Sinnes für alle Wirklichkeit (gegen jede Einengung des Blicks und jede Verdrängung), weil nur durch klar Sachkenntnis auch vernünftige Sachbehandlung möglich ist. Das gilt für alle Sachen (res). Realismus nennt man diese Zeit. Seit Leibniz ist philosophisch gesehen alles, was wirkt, als wirklich Seiendes erkannt (vgl. Popper in Popper/Eccles).

Wilhelm von Humboldt spricht von der "Verknüpfung unseres Ichs mit der Welt zu der allgemeinsten, regsten, freiesten Wechselwirkung" weil nur "der Gegenstand schlechthin, die Welt", das ganze Wesen des Menschen "in seiner vollen Stärke und seiner Einheit zu beschäftigen vermag". Nicht nur in ihrer "Einheit" und "Allheit", sondern auch in ihrer Mannigfaltigkeit. Durch ihre Mannigfaltigkeit rührt die Welt unsere Sinne. "Nur die Welt umfaßt alle nur denkbare Mannigfaltigkeit und nur sie besitzt eine so unabhängige Selbständigkeit, daß sie dem Eigensinn unseres Willens die Gesetze der Natur und die Beschlüsse des Schicksals entgegenstellt". Humboldt interpretiert also die Welt als umfassenden "Gegen-stand" der Herausforderung für den Menschen. Er übersieht auch nicht gänzlich, wie verschieden "sich die Welt in verschiedenen Individuen spiegelt", verfolgt aber diesen Gedanken in der "Theorie der Bildung des Menschen" nicht weiter.

Spranger meint bei seiner Strukturanalyse des Humboldtschen Humanitätsbegriffs: "Es gehört also ... zur Humanität eine Ausweitung des Individuums, die Allseitigkeit oder *Universalität*, die sich alles Sein und Leben individuell zu assimilieren strebt, keineswegs aber im rein intellektuellen Sinne, sondern *mit* allen Seelenkräften und *für* alle Seelenkräfte. Auch das Gefühl und der Wille sollen teilhaben an dieser universalen Bildung; wir sollen die Realitäten nicht nur kennen, sondern sie auch wertend und wollend umfassen. Bezogen ist aber alles dies auf das Innere: der universale Sinn soll nur geweckt werden für die Bereicherung des Innenbesitzes, nicht zum Zweck der Selbstentäußerung" (Wilhelm von Humboldt und die Humanitätsidee, S. 14). Spranger zieht bei der Betrachtung der Universalität auch die Einseitigkeiten im "weltbejahenden Universalismus" jener Renaissancenaturen, die "die Welt mit allen Organen und Poren einsaugen", den universalen Harmoniegedanken Leibnizens und das deutsche "Faustische Problem" heran: "die enge innere Welt zum Universum zu erweitern, in dem rastlosen Suchen den sicheren inneren Pol der Selbstheit zu bewahren, das ist die unendliche Schwierigkeit" (ebda. S. 100). Das Problem ist, "Individualität und Universalität in sich auszugleichen" (S. 101). "Eine gewisse Haltlosigkeit ist die Gefahr aller universal angelegten Naturen; sie begegnet uns bei Rousseau nicht minder als im 'Faust' und 'Meister' " (ebda.). Humboldt habe gewußt, "daß es nicht auf die extensive Aufnahme, sondern auf intensive Versenkung ankomme" (102). Die "schöne Individualität" nehme "die Dinge *objektiv* auf, aber doch zugleich *charakteristisch*, wenn man den Grad und die Art der Aneignung berücksichtigt; charakteristisch auch wirkt sie auf die Gegenstände zurück" (ebda.). Humboldt habe bei all seinem Wissensdurst auch immer zugleich die "Gefahr der Zersplitterung" (103) befürchtet, sei aber immer "Universalist" geblieben. In einem Brief an Caroline (1806) schrieb Humboldt: "Wer, wenn er stirbt, von sich sagen kann: Ich habe so viel Welt als ich konnte, erfaßt und in meine Menschheit verwandelt, der hat sein Ziel erfüllt, der kann nicht wünschen, wieder anzufangen, um nun erst das Rechte zu ergreifen" (104). Spranger meint, Humboldt habe die wunderbare Gabe besessen, "das Universum zu umfassen und doch die innere Ruhe zu bewahren" (110). Besonders der ältere Humboldt habe so einen glücklichen Eindruck gemacht. Man kann etwas Ähnliches auch bei Rilke (nach Fertigstellung der Elegien) finden, vielleicht auch bei Spinoza (vgl. Franz Wiedmann: Baruch de Spinoza, 1982). Das Einswerden mit der Welt, mit Leben und Tod – jedoch ohne Selbstverlust – in einem Einschwingen in das Unendliche, solches Glück findet sich auch bei Heiligen verschiedener Religionen.

Der Bezug zum Weltganzen, zum Kosmos oder Universum, ist als philosophische und religiöse Einstellung verhältnismäßig alt. Man denke etwa an den chinesischen Universismus und an eine ganze Reihe, auch vorsokratischer, griechisch-römischer Philosophen, an den Neuplatonismus, an die wissenschaftliche und philosophische Kosmologie. In der Neuzeit kommt in dem Renaissanceideal des uomo universale die Verbindung mit der Individualitätsidee zum Tragen, aus der der heutige Bildungsbegriff noch essentiell lebt. Wenn man diese Linie betrachtet, muß man sagen, daß ohne den Universalitätsgedanken die Bildungsidee zusammenbrechen würde, weil im Bildungsgedanken die Erweiterung des Horizonts wesentlich ist und der Welthorizont den weitest möglichen Horizont bildet.

Das Universalitätsproblem in der Bildungspraxis erscheint uns heute als Problem philosophisch-wissenschaftlicher Weltanschauung einerseits, und als Problem der Komplexitätsreduktion andererseits. Denn das Wissen ist so komplex und vielfältig geworden, daß seine Reduzierung in der Bildungsarbeit ein Problem ist. Das andere Problem habe ich angedeutet mit dem Begriff philosophisch-wissenschaftliche Weltanschauung. Der Weltanschauungsbegriff hat auch mancherlei Kritik erfahren und es besteht eine gewisse Unsicherheit gegenüber weltanschaulichen Aussagen überhaupt, obwohl wir in der Praxis nie ohne solche Weltanschauung leben und auch auskommen, weil wir mit einzelwissenschaftlichen Theorien allein uns kein Gesamtbild für die Praxis machen können. Wir brauchen also so etwas wie zusammenfassende Überblicke, Zusammenschau, wenigstens versuchsweise. Durch unser Bewußtsein der Perspektivität der Wissenschaften und Künste wird die Vielheit möglicher Welten schließlich zum Relativitätsproblem. Lebenswelt und Alltagswelt bieten der Wissenschaft und Phänomenologie allerdings Weltrealität primärer Perspektiven genug, die über "objektives Wissen" im Sinne Poppers, wenn auch immer vorläufig und überholbar, aber doch für Lebenszwecke in der Regel hinreichend klar und hinreichend dauerhaft, erfahrbar und in der allgemeinen öffentlichen Sprache abbildbar sind. Allerdings entsteht in dieser allgemeinen öffentlichen Sprache, die sich etwa im Journalismus darstellt, selbstverständlich das Problem der relativen Ungewißheit, des Einschießens von Ideologie, der Massentäuschung der Menschen. Andererseits entsteht in der freien Welt durch Konsensbildung in den Lehrplanungsgremien eine, wenn auch in aller Regel dem wissenschaftlich-objektiven Wissen nachhinkende, international sich wohl zunehmend angleichende Weltsicht, die – auf dem Bildungsniveau der Lehrer – zunächst einigermaßen integriert, dann –verdünnt – den Gymnasiasten (solange Spezialisierungstendenzen auf der Kollegstufe nicht absolut dominieren) weitergereicht wird.

Die biologische Entsprechung Mensch-Welt (näherhin Mensch-Umwelt) ist einerseits die aller Lebewesen. Andererseits formt der Mensch seine Umwelt unverhältnismäßig um, schafft dauernd an seiner "Welt 3", beides wirkt zurück auf ihn selbst, nicht nur "ökologisch", sondern auch durch Veränderung seines Gehirns (z. B. Entwicklung des Sprachzentrums im Gehirn), also seines Körpers, seines ganzen Wesens. Das menschliche Individuum nimmt an dieser Selbstformung der Menschheit durch den Erbgang und durch die Information (einschließlich Bildungsgänge) teil, besonders stark durch Partizipation an Wissenschaft und Kultur, überhaupt durch Lernen.

Über seine Umwelt oder primäre Lebenswelt vermag der Mensch hinauszuschauen in Vergangenheit und Zukunft, in das Universum der Galaxiengruppen, der Hintergrundstrahlung, der Quasare, in die Teilchenwelt der Quarks, Elektronen und Photonen. Man hat dies auf die Formel gebracht: Der

Mensch hat nicht nur *Um*welt wie die Tiere, er hat darüber hinaus "Welt". Diese Welt ist als naturwissenschaftliche Welt vorwiegend Prozeß, Energie, Strahlung, Ereignis. Man vermutet heute eine Urexplosion (Big Bang, Urknall) der uns erkennbaren Welt vor ca. 20 Milliarden Jahren, aus dem die rund 100 Milliarden Galaxien hervorgegangen sind, die unser *materielles* Universum ausmachen (vgl. H. Fritzsch, Vom Urknall zum Zerfall, 1983). Die Galaxien streben immer noch auseinander, in Gruppen zwar, aber in einer Art Fluchtbewegung. Unsere Galaxie, so nehmen die Astronomen an, ist ein Sternenwirbel mit ca. 100 bis 200 Milliarden Sonnen. Unsere Sonne, am Rand des Orionarmes der Milchstraße, ist etwa 30 000 Lichtjahre vom Zentrum unserer Galaxie entfernt und benötigt ungefähr 200 Millionen Jahre für einen Umlauf um das Zentrum der Milchstraße. Das sind die Dimensionen, in denen heute Astronomen das Universum sehen.

Der energetische Charakter des Universums wird in der gewaltigen Überzahl der *Photonen* deutlich. Nach Fritzsch (262) kann man sich "das Universum als einen großen Behälter vorstellen, der mit Photonen der kosmischen Radiostrahlung angefüllt ist" (ungefähr 500 000 Photonen je Liter). Wir leben in einem Photonensee. Es gibt Astronomen, die meinen, das bißchen Materie sei eine Art geringfügiger "Verschmutzung" des Photonensees. Das Universum muß man sich heute also anders vorstellen als früher. Nachdem die verschiedenen Strahlen mit diversen Detektoren immer besser aufgenommen werden können, erscheint das Universum heute in der Hauptsache ein Strahlungsereignis.

Da sich unser Planet *Erde*, den wir selbst immer noch gern als "die Welt" bezeichnen, in astronomischen Dimensionen äußerst unscheinbar ausnimmt, ist es auch für den Menschen als jungem Bewohner dieses Planeten an der Zeit, hybride Selbsteinschätzung abzubauen. Astronomische Studien jedenfalls können dazu eine Hilfe sein. Das Leben auf der Erde, die "Lebenswelt", sehen wir heute ähnlich als energetisch-evolutiven Prozeß, der sich seit ca. vier Milliarden Jahren aus Einzellern in unseren Ozeanen entwickelt und differenziert hat. Seit ca. 600 Millionen Jahren traten enorm rasch vielfältige Lebensformen auf. Dinosaurier beherrschten das Fauna-Bild der Erdoberfläche über 100 Millionen Jahre. Heute, kann man sagen, versucht der Mensch, die Erdoberfläche zu beherrschen, in Konkurrenz mit Insekten, Pilzen, Bakterien und Viren. Auch Betrachtungen dieser Lebenswelt zeigen dem Menschen seinen trotz seiner (vorwiegend technischen) Intelligenz bescheidenen Platz im biologischen Prozeß.

Erst in der Entwicklung der Popperschen "Welt 2", der Welt der Empfindungen, des Bewußtseins, der Psyche, kommt der Mensch vergleichsweise großartig zur Geltung. Die Religionen ahnen daher hier auch den göttlichen Funken. Die psychische Welt zeigt sich enorm produktiv, gebiert vor allem in der "Welt 3" eine neue und folgenreiche Welt (die Welt der Mythen, Theorien, Künste, Techniken und Institutionen). Die Psyche übermittelt diese Welt 3 durch (vor allem sprachliche) Symbole via Lernen (unvergleichlich rascher als der genetische Code) dem Nachwuchs. Das ist ein enormer Evolutionsvorteil. Erkenntniswachstum und handelnde Praxis befruchten sich in Regelkreisen, die zur *Kulturexplosion* geführt haben, die vor einigen tausend Jahren begann und, sich z. T. im Tempo steigernd, noch anhält. Bildung, Forschung und Technik sind ihre Haupttriebwerke. Der Mensch verändert die Welt, d. h. hier präziser die Erdoberfläche. Dabei hat er aber noch erhebliche Schwierigkeiten, weil es ihm noch nicht gelingt, alle Folgen seiner Weltveränderungen zu überschauen und in den Griff zu bekommen. Und wenn er sie erkennt, zeigt er sich noch als recht unfähig, sie zu steuern, weil er weder alle technischen Mittel besitzt, noch, und das ist schlimmer, ein rationales globales moralisch-politisches Kontrollsystem zustandegebracht hat. Vielmehr kann man sehen, wie er sich mit einer veralteten politischen Struktur behilft, die seinem Machthunger eher zu entsprechen scheint. Solche Mensch-Welt-Bezüge enthalten eine ganze Serie von Erziehungs- und Bildungsaufgaben, die sich aus der Weltsituation der Menschheit ergeben. Carl Friedrich v. Weizsäcker hebt den Frieden (und eine entsprechende Erziehung) als Bedingung für das Überleben der menschlichen Gattung hervor. Nicht nur alle Politiker, sie aber freilich dringend zuerst, müssen lernen, politisch verantwortlich im globalen Horizont zu denken. Das ökologische Bewußtsein hat sich in den vergangenen Jahrzehnten rasch verbreitet und die Menschen in vielen Ländern gelehrt, daß die Umwelterhaltung eine Lebens- und Überlebensbedingung der Menschheit ist. Das Bevölkerungswachstum auf dem Erdball und der daraus folgende, mindestens damit zusammenhängende, Hunger vieler Menschen sind weitere Probleme geworden. Solche *Globalprobleme* müssen den Motor bilden für die Ausdehnung des menschlichen Bewußtseins auch im Bildungswesen, in der Bildungsarbeit. Wir können es uns nicht mehr leisten, nur auf nationaler oder regionaler (z. B. europäischer) Ebene zu denken, wie das ja leider in unseren deutschen Schulbüchern noch weitgehend der Fall ist. Das Mensch-Welt-Verhältnis realisiert sich nicht abstrakt und statisch, sondern in konkreten Problemen und historisch-situativen Notlagen und, wenn sie gelingen, in entsprechenden politischen und Bildungs-Plänen.

Wenn wir diese Überlegungen einordnen in unser Prinzipienschema, dann zeigt sich, daß Welthorizont, globaler Horizont, Universalitätsprinzip an dieser Stelle in das Sozialitätsprinzip übergehen, aber mit ökologisch erweitertem Denken. Durch dieses Mitbedenken der Naturumwelt, die uns umgibt und trägt, ist eine neue Dimension hinzugewonnen worden. Der weiteste Weltbegriff umschließt selbstverständlich die Menschheit und den Einzelmenschen. Sie sind selbst Teile der Welt. Weil der Mensch heute nicht mehr alle Wissenschaften überblicken kann, sollten besonders Philosophie (Ontologie und Kosmologie) und die Fachdidaktiken die entscheidenden Hilfen zur Realisierung des Universalitätsprinzips in den Bildungsbemühungen des Selbstbildners und der Schulen geben. Ohne Überblick über das Ganze der Wirklichkeit kann man auch eingegrenzte Wirklichkeitsfelder letztlich nicht sachadäquat fassen und in ihnen dann wert- und sachgerecht handeln. Ohne umfängliches Wissen und erhöhte Verantwortlichkeit geht es angesichts unserer (gefährlichen) technischen Möglichkeiten (mindestens an den entscheidenden politischen Stellen) nicht. Wenn die politischen Stellen der mächtigen Staaten versagen, ist das Überleben der Menschheit gefährdet. Das ist auch ein ernstes Problem für die Bildungslehre. Wer soll das ganze überschauen? Wie sollen das beste Wissen und die weitblickendste Verantwortung zusammenkommen und zusammenwirken? Wie kann die Bevölkerung der Erde qualifiziert werden, die guten Entscheidungen zu verstehen und zu realisieren? Dazu brauchen alle, wenigstens möglichst viele, höheres Denk- und Bildungsniveau. Bildung ist kein Luxus. Bildung ist angesichts der globalen Probleme eine Bedingung der Möglichkeit des Überlebens der Menschheit. Ohne Steigerung ihres kognitiven und moralischen Niveaus wird die Menschheit nicht mehr lange existieren (Zur "Weltpädagogik" vgl. heute vor allem: F. Pöggeler: Erziehung für die eine Welt. 1990).

Zusammenfassung: Der zentrale Sinn von **Universalität als Bildungsprinzip** *ist*

a) möglichste Ausweitung des Welthorizonts, tieferes Verstehen und Wertschätzen aller Wirklichkeiten, also der physischen, biologischen, psychischen und geistigen Wirklichkeit. Dazu dienen vor allem die wissenschaftlich-philosophische (noetische) Bildungsarbeit, aber auch ästhetische, praktisch-ethische und religiöse Erfahrungen und ihre Integration im individuellen Wissen- und Werthorizont;

b) Erleben und Handeln im Welthorizont; Erkenntnis und damit Verantwortung des Menschen reichen über seinesgleichen, d. h. die Menschheit, hinaus; der Mensch ist "Hirte des Seins". Die gesamte erkennbare Wirklichkeit ist, soweit das Können des Menschen reicht, seiner Aufmerksamkeit und Sorge anheimgegeben. Besondere Verantwortung trägt er für die von ihm hervorgebrachte Kultur, die er in die naturwüchsige alte Welt hineinbringt. Der Mensch muß immer mehr lernen, die Folgen seiner vielfältigen Weltveränderungen und Neugestaltungen zu reflektieren und zu verantworten.

Zur kritischen Diskussion des Universalitätsprinzips. Kerschensteiner meinte, Humboldts Universalitätsprinzip lasse sich nicht mehr aufrechterhalten. Er führte zwei Gründe an: Der "Reichtum der sinnhaltigen Sachbezüge und der sie repräsentierenden Güter" sei "über alles Maß hinausgewachsen" (T.d.B. 403). Zweitens seien der Weite des Werthorizonts und der Aufgeschlossenheit für neue Werte durch die Individualität Schranken gesetzt. Zum ersten Einwand ist zu sagen, daß wir ihm heute durch das exemplarische Prinzip beizukommen gelernt haben. Zum zweiten ist zu sagen, daß die Schranken der Individualität durch dieses Bildungsprinzip ja gerade weiter hinaus geschoben werden sollen und sie in den meisten Fällen nicht eindeutig erkennbar sind. Moderne Begabungsforschung zeigt, daß wir keine fixen Begabungsgrenzen diagnostizieren können. Außerdem muß man sagen, wenn sich Prinzipien widerstreiten, kann man Verfahren verwenden (z. B. wie F. X. Eggersdorfer dialektische, oder solche, die J. Göttler versucht hat beim Konkurrieren prinzipieller Forderungen). Jedenfalls muß im Konfliktfall nicht eines der beiden Prinzipien einfach weichen. Kerschensteiner gesteht übrigens Humboldts Universalitätsprinzip wie Herbarts Prinzip der Vielseitigkeit gleichschwebender Interessen doch "eine relative Gültigkeit" zu, allerdings nur wieder "relativ im Bezug auf die Grenzen, welche jeder Individualität in der Eroberung des Reiches der Werte gesteckt sind" (Theorie der Bildung 403). Inhaltlich bedeutet dieses Zugeständnis nichts anderes, als daß das Universalitätsprinzip im Rahmen des Individualitätsprinzips (als Teilprinzip) auftaucht, daß es für jedes Individuum (wenn auch für Kerschensteiner nur in diesem Rahmen) richtungsweisend bleibt.

Oft leichthin wird immer wieder einmal die sogenannte "*enzyklopädische Bildung*" abgewertet, etwa in der Kritik an Comenius, wie an der Aufklärung, an Humboldt, an Herbart. Dabei denkt man nicht an den Kreis ausgewählter Bildungsfächer (septem artes liberales) sondern (so A. Reble: "Enzyklopädismus" in: Lexikon der Pädagogik 1970) an "einseitige Betonung und extreme Ausweitung des Stoffprinzips" und an ungehemmte Vermehrung der verbindlichen Schulfächer, ohne die Möglichkeiten des exemplarischen Prinzips und der Informationshierarchisierung hinreichend zu bedenken und zu nützen. Reble (1970) weist zur Abwehr der Einseitigkeiten des Fächerenzyklopädismus auch auf die Möglichkeit entsprechender Umstrukturierung des Lehrplans und des Fächerkanons hin. Dies wird an Versuchsschulen immer wieder erprobt. Daß ein enzyklopädisch Gebildeter im Sinne eines Polyhistors oder eines "wandelnden Lexikons" nicht denkbar ist, ist ohnedies jedem Kundigen bewußt. Die Verachtung des Enzyklopädischen ist selbst einseitig und abzuweisen (ähnlich wie einseitiger Individualismus). Wenn wir den Überblick nicht verlieren wollen – auch für den einzelnen nicht aufgeben wollen –, müssen wir ihm die Chance vermitteln, eine umfängliche Sicht der Gesamtwirklichkeit zu erringen. Man weiß, daß es auch einen Zerfall der Kultur geben kann durch verschiedene Sprach- und Denkweisen und -niveaus. Durch Zunahme übervereinfachter Masseninformation ist diese Gefahr wieder größer geworden, obwohl gerade die Massenmedien eine Chance hätten, das allgemeine Bildungsniveau zu heben. In einzelnen Sendern und Redaktionen wird dies auch angestrebt.

Universalität und Individualität sind als zwei Prinzipien zu sehen, die sich gegenseitig in fruchtbarer Spannung halten. Die Fülle der Welt und des Wissens machen schließlich Bildungsarbeit immer wieder reizvoll und lebenslang interessant. Universalität gewährleistet neben Sozialität jene Aufgeschlossenheit und Offenheit, jenen freien und weiten Blick, die schon immer als Merkmale von Bildung gegolten haben. Das Universalitätsprinzip wird – religiös betrachtet – dann nicht zur Gefahr der "Verweltlichung", wenn sich einerseits für den einzelnen Menschen durch wachsende Einsicht in die Vielfalt und Einheit der Welt auch religiöse Fragen und Sichtweisen eröffnen, und wenn sich andererseits die Religionen und Theologien mit den wissenschaftlichen Erkenntnissen weniger ablehnend, mehr verarbeitend auseinandersetzen.

Man könnte die drei ontischen Prinzipien Individualität, Sozialität und Universalität zu integrieren versuchen, vielleicht unter einem "Realitätsprinzip" zusammenfassen. Der Akzent dieses Prinzips wird aber nur dann unseren Intentionen entsprechen, wenn die gemeinte Realität nicht als starr und nur zur Anpassung zwingend verstanden würde, d. h. wenn die Veränderbarkeit und verantwortliche Veränderung mitgedacht würde (dynamische Realitätsauffassung) und wenn in solchen Veränderungsbemühungen auch höchste menschliche Ideen und Ideale mit berücksichtigt würden (ideal-realistische Anthropologie). Da beide Intentionen aber nur allzu schwer unter dem Namen Realitätsprinzip einzubringen sind, möchte ich lieber auf dieses ontologisch integrierende Prinzip verzichten. Die Pluralität der Prinzipien hat auch Vorteile. Sie eröffnet Spielräume und läßt eine Selbstgewichtung bei Konflikten zu. In den folgenden Zielprinzipien wird einiges von den hier integrierend einzubringenden Intentionen übrigens erfüllt. Diese Zielprinzipien geben ja eine Art Auswahl aus dem, was die ontischen Prinzipien letztlich antendieren, insofern sie auf das, was wir an der Persönlichkeit besonders wollen, hinweisen.

Es ist an dieser Stelle schließlich bewußt zu machen, daß sich die Theorie der ontischen Prinzipien – trotz einer gewissen Konsenswahrscheinlichkeit durch das allgemein akzeptierte objektive Wissen – mit der Entwicklung der Philosophie verändern wird. Wir haben im Laufe der Überlegungen zur Bildungsidee bereits Bekanntschaft gemacht mit mehreren ontologischen Grunddifferenzierungen, wie Welt – Mensch – Gott oder Person – Gesellschaft – Universum oder Physis – Psyche – Logos.

12. Kapitel: Zielprinzipien

I. Qualifikation

Qualität und Qualifikation sind (ähnlich wie Kompetenz) zunächst unterscheidende, selektierende, "elitäre" Begriffe. In der Alltagssprache trat Qualifikation früher zunächst im Sport auf und meinte die Zulassung zu einem Wettbewerb und die Ausscheidungskämpfe auf dem Weg dahin. Im Berufsleben dachte man an Aufstiegsvoraussetzungen und Erwerb entsprechender Eignung, durch Ausbildung und Erfahrung, z. B. Qualifikation zum Abteilungsleiter. Heute (Enzyklopädie Erziehungswissenschaft Bd. 9.2, 1983) wird der Begriff Qualifikation in der Regel im Hinblick auf das Arbeits- und Berufsleben verwendet, meint allgemein die Anforderungen eines Arbeitsplatzes und die zugehörigen menschlichen Handlungspotentiale. Der Begriff erfuhr eine Ausweitung auf außerfachliche, z. B. soziale, politische, gesellschaftliche Handlungsfähigkeit. Durch die Curriculumtheorie wurde der Qualifikationsbegriff schließlich ausgedehnt auf alle Lebenssituationen. Vorausgesetzt, daß diese Lebenssituationen der personalen, politischen, beruflichen Existenz identifiziert seien, müsse man die zu ihrer Bewältigung erforderlichen kognitiven, affektiven, psychomotorischen Strukturen des Individuums feststellen. Dabei wird vermutet, daß die Strukturen der Wissenschaften und Künste zur Entwicklung dieser psychophysischen Strukturen besonders beitragen können, weil ja die Menschheit als Ganzes das schon vorweggenommen hat, was nun im Individuum rekapituliert werden soll. Es geht also im weitesten Sinne um Eignungen, mit diesen Errungenschaften von Wissenschaft, Kunst und Technik umzugehen. Das "System der Wissenschaft und Künste" (bei S. B. Robinsohn: Bildungsreform als Revision des Curriculum, S. 81) befähigt wiederum die Menschheit, "Realität zu beobachten, zu erfassen und zu interpretieren". Auf diesem Weg könne man daher zur Bestimmung geeigneter Curriculumelemente gelangen, um schließlich die erwünschten Qualifikationen oder Verhaltensdispositionen zu erreichen. Wissenschaften und Künste sind in dieser Rückkopplung "selbstreferentiell" (Luhmann). Die Bildungskommission des Deutschen Bildungsrates hat sich den weitgefaßten Qualifikationsbegriff zu eigen gemacht (Zur Neuordnung der Sekundarstufe II 1974) und hat den Qualifikationsbegriff mit dem Kompetenzbegriff verschweißt: Qualifikation wird dabei eher (berufs- oder studien-)feldbezogen gebraucht, Kompetenz eher persönlichkeitsbezogen.

In der gängigen pädagogischen Fachsprache (W. Böhm, Wörterbuch der Pädagogik 1982) wird der Qualifikationsbegriff eher eingeschränkt im Hinblick auf die Berufs- und Arbeitswelt gesehen, als "Arbeitsvermögen", das zwischen Bildungssystem und Beschäftigungssystem vermittle, wobei das Bildungssystem aber nicht immer reibungsfrei funktioniere. Es gibt Unterqualifikationen, Überqualifikationen und Fehlqualifikationen, oft wegen des Prognosedefizits des Arbeitsmarktes, besonders natürlich durch die Wahlfreiheit des einzelnen.

Eine formale Reduktion (und angesichts der Ungewißheiten des Übergangs in die Arbeitswelt wieder wichtiger werdender allgemeiner Qualifikationen hilfreiche dazu) leistet der ältere Begriff der *Kräftebildung*. Humboldt apostrophierte ja bekanntlich die höchste und proportionierlichste Bildung "aller menschlichen Kräfte" zu einem harmonischen Ganzen (ähnlich die Vertreter der "formalen Bildung"). Eggersdorfer, Klafki, Schaller versuchten, diese "formale" Bildung mit der "materialen" Bildung zu vermitteln. Die modernen "Dispositionen", auf die die Curriculumtheorie abstellt, sind jedenfalls auch Potentiale oder Kräfte, nur differenzierter als die alten "Seelenvermögen", die von der Vermögenspsychologie entlehnt waren. Immer orientieren sich Curricula auch an anthropologischen Vorstellungen der Planenden. Insofern ist eine bewußte Reflexion dieser Vorstellungen und ihre Konfrontation mit Ergebnissen der anthropologischen Wissenschaften (besonders der pädagogischen Anthropologie) unerläßlich. Man wird also diese Begriffe nach dem Stand der Anthropologie immer wieder überholen müssen. Bloße "Lernzieldidaktik" läuft leicht Gefahr, anthropologische Realitäten zu übersehen, insbesondere im Bereich von Operationalisierung und Kontrolle. Technizistische und behavioristische Modelle werden mitunter ungeschickt auf ungeeignete Didaktikbereiche übertragen. Solche und andere Einseitigkeiten werden daher zurecht kritisiert (vgl. Baldur Kozdon (Hrsg.) Lernzielpädagogik – Fortschritt oder Sackgasse? 1981).

Nehmen wir das Orientieren des Lehrplans an (künftigen) Lebenssituationen als Kernanliegen der Qualifikationsidee, so besteht eine gewisse Ähnlichkeit zu unserer Praxisdimension, in der wir ja lebens- und berufspraktische Bildung und entsprechende Handlungskompetenz akzentuiert haben. Wir teilen auch die Hochschätzung der Wissenschaften und Künste in Áisthesis, Nóesis und Praxis und halten deren Horizonte gleichermaßen für Menschheit und Individuum für bildend und befreiend. Ihre Heranziehung ist uns aber nicht nur curriculumplanerisch interessant, sondern essentiell für Bildung unerläßlich. Man muß auch vom Kern aus denken, nicht nur von den Einzelerscheinungen aus. Die Qualifikationsidee benötigt eine kategorialkritische und philosophische Aufbereitung. Sie erscheint aber auch beim heutigen Diskussionsstand gewichtig genug, als ein Zielprinzip zu gelten; ich meine, daß man das damit verbundene Leistungsprinzip auch nicht fallen lassen kann. Dies ist auch ein wesentliches Legitimationsprinzip der bürgerlichen Gesellschaft. Isoliert wäre es freilich zu einseitig. Wir werden andere Prinzipien, wie Humanisierung und Harmonisierung, hier noch entsprechend betonen. Wenn man die Jugend nicht qualifiziert für Berufsfähigkeit und Lebensfähigkeit, hat man Entscheidendes in der Bildungsarbeit versäumt. Wir bejahen also den Gedanken der Qualifikation, ohne den der Dominanz des Praktischen (die pragmatische Tendenz, die der Arbeitsweltbetonung und eines methodisch technizistischen Behaviorismus) zu akzeptieren. Wir meinen, daß der Mensch sich zentraler steuern kann, nämlich vor allem durch seine Einsicht in Werte, durch sein Gewissen und durch seinen Geschmack. Wir können so zusammenfassen:

Qualifikation als Zielprinzip der Bildungsarbeit meint die Auswahl von Bildungsinhalten, die anthropologisch wesentliche psychophysische Strukturen so zu entwickeln versprechen, daß vermutliche Lebens- und typische Berufssituationen selbständig und sachgerecht bewältigt werden können.

Geißler hat auf Selbständigkeit höchsten Wert gelegt. Er meint, daß dies das Erziehungsziel sei. Das Qualifikations-Prinzip bezieht sich besonders auf die Alltagslebenswelt und die Arbeitswelt. Es betont die Dimension des Praktischen und Lebensnützlichen und hat hier zugleich seine Stärke und seine Grenze. Leistungsfähigkeit und Selbständigkeit im Leben, besonders im Beruf, sind unerläßliche Basisziele jeglicher Bildungsarbeit. Die stärkende und differenzierende Entwicklung der dazu nötigen psychischen und physischen Kräfte, Dispositionen, Befähigungen ist ein erheblicher Teil dieser Arbeit. In der Jugendbildung spielt dieses Prinzip eine größere Rolle als im Alter, da es dann um Individuation geht, um Gesamtübersicht, Philosophie, religiös-sittliche Vertiefung. Aber selbst im Altersheim gibt es noch ungewohnte elementare Lebenssituationen, die man zu bewältigen lernen muß (vgl. C. Knobling: Konfliktsituationen im Altenheim, 1985). Das Prinzip Qualifizierung hat eine gewisse Strahlkraft über seinen Berufs- und Lebensweltschwerpunkt hinaus ins Politische, Soziale, ja Ethische. Man kann analog durchaus auch in diesen Bereichen von Qualifikationen sprechen, muß sich dabei aber über die zunehmende Objektinadäquatheit dieses Begriffes nicht wundern. Im Maße der Zunahme des Geistigen und Kreativen stimmt er nicht mehr. In diesen Regionen sind andere Prinzipien adäquater und notwendig.

II. Wertorientierung

Als Prinzip der Bildungsarbeit hat die Wertorientierung am schärfsten und klarsten Kerschensteiner herausgearbeitet, der ja Bildung definierte als individuell organisierten Wertsinn (Theorie der Bildung 17). Wertsinn ist bei ihm das "wertende Gesamtorgan", mit dem wir niedere und höhere Werte und Wertträger unterscheiden können. Dieses Organ hebt er ab vom "Zweckorgan, dem nüchternen, kalten, berechnenden Verstand" (18). Durch Bindung an wenige geistige Werte (das Wahre, Gute, Schöne und Heilige) wird ein "umfassender, gefestigter Wertsinn" erzielbar, der "uns beweglich macht in der Bewertung überhaupt und damit auch in der Wahl der rechten Mittel zur Erreichung bestimmter Zwecke. Er läßt uns die Bewertung der Ziele unseres Handelns nicht überspannen" und "gibt uns ein feines Verständnis nicht nur für die immanenten Sinngehalte der Güter, sondern auch für die transzendenten" (18). Dieses "Organ" entwickelt sich "aus den wertenden Aprioris des Bewußtseins", wenn es durch "Erfahrungen" gefördert wird, "die aus einer intensiven Beschäftigung mit Kulturgütern entsprungen sind" (ebda.).

Die Abhebung vom "nüchternen Verstande" entspricht der Tendenz der Abhebung der Wertorientierung (in der jüngsten Renaissance der Wertpädagogik) von der bloßen Wissenschaftsorientierung im Bildungswesen. Beidemal wird ein intellektualistischer Trend überwunden, wird die Überbetonung der kognitiven, theoretischen Dimension überformt durch erneutes Ernstnehmen auch der ästhetischen, sozialen, emotionalen, ethischen, politischen, religiösen Werte. Beide Male wird auch der Reduktionseffekt hinsichtlich einer unübersehbar werdenden Menge möglicher Bildungsinhalte empfunden. Hierin liegt ein praktischer Sinn solcher "Orientierung". In einem immer reicher werdenden Feld möglicher Inhalte droht das Suchen möglicherweise zum Umherirren zu werden. "Desorientierung" wird reale Gefahr für überforderte psychische (und institutionelle) Systeme. Daher werden Wahlkriterien notwendig. Man muß wissen: was ist wichtiger und was ist weniger wichtig. Wesentliches und Unwesentliches muß unterschieden werden. Darin besteht geradezu eines der Hauptkennzeichen von Bildung, daß man hierin Unterscheidungsfähigkeit, Urteilsfähigkeit entwickelt, daß man Richtungen unterscheiden kann, weil man "orientiert" ist, daß man sich daher nicht verwirren läßt durch die Masse der Reize und Angebote, daß man wertvollere Richtungen und Wege erkennt (vgl. R. Pöggeler, Grundwerte in der Schule, 1980). Der "instinktreduzierte" Mensch muß durch Lernen diese Unterscheidungsfähigkeit erst ausbilden. Er hat es (qua Menschheit) versucht über die Systeme der Religion, der Moral, des Rechts, der Politik, der Künste und der Wissenschaft. *Die Sinnrichtungen dieser Systeme sind daher Leitgedanken, Prinzipien auch für die Persönlichkeitsbildung.* Diese Sinnrichtungen oder Werte sind demgemäß zu "internalisieren", d. h. ins Bewußtsein zu bringen und dort zu verankern. Das ist natürlich nur deswegen möglich, weil ein anthropologisches Apriori diesen Lernvorgängen entgegen kommt, weil Grundanlagen, Grundtendenzen bereits in der Denk-, Fühl- und Handlungsstruktur des werdenden Menschen vorhanden sind, die auf ein sinnvolles Praktizieren dieser Möglichkeiten drängen. Insofern ist diese "Internalisierungs"-Arbeit nicht "fremdbestimmt", sondern sie kommt dem Apriori des Menschen genau entgegen; sie entspricht ihm, wenn sie an den besten Werteinsichten der Menschheit orientiert ist, sogar fast vollkommen. Ein Beispiel: der Wahrnehmungsakt ist (übrigens auch dem Wortklang nach) auf Wahrheit orientiert, d. h. auf sachgerechte Identifikation des Gegenstandes, auf Übereinstimmung der beschreibenden Sätze mit dem Sachverhalt, mit der realen Wirklichkeit. Mangelhafte Leistung im Wahrnehmungsbereich führt in aller Regel zu Fehlverhalten und damit zu geringeren Überlebenschancen. Wer aus Fehlern nicht lernt, gefährdet sich, wird eher selektiert als der Lernbereite. Abstrakt formuliert: Wahrheit als Sacherkenntnis ist besser als Unkenntnis, d. h. Wahrheit ist ein geltender Wert. Es gibt also eine Entsprechung, eine Korrespondenz zwischen kulturtheoretischer und anthropologischer Sichtweise. Deshalb ist die Werttheorie eine der bestfundierten, die wir überhaupt haben. Zum Erfassen des Wertorientierungsprinzips gehört noch etwas mehr als die Erfassung bloß der Wahrheitsorientierungsheit unseres Denkens. Über die Erkenntnis von Wahrheiten, von Wissensmengen hinaus ist der Wert*vorzug* der Wahrheit, also das Prinzip, zu erfassen, d. h. auch zu erfühlen und zu begreifen. Hierin erst liegt Wertorientierung. Es gibt natürlich Stufen des Aufbaus: Wenn wir es vom Kind her sehen: am Anfang steht Neugierde, dann kommen bei günstigen Entwicklungen die Interessen hinzu, weiter Forschungsdrang, wissenschaftliches Interesse, schließlich Philosophieren. Was wir hier im Kognitiven exemplarisch entwickelt haben, gilt analog für alle Wertbereiche. Der "Sinn" für jeden Wertbereich soll entwickelt werden und als Präferenzkriterium im Bewußtsein des einzelnen fest verankert werden. Gefühlhaftes Werten und ungefähre Wertvorstellungen sollen bis zu klaren Wertbegriffen, zur Wertentscheidung und zur vernünftigen Wertrangordnung vorangebracht werden. Dann erst kann auch der Sinn der Welt- und Kulturbereiche verständig realisiert werden, damit auch der Sinn von Persönlichkeit selbst. "Wertinternalisierung" in diesem Sinn ist daher keine personfeindliche Manipulation und Verformung, sondern – bei entsprechender Ausgewogenheit – selbst Befreiung der Persönlichkeit aus untergeistigen und heteronomen Zwängen, aus Masseneinflüssen, Willkür, Getriebensein und Launen. Kritische Kompetenz im eben genannten Sinne ist nur über werttheoretische und wertphilosophische Studien optimierbar; daher sind solche Studien für höchste Bildungsstufen unerläßlich. Es wurde in unseren Überlegungen bereits deutlich, wie hier ein breiter Konsens von Plato über Augustinus bis zu Kant und Scheler reicht. Werte sind höchste Ideen, sind regulative Prinzipien. Da Philosophie Ideen- und Prinzipienwissenschaft ist, geht es nicht ohne Philosophie. Freilich ist bei dimensional ausgewogener Bildung auch ohne Philosophiestudien partielle bereichsspezifische kritische Kompetenz erzielbar. Sie bleibt aber ständig gefährdet, überschätzt sich leicht, kennt ihre Grenzen zu wenig. Kant hat darauf hingewiesen, daß eine der wichtigsten Kennzeichen von Bildung sei, seine eigenen Grenzen zu kennen.

Zusammenfassend: Wertorientierung als Prinzip der Bildungsarbeit will über Werterlebnisse und Wertakte zu Wertbewußtsein und Wertwille führen. Vor allem will Wertorientierung kulturübergreifende menschliche Werte internalisieren und damit eine wertrangordnungsbewußte Charakterstruktur und kritische Kompetenz erzielen.

Mit fortgeschrittener Wertorientierung besitzt ein Mensch Maßstäbe zur besseren Beurteilung aller Lebenssituationen. Insofern ist das Wertorientierungsprinzip dem Qualifikationsprinzip übergeordnet. Die in unserer Bildungsdefinition angedeutet aufsteigende Hierarchie Gehalte – Normen – Werte und ihr kybernetischer Wert ist auch an dieser Stelle nochmals zu betonen, damit deren Sinn für die gesamte Lebensbewältigung und Lebensplanung, auch für Kulturpolitik und Bildungsplanung, deutlich wird. Es darf nicht vergessen werden, daß in der hierarchischen Pyramide aber auch eine breite Basismenge an Gehalten und eine angemessene Menge an Normen unerläßlich sind. Insofern steht der Wertorientierungsbegriff exemplarisch auch für diese Pyramidenschichten, besonders für die Normen. Wer z. B. dauernd Konflikte hat mit Rechts- oder Verkehrsnormen, stört nicht nur die anderen, sondern auch seine innere Freiheit, seine Bildungspotentiale und seine kulturelle Wirksamkeit. Bloß pedantische Normerfüllung ist andererseits ohne Werthorizont noch kein Zeichen gehobener Bildung, wie umgekehrt hervorgekehrte Verachtung kollektiver Normen auch kein Zeichen souveräner Wertbindung ist. Man wird also eine Mitte suchen müssen zwischen Pedanterie (hier im Sinne von Gewissenhaftigkeit gegen geltende Normen) und Diskursfähigkeit hinsichtlich der Normen aus fester Bindung an die höchsten Werte heraus.

Für Schulen und Erziehungsarbeit hat Ferdinand Birnbaum (Erziehungsmittel, 1950) eine ganze Reihe gestufter Hinweise gegeben, wie man Wertorientierung aufbauen kann, einige auch F. Copei (Der fruchtbare Moment im Bildungsprozeß, 1968). Für die schulpraktische Neuorientierung hat H. Schröder (Wertorientierter Unterricht, 1978) eine Fülle konkreter Vorschläge gemacht. Eine Klärung der Internalisierungsstufen haben vor allem Bloom und Krathwohl (Taxonomie 1956 und 1964) versucht. Diese psychologische Ordnung der Bildungsziele ist das einzige auf empirischer Basis gegründete Gesamtwerk des Versuchs der Wertorientierung (vgl. weiter auch G. R. Schmidt 1975).

III. Geistanreicherung

Während das Wertprinzip konzentriert und reduziert, tendiert dieses Prinzip auf Fülle, Kapazität, Vielseitigkeit und Qualität, weil die Fülle ja immer das Reduktionsproblem mit sich bringt: was ist bildungsträchtig, was soll man sich selbst zumuten? Es geht hier um inneren geistigen Reichtum, um reichliche Teilnahme am objektiven und normativen Geist.

Nicolai *Hartmann* ("Das Problem des geistigen Seins", 2. Auf. 1949, S. 251 ff.) betont die Rolle des objektiven Geistes beim Werden des individuellen Geistes. Der Geist vererbt sich nicht. Er muß auf allen Gebieten tradiert, übernommen, erworben, zu eigen gemacht werden. Es muß sehr viel gelernt werden, wenn viel Geist angereichert werden soll. In einigen Bereichen geschieht das Tradieren bereits durch Mitleben in der kultivierten Gemeinschaft, so z. B. werden Sprache, Lebensstil, Sitte, Religion schon ohne systematische Lehre weitgehend geistig angeeignet.

Da auf dem Gebiet des Wissens das bloße Mitleben am wenigsten von selbst komme, sei hier die Notwendigkeit institutionalisierter Tradierung, also Schulung, am größten. Ein interessantes Argument für die Wilhelmsche Schultheorie! Wir sind allerdings (mit Spranger) der Ansicht, daß auch ästhetisch und praktisch-ethisch für die Jugend das bloße Mitleben in einer wertunwertgemischten und auch sonst verwirrend pluralen Gesellschaft nicht sehr günstig ist, sondern daß ein gewisses Maß an "Isolierung" im Erziehungs- und Bildungsstil notwendig ist, d. h. also, daß – mindestens unter den Bedingungen der modernen Industriegesellschaft – die Konzentrierung der Bildungsanstrengungen an der Jugend in Schulen erforderlich ist. Aber auch für Erwachsene sind schulähnliche Kurse, "Super-Learning", Exerzitien und ähnlich zusammengefaßte Studien für gezielte und effektive Bildungsanstrengungen günstig.

Geistige Anreicherung meint allgemeine Teilnahme am Geistesleben der Menschheit, geschichtlich wie geographisch global. Daher sind Sprachen und Geistes- bzw. Kulturgeschichte im weitesten Sinne die primäre Basis solcher Bildung. Unter Kulturgeschichte verstehen wir hier das Gesamt aus den Teilgeschichten der einzelnen Kulturbereiche d. h. also aus Wissenschaftsgeschichte, Kunstgeschichte, Literaturgeschichte, Musikgeschichte, Wirtschaftsgeschichte, Technikgeschichte, Politikgeschichte, Religionsgeschichte, Sprachgeschichte, Philosophiegeschichte. Wegen der Notwendigkeit der Auswahl erweist sich hier vor allem das *exemplarische Prinzip* als erforderlich. Eine Hauptaufgabe der Bildungsplaner und Curriculumkonstrukteure ist das Finden informativer Exempla. Dabei kann wiederum unter anderem das *Prinzip des Klassischen* helfen. Das in einer Hochkultur jahrhundertelang Mustergültige oder Klassische hat in aller Regel die Aufmerksamkeit der Bildungsplanung verdient, wenigstens deshalb, weil die Muster, die da schon prägend und gültig geworden sind, zum Verständnis der ganzen Kultur, der Sprache, des Denkens, der Geschmacksmuster, unersetzlich sind. Deshalb gehören z. B. in der abendländischen Kultur Homer, die Bibel, Vergil, Dante, Shakespeare, Goethe mit ihren klassisch gewordenen Schriften auch heute noch zu jenen Kulturgütern, die der um Bildung Bemühte sicher mit Nutzen aufnimmt. Umwege sind möglich und vielleicht für einzelne sogar nützlich, aber in einer allgemeinen Bildungsplanung die Klassiker nicht zu berücksichtigen, halte ich für falsch. Es würden die Gemeinsamkeiten des Denkens und Fühlens und die historische Tradition zugleich in Frage gestellt. Es drohte der Zerfall der Kultur in problematische Teil- und Gruppenkulturen. Natürlich verschiebt sich die Betonung, die Bedeutung von Klassikern. Neue Klassiker – auch in unserer Zeit – werden entdeckt. Letztlich findet jede nicht völlig desorientierte Zeit und Gesellschaft auch ihre Klassiker.

Zur Erfassung fremder Kulturen und zur unmittelbaren Teilhabe an und Kommunikation mit lebenden Kulturen sind *Sprachen*kenntnisse unerläßlich. Mit der Ausweitung des Kulturhorizonts und dem politisch, ökologisch und wirtschaftlich unerläßlichen Welthorizont sind heute Verschiebungen in der Bewertung der Sprachen unvermeidlich geworden. Eine möglichst weittragende lebende Weltsprache ist neben der Beherrschung der Muttersprache vordringlich. Daß daneben das Lesenkönnen der klassischen Autoren in ihrer jeweiligen Sprache seinen Bildungswert behält, ist evident. Es muß aber vielleicht den einzelnen oder ganz bestimmten Schultypen überlassen bleiben, das Maß zu bestimmen. Man kann vielleicht so sagen, daß eine dieser Sprachen in aller Regel als zweite Fremdsprache neben der genannten lebenden Weltsprache gewählt wird, erscheint psychoökonomisch rational und bildungstheoretisch ausgewogen. In der Jugendbildung kommt man m. E. mit zwei Fremdsprachen gewöhnlich aus, zumal die modernen Wissenschafts- und Computersprachen dazu ihr Recht fordern.

Die gymnasialen Lehrpläne und die Pläne für ein Studium generale (vgl. R. Schwarz, "Wissenschaft und Bildung" 1957) weisen weiter in ihren Konsensfeldern nach, welche Einzelrichtungen der geistigen Anreicherung heute möglich sind und welche Richtung diese geistige Anreicherung nehmen sollte. Langsame Verschiebungen sind selbstverständlich. So werden etwa politisch-rechtliche und sozialwissenschaftliche Erweiterungen über die herkömmlichen geistes- und naturwissenschaftlichen, ästhetischen und religiösen Inhalte hinaus unverzichtbar. Was die Wissenschaft betrifft, ist man heute der Ansicht, daß für wissenschaftliche Bildung vor allem die Kenntnis von Theorien notwendig ist, auch in ihrer Vielfalt, in ihrem Widerspruch und in ihrer Unübersichtlichkeit. Diese Theorienkenntnisse sind zentral, aber eine bloße Anhäufung von Theorien macht noch keinen philosophischen Überblick über die Fachregion und das Gesamt des Wissens. Besonders in Naturwissenschaften und Technik hilft natürlich das Prinzip des Klassischen nicht sehr weit. Es kommt da vor allem auf den letzten Stand des objektiven Wissens und methodisches Wissen an, (weniger) auf den Stand der Diskussionen zwischen Schulen und Theorieansätzen.

Ein wichtiger Aspekt geistiger Anreicherung ist der individuelle. Im Erwachsenenalter ist persönliche Bildungserweiterung besonders gut möglich (besonders bei zunehmender Mußezeit) durch intensive Beschäftigung z. B. mit einzelnen Theorien oder Kunstwerken, mit einzelnen Künstlern und Wissenschaftlern, mit Sprachen und Ländern, Religionen und Kulturen. Daß es auch da wieder die Qualität ist, die Reichtum fördert, nicht die Quantität, ist evident. Vertrautheit mit einzelnen Kunstwerken ist besser als beispielsweise lexikalisches Quizwissen über alle Daten und Werke eines Künstlers oder einer Epoche, denn es kommt auf die Einschmelzung in die eigene Geistigkeit an, auf das innere Berührtsein, auf die wirkliche "Begegnung".

Die mit diesem Prinzip angezielte Horizontweite soll erreicht werden durch Begegnungen mit anderen individuellen "Welten", mit anderen Ländern, Völkern, Kulturen, Lebensformen, Religionen. In Verbindung mit dem Universalitätsprinzip und dem menschheitlich gedachten Sozialitätsprinzip kann dieses Prinzip nur realisiert werden bei großer innerer Offenheit und vielseitiger Interessiertheit, die aufrechtzuerhalten etwas vom wichtigsten ist für die gesamte Lebensspanne nach dem Studium. Der Erwachsene sollte wach bleiben, ansprechbar, damit in gewisser Weise veränderbar, sonst wird Erstarrung unausweichlich. Herbart hat mit Recht das vielseitig gleichschwebende Interesse als den Kern der Bildungsstruktur angesehen. Erste Ansätze zur Interessenentwicklung liegen in der Pubertät. Deshalb sind die Lehrer in dieser Phase so wichtig. Was sie ausstrahlen an Begeisterung für kulturelle Interessengebiete, und wie sie mitgehen können bei Wertansätzen der Jugendlichen, ist oft entscheidend für die Bildungsbiographie ihrer Schüler.

Zusammenfassung: Der Sinn des Zielprinzips der Geistanreicherung in der Bildungsarbeit ist geistiger Reichtum, interessierte Vielseitigkeit und Horizontweite, tendenziell in Annäherung an den Kulturhorizont der Menschheit. Dazu haben sich besonders Kulturstudien, Sprachen, Aufbau eines wissenschaftlichen Weltbildes, Geschichte, Geographie, interkulturelle

Begegnungen, Klassikerstudien und vertiefte Begegnung mit Individualwelten bewährt. Zur Durchordnung sind wissenschaftssystematische, geist-, kultur- und wertphilosophische Studien empfehlenswert. Jahrelanges fleißiges Lernen ist besonders im Bereich des Wissens, in den Schul- und Universitätsjahren unerläßliche Bedingung zur Erzielung einer geistig reichen Persönlichkeit.

IV. Humanisierung

Menschlichkeit, Humanität ist ein unverzichtbares ethisches Ziel der Menschheit. O. F. Bollnow, der besonders auf die einfacheren Tugenden achtete, sieht Humanität als Menschlichkeit nicht an ein bestimmtes Menschenbild gebunden, sondern jedem möglich, sofern er nicht von vornherein den Wert des Menschenlebens verleugnet.

Humanisierung als Zielforderung ist eine der konsensfähigsten Zielsetzungen von Bildungsarbeit. In der globalen menschlichen Gesellschaft ist ein Verhaltensstil der Persönlichkeit erforderlich, der die Menschenrechte und Freiheiten uneingeschränkt achtet und beachtet, ein Verhaltensstil, der gekennzeichnet ist durch Eigenschaften wie Verständnisbemühen, Friedfertigkeit, Milde, Toleranz, Menschenfreundlichkeit und Hilfsbereitschaft.

Solche Menschlichkeit ist ein Mindestrahmen für die Kommunikation der Menschen miteinander. Diese Verhaltenseinstellungen sind notwendig, daß sich Menschen gegenseitig anhören, daß sie miteinander in ein Gespräch kommen, daß sie sich nicht dauernd uninteressiert, aversiv oder gar feindlich gegenüberstehen, daß sie diskursbereit werden, d. h. zu einem vernünftigen Gespräch auch über gemeinsame Regelungen und Normen kommen, über Konfliktlagen wieder hinwegkommen zu wenigstens zeitweiligem Ausgleich, am Ende zum Sichwohlfühlen miteinander. Ethische Erwartungen dieser Art fassen wir zusammen unter dem Ideal des Humanen. In diesem Sinne ist Humanisierung Prinzip der Bildung. Der Akzent liegt im Bereich des Gemüts, des Willens, des Gewissens und ist daher vergleichsweise leichter für alle zugänglich als etwa das zuletzt behandelte Prinzip der Anreicherung. Daher kann man vielleicht sagen, daß in diesem Prinzip etwas Grundlegendes steckt von aller Menschenbildung, daß es ohne Verwirklichung dieses Prinzips schon gar nicht möglich ist, von Bildung zu reden. Humansein ist derart Grundeigenschaft eines gebildeten Menschen, daß er wenigstens in diesem Sinne positive Eigenschaften in sich aufgebaut haben muß. Aber es bedarf auch der "Köpfe", wie sich Herbart ausgedrückt hat. Wir müssen auch im

Ethischen die "Köpfe bilden", sonst werden die ethischen Entscheidungen nicht optimal getroffen. Zunächst aber wird elementare humane Menschenliebe weltweit verstanden, z. B. wenn Mutter Theresa sterbenden Menschen noch ein letztes Gefühl von Mitmenschlichkeit in den Todesstunden mitzugeben versucht. In diesem Sinne hat Humanität ihre besten Voraussetzungen in einer fundamentalen Menschenliebe, daß es die anderen wert sind, daß wir ihnen Gutes tun. Dies ist mehr als die Ehrfurcht, von der Goethe sprach.

Das Humanitätsideal ist durch religiöse und philosophische Ethiken global konsensfähig geworden. Es findet sich in internationalen Menschrechtserklärungen wie in zahlreichen nationalen Verfassungen und hat insofern bereits grundlegende Anerkennung gefunden. Mindestens scheuen Regierungen und sonst mächtige Gruppen den Vorwurf der Inhumanität oder eine Anklage wegen Verbrechen gegen die Menschlichkeit. Die öffentlichen Kommunikationsmittel haben in freien Gesellschaften die Chance, inhumane Fakten in das Bewußtsein und vor das Gewissen vieler Zeitgenossen zu bringen und dadurch die Humanisierung auch gefährdeter Bereiche langsam voranzubringen. Diese Chance wird von verantwortlichen Journalisten auch genützt. Außer Kirchen und Philosophen haben sich zahlreiche Vereinigungen um den Abbau von Inhumanität bemüht, z. B. das Rote Kreuz, Amnesty International, Kinderschutzbünde, UNICEF, andere Einrichtungen der Vereinten Nationen und viele einzelne Vereinigungen. Schwieriger als Individualverbrechen gegen die Menschlichkeit sind bekanntlich solche Verbrechen von politisch oder sonst mächtigen Gruppen aufzudecken, zu verhindern oder der Rechtspflege zu unterwerfen. Dabei hätten die Mächtigen einen besonderen ethischen Auftrag. Sie müßten z. B. bereit sein, auch dann einzuschreiten, wenn Inhumanes in der eigenen Gruppe, in den eigenen Reihen passiert. Das erfordert Charakter, Zivilcourage, entwickelte moralische Identität. Manchmal darf man etwas Menschenrechtswidriges auch bei Nahestehenden nicht verdecken, verheimlichen, Informationen darüber unterdrücken, muß es, wenn direkte Bemühungen ohne Erfolg bleiben, dem Rechtsweg zuführen, um der Entwicklung einer humanen Welt willen.

Bildungsarbeit ist entscheidend wichtig für den Abbau inhumaner Erscheinungen und Praktiken. Sie muß versuchen, die humane Einstellung zu fördern, Aggressionstendenzen abzubauen. Sie wird humane Muster vorstellen und – wenigstens ansatzweise – einüben, Barbareien kritisieren. Daß auch außerschulische Erziehungs- und Bildungseinrichtungen hier besonders gefordert sind, liegt nahe, wie Familie, Jugendgruppen, religiöse Gruppen, sozial- und sonderpädagogische Institutionen. In den Schulen sollen die Lehrer, da sie auch Erzieher sind, sie sind es auf alle Fälle im Sinne des Humanisierungsauftrags, z. B. das Schulleben entsprechend sozialübend gestalten. Aber auch in vielen Fächern können humanisierende Impulse gegeben werden, besonders in Fächern wie Ethik, Religionslehre, Sozialkunde, Geschichte, Kunst, im Literaturunterricht in der Muttersprache und in den Fremdsprachen. Wichtig für Jugendliche ist besonders die Begegnung mit Menschen, die sich in sozialen und humanen Werken engagieren, schließlich die eigene, freiwillige Mitarbeit in solchen Werken, z. B. in caritativen Aktionen, Hilfswerken, bei Bemühungen um Gastarbeiter und ihre Kinder, um Behinderte, Fremde, Alte, Kranke.

Man kann die Humanitätsidee zurückverfolgen bis Cicero und Seneca, das Hinzukommen der christlichen Caritas und der römischen Pietas beachten, die befreienden Akzente im Humanismus und der Renaissance, die moralischen Akzente des französischen Humanismus, die Humanitätsidee der Aufklärung und die des Neuhumanismus. Enthumanisierende Bewegungen beginnen besonders im 19. und 20. Jahrhundert, bedingt zum Teil durch äußere Entwicklungen, wie Mechanisierung, Vermassung, Nationalismus, totalitäre und kriegerische Ideologien. Neue humanistische Ansätze finden wir nach den Weltkriegen. Man kann heute von einem Welthumanismus als Zeichen des Erwachens sprechen (vgl. Sellmair, Schelsky, R. Schwarz, Vatikanum II). Wenigstens ist inhumanes Verhalten weltweit verpönt und stößt auf den Abscheu der weitaus überwiegenden Zahl der Menschen. Man kann aber nicht übersehen, daß z. B. in vielen Ländern gefoltert wird (vgl. die Berichte von Amnesty International), daß immer wieder Kriegsberichte die Tötung von Zivilbevölkerung melden, daß Humanität also noch nicht Allgemeingut aller Menschen in dem Ausmaße ist, wie es wünschenswert wäre. Friedliche Religionen könnten wohl noch mehr als bisher zur Humanisierung beitragen, so weit sie nicht selbst (intern oder nach außen) Intoleranz und inhumane Härte pflegen. Angesichts der vielfältigen Leiden der Menschheit sollte humane Gesittung ethisches Gemeingut aller Menschen sein. Wer hier entscheidende Mängel zeigt, kann nicht als gebildet gelten.

Man kann mit Herder der Meinung sein, daß Bildung zur Humanität die Formung des Menschen durch ein im Menschen wirkendes Göttliches ist. Dieses "Göttliche" kann als Daimonion (Sokrates), als Gewissen (Mit-Wissen, conscientia) vom wahrhaft Menschlichen, von der Würde des Menschen bezeichnet werden. Albert Schweitzer nennt Mitempfinden und Liebe die Wurzeln der humanen Gesinnung. Jacques Maritain denkt bei seiner Rede von einem "integralen Humanismus" an das "Ideal einer brüderlichen Gemeinschaft" über Rassen, Klassen und Nationen hinaus. Daß auch die christliche Idee eines gemeinsamen göttlichen Vaters aller Menschen solcher Brüderlichkeit förderlich sein kann, liegt auf der Hand. So verstanden, kann ein im Sinne von Maritain "theozentrischer" Humanismus den anthropozentrischen Humanismus ergänzen, sichern und vollenden.

V. Harmonisierung

Dieses letzte Zielprinzip ist vielleicht das Prinzip, dem heute am meisten widersprochen wird, weil wir uns zu sehr daran gewöhnt haben, daß auch Konfliktdenken und Konfliktrealität positiv gewertet werden, woraus sich die Forderung ergibt, daß man auch konfliktfähig sein soll. Das heißt andererseits aber nicht, daß man dies sein könnte, ohne ausgeglichen, "balanciert", harmonisch zu sein. Alle einigermaßen dauerhaften Systeme halten sich durch über Spannungsbalance und Fließgleichgewicht (man denke an Atome, Organismen, Gesellschaften). Der Mensch als reflexives, selbstbewußtes Wesen mit reduzierter Instinktsteuerung muß diese Balance, dieses Gleichgewicht, zum Teil bewußt selbst leisten. Es werden zwar eine gewaltige Menge an Informationen und Störungsreizen vom Organismus ohne Beteiligung des Bewußtseins aufgefangen und verarbeitet. Aber eine ganze Reihe von wichtigen Steuerungsnotwendigkeiten bleiben dem Bewußtsein aufgegeben. Konflikte und Krisen sind immer wieder herankommende Störungen der Balance, des Fließgleichgewichts und müssen in Richtung Reharmonisierung bearbeitet werden. Wie bei allen Systemen führen Konflikte und Krisen sonst zum Zusammenbruch des Systems. Wenn der Grundzustand schon dauernd chaotisch, in Aufregung und Durcheinander, eben instabil ist, dann wird ein zusätzlicher Stoß leicht einen Fall bewirken und unter Umständen das System selbst zerstören.

Bildung ist erkennbar an einer gewissen Gelassenheit in der Bearbeitung von Konfliktlagen, an relativer Stabilität und Verläßlichkeit. Wir erwarten das jedenfalls von einem, von dem wir sagen, das ist eine Persönlichkeit. Er wird den Wechselfällen des Lebens und den Schwierigkeiten, die auftauchen, gelassen entgegen treten und nicht immer wie ein Kind heftig und im Affekt reagieren. Die Stoiker waren der Meinung, daß übermäßige Affekte eine Krankheit der Seele seien. Daher sei Ataraxia (vergleichbar der Meeresstille), das Gleichmaß der Psyche, der wünschenswerte Idealzustand. Er müsse immer wieder hergestellt werden, wenn uns etwas begegnet, das uns verärgert, stört oder übermäßig aufregt. Im Affekt ist die Psyche gleichsam wie mit einem vernebelnden Gas gänzlich angefüllt, so stark, daß vernünftige Überlegungen keinen Platz mehr haben. Innere Ausgeglichenheit, Harmonie, Identitätsbalance als Grundzustand sind Merkmale seelischer Gesundheit. Sie werden heute vor allem von psychotherapeutischen Schulen vertreten, die sich auch deswegen gebildet haben, weil es heute mehr psychische Störungen und Schwierigkeiten gibt als in früheren Zeiten, die daher besonders krisengeschüttelten und fehlentwickelten Menschen zusammen mit sehr differenten Methoden empfohlen werden. Ältere und bewährte Wege zum inneren "Heilwerden" boten schon immer die Religionen an. Gemeinsam ist den meisten die Vermittlung durch Therapeuten oder Seelsorger. Einige betonen auch stärker die Selbststeuerung, Selbstbalancierung, Selbstheilung durch das Individuum oder durch die (Laien-)gruppe. Im Durchschnitt vertreten Psychotherapien und Religionen eine Mischung aus Vermittlung und Selbstleistung. Mindestziel scheint allgemein Psychopathie-Freiheit zu sein (Psychopathie ist ein mittlerer Störungszustand zwischen Psychose und Neurose, gekennzeichnet dadurch, daß entweder das Individuum selbst unter seinen Konflikten und Zuständen leidet, oder die Mitwelt). Das ist allerdings nur ein Mindestziel des Harmonisierungsgedankens. Wenn durch Disharmonie die Harmonie sehr gestört ist, daß es wirklich für den Betreffenden und für die anderen schwer ist, diesen Zustand zu ertragen, wenn "Leidensdruck" aufkommt, muß man auf alle Fälle etwas in Richtung Harmonisierung unternehmen, zum Psychotherapeuten oder zum Seelsorger gehen. Nur muß man darauf achten, daß Defizitmotivation insgesamt gesellschaftlich wie individuell ungenügend ist, daß positive, emporweisende Motivation besser ist, das, was die "Seinsmotivierung" der humanistischen Psychologie (Maslow, Rogers) meint. Die Religionen wissen das schon lange: Vervollkommnung, Heiligkeitsstreben sind besser als dauerndes Starren auf Schuld, Sünden, Elend. Die Befreiung geht wohl oft durch eine Phase der Einsicht in die Heilungsbedürftigkeit und Steuerungsbedürftigkeit, der Einsicht in die inneren Zustände und die Bedingungen der Heilung oder Heiligung; ihr Kern ist dann aber hoffnungsvolles positives Training. Die Findung des weiterführenden und organisierenden "Sinns" scheint zuletzt immer Sache des einzelnen zu sein. So sieht es jedenfalls Frankl. Der Psychotherapeut kann nur an Sinnmöglichkeiten heranführen. Ergreifen, realisieren, selbstfinden muß sie der einzelne. Die Religionen machen Sinnangebote, interpretieren das Sinnangebot ihrer Stifter und Lehrer und liefern zahlreiche analoge, differenzierte Modelle in ihren Heiligen und Weisen, Ordensgründern u.ä. Da der Mensch relativ elastisch und plastisch ist, gibt es viele mögliche Wege der Harmonisierung.

Für eine Bildungstheorie und -praxis erscheint wichtig, möglichst zunächst nicht aus gegebenen Harmoniezusammenhängen, "Balancen", "Fließgleichgewichten" herauszufallen, d. h. *präventiv* statt therapeutisch zu denken. Das heißt konkret, Selbststeuerungen der Kinder und Jugendlichen (etwa durch Spiele, Gruppenaktivitäten, kreatives Verhalten) vor allem nicht zu stören, solange die anderen Prinzipien der Bildung nicht schwer beeinträchtigt werden. Diese Haltung bei der Bildungsarbeit kann u. U. auch Kosten haben, z. B. wenn Qualifikation und schulische Leistung nicht mehr den höchsten Platz in der Wertrangordnung für diese Eltern und dann vielleicht auch für diese Kinder einnehmen sollten, wenn man selbst ein Stück geistigen Reichtums nicht mehr anstrebt, wenigstens zunächst. Ein Bildner kann nur harmonisieren, gelassener machen in dem Ausmaß, als er selbst gelassen, harmonisch ist. Dazu gehört auch ein gelassenes Verhältnis zur Zeit. Ein Leben ist verhältnismäßig lang und Bildung kann nur Schritt um Schritt aufgebaut werden. Die Psychotherapeuten wissen das, sie lassen sich mit einer Therapie mitunter Jahre Zeit. Nachhaltig drängende Eltern und Lehrer erreichen oft nur Widerstand und Sperren, schließlich Resignation und Entmutigung. Schulklassen und -fächer sollten vom jungen Menschen, vom sich Bildenden, als selbstgewählte Trainingskurse betrachtet werden. Das ist freilich der Idealfall, aber das wäre sehr wünschenswert. Auch schulische Bildungsarbeit sollte möglichst nicht als fremdverordneter Leistungszwang und -druck erlebt werden. Sonst ist immer die Gefahr gegeben, daß ein wesentlicher Bildungseffekt, nämlich das Freisetzen von Bildungswillen, daß man aus sich selbst etwas machen will, an der Kultur teilhaben will, verloren geht. Besonders älteren Kindern und Jugendlichen bietet man Ziele, Fächer, Kurse, Schulen, Bücher möglichst zur freien Wahl an, weist Motive auf, aber läßt wirklich frei. Von Eltern aufgenötigte Schullaufbahnen bringen weniger gute Ergebnisse und machen – bei schlechten Ergebnissen jedenfalls – alle Beteiligten unglücklich. Von Harmonisierung ist dann weder im Jugendlichen noch in der Familie etwas übrig.

Bei drohender Disharmonie kann manchmal eine gute *Beratung* helfen. Aber den richtigen Berater zu finden, ist nicht immer leicht. Insofern ist "guter Rat teuer". Ratschläge erhält man zwar zahlreiche, aber die guten herauszufinden ist schwierig. Notwendig zur Beratung ist ein abgewogenes, selbstkritisches Urteil. Nicht immer sind die bequemsten Ratschläge auch die besten. Es gibt auch institutionalisierte Beratung für Erziehung, Bildung, Seelsorge. Man sollte sie (mit kritischem Vertrauen) in Anspruch nehmen, dabei aber keine Übererwartungen hegen. In einer komplexen Bildungslandschaft kann man durch Beratung auf neue, andere Aussichten aufmerksam werden und damit eine gewisse Distanz von dem eigenen Leiden gewinnen. Um der Findung letztlich des eigenen Weges willen sollte man also Berater aufsuchen. Wenn man Vertrauen fassen kann, sollte man sich dem Berater dann auch einige Zeit anvertrauen. Manche Psychotherapeuten verlangen sogar klare "Pakte" und "Verträge". Aber all das sollte nur für einige Zeit sein, nicht zur Entmündigung und Abhängigkeit führen. Harmonie durchhalten muß allemal der einzelne letztlich selbst.

Stabilisierend wirkt für den Erwachsenen die Wahl, der Aufbau, die Entwicklung einer "*Identität*" im sozialen Sinne, daß man also irgendwo Fuß faßt, einen Standpunkt bezieht, natürlich auch wieder nicht naiv, sondern mit kritischem Engagement für eine Sache, für einen religiösen, politischen Standpunkt. Auch wenn man weiß, daß in diesen Bereichen vieles nicht perfekt ist, trotzdem aber der Meinung ist, daß in einem bestimmten Standpunkt so viele Werte stecken, daß es sich lohnt, sich dafür einzusetzen (weil es eben doch relativ besser ist, sich für eine gute Sache einzusetzen als gar nichts zu tun), stabilisiert solcher Einsatz den einzelnen. Harmonisierung bedeutet also keineswegs Verzicht auf Engagement, im Gegenteil: durch Engagement ist die Chance der persönlichen Stabilisierung und Harmonisierung größer. Trotz des Wissens um die Begrenztheit religiöser und politischer Positionen sich zu einem Standpunkt zu bekennen und zu einer Gruppe, weil man diese Position für die relativ bessere oder beste hält, auch in ihr mitzuwirken (auch an ihrer *inneren* Verbesserung), das sind lohnende Ziele, die bildungsträchtig vor allem dann sind, wenn sie ohne Fanatismus, Übereifer, Haß und Enge bleiben, Gleichgesinnte zusammenführen und weitgehend erfüllen können. Bildungsmäßig verengend würde allerdings wirken, wenn eine solche Gruppe *total* vereinnahmen will, wie man es bei bestimmten modernen "Jugendreligionen" beobachten kann. Individualität, Freiheit und Selbstbestimmung werden dann immer weiter reduziert. Totale Identität ist vom Bildungsgedanken aus schwer bedenklich. Ähnliches wie hier am Exempel religiösen und politischen Engagements dargestellt, gilt auch für andere Aktivitäten, etwa Musik, Theater, Literatur, Kunst.

Da Bildung historisch schon als cultura animi angesprochen wurde, kann *pax animi*, Friede und Ordnung in der Psyche, als notwendige Lebens- und Weisheits-Voraussetzung angesehen werden. Um inneren Frieden zu verwirklichen, ist nach der Ansicht der christlichen und anderer Mystiker zentral nötig ein freundschaftliches Verhältnis zwischen der Seele und Gott. In Harmonie sein mit dem Unendlichen, heißt zutiefst in Harmonie sein mit sich selbst. Don Bosco schreibt in seiner Autobiographie (Memorie Biografiche XVII, 13): "Wer mit Gott keinen Frieden hat, hat auch mit sich selbst und mit anderen keinen Frieden".

"Zusammenfassung: Harmonisierung als Prinzip der Bildungsarbeit zielt auf Ausgeglichenheit, inneren Frieden, Gelassenheit, Identitätsbalance, inneres Geordnetsein, Weisheit. Sie wird erreicht durch ungestörtes Wirkenlassen der inneren Steuerungskräfte, durch Prävention und eventuell durch Beratung und psychotherapeutische Begleitung, öfter durch Aufbau politischer und religiöser Identität, zuletzt und besonders dauerhaft durch Leben in Harmonie mit Gott.

Im menschlichen Leben sind Konflikte, Störungen, Überlastungen, Beeinträchtigungen, Leiden und Konfrontationen mit dem Bösen unvermeidlich. Die erreichbare Harmonie ist daher fast immer und jederzeit unvollkommen und muß auch in einfacherem Grade immer wieder neu errungen werden. Äußere und innere Faktoren stören, beeinträchtigen, ja zerstören u. U. erreichte Harmonie immer wieder. Dann soll der Mensch nach der Ansicht der Religionen und Therapien jeweils möglichst sofort beginnen zu versuchen, wieder ins Gleichgewicht zu gelangen. Schon die Stoiker waren fest davon überzeugt, daß sich der Mensch nicht dem Affekt, der Überflutung durch ein übermächtiges Gefühl überlassen soll, sondern die Seelenruhe, die Ataraxia, wiederherstellen muß. An dieser Stelle wird sichtbar, daß innerer Friede nicht ohne ethische Anstrengungen und Haltungen erreichbar und erhaltbar ist, vor allem nicht ohne Mut und Weisheit. –

Wollte man nun versuchen, die verschiedenen Zielprinzipien zu integrieren, so müßte man von *Persönlichkeit* sprechen, vom Bildungsideal der Persönlichkeit. Dieser Gedanke ist definitorisch neben der Kulturteilhabe zentral in unserer Bildungsformulierung festgemacht. Ziele der Bildungsarbeit und Zielprinzipien geben nur wirklichen Sinn in der konkreten Person, im einzelnen Menschen, der sie selbst ergreift und beachtet. Der wirkliche, existierende, kämpfende und liebende, arbeitende und leidende Mensch ist bei der Bildungsarbeit derjenige, der an seinem "Bild" arbeitet, also Baumeister und Werk in einem. Er realisiert sich wenigstens soweit im Bildungsgeschehen, daß er mit seiner Persönlichkeit quasi als Instrument Lebenslagen meistern oder weitere Ziele verfolgen kann. Insofern ist Bildung Vorläufiges und nicht selbst das letzte und oberste Ziel. Persönlichkeit ist Potential, etwas Sinnvolles zu tun. Daß es für die Jugend gut ist, in der Richtung auf dieses Bildungsziel auf den Weg gebracht zu werden, damit sie im Laufe des Lebens schwierige Situationen bewältigen und sich weitere Ziele setzen kann, ist allgemeine Ansicht in der Bildungs- und Erziehungstheorie. Für Erwachsene ergibt sich eine Pflicht zur Weiterbildung eventuell aus beruflichen oder ethischen Gründen. Es ist für Erwachsene und sogar Senioren eine schöne Möglichkeit, sich weiterhin weltoffen zu halten, sich zu informieren, seinen Welthorizont zu erweitern, weitere musikalische oder literarische Werke kennenzulernen, zu reisen usf. Viele alte Menschen versuchen aber auch, über sich selbst hinauszudenken, an die Jugend z. B. oder an Gott. Guardini betonte: an sich selbst arbeiten heißt schließlich auch, andere zu lieben, zu helfen, zu fördern. Solche Zielentwicklungen reichen über das Individuum hinaus auf die anderen hin, vollenden aber gerade durch Umpolung des Interesses und Willens die Persönlichkeit selbst. Wer sich im Sinne der Hingabe verliert, wird sich finden, befreiter, reifer als zuvor. Dieses sich Überschreiten, das sich in den Dienst von anderen Stellen, gehört zur letzten Phase der Persönlichkeitsentfaltung. Der nach dem Gleichnis Platos aus den Ketten der Höhle Befreite, der das Licht der Idee selber gesehen hat, hat das Bestreben, in die Höhle zurückzugehen, auch die anderen zu befreien und sie ans Licht zu führen. Dies ist eher ein natürliches Streben als eine durch den kategorischen Imperativ auferlegte Pflicht. Aus dem Begeistertsein von dem, was man gesehen hat, möchte man den anderen mitteilen, ihnen zur gleichen Befreiung, zur gleichen Freude verhelfen. Ähnlich liegt es in der Natur der Bildungsmotivation, die Bildung auch weiterzugeben.

Man muß damit rechnen, daß auch die schönste Bildung in Krisen geraten, daß der Personkern schwer getroffen werden kann durch Herausforderungen, durch Leiden. Dann halten bloße Verzierungen und Ästhetizismus den Erschütterungen u. U. nicht stand oder bröckeln ab. Ob das ganze Gebäude der Selbstgestaltung ausgewogen und solide errichtet ist, wird sich in solchen Stürmen zeigen. Vor allem die Existenzphilosophie und die Existentialpädagogik haben diesen Gedanken stark betont. Krisen können zu schweren Prüfungen werden. Daß man dann der Versuchung, sich hängen zu lassen, nicht nachgibt, sondern, selbst wenn man vor inneren Ruinen steht, nach neuen Lösungen sucht, erweist die innerste Stärke der Persönlichkeit. Der Mensch ist auf Hoffnung gebaut und kann immer wieder aus seinen Fehlern lernen, kann immer wieder aufstehen und einen neuen Anfang machen. Insofern ist Hoffnung und nicht Scheitern das letzte Wort.

Nach außen wird Bildung in der Hauptsache erkennbar am Tun der Persönlichkeit, an ihrem *Werk*, ihrem Oeuvre. Das ist das "Bild", das Bildung bleibend hervorbringt. Die Kreationen, die Früchte, die Taten sind es, an denen man die gewonnenen inneren Strukturen erkennt. Was für den Musiker oder Maler sein Opuskatalog, für den Schriftsteller seine Gesammelten Schriften, ist für den Industriellen sein Werk, für den Politiker ein prosperierendes Gemeinwesen, für eine Mutter und Hausfrau ihre blühende Familie, für den Gründer eines sozialen Werks oder den Ordensstifter seine wachsende Gemeinschaft. Die gelungene Gestalt des Werks hat enorm motivierende Kraft. Die Gestaltpsychologie bzw. -therapie (Perls) hat dies erkannt. Nicht jedem gelingt natürlich ein großes Werk. Aber ein für ihn erreichbares ähnliches Ziel soll sich jeder setzen. Es gibt nicht nur seinem Leben Sinn und kraftvolle Entfaltung. Auch sein Beitrag zur Kultur, zum Wachstum des Geistes, liegt in seinem Wirken beschlossen. Ideale Werke von höchstem Zuschnitt sind unter Menschen immer selten. Aber sie sind einerseits offenbar menschenmöglich und regen andererseits wieder andere an, sich ähnlich oder doch in der gleichen Richtung zu bemühen. Sich durch Identifizierung und Mitarbeit in den Dienst eines großen Werkes zu stellen, kann Persönlichkeitsentfaltung sein, wenn auch unter einem gewissen Verzicht auf besonders ausgeprägte individuelle Identität. Goethe hat im Faust und im Meister gezeigt, daß letztlich der Dienst an den Mitmenschen als guter Endpunkt der Entwicklung gedacht werden kann. In solchem Sinne vollendet sich jedenfalls irdisches "Strebend-sich-Bemühen" nicht selten. Sachliche, gewissenhafte Arbeit, lebenslang durchgehalten, beweist hohes persönliches Format. Bloße Orginalitätssucht, die Sucht, sich auf alle Fälle zu profilieren, kann einen Charakter zerstören und treibt gerne absonderliche und oft unfruchtbare

Blüten. Aber wem es gegeben ist, seine geistige Gestalt in Werken zu objektivieren, der soll es mit aller Kraft und Hingabe tun. Alle offenen Menschen werden sein Werk neidlos begrüßen, wächst doch damit der Reichtum der umgebenden und tragenden Kultur selbst.

13. Kapitel: Methodische Prinzipien

Methodische Prinzipien sind Prinzipien zweiter Ordnung. Sie erhalten ihre Bestimmung durch die ontischen Prinzipien und näherhin durch die Zielprämissen. Weiter können sie ausgelegt werden über die fundamentalen Einsichten über Kulturteilhabe als Generalmethode der Bildung. Die methodischen Prinzipien sollen hier besonders auf den Lehrer und den Selbstbildner hin ausgelegt werden. Kriterium für die Auswahl ist die vermutete Gesamtbedeutung im Kontext der schulischen und persönlichen Bildungsarbeit.

I. Zielbewußtheit

Das erste methodische Prinzip, das unmittelbar anschließt an die Zielprinzipien, ist das der Zielbewußtheit (oder Zielorientierung). Die heutige Lernzieldidaktik und Curriculumforschung geht von einer Hierarchisierung der Ziele aus, wobei an der Spitze die *Leitziele* stehen, darunter die *Richtziele*, sie sind schon differenzierter (vgl. unsere Dimensionen-Tafeln). Für die konkreten Lehrpläne der einzelnen Schularten und Fächer werden die *Grobziele* durch die Schulbehörden festgelegt bzw. von ihnen bestätigt. Die *Feinziele* setzt der Lehrer für seine Lehreinheiten und Unterrichtsstunden. Sie bestimmen die einzelnen Lehr- und Lernschritte. Im "curricularen" Lehrplan (CULP) werden die Grobziele so nahe an die Feinziele und ihre Kontrolle herangeführt, daß tendenziell die Etappierung in Richtung auf die einzelnen Lehr-/Lernschritte erkennbar wird. Hinsichtlich der Richtziele wird erneut hingewiesen auf Klaus Westphalen (Praxisnahe Curriculumentwicklung Donauwörth, 6. Aufl. 73, 53 ff.) und auf unseren Ordnungsversuch in den dimensionalen Zieltafeln.

Das Prinzip der Zielbewußtheit wendet sich gegen bloße "Beschäftigung" in der Schule, gegen ziellosen Zeitvertreib, gegen bewußtseinsarmes Dahintreiben und lernblinde Phasen im Unterricht.

Es wird Bildungs-Bewußtheit erwartet und Steuerung der Methode durch legitimierte oder legitimierbare Einzelziele. Dieses Bewußtsein wird relativ dauernd während der methodischen Arbeit erwartet. Als bildungsmethodisches Prinzip weist Zielbewußtheit also zugleich hin auf allgemeine Ziele wie auf Teilziele. Beide Aspekte sollen im Bewußtsein des Lehrers präsent sein. Der Lehrer ist leicht in Versuchung, sich nur auf seine nächsten Teilziele zu konzentrieren, besonders dann, wenn sie in einem Lehrbuch vorgegeben sind. Was der Reihe nach kommt, wird dann nur in Methode übersetzt. Dabei geschieht es leicht, daß man aus dem Auge verliert, was der Sinn des Ganzen ist. Man verlernt bei ausschließlichem Sichleitenlassen von Lehrplänen und Lehrbüchern selbständig das Wichtigere vom Unwichtigeren zu unterscheiden. Unter allgemeinen Zielen verstehe ich das Bildungsziel selbst und in der Weiterdifferenzierung die Bildungsdimensionen mit ihren Leit- und Richtzielen. Für den Studierenden gehören weiter dazu die Zielangaben der Studienordnungen bzw Prüfungsordnungen.

Bei *höherem* methodischem Niveau ist die Integration der Gesamtziele mit den Teilzielen gelungen, der Durchblick von den konkret zu erreichenden Feinzielen bis hinauf zu den Richt- und Leitzielen wird oft genug praktiziert, damit zugleich der Weitblick und die geistige Strukturierung der Bildungsarbeit gefördert. Bei *niederem* methodischem Niveau haften der Lehrer und der Studierende an den programmierten Teilschritten, an dem, was unmittelbar vorgesetzt wird, u. U. sogar nur an der Technik des Fortschreitens, an der elementaren Schicht. Ihre Bildungsakte bleiben eher eindimensional und oberflächlich, stiften eher Ketten- als Netzwerkassoziationen. Gesamt- und Teilzielbewußtsein hängen in ihrer methodischen Qualität voneinander ab. Bei mangelhafter Teilzielbewußtheit nützen die allgemeinen Ziele nichts, aber die Teilziele sind in der Regel auch nur so viel wert wie das allgemeine Zielbewußtsein. Werden nur Teil- oder Feinziele angestrebt und ihre Verbindung untereinander vernachlässigt, so kommt es zu der bekannten Situation: die Teile hab' ich in der Hand, fehlt leider nur das geistige Band. Man kann z. B. an guten Lernprogrammen sehen, wie wenigstens diese Schwäche, also die des Auseinanderfallens von einzelnen Wissensbrocken, vermieden werden kann. Ein guter Lehrer muß wie ein Dirigent zugleich die einzelnen Einsätze, die kleinsten Interpretationsdetails, aber auch das gesamte Werk im Auge behalten. Er muß das Ganze überblicken. Der Selbstbildner muß das auch, sonst vergreift er sich und läßt sich hinreißen von irgendeinem augenblicklichen Anreiz für irgendeinen Roman oder ein Konzert oder eine Fernsehendung, für etwas, das vielleicht mehr faszinierend ist als bildend. Einzelne Erfahrungen dieser Art sind prinzipiell nicht schädlich, weil man dadurch ja auch kritisches Urteil aufbauen kann, aber wenn sich das häuft, und wenn man Durchblick, Überblick, Zusammenhänge langsam verliert, zerfasert der Bildungseffekt. Willmann hielt daher die Autodidaxie (Selbstbildung ohne Schulen) für besonders schwierig und leicht der Gefahr des Mißlingens ausgesetzt, weil es frei Lernenden nur selten gelingt, den richtigen Stellenwert z. B. von Einzelerkenntnissen zu taxieren. Deshalb ist eine gewisse Führung, der man sich anvertrauen muß, wenn man sich in ein Gebiet einarbeitet, etwa ein gutes Lehrbuch des betreffenden Faches, für den Autodidakten zunächst empfehlenswert. Dann bekommt er langsam Urteil und kann sich später wirkungsvoller selbständig weiterbilden. Jedenfalls vermeidet man Umwege. Daher lassen sich die meisten, auch als Erwachsene, von sachkundigen Leuten führen oder in Kursen in das jeweilige Fachgebiet einführen.

Die Lern- bzw. Lehrschritte orientieren sich im einzelnen am sachlogischen Entwicklungsstand der Schüler und damit am sachlogischen Erkenntnisfortschritt. Das "Prinzip des kleinsten Schrittes" (E. E. Geißler, Analyse des Unterrichts, 5. Auf. 1982, S. 133 ff.) geht hervor aus alten didaktischen Regeln, wie: "Vom Leichten zum Schweren", "Vom Nahen zum Entfernten", "Vom Bekannten zum Unbekannten". Der Lehrer ist leicht in Gefahr, zu glauben, die von ihm gefundene Schrittfolge sei die sachlogisch optimale. Er merkt spätestens am Abreißen des Gedankenfadens bei immer mehr seiner Schüler, d. h. wenn sie unaufmerksam werden, daß notwendige Zwischenschritte nachzuholen sind, daß er noch einmal weiter vorne ansetzen muß, um etwas angepaßter an Konzentration, Denkschritte und Denkniveaus zu unterrichten.

Heute wird auch "Operationalisierung" der Feinziele vom Lehrer erwartet. Wenn es z. B. in einer Geographiestunde um die Kenntnis der wichtigsten Einflüsse auf das englische Klima geht, so habe der Lehrer das "Endverhalten" samt "Beurteilungsmaßstab" etwa so in ein kontrollierbares Feinziel zu binden (P. Brunnhuber, Prinzipien effektiver Unterrichtsgestaltung, 15. Aufl. 1982, S. 17): "Der Schüler soll aus zehn auf einem Arbeitsblatt vorgegebenen Sätzen jene vier herausfinden und ankreuzen können, die Einflüsse auf das englische Klima beschreiben. Ab zwei falschen Antworten wird mit 'ungenügend' bewertet". Diese beiden Sätze informieren allerdings eher über eine heute verbreitete Kontroll- und Bewertungstechnik hinsichtlich des Erkenntnisfortschrittes, als daß sie das Feinziel selbst konkretisieren. Sie lassen inhaltlich alles weiter undifferenziert offen, bleiben formal und beliebig (sind damit beinahe unbegrenzt schematisch übertragbar, wenn man im Beispiel nur die fünf Worte "Einflüsse auf das englische Klima" austauscht). Es ist unbestreitbar, daß durch inhaltliche Detaillierung und schrittweise Etappierung das Planen der konkreten Unterrichtsstunden reflektierter wird und es ist gut, daß das heute verlangt wird. Aber es muß zugleich vor einer Überbewertung solcher Formalisierung des Teilzielbewußtseins gewarnt werden. Oft wird noch erwartet, daß der Schüler selbst den Lernfortschritt, "am klaren Ziel zu messen in der Lage sein soll" (ebda. S. 20). Die Klarheit des Ziels kann vielleicht bei Fertigkeiten relativ hoch sein oder bei anschaulichen Werkgestalten (wie bei Kerschensteiners Starenkasten). Weit schwieriger ist das aber bei Begriffserkenntnis und echten Problemen, wenn der Lernende von diffusen Gesamteindrücken ausgeht oder vor einer Aporie steht, nicht weiter weiß und falsche Meinungen, schiefe Stereotype und Vorurteile korrigieren soll. Ich frage mich, wie dann das Zielbewußtsein aussehen kann. Dann ist vor allem Offenheit des Schülers für neue Erkenntnisse erforderlich und die Fähigkeit des Lehrers, Schritt für Schritt verständlich zu erklären. Wo es um einen "fruchtbaren Moment", um ein werterlebendes Überschreiten des jetzigen Bestandes geht, klappt die "Operationalisierung" gar nicht. Zum Aufleuchten der Erkenntnis braucht es eben ein neues Moment. Das Klärende, Aufklärende, das Überschreitende ist für den Schüler dann keinesfalls schon vorweg erkennbar, sonst würde er ja dieser Erleuchtung gar nicht bedürfen. Das "intrinsische Motivieren" der weiteren Denk- und Suchverhaltensweisen in dem Sinne, daß man vom Schüler in solchen Lagen erwartet, daß er das Ziel voll erkennt, halte ich für unmöglich. Es besteht sogar die Gefahr, wenn man alles auf operationalisierbare Feinziele reduziert, daß solche fruchtbaren Momente geradezu aus dem Unterricht hinausdefiniert werden, weil sie "operationell" zu unhandlich sind. Wenn man also Bildungsziele höherer kognitiver wie affektiver Art hochschätzt, wird man entsprechend Spielräume lassen für geistige Suchbewegungen und Umwege. Selbst ein Umweg, wenn er nicht allzu viel Zeit kostet oder zu sehr frustriert, kann wertvolle Erkenntnisse bringen. Daß Individualisierung wünschenswert ist, wird an dieser Stelle besonders spürbar. Wichtig sind fachspezifische Teilzielreihen, die sachlogisch geordnet und unterrichtspraktisch bewährt sind. Gute Lehrbücher und Lehrprogramme enthalten solche Reihen. Zur Reihung muß möglichst bald der Überblick, die Strukturierung und Vernetzung kommen.

Lindworsky, ein führender Vertreter der Willenspsychologie und Willenspädagogik, hat im Anschluß an die aszetische Tradition die Konzentration auf *einen* Fehler oder *eine* Haltung empfohlen. Ähnlich wird in der modernen Lernzielpädagogik und -didaktik z. B. bei Hans Glöckel und bei Paul Brunnhuber betont: Der Lehrer solle sich in der einzelnen Unterrichtseinheit immer konzentrieren auf ein einziges, klar bestimmtes Ziel, einen Schwerpunkt (z. B. Lesefertigkeit) oder "einen Kerngedanken erfassen und bewerten beim Lesen" also ein sehr umgrenztes, scharf ins Auge gefaßtes Ziel. Die anderen Ziele können als Nebenziele auch vorhanden sein, aber sie sollen nicht gleichzeitig bewußt angestrebt werden, jedenfalls nicht mit dem gleichen Nachdruck und der gleichen Stoßrichtung. Wenn auch für einige Zeit solche Ziele nützlich sind, muß man doch auf längere Sicht Einseitigkeiten vermeiden, besonders wenn man sich seinen Lieblingsideen hingibt oder nur in einer ganz bestimmten Richtung arbeitet. Subjektive Vorlieben des Lehrers können (bei allem Reiz engagierter Begeisterung) leicht zu Vereinseitigungen führen. Man wird also auf die Sachlogik achten müssen, auf das, was die jeweilige Wissenschaft als derzeitigen Stand bietet, auf die Teilhabe-Orientierung (am jeweiligen Kulturbereich und an der Gesamtkultur). Dies bleiben immer die übergeordneten Gesichtspunkte.

In weite Zusammenhänge stellt Karl-Heinz Wöhler das "Prinzip der Zielorientiertheit" (Didaktische Prinzipien, 1979, 215 ff.), indem er Grundperspektiven wie Kind, Gesellschaft und Welt berührt, auch so wichtige Fragen nicht übersieht wie die nach interaktionaler Zielentscheidung der "vor Ort" Beteiligten. Die Endphase des Hochschulstudiums und die Erwachsenenbildungsarbeit läßt solchen Entscheidungen naturgemäß den größten Spielraum. Aber gewisse Teilplanungen können auch schon früher von Schülern und Studenten geübt werden. Im Idealfall können sie dadurch schon in den höchst wünschenswerten Zielbildungs- und Zielsetzungsprozeß eingeführt werden, der erfüllende und erfolgreiche Selbstbildungsarbeit im Erwachsenenalter ausmacht. Wöhler listet schließlich 25 Indikatoren der Zielorientiertheit auf, in denen zukunftsträchtige Differentialkategorien angeboten werden, die für die weitere Erforschung dieses Prinzips wegweisend werden können, z. B. Zielhierarchie, Zielpräferenz, Zielsetzungsverteilung, Zielkonsens, Zielkonkurrenz, Zielkomplementarität, Zielkontrolle u. a. m.

Das *Zielbewußtsein* ist als prinzipielle Notwendigkeit willentlich gerichteter Konzentration *in der Bildungsarbeit* herauszustellen. Es ist durch die zielorientierte Didaktik heute weit verbreitet, nur wird es manchmal zu unstrukturiert aufgefaßt. Es sind zu betonen:

1. die gleichmäßige Beachtung von allgemeinen Bildungszielen und Teilzielen,
2. die Hierarchisierung in Leit-, Richt-, Grob- und Feinziele,
3. die Notwendigkeit der Planung auch kleiner Schritte (Etappierung) und
4. die Verknüpfung in Teilzielreihen und Vernetzungen.

II. Selbsttätigkeit

Das gründlichste Verständnis dieses Prinzips hatte vielleicht Eggersdorfer, der die Aktivierung mit dem (psychischen) Akt direkt in Verbindung bringt: "Lehren und Lernen sind psychische Akte. Mit dem gesamten Seelenleben nehmen sie deshalb an dem Gesetz teil, daß eine Aktwirkung um so größer ist, je tiefer die Beteiligung des Subjekts an seinem Akt ist" (Jugendbildung 139). Eggersdorfer hält den hieraus abzuleitenden Grundsatz für einen "ersten und umfassenden Grundsatz der Bildungsarbeit" und spricht von "Spontaneität" oder "Ichbeseelung des Lernens" (ebda.). Dem methodischen Denken wurde dieses Prinzip auch oft in der Form des "Arbeitsprinzips" bewußt. Kerschensteiner wendet sich gegen eine bloß "expressionistische" Tätigkeit des Selbst. Schlampige Arbeit als Ausdruck eines entsprechenden Selbst könne pädagogisch nicht gemeint sein; es kommt auf die "sachliche Orientierung" an (Theorie der Bildung 448). Unter den vier Formen der Selbstbetätigung (Spiel, Sport, Beschäftigung, Arbeit) zieht er die Arbeit pädagogisch als einzige "rein auf das Werk eingestellte" (449) vor. Die Betonung der Unterscheidung von körperlicher und geistiger Arbeit hält er für falsch. "Es gibt keine körperliche Arbeit ohne ein Minimum von geistiger Arbeit und keine geistige ohne ein Minimum von körperlicher Arbeit. Alle Arbeit ist körperlich und geistig zugleich" (450). Spiel, Sport und Beschäftigung, regelmäßig betrieben, hätten zwar "Schulungswert". Von Bildungswert redet er aber erst bei der Arbeit, ihrer rein sachlichen Orientierung und ihrer Tendenz auf Vollendung. Sie könne besonders die sachliche Einstellung und das Vollendungsbedürfnis stärken. Arbeitsverlauf und abgeschlossenes Werk müsse dazu der "sorgfältigen Selbstprüfung" des Zöglings unterstellt werden (453).

Die von Kerschensteiner betonte Vollendung, die man als Gestalttendenz ansprechen könnte, läßt Eggersdorfer in ihrer Einseitigkeit nicht gelten. Gerade bei tieferem Eindringen in wissenschaftliche Aufgaben werde deren Unvollendbarkeit und Vorläufigkeit erlebbar und diese Erlebnisse seien pädagogisch vorzuziehen (Jugendbildung 155). Hier kommt Eggersdorfer dem modernen Falsifikationsprinzip nahe. Eggersdorfer meint, es komme mehr auf Erlebnis und Ergriffenheit in der Begegnung mit dem objektiven Bildungsgut an, in diesem Sinne nennt er unter den "*Kriterien*" wirkungsvoller Arbeitsmethoden (154 ff.):
1. individuelle Einstellung der Arbeitsmethodik
2. ihre Zielstrebigkeit
3. Stoffgemäßheit (vgl. Schröder's "Themenzentrierung")
4. Wirksamkeit (in der Auslösung der "Spontaneität" des Schülers) und
5. didaktische Ökonomie (Verhältnismäßigkeit zur aufgewendeten Zeit und Mühe).

Zusammenfassung: Das Selbsttätigkeitsprinzip wendet sich gegen vorwiegendes oder gar ausschließliches Sprechen und Agieren des Lehrers im Unterricht, erwartet vom Schüler möglichst über das aufmerksame Hören und Mitdenken hinausgehendes Tätigwerden, nicht nur in der Anwendungsphase, sondern auch in der Erstbegegnung: durch Erarbeitung, Fragen, Beobachten, Sammeln, Entwurf, Versuch, Planung.

Im Bereich der Nóesis wird (von Roth, Kopp, Schröder, Brunnhuber) das selbständige, problemlösende Denken, das "selbstentdeckende Lernen" betont. Roth fragt nach den Entstehungsbedingungen des "Einfalls": "Sachauseinandersetzung und Anstrengungen müssen vorausgehen. Man muß probieren dürfen". Strukturieren und Umstrukturieren, Perspektivenwechsel, sprachliche Formulierung, Wechsel von Einsamkeit und Gemeinsamkeit, von Naheinstellung und Vogelschau, von aktivem Ringen und Entspannung spielen in verschiedenartigen Kombinationen eine Rolle (vgl. Copei: Der fruchtbare Moment im Bildungsprozeß).

Es besteht die Gefahr, die *innere* Selbsttätigkeit über der äußeren beobachtbaren Selbsttätigkeit zu vernachlässigen. Es ist daher die *Gleichwertigkeit äußerer und innerer Selbsttätigkeit* zu betonen. Hochformen solcher Selbsttätigkeit sind in diesem Sinne z. B. selbstgewählte Lektüre eines anspruchsvollen Werks der Literatur, Durcharbeiten eines fachlichen Lehrbuchs aus freiem Interesse, selbstgestellte wissenschaftliche Aufgaben und Versuche, musische Betätigung ohne Fremdauftrag, spontanes Engagement in einer sozialen, politischen, religiösen Gruppe. Solche Tätigkeiten sind Kennzeichen aufkommender Selbstbildungstendenzen und kultureller Produktivität. Hier wird Kulturteilhabe Bedürfnis; Reproduktion geht über in Rekonstruktion, Rezeption in Kreativität.

Selbsttätigkeit ist daher in *allen* Bildungsdimensionen zu beachten, nicht nur oder vorwiegend in der praktischen Dimension, sondern gleichermaßen in der ästhetischen und in der noétischen Dimension. Die Ermutigung zur Produktion hat ausdrucks- und individualitätsfördernde Wirkungen. Das Selbsterprobte wird auch besser gemerkt. Hier liegt oft der methodische Impuls. So muß man in lernintensiven Fächern, wie Fremdsprachen, eben viel selbst sprechen und schreiben. Wenn in solchen Fächern der Lehrer mehr als die Schüler spricht oder schreibt, liegt mit Sicherheit ein methodischer Kunstfehler vor. Franz Xaver *Weigl* hat das Aktivitätsprinzip auch in der ethischen und religiösen Bildung akzentuieren wollen. Er forderte "religiössittliche Taterziehung". Die Klasse soll z. B. konkret überlegen, wie jeder einzelne etwa "Hilfsbereitschaft" in den nächsten Tagen praktizieren wolle. Das Erlebnis einer selbstgewählten guten Tat wirkt oft mehr als etwa der Vortrag einer gefühlsintensiven Beispielgeschichte. Beide Methoden zielen auf Wertergriffenheit und Wertbindung und können sich daher vorteilhaft ergänzen. Erlebnisunterricht und Arbeitsunterricht sind vom Ziel her keine Gegensätze, sondern komplementäre Formen von Bildungsarbeit. "Tätig" ist beide Male das "Selbst", die Person. Empfangen, Aufnehmen ist *auch* Selbsttätigkeit. Verinnerlichte Operationen sind auch Operationen. Meist sind die wichtigsten seelischen Vorgänge nicht behavioristisch faßbar, wie etwa Problemverhalten, Hypothesenbildung, Lösungseinfälle, fruchtbarer Moment,

Werterleben, Erfülltheit. Und gerade in diesen Vorgängen ist die Psyche hochaktiv, angeregt, lebendig. Behavioristisch sind sie nur dann und so weit konrollierbar, wie sie sich in sinnlich erfaßbaren (bzw. verbalisierbaren) Vorgängen manifestieren. Die Erlebnispsychologie bietet daher für diese Vorgänge das adäquatere Instrumentarium. Warnen muß man daher vor Versuchen, die Selbsttätigkeit bis in alle Details meßbar machen zu wollen, da sich die *innere* Selbsttätigkeit – und sie ist im ganzen bildungswichtiger als die äußere – weitgehend der Quantifizierung entzieht. Das bedeutet andererseits keinesfalls, Selbsttätigkeit der (z. B. selbstreflexiven) Beobachtung und Beschreibung zu entziehen.

III. Entwicklungsgemäßheit ("Sachstruktureller Entwicklungsstand")

Durch eine genauere Analyse der Zusammenhänge zwischen "Begabung und Lernen" (Bildungskommission des Deutschen Bildungsrates, hrsg. von H. Roth, 1969) wurde die Annahme alterstypischer Entwicklungsphasen entschieden differenziert. Reifen und Lernen werden zunehmend getrennt gesehen. Man differenziert insbesondere auch nach Sachbereichen. Heinz *Heckhausen* definiert (ebda. 193): "Unter sachstrukturellem Entwicklungsstand sind die Kenntnisse und Fertigkeiten eines Schülers zu verstehen, die er zu einem gegebenen Zeitpunkt seiner Entwicklung im Hinblick auf den relevanten Sachbereich der gegebenen Unterrichtssituation besitzt. Dazu gehören insbesondere Wissenselemente, Sprachumfang, Verknüpfungsregeln, sensumotorische Fertigkeiten". Der Begriff des "sachstrukturellen Entwicklungsstandes" soll den relativ unscharfen Begriff der "Reife" ablösen (G. Mühle, ebda. 85 und 94). Heinrich *Roth* übernimmt die neue Konzeption und bestimmt den Zusammenhang zwischen Reifen und Lernen von dem neuen Begriff aus so (ebda. 28): "Der jeweils vom Kind erreichte 'sachstrukturelle Entwicklungsstand' wird einmal bestimmt von der Anregungswirkung der sozio-kulturellen Umwelt, in der ein Kind aufwächst und die von sehr unterschiedlicher Qualität sein kann; zum anderen von den gezielten belehrenden und erzieherischen Einwirkungen, die ein Kind in Familie und Schule erfährt und die gleichfalls von sehr unterschiedlicher Qualität sein können". Es wird nun angenommen, daß die meisten "Lernleistungen, insbesondere alle komplexeren" ... "als das kumulierte Ergebnis von vorausgegangenen Lernprozessen (zu) verstehen" seien (ebda. 29). Die Stufung der Entwicklung wird vom Lebensalter wegverlegt und hin zu den einzelnen Sachgebieten, zu den "aufeinander aufbauenden, sachabhängigen Lernfolgen" (ebda.). Naturgemäß gibt es sachlogische und denklogische Sequenzen und insofern auch weiter "Stufungen". "Ein Kind wird immer zuerst sprechen, dann lesen, zuerst mit

Zahlen rechnen, dann mit Buchstaben rechnen, zuerst Geschichten, dann Bücher lesen lernen (weiter: zuerst Addieren und Subtrahieren und dann erst Dividieren lernen)". Insofern bleibt (bei gleichartigen Schulcurricula) der Entwicklungsfortschritt in der Kindheit – grob betrachtet – auch alterstypisch. Es kommt aber weit mehr auf die sachspezifische Abfolge von Lernsequenzen (und das Vermeiden von Ausfällen in diesen Sequenzen) an als auf das Lebensalter und seine Reifungsvorgaben. "Die pädagogische Konsequenz aus dem Gutachten Aebli ist nicht die, daß jedem Lernenden in jeder Altersstufe alles gelehrt werden könnte, es bleibt ein gestufter Aufbau, aber er wird relativiert und erweist sich stärker von der sachstrukturell richtigen Anordnung der Lernprozesse abhängig als von Reifeangeboten" (31). Piaget, Gagne, Bloom/Krathwohl und die Fachdidaktiken haben Sequenzen, Phasen und Stufungen aufgewiesen. Überholt ist seither gänzlich simple Gleichsetzung von Lebensalter und Entwicklungsstand. An die Stelle von Altersangaben treten Bestimmungen der "Lernvoraussetzungen, die gegeben sein müssen, ehe ein Sachverhalt gelernt werden kann. So muß beispielsweise ein bestimmtes Begriffsvokabularium vorhanden sein, damit ein Problem einsichtig gemacht werden kann. Bestimmte Fähigkeiten müssen entwickelt worden sein, ehe bestimmte Experimente in ihrem Aufbau und in ihrer Aussage erfaßt werden können. Komplizierteren Strukturen geht die Erkenntnis einfacherer Strukturen voraus usw." (Geißler, Allgemeine Didaktik 51). F. Kopp (Didaktik in Leitgedanken, 6. Aufl. 1977) geht wie Geißler über den Begriff der Altersgemäßheit hinaus, läßt aber den Begriff der "Entwicklungsgemäßheit" weiter gelten. Für ihn schließt der Unterrichtsgrundsatz der Entwicklungsgemäßheit die "zu fordernde Entsprechung des Unterrichts zum Stand der erreichten Lernerfahrungen und zum erreichten Reifestand ein" (S. 99). Wir glauben, uns Kopp hier anschließen zu sollen.

Ein sozial wichtiger Aspekt dieses Prinzips ist die von Kopp weiter betonte Berücksichtigung *schichtenspezifischer Entwicklungsunterschiede*. Relative Armut an differenzierter Sprache (restringierter Code) wird heute durch Medien und gemeinsame Schulen zwar teilweise abgebaut, besteht aber durch Familien und Peergroups doch noch weiter. Daher ist auch der Anteil von Studenten aus Arbeiterfamilien (im Gegensatz etwa zum "Aufholen" der Frauen) immer noch gering, vermutlich auch, weil Familialismus und andere Motivationen einem Sprung über Zwischenschichten hinweg im Wege stehen. Didaktisch sind die Unterschichtkinder für Lehrer aller Schulstufen eine Herausforderung. Ziel ist, auch diesen Kindern die Hochsprache der Kultur zu erschließen. Eigene Stützkurse wären schon in der Vorschulzeit und durchhaltend in der Grundschule notwendig (vgl. U. Bronfenbrenner: Wie wirksam ist kompensatorische Erziehung?)

H. Heckhausen sucht die *"optimale Passung"* zwischen Unterrichtsangebot und sachstrukturellem Entwicklungsstand der Schüler (in Roth, Begabung und Lernen). Er findet: "Die Passung ist dann optimal, wenn der Schwierigkeitsgrad des Unterrichtsangebotes fortlaufend den Leistungsstand der Schüler nur leicht überfordert" (255). Wenn man auch Bedenken gegen *jede* "Überforderung" hat und diesen Satz auf die wirkliche Herausforderung oder An-forderung reduzieren würde, muß doch sonst den Anregungen Heckhausens zu diesem Punkt beigepflichtet werden. Die fortlaufende Anpassung des Schwierigkeitsgrades anstehender Aufgaben an den Leistungsstand der Schüler ist eine Daueraufgabe aller Lehrer. Meßbar wird die "Passung" z. B. durch Prätests (Voraustests) und Schlußtests der Lernprogramme.

Das Prinzip der Entwicklungsgemäßheit sah aber immer auch über bloßes Anmessen eines Stoffes an den sachspezifischen Leistungsstand des Schülers hinaus. Sicher dachte man seit Rousseau an die Forderung: *keine Verfrühung!* Man dachte aber auch an ein entwicklungsphasengemäßes Leben, an das Eigenrecht der Kindheit, der Jugendzeit, der "Lehrjahre" (und der "Wanderjahre"). Man betonte das Sichzeitlassen und damit eine gewisse Entspanntheit (wohl auch weniger Leistungsdruck). Entwicklungsgemäßheit meinte auch *Kindgemäßheit*, Jugendgemäßheit und hatte eine entsprechende "Anthropologie des Kindes" als Bezugsphilosophie. Die behavioristische Lernpsychologie hat solche humanistische Romantik zurückgedrängt. Damit sind Freiräume der spielerischen und künstlerischen Erfahrung verlorengegangen. Man muß um einer entspannteren, weniger technologischen Bildungswelt willen eine Wiederbelebung der Kindheits- und Jugendanthropologie wünschen und fordern wie auch einer analog "humanistischen" Anthropologie des Erwachsenenalters und der Phasen des höheren Alters. Guardini und Pöggeler haben gezeigt, wie alle Lebensphasen ihre Aufgaben und damit Möglichkeiten haben. Die Bildungsaufgaben, die sich ein Mensch je nach seiner Lebensgeschichte vornimmt, lassen sich auch so auf das ganze Leben sinnvoll verteilen. Es steht dem Menschen gut an, seine Entwicklungsschritte gelassen, froh, ruhig zu gehen, ohne unwürdige Hast und Eile, ohne Leistungsängste und Druck. Es sollte nicht länger so sein, daß sich Bildner, Lehrer, Kulturvermittler als Antreiber fühlen und wegen fortwährender Überforderung fühlen müssen. Entwicklungsgemäßheit ("optimale Passung") sollte sich als methodisches Prinzip auch auf diesen humanistischen Auftrag beziehen.

Zusammenfassung: Das methodische Prinzip der Entwicklungsgemäßheit fordert die Anknüpfung an den sachspezifischen Leistungsstand des Lernenden ("sachstruktureller Entwicklungsstand"), sachgerechte Lernsequenzen und überforderungsfreie, aber doch herausfordernde Aufgabenstellungen. Dieses Prinzip kann auch stehen für eine selbständige, biographische

Verteilung von Bildungszielen auf das ganze Leben (optimale individuelle Passung an Lebensalter und Lebensumstände).

IV. Motivation

Hans Schiefele (Lernmotivation und Motivlernen, 1974) hat eine pädagogische Motivationstheorie entworfen. Es geht um Aktivierung des Organismus überhaupt, näherhin des Lernverhaltens, besonders der lernzielorientierten Aufmerksamkeit und der wertorientierten Interessen. Über das Motivieren für die nächste Unterrichtseinheit oder -stunde, die kurzfristige Konzentration der Lernenergie, d. h. die *Lernmotivation* im engeren Sinne hinaus, kommt es pädagogisch noch mehr auf das *Motivlernen* an, d. h. auf langfristige Perspektiven, auf Interessiertwerden und Interessiertmachen im Persönlichkeits-, Bildungs-, Kultur-, und Werthorizont. Bloß kurzfristig wäre etwa eine Gummibärchenverstärkungsmethodik, wie sie in der Schwerstbehindertenpädagogik vorkommen soll, oder eine Methode, die auf Notenbuch und Leistungsdruck setzt. Das wäre zu wenig. Wir wissen, daß wir uns als Pädagogen verantwortlich fühlen müssen dafür, daß die Motive höher werden, daß Kinder und Jugendliche größere Spannungsbogen bewältigen. Primitivere Antriebe möglicherweise zu benützen, um zu verstärken, damit man überhaupt etwas in Gang bringt, kann zwar nicht einfach verworfen werden und ist unter schwierigen didaktischen Verhältnissen wohl unvermeidbar. Aber diese Phase sollte überwunden werden zu Gunsten weiterreichender Motivation, letztlich der Bildungsmotivation. Verstärker sollten immer mehr geistiger Art sein oder wenigstens dahin weisen, wie Sekundärtoken, die Kinder sammeln und dann für eine entsprechende Menge wieder etwas eintauschen können (z. B. einen Bleistift, ein Heft, ein Buch). Aber alle diese bescheideneren Motive weisen auf Ergänzung und Überhöhung durch geistigere, sachlichere, humanere Anreize hin. Aus pädagogischen Gründen sind solche Motive und damit das Lernen dieser Motive zu bevorzugen. In der Praxis sollten sie von Jahr zu Jahr mehr zur Geltung kommen. Frühe Ansätze dazu sind in Familie, Kindergarten, Grundschule sorgsam wie junge Pflanzen zu pflegen, z. B. Problemdenken, sozialethische Regungen, ästhetisch-kreative Versuche, Selbstanspruch und feinere Gewissensregungen in Entscheidungssituationen. Frühe Wertsensibilisierung sollte dann möglichst wenig durch die simple Massenpeitsche schulischen Leistungsdrucks gestört und in ihrer Entfaltung gehemmt werden.

Da Motiv von lateinisch motus = Bewegung und movere = Bewegen herkommt, meinen manche, es komme vor allem auf äußere "action" im Klassenzimmer an, wenigstens auf viel Wechselrede, Fingerzeigen, Tätigkeitswechsel, massenhaften Medieneinsatz, häufige Adrenalinstöße, auf "Klappern und Plappern". Dagegen setzen Kenner der Bildungs- und Verbildungswirkungen der Schule, wie Peter Petersen, die Forderung von "Schulen des Schweigens und der Stille", um wenigstens in einem Teil des Unterrichts, z. B. in Stillarbeit, Bildbetrachtung, Selbstlesen, Feier, Meditation, Gebet, vertiefte Motive aufzubauen bzw. zur Wirkung kommen zu lassen. Die Arbeit an der Hebung des Motivationsniveaus darf aus Bildungsgründen niemals hinter der aktuell-situativen Lernmotivation zurücktreten.

Methodisch unmittelbar wichtig ist freilich zunächst (und das ist für den Lehranfänger gar nicht so leicht) die Gewinnung und Erhaltung der *Aufmerksamkeit* seiner Schüler. Diese Aufmerksamkeit hat in sich einen starken erzieherischen Schub, eine Wirkung, die Montessori vor allem herausgearbeitet hat (im "Montessoriphänomen", das nach der genialen italienischen Pädagogin benannt ist, das für sie ein Schlüsselerlebnis war: sie hat ein dreijähriges Mädchen beobachtet, das mit Einsteckzylindern gearbeitet hat, die man in verschiedenen Größen in ein Holzbrett einfügen kann; das Kind war völlig konzentriert und hat das Einstecken der Zylinderserie sehr oft (44 mal) und trotz Störversuchen unbeirrt wiederholt. Schließlich ist das Kind völlig gelassen und froh aus der Situation herausgegangen). Montessori spricht von der "Polarisation" der Aufmerksamkeit. Durch sie würde ein wesentlicher Impuls gegeben zur "Normalisation". Kinder sind heute oft verstört durch allzuviel Reize, geraten in "Deviation", also in Verwirrung, auf Abwege. Es kommt darauf an, aus der Deviation herauszukommen und zur Normalisation zurückzufinden. Dazu ist die Polarisation der Aufmerksamkeit der entscheidende Ansatz. Im Aufmerken wird die Merkwelt orientiert, auf ein engeres Feld gerichtet, so daß sich Spannung und Erwartungen einstellen. Schiefele (434): "Motivation richtet menschliches Handeln durch Raum und Zeit ... Die Gerichtetheit motivierten Handelns wird besonders in den Erscheinungsformen der Aufmerksamkeit faßbar: Spannung, Wachsamkeit, Selektion". Eggersdorfer fordert sowohl sachbedingte wie zunehmend auch willensbedingte Aufmerksamkeit, Schröder (Lernwirksamer Unterricht, S. 69 f.) betont die Weckung der Aufmerksamkeit durch Konfrontation mit dem Unterrichtsinhalt. Als wichtig für die Aufmerksamkeitsgewinnung gilt die klare und deutliche Zielangabe im Unterricht. Schröder setzt aber mehr auf eine Weckung der Aufmerksamkeit "durch die Sache" (ebda.). Dazu müsse der Lehrer "auf die Interessenlagen seiner Schüler eingehen" bzw. "Interesse für die gesteckten Ziele durch Konfrontation mit einer Sachproblematik wecken" (S. 71).

Diese "Weckung" wird oft versucht durch Neugieranreize, Erlebnisse von Wissensmangel. Petzelt hält viel von der Fragehaltung, Corell hält ähnlich viel von begrenzten Problemen, viele Theoretiker setzen auf problemorientierten Unterricht und Entdeckungslernen. Letztlich ist im Bildungsgeschehen natürlich das Gewinnen der Aufmerksamkeit auch für die eigene Sache wichtig, das "tua res agitur" (es ist deine Sache, um die es hier geht), damit sich das Bildungsstreben, das Bildungsmotiv selbst formiert und verstärkt. Anreiz wird allerdings oft zunächst nur das Auffallende, primär "Interessante" sein, das mit Reizqualitäten ausgestattet ist (Größe, Menge, Neuheit, Bewegtheit, das Erregende, Überraschende, Faszinierende oder Bedrohende). Hiermit wird allerdings nur die unwillkürlich-reaktive Aufmerksamkeit und die oft nur für kurze Zeit gewonnen. Je bescheidener das Niveau der Schüler, um so mehr wird der Lehrer solche Aufmerksamkeit zum Einfangen und Kanalisieren der Schüleraktivität, zunächst wenigstens, benötigen. Jeder Lehrer braucht hier etwas vom Reklamefachmann und Showmaster. Seine Lehrkunst zeigt sich aber erst in ihrer bedeutenderen Gestalt bei der Führung zur willentlichen Anstrengung, zur willkürlichen Aufmerksamkeit, zur geistigen Hinwendung, zum nachhaltigen Suchen, genauen Beobachten und präzisen Formulieren, zum detaillierten Gestalten, zum überlegten Prüfen und differenzierten Bewerten. Gelingt es, im Schüler so wachsende Sachkompetenz und Sachinteresse, ja Sachlichkeit selbst zu wecken, so ist eine höhere Stufe der Aufmerksamkeit erreicht, die auch weniger Stützung durch immer neue Reizmotivation benötigt. Bildungsstreben wird erst auf diesem Niveau aktiviert. Vorher ist eher primäres Streben nach Neuem, nach Unterhaltung, Lust, Anpassung, vielleicht auch sekundäres nach Geltung, Ansehen, Status bestimmend für die Lernmotivation oder gar negativ getöntes Streben, wie solches nach Unlustvermeidung, Konkurrenzfähigkeit, Motive der Vermeidung von Not, Verachtung, Blamage usw.. Freudvolles Lernen ist generell besser als durch Negativmotive angeregtes.

Ziel der Motivation ist es weiter, über die Aufmerksamkeit für die nächsten Lernschritte hinaus dauerhafte *Interessen* zu fördern. *Herbart* hat seine Pädagogik auf die "Vielseitigkeit des Interesses" hin orientiert (Allgemeine Pädagogik 1806). Er unterscheidet die Interessen der Erkenntnis und die Interessen der Teilnahme (kognitive und soziale Interessen): "Das Lernen soll dazu dienen, daß Interesse aus ihm entstehe. Das Lernen soll vorübergehen, das Interesse soll während des ganzen Lebens beharren". Interessen erwachen durch "Erfahrung und Umgang". Sie stehen "in der Mitte zwischen dem blossen Zuschauen und dem Zugreifen". Interesse entzündet sich am Interessanten. Es kommt nicht auf erdrückende Menge der Objekte und Apparate an, sondern auf die wichtigsten "Gemütszustände", auf Erkenntnis und Teilnahme ("an Menschheit, Gesellschaft und dem Verhältnis beider zum höchsten Wesen").

Ähnlich stellt *Kerschensteiner* vier Grundmerkmale des "echten" Interesses heraus (Theorie der Bildung, S. 269: das innerliche Angetriebensein

(Spontaneität), das aufmerksame Gerichtetsein (Objektivität), die gefühlsmäßige In-eins-Setzung (Emotionalität) und die unbedingte Dauerhaftigkeit
(Tenazität). Wenn eines dieser Merkmale fehlt, ist das echte pädagogische
Interesse, das, worauf die ganze Interessenförderung letztlich hinzielen soll,
noch nicht erreicht. Wir müssen dann zwar zufrieden sein mit dem jeweilig
erreichten Stand der Interessenentwicklung eines Kindes, aber auf das, was
auch Herbart als Ziel ansieht, nämlich die Vielseitigkeit gleichschwebender
Interessen (vgl. den Proportionierlichkeitsgedanken von Humboldt), muß
man doch hinarbeiten.

Der heute oft verwendete soziologische Interessenbegriff ist leider sehr
reduziert auf ökonomische oder Machtmotive (Habermas stellt deshalb die
Interessen den Werten gegenüber), so daß man etwa leicht bei der Rede vom
"erkenntnisleitenden Interesse" über dem Blick auf außerkognitive Motive
übersieht, daß das erste und wichtigste erkenntnisleitende Interesse eben das
Interesse an wahrer Erkenntnis ist. Wir benützen hier einen wertoffenen
Interessenbegriff, ohne allerdings den ideologiekritischen Fragen nach
Motivmischung ihre Fruchtbarkeit und Notwendigkeit absprechen zu wollen.
Auf die sachliche Motivation, im Verhältnis zur unsachlichen, indirekten,
weist auch die psychologische Unterscheidung von intrinsischer und extrinsi-
scher Motivation hin. Extrinsisch sind sachfremde, intrinsisch sind solche
Motive, die in der Sache selber liegen und den Menschen unmittelbar angehen (vgl. Heckhausen in Roth (Hg.): Begabung und Lernen). Um die Motiva-
tionshöhe bemüht ist heute besonders die "Humanistische Psychologie". A.
H. *Maslow* (Psychologie des Seins, 1973) unterscheidet Defizit-Motivation
(D-Motivation) und Seins-Motivation (S-Motivation). Die "Seinsmotivation"
nennt er auch Wachstumsmotivation. Es käme sehr darauf an, daß Menschen
aus der bloßen Defizitmotivation herauskommen und möglichst viel Seins-
motivation aufbauen. Maslow unterscheidet ähnlich wie Erich Fromm Man-
gel-Lust versus Überfluß-Lust. Die D-Motivierten seien eher auf Befriedigung der Grundbedürfnisse orientiert, wie den Bedürfnissen nach Sicherheit,
Nahrung, Schlaf, soziale Zugehörigkeit und Anerkennung, die S-Motivierten
auf Wachstum, Selbstverwirklichung, Kreativität, Transzendenz. Maslow
stellt als Seinswerte heraus (94 f.): Ganzheit, Vollkommenheit, Vollendung,
Gerechtigkeit, Lebendigkeit, Reichhaltigkeit, Einfachheit, Schönheit, Güte,
Einzigartigkeit, Mühelosigkeit, Verspieltheit, Wahrheit und Selbstgenügsam-
keit. Es kommt auf die Verschmelzung solcher Werte im sich selbst verwirk-
lichenden, voll funktionierenden Menschen an, auf die integrierte Persönlichkeit. Leistungen seien sekundär. Wir streben im Unterricht leider zuviel nach
Leistungen und nicht genügend unmittelbar auf das Sein zu. Die "Humani-
sten" wie Maslow, Rogers, Fromm haben zu Recht das Sein gegenüber dem
bloßen Haben und Leisten betont. Leistungen seien nur Epiphänomene, Ne-

benerscheinungen, die sich ohnedies einstellen, wenn jemand seinsmotiviert ist (ebda. 149). Maslow arbeitet als hochmotivierende Erlebnisse sogenannte "Grenzerfahrungen" heraus. Er bewertet sie als "die wunderbarsten Erfahrungen" des Lebens (83 ff.) und spricht vom Seinserkennen in solchen Grenzerfahrungen. "Im S-Erkennen tendiert die Erfahrung oder das Objekt dazu, als ein Ganzes, als eine vollständige Einheit gesehen zu werden, losgelöst von den Beziehungen, von der möglichen Nützlichkeit, Zweckmäßigkeit und Angemessenheit" (S. 85). Von großer Wichtigkeit sei "totale Aufmerksamkeit", die dem Gegenstand ausschließlich und voll gewidmet sei. Musterfall ist für ihn die Mutter, die liebevoll ihren Säugling wahrnimmt in seiner Einzigartigkeit wie er "wunderbar, perfekt und faszinierend" vor ihr liegt. Das erinnert uns wieder an Pestalozzi und seine Deutung der Beziehung von Mutter und Kind als dem Urtyp, von dem aus jede Pädagogik als vom pädagogischen Bezug her getragen, sich verstehen ließe, denn das ist urtümliche menschliche Beziehung, in der der Mensch wirklich nicht zweckhaft denkt, jedenfalls in der Regel nicht, sondern liebend auf das werdende menschliche Wesen hingerichtet ist. Der Liebende habe eine ähnliche Chance, ob in der Liebe zu einem Partner oder zu einem Werk. Bei solchem Erkennen könne man erst den Detailreichtum, die vielseitige Bewußtheit erwarten, die weit über beiläufige, schematischen Gerüsten zuordnende Beobachtungen hinausgehen. In derartigen "Grenzerfahrungen" komme man gleichzeitig der Erkenntnis der Welt und seinem eigenen Sein näher (S. 106). "Wenn man einheitlicher wird, kann man mehr Einheit in der Welt erblicken. Wenn man S-verspielt wird, ist man imstande, auch das S-Spiel in der Welt zu sehen. Wenn man stärker wird, sieht man besser die Stärke und Kraft in der Welt" (ebda.). Am Ende schwingt sich Maslow auf zur "kosmischen Erfahrung" zu dem "Gefühl, Teil zu sein der Einheit, wie man sie in einer großen philosophischen Einsicht wahrnimmt" (ebda.). So hoch Seinserkenntnis und Seinsmotivation geschätzt werden, so übersieht Maslow doch nicht einige Gefahren, wie etwa einseitige Kontemplation, zu weitgehendes Akzeptieren und Tolerieren, Nachlassen aktiver Hilfe für andere, Überästhetizismus usw. Maslow berichtet von seinen "Versuchspersonen" kaum etwas hinsichtlich solcher Gefahren. Sie hätten sich, wie er schreibt, sogar als durchgehend fähiger zum wirksamen Handeln erwiesen (S. 132).

Motivation ist jedenfalls ein Problem des Wertniveaus und der Wertsteigerung. Wer sich und seine Schüler zu niedrig motiviert, zieht erziehungs- und bildungsmäßig herab, wenigstens, wenn er dies dauernd tut. Wer allerdings unangemessen hoch motiviert, reißt zu wenig mit. Wer gar keinen Durchblick auf höhere und höchste Motive gibt, hemmt letztlich die persönliche Integration. Es kommt zugleich auf die Einsicht in den gegebenen Werthorizont an und auf die Ausweitung dieses Horizonts. Der hervorragende Willenspsychologe Johannes Lindworsky hat (in seiner "Willensschule") gezeigt, wie Werte vermittelt, eingepflanzt, gepflegt werden können, wie Motive in einem hierarchisch-strukturierten Motivkomplex eingebaut und dadurch eine charakterstarke Willensstruktur (Wilhelm Keller) erzielt werden kann.

Zusammenfassung: Das Motivationsprinzip in der Bildungsarbeit fordert Gewinnung und Erhaltung der Aufmerksamkeit für Bildungsinhalte und Aufbau von Interessen. Man soll nicht nur für den nächsten Lernschritt motivieren und vorwiegend aus niederen, sachfremden (extrinsischen) Motiven, sondern soll seine und seiner Schüler Wert- und Motivwelt auszuweiten und zu steigern suchen, zunehmend sachliche (intrinsische) Motivation bevorzugen und nicht nur auf Lernmotivation bedacht sein, sondern auch auf Motivlernen.

V. Anschauung

Pestalozzi betont das Weitertreiben von "dunklen sinnlichen Anschauungen", Eindrücken und Wahrnehmungen über die Benennung, Beschreibung, Definition zu "deutlichen Begriffen", weiß aber, daß "Anschauung das Fundament aller Erkenntnis" ist. Pestalozzi weitet seinen Anschauungsbegriff auch aus auf verschiedene elementare Erfahrungen nichtkognitiver Art, z. B. gemüthafte und sittliche Erfahrungen.

In unserer Zeit hat Klafki die Anschauung besonders betont und zwar vor allem solche Erfahrungen und Erlebnisse, die aufschließenden Charakter haben (Schlüsselerlebnisse). Eggersdorfer spricht von Anschauung als Beobachtung der Außenwelt, als Erleben der Innenwelt und als Ausbau der Vorstellungswelt. Entsprechend legt er das Anschauungsprinzip aus als Forderung der Wirklichkeitsnähe, der Erlebnistiefe und der Vorstellungsklarheit des Unterrichts. In Brugger (Hg.): Philosophisches Wörterbuch, (14. Aufl. 1976) definiert Lotz: "Anschauung im strengen Sinn ist der direkte Hinblick auf das existierende Einzelne, das sich in seiner konkreten Fülle unmittelbar (d. h. ohne Vermittlung anderer Erkenntnisinhalte) zeigt". Vor allem wird gedacht an sinnliche Wahrnehmung und Vorstellung, obgleich es auch geistige Anschauung gibt. Typisch ist die Differenz zwischen Anschauung und abstraktem Begriff. Betont wird auch didaktisch das Vermeiden vieler Worte, wenn der Gegenstand selbst herangeschafft oder wenigstens abgebildet vorgeführt werden kann. Die unmittelbare "Begegnung" mit dem konkreten Objekt, der Realbezug, das handgreiflich vor den Schüler Bringen der Unterrichtsgegenstände, wenn dies irgend möglich ist, das ist die Grundintention des Anschauungsprinzips. Schröder definiert die Forderung der Veranschaulichung auch nach der subjektiven Seite (Lernwirksamer Unterricht S. 73): "Veranschaulichung im Unterricht heißt, den Unterrichtsstoff so darzubieten, daß die Schüler ihn mit Hilfe ihrer Sinnesorgane und entsprechend ihrer Auffassungsfähigkeit voll erfassen können". Es kommt für ihn auch sehr darauf an, daß über oberflächliche Betrachtung hinausgegangen wird, daß Denkanregungen von dem Gegenstand ausgehen, daß Anschauungsmittel (Medien) überall dort eingesetzt werden, wo der unmittelbare, echte Umgang mit der Sache nicht möglich ist (S. 75). Die Seminardirektoren Drescher und Hurych nennen unter den Kunstfehlern im Unterricht im Hinblick auf die Unterrichtsprinzipien zuerst: "Das Prinzip der Veranschaulichung wird nicht beachtet". Bildungspläne, Richtlinien und Lehrpläne betonen das Anschauungsprinzip. Es wird vom Grundsatz der Anschaulichkeit oder von der Arbeit an der konkreten Wirklichkeit gesprochen. Unterrichtsgänge und Lehrwanderungen sollen zu den Gegenständen hinführen. Wenn immer es möglich ist, sollen die Gegenstände zur unterrichtlichen Behandlung ins Klassenzimmer geholt werden. Die Medien dagegen werden deutlich abgehoben. So in dem Kommentar von Siegfried Baumann zum Grundschullehrplan Bayern (1982 Nr. 10.30): "Die Medien können ... die Wirklichkeit nicht ersetzen, allenfalls sinnvoll ergänzen". Geißler ordnet das ältere Prinzip der Anschauung (Anschauung immer vor der Begriffsbildung, oder vom Konkreten zum Abstrakten) implizit dem neuen, weiteren Prinzip der "Zunehmenden Komplexität" zu. Besonders interessant ist dabei der Hinweis auf die vermittelnde Funktion von Modellen. Wir gebrauchen das Modelldenken besonders bei der sogenannten posttheoretischen Veranschaulichung (d. h. wenn wir einen Begriff jemandem verdeutlichen wollen, dann gebrauchen wir gerne ein anschauliches Schema). Genauere Zusammenhänge hat die allgemeine Modelltheorie (Stachowiak) entwickelt.

Es ist noch hinzuweisen auf die Gesichtspunkte der Auswahl und Ordnung der Anschauungen. Wichtiger als Anschauungsvermittlung überhaupt ist gezielte exemplarische Auswahl im Dienste der Bildung. Die wissenschaftlichen und axiologischen Ordnungsgesichtspunkte sowie die Bildungsdimensionen mit ihren Leit- und Richtzielen entscheiden über die Vorrangigkeit einzelner möglicher Anschauungen. Insofern entscheidet letztlich der Begriff, die Idee im Bildungsprozeß (ähnlich wie im Erkenntnisprozeß) über die Anschauungen. Es kommt im intellektuellen Bereich selbstverständlich darauf an, von den Anschauungen zu Begriffen weiterzuführen. Es kommt darauf an, mehr Klarheit in die Köpfe zu bringen. Zwischen Anschauungen und Begriffen besteht eine Wechselwirkung. Sie können sich über Rückkopplungen gegenseitig verbessern. Die vorbegriffliche Anschauung ist in der Regel nur der erste Einstieg. Durch Hinweise auf Suchschemata wird die Erstanschauung dann differenzierter. Die Komplexität des Gegenstandes wird bewußter. Es erheben sich Detailfragen, die wiederum durch genauere Beobachtung der Klärung näher geführt werden. So verbessert sich der Begriff. Die Perspektivität der Begriffsdefinition wird bewußt. Andere begriffliche Perspektiven führen zu weiteren Anschauungsbemühungen usw. In der "Anschauung" wird immer das konkrete Berührtsein, die existentielle Nähe, das Ganzheitliche, Lebendige stärker betont. Unter den Bildungsdimensionen liegt Anschauung näher bei der Áisthesis, der Begriff bei Nóesis, die Praxis ist notwendig vermittelnd. Die Künstler aller Kunstarten können beim Bemühen um Anschaulichkeit oft besonders kompetent helfen.

Hinsichtlich der *Ordnung* der Anschauungen ist zunächst auf Kant hinzuweisen. Für ihn besteht Anschauung aus den beiden Elementen Empfindung und Anschauungsform. Das "Gewühl" der Empfindungen, bildet den Stoff, der in die Anschauungsformen von Raum und Zeit eingeordnet wird. Raum und Zeit seien nicht objektiv real, sondern subjektive, apriorische Bedingungen, Formen der Sinnlichkeit. Die Anschauungen bilden wiederum den Stoff für die Erkenntnis. Ihre Form, nämlich die Form der Anschauungen liefern die Kategorien, die Denkformen, als Bedingungen des Denkens z. B. die Denkform der Kausalität. Nun sind aber die Empfindungen selbst durchaus nicht ohne Ordnung: wir ordnen z. B. die Gesichtsempfindungen zum einen in der Schwarz-Weiß-Reihe, zum anderen nach Farben und diese wiederum nach Qualität und Intensität. Die durch Gesichtswahrnehmung gegebenen Formen ordnen wir nach Größe, Entfernung, dimensionaler Ausdehnung, Gestalt, Bewegung bzw. sonstiger Veränderung. Das subjektive Moment wird besonders in der Dingkonstanz, Helligkeitskonstanz, Gestalttendenz deutlich. Aber niemand würde deswegen heute ernsthaft die Objektivität der Gesichtswahrnehmung, vor allem wenn sie noch taktil (durch Berührung) bestätigt ist, bezweifeln. Wenn es möglich ist, sollten also Dinge immer mehreren Sinnen präsentiert werden. Wir sprechen von mehrsinnlicher, mehrperspektivischer Anschauung. Analoge Ordnungsdimensionen sind selbstverständlich auch bei anderen Empfindungsklassen zu finden, besonders differenziert bekanntlich bei den Gehörempfindungen. Es sei hier nur hingewiesen auf Tonhöhe, Tonstärke, Obertöne, Klänge, Tondauer, sowie die Veränderung dieser Elemente. Gehörwahrnehmungen sind besonders im Hinblick auf menschliche Laute und Sprache und in der Musik von erheblicher Bildungsbedeutung. Die Anschauungsordnungen sind vor allem für die Detaillierung und Beschreibung wichtig. Lehrer und Schüler müssen sich ja über ihre Wahrnehmungsinhalte verständigen auf dem Weg über verbale, auch zeichnerische oder andere Symbole. Dann erst kann sinnvoll zum Vergleich und zur Begriffserklärung fortgeschritten werden. Die volle Durchordnung aller Anschauungen ist nur möglich über die Kategorien. Insofern ist die Begriffswelt der Anschauungswelt unbedingt übergeordnet. Da wir mit Bildung ein

Begreifen von Welt meinen, müssen wir auf diese begriffliche Durchordnung achten. Anschauung ist dazu nur Vorstufe, aber eine unerläßliche.

Zusammenfassung: Das Anschauungsprinzip fordert zunächst handgreifliche Präsentation bildungswichtiger Gegenstände und ihre detaillierte mehrsinnliche und mehrperspektivische Betrachtung und Beobachtung, weitere Erfahrungen mit diesen Gegenständen, Umgang, eventuell Experimente. Anschauungsmittel (Medien) ergänzen und unterstützen die unmittelbare Anschauung, können sie aber nicht ersetzen. Über Verbalisierung oder sonstige Symbolisierung der Empfindungen, Wahrnehmungen und Erfahrungen soll zu klaren Begriffen geführt werden. Mitunter sind auch komplexe Relationen durch Schemata oder Modelle (posttheoretisch) zu "veranschaulichen".

Wer sich vergegenwärtigen will, was Anschauung in der *Selbst*bildung besonders erwachsener Menschen bedeutet, braucht nur einen Liebhaber von – sagen wir – Barockgemälden zu beobachten oder einen Ornithologen, einen Botaniker, einen Freund von Orgelmusik oder einen von Kristallen. Nicht in allen Bereichen der Áisthesis, Nóesis und Praxis präsentiert sich allerdings das "Objekt" so sinnennah und leicht. In manchen Objektbereichen muß auch durch künstliche Detektoren über die Erfahrungsbereiche unserer Sinne hinaus "Anschauung" gesucht werden, wie etwa in der modernen Astronomie (vgl. auch deren Umsetzung oder "Veranschaulichung" durch Computerbilder), in anderen Naturwissenschaften und in der Medizin. Aber auch hier gilt, etwa für die ärztliche Praxis, daß unmittelbare sinnliche Wahrnehmung eine unersetzbare Erkenntnisquelle ist.

VI. Erfolgssicherung

Bei diesem Prinzip geht es um Vermeidung des Vergessens, der Unverfügbarkeit, der Desintegration der aufgenommenen Bildungsinhalte. Die Aufnahme einzelner Wissens- und Erlebnisinhalte wird also vorausgesetzt. Um zu sichern, kann aber und sollte auch die Aufnahme selbst so angelegt werden, daß das Behalten, die Übertragbarkeit und Verfügbarkeit und Integration mit gewährleistet werden. Als wichtigste Mittel der Sicherung gelten Beziehungsstiftung (Assoziation), Strukturierung, Wiederholung, Übung und Anwendung. Dazu kommt die Prüfung, die aber sachgerechter dem letzten methodischen Prinzip, das dann noch zu behandeln ist, der Kritik, zugeordnet werden kann.

a) Beziehungsstiftung (Assoziation)

Assoziation meint die Verknüpfung von Vorstellungen und Erlebnisinhalten durch gleichzeitige oder unmittelbar folgende Aufnahme in das Bewußtsein, z. B. wenn man dem Kind gleichzeitig einen Gegenstand und den Namen dazu präsentiert, beim Lernen eines Fremdwortes dieses zusammen mit dem sinnächsten muttersprachlichen Wort. Sehen eines Gegenstandes wird verbunden, assoziiert mit dem gehörten Namen, am besten auch gleich mit dem selbsttätigen Sprechen dieses Namens und dem Beachten der Schreibweise, der Buchstabenfolge dieses Wortes, schließlich auch noch mit dem selbständigen Schreiben dieses Wortes. Alle diese Momente können zusammengebunden werden und stützen sich dann mnemotechnisch gegenseitig. Objekt, Zeichen und Bedeutung werden miteinander im Gedächtnis verknüpft (vgl. L. Katzenberger, Auffassung und Gedächtnis 1967). Ähnliches, Gegensätzliches und räumlich bzw. zeitlich Nahes (Kontiguität) assoziieren sich leicht, werden daher auch leicht zusammen erinnert.

Die Beziehungen reichen aber über solche "mechanische" Verknüpfungen hinaus. So werden strukturierte Gestalten besser gemerkt als Unstrukturiertes, Formloses. Hier kommen oft Bedeutungsgehalte hinzu, so daß die Erklärung durch bloßes Reiz-Reaktions-Lernen, durch Signallernen oder Kettenbildung nicht mehr ausreicht (vgl. H. Skowronek, Lernen und Lernfähigkeit, 4. Aufl. 1972, S. 72 f.). Die schon seit Locke, Hume und Herbart bekannten Assoziationsgesetzlichkeiten sind aber auch heute noch unentbehrlich.

b) Strukturierung

In der bloßen Assoziation bleibt der Zusammenhang noch relativ äußerlich, geht aber schon bei Gegensatz- und Zeitkettenassoziationen zu inneren Zusammenhängen über. Die Gegensatzassoziation wird etwa in der dialektischen Denkfigur (These – Antithese – Synthese) genützt. Die Zeitkettenassoziation spielt im genetischen und geschichtlichen Merken eine erhebliche Rolle. Der Gestalt- bzw. Strukturbegriff weist aber über alles bloß Ketten- und Summenhafte hinaus zu (hierarchischen) Gliederungen, Organisationen, Ganzheiten, die nach Verständnis verlangen, nach Begreifen vor allem funktionaler Zusammenhänge. Von da an überschreitet dieses Prinzip das der blossen Assoziation deutlich. In den inneren Zusammenhängen Verstandenes ist weit besser resistent gegen Vergessen. Einzelnes wird oft auch besser gemerkt, wenn sein Platz in größeren Zusammenhängen zuvor bekanntgemacht wird. Ein kurzer Überblick vor Einführung von Details schafft daher "organizer", Ankerbegriffe, Rahmen- und Zuordnungsgitter. Auf noch höherer Ebene werden auch die begriffenen Gestalten zusammengeordnet und in ihren Zusammenhängen verstanden. Immer weitere Begriffe werden erworben und in ihren Verknüpfungen und Regelkreiszusammenhängen verstanden. Man nähert sich langsam der Gesamtstruktur eines Wissensbereichs, schließlich einer Wissenschaft. Begriffsbäume und Verbindungsregeln bzw. Netzwerk und Regelkreise werden verstanden und im Maße des Verständnisses leichter eingeprägt und reproduziert und zwar um so mehr, als die Zusammenhänge logisch klarer und durchsichtiger sind.

Über die Wissenschaften hinausreichend (und das ist der letzte Integrationspunkt) versucht die *Philosophie* die krönende und abschließende Strukturierung unseres Wissens. Daher ist für die höheren Stufen der Bildungsarbeit der philosophische oder doch bereichsphilosophische Überblick die relativ beste Sicherung des erworbenen Bildungsniveaus (Unter Bereichsphilosophie verstehen wir z. B. Sprachphilosophie, Naturphilosophie oder Ästhetik usw.). Philosophie liefert (mindestens) so etwas wie das Dach oder Gewölbe über dem Bildungsbau, das quasi das Mauerwerk schützt gegen Verwitterung, das zusammenhält und damit auch Leben darunter möglich macht. Ohne Philosophie ist es schwer, Zusammenhänge herzustellen unter mehreren oder gar allen Wissensbereichen. Alle höheren Strukturierungen zusammen erweisen, daß *Lernen durch Einsicht* zugleich *die höchste und dauerhafteste Form der Bildungssicherung* ist.

c) Wiederholung und Übung

Repetitio est mater studiorum (Wiederholung ist die Mutter der Studien). Die erste Wiederholung geschieht in der Regel im Nachsprechen oder Niederschreiben z. B. eines Wortes, eines Satzes, einer Regel. Das Wiederholen von strukturiertem Wissen z. B. gegen Ende einer Stunde oder Unterrichtseinheit wird für den Lehrer zugleich ein Instrument zur Messung seines Lehrerfolgs und damit eine Überprüfungschance. Die erste zusammenfassende Wiederholung (die zur Merkoptimierung möglichst sofort und wenigstens einmal nach 24 Stunden erfolgen sollte) gilt als besonders wichtig. Bei eher mechanischen Abläufen dienen Wiederholungen der Automatisierung, dem Einschleifen von Reiz-Reaktionsketten (z. B. Einmaleins einüben). Automatismus hat seinen Sinn in der Entlastung des Denkens. Man soll ihn nicht gänzlich verachten. In gewisser Weise reicht die Funktion der Entlastung bis hinauf zum Regellernen, denn die Regel ist ja auch eine vereinfachte Form, wie man sich etwas zu Erwartendes oder zu Leistendes merken kann (Ähnliches gilt letztlich von jeder Institutionalisierung). Auf solchen höheren Ebenen (also Regellernen usw.) sollte aber der Entstehungszusammenhang der Regel, die Erklärungskette *mit* wiederholt werden.

Übung ist erforderlich, wenn Wiederholung allein oder in Verbindung mit

Anwendung nicht ausreicht. Sie dient der Einschleifung, z. B. von Bewegungsabläufen, etwa beim Instrumentenspiel, Sport, Maschinenschreiben. Bedeutsam ist Übung z. B. auch beim Vokabellernen. Zur didaktischen Kunst gehört es, Übungen nicht langweilig und frustrierend werden zu lassen. Beliebt sind dazu Übungs*spiele*, auch kleine (etwa rhythmische) Variationen, oder Partnerarbeit (wechselseitiges Abfragen, Partnerübungen im Sport, vierhändige Etüden am Klavier). Abwechslung zwischen Übungsformen hat sich bewährt.

Mitunter werden Übung und Wiederholung gleichgesetzt. Die Wiederholung dient aber der ersten Sicherung und bleibt der Ersterarbeitung in der Regel nahe. Die Übung besteht in mehreren Wiederholungen und erlaubt mitunter gewisse Varianten. Hier steht der Übungsbegriff dem der Anwendung nahe.

d) Anwendung

Bei der Anwendung kommt es an "auf *eine Verwertung* des Gelernten bei der Lösung von Aufgaben und Situationsproblemen" (Schröder, Lernwirksamer Unterricht, S. 84). Anwendung dient der Sicherung und Kontrolle. Möglichst bald nach Erarbeitung, z. B. einer mathematischen Formel, wird der Lehrer für den Schüler interessante, sinnvolle und für den Schüler höchst wahrscheinlich lösbare Aufgaben stellen, in denen dieser möglichst zugleich den praktischen Sinn des Erlernten erfährt und durch Sinn- und Erfolgserlebnisse in seinem Lern- und Bildungswillen gestärkt wird. Anwendung leistet also zugleich Transfer- oder Übertragungsfunktionen und verknüpft Theorie (Nóesis) und Praxis. Anwendungsaufgaben werden oft und leider zu oft als Hausaufgaben in die außerschulische Einzelarbeit abgeschoben, obwohl hier auch Motivationspotential verschleudert wird. Gute Lehrer werden sorgsam ausgesuchte Anwendungsfälle möglichst in ihren Unterricht einbauen, besonders weil auch viele Querverbindungen zwischen Teilbereichen und Einzelzielen der Bildungsarbeit gestiftet werden, zumal wenn es sich um komplexere "Projekte" handelt, in denen zahlreiche Anwendungen aus verschiedenen Fächern im konkreten Lebens- und Arbeitsfeld zusammengebunden werden.

Zusammenfassung: Das methodische Prinzip der Erfolgssicherung fordert vom Lehrer, bildungswichtige Inhalte vergessensresistent, übertragbar und verfügbar zu machen. Dazu muß er diese Inhalte assoziativ verbinden, innere und äußere Zusammenhänge herstellen, Strukturen und Funktionen einsichtig machen, Wiederholungen, Übungen und Anwendung in angemessener Zahl, sowie Prüfungen und andere Kontrollen in seinen Unterricht einbauen.

Ziel dieses Prinzips ist Selbstübung, Selbstkontrolle und Selbstanwendung des sich Bildenden, wie sie Kerschensteiner für jede pädagogisch wertvolle Arbeit herausgestellt hat. Im weiteren Sinn werden durch dieses Prinzip auch die dimensionalen Bildungsanstrengungen, besonders zwischen Nóesis und Praxis, integriert. "Können" ist letztlich gefragt (vgl. W. Loch in E. König, H. Ramsenthaler (Hg.): Diskussion Pädagogische Anthropologie, 1980), damit auch ein Verbindungsbereich zwischen allgemeiner und beruflicher/lebenspraktischer Bildung. In den Übungsphasen kann auch Schülern, die bei der Erstbegegnung nicht ganz mitgekommen sind, noch stützend nachgeholfen werden, damit sie den Anschluß nicht verlieren.

Übung und Anwendung sind wie Anschauung als Prinzipien nach wie vor wichtig, weil vom schulischen Lernen leider auch heute noch gilt und hier teile ich das kritische Urteil von Hans Aebli (Zwölf Grundformen des Lernens, 1983, S. 392): "Allzu häufig bleiben die Ergebnisse bloße Worthülsen ohne tiefere Verankerung im Verhalten und ebenso häufig fehlt die Konsolidierung durch vielfältige Übung und Anwendung".

VII. Kritik (Beurteilung)

Urteilsentwicklung, Wertunterscheidungsfähigkeit, Gewissensbildung, Kontrolle von Leistung und Verhalten, Rückmeldung und Verstärkung von Lernerfolgen sind die Zwecke dieses vielseitigen Bildungsprinzips (vgl. H. Henz: Erziehung zur Kritik. In: Pädagogische Welt, Dezember 1956). Der Strukturplan von 1970 nennt unter den wesentlichen Aufgaben des Lehrers nach Lehren und Erziehen das Beurteilen. Letztlich dient das Kritik-Prinzip der Integration von Erlebnissen in die Persönlichkeit und der Entwicklung ihrer Wertrangordnung im Zusammenhang mit den Prinzipien der Wertorientierung und der Motivation. Während Tatsachen und Gesetzmäßigkeiten noch "wertfrei" übermittelt werden können, verlangt die Lebenspraxis des konkreten, existentiellen Menschen immer auch Bewertung und Einordnung dieser Tatsachen. Der Schüler will z. B. im Geschichtsunterricht über den zweiten Weltkrieg (oder andere Kriege) nicht nur die Tatsachen erfahren, über Entstehung und Folgen informiert werden, sondern auch die Beurteilung des Lehrers solcher gewalttätigen Konfliktbearbeitungen kennenlernen, um sich letztlich selbst ein Werturteil zu bilden. Der Sinn in jedem Mitteilungsprozeß ist letztlich nicht nur die sachliche Mitteilung, sondern auch die Verarbeitung, d. h. die Bewertung, der Einbau in die Persönlichkeitsstruktur. Die Menschheit hat das versucht in Mythen, Sprichwörtern, Sagen. Auf diesem Wege geben Menschengruppen ihre Wertvorstellungen (meistens in Schwarz-Weiß-Malerei, also scharf kontrastiert zu Unwertvorstellungen) weiter, entwickelter schon in Religionen und Rechtssystemen, schließlich vermittelt in Erziehungs- und Bildungssystemen. Man könnte also sagen: Kritik (Beurteilung) ist ein durchgängiges Prinzip in allen Teilbereichen der Kultur: in der Arbeitswelt, der Sportwelt, im Rechtswesen, in der Politik, der Moral, der Religion, in den Kunstbereichen und in der Wissenschaft und entsprechend auch im Bildungs- und Schulwesen.

Psychologisch gesehen entwickelt sich die kritische Einstellung besonders in der Vorpubertät und Pubertät. Die Anfänge liegen aber bereits in den ersten Lebensjahren, weil das Kind erwünschtes und unerwünschtes Verhalten unterscheiden lernt. Eltern und Lehrer, Gleichaltrige und Jugendführer übertragen ihre Werturteile nicht nur durch ausdrückliche Bewertungen, sondern durch ihr gesamtes Verhalten, z. B. durch ihre Hinwendung zu oder Abwendung von Menschen und Dingen, durch ihre Einstellungen und Haltungen auf die Kinder, zumeist unreflektiert.

In der Pubertät wird dies alles erstmals kritisch reflektiert. Kritik ist bewußte Beurteilung. Reflektierte Beurteilung ist eine höhere Form der Bewertung, höher in dem Sinn, daß man nach Argumenten sucht, daß man Legitimierung sucht, für weitergegebene Normen beispielsweise. An die Kritik werden deshalb auch besondere Anforderungen gestellt. Es wird nach Regeln gesucht. Das gilt nicht nur für Buchkritik, Aufführungskritik, Ausstellungskritik, sondern auch für politische und wissenschaftliche Kritik. In der Wissenschaftstheorie ringen heute zwei "kritische" Schulen um die Bestimmung der Regeln, der kritische Rationalismus (z. B. Popper) und die kritische Theorie der Gesellschaft (z. B. Habermas). Es werden *Verfahrensregeln* zur Diskussion gestellt, ähnlich wie es Verfahrensregeln gibt für strittige Fälle, etwa in der Politik, im Rechtswesen, hier z. B. das Verfahren der Falsifikation, d. h. des Nachweises, daß eine bisher geltende Theorie oder Hypothese letztlich nicht zu halten ist, weil es Fälle gibt, in denen man eindeutig nachweisen kann, daß sie nicht stimmt, oder das Verfahren der Normendiskussion (Diskurs).

Eine der wichtigsten Regeln der Kritik war schon im Altertum bekannt; die *Epoché*, das Zurückhalten des Urteils (besonders des inneren und noch mehr des geäußerten Werturteils) bis zur sorgsamen Klärung und zur Abwägung des Wertes oder Unwertes der Äußerung.

Als einfache praktische Regel für kritische (besonders verhaltenskritische) Äußerungen gilt: *das Positive vor dem Negativen sagen!* Das ist humaner. Solche Kritik wird leichter verkraftet. Dem Kritiker fällt allerdings meistens aus psychologischen Gründen zuerst das Störende, Negative auf, auch dem Lehrer, der die Hefte seiner Schüler durchsieht. Besonders er muß sich daher diese Regel immer wieder vor Augen halten, und es bedarf einer bewußten Anstrengung, das Positive in der geäußerten Bemerkung voranzustellen. Eine alte Regel für die Redekunst liegt in der Nähe: die "captatio benevolentiae" (das "Einfangen" des Wohlwollens): zuerst muß man einen positiven Kontakt stiften, dann verträgt jemand auch einmal ein Stück negative Kritik.

Oberste Norm der Kritik ist *Gerechtigkeit*. Das Urteil muß wahr sein, stimmen, entsprechen. Diese Entsprechung (jedem das Seine) ist die höhere Form von Gerechtigkeit (in Abhebung von "jedem das Gleiche"). Kritik muß dem Werk und dem Autor gerecht werden. Übergeordnet ist Sachgerechtigkeit. Aber für den Pädagogen ist Persongerechtigkeit gleichwertig, weil der junge Mensch noch viel Ermutigung braucht und den rauhen Wind der realen (z. B. politischen) Kritik nicht leicht ohne Entmutigung (und deren lähmende Folgen) verträgt. Die Regel der Gerechtigkeit wird in der realen Kritik, weil es um affektiv bewegende Urteile geht, nur zu oft übersehen. Man urteilt zu hart oder zu euphorisch. Vielleicht pendelt sich das Bild der Gesamtbewertung durch mehrere getrennte Urteile aus. Daher sind *mehrere unabhängige Gutachten* bei wichtigen Beurteilungen immer besser. Meist hat ein Schüler ja nicht diese Chance. Daher muß der alleinbewertende Lehrer besonders sorgsam versuchen zu überlegen, wie etwa andere Beurteiler mit anderen Ansichten als den seinen, diese Arbeit benoten würden, und er müßte ihre vermutliche Bewertung mit der eigenen zusammen seiner schriftlich oder mündlich geäußerten Bewertung zugrundelegen. Das ist aus psychologischen Gründen zwar nicht leicht, aber immerhin möglich. Besser und realistischer ist freilich die getrennte Bewertung durch verschiedene Gutachter, mindestens bei wichtigen Bewertungen (z. B. Prüfungsarbeiten durch zwei voneinander unabhängige Gutachter) und das Aushandeln der Endbewertung.

In allen Fällen, in denen es möglich ist und den Aufwand lohnt, sollten standardisierte *Tests* entwickelt und verwendet werden, besonders dann, wenn der weitere Bildungsweg entscheidend von bestimmten Prüfungsergebnissen abhängig ist. Ein bekanntes Problem ist da ja, daß ein Test, der einmal verwendet worden ist, durch die Mitteilbarkeit und Weitergabe unter den Schülern und Studenten beim nächsten Mal schon nicht mehr verwertbar ist, d. h. man braucht immer neue Tests. Große Erfahrungen hat man hier z. B. in den USA, besonders mit dem College-Eintritts-Test.

Sinn aller Fremdbewertung ist *Selbstbewertung* und *Selbststeuerung*. Wo immer daher Selbstkontrolle und Selbstbewertung möglich und sinnvoll sind, sollten sie auch in der Schule eingeführt werden. Kerschensteiner betonte die laufende Selbstbewertung für Arbeitsaufgaben besonders stark. Ja für ihn war eine pädagogisch interessante Arbeit von daher bestimmt: ihm galt eine Arbeit nur dann als pädagogisch wertvoll, wenn der Schüler sie selbst fortlaufend kontrollieren und daraufhin beurteilen kann, ob sie sachgerecht durchgeführt ist oder nicht. Man kann als Lehrer (z. B. mit Lückentexten am Ende einer Unterrichtseinheit und einem Auszählschema) Selbstbewertung von

Lernergebnissen ermöglichen. Bewährt haben sich wechselseitige Kontrollen von Schülern (besonders bei Partnerarbeit). Manche Lehrer lassen sich auch selbst von ihren Schülern am Zeugnistag ein Zeugnis geben, oder veranstalten von Zeit zu Zeit eine "Manöverkritik". Selbstkritische Lehrer können Schüler leichter zur Selbstkritik bringen.

Der schwierigste Teil der Kritik ist die mitmenschliche Kritik, nicht die sachliche Kritik. Zwar ist das verantwortliche Widersprechen, z. B. bei ethisch unverantwortbaren Absichten von nahestehenden Mitmenschen oder in der Politik, unerläßlich und oft eine Äußerung auch von Zivilcourage, aber negative Kritik schmerzt immer und wird daher besser durch Anerkennen von Positivem eingeleitet (oder durch Eingestehen eigener Schwächen). Oft kann man Negatives durch Weglassen von Positivem ausdrücken. Das ist z. B. bei Arbeitszeugnissen normal, daß etwa bei einer Hausangestellten, die es mit der Ehrlichkeit nicht genau genommen hat, von diesem Punkte im Zeugnis nicht die Rede ist, während man eben normalerweise erwartet, daß über diese Charaktereigenschaft etwas dasteht. Wenn man etwas Negatives sagen muß, dann jedenfalls immer vorsichtig, taktvoll, bescheiden und (besonders wenn es mündlich gesagt wird) zur rechten Zeit. Wenn immer möglich, muß man hinsichtlich der Form der Kritik überlegen, ob sie in der Schulklasse öffentlich oder besser unter vier Augen (bzw. schriftlich etwa auf dem Schulaufgabenpapier oder im Heft) geäußert wird. Jugendliche sind sehr empfindlich, was ihr Selbstgefühl und ihre Ehre betrifft. In der Schule sind Ehrabschneidungen dieser Art leider häufig. Sie sprechen nicht gerade für das Taktgefühl der Lehrer. Ein intensive öffentliche Beschämung kann empfindliche Jugendliche sogar zum Selbstmord treiben.

Eine geballte Ladung von Kritik (Beurteilung) ist das *Zeugnis*. Zeugnisse sind notwendig am Ende einer Schulzeit, eines bestimmten Schultyps. Sie werden heute von der Öffentlichkeit, besonders von der Arbeitswelt erwartet und müssen diese auch objektiv informieren. Im Laufe der Schulzeit sind aber auf den Schüler und seine Eltern zugeschnittene, eher ermutigende Verbalinformationen eine gute Hilfe und eine echte Alternative zum herkömmlichen Halbjahreszeugnis. Solche Alternativformen haben sich in Privatschulen und Versuchsschulen durchaus bewährt.

Das oberste Ziel des Prinzips der Kritik ist die Förderung der *Wertunterscheidungsfähigkeit* in möglichst allen Wertbereichen/Kulturbereichen. Der einzelne Mensch muß im Dschungel des Kulturbetriebes Wertvolles, Wertminderes und Wertwidriges unterscheiden können, muß abwägen, distinguieren können, braucht Geschmack und Gewissen. In *Kritikfähigkeit, Weisheit und Urteilssicherheit besteht ein entscheidender Teil der Bildung.*

Zusammenfassung: Das Prinzip der Kritik (Beurteilung) fordert vom Lehrer sach- und persongerechte, taktvolle und ermutigende Beurteilung von Lernleistungen und Handlungen seiner Schüler mit dem Ziel der selbständigen Kontrolle und Beurteilung von Lern- und Bildungsleistungen durch die Schüler selbst. Darüber hinaus fordert es die Entwicklung der Kritikfähigkeit, d. h. der Urteilskraft auf allen lebens- und bildungswichtigen Gebieten, damit der heranwachsende Mensch in allen Kulturbereichen Wertvolles, Wertminderes und Wertwidriges unterscheiden lernt.

Die Reihe der Prinzipien, vor allem der methodischen Prinzipien, kann als eine Art Checkliste verwendet werden, z. B. wenn der junge Lehrer seine Unterrichtsplanung und -durchführung taxieren will. Es sind gerade bei den methodischen Prinzipien solche gewählt worden, die auch in der Praxis des Unterrichts vom Lehrer gefordert, erwartet werden. Für Lehranfänger ist diese Überprüfung – besonders anhand der sieben methodischen Prinzipien – dringend zu empfehlen. Ob der Selbstbildner solche Reflexionen pflegen soll, meine ich, ist nicht rundweg zu bejahen. In der Regel ist er erwachsen und kulturaktiv. Daher sind ihm auch gewisse Einseitigkeiten gestattet, vielleicht sogar in gewisser Weise notwendig. Natürlich können die Prinzipien auch für ihn nützlich sein. Besonders bei Bildungsarbeitsgemeinschaften, etwa in der Erwachsenenbildung, empfiehlt sich immer wieder einmal eine didaktische Besprechung.

14. Kapitel: Bildungsmethoden im Bereich der Áisthesis-Dimension

Methoden müssen sich immer nach dem jeweiligen Gegenstand richten. Daher ordnen wir hier, wenigstens grob, den Dimensionen zu. Die Fachdidaktiken differenzieren dann konkret weiter. Da wir Bildung sehen als wachsende Teilhabe an der Kultur, sind die Methoden der Kulturbereiche selbst, d. h. die Art und Weise, wie in der Kunst, in der Wissenschaft und in allen übrigen Praxisbereichen gearbeitet wird, auch leitbildlich für die Vermittlung bzw. den Aufbau der Teilhabe daran. Viele Methoden sind innerhalb der Kulturproduktion selbst entwickelt worden. Im Bereich der Áisthesis sind die Methoden der Rezeption, der Produktion und der Reflexion von Ästhetischem der Weg, im Bereich der Nóesis die Methoden der Wissenschaft, der Forschung und der Wissenschaftstheorie, der Theoriebildung und der wissenschaftlichen Lehre, im Bereich der Praxis die kurzfristiger orientierten Methoden der Handlungsorganisation und die langfristig orientierten etwa der Lebensplanung oder der politischen Planung. Diese Methoden sind auch, analog und modellhaft wenigstens, die maßgeblichen Methoden für die Teilhabevermittlung z. B. für die Bildungsarbeit in Schulen und Hochschulen, wie für den Bildungserwerb, die Selbstbildung. Bei den Bildungsmethoden in der Áisthesis-Dimension geht es zunächst um Kunstbetrachtung (letztlich aller "ansprechenden" Artefakte) und Naturwahrnehmung.

I. Kunst- und Naturbetrachtung

In rezeptiver Richtung baut sich ästhetische Bildung auf durch Kunst- und Naturerlebnisse und durch deren intellektuelle Verarbeitung. Die rezeptive Teildimension sollte dabei eng verbunden gedacht werden zur produktiven. Sie geht auch nicht immer der produktiven voraus. Das Kind geht zunächst handelnd mit Gegenständen um, agiert also quasi "poietisch" und ergänzt und kultiviert sein Handeln meist erst während und nach seinen gestalterischen Versuchen rezeptiv und reflektierend. Rezeption und Produktion ergänzen sich im Erfahrungsbereich in fortwährendem Wechselspiel. Die Anordnung hier ist also rein analytisch.

Kunst- und Naturbetrachtung ist die relativ angenehmste, frustrationsärmste, erfreulichste Methode des Bildungsauf- und -ausbaus überhaupt. Sie ist zwar auch nicht ganz ohne Anstrengung und Enttäuschungen. Aber das Maß der Anstrengung ist vergleichsweise gering, so daß sich die Motivation dazu weitgehend selbst trägt. Auch erwachsene und alte Menschen gehen ja der Kunst- und Naturbetrachtung gerne weiter nach. Kunst und Natur halten so vielfältige und vielschichtige Reize bereit, daß sich leicht für jeden irgendwelche Gegenstände finden, die zur Betrachtung einladen. Dazu werden sie durch die modernen Medien in enormer Zahl, allerdings auch in verschiedenwertigster Qualität, angeboten. Das kann sogar zu Reizüberflutung, Desensibilisierung, Abstumpfung gegenüber differenzierteren und diffizilen Reizqualitäten führen, wenn nicht bewußt, z. B. im Fernsehkonsum, ausgewählt und die Flut kanalisiert wird.

Kunst, Musik- und Literaturwissenschaftler und natürlich auch die Künstler selbst haben mannigfaltige Methoden entwickelt, die Betrachtung von Kunstwerken zu initiieren und zu fördern. Im Sinne des Anschauungsprinzips ist die "originale Begegnung", "vor Ort", wenn dies möglich ist, ideal. Dies bedeutet konkret das Ausnützen der lokalen Kunstprodukte und Kunstdarstellungen bzw. Exkursionen. Für architektonische Werke ist unmittelbare Anschauung die einzige Möglichkeit voller sinnlicher Erfahrung. Man wird in die Dome und Schlösser hinein- und um sie herumgehen, sie vielfältig aus verschiedenen Perspektiven betrachten wollen. Oft sind auch Plastiken und Bilder für diese Bauwerke geschaffen und in ihnen exponiert. Moderne Festwochen bringen die für die Entstehungskultur typische Musik in ihnen zum Erklingen oder entsprechende Theaterstücke zur Aufführung usw. Auch zeittypische Kleidung und Feierformen werden versucht. So wird eine Repräsentation angestrebt, die wirklich das Erleben erleichtert. Es gibt hier heute mehr Möglichkeiten denn je. Demgegenüber sind Exponate von Bildern und Plastiken in Ausstellungen und Museen, sowie Musikdarbietungen in klassischen Konzerten schon vom Ursprungsfeld der Werke stärker entfernt und abgetrennt, leider, wie in manchen Gemäldegalerien, mitunter zu eng nebeneinandergestellt.

Optische Aufnahmen und akustische Aufzeichnungen geben schließlich die Realität der Kunstwerke nur mehr andeutungsweise wieder, obwohl die Technik inzwischen erfreuliche Fortschritte gemacht hat. Reduziert und beschnitten werden solche Aufzeichnungen meist nochmal in Fotos, Fernsehen und Rundfunk. Daß diese indirekten Anregungen auch ihren anregenden oder erinnernden Sinn haben, ist klar. Aber wir müssen versuchen, immer möglichst nahe an die originale Begegnung heranzukommen, wenn es irgendwie möglich ist. Fotos, Dias, Kurzfilme können, sparsam (mehr meditativ) verwendet oder vergleichend, sehr nützlich sein; vor allem für kunstgeschichtliche Begriffsbildung ist vergleichende Arbeit (etwa das gleiche Motiv oder der gleiche Typus von Schloß oder Dom in verschiedenen Ländern oder in verschiedenen Epochen nebeneinandergestellt) ein bekanntes Mittel in der kunstgeschichtlichen Ausbildung, um zu Kategorien zu kommen und zu geschichtlich vorläufig differenzierten Gesamtbildern (vgl. H: Wölfflin, Die klassische Kunst; W. Müseler, Europäische Kunst). Zur Wiedervergegenwärtigung sind Dias oder Kurzfilme natürlich ebenso wertvoll. So kann man die Erinnerung an die Originalbegegnung wieder auffrischen. Wir müssen auch bedenken, daß man erste Hinweise auf Kunstwerke der Zeitgenossen meist über die Medien erhält. Insofern sind Fernsehsendungen und Taschenbücher als Anreger nicht zu verachten. Diese Einführungen sollte man aber nicht mit Kunstbetrachtung verwechseln. Sie entsprechen etwa der Buchbesprechung im Verhältnis zur Buchlektüre. Zum Suchen lohnender Betrachtungsobjekte sind Global- oder Teilüberblicke von Nutzen. Auch die Betrachtung selbst kann mittels gedruckter Kunstführer vorbereitet werden. Man sieht dann mehr und übersieht vor allem nicht so leicht das Wichtigste.

Auf alle Fälle muß man sich bei jeder Kunstbetrachtung Zeit lassen. Hammelsbeck sprach vom "Aufenthalt"; das gilt auch für die Naturbetrachtung. Wenn wir durch die Gegend fahren in den Ferien und wollen wirklich einen tiefergehenden Natureindruck haben, müssen wir uns eben eine halbe Stunde "Aufenthalt" gönnen, vielleicht doch ein Stück von der Autobahn wegfahren. Eine zu große Zahl von Bildern in einer Galerie bei einem Besuch betrachten zu wollen, ist mit Sicherheit ungünstig. Für Lichtwark (in Lorenzen, (Hrsg.) Die Kunsterziehungsbewegung, 1966) galt die "eingehende Betrachtung von etwa 50 Bildern als sinnvolles Ziel" (in der Fußnote wird zugleich vermerkt, daß diese Zahl für die Praxis zu hoch gegriffen sei, man werde nicht viel höher als auf die Hälfte kommen). Andere Kenner meinen, man müsse ins Museum gehen, um eines bis höchstens drei Bilder genau zu studieren. Wenn man eine Kunstausstellung das erste Mal besichtigt, wird man sich natürlich erst einen Überblick verschaffen. Das eingehendste Studium ermöglicht die Kopie eines Bildes; da ist die Intensität der Aufnahme am größten. Man muß das Exemplarische und den Überblick miteinander verbinden, aber nie glauben, daß man ein Bild erfaßt hat, wenn man nur grob ein paar Reize mitgenommen hat.

Für Kunstmuseen und andere Museen hat sich inzwischen eine "Museumspädagogik" herausgebildet. Museen erfreuen sich auch zunehmender Beliebtheit beim Publikum. Über die Hälfte der westdeutschen Bevölkerung sieht sie nach einer Umfrage als Orte der Bildung und Information. Nur zehn Prozent bewerten sie negativ (Bund-Länder-Kommission: Musisch-kultureller Bildungsplan, 1977). In vielen Großstädten werden in Museen Pädagogen angestellt, die allgemeine und spezielle Führungen für Kinder, Kindergruppen, Klassen, Erwachsene durchführen. Museen bieten auch Möglichkeiten zu malen und zu werken in Verbindung mit Kunst- und Werkbetrachtungen.

Weiter gibt es in Museen Vorträge, Kataloge, Cassettenführungen und Spezialpublikationen. Manche bieten für Lehrer eigene Fortbildungskurse und Einführungen zu laufenden Ausstellungen an.

Ähnliche Bildungsorte wie Museen sind *Theater* und *Konzertsaal*. Hier wird das Kunsterlebnis in einen festlichen Rahmen gebracht. Verständnishilfen und Interpretationen bieten Tagesprogramme und Prospekte. Sonst sind die Besucher auf eigene Vorbereitung, etwa durch gute Opern- und Schauspielführer, angewiesen. Ihr Urteil sollten sie sich keinesfalls nur beim Kritiker der Ortszeitung holen.

Über die kathartische und kommunikative bzw. moralische Wirkung des Theaters haben wir schon nachgedacht. Die Anhörung von Konzerten, Musikdramen, Kirchenmusik ist heute auch durch hervorragende Wiedergabetechniken zu Hause möglich. Aber es fehlt dann doch noch an festlicher Atmosphäre, Raumwirkung und Klangfülle. In erweiterten Konzertprogrammen geben die Künstler oder Veranstalter mitunter auch aufschließende Anmerkungen, historische und analytische Hör- und Interpretationshilfen.

Für die Bildung immer von höchster Bedeutung ist das Gebiet der Literatur. Die Lektüre künstlerisch wertvoller Romane, Novellen, Gedichte ist ein Bildungsmittel besonders intimer Art. Hier ist der Leser mit dem Autor direkt, privat, geradezu brieflich in Kontakt. Da solche "visuelle Kommunikation" auch der Phantasie viel Spielraum einräumt (weit mehr als Film oder Fernsehen), und dem besinnlichen Nachdenken Zeit läßt (im Unterschied zu Theater, Film, Fernsehspiel), ist sie trotz ihres "medialen" Charakters eine Hochform bildender Begegnung mit einem bedeutenden Künstler und gibt die Chance, mit gehobener, differenzierter Sprache sowie mit Gemüts-, Denk- und Sprachmustern eines Menschen in Berührung zu kommen, der seine eigenen Erfahrungen gemacht hat und sich besonders gut ausdrücken kann. Daß sich auf reflexive Ebene auch *Bildungsromane* empfehlen, muß in diesem Rahmen natürlich angesprochen werden, besonders, wenn sie von bedeutenden Schriftstellern verfaßt wurden (Goethe, Wilhelm Meister; Stifter, Nachsommer; Hesse, Glasperlenspiel; vgl. J. Jacobs/M. Krause: Der deutsche Bildungsroman, 1989).

Neben der Kunstbetrachtung steht m. E. gleichrangig die *ästhetische Naturbetrachtung*. Schönes und Erhabenes in der Natur sind nicht nur von den Ästhetikern beachtet worden, sondern allen Menschen zugänglich und lösen intensive Erlebnisse aus. Naturschönes wird auch von vielen erlebt, denen Kunst wenig sagt. Stifter meinte, daß es nicht so schlimm sei, wenn Menschen nur in der Natur intensiv das Ästhetische auffaßten, sie seien vielleicht sogar geschützt vor mancherlei Entartungserscheinungen in der Kunst. Der Blick für Naturschönes kann durch Kunstbetrachtung, beispielsweise durch Landschaftsmalerei oder -beschreibung, erschlossen und vertieft werden, wie selbstverständlich auch umgekehrt. Die Natur beeindruckt bereits in ihren Grundelementen, wie Licht, Sonne, Mond, Sterne, Wasser, Berge, Pflanzen, Tiere, Menschen, Tages- und Jahreszeiten. Die Landschaften der Erde tragen oft die Spuren menschlichen Tuns, aber auch "Kulturlandschaften" können schön sein, ja bewußt ästhetisch geformt und geplant sein. Städteplanung und Landschaftsplanung haben jedenfalls hier einen Auftrag. Parks und Gärten bieten eine eigene Kunstform, in der Natur- und Kunstschönes zusammenklingen. Das religiöse Gemüt versteht die schöne oder erhabene Natur auch als "natürliche Offenbarung Gottes" (D. v. Hildebrand, Ästhetik I, 1977, S. 327). Nach Stifter ist die Natur ein Kunstwerk und Modell für den menschlichen Künstler. Stifter will deshalb nicht Kunst in jeder Form und um jeden Preis. "Durch nichts wird ein Volk so schnell entsittlicht als durch Einwirkung schlechter Kunst, schlechter Theater, schlechter Gemälde, schlechter Dichtungen" (Sämtliche Werke, 14. Bd. S. 13). Aus der Natur, meint Stifter, könne jeder das "sanfte Gesetz" erkennen, dem er sich auch selbst unterwerfen soll, dem Gesetz, wie es "im Wehen der Luft, im Rieseln des Wassers, im Wachsen des Getreides" herrscht (vgl. H. Henz: Zur Bedeutung des Naturschönen für die ästhetische Erziehung. Ein nachromantischer Beitrag: Adalbert Stifter, in: Böhm/Schriewer (Hrsg.) Geschichte der Pädagogik und systematische Erziehungswissenschaft, 1975). Natur und Kunstbetrachtung in schöner Verbindung pflegt man in fernöstlichen Kulturen: Japanische Gärten, Ikebana, Naturgemälde, Heilige Haine können uns im Westen zu neuen Offenbarungen werden. In unserer hochtechnisierten Welt sind oft erst Krisen notwendig, Ökokrisen oder ähnliche, um solche harmonisierende Lebensformen wieder zu erlernen. Naturverbundenheit gab es auch in unserer Kultur: Franziskus, die Mystiker, Rousseau, die Romantiker. Es lassen sich jedenfalls Organe in uns aufschließen, um mit Goethe zu sprechen, durch die Betrachtung der Natur.

Worauf es immer ankommt bei Natur- und Kunstbetrachtung, ist, fruchtbare Momente zu finden, wie sie Copei vorgestellt hat. Beim Empfangen ästhetischer Sinngehalte geht trotz der Vielfalt von Empfängnisarten (wir nehmen Bild, Skulptur, Sonate, Drama je anders auf) immer eine Bewußtseinslage besonderer Art voraus, eine gewisse Loslösung von der übrigen Welt, eine zunehmende "Entrückung", die aber nicht plötzlich, sondern langsam über die "Hingabe an das ästhetische Objekt" zur inneren Helligkeit des "Entzücktseins" führen kann. Die betrachtende Tätigkeit, die zum fruchtbaren Moment führt, sieht Copei (mit Theodor Vischer, Ästhetik, 3 Bd. München 1922) als produktivem ästhetischem Verhalten nicht unähnlich. "Ich gehe durch die Räume des Kaiser-Friedrich-Museums. Da hängt ein Bild, ein Mädchenkopf, der mich zuerst höchstens durch seine Eigentümlichkeit fesselt. Die Farben scheinen mir nur matt, der Kopf selbst wirkt nicht sehr anziehend, grau-weißes Gesicht, weißliche Haare, die Körperhaltung steif, gezwungen. Ich versuche, durch das Ungewohnte des Bildes gelockt, tiefer auf einmal in sein Ganzes einzudringen – vergeblich. Bis ich dann schließlich anhebe, mit dem Auge einer Einzellinie, dem Profil nachzugehen und so die Linie aus dem Totaleindruck herauszuheben. Bei dieser Führung des Blickes spüre ich plötzlich die reine Umrißlinie des Mädchengesichts, die ein wenig herb wirkt, so wie die Zeichnung des Kopfputzes und der Haartracht, wie die steile Nackenlinie. Taste ich den Einzellinien nach, so erschließen sich mir auch die Farben, das Grauweiß der Gesichtsfarbe steht vor dem kühlen Blau des Hintergrundes. Und dann leuchten im Gegensatz zu all der Kühle die sonst fast farblosen Augen unter den feinen weißlichen Augenbrauen auf, und der Brokat und das Rot des Kleides werfen einen warmen Schimmer über die Marmorkälte des Gesichts. – So geht mir ein Zug nach dem anderen auf, bis zuletzt das ganze Bild in einem 'fruchtbaren Moment' leuchtend vor mir, nein, *in* mir steht und mich im Aufleuchten mit einem eigenartigen Wärmestrom durchflutet. Dieser lebendige Eindruck der Bilder bleibt zurück, wenn die Formen und Farben wieder "gerinnen" zum ganz neuen Objekt. Mag er auch gedämpft werden durch das Zurücktreten hinter anderen Bewußtseinsbildern, der lebendige Kontakt zu solch einem Bild bleibt zeitlebens" (F. Copei: Der fruchtbare Moment im Bildungsprozeß. 2. A. 1950, S. 84). In dieser Schilderung wird klar, welche Einzelprozesse ein ästhetisches Erlebnis ausmachen können. Das ästhetische Erlebnis ist ein Gestalterlebnis, ein Erlebnis von "Einheit in der Mannigfaltigkeit", dem eine innere Rekonstruktion voranging, verbunden mit einem besonders freudigen Lebensgefühl im Angesicht dieser Gestalt. Dies liegt nach psychologischen Untersuchungen doch sehr in der Nähe des Erlebens bei der Produktion, beim künstlerischen Schaffen. Es kann als "Eindruck" in "Ausdruck" übergehen, als Mimesis (Nachahmung) erscheinen. Der beobachtete Tanzschritt regt den eigenen Schritt an, das aufgefaßte Melodiethema ein inneres Nachsummen oder Nachsingen. Besonders Kinder können sich leicht einschwingen in den tanzenden und singenden Reigen. Schillers Forderung der Re-Naivisierung kann so verstanden werden, daß man in diesem Sinne "zum Kinde reifen" soll (vgl. Montagu, 1984). Jedenfalls sollen wir das weit offene (vgl. den Kinderblick), innerlich eindrucksbereite Schauen wieder lernen (oder bewahren).

Kunstbetrachtung und Naturbetrachtung als Methoden der Bildungsarbeit sind (auch bei letzter Unterordnung unter den Bildungszweck) wertvoll in sich, d. h. sie bedürfen nicht zwingend der intellektuellen Bearbeitung. Die einfache Betrachtung, das ästhetische Gefallen, das ästhetische Erlebnis ist in sich sinnvoll und bildend. Lichtwark äußert sich entsetzt über den "gebildeten Deutschen", der in englischer und französischer Gesellschaft schon dadurch auffalle, weil er im Anblick eines Kunstwerks gleich zehn Einfälle äußere, eher er es einmal ordentlich angesehen habe, und sofort zu kritisieren anfange. Der Deutsche sehe mit den Ohren (Lorenzen, S. 47). Wir nehmen natürlich an, daß sich seit 1887, als diese Meinung des Hamburger Kunsthallendirektors niedergeschrieben wurde, durch die Kunsterziehungsbewegung selbst wie durch die musische Bildung und die "ästhetische Kommunikation" auch in unserem Land doch einiges gebessert hat.

Das Sichergreifenlassen vom Schönen kann sich steigern bis zur Schau der Idee des Schönen. Die Diotimarede im "Symposion" Platos gibt eine klassische Stufenreihe zur Entwicklung ästhetischer Bildung. Wichtig wäre hier wohl noch das Eingehen auf die "Schönheit zweiter Potenz" und die "metaphysische Schönheit", wie sie Dietrich von Hildebrand in seiner "Ästhetik" ausweist. Hildebrand bringt für die "sublime geistige Schönheit" Beispiele wie den sterbenden Sklaven von Michelangelo oder das Adagio von Beethovens 9. Symphonie. Diese geistige Schönheit sei selbst eine anschauliche, unmittelbar gegebene Schönheit. Sie sei nicht auf eine bloße symbolische Funktion zurückführbar, auch nicht, wenn es auch nahe liege, auf psychologischen "Ausdruck", selbst wenn dieser als Bedingung unerläßlich sei. Hildebrand glaubt diese Schönheit zweiter Potenz von der Sinnenschönheit in all ihren Abstufungen scharf trennen zu müssen. Er sieht die geistige Realität hier offenbar ähnlich wie Popper, der Kunstwerke (wie die Theorien) seiner "Welt 3" zuordnet und damit auch von der psychischen "Welt 2" abhebt. Im Hinblick auf die Tonkunst (und die relativ geringe Zahl der Elemente, also hier der Töne, der Tonleiter) hat schon Kardinal Newman gemeint: "Aus welch dürftigen Grundstoffen erschafft ein großer Meister seine neue Welt" (zit. nach: Hildebrand Ästhetik I, 199). Offenbar ist das Tonmaterial und sind seine Gestaltungen Träger geistiger Wirklichkeit. Hildebrand vergleicht mit den Sakramenten im religiösen Bereich. Die "Schönheit zweiter Potenz" sei durch ihre materialen Träger "fundiert", aber nicht bestimmt. In diesem Fundierungsverhältnis liege der Unterschied zur "metaphysischen Schönheit". In ihr gebe es eine Hierarchie. "Je höher und sublimer diese Schönheit ist, um so mehr zieht sie uns durch ihre Qualität in sublimere Höhen bis in conspectum Dei", in den Anblick Gottes (ebda. 202). "O namenlose Freude" im Fidelio, "Freude schöner Götterfunken" (Schiller, Beethoven), das "Halleluja" in Händels "Messias" drücken die "metaphysische Schönheit" edler Freude in unvergänglicher Weise aus. Es wird deutlich, wie sehr das ästhetische Erlebnis in seiner höchsten Form im Sinne von Theodor Lipps "einfühlungsermöglichende Lebensfülle" ist. Vielleicht auch, wie sehr die durch solche Erlebnisse bewirkte innere Öffnung "Befreiung zu jedem guten Werk" im Sinne Schillers sein kann. Nach Schiller kann ein Mensch nur dann sittlich werden, wenn er zuvor ästhetisch geworden ist.

II. Ästhetische Werkgestaltung

Seit in der jüngeren Ästhetik der Rezipient als Adressat der ästhetischen Kommunikation an der Konstitution des ästhetischen Gegenstandes beteiligt wird, wird die Differenz zwischen Kunstbetrachtung und Kunstherstellung wenn nicht verwischt, so doch verringert. Übergänge sind gebahnt. Áisthesis und Póiesis fließen ineinander, besser, treten in engere Wechselwirkung. Man ist entschieden über die Randständigkeit des "Dilletantismus" hinaus zur Interaktion zwischen Künstler und Betrachter fortgeschritten.

Vor allem in der zweiten Phase der Kunsterziehungsbewegung, also von der Jahrhundertwende bis in die 20iger Jahre, wurden die aktiven Methoden betont, mehr also das Tun als das Schauen, mehr das Singen und Theaterspielen als das Musikhören und Theaterbesuchen. Man sah das Kind als Künstler, den "Genius im Kinde" (Hartlaub) und betonte die Ausbildung der gestaltenden Kräfte.

Im kindlichen Spiel und seinen vielfältigen Formen liegen die Ansatzpunkte der Gestaltungsmethoden. So werden natürliche Antriebe zur Gestaltkultivierung benützbar, ohne daß viel Motivationsprobleme entstehen. Das Tun kommt dem kindlichen Bewegungs- und Ausdrucksbedürfnis entgegen, so daß bei wenig gegängeltem Malen und Zeichnen, Formen und Bauen, Tanzen und Musizieren, Sprechen und szenischem Gestalten nahezu keine Zusatzmotive notwendig sind, am ehesten noch beim Schreiben, da hier meist Rechtschreib- und Schönschreibgebote Hemmungen erzeugen. Daher wollten Initiatoren des ungehemmt freien Schulaufsatzes solche oder gar Strukturgebote aufheben; es sollte für die Zeit, in der die Kinder ihre freien Aufsätze schreiben, kein Rechtschreibgebot mehr gelten und keine sonstige Regel, sondern sie sollten frisch alles hinschreiben, wie es ihnen in die Feder käme.

Bei ästhetischer Werkgestaltung sollte an zwei Dinge gedacht werden:
1. an die ästhetische Gestaltung *aller* menschlichen Werke und
2. an die Gestaltung ästhetischer Werke im Bereich der Künste.

Mit dieser Verbindung soll ein Beitrag versucht werden zur Überwindung der Scheidung von technischer und künstlerischer Tätigkeit und damit ein Beitrag zur Ästhetisierung der Arbeitswelt. In unserer häuslichen Lebenswelt gestalten wir ohnedies so weit wie möglich ästhetisch ansprechend, weil wir uns da auf alle Fälle wohlfühlen möchten. In der Arbeitswelt fühlen wir uns oft fremdbestimmt und meinen vielleicht auch, daß asketische Nüchternheit auf Sachlichkeit und Leistungsethos schließen lasse. Inzwischen wird auch in der Arbeits- und Geschäftswelt langsam bewußt, daß sich Schönheit "besser verkauft". So muß sich Schönheit wenigstens durchsetzen in der Verpackung, im "Styling", in der Karrosserie, in der schicken Kleidung des Personals, im freundlich-höflichen Sprechstil. Human-Relations-Forschung hat gezeigt, daß auch die Produktion innerhalb des Betriebes besser und effizienter läuft, wenn den ästhetischen Bedürfnissen der Mitarbeiter entgegengekommen wird. Ästhetische Gestaltung in diesem letzten Sinne ist so ein Beitrag zur Humanisierung der industriellen Welt. In den Betrieben sollten Prämien für Verbesserung der ästhetischen Gestaltung des Betriebes und der Produkte ausgesetzt werden; das würde sich vermutlich auch ökonomisch lohnen.

Zu den einzelnen Bereichen, zunächst zur Sprache. Auch Sprechen ist menschliches "Werk", ist menschliches Tun. In der Arbeits- und in der gesamten Lebenswelt ist freundlich-gefällige, bewußte Sprache eine Alltagsmöglichkeit ästhetischer Lebensgestaltung erster Ordnung, weil viele damit dauernd umgehen. In allen mündlichen und schriftlichen Kommunikationsformen könnte das Bemühen, "ansprechend" zu wirken, die Kommunikationseffekte steigern, entstören, produktives Klima schaffen. Auf die Vorüberlegung unserer Sprechakte könnten wir mehr Wert legen und sie zugleich treffender, kommunikativer und ästhetisch gefälliger gestalten. Solche Entwicklung von Stil beginnt in den Familien. Die Schulen sollten sie wenigstens nicht stören und hemmen. Daher sind gebildete Lehrer so wichtig und ein entspannteres, humanes Schulklima. An den Arbeitsstätten sollte sich gutes Niveau des sprachlichen Umgangs ausbreiten. Die bürokratische Primitivierung der Sprache sollte abgebaut werden. Darunter müßte die Verständlichkeit durchaus nicht leiden, im Gegenteil. Daß das Sprechen als Gruppengespräch oder Lehrgespräch besondere Formung braucht und Bemühung um zunehmende Diskurskompetenz dürfen hier natürlich auch nicht unerwähnt bleiben. Das Gespräch selber hat übrigens auch eine ästhetische Gestalttendenz, was dazu führen kann, daß z. B. theoretische Auseinandersetzungen, um dieser Gestalttendenz zu entsprechen, nicht vollständig durchgehalten werden. Es werden dann bestimmte Widersprüche scheinsynthetisch um der Harmonie willen stehengelassen. Das hat für den Erkenntnisfortschritt auch Nachteile. Aber im Ganzen gesehen, ist es im menschlichen Leben günstiger, sich um ein harmonisch ausklingendes Gespräch zu bemühen.

Aebli hat sich in seiner Neuausgabe der "Grundformen des Lehrens" auch dem *Schreiben*, dem "Texte verfassen" zugewandt. Das ist in der Tat ein "Handwerk, das man lernen kann" (so seine Überschrift über den didaktischen Teil des einschlägigen Kapitels). In den praktischen Kommunikations- und Handlungssituationen (Briefe, Anfragen, Offerten, Protokolle, Vereinbarungen, Gebrauchsanweisungen, Tagebuchnotizen) sind über den Aufsatz traditioneller Art hinaus Einübungsmöglichkeiten gegeben, die bis zu privaten und politischen Benachrichtigungen und Beeinflussungsmöglichkeiten hin auch in den Schulen geübt werden können. Wie in anderen "Handwerken" können auch hier die bessere Form, die differenziertere und angenehmere Ausdrucksweise, der Stil, die Gestaltung insgesamt, gesucht und gepflegt werden. Der Muttersprache- und Fremdsprachenunterricht hat hier eine lebens- und praxisnahe Aufgabe.

Daneben ist der herkömmliche *literarische Unterricht* mit seiner Vermittlung hochkultivierter Sprachformen nach wie vor unerläßlich. Die bedeutenden Dichter und Schriftsteller liefern Sprech- und Schreibmuster, in denen Inhalt und Form optimal verbunden sind, in denen auch Gefühlswerte und Mitteilungsfeinheiten zum Ausdruck kommen, die zu einer differenzierteren Sprachkultur beitragen. Wenn Schüler eine *Schulzeitung* herausbringen, können sie durch Vergleiche und immer neue Versuche ihren Stil verbessern lernen und literarische Experimente mit Gedichten, Erzählungen, Interviews, Reportagen, Appellen, Inseraten machen.

Im Bereich des *Musikalischen* benötigen Schüler Ermutigung zum Singen und Musizieren, zum Tanzen, zum Chorsingen und Orchesterspiel. Gerade hier können Wege in ein froheres und ausgeglicheneres Erwachsenenleben gebahnt (oder bei Versäumnissen auch versperrt) werden. Ein Instrument spielen, kann lebenslang ein Ausgleich sein, kann täglich harmonisierend wirken. Rhythmus, Melodie und Harmonie ästhetisieren, schaffen inneres Gleichgewicht, heilen Menschen. In einfachen ländlichen Kulturen waren (und sind noch) Arbeitsgesänge möglich. Daß Feierabend und Feiertag ohne Musik, Tanz und Gesang arm sind, fühlt und weiß jeder junge Mensch. Gehobene Stimmung schwingt schon in der Sprechmelodie mit und drängt zu Gesang und Tanz. Man hat gesagt, Singen sei gesteigertes Sprechen. Musizieren ist Ausdruck der Stimmung und stimmungsfördernd zugleich. Musiktherapie bewährt sich bei gestörten Menschen, ist aber auch präventiv nützlich. Freilich gibt es auch eine Musik, die wenig wünschenswerte Affekte steigert, die z. B. aggressiv macht (benützt im militärischen Kontext), oder Musik, die enthemmt und Hysterie fördert. Daher haben musikpädagogische Theorien immer auf Auswahl und Kultivierung geachtet. Das begann schon bei Plato, der verschiedene Tonarten nicht zulassen wollte. Besonders hochgeschätzt wurden pädagogisch immer der Chorgesang und das Orchesterspiel (auch von Sozial- und Sonderpädagogen wie Neri, Bosco, Flanagan). Das gemeinsame Werk bindet hier einerseits, läßt andererseits Erlebnissteigerungen zu, die der einzelne allein schwerlich erreicht, vielleicht beim Orgelspiel. Bei Chören und Orchestern ist zwar das individuelle Moment reduziert, aber die häufige Interpretation etwa der Klassiker und damit der intensive Umgang mit bester Musik entschädigt für diesen Verzicht. Heute nimmt erfreulicherweise auch im Bereich der *Volksmusik* das gemeinsame Singen und Musizieren wieder zu. Jugendchöre und Jugendorchester entstehen in wachsender Zahl. Eltern schicken ihre Kinder – auch unter Kosten – in eigene Musikschulen und zu Einzelinstrumentalunterricht. Auch Erwachsene und Senioren musizieren und singen wieder mehr. Man kann nur wünschen, daß solche Musikkultur anhält und sich überall auf der Erde verbreitet, denn:

Wo man singt, da laß dich fröhlich nieder;
Böse Menschen haben keine Lieder.

Was für die Musik gilt, kann auch für das *Theaterspiel* gelten. Vom Puppenspiel über das Schulspiel bis zum Laienspiel und klassischen Theater reichen die Möglichkeiten "dramatischer" Bildung. Elementar kann in Kindergärten, Schulen, Jugendgruppen die szenische Darstellung von Märchen, historischen Situationen und Problemsituationen (Moreno) eingeübt und damit zugleich Verstehen und Lebensbewältigung gefördert werden.

Auf ästhetische *Körperbewegung* hat man schon im griechischen Sport, in mittelalterlichen Ritterspielen und in der Renaissance geachtet. Die moderne Leibeserziehung arbeitet hier bewußt "kosmetisch", selbst wenn der Leistungssport noch dominiert. Neben Tanz ist rhythmische Gymnastik verbreitet, ästhetische Formen nehmen durch Bodenturnen, Schwebebalken, Eiskunstlauf u. ä. zu.

Ästhetische Werkgestaltung in höchster Form ist *künstlerische Produktion*. Daß der Künstler bei und mit seiner Arbeit auch sich selbst bilden und vollenden kann, unterscheidet ihn nicht gründsätzlich von anderen arbeitenden Menschen. Aber das Schaffen eines objektiv bedeutsamen Kunstwerks bringt ihn in eine so intensive Beziehung zu den ästhetischen Werten, daß das Ringen um ihre Darstellung, die Emotionen und Entscheidungen, das Aufgewühltsein, die Formnot und das Aufleuchten der Lösungsidee bei ihm von ungleich stärkerer gestaltender Bildungswirkung ist als beim bloßen Betrachter. Wenn sich auch bei manchen Künstlern die Inspirationen leichter einstellen und die Arbeit eher spielerisch erscheint, so ist doch die Mehrzahl der Produktionen aller Kunstschaffenden schwere, intensive, hingebende Arbeit, verbunden mit Phasen von Ungewißheit und Suchen, von Zweifel und Warten, ja gelegentlich von Verzweiflung am eigenen Werk. Nicht selten geht das bis zur Zerstörung des Unvollendeten oder von Jugendwerken. Es gibt eine innere Gestalttendenz, ein ästhetisches Gewissen, die beim Künstler, wenn er seine Sache ernst nimmt, so ausgebildet sind, daß er erst zufrieden ist, wenn er eine ganz bestimmte Gestalt erzielt hat. Dann löst er sich von seinem Werk und ist auch bereit, es der Öffentlichkeit zu präsentieren oder zu übergeben. In dem Maße, in dem sich der Künstler den inneren Anforderungen nicht entzieht, unterwirft er sich zugleich einem harten Bildungsprozeß, den er mitunter erlebt wie das Zugehauenwerden eines Steinblocks in der Annäherung an die aus diesem hervortretende Gestalt. Schöpfungen im Bereich der "Welt 3" werden nicht selten "unter Schmerzen geboren", in außergewöhnlichen psychischen Zuständen, die es dem Künstler und den mit ihm zusammenlebenden Menschen nicht leicht machen. Auch wenn man der Theorie der Nähe von Genialität und Irrsinn nicht folgen kann, wie sie etwa bei Lange-Eichbaum (Genie, Irrsinn und Ruhm) vertreten wurde, so bleibt doch das Ungewöhnliche, Außerordentliche unübersehbar. Copei hat Äußerungen von Künstlern über ihre Gefühle im Schaffensprozeß gesammelt und in seiner Theorie des fruchtbaren Moments im Bildungsprozeß ausgewertet und zusammengefaßt. Er unterscheidet drei deutlich unterscheidbare Etappen der künstlerischen Produktion (S. 81): "1. Eine Zeit der Unruhe und Qual, des Suchens und Entwerfens, 2. den 'fruchtbaren Moment', das Aufblitzen der neuen Formidee, 3. den Formungsprozeß bis zum Abschluß". Gefühle, Phantasie und Intellekt werden dabei durchweg intensiv beansprucht. Es geht trotz vieler handwerklicher, alltäglicher Arbeit nicht ohne heftige Erschütterungen. Zeiten des Strömens der Einfälle, des drängenden Ausdrucks wechseln mit sehr trocken erlebten, in denen auch durch Disziplinierung – obwohl solche den meisten hilft – wenig erreicht wird. Die Übertragung solcher psychologischer Erkenntnisse auf die normale Bildungsarbeit in Schulen und Kursen ist nicht ganz einfach. Am ehesten bietet sich der Forschung die Arbeit der jungen Künstler in Meisterklassen der Kunsthochschulen als Objekt an. Hier liegt ein Schlüsselereignis vor, an dem man ablesen kann, wie Bildungsarbeit in Kulturarbeit übergeht, bzw. wie beide zusammenwachsen und integriert auftreten können.

III. Kunstwissenschaftliche Reflexion

Als dritter Methodenkreis in der Áisthesisdimension gilt die wissenschaftliche und in ihr die ästhetisch-philosophische Reflexion über die Künste, ihre Geschichte, Psychologie, Soziologie, über das Kunstwerk, die Objektivität des Schönen, die ästhetischen Werte und das ästhetische Erlebnis. Reflexions-Methoden dieses Zuschnittes sind wissenschaftliche und philosophische Methoden und gehören insofern in die noétische Dimension der Bildung. Durch die Besonderheit ihrer Gegenstände und die ihnen notwendig anzupassenden Erfahrungs- und Theoriebildungsmethoden gehören sie aber auch in die Áisthesisdimension. Da Kunstschaffen (aber ebenso Anstrengungen der Kunstbetrachtung) auch in der Praxisdimension angesiedelt werden könnte, ist die Reflexion auch eine über Praxis und gehört insofern zu dieser Dimension der Bildung. So ist leicht die verbindende, *integrierende Bedeutung* der kunstwissenschaftlichen und ästhetischen Reflexionsmethoden erkennbar. Sie integrieren ähnlich wie die ästhetische Betrachtung und Gestaltung selbst. Insbesondere ist die in ihnen angestrebte kritische Kompetenz ein querverbindendes Moment durch alle drei Dimensionen. Daher wird solchen Studien seit je ein hoher Bildungswert zugeschrieben, gilt ihr Studium als Bildungsstudium. Eine Vollendung der Geschmacksbildung ist bei aller Bedeutung von reichlicher Betrachtung und wenigstens partieller Gestaltungsversuche daher nicht ohne solche Studien zu erzielen.

Für alle Kunstbereiche wurden entsprechende Wissenschaften entwickelt, für die bildenden Künste (Architektur, Skulptur, Malerei), für Literatur, Musik, Theater, Film. In allen diesen Bereichen haben sich historische Disziplinen entwickelt, später psychologische und in jüngster Zeit soziologische. Weiter werden philosophische und technische Aspekte reflektiert. Deren Studium kann selbstverständlich notwendig nur in Auswahl, meist ja nur in einem Schwerpunkt betrieben werden. Zu diesem Studium muß bildungstheoretisch stets ein Studium der zugehörigen Bereichsphilosophie, das heißt der Ästhetik, für die Literatur auch der Sprachphilosophie, kommen, wenn ein allgemeineres Wertverständnis angestrebt wird, ein Sinnverständnis, das gesamtphilosophisch eingeordnet werden kann. Innerhalb der fachwissenschaftlichen, z. B. kunstgeschichtlichen Studien, empfehlen sich neben Überblicksbemühungen gleichrangig Spezialstudien, etwa zu fruchtbaren Epochen, wie zur Renaissance, und hier wiederum zu einzelnen Künstlern und ihrem Werk (also etwa Leonardo, Michelangelo, Raffael). Exemplarische Erfahrung und Vertiefung und Überblickswissen gehören zusammen. Auch methodisch wären Einseitigkeiten zu vermeiden. Zu hermeneutischen sollten psychologische und sozial-geschichtliche Studien kommen. Schließlich darf der Zusammenhang zur allgemeinen Kulturgeschichte nicht vernachlässigt werden. Nun sind solche Studien heute nicht mehr übermäßig schwierig, weil Hochschulen und Weiterbildungseinrichtungen, Buchmarkt und Medien vielfältige Möglichkeiten für solche Studien bieten, so daß es dem Interessierten nach Belieben offen steht, seine Reflexion immer weiter auszubauen und sein ästhetisches Urteil zu verfeinern und treffsicherer zu machen.

Notwendig ist zeitlebens Fortbildung der ästhetischen Kategorien zu präziser Analyse und Bewertung von Kunstwerken. Dann wird aus intimer Kenntnis der Problematik jeder sprachsymbolischen Bearbeitung das ästhetische Urteil auch vorsichtiger und sachadäquater. Vorsichtige Zurückhaltung steht auch dem Kenner einer Kunstgattung, einer Epoche, eines Künstlers gut an. *Geschmacksurteile* haben immer auch individuelle Bedingungen, die der Kritiker sich und den anderen eingestehen sollte. Leider ist im Bereich der Kunstkritik, besonders in Tageszeitungen der Provinz, forsch-arrogantes Äußern aller zufälligen, oft wenig kompetenten Einfälle nicht selten, oft sogar unter der Maske der Anonymität. Durch fortwährendes Lesen (nur) solcher Kritiken wird das Urteil des Lesers meist eher verbildet als verbessert. Der Kenner hält sich an kompetente Kritik und an die eigene Weiterbildung.

Leider sind auch Künstler untereinander oft wenig tolerant, leisten sich Pauschalurteile und Stereotype. Daher ist auch bei Äußerungen von "Kompetenten" die Heranziehung von Kritiken verschiedener Herkunft (wenn es sich lohnt) empfehlenswert.

Wer die Bildungsarbeit an Schulen in einem Einzelgebiet der Künste optimieren will, wendet sich um Informationen selbstverständlich an die *Fachdidaktiken,* hier also an die Fachdidaktiken der Literatur, der Musik, der Kunst. Die Fachdidaktiken schaffen die Verbindung zwischen Sachstruktur, Unterrichtsstruktur und Entwicklungsphasen. Für den Fachlehrer in einem ästhetischen Fach ist das Studium der einschlägigen Fachdidaktik selbstverständlich unerläßlich. Die Allgemeine Bildungstheorie vermag nur ein Stück weit in die Allgemeine Didaktik hineinzuleiten. Die Fachdidaktiken sind ihre notwendige Ergänzung für professionelle Bildungsarbeit.

Mitunter wird von der Didaktik einer einzelnen Kunstgattung aus eine *Didaktische Ästhetik* entworfen. Einen solchen Versuch hat Helmut *Schütz* (1975) von der bildenden Kunst aus gemacht. Hinsichtlich der ästhetischen Unterweisung kommt es nach Schütz an auf die Einsicht in die ästhetische Struktur und die ästhetische Genese, auf das Schaffenkönnen und Beurteilenkönnen ästhetischer Qualitäten und auf die Fähigkeit, ästhetisch kommunizieren zu können. Es ist zur Ergänzung noch einmal hinzuweisen auf die Hauptziele im Bereich der Áisthesisdimension (9. Kap.).

15. Kapitel: Bildungsmethoden im Bereich der Nóesis-Dimension

Im Hinblick auf das Alltagslebens- und Überlebenswissen, das Eltern und Lehrer Kinder vermitteln, ist zunächst zu denken an die Methoden des *Lebenswissensaufbaus*. Man spricht auch vom Alltagswissen. Es handelt sich um den Bereich des im ganzen vorwissenschaftlichen, wenn auch zum erheblichen Teil wissenschaftsvermittelten und wissenschaftsorientierten Wissens, bildungstheoretisch um Grundwissen. Davon abgehoben erscheinen die Methoden des *wissenschaftlichen Studiums*. Sie bilden den Mittelstock und den entscheidenden Teil des Arbeitens in der Nóesisdimension. In der Schulzeit bereits beginnt solches Arbeiten, nicht erst an den wissenschaftlichen Hochschulen. Man spricht von Wissenschaftspropädeutik, aber es ist mehr. Wenn man bedenkt, daß Mathematik (als Mengenlehre) bis in die Grundschulen herunterreicht, so ist das wissenschaftliches Arbeiten. Wenn man problemlösende Methoden und Suchmethoden in den Schulen stärker verwendet, ist das direktes Einüben in wissenschaftliches Arbeiten. Schließlich hebt sich als besonderer Methodenbereich innerhalb des wissenschaftlichen Arbeitens noch das *philosophische Denken* heraus, das sich auf die schwierigsten und umfassendsten menschlichen Probleme richtet, sowie reflexiv auf das Wissen und Denken und auf die Wissenschaften selbst. Alltagswissensaufbau und philosophisches Denken haben gemeinsam, daß auch nichtkognitive Werte zugelassen werden. Das liegt daran, daß Alltagspraxis und Lebensweisheit mehr benötigen als nur intellektuelles Wissen, eben auch Bewertung der Situation, ökonomisches Verhalten und andere wertbezogene Verhaltensweisen, wie auf Áithesis, auf Religion, auf Recht hinbezogene. Die Wissenschaft versucht sich ja in diesem Sinn wertfrei zu halten. Sie erkennt – für sich – nur einen Wert an, nämlich den Wahrheitswert oder theoretischen Wert. Sie verpflichtet sich allein auf wertfreie Sachlichkeit. Sachlichkeit ist allerdings auch eine ethische Einstellung, die im praktischen Leben sehr hilft. Wissensaufbau in der Grundbildung und Philosophieren reichen natürlich auch in das wissenschaftliche Arbeiten hinein. Unsere methodische Dreiteilung ist also nur analytisch, obwohl sie eine in der Sache begründete Unterscheidung ist. Das Alltagswissen und das philosophische Wissen befruchten das wissenschaftliche Wissen, da aus ihnen viel mobiles und kreatives Potential stammt. Wissenschaftliches Arbeiten ist in seinen Methoden stärker, um der Überprüfbarkeit willen, festgelegt, liefert aber dafür das "härteste" Wissen. Selbstverständlich ist *alles* menschliche Wissen unvollständig und insofern auch überholbar (grundlegende mathematische und logische Sätze ausgenommen). Insofern ist menschliches Wissen stets auch veränderbar, erweiterungs- und ergänzungsbedürftig. Als relativ bestes verfügbares Wissen gilt der "Stand der Wissenschaft", d. h. die augenblicklich von den namhaften Vertretern einer Wissenschaft angenommene Menge der Theorien und Hypothesen über das Objekt dieser Wissenschaft.

Da das meiste Wissen wortgebunden, d. h. verbalcodiert ist, ist *Sprache und Sprechdenken* das Hauptvehikel der Nóesisdimension. Eine vereinfacht allgemeine Methode des Bildungsaufbaus im noétischen Bereich könnte daher auf drei fundamentale Elemente hinweisen: 1. Erfahrungen machen, 2. Erfahrungen verbalisieren und 3. verbalisierte Erfahrungen anderer verwerten. Das Erfahrungensammeln braucht wohl keine ausführliche Besprechung. Es reicht von den Erkundungen und Beobachtungen des Kindes bis zu den Lebens-, Schul-, Arbeits- und Freizeiterfahrungen (einschließlich Bildungsreisen, den ausgesprochenen Er-Fahrungen) von Jugendlichen und Erwachsenen. Hier kommt es uns auf die Bedeutung der Sprache an, d. h. die Fixierung, Codierung, Distanzierung, Verarbeitung der Erfahrungen und ihren Austausch. Besonders wichtig ist der dialogische Charakter des Verbalisierens. Wenn das Kind verbalisieren lernen soll, muß es vor allem zuhörende und sprechende Eltern haben. Ähnlich wenn der Jugendliche seelische Erlebnisse verbalisieren lernen soll, muß er wenigstens einen zuhörenden, gesprächsbereiten Menschen haben und wenn möglich ein Tagebuch. Wenn man Erfahrungen anderer verwerten will, muß man geduldig hören und lesen lernen.

Sprechniveau und Denkniveau sind nahezu identisch. Manche sehen Denkakte überhaupt als innere Sprechakte. Dies trifft jedoch nicht restfrei zu, aber pädagogisch gilt: Förderung des Sprachniveaus schließt Förderung des Denkniveaus ein. Das gilt nicht nur für Unterschichtkinder mit restringiertem Code im Kindergartenalter, sondern es gilt auch für erwachsene Akademiker, die ebenso Denk- und Kreativitätsförderung, z. B. durch neueste Fachliteratur, durch Philosophielektüre und belletristische Literatur brauchen, wenn sie ihre geistige Beweglichkeit und Problemlösekapazität über Routinefälle hinaus nicht langsam einbüßen wollen. Tageszeitungen und Fernsehen genügen dazu sicher nicht. Das mindeste zum Erhalt der Fachkompetenz ist wohl das regelmäßige Studium einer guten Fachzeitschrift, das mindeste zum Erhalt allgemein kulturellen Niveaus die regelmäßige Lektüre einer hervorragenden allgemein-kulturellen Zeitschrift. Ziel dieser Anstrengungen ist die Aufrechterhaltung des fachspezifischen "Habitus" (Portele/Huber, Enzyklopädie Erziehungswissenschaft, Bd. 10 Hochschulbildung, S. 98 ff.) und des allgemeinen "noétischen Habitus" (Lersch, Aufbau der Person, 424 ff.). Hier geht es um Urteilsfähigkeit, selbständiges, folgerichtiges und geordnetes, bewegliches

Denken und Weite des noétischen Horizonts. Lersch weist hin auf eine Integration von naturwissenschaftlichen und geschichtlichen, politischen und psychologischen Interessen und entsprechende Diskurskompetenz. Er unterscheidet innerhalb des noétischen Habitus intellektuelle und geistige Funktionen des Denkens, wobei die ersteren eher wissenschaftlich zu verstehen sind, die letzteren eher philosophisch-ideell, sinn- und prinzipienbezogen (375 ff.).

I. Aufbau des Lebenswissens und grundlegende Informationsformen

Das kindliche Denken und Wissen erfährt seinen ersten Entwicklungsschub im Warumfragealter (um vier). Die Warumfrage ist dabei zunächst vorwiegend konditional oder final gemeint und nur selten kausal im Sinne der vorausgehenden Ursache. Das Kind möchte bei dieser Warum-Frage einfach noch mehr über den erfahrenen Sachverhalt wissen, besonders Zusammenhänge, die es verstehen kann. Die Warum-Frage geht jedenfalls über die Namensfrage, die ja vorausgeht, hinaus. Beide Fragearten aber weisen der Didaktik den Weg.

Das *Fragen* kann als Urmethode des Wissenserwerbs angesehen werden. In ihm stecken Neugierverhalten, Suchen, Wissensstreben, jene Unruhe des werdenden Bewußtseins, die spontan letztlich auf Erklären, Verstehen, Funktionserfassen, Sacherkenntnis und Überblick, d. h. Orientierung in der Welt hintendiert. Die Frage will Ant-Wort, d. h. das lösende Wort, den klärenden Satz. Durch das Wort wird das sprachfähige Wesen Mensch vom Bann der Situationsgebundenheit, des sprechunfähigen Wesens erlöst, befreit. Lersch: "Der Mensch tritt duch das Vermögen der Sprache nicht nur in die Freiheit gegenüber der Welt, sondern er wird auch erlöst aus der Stummheit seiner eigenen Innerlichkeit. Der Mensch allein vermag zu sagen, was er leidet. Er allein vermag durch die Gnade der Sprache aus der Einsamkeit seiner Innerlichkeit herauszutreten" (362). Das Wort löst den Schrei, das schreiende Interagieren der Tiere und der frühesten Kindheit ab und führt rasch in die freiere Welt des Geistes. Das In-der-Welt-Sein wird "mit einem Schlage geändert", "eine Fessel wird gesprengt", "ein Bann gebrochen". Wir können hinweisen auf einen besonders lehrreichen Fall aus der Sonderpädagogik: Die kleine Helen Keller ist durch ihre Lehrerin Sullivan (Anne Sullivan Macy, The story behind Helen Keller, 1933) zu einen besonders intensiven ersten Spracherlebnis nach ihrer Erblindung und Ertaubung gekommen, das sie emotional und geistig befreit hat. Man nimmt heute an, daß die Menschheit vor 40.000 Jahren in einer "geistigen Revolution" zur vollen Sprache gelangt ist. Das Lebewesen Mensch erhebt sich, schreibt Lersch, "zu einer Freiheit, die ihm bisher versagt war, zur Freiheit des Überblicks und der Ordnung, zur

Freiheit der Verfügung über die Welt und zur Freiheit der Offenbarung der Welt als Wunder der Schöpfung. Diese dreifache Freiheit ist es, die dem Menschen durch die Gabe des Wortes verliehen ist" (363). Im Wort ereignet sich Fixierung und Distanzierung der Welt. Bedeutungsgehalte werden in Kurzzeichen codiert und damit abrufbar. Zugleich ereignet sich in der Antwort elementare Interaktion und geistige Kommunikation, d. h. Initiation in die Sprachgemeinschaft und Austauschmöglichkeit in ihr. Gemeinsamkeit der Bedeutungserlebnisse ermöglicht gemeinsame Bewältigung der Welt. Das Gespräch differenziert zugleich die Kommunikation unter den Sprachpartnern, ist Chance der Kultivierung des mitmenschlichen Umgangs.

Aus all diesen Überlegungen wird klar, wie hoch bedeutsam das Antwortverhalten der Bezugspersonen für das Kind ist. Hätte doch jedes Kind eine so geduldige Sprachlehrerin wie sie die taub-blinde Helen Keller in Frau Sullivan besaß, dann könnten auch unter widrigen Umständen ähnliche Befreiungen glücken! Zunächst nimmt das Einjährige begierig die Namen der nahen Dinge, Vorgänge, Handlungen und Eigenschaften auf, freut sich an der Auslösewirkung seiner verbalen Wunschäußerungen und reagiert gerne auf ähnliche adaptierte Wünsche der Bezugspersonen. Später lernt es Empfindungen verbal auszudrücken, Situationen zu beschreiben, Vorgänge zu berichten. Es hört immer begieriger auf Berichte, Geschichten, Märchen, die es begreifen kann. Ein Schatz an erstem Sach- und Weltwissen baut sich auf. Situations-, Raum- und Zeitzusammenhänge strukturieren das wachsende Wissen. Immer interessanter werden *sachliche* Zusammenhänge, besonders solche, die eigene Handlungsmöglichkeiten erweitern. Hier haben die endlosen Warum-Fragen ihre Funktion.

Übertragen wird die Situation in die Schule. Hier haben Pädagogen bemerkt, daß die *Schülerfrage* der Lehrerfrage vorzuziehen ist, eben aus dem beschriebenen Zusammenhang (z. B. Gaudig). Die natürliche Fragelust der Schüler soll erhalten und gepflegt werden. Gute Fragen sollen als solche auch gekennzeichnet und hervorgehoben werden ("das ist eine gute Frage"). Dadurch sollen Fragebereitschaft und Fragetechnik verbessert werden. Dem Lehrer eröffnen Schülerfragen den Einblick in die Interessen-, Bildungs- und Individuallage seiner Schüler. Fragen, sorgsam beantwortet, vermitteln auch Vertrauen zwischen Lehrer und Schüler. Ohne Schülerfragen ist jedenfalls ein freies Unterrichtsgespräch unmöglich.

Die *Lehrerfrage* ist im Vergleich zur Schülerfrage umstritten, obgleich sie seit Sokrates als Denkanstoß ein zentrales Bildungsmittel ist, als Wiederholungs- und Prüfungsfrage, vielleicht auch als Explorationsfrage, unersetzlich scheint. Die Lehrerfrage im erarbeitenden Unterricht ist dann didaktisch optimal, wenn sie eine real mögliche Schülerfrage verbalisiert ("ihr könnt euch jetzt fragen ...", "du würdest dich jetzt fragen ..."). Daß man möglichst kurz und eindeutig fragt und nicht gleich (wie es in Diskussionen immer wieder vorkommt) mehrere Fragen auf einmal stellen soll, von denen dann der Gefragte meistens einige wieder vergißt, geht aus der Kapazität des Schüler-bewußtseins hervor. Wichtig ist, Zeit zur Antwort zu lassen. Echte Fragen brauchen das Nachdenken. Weiter ist wichtig, die Antworten ernstzunehmen, Antworten auf Alternativfragen begründen zu lassen, auch Gegenfragen zuzulassen. Nur so entsteht vielleicht ein partnerschaftliches Gespräch, das Vorstufe sein kann zu einem Diskurs. In der Praxis dient die Lehrerfrage im Unterrichtsgespräch freilich vor allem dem Vorantreiben des Gedankenganges. Extrem deutlich wird das in den Platonischen Dialogen und in dem, was die alte Didaktik *"erotematische Lehrform"* nannte (von griechisch erotema = Frage). Man unterschied da zwei Hauptarten: a) *die heuristische oder sokratische Lehrform*, bei der das Finden einer Einsicht vorangebracht werden soll (von heuriskein = Finden, Entdecken) und b) die *katechetische Lehrform*, bei der feste Antworten auf feste Fragen eingeübt wurden. Katechetische Formen finden sich nicht nur in alten Katechismen, sondern auch in Paukbüchern der verschiedensten wissenschaftlichen Disziplinen. *Sokrates* geht (in Platos Dialog "Menon") aus von der Frage, wie man ein Quadrat verdoppeln könne und fragt einen mathematisch ungeschulten Sklavenjungen, um seinem Gastgeber Menon zu beweisen, daß man die entscheidenden Einsichten aus dem Denken, aus dem Bewußtsein eines Menschen herausholen kann in der Art, wie die Hebamme ein Kind aus der Gebärenden herausholt, deshalb sprach man auch von "Mäeutik" (die Mutter des Sokrates war Hebamme). Lehren sei nicht ein Vorgang, bei dem man dem jungen Menschen etwas eingibt, sondern Hervorholen einer Einsicht durch geschicktes Fragen. Darin besteht die sogenannte "sokratische Methode". Im "Menon" wird der Junge zu mehreren Lösungsvorschlägen angeregt, die aber alle scheitern. Der Junge kommt in die Situation der "Aporie" (Weglosigkeit), damit in die eigentliche Fragehaltung. Die Erklärung des Sokrates wird auf diesem Hintergrund prompt eingesehen. Über das Erlebnis des Nichtwissens kommt es zum Erlebnis des "Heureka" ("Ich-habe-es-gefunden") oder "ja, das stimmt", zum Aufleuchten der Erkenntnis. – Die andere Methode der erotematischen Lehrform, die katechetische, wird heute eher abgelehnt. Sie hat aber eine gewisse Funktion beim Abrufen von Datenwissen oder wenn man feste Formeln repetiert. Sie ist allerdings wenig produktiv.

Zu einigen *Fragetypen*: Einleitungsfragen sind abzuheben von Wiederholungsfragen. Einleitungs- und Zielfragen sollen vor allem die Anspannung und Einstellung der Aufmerksamkeit der Schüler erreichen. Während einer Darbietung können Fragen zu Teilbeobachtungen anregen oder Begründungen verlangen. Auch Teilzusammenfassungen können erfragt werden. Am Ende einer Unterrichtseinheit stehen gewöhnlich Wiederholungsfragen und

Anwendungsfragen, auch das Sammeln offen gebliebener und weiterführender Fragen.

Heute ersetzt man in der Regel die Lehrerfrage durch *Impulse*. Man meint damit Denkanreize, Sprechanreize, Didaktische Lehrbücher sind sich ziemlich einig, daß Impulse den Lehrerfragen vorzuziehen seien, obgleich Impulse in der Praxis auch verhüllte Fragen sein können, auf die die Schüler bereits eingeübt sind. Sonst geben Impulse aber ein breiteres Sprachfeld frei, damit auch der Phantasie mehr Anregung und der Formulierung mehr Raum. Impulse können auch sprachfrei, z. B. durch Deuten, gegeben werden. Im übrigen sind gute Fragen auch Denk- und Sprechimpulse und selbst in der Form oft von Impulsen nicht einmal deutlich zu unterscheiden. Man denke an Verbaläußerungen wie: Wirklich? Immer? Begründe!, oder an die Fragemiene des Lehrers: dies sind Impulse und Fragen zugleich.

Man hat (Willmann bis Geißler) bei der mittels Fragen und Antworten vorgehenden "sokratischen" Methode auch von "*entwickelndem Unterricht*" gesprochen. Heute spricht man z. T. auch von erklärendem Unterricht oder fragend-entwickelndem Unterricht. Gemeint ist da natürlich eine sokratische, keinesfalls die katechetische Methode. Wichtig ist, daß entscheidendes Wissen logisch, folgerichtig aufgebaut wird und der Denkfortgang dem Schüler jederzeit in allen Teilschritten einsichtig ist. Ähnlich sollten auch Vortrag und Vorlesung entwickeln und verständlich sein. Willmann (Didaktik § 85, S. 565) versteht unter entwickelndem Unterricht einen Unterricht, "bei welchem der Lehrer vor dem Schüler und unter dessen Mitarbeit einen Lehrinhalt entwickelt". Es kommt darauf an, "ein Wissen zu erzeugen und dadurch bildend zu wirken und zwar ist es besonders die Wirkung auf den Verstand, die Anregung und Übung des Denkens, welche ihn auszeichnet". Dies ist präzis das Bildungsziel, das wir mit unserer Nóesisdimension anstreben. Wichtig sind auch die "Einreihung der Wirkungen in ein zusammenstimmendes Ganzes und mannigfaltige Anwendung des entwickelten Inhaltes". Geißler (Analyse des Unterrichts 185 ff.) hält die sokratische Methode für stark lenkend, aber sachorientiert, nicht "autoritär". Die Mittel der Logik herrschen und *ihre* "Zwänge". Der Schüler muß zunächst Fragehaltung und Problembewußtsein aufweisen. Die Abwicklung müsse nicht ausschließlich verbal sein. Auch (Lehrer-)Demonstration und (Schüler-)Experiment seien als Schritte innerhalb des entwickelnden Unterrichts möglich. Dagegen sei bloßer "Frage-Antwort-Betrieb" eine Verfallsform des entwickelten Unterrichts. Es fehle dabei an probierendem Verhalten, an sanktionsfreiem, kreativem Lernen. In diesem Stil waren auch die ersten "linearen" Lernprogramme konstruiert. Offene Programme sind aber durchaus möglich (Zur Kritik vgl. W. S. Nicklis: Programmiertes Lernen, 1969).

Weiter entwickelt haben die Frage-Didaktik Zöpfl, Schröder und Aebli. Zöpfl und im Anschluß an ihn Schröder (Lernwirksamer Unterricht, 88 ff.) sprechen vom *quästiven Lernen* (lat. quaestio = Frage). Es geht darum, das Fragen zu lernen, d. h. "das Fragebedürfnis zu aktualisieren und an die Gegebenheiten unserer Welt fragend heranzugehen" (Schröder). Quästives Lernen frage (nach Zöpfl) immer weiter und tiefer, nach Gründen, Sinn und Ziel. Es frage nicht nur nach Wissen (nach dem Was), sondern auch nach den Methoden (nach dem Wie). Es erstrebe selbständiges, kritisches Denken. Der Schüler werde letztlich für Probleme sensibilisiert.

Aebli (12 Grundformen des Lernens, 1983) interessiert sich für das Entstehen und Lösen von Problemen, z. B. wenn unser Wirklichkeitsbild oder unsere Handlungspläne Lücken aufweisen, wenn es Widersprüche gibt oder unnötige Komplikationen auftreten. Der problemlösende, fragend-entwickelnde Stil geht davon aus, daß der Schüler eine zu erlernende Struktur, eine Einsicht, einen Begriff, ein Verfahren in seinen groben Zügen schon sieht und versteht, aber im einzelnen noch nicht weiß wie (296). Probleme entstanden und entstehen laufend in der Geschichte der Wissenschaften und Techniken. An sie kann man sich halten und kann an sie anknüpfen (vgl. Wagenschein). Es werde im Unterricht zu viel bloß mitgeteilt. Aebli betont das *"Prinzip der minimalen Hilfe"*. Man solle mit dem Auffordern zum Beobachten und Nachdenken beginnen und nur allmählich Ordnung in die Erkenntnisse der Schüler bringen. Natürlich soll die Schwierigkeit der gestellten Probleme dem Gesetz der "optimalen Passung" entsprechen. *Heuristische Regeln* können wichtige Hilfen beim Problemlösen sein: sich ein klares Bild von den Gegebenheiten machen, implizierte Gegebenheiten, die nicht gleich in die Augen fallen, suchen, sorgfältige Zielanalyse, sich Rechenschaft über Anforderungen und Bedingungen geben, Prüfung der Zwischenergebnisse, Umstrukturierungen aus verschiedenen Distanzen und Perspektiven versuchen, Probleme auch einmal vorübergehend ruhen lassen, ausreifen lassen. Wenn man dies alles hört, muß man mit Geißler der Meinung sein, daß "entwickelnder Unterricht eine außerordentlich schwierige Methodenform ist" (Analyse des Unterrichts, 189). Umso mehr muß sie in beiden Phasen der Lehrerbildung eingeübt werden. Wenn man nach dieser Methode aufbereitete Lehrstoffe zunehmend in Programmen, Büchern, Filmen, Cassetten Schülern und Lehrern anbietet, wird zwar Wissen aufgebaut, aber die dialogischen und kommunikativen Wirkungen der Lehrer-Schüler-Kooperation gehen verloren. Der Lehrer wird zu einer Art Medienausgabestelle oder zum Filmvorführer, wenn solche medialen Formen überhandnehmen. Auch ist die "Soft-ware" oft nicht hinreichend an den Wissensstand der Lerngruppe angepaßt. So bleibt dem Lehrer immer eine wichtige Funktion. Zur Stützung schwächerer Schüler, zur Wiederholung und vor allem für

Autodidakten ist das neue Material erfolgreich, wenn es entsprechend mit Vor- und Nachtests versehen ist. Wenn die Programme so ausgestattet sind, können sie zugleich eine klare Kontrolle über den Kenntnisstand herbeiführen. Schon aus diesem Grund empfiehlt es sich, die ja noch immer nicht sehr zahlreichen Lehrprogramme des logisch-entwickelnden Zuschnitts gelegentlich in den Unterricht einzubauen.

Eine elementar-technische Form des Fragens ist das *Nachschlagen*. Bibliotheken, Nachschlagewerke, Karteien geben bekanntlich vielfältige Auskunft. Der Umgang mit Lexika, Enzyklopädien, Bibliographien, Lehrbüchern, Handbüchern, Sachbüchern sind die häufigsten praktischen Formen. Wer an seiner Wissenserweiterung interessiert ist, kommt nicht ohne Nachschlagewerke aus. Für die selbständige Wissensbildung ist daher die Einführung und Einübung in die Benützung von Lexika, Bibliographien und Bibliotheken unerläßlich. Lexika geben vor allem erste Worterklärungen, Enzyklopädien auch breiter angelegte Sachartikel und gute Hand- und Lehrbücher einen Überblick über einzelne Wissensgebiete, über Theorien, Probleme und Wissensstand. Bibliographien listen Bücher und Aufsätze über Wissensgebiete auf. Da heute viel Wissen in Aufsätzen und nicht in den ausführlichen Büchern veröffentlicht wird, ist das Auffinden der wichtigen Aufsätze in den Fachzeitschriften eine Kunst, die jeder Studierende lernen muß, auch das Finden von Dissertationen und Habilitationsschriften.

Weiter ist das *Hören von Vorträgen und Vorlesungen* eine verbreitete Form der Wissensaufbaus, der gezielten Information, auch der wissenschaftlichen Studien. In der Didaktik nimmt der *Lehrervortrag* von kurzen Vortragsphasen in der Grundschule bis zur großen Vorlesung in der Hochschule einen zwar umstrittenen aber realiter hervorragenden Platz ein. Die alte Didaktik sprach von *akromatischer Lehrform* (gr. akroamatikos = zum Anhören bestimmt). Geißler setzt für die Sekundarstufe I (also für die Zehn- bis Vierzehnjährigen) die Grenze von höchstens ein Drittel der Unterrichtsstunde für den Lehrervortrag an (Analyse des Unterrichts, 180). Dieses Zeitmaß entspricht in etwa dem *Referat* in Hochschulseminaren. Hier ist es dann natürlich ein Referat der Studierenden. Auch in Schulen tritt zunehmend neben den Lehrervortrag der sogenannte Schülervortrag. Daß der Referent dabei am meisten lernt, ist ohnedies klar. Hier geht es zunächst um den Hörer. Zusammenhängendes Reden als Vortrag ist immer dann didaktisch am Platz, wenn es um Gedankengänge und Zusammenhänge geht, die sich in wenigen Sätzen, in einem kurzen Gesprächsbeitrag nicht ausdrücken und erklären lassen. Das voll entwickelte Modell ist die große *Vorlesung*. Sie soll (K. Jaspers, Idee der Universität, 1946) im Unterschied zur Spezialvorlesung, die ein Sonderthema extensiv durchleuchtet und die Methoden seiner Erforschung detailliert darstellt, den Gesamtüberblick über eine wissenschaftliche

Teildisziplin geben. Solche großen Vorlesungen sind nach Jaspers "Sache der reifsten Dozenten, die in ihnen die Summe ihrer Lebensarbeit ziehen. Darum sollen an den Universitäten die Grundwissenschaften von den hervorragendsten Professoren in Hauptvorlesungen als je Ganzes behandelt werden" (ebda. 51). Solche Vorlesungen seien für die Studenten ein wichtiges Erlebnis. Worauf es hier ankommt, ist, daß das, was Jaspers über die Vorlesung sagt, prinzipiell für *jeden Vortrag* an jeder Stelle des Informationssystems gilt, daß in ihnen Sachkenner Thematisches, Zusammenhängendes dem Hörerkreis verständlich darlegen sollten. Inkompetente sollten niemals einen Vortrag halten und niemandem ihren Vortrag zumuten. Insofern ist der Ausdruck Schülervortrag nur begrenzt gerechtfertigt, etwa wenn ein Schüler über sein Hobby oder über eine Wanderung oder Reise ausführlich berichtet. Dann ist er auch kompetent, erzählt etwas, das er selbst erlebt hat. Im übrigen spricht man besser von Referat. Auch wenn ein Dozent berichtet über einzelne Untersuchungen und Texte, ist das ein Referat, selbst wenn es Vorlesung heißt. Der Vortrag gibt also (idealiter) ein Stück objektives Wissen weiter. Wenn er sein Thema klar und umfassend darlegt, ist er ein guter Baustein im Wissensaufbau des interessierten Hörers. Der Vortrag ist kognitiv orientiert im Unterschied zu anderen Arten der Rede, also z. B. der politischen Rede, der Predigt, der Dichterlesung usw. Insofern ist der Vortrag wie der entwickelnde Unterricht ein typisches Verfahren des wissensorientierten Unterrichts. Seine noétischen Bildungswirkungen können bei hochkompetenten Sprechern, die auch didaktisches Geschick besitzen, enorm sein. Allerdings fällt das längere Zuhören der Jugend ähnlich schwer wie längeres Lesen. Es gehört dazu ein großes Maß an Sachinteresse, verbunden mit Lerndisziplin und Geduld.

Beides, *Hören und Lesen*, muß man offenbar lernen. Beide Grundformen des Bildungserwerbs sollten deshalb an den Schulen planmäßig angezielt werden. Hauptproblem ist dabei die länger durchhaltende Aufmerksamkeit, verbunden mit nahezu ausschließlich innerer Verarbeitung. Dazu gehört schon, etwa beim Hören einer Vortragsreihe oder einer Vorlesung, ein gewisses Maß an Vorwissen, ein höheres Maß an Motivation und die Fähigkeit der Selbstbindung an ein fernerliegendes Ziel, ein größerer Spannungsbogen, d. h. eine entwickelte Charakterstruktur.

Gut ist es, zu Vorträgen Aussprachemöglichkeiten einzuräumen. In Schulen und Hochschulen (bei Hochschulen als Kolloquien zur Vorlesung) hat man sie ohnehin (oder könnte sie jedenfalls leicht schaffen). Rückfragen und ergänzende Bemerkungen dienen dabei auch der Information der Hörer. Wenn mehrere Experten oder thematisch kompetente Fachleute anwesend sind, ist das *Podiumsgespräch* eine wertvolle Ergänzung des Vortrages. In Akademien und Fernsehanstalten hat man die Möglichkeit, mehrere Fachleute in einer Vortrags- oder Sendereihe oder in einem Hearing, zu einem

Problem sprechen zu lassen und damit zugleich die Streuung der Theorien und Meinungen zu einem Thema kennenzulernen. Bei kontroversen Ansichten zur Sache ist dies sogar die optimale Informationsform, weshalb sie mit Recht in wichtigen Entscheidungsfragen (z. B. in der Politik) gebraucht wird.

Vortrag und Vorlesung enthalten insbesondere auch die beiden wesentlichen wissenschaftlichen Forschungsmethoden, die in gewissem Sinne auch elementare Informations- und Bildungsmethoden sind, nämlich die kausalanalytische Methode und die hermeneutische Methode, das *Erklären* und das *Verstehen*. Beide sind auch vor dem und außerhalb des wissenschaftlichen Studiums, bei aller Informationsvermittlung und -erarbeitung notwendig und werden daher an dieser Stelle besprochen. Die kausalanalytische Methode sucht nach den Kräften, die eine Gegebenheit verursacht haben und in diesem Sinne also nach der Erklärung der jetzigen Lage. Ihr Grundmodell ist physikalisch. Durch welchen Anstoß ist diese Bewegung, z. B. einer Kugel, entstanden? Vor allem in den Naturwissenschaften lassen sich Kausalketten finden. Bei weitreichenden Ketten ergeben sich Strukturen eines konsistenten Weltbildes. Daher fasziniert auch das mechanistisch oder materialistisch geschlossene Weltbild. Die Hermeneutik im weiteren Sinne bezieht sich auf personales und gesellschaftliches Handeln und Sprechen und fragt vor allem nach Sinn und Zweck (telos, daher auch "teleologische" Methode) solchen Handelns und Sprechens. Die Hermeneutik im weiteren Sinne bezieht sich auf personales und gesellschaftliches Handeln und Sprechen und fragt vor allem nach Sinn und Zweck (telos, daher auch "teleologische" Methode) solchen Handelns und Sprechens. Da Hermeneutik nicht nur nach Sinnzusammenhängen, sondern auch nach Entstehungsbedingungen fragt (historische Methode) und nach Begründungszusammenhängen (ideologiekritische Methode), ist sie wesentlich weiter angelegt als die kausalanalytische Methode und umgreift sie in gewisser Weise. In der Hermeneutik wird auch "erklärt". Im Verstehen geht sie aber über das Erklären weit hinaus. Physikalische und chemische Realitäten lassen sich (statistisch und) kausalanalytisch hinreichend erhellen. Sozial-, sprach- und geisteswissenschaftliche Realitäten bedürfen auch des Verstehens, der Hermeneutik. Hermeneutik im engeren Sinne meint Textauslegung, wie sie in den alten Grundfakultäten Philosophie, Theologie, Jura, Sprachwissenschaften ausgebildet wurde und im Gefolge der Vertextung auch in allen anderen Wissenschaften praktisch gebraucht wird. Man dringt in den Sinn des Textes ein durch mehrere Einzelschritte z. B. durch wiederholtes Lesen, Wortsinnerkundung, Überarbeitung des Vorverständnisses, Vergleich mit anderenTexten, besonders desselben Autors, Wechsel der Perspektive (Ganzes, Teil; dies wiederholt, meint den sogenannten "hermeneutischen Zirkel"), Erkundung des Kontextes, Reformulierungsversuche und deren Diskussion.

Herbert Spencer hatte sich gefragt, welches Wissen das wertvollste sei und meinte: das der Selbsterhaltung und Arterhaltung dienliche. Selbst wenn man auf solchem quasi biologischen Niveau keinesfalls bleiben möchte, macht die Geschlossenheit des Spencerschen Konzepts des Wissensaufbaus einen gewissen Eindruck. Es soll hier das Problem der *Integration* des Wissens angesprochen werden. Auf der Ebene der Elementarbildung, also in der elterlichen Früherziehung, im Kindergarten, in der Grundschule bieten sich Integrationsrahmen an wie Alltagswissen, Lebenswissen (z. B. in der Grundschule die Heimatkunde). Die Orientierung im Alltag ist zudem überlebenswichtig und zum Vermeiden von Schäden vordringlich. Man denke an so praktische Fragen wie das Verhalten von Kindern im Verkehr, Genuß von Nahrungsmitteln, Umgang mit Geld, mit der Welt der Kaufhäuser, mit elektrischen Geräten, an all das Wissen, das notwendig ist, um in technisierter Kultur vernünftig zu überleben. Das verständige selbständige Verhalten in diesen Lebensbereichen ist ein erstes primäres Teilziel der Bildungsarbeit. Sonderpädagogen wissen, was das für Probleme mit sich bringt, wie auch Mütter, Kindergärtnerinnen, die Grundschullehrerinnen der Anfangsklasse. Soll dieses Lebensgrundwissen aber offen sein für tiefere Durchdringung, berufliche Qualifikation, entfaltete Bildung, so braucht es eine darüberhinausreichende Ordnungsform. Schon seit Comenius' Didactica magna bietet sich die Wissenschaft selbst als Ordnungs- und Integrationsform an. Vom Begriff her ist sie ja auch das versammelte Wissen. Von der Qualität her liefert sie zudem, trotz aller Vorläufigkeit und auf einzelne Punkte verteilte Streuung, das verläßlichste Wissen. Für das öffentliche Bildungswesen bietet sich daher das wissenschaftliche Integrationsprinzip auch noch wegen der hohen Konsenschance über die Parteiungen hinweg an. Die wichtigste Alternative ist die weltanschauliche. Sie stellt sich als politische und als religiöse dar. Die politische zielt auf die Sozialisation als Staatsbürger des je real herrschenden politischen Systems, die religiöse auf die Sinnorientierung im Lebensverständnis der führenden Religion einer Hochkultur. Der Staat hat die Macht, seine Sozialisationsziele in Schulen und Erziehungsheimen durchzusetzen, aber ohne Wahrheitsbezug und wissenschaftliche Legitimation, konkret ohne die Eltern, gelingt dies auch nur mangelhaft. Die Religionsgemeinschaften sind weit schwächer als der Staat, haben aber kraft ihrer Sinnkompetenz unmittelbaren Einfluß auf die Psyche der Menschen, beeinflussen als eigene Gemeinschaften die gesamte Kultur, gründen eigene Schulen und andere Erziehungs- und Bildungsinstitutionen, lenken, z. B. über die Eltern, auch in Staatsschulen indirekt, mit. Ihr Integrationsmuster liegt in der religiös orientierten Schule. Wir kennen sie als christlich orientierte Schule oder Konfessionsschule. Diese Schulen haben besonders in der freien Welt (USA, Niederlande) einen starken Zulauf, da sie ein geschlossenes Erziehungskonzept und eine überschaubare Normenstruktur aufweisen und außerdem die Identifikation mit führenden Normen der Gesellschaft in erhöhtem Maße gewährleisten können. Wenn der religiöse Glaube Menschen erfaßt, ergreifen die Gläubigen oft zugleich mit Eifer das in ihm steckende Sinnangebot als für sie verbindliche Wahrheit und tendieren dazu, ihre Kinder und Mitmenschen zur gleichen Überzeugung zu bringen. In der freien Welt bieten mehrere Religionen ihre Welt- und Lebensbilder, ihre Schulen und Bildungsvorstellungen an, so daß der demokratische Staat in der pluralistischen Gesellschaft nicht umhin kann, eine je konsensfähige, möglichst breit akzeptable Schulkonzeption auf der Basis gemeinsamer Grundwerte für alle zu entwickeln und anzubieten, eine Konzeption, die sich in religiös-kontroversen Fragen zurückhält und darüber nur informiert bzw. den großen Religionen und Konfessionen durch den Religionsunterricht Einfluß ermöglicht. In einer ähnlichen Lage ist der demokratische Staat hinsichtlich der Parteien. Die Lösung liegt in einer moralischen und politischen Basiserziehung, die konsensfähig ist und im übrigen weithin in wissenschaftlicher Bildung bzw. Wissenschaftspropädeutik. Jeder, der sich persönlich auf die Bildungsidee einläßt, muß sich über diese Lage klar werden. Er darf also nicht annehmen, daß der demokratische Staat in der pluralistischen Gesellschaft voll integrierte, optimale Bildung schulisch institutionalisieren kann. Er muß den Kompromißcharakter seiner Schulorganisation erkennen. Nur Lehrer, Eltern und der Lernende selbst können als Personen Bildungsidee und Bildungspraxis integrieren und damit auch ihre Bildungswelt, ihren Wissensaufbau optimal konzipieren. In der freien Welt sind nur in Privatschulen oder in Bekenntnisschulen weltanschaulich integrierte Bildungscurricula möglich. Auch die Wissensauswahl ist eine Wertungsfrage. Wer Heils- und Bildungswissen höher einstuft als Leistungs- und Herrschaftswissen, entwirft ein anderes Curriculum als der, dem es in erster Linie auf technisch-ökonomische Leistung ankommt. Wer Leistung und Bildung zu kombinieren sucht, aber mit Heilswissen nichts im Sinn hat, erhält ein anderes Curriculum als der, dem dieses Wissen viel bedeutet, dem Bildung und Leistung deutlich untergeordnet erscheinen. So ist das persönliche Curriculum ein Problem der persönlichen Wertrangordnung. In einer freien Welt wird daher die *persönliche Bildung* letztlich ein buntes Bild bieten. Das Integrationsproblem zeigt sich bei einer Idee von lebenslanger und freier Bildungsarbeit als ein höchstpersönliches, das kognitiv als philosophisches angesprochen werden kann. Dieses wichtige Problem löst sich demnach erst im philosophischen, besonders im wertphilosophischen Denken.

392

II. Wissenschaftliches Studium

Im wissenschaftsorientierten Lernen findet in allen Schulen der Welt das bewährteste Wissen seine Anerkennung. Der Wissensaufbau findet daher im Aufbau der Wissenschaften sein Rahmenmodell. Konkret bewährt haben sich an den Schulen als Kernbestand des wissenschaftlichen Bemühens Fächer wie Mathematik, Biologie, Geschichte, Geographie, Physik, Chemie, dazu die sozialwissenschaftlichen und sprachlichen Disziplinen. In diesen "Schulwissenschaften" ist wissenschaftliches Wissen mit Alltagswissen verbunden und pragmatisch interessant und verfügbar geworden. Man darf also bei wissenschaftlichen Studien nicht *nur* an die Hochschulstudien denken, sie beginnen (z. B in der Mengenlehre) in der Grundschule. Nimmt man als Grunddimensionen Zeit und Raum, so erfassen Geschichte und Geographie (Kosmographie) die Welt als Ganzes. Mathematik erhellt ihre meßbaren Strukturen. Inhaltlich klären die Naturwissenschaften (Physik, Chemie, Biologie) die natürlichen, die Sozialwissenschaften die gesellschaftlichen, die Geisteswissenschaften die kulturellen Strukturen unserer Welt. So kann ein ausgewogenes schulisches Curriculum die Strukturlinien des heutigen wissenschaftlichen Weltbildes durchaus vermitteln. Es ist die Aufgabe der Schulplaner, nicht nur im Sinne des Alltagswissens und nach künftigen Lebenssituationen die Curricula zu gestalten, sondern gleichermaßen im Sinne des Bildungswissens, d. h. hier noétisch im Sinne der Vermittlung des besten und für ein ausgewogenes sachliches Weltbild wichtigsten wissenschaftlichen Wissens. Die Fachdidaktiken der Schulwissenschaften gründen dabei zum Teil auf alten Erfahrungen. Es gibt Fachdidaktiken, die uralt sind: die Mathematik und ihre Didaktik sind rund 3000 Jahre alt. Man hat heute erkannt, daß besonders die Fachdidaktiken die eigentliche Vermittlung zwischen Wissenschaften, Philosophie und Bildungswelt zu leisten haben. Sie sind also nicht nur methodische Anhängsel der einzelwissenschaftlichen Disziplinen an der Universität, sondern haben einen interdisziplinären und Bildungs-Auftrag, der auch in die Praxis reicht. Die Lehrbücher und Lehrprogramme, die diese Fachdidaktiken entwickeln, sind nur leider oft eher für Lehrer gemacht und daher oft für selbständig lesende Schüler oder erwachsene Selbstbildner weniger brauchbar. Es wäre vielleicht darauf zu achten (z. B. in der Art des entwickelten programmierten Lernens), noch mehr demjenigen, der sich selbst weiterbilden will (etwa im Sinne guter Sachbücher), Studiermöglichkeiten zu bieten.

Das wissenschaftliche Studium gliedert sich in zwei Hauptabschnitte, nämlich das wissenschaftliche Studium vor den Hochschulen, also in den Schulen (das eine andere Struktur hat und auch anderes Wissen vermittelt, bei aller Gleichheit) und das wissenschaftliche Studium an Hochschulen. Beide

Abschnitte haben grundsätzlich selbstverständlich viel Ähnlichkeit. Zu erwähnen sind hier die Unterschiede. Sie fallen den Studierenden an den Hochschulen in den ersten Semestern besonders auf. An Hochschulen herrscht das wissenschaftliche Spezialstudium, d. h. allgemeine Bildungsstudien sind an der Universität eine Art Privatsache. Studium generale ist eine Randerscheinung, hat sich rudimentär z. B. noch im Studium der Theologen gehalten. An Hochschulen wird man zunehmend – und das ist ein wesentlicher Unterschied zu der wissenschaftlichen Arbeit in den Schulen – mit den Grenzen und den Problemen der Wissenschaft und des wissenschaftlichen Wissens bekannt. In den Schulen wird eher das allgemein anerkannte wissenschaftliche Wissen vermittelt, so daß auch ein bestimmter Glaube an Wissenschaft mitvermittelt wird. In Hochschulen trifft man auf eine Menge Theorieansätze, auf wissenschaftliche Schulen und Lehrmeinungen, auf ungelöste Probleme, auf die Schwächen der Methoden und Begründungen und gerät unversehens in den allgemeinen Streit um die besten und neuesten Erkenntnisse. Man vernimmt gleichsam den "Geschützdonner der Forschungsfront". Das Ringen um Erweiterung unseres objektiven Wissens, das man Forschung heißt, ist oft ein mühsames Kämpfen, ein Absichern weniger erforschter Meter des riesigen Gebietes des Unerforschten. Nur selten gelingt ein großer Durchbruch und Vorstoß in das Dunkel des Unbekannten und auch er ist zunächst gefährdet und kann wieder zusammenbrechen. Vieles ist demnach für den an der Hochschule Studierenden unsicher, Risiko, unbekannt und relativ dunkel.

Das äußert sich dann auch (eher außerhalb der Vorlesung) in den Übungen, Seminaren, Kolloquien, in denen man bekanntgemacht wird mit der Forschungssituation. Da wird Unsicherheit vergrößert. *Seminare* für Fortgeschrittene haben vor allem den Sinn, in die Forschungssituation einzuführen, das heißt, mit der Fachdiskussion vertraut zu machen. Reader, Diskussionsbände, neue Enzyklopädien und Handbücher enthalten Texte, in die sich die Arbeitsgemeinschaft der Studierenden, begleitet vom Dozenten, einarbeiten soll. Besonders gut sind auch problemorientierte Seminare, die ein schwebendes, praktisches oder theoretisches Sachproblem zum Kristallisationspunkt der Theorien- und Methodenreflexion machen. *Kolloquien* dienen dem Gespräch über wissenschaftliche Themen. Voraussetzung sind thematische Vorkenntnisse oder/und Vorbereitungen. Der Übergang zum Seminar ist fließend, z. B. wenn im Seminar ein Text besprochen wird, den alle zuvor zuhause gelesen haben. *Arbeitsgemeinschaften* sind auch sonst üblich in der wissenschaftlichen Arbeit, in Schulen, in Volkshochschulen, auch in freiwilligen Arbeitsgemeinschaften neben dem offiziellen Studium (so z. B. zur Prüfungsvorbereitung unter Studenten), meist eine Mischform zwischen Seminar und Kolloquium. An Volkshochschulen lehnen sie sich gerne an praktische

Probleme der Beteiligten an. Solche Anlehnung ist auch in Schulen und Hochschulen möglich, hat dort aber Grenzen, da die Erarbeitung des allgemeinen oder fachlichen Wissensstandes nicht sehr viel Zeit läßt. Dadurch sind Studenten oft enttäuscht, weil der Bezug zum Leben und zu ihren eigenen Problemen vergleichsweise gering ist. Eine Integration von noétischer und praktischer Bildung ist jedoch prinzipiell erwünscht, weil ja – vom Bildungsaspekt her – die Dimensionen nicht getrennt bleiben, sondern in die Person integriert werden sollen. Von daher sind Praktika und deren Reflexion von erheblicher Bedeutung. Ist der Student im Grundstudium auf die Lage an der Forschungsfront etwas vorbereitet, so lernt er in der Hauptphase des Studiums mit spezielleren Problemen methodisch umgehen, so daß er am Ende dieser Phase in einer *wissenschaftlichen Arbeit* einen kleinen, wohlbegleiteten Vorstoß ins Unerforschte, ins "Niemandsland", versuchen kann. Diese Mitarbeit in der Forschung an wissenschaftlichen Hochschulen entspricht etwa der Mitarbeit in der Meisterklasse an der Kunsthochschule. Hier geht Bildungsarbeit in Kulturarbeit über. Die auf Persönlichkeitsbildung zielende Kulturteilhabe wechselt nun gewissermaßen zur kulturellen Produktion selbst. An dieser Stelle entscheidet sich, ob die bisherige Bildungsarbeit nur bis zur persönlichen Selbstbildung und kulturellen *Re*produktion reicht oder ob kulturell-kreative, produktive Kraft vorhanden ist. Der Sinn der Bildungsarbeit für die Kultur und für ihr Wachstum ist selbstverständlich zuhöchst kulturelle Produktivität. Solche gedeiht wiederum auf dem Boden reichlicher Bildungs- und Reproduktionstätigkeit. Doktorarbeiten und Habilitationsschriften sollten ein Ergebnis dieser Art zeitigen. Daß sie dadurch zugleich weiter bildend auf den Wissenschaftler wirken, ist leicht erkennbar. Die disziplinierende Wirkung der Wahrheitsbemühung unter hohem psychischem Aufwand ist evident. Der eigentliche fruchtbare Moment liegt jedoch in der errungenen Begegnung mit der Wahrheitsidee und ihrer Faszination, ähnlich wie dies dem Künstler mit der Idee des Schönen geschieht. Man ist der Kraft des Geistes begegnet und will, wenn dies geglückt ist, nicht mehr von ihm und von der Wahrheit lassen. Dies ist der oberste Sinn aller "wissenschaftlichen Bildung" oder "akademischen Bildung".

III. Philosophisches Denken

Wie Humboldt und Willmann sieht auch die hier entwickelte Bildungstheorie im philosophischen Denken eine essentielle Methode der Bildungsarbeit. Manche glauben heute, dieses Denken in seiner integrativen Funktion ersetzen zu können durch interdisziplinäre Supertheorien, z. B. durch Informationstheorie, Kybernetik, Systemtheorie. Ohne den Nutzen solcher Theorien zu verkennen – sie können vor allem zu einfache Prozeßtheorien (wie die Dialektik) ablösen – sollte man einsehen, daß entscheidende Denkvorgänge und Denkstrukturierungen nur philosophisch geleistet und bewirkt werden können. Ohne das Staunen (thaumazein) der Griechen, das dort schon als die Wurzel jeden philosophischen Bemühens angesehen wurde, ohne Zweifeln, ohne Fragen nach den Grenzen und Möglichkeiten unseres Erkennens, nach dem wahrhaft Guten und Schönen, nach dem Sinn des Lebens, nach dem Wesen des Menschen, ohne die Frage nach dem Sein überhaupt, ohne solches Denken und Fragen hätte der Mensch seine noétischen Potenzen nicht voll ausgelotet, die Tiefen und Grenzen des Erkennens nicht erkannt. Er würde sich deshalb leicht in fundamentalen Bereichen und Entscheidungen verschätzen und trotz allen Alltagswissens und wissenschaftlichen Wissens danebengreifen. Philosophisches Denken versucht aus der menschlichen Ratio das Letzte herauszuholen. Philosophie ist insofern Wissenschaft, als sie sich an die Gesetze der Sprache, des Bewußtseins, der Logik bindet, als sie dialogisch-dialektisch voranschreitet und die Erkenntnisse der Wissenschaften und jeglicher, auch der Alltagserfahrung, würdigt. Aber dieses Denken ist radikaler und umfassender als das gewöhnliche und das fachwissenschaftliche, da es an die Prinzipien des Denkens und Handelns selbst rührt und wie in einem Kollektor auch die fernsten Strahlungen der Wahrheit einzufangen und zu bündeln trachtet. In seiner Radikalität und in seiner umgreifenden Tendenz ist philosophisches Denken riskanter als alltägliches und wissenschaftliches Denken. Daher sind hier die Theorien noch widersprüchlicher als in den Fachwissenschaften, sind die Kämpfe noch härter, die Niederlagen niederschmetternder, die Siege beglückender. Philosophie hat etwas Prometheisches, Vermessenes, Hybrides, macht aber letztlich trotzdem angesichts der gewaltigen Differenzen des Denkbaren kritischer, überlegter, mitunter auch bescheidener, besonders wenn philosophisches Denken unbedingt der Wahrheit verpflichtet bleibt und der Lüge in jeder Gestalt widersteht. Philosophisches Denken ist Kritik in der Potenz, läßt keine Weltanschauung ohne gründliche Ideologiekritik, auch keine Wissenschaft, keine Kultur, keine Religion. Sein Anspruch an den Denkenden ist daher so umfassend und unnachsichtig, daß er jede Änderungsbereitschaft vom Denkenden selbst fordert, außer der Grundeinstellung, die an die Wahrheit bindet. Philosophisches Denken setzt daher einen Glauben an die Wahrheit und die letztere Wahrheitsfähigkeit der Vernunft voraus. Jaspers hat das den "philosophischen Glauben" genannt. In ihm steckt eine gewisse Härte. All die Schonungen, die man sonst den Mitmenschen und sich selbst gönnt, alle "Interessen" und "Zwänge" soll der philosophisch Denkende schließlich hinter sich lassen. Ausschließlich dem Logos geöffnet soll der sonst so begrenzte und genötigte Mensch sich dem Bedenken der letzten Gründe widmen. Das Ausräumen der

Selbsttäuschungen allein macht so viel Mühe, daß nicht viele bereit sind, sich derart änderungsbereit einzustellen. Wer aber zu den letzten Möglichkeiten durchdringen will, braucht diese Bereitschaft. Sich dermaßen ins Denken einzulassen, erfordert in höchstem Maße alle Kardinaltugenden, also Mut, Gerechtigkeit und Weisheit, eine letzte Wert- und Seinsoffenheit, die erst den Ich-Welt-Bezug in vollendeter Reinheit gestattet und die Geistigkeit des Menschen in hervorragendem Maße realisiert. Religiöse Philosophen deuten daher die höchsten Erkenntnisse religiös, als Vorstufe zur Anschauung Gottes, als amor dei intellectualis, als Sichtweise des Ganzen sub specie aeternitatis (unter dem Gesichtspunkt der Ewigkeit). Daß sich solches Denken am besten an bedeutenden, an den größten Philosophen entfaltet, ist leicht zu erkennen. Daher ist die Auseinandersetzung mit ihnen unerläßlich für den, der sich in die Philosophie einarbeiten will. Ohne langes und ausdauerndes Mühen ist philosophisches Denken nicht zu haben. Laotse und Konfuzius, Plato und Aristoteles, Augustinus und Thomas von Aquin, in der neueren Philosophie Leibniz und Kant, Hegel und Schopenhauer, in der allerneuesten (mit der Unsicherheit, ob sich diese Zeitgenossen als Klassiker bewähren werden) Popper, Wittgenstein, Heidegger und Jaspers, gelten als philosophische Sterne erster Größe, ohne die eine Orientierung im philosophischen Denkhorizont unmöglich erscheint. Auf sie ist derjenige, der sich philosophische Bildung aneignen will, daher zunächst verwiesen. Jaspers hat in seiner Einleitung in die Philosophie besonders aufmerksam gemacht auf solche Namen. Dabei wird das Denken freilich zunächst in eine ganz bestimmte Bahn geführt, aber wenn es kritisch und auf Wahrheit verpflichtet bleibt, hat es eine Chance, über die bloße Schulmeinung (den Anschluß an einen großen Philosophen) hinauszukommen. Das ist eine der schwersten Aufgaben, die derjenige zu leisten hat, der sich in dieses Denken einarbeitet. Insofern wird jeder letztlich seinen Weg philosophischen Denkens selbst suchen und durch Lesen und Nachdenken erarbeiten müssen.

Über Hören und Lesen hinaus ist hier noch etwas zu sagen über das Gespräch. Das *Gespräch*, der Dialog, besonders in der gestalteten Form der Disputation, der Diskussion, der Debatte, gilt als eine der entscheidenden Sozialformen der Wahrheitsfindung, und zwar auf allen Ebenen des Wissens, besonders im kollektiven Alltagsbereich als (meist praktisch-problemlösend gedachte) gemeinsame *Beratung*. Für konfliktreiche Themata hat man Rituale gefunden, um die Konflikte zu kanalisieren und zu verhindern, daß sich die Menschen allzu sehr aus dem nüchternen und rationalen Wissensbereich hinausbewegen und zu Kampfhaltungen übergehen. Wir denken da etwa an die Gerichtsverhandlung, die eine besonders wichtige Situation der Wahrheitsfindung ist (für den Betroffenen mindestens), die politische Debatte, die weittragend sein kann für eine Großgruppe, in der Hochschule an die (vor allem in der mittelalterlichen Universität gepflogene) Disputation. Das Ritual ist aus der Konfliktsituation heraus in der Regel dialektisch angelegt. Thesis und Antithesis, die eine Meinung und eine andere Meinung, stehen einander gegenüber und müssen miteinander verglichen werden. Der moderne Diskurs ist entspannter (wenigstens so gedacht), braucht aber viel Zeit und Geduld und kommt daher in seiner Idealität nur sehr selten zustande.

Die konstruktive gemeinsame Beratung, das Brainstorming (Sammeln spontaner Einfälle zu einem Problem) nähern sich dem, was Geißler das *"goethische Gespräch"* genannt hat. Geißler unterscheidet dieses goethische Gespräch vom sokratischen. Im goethischen Gespräch gehe es wohl thematisch zu, aber nicht am Faden eines Gesprächsführers, sondern durch Beiträge aller, die zum Ausleuchten und Ausschöpfen des Themas etwas zu sagen haben. Die verschiedenen Aspekte kommen durch freie Äußerungen aller, idealiter möglichst gleichgewichtig "zu Wort". Diese Tendenz auf eine relativ ausgewogene Gesamtgestalt, und daß das Gespräch thematisch erschöpfend sein sollte, müßte von allen gleichermaßen gewünscht werden, dann gelingt ein solches Gespräch. Geißler meint, daß in den Salons der Goethezeit das gut gelungen sei. Es gibt jedenfalls entspannte, sachorientierte Gesprächskultur, die nicht debattenartig (mit harten Gegenschlägen pro und contra) laufen muß, sondern – ohne Verdrängung differenter Perspektiven – ein gegenwärtig mögliches Gesamtbild zum Thema lebendig machen kann.

Wir müssen uns jetzt noch einmal zurückerinnern an die Rolle der Sprache überhaupt für die Symbolisierung und Codierung unseres Wissens und Denkens. Wir haben keinen anderen Weg, wir können letztlich unser Wissen nur durch gemeinsame Sprache austauschen, also durch ein relativ hochentwickeltes historisch gewachsenes Zeichensystem, das wir nicht vollständig rationalisieren können. Die Idee einer total rationalen, letztlich mathematisierbaren Sprache wurde schon von Leibniz gehegt, geprüft und letztlich verworfen. Wir können unsere Erfahrungen zunächst nur in der Alltagssprache codieren und von da aus über Fachsprachen immer wieder in die philosophische Sprache weiterführen. Wir kommen um diese Situation praktisch nicht herum. Eine einzige, dazu völlig rational konstruierte Sprache scheint ein Fehlideal zu sein, eine falsche Hoffnung, weil die Sprache immer mehr ausdrückt als rationale Einsicht.

Hervorragende philosophische Methoden sind:

a) die *Ideen*forschung (Plato, Thomas, Kant). Sie zielt auf die höchsten Ideen und Werte,

b) die philosophische *Prinzipien*forschung: den Begriff des Prinzips hat Aristoteles in den Mittelpunkt der Philosophie gestellt und nach ihm Thomas von Aquin, die ganze philosophia perennis. Sie zielt auf die ersten Prinzipien des Seins, des Denkens und Handelns, das sind solche, die in ihrer Ordnung nicht aus einem anderen Prinzip hervorgehen,

c) die *Phänomenologie* (Husserl, Rombach). Sie erarbeitete eine strenge und überprüfbare Methode der Wesensschau und zwar aus den Erscheinungen, Phänomenen, wie sie auf uns zukommen. Von der Phänomenologie stammt auch die wichtige Unterscheidung Noésis (d. h. Bewußthaben) und Noema, das sind die Bewußtseinsinhalte.

d) die *Kategorialanalyse* (Aristoteles, Kant, N. Hartmann). Die neuere Kategorialanalyse arbeitet die Abwandlungen der Kategorien in den verschiedenen Schichten der Welt heraus (was also z. B. "Zeit" bedeutet im Physischen, im Biologischen, im Psychischen, im Geistigen).

Besondere Methoden haben auch (andere) einzelne Philosophierichtungen entwickelt, wie die Wertphilosophie, die Existenzphilosophie, in jüngerer Zeit auch die Naturphilosophie, und die Sprachphilosophie. Wichtig zur Integration des Wissens sind schließlich die *Wissenschaftstheorie*, die den Versuch macht, die Wissenschaft selbst auf ihre Gültigkeit und Fruchtbarkeit hin zu befragen sowie in Verbindung zur Praxisdimension die *praktische Philosophie* und ihre Zweige und Methoden. In dieser letzteren liegt der Konnexpunkt zu unserem letzten Kapitel.

16. Kapitel: Bildungsmethoden im Bereich der Praxis-Dimension

Wir vertreten hier mit den Klassikern um achtzehnhundert, daß Bildung vor allem durch Wissenschaft und Kunst zu erwerben und vermitteln ist, aber – und das versuchen wir zu betonen – daß wir auch durch Praxis wesentliche Bildungserfahrungen machen und so Bildung realisieren können, allerdings nur in Verbindung mit den beiden anderen Dimensionen. Praxis meint Erfahrungen und Beteiligungen in der Lebens- und Arbeitswelt, in der sozialen, politischen, religiösen Welt, im weitesten Sinne in allen Kulturbereichen, wobei der Bildungs- und Erziehungsarbeit an der Jugend als zentraler menschheitlicher Praxis noch eine besondere Bedeutung beigemessen wird. Es wird die Überzeugung vertreten, daß die zentrale personale Instanz des Gewissens am meisten durch diese Bildungsdimension, durch Praxis gefördert wird, so daß die Nichtbeteiligung an dieser Dimension die schwerwiegendsten Persönlichkeitsmängel im Gefolge haben müßte. Da in der Regel die allermeisten Menschen den größten Teil ihrer Lebenszeit der Praxis widmen, sind die Grundbedingungen fast überall vorhanden. Es besteht eher die Gefahr, daß sich viele der Praxis so ausschließlich hingeben, vor allem im Erwachsenenalter, daß die Dimensionen der Áisthesis und Nóesis, des Schönen und Wahren, mit der Zeit, oft unmerklich, vernachlässigt, mitunter vergessen und verachtet werden, allenfalls noch als Verzierungen (oder auch nur in ihrem Nützlichkeitswert) beachtet werden.

Diese Gefahr wird heute durch eine einseitig handlungsorientierte, "pragmatische" Pädagogik verstärkt, der etwa Handlungskompetenz oder politische Beteiligung zum höchsten Bildungsziel, ja zum Lebenssinn gerät. Es entsteht dann das Zerrbild des homo faber, des Menschen als "Macher". Theorie wird zum Knecht der Praxis. Reine Schau der Welt und ihrer Schönheit erscheint dem bloßen "Praktiker" als Zeitverschwendung und Luxus. In einer bloß von "Praktikern" beherrschten Welt gehen humane Werte, gehen Proportion und Freiheit langsam verloren. Die Persönlichkeit gilt nicht mehr, nur noch der nützliche Mensch, der Facharbeiter, der Sachbearbeiter. Der einzelne wird zum Funktionsteil großer Systeme. Sein Eigenwert geht schließlich auch dem Bewußtsein langsam verloren. Solche Perspektiven sind in unserem Jahrhundert durchaus ernst zu nehmen. Materialismus und Totalitarismus sind nur theoretisch überwunden, herrschen aber praktisch in verschiedensten Weltgegenden und Köpfen munter weiter. Der Personbegriff wie der Persönlichkeitsbegriff, das ist ein Indiz, haben auch in anthropologischen Wissenschaften an Boden verloren, obwohl es einige Ansätze gibt, auch einen Neubeginn in der Erziehungswissenschaft (F. Schneider, R. Guardini, W. Böhm, H. Schröder). Mit dem Personenbegriff sind untrennbar verbunden die Personenrechte, die Idee der Freiheit, der Bildung, der Selbstvervollkommnung. Wenn man den Personbegriff fallenläßt, dann fallen leicht auch diese anderen Ideen mit. Statt Bildung und Erziehung denkt man dann nur noch z. B. in soziologischen Kategorien wie Sozialisation und allenfalls Enkulturation (oder in biologischen, z. B. Evolution). Das reicht aber nicht für eine Bildungstheorie und reicht nicht, wenn man Menschenwürde, Menschenrechte und Menschlichkeit voll ernstnehmen will. In diesem Sinn ist die (Wieder-)Entdeckung der "Personalisation" durch Wurzbacher und die Erlanger Schule (vertreten in der Pädagogik besonders durch Erich Weber) ein Fortschritt, der freilich auch wieder von nicht wenigen Sozialwissenschaftlern nicht mitgemacht wird.

Es kommt uns an auf das Gleichgewicht zwischen den drei Dimensionen, d. h. auf das Vermeiden der Unterschätzung wie der Überschätzung, hier der Praxisdimension. Eine Persönlichkeit mit Bildung ist eben weder ein bloßer Intellektueller noch ein bloßer Praktiker, noch ein Ästhetizist, sondern hat ausgewogen Wertbezüge zu Wissenschaft, Kunst und Praxis, hat mehrseitige Erfahrungen und vielseitige Interessen.

Geißler hat als Erziehungs- und Bildungsziel die Selbständigkeit betont. Um selbständig das Leben zu meistern und aktiv in die Welt eingreifen zu können, bedarf es des *Könnens* und *Wollens*. Jedes menschliche Handeln enthält diese beiden Elemente. Wollen kann man etwas ernsthaft erst dann, wenn man es auch kann. Während wir in der Dimensionenanalyse stärker den Zielaspekt und damit das verantwortliche Wollen reflektiert haben, geht es hier mehr um den Wegaspekt und damit um das Können. Handeln ist erst möglich durch Handlungsschemata, die im Lernenden in der Art eines Repertoires, einer Werkzeug- und Werkstücksammlung bereitgestellt werden (vgl. Aebli 1983, S. 183). Elemente der Handlungsschemata sind wiederum oft Bewegungshandlungen, die das Kind oft schon im Vorschulalter spielend in großer Zahl erlernt und die es dann in der Schule für weitere psychomotorische Fertigkeiten benützt oder kultiviert, z. B. beim Schreibenlernen, im Zeichnen, Sport, für Handarbeiten, Werken, Instrumentalmusik. Manche dieser Fertigkeiten werden weiter differenziert und berufsweltorientierten Geschicklichkeiten zugeführt, wie etwa Stenographie und Schreibmaschine, vor allem natürlich in der beruflichen Ausbildung. Bewegungshandlungen, Handlungsschemata. elementare Fertigkeiten sind Grundelemente in der ersten Methodengruppe. Wir nennen diese Methodengruppe *praktisches Elementartraining*. Eine zweite Methodengruppe baut sich, das Elementartraining weitgehend voraussetzend, auf die Realität der Arbeitswelt (in Haus und

Beruf) auf und zielt auf die Befähigung, diese Realität zu meistern. Es geht also um die Intentionen und Verfahren der Arbeitsschule, der Praktika, der Lehre, des Referendariats, aber auch um Weiterbildung als berufsweltorientierte Fortbildung oder Umschulung. Wir nennen diese zweite Methodengruppe der Praxisdimension *Arbeitsqualifikation*. Von ihr hebt sich schließlich eine weitere, auch die zweite weitgehend voraussetzende, daher letztlich umfassende Methode der praktischen Bildungserweiterung ab: die *sozio-kulturelle Beteiligung* oder das gesellschaftliche Engagement. Diese Beteiligung reicht über die häusliche und berufliche Praxis hinaus und tritt besonders hervor in politischer, sozialer, religiöser Beteiligung. Da sozio-kulturelle Beteiligung letztlich *alle* nur denkbaren Praxen, wie sie in der Praxeologie von Derbolav entwickelt wurden, einschließt, braucht sie notwendig ein paar Schwerpunkte. Unser Jahrhundert hat einige Schwerpunkte betont, vor allem die politische und soziale Beteiligung, früher noch die berufliche. Die religiöse Beteiligung ist ein uraltes Thema in der Bildung; von ihr wird noch zu handeln sein. Wir sehen mit Derbolav den politischen Schwerpunkt, möchten aber im Sinne unserer Axiologie (s. mein Lehrbuch, 1. Teil) dem (sozial-) ethischen und religiösen Schwerpunkt einen noch höheren Stellenwert zumessen. Im Idealfall lassen sich diese drei Praxen so verbinden, daß sie sich gegenseitig schützen (vor Selbstüberschätzung, vor Wucherungen, Fanatismen, Einseitigkeiten) zugunsten einer kulturell reifen, ausgewogenen, harmonischen gesellschaftlichen Lebenspraxis. Eine solche Lebenspraxis mitzutragen und mitzugestalten vollendet auch den gesellschaftlichen Sinn von Bildung. Das wichtige ist bei diesen Praxen, daß der einzelne über sich hinauskommt, daß er nicht nur für sich da ist, daß die Persönlichkeitsbildung, die wir hier bedenken, kein Selbstzweck derart ist, daß der einzelne in einer verfeinerten Art von Egoismus nur an sich denkt; das wäre keine Bildung im Sinne moderner, hochentwickelter Ethik; er wird erst dann in vollen Maße Mensch, wenn er in den Dienst auch der anderen tritt. In dem Maße, als er dazu Kraft, Geist und Möglichkeiten hat, ist er dazu herausgefordert und kann sich eigentlich erst dadurch letztlich vollenden. In diesem Sinne ist unsere Zeit über den selbstbezogenen Individualismus hinaus.

I. Praktisches Elementartraining

Pestalozzis "Elementarbildung" und Deweys "Learning by doing" haben erste Wege gewiesen, wie über Ziel- und Weganalysen Handlungsmuster aufgebaut, bewußt gemacht und eingeschliffen werden können. Die große Rolle der Imitation und damit des Vormachens (und Könnens) des Lehrers ist durch die Lerntheorie bewußt geworden. Oft geht es darum, Teilbewegungen

402

neu zu kombinieren, Bewegungsabläufe zu präzisieren, zu sichern, zu koordinieren. So wurden etwa im Handarbeits- und Werkunterricht differenzierte Methoden und Lernschritte entwickelt, die mit hoher Wahrscheinlichkeit für die meisten Kinder zu positiven Ergebnissen führen können. Eine Abtrennung des Könnens vom Wissen ist selbstverständlich nur analytisch, nicht konkret sinnvoll, wie ja auch Denkhandlungen Operationen genannt werden und wie insbesondere Handlungsverläufe in der Phantasie durchgespielt und vorbereitet werden. Man muß sich auch klar sein, daß nur wenige, komplexere Handlungen schulische Anstrengungen brauchen. Die meisten lernt man im außerschulischen Bereich. Aber auch für komplexe Handlungen können außerschulische Lerngelegenheiten genützt werden und sollten vielleicht auch reichlicher zur Verfügung gestellt werden. In diesem Sinne ist die "Anti-Schulbewegung" aktiv geworden (Ivan *Illich*, Entschulung der Gesellschaft, 1973; 1981). Illich schlägt "Fertigkeitenbörsen" vor. Das Problem sei einfach das, Lernwillige und Leute, die etwas können und bereit sind, anderen zu zeigen, wie man das macht, zusammenzubringen, deshalb "Börse". Das Hauptübel sei, daß befähigte Leute ihre Fertigkeiten nicht vorführen dürften, sofern sie nicht durch ein Diplom staatliches Vertrauen erworben hätten. Die Lehrerschaft wie der Arbeitsmarkt würden davon leben, "daß Fertigkeiten knapp gemacht und knapp gehalten werden" (S. 96). "Das Recht, irgendeine Fertigkeit zu lehren, sollte den Schutz der Redefreiheit genießen" (97). "Die Freiheit eines allgemeinen Fertigkeiten-Austausches muß vor allem durch Gesetze sichergestellt werden" (98). Bei gesellschaftlich wichtigen Fertigkeiten sei freilich eine öffentliche Kontrolle der Prüfungen unumgänglich. Man kann da etwa denken an Autofahren, an Benützung gefährlicher Maschinen und Chemikalien, oder Betreuung besonders kranker und behinderter Menschen, die spezielle Kenntnisse verlangen. Bloßer guter Wille kann unter Umständen auch schaden. Volkshochschulen und andere Weiterbildungseinrichtungen bieten im Sinne Illichs bereits viele Möglichkeiten zum Erwerb von Fertigkeiten durch nebenberuflich Lehrende an, denen da die Lehrkompetenz praktisch zugestanden wird. Dieses System bedarf allerdings des Ausbaus und der stärkeren staatlichen Stützung. Selbst Senio-ren sind immer wieder interessiert, den Umgang z. B. mit bestimmten Materialien und Werkzeugen zu erlernen, um praktisch nützliche oder ästhetisch ansprechende Produkte zu erzeugen.

Oft sind elementare Fertigkeiten auch betont kognitiv (wie eine Fremdsprache lernen, mit dem Computer arbeiten lernen) oder betont ästhetisch (ein Instrument spielen lernen, neue Tänze lernen, in Öl malen lernen usw.). So zeigt sich ein integrativer Zug im Elementartraining, der bis in einzelne Handlungen und ihre Kombination hineinreicht. Eine ganzheitliche Form früher Elementarerziehung weist hier den Weg, nämlich das *Spielen* der Kinder.

Kinder lernen, üben eine ganze Menge elementarer Handlungsmuster im Spiel. Wo immer es Motivationsprobleme für elementares Handlungstraining gibt, sollte man sich an diesen Zusammenhang erinnern. Für die Elementarpädagogik haben das die großen Pädagogen Fröbel und Montessori bewußt gemacht. Unter den Fachdidaktiken scheint vor allem die Didaktik des Sports und der Leibeserziehung am schnellsten gelernt zu haben, wie man so viel wie möglich in Spiele übersetzt. Spielen fördert Phantasie und Beweglichkeit und hat daher hohe Chancen, die Übungen nicht erstarren zu lassen, sondern für weitere Entwicklungen offen zu halten. Das kann bis in geistige Fertigkeiten und Methoden hinaufreichen. "Kopf, Herz und Hand" hat Pestalozzi gesagt, gehören unmittelbar zusammen; man kann das eine nicht ohne die anderen trainieren. Man kann auch an Hesses Glasperlenspiel denken, wo solche integrale Bildung bis in geistige Kombinationsgestalten und Phantasiespiele hineinreicht.

Da Praxis in unserem Sinn auch den Verantwortungsgedanken einschließt, also ethisch auszulegen ist, muß an die pädagogische Theorie Schillers erinnert werden, der Spiel und ethische Praxis (über den "ästhetischen Zustand") in einen Grundzusammenhang bringt. Das Moment der Freiheit in Spiel und spielendem Handeln hat zugleich ästhetischen Charakter oder läßt wenigstens ästhetische Gestaltung (meistens) zu. Hier liegt eine Chance zur Humanisierung *aller* menschlichen Betätigungen, nicht nur in der Spielwelt, sondern auch in der Arbeitswelt.

Bei einer solchen Orientierung ist auch der verbreiteten Abwertung des bloß "körperlichen" und des bloß "technischen" Handelns begegnet, in der sich deutsche Bildungstheorie nicht selten gefallen hat und noch gefällt. Wir lehnen diese schroffe Unterscheidung von technischem Handeln und praktischem Handeln, wie sie auch bei Habermas betont wird, ab. Das technische Handeln muß ebenso verantwortet werden wie alles übrige praktische Handeln auch.

II. Arbeitsqualifikation

Theodor *Litt* hat in seinem aufrüttelnden Werk "Das Bildungsideal der deutschen Klassik und die moderne Arbeitswelt" (1955) die Pädagogen zu lehren versucht, die "Trias Naturwissenschaft-Technik-Produktion" (74) und damit das "sachliche Tun" und die versachlichte, äußere Welt ebenso ernst zu nehmen wie die persönliche, innerliche Welt des "Geistes". Litt dachte gerne in "Antinomien", d. h. in Gegensätzen, hier von Sache und Person, vom Umgang mit Dingen und Menschen und arbeitete auf eine Bewältigung der Widersprüche hin, auf eine nichts verdrängende "Menschlichkeit". Die

Widersprüche und Spannungen in der Wirklichkeit müßten durchgestanden werden, man könne sie nicht auflösen, man müsse mit Antinomien fertig werden. Radikaler, auch konkreter, hat die marxistische Pädagogik in ihrem Modell der "polytechnischen" Erziehung die Arbeit ernst genommen und entfremdende Wirkungen besonders moderner Industriearbeit bewußt gemacht. Die Entfremdung bloß traditioneller Schulbildung von der tatsächlichen Lebens- und Arbeitswelt hat auch in der jüngsten Antischulbewegung ihren Ausdruck gefunden. Die alte Scheidung von geistorientierter Allgemeinbildung und praxisorientierter Berufsbildung ist durch diese Bewegungen mit Recht aufgegeben worden. Arbeitsqualifikation wird als wesentlicher Teil aller Schulbildung erkannt und betont. Die am pragmatischen Denken orientierte Curriculum-Methodologie geht von realen Lebenssituationen aus und sucht auf sie vorzubereiten, nimmt damit auf die Arbeitssituationen in der Berufswelt und in der übrigen Arbeitswelt in der Curriculumplanung Rücksicht. Die Praxis soll dadurch nicht mehr zum "Schock" geraten und eine rein nachschulische Erfahrung bleiben. Daß dies heute noch nicht gelingt, zeigt sich an dem nach wie vor beklagten (vielleicht auch zuweilen übertriebenen und dramatisierten) "Praxisschock" auf allen Ebenen schulischer und universitärer Ausbildung. Erst das neue Konzept des "lebenslangen Lernens" im Sinne der UNESCO-Kommission (Faure und Mitarbeiter) läßt eine Integration von Theorie und Praxis in der Bildungswelt erhoffen. An der Konkretisierung dieses Konzepts muß wohl weltweit noch viele Jahrzehnte gearbeitet werden. Einen Anfang stellen methodisch zunächst die Projekte und Praktika dar, die im alten schulischen Konzept zunehmend eingebaut werden.

Projekte werden in der Regel von einer Gruppe von Lernenden fächerübergreifend geplant und praktisch durchgeführt. Beispiele sind: Herstellung einer Schülerzeitung, Herausgabe eines Klassenjahrbuches, die Anlage eines Gartens, die Erarbeitung und Aufführung eines Theaterstückes, die Vorbereitung und Durchführung eines Festes, auch Spielplatzbau; das umfänglichste von dem ich las: in den USA: Erstellung und Verkauf schlüsselfertiger Häuser durch Berufsschulen. Ein Projekt ist ein abgeschlossenes Werk, das vielerlei Fertigkeiten und Kenntnisse erfordert, die man integriert, fächerübergreifend verwertet. Die Betonung eines abgeschlossenen Werks war schon ein Grundgedanke der Arbeitsschule. Im "Projekt" wird dieser Ansatz in mehrfacher Richtung ausgeweitet. Seit Dewey, Kilpatrick, Kerschensteiner, Berthold Otto, Reichwein gelten Projekte als Höhepunkte schulischer Arbeit in enger Verbindung mit der Lebenspraxis. In jüngster Zeit hat man auch für Hochschulen *Projektstudien* gefordert, vor allem in der Studentenbewegung (vgl. J. *Wildt* in: Enzyklopädie Erziehungswissenschaft, Bd. 10). Dabei geht es um die praktische Verbindung von Wissenschaft nicht nur mit handwerklicher und technischer Praxis, sondern vor allem mit sozialen und politischen

Aktionen. In den USA sind nach Wolf Rieck und Ulrich Peter Ritter (ebda. 385) auch *"Persönliche Projekte"* (Independent Studies) vorgesehen, in denen Studenten z. B. in etwa vier Wochen (meist einzeln, gelegentlich auch in Gruppen) ein Projekt auswählen und unter Beratung von Hochschullehrern selbständig durchführen, über das sie dann schriftlich berichten (das können in den Anfangssemestern auch Themen außerhalb des Faches sein, Fortgeschrittene bearbeiten Spezialprobleme ihrer Disziplin); diese Projekte stehen oft in Verbindung mit Praktika oder dienen zur Vorbereitung auf schriftliche Arbeiten.

Praktika versetzen Schüler und Studenten für einige Zeit in die Berufswirklichkeit und sollen dabei bestimmte Erfahrungen, Erlebnisse, Anschauungen vermitteln. Im *Vor*praktikum soll man erste Erfahrungen mit der konkreten Arbeit selbst machen samt ihren sachlichen und mitmenschlichen Bedingungen und dabei seine allgemeine Eignung und Neigung prüfen. Weiter soll man Erfahrungen mit dem Klientel, d. h. mit den zu betreuenden Menschen, bzw. am Werkstoff mit den Maschinen machen und erste Unterweisungen durch erfahrene Praktiker am "Fall" oder "vor Ort" erhalten. Im *Zwischen*praktikum, der bekanntesten Form, kann man eigene erworbene Kenntnisse auf Brauchbarkeit, Verläßlichkeit und Reichweite überprüfen, erste begleitete verantwortliche Schritte versuchen und seine Erfahrungen im Gespräch mit dem Praktikumsbegleiter reflektieren. Dabei sollen Problemzonen der Praxis ausdrücklich erörtert werden. Die Begegnung mit kritischen Situationen ist nicht besser zu vermeiden, sondern zu begrüßen. Das Bewußtsein von den Problemen der Praxis befruchtet das weitere Studium erheblich. Im *praktischen Jahr*, das bei manchen Studiengängen zwischen die Studienjahre (meist gegen Ende) geschaltet wird (z. B. in den Fachhochschulen), kann das Berufsfeld im längeren zusammenhängenden Prozeß praktisch arbeitend studiert werden. Das praktische Jahr sollte mehr sein als bloße beobachtende Hospitation. Es sollte verantwortliche Arbeit, wenn auch überwacht, einschließen. Wertvoll ist, wenn die besuchte Institution geschichtlich und strukturell analysiert wird, wenn konkrete Probleme und ihre Lösungen erkannt werden und wenn sich erste Anzeichen eigener Spezialinteressen und Begabungen herauskristallisieren, eventuell gestützt durch eine schriftliche Facharbeit. Selbstverständlich sollte in allen Praktika ein Berichtheft geführt werden, das nicht nur die täglichen Arbeiten und Beobachtungen enthält, sondern auch zusammenhängend berichtet über den Betrieb, die Institution und seine/ihre Bedingungen. Auch persönliche Eindrücke und Reflexionen sollten nicht verschwiegen werden. Dieses Heft ist einem Hochschullehrer vorzulegen und mit ihm durchzusprechen (Leider wird diese Kontaktmöglichkeit der Hochschullehrer zur Praxis wenig genützt).

Die Hauptphase der Arbeitsqualifikation ist selbstverständlich *die*

Lehre (Ausbildung) bzw. des *Referendariat.* Hier wird die Praxisbefähigung abgeschlossen. In der Gesellenprüfung oder in analogen Prüfungen werden neben Kenntnisprüfungen vor allem Arbeitsproben und ein typisches Prüfungsstück, das Gesellenstück, verlangt, an dem sich die Qualität der fachlichen Leistungsfähigkeit ablesen läßt. "Geselle ist, der etwas kann", heißt es im Sprichwort. Der Geselle, Gehilfe oder Facharbeiter ist zuverlässiger und fachlich kompetenter Mitarbeiter im Betrieb und Hauptträger qualifizierter Berufsarbeit.

Noch eine Bemerkung zur häuslichen Arbeit. Ich meine, daß *Hausarbeit* heute auch qualifizierte Berufsarbeit ist, vor allem wenn man bedenkt, daß die Hausbewirtschaftung sehr oft verbunden ist mit elterlicher Tätigkeit, wie sie gewöhnlich von den Hausmüttern verrichtet wird. Ich meine, daß diese Arbeit (mindestens von zwei Kindern ab) Vollzeitbeschäftigung ist mit enorm vielen Praxisrollen und Kenntnisanforderungen: Ernährung, Textil- und Hauspflege, Einkauf, Kinderpflege und Erziehung sind, wie bekannt, die typischen Leistungen des Hausfrau- und Mutterberufs. Dieser Beruf ist damit einer der vielseitigsten überhaupt. Er ist auch Männern prinzipiell geöffnet; wenigstens wird von jungen Frauen, die auch außerhäuslich berufstätig sind, Mitarbeit des männlichen Lebenspartners erwartet. Damit ist in der Praxisentwicklung der Punkt erreicht, an dem für beide Geschlechter die Grundbefähigungen im hauswirtschaftlich-elterlichen Arbeitsfeld notwendig und zu vermitteln sind. Kochen, Hausarbeit, Kinderpflege sind keine ausschließlichen Gebiete der Mädchenerziehung mehr, sondern sollten in den allgemeinbildenden Schulen *allen* Kindern und Jugendlichen geboten werden. Natürlich sind ebenso die Elternhäuser gefordert. In der Familie kann und sollte die praktische Lehre auf diesem Gebiet durch wechselnde "Dienste" und zeitweilige Teilfunktionen vermittelt werden, so daß, z. B. bei einem Urlaub oder Krankenhausaufenthalt der Mutter, die älteren Kinder auch einmal für einige Wochen den ganzen Haushalt übernehmen und damit eine Art "Gesellenstück" liefern können.

Im Stufengang Lehrling-Geselle-Meister bringt erst die Meisterschaft die höchste Praxisqualifikation, die in ihrer Vollform auch die Befähigung zur Ausbildung des jugendlichen Berufsnachwuchses, das Recht zum Anstellen von Auszubildenden, einschließt. Wenn ein Möbelschreinermeister einen selbstentworfenen stattlichen Schrank als Meisterstück erstellt hat, so ist darin eine analoge Leistung zu erblicken wie sie eine in der Meisterklasse der Kunsthochschule erstellte Plastik darstellt. Der Begriff der Meisterschaft hat in unserer Zeit immer noch einen guten Klang. Im Sprichwort heißt es: "Meister ist, der was ersann". Kennerschaft und praktische Kreativität klingen hier zusammen. Goethes Idee der Lebensmeisterschaft hat den berufsbezogenen Begriff auf die gesamte Lebensgestaltung ausgedehnt.

Auf Hochschulebene entspricht der Lehre das *Referendariat*. Das Referendariat (die Anwärterzeit oder Assistentenzeit) für akademische Berufe ist im Unterschied zur Lehrzeit der Auszubildenden in der Regel nicht "dual", d. h. nicht gekoppelt mit der (Hoch-)Schule. Dafür werden z. B. für Studienreferendare eigene "Seminare" durch erfahrene Fachkollegen angeboten und verpflichtend gemacht. Die Trennung von Lernen und Leben wurde besonders in der "Studentenbewegung" (um 1970) kritisiert. Sie ist in manchen Studiengängen durch "klinische" Veranstaltungen (sogenannte klinische Tage, Wochen, Semester) verringert worden, in anderen allerdings ist diese Trennung sehr betont. Für Lehrerbildungsstudiengänge wird inzwischen die Wiedereinrichtung auch von (klinikähnlichen) Seminarübungsschulen oder Laborschulen erwogen. Persönlich möchte ich die Erfahrungen in einer solchen Schule während meiner Lehrerausbildungszeit nicht missen. Solche Klassen sind freilich für Lehrer und Schüler strapaziös. Man könnte jedenfalls in vielen handlungsbezogenen Studiengängen die praktischen/klinischen Teile und Aspekte der Ausbildung nach dem Modell vielleicht des Medizinstudiums mit Nutzen vermehren.

Wichtig für das lebenslange berufliche Weiterlernen ist das *Kontaktstudium*. Es ist wegen der raschen Entwicklung der Wissenschaften notwendig geworden. Der westdeutsche Bildungsgesamtplan (1973) sieht für Hochschulabsolventen drei Wochen Kontaktstudien alle fünf Jahre vor. Für die Verwirklichung sollen auch Fernstudien im Medienverbund besondere Bedeutung gewinnen. Für Lehrer ist noch an mehr gedacht; es werden sechs Wochen Kontaktstudium alle fünf Jahre für notwendig erachtet. Dieser Plan ist freilich vorläufig nur ein Selbstauftrag der amtierenden Kultusminister. Man kann weiter an den geplanten "*Bildungsurlaub*" denken (zwei Wochen für alle im Arbeitsfeld Stehenden). Das würde einen enormen Bedarf an Erwachsenenbildnern bedeuten.

III. Soziokulturelle Beteiligung

An dieser Stelle ist noch einmal hinzuweisen auf das, was im Kapitel "Bildendes Leben" gesagt worden ist über die Arbeit des erwachsenen Menschen. Bei manchen Berufen nennen wir diese Arbeit "Praxis" (wie beim Arzt oder Anwalt). Jeder Mensch, der seine Kenntnisse und Fertigkeiten seinen Mitmenschen in der Gesellschaft durch seine Arbeit in Haus und Beruf zur Verfügung stellt, leistet analog "Praxis" als Dienst an der Gesellschaft, an seinen Mitmenschen und arbeitet dadurch selbstverständlich, implizit zumindest, meist jedoch unreflektiert, auch an seiner eigenen Selbstgestaltung und Bildung. Dies alles ist nicht noch einmal zu erörtern. Aber auf einige Praktiken des überindividuellen, gemeinsamen Lebens ist hier doch noch hinzuweisen, weil sie einerseits für jeden einzelnen letztlich wichtig erscheinen und weil sie sich andererseits – gewissermaßen neben der alltäglichen Arbeitswelt – in den notwendig größer werdenden menschheitlichen Systemen darstellen und damit alle herausfordern: das politische, das soziale und das religiöse Sichbeteiligen (Engagement).

1. *Politische Beteiligung.* Derbolav hat politische Praxis in der Mitte aller menschlichen Praktiken gesehen und entsprechend in seinem Schema angesiedelt. Sie ist in den letzten Jahrhunderten als Notwendigkeit für alle erkannt worden, wenigstens in demokratischen Systemen. Niemand bestreitet heute mehr die Berechtigung und Notwendigkeit politischer Bildung. In gewisser Weise benötigt jeder Demokrat eine Art "Prinzenerziehung". Jeder mündige Bürger braucht einen weiten politischen Horizont, differenzierte politische Kenntnisse über wichtige Probleme, gerechtes Urteil und den Willen, für Freiheit und Recht einzutreten. Die politische Praxis darf also nicht beim Wählen enden. Schon in den Schulen müssen Wege politischer Artikulation und Aktion besprochen und erprobt werden. Das ist für manchen etwas lästig, ist in einer demokratischen Entwicklung aber unumgänglich, sonst wird die Mehrheit der Bevölkerung unmündig gehalten. Es beginnt in der Schule mit dem Einberufen von Versammlungen, Verfassen von Texten, z. B. eines Briefes an den Stadtrat oder an einen örtlichen Abgeordneten, kann sich etwa fortsetzen in einer Erörterung darüber, wie man Abgeordneter wird, am besten mit einem solchen Abgeordneten, den man in die Schule eingeladen hat, usw.

Politische Praxis ist öffentliche Mitverantwortung und darf sich nicht nur in (negativer) Kritik der Verhältnisse erschöpfen, sondern soll praktikable konkrete Verbesserungspläne erarbeiten, öffentlich erörtern und den verantwortlichen Personen und Stellen in entsprechender Weise vorlegen. Besonders wertvoll sind neben problemorientierten Vorschlägen solche, die vermuteten Problemlagen vorbeugen helfen. Je kräftiger, mächtiger, vitaler, klüger ein Mensch ist, um so mehr ist er verpflichtet, sein "Plus" für die Schwächeren zu verwenden, sie öffentlich zu schützen, für sie politisch praktisch aktiv zu werden. Begabungen, Macht und Kraft verpflichten. Wenn ein solcher Zeitgenosse gerufen wird in eine öffentliche Tätigkeit, in ein Amt, auch in die Parteiarbeit einer demokratischen Partei, dann sollte er sich trotz Risiken und Verschleiß dem nicht entziehen. Es ist für die Gesellschaft wie für ihn selbst eine Chance, für ihn, sein Bestes zu erreichen und zu geben und damit auch seine Persönlichkeit zu verwirklichen und zu vervollkommnen. Der Dienst am Ganzen fordert einen ganzen, offenen, gerechten Menschen, er fordert und fördert dadurch viele Haltungen und Tugenden. Daß es da auch enorme Gefahren gibt für ungefestigte Charaktere, daß Macht verführen kann, wissen wir aus der Geschichte zur Genüge. Daher braucht Macht auch reichlich Kontrolle. Guardini hat darauf hingewiesen, daß dies eines der schwierigsten Probleme der Menschheit sei, Macht, die notwendig ist, unter Kontrolle zu bringen und zu halten. Macht muß sich binden an Recht und Gerechtigkeit, dann kann sie viel bewirken, gesellschaftliche Situationen mitunter schnell und effektiv verbessern, wenn die entsprechenden Bedingungen gegeben sind. Entwickelte Gesellschaften brauche Machtstrukturen auf verschiedenen Ebenen. Es kommt darauf an, daß sie von den besten Kräften der Bevölkerung gesteuert werden.

Was den *politischen Horizont* und seine Erweiterung betrifft, so muß noch einmal hervorgehoben werden, daß eine zeitgemäße politische Bildung über nationale, systembezogene und klassenorientierte Horizonte hinausreichen muß, d. h. letztlich globales, menschheitliches, universal humanistisches Denken und Fühlen einüben muß. Politischer Unterricht oder politische Schulung, die darunter liegen, d. h. in voruniversalen, z. B. nationalen Horizonten und dort (vielleicht sogar bewußt) verbleiben, haben die Wertmarke "politische Bildung" in unserer Zeit nicht mehr verdient. Sie bleiben auf der Ebene der Gruppeninteressen, der Propaganda und der Schulung. Wenn sie sich mit dem Namen "politische Bildung" zieren, muß dies als Verschleierung einer meist manipulativen Menschenführung angesehen werden (vgl. K. Popper, Die offene Gesellschaft und ihre Feinde).

2. *Soziale Beteiligung.* Soziales Engagement beginnt, wie wohl alle menschliche Sozialmoral, mit dem *Mitleid*, dem Sich-anrühren-lassen von den Schmerzen und Leiden der Mitmenschen. Mitleiden wird aber erst dann zum *Helfen*, wenn die praktischen Handlungsmöglichkeiten bekannt sind, gekonnt und ergriffen werden. *Soziales Lernen* hat eine bedeutsame emotionale Komponente. Pestalozzi hat die Bedeutung der Verbundenheit der Mutter mit dem Kind für die soziale (und religiöse) Erziehung herausgearbeitet (Wie Gertrud ihre Kinder lehrt). Hochbedeutsam ist die praktische Einübung sozialen Verhaltens in Geschwisterkreis, Kindergarten, Schule, Jugendgruppe. Vor allem Einfühlungsfähigkeit, Empathie, "Liebsein", Freundlichsein, Fairneß, Toleranz können und sollen daher vorwiegend (aber nicht nur) in der Gleichaltrigengruppe gelernt werden. Vor allem die Schule soll sich (nach H. Roth, Pädagogische Anthropologie, 2. Bd. 525) "als den Ort verstehen, wo die privaten sozialen Tugenden, die aus dem Familienleben stammen und für die Familie gut sein mögen, deutlich in öffentliche übergeführt werden sollen". In diesem Zitat, das prinzipiell die richtige Richtung weist, wird gleichwohl die Familie etwas unterschätzt. Die sogenannten "privaten sozialen Tugenden" sind nämlich auch "öffentlich" brauchbar, d. h. über den Familienkreis hinaus gefragt. Die in der Familie eingeübten Haltungen der Rücksichtnahme, des Helfens, des gerechten Tausches, der gerechten Vertei-

lung, des Schenkens und sich Beschenkenlassens, des Bittens und Dankens sind auch in der Öffentlichkeit, in Schule, Jugendgruppe und Betrieb keine anderen als zuhause. Freilich gibt es die Identifikation mit größeren Gruppen erst außerhalb der Familie und von hier aus das Erlebnis der sozialen Verpflichtungen auch über die Familie hinaus, etwa gegenüber armen Menschen, Schwachen, Kranken, Behinderten und Fremden, und es bedarf der Lernvorgänge, wie man mit solchen Menschen und mit seinen eigenen Gefühlen angesichts der Begegnung mit solchen Menschen umgeht, und wie man helfen kann und soll. Da können Sozialpädagogik und Sonderpädagogik in den Schulen hilfreich sein. Die Fachleute für Sozialpädagogik und Sonderpädagogik wären überhaupt in allgemeinbildende Schulen mehr einzufügen. Ihre Mitarbeit sollte erwünscht sein. Wertvoll sind auch spontane *Aktionen*, weiter von Pädagogen durch imitierbare Beispiele angeregte Verhaltensweisen. Dauerhaft werden solche aktionalen Ansätze allerdings erst, und damit auf längere Sicht hilfreich durch eine gewisse Institutionalisierung z. B. in sozialen Arbeitsgemeinschaften, Initiativgruppen, im freiwilligen sozialen Jahr, im *Sozialpraktikum* und ähnlichem. Wer heute eine solche Zeit, z. B. ein soziales Jahr, freiwillig in Notgebieten irgendwo auf der Welt verbringt, tut m. E. seiner eigenen Gestaltung, seiner eigenen Bildung und der sozial-moralischen Bildung der Mitmenschen einen hervorragenden Dienst, ganz abgesehen von den Erfahrungen, die dabei in einer anderen Kultur etwa, gemacht werden. Deren Wert für die Bildung ist ähnlich einzuschätzen, wie wenn man eine Fremdsprache erlernt (das kann man mitunter nebenbei auch noch). Daß Sozialpraktika und die Wahl sozialer Berufe heute häufig sind, obwohl in ihnen weniger zu verdienen ist, stellt der Jugend ein gutes Zeugnis aus und läßt hoffen, daß die folgenden Generationen ihren Lebens- und Bildungsweg in einer schwieriger werdenden, sozial vermutlich konfliktreicheren Welt finden werden. Man muß freilich im Sinne sozialer Bildung fordern, daß auch sozial-ethische, sozial-politische, sozial-theologische Reflexionen nicht vernachlässigt werden, damit die sozialen Anstrengungen schließlich immer mehr koordiniert und möglichst effizient werden. Die großen erfahrenen Sozialorganisationen, wie etwa Caritas, Innere Mission, Rotes Kreuz, UN-Organisationen leisten in Praxis, Politik und Theorie hier Vorbildliches. An ihren Erfahrungen und Prinzipien sollten sich neue Versuche orientieren. Auch die sozialorientierten Parteien haben ihre Verdienste um die Verbesserung der sozialen Verhältnisse. Besonders lange haben in diesem Sektor auch die sozialen religiösen Orden gearbeitet. Daneben gibt es (auch ohne solchen Hintergrund) viele hervorragende Persönlichkeiten, die – oft im Geheimen – soziale Werke vollbringen (im Sinne der "Barmherzigkeit" in der Bergpredigt). Nur selten werden sie bekannt, wie etwa Albert Schweitzer oder Mutter Teresa. Es findet jedenfalls jeder, der etwas kann oder zu geben hat, einen

Weg, mit der praktischen Hilfe zugleich seinen emotionalen und ethischen Status dadurch zu verbessern, daß er bedürftigen Mitmenschen etwas gibt. Und wer gar nichts "hat", kann immer noch Kontakt und Trost, vielleicht ein freundliches Wort, ein Lächeln für einen anderen haben (vgl. Rilkes Rose für die Bettlerin). Soziale Kultur beginnt bei der alltäglichen Höflichkeit und Rücksichtnahme, am Frühstückstisch, im Straßenverkehr, am Arbeitsplatz. In den östlichen Kulturen hat man hochdifferenzierte Formen in der Kultur sozialer Umgangsformen entwickelt, von denen wir im Westen lernen könnten. Schon die Schonung der Gefühle der anderen, daß man etwa dem anderen immer eine Chance gibt, "sein Gesicht zu wahren", ist eine soziale Tat. Auf einer dichtbevölkerten Erde können wir Menschen nur durch ein hohes Niveau im Sozialverhalten erträglich und erfreulich zusammenleben. Frieden und Mitmenschlichkeit sind kein Luxus, sondern, wie C. F. v. Weizsäcker herausgearbeitet hat, Bedingungen für das Überleben der Menschheit als Gattung. Sie sind daher nicht nur möglich, sondern ethisch vorrangig gefordert. Ohne ethische und religiöse Bildung lassen sie sich nicht aufrechterhalten. Daher ist Wertorientierung in dieser Richtung auf allen Stufen und in allen Formen der Bildungsarbeit ein unerläßliches *Prinzip* der Bildung. *Bildung ist heute soziale Bildung oder sie ist keine Bildung.* Ohne Takt, Rücksichtnahme, Hilfsbereitschaft, Friedfertigkeit ist niemand als gebildet anzusehen, auch wenn er als großer Philosoph oder Kunstschaffender gilt. Dies meint der Begriff "Prinzip": soziale Bildung ist ein wesentlicher, d. h. unverzichtbarer Teil von Bildung.

Ein besonderer, weil über Generationen weitervermittelnder Bereich der sozialen Beteiligung ist die *Erziehungsarbeit.* Auch sie gründet, zum Teil wenigstens, auf dem Mitleid mit der Hilflosigkeit des Kindes, aber auch auf dem Willen zur Führung aus den Abhängigkeiten von außen und innen, aus dem Elend der Unfreiheit durch unkontrollierte Triebe und durch gesellschaftlichen Druck. Vermutlich gibt es keine natürlichere soziale Regung zwischen Artgenossen als die der Hilfsbereitschaft. Wenn wir Pflege als einen Teil von Erziehungsarbeit nehmen (wir sehen sie als Grundfunktion der Erziehung an), dann gehört dieser Teil des pädagogischen Bezugs wesentlich (und gewissermaßen initiatorisch) zum Gesamtverhalten zwischen Erwachsenen und Kindern. Durch Erziehung wird die folgende Generation in die Freiheit der Selbstbestimmung geführt. Wir nehmen an, daß ein Jugendlicher, der zur Selbständigkeit und Mündigkeit gelangt ist, die *Erwachsenenreife* erlangt hat. Aber erst bei Bereitschaft zur Übernahme der Pflege und Erziehungsarbeit an der nächsten Generation (zumeist – aber nicht notwendig – an den eigenen Kindern) sprechen wir von *Generationsreife.* Von da ab ist die volle Verantwortungsbereitschaft gegeben. Die Bedeutung des Übergangs von einer Generation zur anderen hat bereits Schleiermacher betont. Der entscheidende Übergangspunkt der pädagogischen Entwicklung ist die Generationsreife, die pädagogische Grundqualifikation. Erziehungstätigkeit ist aber nicht nur eine soziale Pflicht, sie bringt auch viel Freude und menschliche Erfüllung. Es gibt, schon biologisch betrachtet, keine natürlichere Freude und Möglichkeit der Selbstverwirklichung, als eigene Kinder zu betreuen (oder auch andere), für sie zu sorgen und sie wachsen zu sehen, mit ihnen die frühe Zeit des eigenen Lebens mit ihren Freuden und Leiden wieder durchzuerleben. Keine Tätigkeit bietet so viele Möglichkeiten, eigene Erfahrungen und Einsichten weiterzugeben. Man muß andererseits auch betonen, daß es nicht nur ein Privatvergnügen ist, Kinder groß zu ziehen. Es ist auch eine Leistung für das Kollektiv, die Sippe, das Volk, den Staat und daher auch entsprechend schutzbedürftig, unterstützenswert und (wenn nötig) ergänzungsbedürftig. Im Maße des Zurückbleibens der Familie hinter den Anforderungen, die notwendig sind in entwickelten Gesellschaften, wird diese Ergänzungsbedürftigkeit deutlich. Die Wahrnehmung der Erziehungspflichten ist letztlich eine kollektive Aufgabe der gesamten Erwachsenengeneration.

3. *Religiöse Beteiligung.* Religiöse Beteiligung bezieht sich hier auf die aktive Teilhabe an der kulturprägenden regionalen Hochreligion. Für das Kind ist sie freilich zunächst eher äußerlich, rituell, magisch, gebärdenimitativ und nachsprechend. Aber bei gläubigen Eltern und Hausgenossen wird das Kind doch durch die "Atmosphäre" (Bollnow) innerlich angerührt. Das Kind lernt Ehrfurcht nur durch ehrfürchtige Eltern, Ehrfurcht vor dem Geheimnis des Erhabenen, des Lebens, Gottes. Sie kann besonders immer dann aufkommen, wenn die Umgebung Ehrfurcht äußert und hat. Das häusliche Gebet ist zunächst sozialisierte Form. Aber langsam wird eigenes Sprechen zu Gott (und mit dem Gewissen) erlernt. Pestalozzi hat aufgewiesen, wie Gefühlsbeziehungen zwischen Mutter und Kind, Vater und Kind, übertragen werden auf die Beziehungen zu Gott. Der japanische Pädagoge Noboru Murata schreibt mit Beziehung auf Sprangers Prinzip der "Innenwelterweckung": "Eine sittliche Erziehung, die die Innenwelterweckung pflegt, muß gefördert werden. Wenn es auch vielleicht nicht möglich ist, einen Zugang zu der Metaphysik, wie Spranger sie gedacht hatte, zu finden, wird es doch möglich, ja notwendig sein, in aller Ruhe mit sich selbst zu sprechen und auf die innere Stimme des Selbst zu hören. Wie Spranger sagt, kann das Gewissen nicht eingepflanzt, sondern nur erweckt werden. Durch die Erweckung des Gewissens wird der Keim zum Religiösen gelegt. Die Jugendlichen von heute leben ohne Reflexion, von Lärm umgeben und ständig gehetzt, sie passen sich nur anderen und ihrer Umgebung an; verlangt wird aber, daß sie sich autonom selbst entscheiden, ihre Handlungen verantworten und eine starke Eigenpersönlichkeit entwickeln" (Bildungstheorie der "Volksschule" bei Spranger und in Japan, Pädagogische Rundschau 1983).

Religiös-sittliche Haltung ist beschrieben worden als ein Ruhen in der eigenen Mitte. Daß das für die *Integration* von erheblicher Bedeutung ist, liegt auf der Hand. Dagegen steht der schon von Hans Sedlmayr beklagte "Verlust der Mitte" (1948). Integration ist besonders gut durch religiöse, meditative Übungen möglich. Medium heißt Mitte. Meditation ist ein sich Hinwenden zur inneren Mitte. *Meditation* kann schon über ästhetisches und noétisches Verhalten eingeleitet werden und ist nicht nur religiös. Es kann auch schon von Schulkindern der unteren Klassen eingeübt werden (Klemens Tilmann). Meditatives Verhalten führt zunehmend zu einer inneren Stille und zur "Sammlung" (Versammlung guter Gedanken, ohne Hast, eingebettet in gute Gefühle). Meditation ist in vielen Hochreligionen entwickelt worden. Z. Zt. ist im Westen auch die östliche ZEN-Meditation verbreitet. Gerade für unser wortreiches Verhalten ist es manchmal ganz gut, von allen Worten loszukommen für einige Zeit. Spranger definiert Religion sehr weit und psychologisch als Beziehung zum "Totalsinn des persönlichen Lebens" (Lebensformen 8. Aufl. 1950, S. 237). Er bringt sie in engen Zusammenhang zum Glück und zur Sehnsucht nach Glück. Man muß aber bei der Religion auch die andere Seite des Lebens sehen, nämlich Leiden und Schmerzen. Vor allem Buddhismus und Christentum haben zur tröstenden Bearbeitung dieses anderen Extremzustandes, des Leidens, Praktiken entwickelt. Heutige Pastoralpsychologie spricht etwa von "Trauerarbeit". Religiös offene Existenzphilosophen (Marcel, Edmaier) betonen die Hoffnung gegen Angst und Verzweiflung. Aus religiös begründeter Hoffnung entsteht Vertrauen. Es handelt sich darum, bei allem Schwanken und bei aller Verletzlichkeit des Lebens eine relative innere Stabilisierung zu erreichen. Trotzdem bleiben Ungewißheit und Wagnis. Peter Wust hat diese beiden Kategorien durch alle Schichten der menschlichen Existenz hindurch verfolgt. Die einzige Möglichkeit, die wir in dieser Situation haben, ist, trotzdem noch so etwas wie Seinsvertrauen, Liebe und Mut, Gottvertrauen und Gottesliebe zu entwickeln. Wir wissen heute, daß meditative Menschen im Leben hochaktiv sein können, vielleicht sogar meditieren, *um* aktiv und erfolgreich sein zu können. Nicht wenige japanische Industrielle bringen immer wieder ein Wochenende bei der Meditation zu. Das ist freilich nicht der Weg für alle. Aber für alle sind die religiösen Rituale. In allen Schichten und allen Völkern bieten Religionen hier ihre Möglichkeiten an, ihre offene Symbolik und würdige ästhetische Formen als Rahmen gemeinsamer Verinnerlichung. Im religiösen Symbol können einfache *und* hochdifferenzierte ästhetische, noétische und praktische Erfahrungen bearbeitet, verbunden und gedeutet werden. Kräfte des kollektiven Unbewußten (C. G. Jung) können aufbrechen und das Einzelbewußtsein ergreifen. Das ist freilich auch nicht ohne Gefahr. Diese aus der Gattungsgeschichte resultierenden Mächte können Menschen erheblich in Probleme bringen. Die

Hochreligionen haben Erfahrungen im Umgang mit solchen Erlebnissen, haben jedenfalls reichlich Versuche damit gemacht, freilich auch nicht immer ohne Irrwege. Es mag einzelnen gelingen, ohne die Erfahrungen der Hochreligionen einen Weg zu persönlicher Integration und Selbstvervollkommnung zu finden. Es spricht aber viel dafür, den Weg des Transzendierens, des Über-Sich-Hinausgehens oder Über-Sich-Hinausseins (Lersch) über die Religionen zu wählen, jedenfalls ihre Erfahrungen zu nutzen. Der theozentrische Humanismus (Maritain) erweist meines Erachtens mehr Kraft und enthält mehr Lebenserfahrung und Weisheit als der nur anthropozentrische Humanismus, vielleicht, weil der Mensch diese polarisierende Beziehung zu einem anderen braucht, damit er nicht nur auf sich selbst rückbezogen ist, eine Erfahrung, die wir aus der Liebe kennen. Wenn wir uns nur auf uns selbst beziehen, haben wir keine große Chance, glücklich zu sein. Religiöse Praxis stabilisiert vor allem auch angesichts des Todes. Deshalb ist die religiöse Praxis offenbar vor allem für alte Menschen von erhöhter Bedeutung. Sie sind religiös aber auch aus Erfahrung und Weisheit. Wenn sie sich beruflich, sozial und politisch nicht mehr voll beteiligen können, können sie es doch noch religiös. Das gilt auch für die Tätigkeit in den Gemeinden oder wenigstens im Haus oder in der Nachbarschaft. Das hohe Alter in Würde durchstehen, auch das letzte Leiden und Sterben (ars moriendi), galt früher als eine eigene Kunst. Es ist leicht, manchen Trost der Religion als Illusion zu belächeln. Wie moderne Psychotherapie erkannt hat, ist ein rigoroser "Realitätsfanatismus" vor allem in der Grenznähe des Todes nicht sehr hilfreich. Sonst lassen wir ja auch verschiedenartigste ästhetische "Welterzeugungen" gelten oder im sozialen bzw. politischen Bereich die Utopien. Ein gewisser Respekt vor der Lebensbalanceleistung der Religionen wie der einzelnen Menschen dürfte wenigstens erwartet werden. Dieser Respekt ist angesichts der vielen Nöte, Ungewißheiten, Sehnsüchte des menschlichen Lebens eine Notwendigkeit, eine Haltung, die letztlich heißt: Eintreten für die Freiheit der Religion, ob diese nun als große Gemeinschaft auftritt oder als ein Phänomen des einzelnen.

IV. Wissenschaftlich-philosophische Reflexion der Praxis

Manche könnten jetzt meinen, wir sollten damit abschließen, mit der politischen, sozialen, religiösen Beteiligung. Aber es ist ähnlich wie im Ästhetischen. Ohne nochmalige Reflexionen darüber ist der höchste Grad von Bildung nicht erreichbar. Das klingt vielleicht hart gegenüber denen, die unreflektiert in der Praxis aufgehen. Aber wir wissen, daß wir als Menschen unsere kritische Befähigung nicht zurückstellen dürfen, im Gegenteil, wir müssen sie entwickeln, vor allem als Menschheit. Insofern unterliegt auch der

Praxisbereich voll der wissenschaftlichen und philosophischen Reflexion, d. h. nicht, daß sich Wissenschaft und Philosophie letztlich über alles erheben sollen, das ist nicht gemeint. Aber in dem Wechselprozeß zwischen den einzelnen Wertbereichen ist die Reflexion, d. h. der Gebrauch unserer Vernunft, wie auch in diese Bereichen, dringend notwendig. Politische und soziale Systeme, auch Religionen, sind dem Denken nicht tabu, im Gegenteil. Und sie tun auch sich selbst nichts Gutes, wenn sie versuchen, sich gegen Kritik (d. h. Nachdenken, Urteil, Abwägung von Besserem und Schlechterem) abzuschirmen, zu immunisieren. In ihrer Pluralität fordern sie notwendig zum Vergleich heraus. Die jeweiligen historischen und vergleichenden Wissenschaften, also Humanwissenschaften, Sozialwissenschaften, Religionswissenschaften arbeiten der praktischen Philosophie zu, d. h. der Ethik, Moralphilosophie, der politischen Philosophie, der Sozialphilosophie und der Religionsphilosophie. Am besten setzen diese Denkbestrebungen unmittelbar innerhalb der einzelnen Systeme, Sozialordnungen und Religionen selbst ein. Es bedarf aber auch der wechselseitigen Kritik und des Dialogs zwischen den Systemen und Religionen. Ich halte es für gut, daß möglichst viele Menschen in diesen Dialog eingeschaltet werden und daher befähigt werden müssen, daran teilzunehmen. Ich meine, daß es nicht gut ist, das Irrationale über das Rationale zu stellen. Wir können uns gegenüber den Ansprüchen der Wahrheit nicht passiv verhalten. Ich glaube nicht, daß der Geist (im Sinne von Klages) durch seine kritische Potenz die Seele zutiefst behindert und stört. Bei aller Bedeutung von Identifikationen, z. B. mit einer politischen oder religiösen Gemeinschaft, ist doch die Orientierung an der Wahrheit letztlich wichtig, ja in dem Regelkreis des Zusammenwirkens der Werte eine der unerläßlichen und eigentlich integrativen Momente aller Bildung. –

Literaturverzeichnis

Adler, A.: Das Leben gestalten. Frankfurt 1979

Adorno, Th.W.: Eingriffe. Frankfurt 1963

Adorno, Th.W.: Erziehung zur Mündigkeit. Frankfurt 1970

Adorno, Th.W.: Ästhetische Theorie. Frankfurt 1973

Adorno, Th.W.: Negative Dialektik. Frankfurt 1975

Aebli, H.: Denken: Das Ordnen des Tuns. 2 Bde. Stuttgart 1981

Aebli, H.: Zwölf Grundformen des Lehrens. Stuttgart 1983

Aebli, H.: Die Wiedergeburt des Bildungsziels Wissen und die Frage nach dem Verhältnis von Weltbild und Schema. In: Zschr.f.Päd. 18.Beiheft. Weinheim 1983

Affemann, R.: Lernziel Leben. Stuttgart 1976

Allport, G.W.: Werden der Persönlichkeit. München 1974

Aristoteles: Hauptwerke. Stuttgart 1934

Arnold, W.: Person, Charakter, Persönlichkeit. 2.A. Göttingen 1962

Arnold, W. u. Schlosser, A. (Hg.): Erziehungskunde. Bad Heilbrunn 1969

Augustinus: Der Lehrer. (389). Paderborn 1958

Augustinus: Confessiones. (400). 3.A. München 1966

Ballauff, Th.: Systematische Pädagogik. 3.A. Heidelberg 1970

Ballauff, Th.: Der Gedanke einer 'allgemeinen Bildung' und sein Wandel bis zur Gegenwart. In: Twellmann (Hg.) 1981, Bd. 4.1.

Ballauff, Th. u. Schaller, K.: Pädagogik. Eine Geschichte der Bildung und Erziehung. 3 Bde. Freiburg 1969-73

Bandura, A.: Lernen am Modell. Stuttgart 1976

Bateson, G.: Geist und Natur. 3.A. Frankfurt 1984

Baumann, S.: Unterricht in der Grundschule. In: Schumacher H.-J. (Hg.) 1981

Baumgartner, A. u.a.: Entwicklung und Förderung des Sprachverhaltens. In: R. Dollase (Hg.) II, 1978

Bay. Staatsministerium für Unterricht und Kultus (Hg.): Georg Kerschensteiner. Stuttgart 1984

Beck, H. (Hg.): Philosophie der Erziehung. Freiburg 1979

Benden, M. (Hg.): Ziele der Erziehung und Bildung. 2.A. Bad Heilbrunn 1982

Berlinger, R.: Das Werk der Freiheit. Frankfurt 1959

Bettelheim, B.: Aufstand gegen die Masse. München 1980

Birkenbeil, E.J.: Pädagogik in ihrem christlichen Ursprung. Freiburg 1978

Birnbaum, F.: Versuch einer Systematisierung der Erziehungsmittel. Wien 1950

Bittner, G. u. Schmid-Cords, E. (Hg.): Erziehung in früher Kindheit. 4.A. München 1971

Blankertz, H.: Theorien und Modelle der Didaktik. 3.A. München 1970

Bleistein, R.: Jugendmoral. 2.A. Würzburg 1979

Bloom, B.S. (Ed.): Taxonomy of Educational Objectives. I. Cognitive Domain. New York 1956

Böhm, W. u. Schriewer, J. (Hg.): Geschichte der Pädagogik und systematische Erziehungswissenschaft. Stuttgart 1975

Böhm, W.: Wörterbuch der Pädagogik. Stuttgart 1982

Böhm, W.: Theorie und Praxis. Würzburg 1985

Böhm, W. u. D'Arcais G.F. (Hg.): Die italienische Pädagogik des 20. Jahrhunderts. Stuttgart 1979

Böhm, G.: Die philosophischen Grundlagen des Bildungsbegriffs. Kastellaun 1976

Bollnow, O.F.: Existenzphilosophie und Pädagogik. Stuttgart 1959

Bollnow, O.F.: Wesen und Wandel der Tugenden. Frankfurt 1962

Bosco, G.: Pädagogik der Vorsorge. Paderborn 1966

Bosshart, E.: Erziehung zur Persönlichkeit. Zürich 1951

Bossle, L. u. Radnitzky, G. (Hg.): Selbstgefährdung der offenen Gesellschaft. Würzburg 1982

Bourdieu, P.: Die feinen Unterschiede. Kritik der gesellschaftlichen Urteilskraft. Frankfurt 1982

Brezinka, W.: Metatheorie der Erziehung. München 1978

Brinkmann, W. u. Renner, K. (Hg.): Die Pädagogik und ihre Bereiche. Paderborn 1982

Brezinka, W.: Metatheorie der Erziehung. München 1978

Brinkmann, W. u. Renner, K. (Hg.): Die Pädagogik und ihre Bereiche. Paderborn 1982

Bronfenbrenner, U.: Wie wirksam ist kompensatorische Erziehung? Stuttgart 1974

Brugger, W. (Hg.): Philosophisches Wörterbuch. 14.A. Freiburg 1976

Brunner, A.: Der Stufenbau der Welt. München 1950

Brunnhuber, P.: Prinzipien effektiver Unterrichtsgestaltung. 15. A. Donauwörth 1982

Buck, G.: Hermeneutik und Bildung. München 1981

Buck, G.: Rückwege aus der Entfremdung. Paderborn 1984

Bundesministerium für Bildung und Wissenschaft (Hg.): Humboldt und die Universität heute. Bonn 1985

Bund-Länder-Kommission für Bildungsplanung: Bildungsgesamtplan. Stuttgart 1973

Bund-Länder-Kommission: Musisch-kulturelle Bildung. Ergänzungsplan zum Bildungsgesamtplan. Stuttgart 1977

Burckhardt, J.: Die Kultur der Renaissance in Italien (1860). Bern 1943

Burke, P.: Die Renaissance in Italien. Berlin 1984

Bußhoff, H.: Zu einer Theorie des politischen Stils. Meisenheim 1972

Chateau, J.: Das Spiel des Kindes. Paderborn 1976

Club of Rome: Bericht für die achtziger Jahre. Zukunftschance Lernen. Hgg. v. A. Peccei. Wien 1979

Comenius, J.A.: Große Didaktik, 3.A. Düsseldorf 1966

Comenius, J.A.: Pampaedia. 2.A. Heidelberg 1965

Copei, F.: Der fruchtbare Moment im Bildungsprozeß. 2.A. Heidelberg 1950

Coreth, E.: Was ist der Mensch? Innsbruck 1973

Corsini, R.J. (Hg.): Handbuch der Innovativen Psychotherapien. 2 Bde. Weinheim 1983

Dannhäuser, A.: Pädagogische Neuorientierung. München 1985

Dahrendorf, R.: Die Chancen der Krise. Stuttgart 1983

Dave, R.H.: Lernzielbezogene Testanwendung in den einzelnen Unterrichtsfächern. In: Ingenkamp K.H. u. Marsolek, Th. (Hg.) 1968

Dempf, A.: Kulturphilosophie. München 1932

Dempf, A.: Theoretische Anthropologie. München 1950

Derbolav, J.: Pädagogik und Politik. Stuttgart 1975

Derbolav, J.: Abriß europäischer Ethik. Würzburg 1983

Derbolav, J.: Grundbildung. In: Enzykl. Erzwiss. Bd. 9.2. 1983

Deutscher Bildungsrat (Bildungskommission): Strukturplan für das Bildungswesen. Stuttgart 1970 (Tb 1973).

Deutscher Bildungsrat (Bildungskommission): Zur Neuordnung der Sekundarstufe II. Konzept für eine Verbindung von allgemeinem und beruflichem Lernen. Bonn 1974

Dewey, J.: Demokratie und Erziehung. 3.A. Braunschweig 1964

Dewey, J.: Kunst als Erfahrung. Frankfurt 1980

Dienelt, K.: Von der Metatheorie der Erziehung zur "sinn"-orientierten Pädagogik. Frankfurt 1984

Dohmen, G.: Bildung und Schule. 2 Bde. Weinheim 1964/65

Dolch, J.: Der Lehrplan des Abendlandes. Ratingen 1959

Dollase, R. (Hg.): Handbuch der Früh- und Vorschulpädagogik. 2 Bde. Düsseldorf 1978

Drescher, R, u. Hurych, F.: Kunstfehler im Unterricht. Regensburg 1976

Edmaier, A.: Horizonte der Hoffnung. Regensburg 1968

Edmaier, A.: Dimensionen der Freiheit. Kevelaer 1976

Eggersdorfer, F.X.: Jugendbildung. 5.A. München 1950

Eggersdorfer, F.X.: Jugenderziehung. München 1962

Eliot, T.S.: Zum Begriff der Kultur. Frankfurt 1961

Enomiya-Lassalle, H.M.: Zen-Buddhismus. 3.A. Köln 1974

Enzyklopädie Erziehungswissenschaft. Hgg. von D. Lenzen. 12 Bde. Stuttgart 1982 ff.

Erikson, E.H.: Identität und Lebenszyklus. 4.A. Frankfurt 1977

Ernst, H.: Utopie und Wirklichkeit. Würzburg 1982

Faure, E. u.a.: Wie wir leben lernen. UNESCO-Bericht über die Zukunft unserer Erziehungsprogramme. Reinbek 1973

Fend, H.: Theorie der Schule. München 1980

Fiedler, R.: Die klassische deutsche Bildungsidee. 2.A. Weinheim 1973

Fischer, W.: Jugend als pädagogische Kategorie. In: Enzykl.Erzwiss. 9.1, 1982

Flitner, A. (Hg.): Das Kinderspiel. München 1978

Flitner, A.: Konrad, sprach die Frau Mama ... 2.A. Berlin 1983

Flitner, W.: Allgemeine Pädagogik 3.A. Stuttgart 1950

Flitner, W.: Grundlegende Geistesbildung. Heidelberg 1965

Flitner, W.: Die Geschichte der abendländischen Lebensformen. München 1967

Foerster, F.W.: Die Hauptaufgaben der Erziehung. 4.A. Freiburg 1967

Frankl, V.E.: Theorie und Therapie der Neurosen. 4.A. München 1975

Frankl, V.E.: Ärztliche Seelsorge. München 1975

Freire, P.: Der Lehrer ist Politiker und Künstler. Reinbek 1981

Freud, S.: Abriß der Psychoanalyse. Das Unbehagen in der Kultur. Frankfurt 1953

Fritzsch, H.: Vom Urknall zum Zerfall. München 1983

Fromm, E.: Die Kunst des Liebens. Frankfurt 1975

Gadamer, H.-G.: Die Aktualität des Schönen. Stuttgart 1979

Gagne, R.M.: Bedingungen des menschlichen Lernens. Hannover 1969.

Geißler, E.E.: Analyse des Unterrichts. Bochum 1973

Geißler, E.E.: Allgemeinbildung in einer freien Gesellschaft. Düsseldorf 1977

Geißler, E.E.: Allgemeine Didaktik. Stuttgart 1981

Geißler, E.E.: Die Schule. Theorien, Modelle, Kritik. Stuttgart 1984

Gesell, A.: Das Kind von fünf bis zehn. Bad Nauheim 1954

Gesell, A.: Jugend. Die Jahre von zehn bis sechzehn. Bad Nauheim 1958

Giesecke, H.: Einführung in die Pädagogik. 7.A. München 1975

Goethes pädagogische Ideen. Hgg. von W. Flitner. Godesberg 1948

Göttler, J.: System der Pädagogik. 8.A. München 1948

Goodman, N.: Weisen der Welterzeugung. Frankfurt 1984

Guardini, R.: Die Lebensalter. 5.A. Würzburg 1959
Guardini, R.: Grundlegung der Bildungslehre. 7.A. Würzburg 1965
Guardini, R. u. Bollnow, O.F.: Begegnung und Bildung. 2.A. Würzburg 1960
Habermas, J.:Legitimationsprobleme im Spätkapitalismus. Frankfurt 1973
Habermas, J.: Theorie des kommunikativen Handelns. 2 Bde. Frankfurt 1981
Hamann, B.: Die Grundlagen der Pädagogik. Systematische Darstellung nach Otto Willmann. Freiburg 1965
Hamann, B.: Jugend im Blickfeld der Wissenschaft. Bad Heilbrunn 1982
Hartfiel, G. u. Holm, K. (Hg.): Bildung und Erziehung in der Industriegesellschaft. Opladen 1973
Hartmann, N.: Das Problem des geistigen Seins. 2.A. Berlin 1949
Hartmann, N.: Ethik. 3.A. Berlin 1949
Heckhausen, H.: Förderung der Lernmotivierung und der intellektuellen Tüchtigkeiten. In: H. Roth (Hg.) 1969
Heckhausen, H.: Entwurf einer Psychologie des Spiels. In: A. Flitner (Hg.) 1978
Hegel, G.W.F. in Selbstzeugnissen und Bilddokumenten. Dargestellt von F. Wiedmann. Reinbek 1965
Heidegger, M.: Der Ursprung des Kunstwerks. Stuttgart 1970
Hengstenberg, H.-E.: Philosophische Anthropologie. Stuttgart 1957
Hengstenberg, H.-E.: Seinsüberschreitung und Kreativität. München 1979
Hentig, H.v.: Was ist eine humane Schule? München 1976
Hentig, H.v.: Allgemeine Lernziele der Gesamtschule. 2.A. Stuttgart 1971
Henz, H.: Ermutigung – ein Prinzip der Erziehung. 2.A. Freiburg 1964
Henz, H.: Bezugssysteme politischer Bildung. Freiburg 1974
Henz, H.: Lehrbuch der systematischen Pädagogik. 4.A. Freiburg 1975
Henz, H.: Zur Bedeutung des Naturschönen für die ästhetische Erziehung. In: W. Böhm/J. Schriewer (Hg.) 1975
Henz, H.: Wertorientierung in der Erziehung. In: Pöggeler (Hg.). Freiburg 1980
Henz, H.: Christliche Identität und Erziehung. In: Rassegna di Pedagogia/Pädagogische Umschau, Heft 2/3, 1983
Herbart, J.F.: Allgemeine Pädagogik und Umriß pädagogischer Vorlesungen. (Päd. Bibliothek XIII. Band) Leipzig o.J.
Hettwer, H. (Hg.): Lehr- und Bildungspläne 1921-1974. Bad Heilbrunn 1976
Hildebrand, D.v.: Ästhetik. 2 Bde. Stuttgart 1977/1984
Hojer, E.: Die Bildungslehre F.I. Niethammers. Frankfurt 1965
Hojer, E.: Die pädagogischen Schriften Ernst Blochs. In: Perspektiven der Philosophie. Neues Jahrbuch 1984
Horkheimer, M. u. Adorno, Th.W.: Soziologica II. Frankfurt 1962

Humboldt, W.v.: Schriften zur Anthropologie und Bildungslehre. Hgg. v. A. Flitner. Düsseldorf 1956

Humboldt, W.v.: Theorie der Bildung des Menschen. In: Werke I. Stuttgart 1960

Hurrelmann, K.: Erziehungssystem und Gesellschaft. Reinbek 1975

Illich, I.: Entschulung der Gesellschaft. Reinbek 1981

Ingenkamp, K.H. und Marsolek, Th. (Hg.): Möglichkeiten und Grenzen der Testanwendung in der Schule. Weinheim 1968

Jacobs, J. u. Krause, M.: Der deutsche Bildungsroman. München 1989.

Jaeger, W.: Paideia. Berlin 1973

Jaspers, K.: Die Idee der Universität. Berlin 1946

Jaspers, K.: Über Bedingungen und Möglichkeiten eines neuen Humanismus. Stuttgart 1970

Jaspers, K.: Was ist Erziehung? 2.A. München 1982

Jauß, H.R.: Ästhetische Erfahrung und literarische Hermeneutik. Frankfurt 1982

Jung, C.G.: Über die Psychologie des Unbewußten. Frankfurt 1975

Kafka, G.: Handbuch der Vergleichenden Psychologie. 3 Bde. München 1922

Kant, I.: Kritik der praktischen Vernunft. Leipzig 1928

Kant, I.: Kritik der Urteilskraft. Stuttgart 1963

Kant, I.: Über Pädagogik. Bad Heilbrunn 1960

Katzenberger, L.: Auffassung und Gedächtnis. München 1967

Keller, W.: Psychologie und Philosophie des Wollens. München 1954

Kerschensteiner, G.: Theorie der Bildung. Leipzig 1926

Kerschensteiner, G.: Theorie der Bildungsorganisation. Leipzig 1933

Kerschensteiner, G.: Begriff der Arbeitsschule (1911). 9.A. München 1950

Kerschensteiner, G.: Das Grundaxiom des Bildungsprozesses (1917). 8.A. München 1953

Kerstiens, L.: Der gebildete Mensch. Freiburg 1966

Kerstiens, L.: Erziehungsziele neu befragt. Bad Heilbrunn 1978

Klafki, W.: Das pädagogische Problem des Elementaren und die Theorie der kategorialen Bildung. 4.A. Weinheim 1957

Klafki, W.: Studien zur Bildungstheorie und Didaktik. 9.A. Weinheim 1967

Klafki, W.: Neue Studien zur Bildungstheorie und Didaktik. Weinheim 1985

Klafki, W. (Hg.): Erziehungswissenschaft. 3 Bde. Frankfurt 1970/71

Kluge, N.: Einführung in die systematische Pädagogik. Darmstadt 1983

Knobling, C.: Interaktionsprobleme im Altenheim. Würzburger Diss. 1983

König, E.: Theorie der Erziehungswissenschaft. 3 Bde. München 1975-78

König, E. u. Ramsenthaler, H. (Hg.): Diskussion Pädagogische Anthropologie. München 1980

Kopp, F.: Didaktik in Leitgedanken. 6.A. Donauwörth 1965

Korczak, J.: Begegnungen und Erfahrungen. 3.A. Göttingen 1982

Kozdon, B.: Grundbegriffe der Schulpädagogik. Bad Heilbrunn 1978

Kozdon, B. (Hg.): Lernzielpädagogik – Fortschritt oder Sackgasse? Bad Heilbrunn 1981

Krathwohl, D.R. et alia: Taxonomy of Educational Objectives. II. Affective Domain. New York 1964

Kriss-Rettenbeck, L. u. Liedtke, M. (Hg). Regionale Schulentwicklung im 19. u. 20. Jahrhundert. Bad Heilbrunn 1984

Kürzdörfer, K. (Hg.): Grundpositionen und Perspektiven in der Erwachsenenbildung. Bad Heilbrunn 1981

Kürzdorfer, K.: Pädagogik des Gewissens. Bad Heilbrunn 1982

Kuhn, H.: Schriften zur Ästhetik. München 1966

Kuhn, Th.S.: Die Struktur wissenschaftlicher Revolutionen. 2.A. Frankfurt 1976

Kuhn, Th.S.: Die Entstehung des Neuen. Frankfurt 1978

Kutschera, F.: Einführung in die Logik der Normen, Werte und Entscheidungen. München 1973

Lassahn, R.: Pädagogische Anthropologie. Heidelberg 1983

Lersch, Ph.: Aufbau der Person. 4.A. München 1951

Leschinsky, A. und Roeder, P.: Gesellschaftliche Funktionen der Schule. In: W. Twellmann (Hg.) III, 1981

Lexikon für Theologie und Kirche: Das Zweite Vatikanische Konzil. 3 Bde. Freiburg 1966/67/68

Liebrucks, B.: Sprache und Bewußtsein. Bd. 2 Sprache. "Wilhelm von Humboldt". Frankfurt 1965

Liedtke, M.: Evolution und Erziehung. 2.A. Göttingen 1976

Lindworsky, J.: Willensschule. 5.A. Paderborn 1953

Lin Yutang: Weisheit des lächelnden Lebens. Stuttgart 1979

Litt, Th.: Das Bildungsideal der deutschen Klassik und die moderne Arbeitswelt. (1955) Bochum o.J.

Litt, Th.: Pädagogik und Kultur. Bad Heilbrunn 1965

Lobkowicz, N.: Ist Bildung noch aktuell? Köln 1984

Loch, W.: Der Mensch im Modus des Könnens. In: E. König und H. Ramsenthaler (Hg.) 1980

Löwisch, D.-J.: Einführung in die Erziehungsphilosophie. Darmstadt 1982

Lorenz, K. und Wuketits, F.M. (Hg.): Die Evolution des Denkens. München 1983

Lorenzen, H. (Hg.): Die Kunsterziehungsbewegung. Bad Heilbrunn 1966

Luhmann, N.: Ökologische Kommunikation. Opladen 1986

Maier, H.: Schriften zu Kirche und Gesellschaft. 3 Bde. Freiburg 1983-85.

Makarenko, A.S.: Ausgewählte pädagogische Schriften. Paderborn 1961

Malinowski, B.: Eine wissenschaftliche Theorie der Kultur. Frankfurt 1975

Mann, G. u. Heuss, A.: Propyläen Weltgeschichte. 11 Bde. Frankfurt 1976

Marcuse, H.: Der eindimensionale Mensch. Neuwied 1970

Marinoff, I.: In der Schule der Kunst. Freiburg 1964

Maritain, J.: Beiträge zu einer Philosophie der Erziehung. Paderborn 1966

Maritain, J.: Religion et Culture. Paris 1930

Maritain, J.: Christlicher Humanismus. Heidelberg 1950

Marx/Engels: Über Erziehung und Bildung. Berlin 1970

Maslow, A.H.: Psychologie des Seins. München 1973

Mayrhofer, H. und Zacharias, W.: Ästhetische Erziehung. Reinbek 1976

Mead, G.H.: Geist, Identität und Gesellschaft (1934). Frankfurt 1973

Menuhin, Y.: Kunst und Wissenschaft als verwandte Begriffe. Frankfurt 1979

Menze, Cl.: Bildung. In: Speck, J. u. Wehle, G. (Hg.) 1970

Menze, Cl.: Die Bildungsreform Wilhelm von Humboldts. Hannover 1975

Mertens, G.: Umwelterziehung. Eine Grundlegung ihrer Ziele. Paderborn 1989

Metzger, W.: Schöpferische Freiheit. 2.A. Frankfurt 1962

Meves, Ch. u. Illies, J.: Lieben – was ist das? Freiburg 1975

Meyer, H.: Das Wesen der Philosophie und die philosophischen Probleme. Bonn 1936

Meyer, H.: Geschichte der abendländischen Weltanschauung. 5 Bde. Würzburg 1947-49

Meyer, H.: Systematische Philosophie. 4 Bde. 1955-1969

Mohr, H.: Ist das "Ethos der Wissenschaft" mit der evolutionären Erkenntnistheorie zu vereinbaren? In: K. Lorenz und F.M. Wuketits (Hg.) 1983

Mollenhauer, K.: Erziehung und Emanzipation. München 1968

Montagu, A.: Zum Kind reifen. Stuttgart 1984

Montaigne, M. de: Essays über Erziehung. Bad Heilbrunn 1964

Montessori, M.: Über die Bildung des Menschen. Freiburg 1966

Montessori, M.: Schule des Kindes. Freiburg 1976

Mühle, G.: Definitions- und Methodenprobleme der Begabtenforschung. In: H. Roth (Hg.) 1969

Müller, H.-A.: Das Selbstbewußtsein des Lehrers. Bonn 1981

Murata, N.: Bildungstheorie der "Volksschule" bei Spranger und in Japan. In: Päd. Rundschau 1983

Natorp, P.: Philosophie als Ganzes. Die Grundlage der Pädagogik. In: Röhrs, H. (Hg.) II, 1968

Negt, O. und Brock, A.: Arbeiterbildung. In: Ch. Wulf (Hg.) 1974

Nicklis, W.S.: Programmiertes Lernen. Bad Heilbrunn 1969

Nietzsche, F.: Über die Zukunft unserer Bildungsanstalten. (1872). Heidelberg 1964

Nohl, H. u. Pallat, L. (Hg.): Handbuch der Pädagogik. 5 Bde. (1928-33). Weinheim 1966

Nohl, H.: Die Theorie der Bildung. In: Nohl, H. u. Pallat, L. 1933/1966

Nohl, H.: Die pädagogische Bewegung in Deutschland und ihre Theorie. 4.A. Frankfurt 1957

Palmer, Ch.D.F.: Evangelische Pädagogik (1853)

Parsons, T.: Gesellschaften. Frankfurt 1975

Pestalozzi, J.H.: Wie Gertrud ihre Kinder lehrt und Ausgewählte Schriften zur Methode. (1801) Paderborn 1961

Petersen, P.: Führungslehre des Unterrichts. 4.A. Braunschweig 1953

Piaget, J.: Das moralische Urteil beim Kinde. Frankfurt 1973

Pieper, J.: Über die Liebe. 2.A. München 1972

Platon: Sämtliche Werke. 2: Menon ... Symposion. Rowohlt. Leck 1961

Pleines, J.-E.: Bildung. Grundlegung und Kritik eines pädagogischen Begriffs. Heidelberg 1971

Pleines, J.-E.: Praktische Wissenschaft. München 1981

Pleines, J.-E. (Hg.): Bildungstheorien. Freiburg 1978

Pöggeler, F.: Der Mensch in Mündigkeit und Reife. 2.A. Paderborn 1970

Pöggeler, F. (Hg.): Handbuch der Erwachsenenbildung. 8 Bde. Stuttgart 1974 ff

Pöggeler, F. (Hg.): Grundwerte in der Schule. Freiburg 1980

Pöggeler, F. (Hg.): Bildung in lebenslanger Perspektive. In: H. Röhrs (H. Scheuerl (Hrsg.) 1989

Pöggeler, F.: Erziehung für die eine Welt. Plädoyer für eine pragmatische Friedenspädagogik, Frankfurt M., Bern, New York, Paris 1990.

Pongratz, L.J.: Lehrbuch der klinischen Psychologie. 2.A. Göttingen 1975

Pongratz, L.J.: Assoziation, Assoziationspsychologie. In: H. Rombach (Hg.) 1977

Popper, K.R.: Die offene Gesellschaft und ihre Feinde II: Falsche Propheten. Hegel, Marx und die Folgen. 6.A. München 1958

Popper, K.R.: Logik der Forschung. 3.A. Tübingen 1969

Popper, K.R.: Ausgangspunkte. 2.A. Hamburg 1979

Popper, K.R. und Eccles, J.C.: Das Ich und sein Gehirn. 2.A. München 1982

Popper, K.R.: Auf der Suche nach einer besseren Welt. München 1984

Portele, G. u. Huber, L.: Hochschule und Persönlichkeitsentwicklung. In: Enzykl. Erzwiss. 10, 1983

Postman, N.: Das Verschwinden der Kindheit. Frankfurt 1983

Prohaska, L.: Pädagogik der Begegnung. Freiburg 1961

Rawls, J.: Eine Theorie der Gerechtigkeit. Frankfurt 1979

Reble, A.: Geschichte der Pädagogik. 11.A. Stuttgart 1971

Reble, A.: Einflüsse der reformpädagogischen Bewegung auf das höhere Schulwesen und die Volksschule in Bayern. In: Kriss-Rettenbeck und Liedtke (Hg.) 1984

Renner, K.: Ernst Weber. Bad Heilbrunn 1979

Revers, W.J.: Das Musikerlebnis. Düsseldorf 1970

Richter, H.-E.: Eltern, Kind und Neurose. Reinbek 1969

Rilke, R.M.: Das Florenzer Tagebuch. (1898) Frankfurt 1984

Robinsohn, S.B.: Bildungsreform als Revision des Curriculum. (1967). 5.A. Neuwied 1975

Rogers, C.R.: Psychotherapy und Personality Change. Chicago 1954

Röhrs, H. (Hg.): Die Bildungsfrage in der modernen Arbeitswelt. Frankfurt 1963

Röhrs, H. (Hg.): Bildungsphilosophie. 2 Bde. Frankfurt 1967/68

Röhrs, H.: Allgemeine Erziehungswissenschaft. Weinheim 1969

Röhrs, H. (Hg.): Friedenspädagogik. Frankfurt 1970

Röhrs, H./Scheuerl, H. (Hg.): Richtungsstreit in der Erziehungswissenschaft. Frankfurt 1989

Rombach, H.: Die Gegenwart der Philosophie. Freiburg 1962

Rombach, H.: Strukturontologie. Freiburg 1971

Rombach, H. (Hg.): Lexikon der Pädagogik. 4 Bde. Freiburg 1970/71

Rombach, H. (Hg.): Wörterbuch der Pädagogik. 3 Bde. Freiburg 1977

Roth, H.: Pädagogische Anthropologie. 2 Bde. Hannover 1966 u. 1971

Roth, H. (Hg.): Begabung und Lernen. Stuttgart 1969

Roth, H. u. Friedrich, D. (Hg.): Bildungsforschung. 2 Bde. Stuttgart 1975

Rothe, F.K.: Kultur und Erziehung. München 1984

Rousseau, J.-J.: Emil oder über die Erziehung (1762). Paderborn 1972

Sartre, J.-P.: Was ist Literatur? Reinbek 1960

Schaller, K. (Hg): Erziehungswissenschaft der Gegenwart. Bochum 1979

Scheler, M.: Bildung und Wissen. In: Röhrs, H. (Hg.) 1968

Schelsky, H.: Einsamkeit und Freiheit. Reinbek 1963

Scheuerl, H. (Hg.): Klassiker der Pädagogik. 2 Bde. München 1979

Schiefele, H.: Lernmotivation und Motivlernen. München 1974

Schiller, F.: Briefe über die ästhetische Erziehung des Menschen. (1795) Hgg. v. A. Reble. Bad Heilbrunn 1960

Schiller, F.: Kallias. Über Armut und Würde. Stuttgart 1971

Schilling, H.: Bildung als Gottesbildlichkeit. Freiburg 1961

Schleiermacher, F.E.D.: Ausgewählte pädagogische Schriften. Paderborn 1959

Schleißheimer, B.: Der Mensch als Wissender und Glaubender. Wien 1970

Schmidt, G.R.: Autorität in der Erziehung. Freiburg 1975

Schneider, F.: Einführung in die Erziehungswissenschaft. Graz 1948

Schneider, F.: Katholische Familienerziehung. 7.A. Freiburg 1961

Schopenhauer, A.: Aphorismen zur Lebensweisheit. Stuttgart 1974

Schreiner, G. (Hg.): Moralische Entwicklung und Erziehung. Braunschweig 1983

Schröder, H.: Lernwirksamer Unterricht. München 1977

Schröder, H.: Wertorientierter Unterricht. München 1978

Schütz, H.: Didaktische Ästhetik. München 1975

Schulze, Th.: Schule im Widerspruch. München 1980

Schumacher, H.-J. (Hg.): Lehrpläne für die Grundschule in Bayern. Kronach 1981

Schwarz, R.: Wissenschaft und Bildung. Freiburg 1957

Schweitzer, A.: Kultur und Ethik. München 1923

Schweitzer, A.: Aus meinem Leben und Denken. Frankfurt 1983

Sedlmayr, H.: Verlust der Mitte. Frankfurt 1955

Sellmair, J.: Humanitas Christiana. München 1948

Siewerth, G.: Wagnis und Bewahrung. Düsseldorf 1958

Skinner, B.F.: Jenseits von Freiheit und Würde. Hamburg 1973

Söntgerath, A.: Pädagogik und Dichtung. Stuttgart 1967

Speck, J. und Wehle, G. (Hg.): Handbuch pädagogischer Grundbegriffe. 2 Bde. München 1970

Spencer, H.: Die Erziehung. (1861) Leipzig 1910

Spranger, E.: Gesammelte Schriften. 11 Bde. Tübingen/Heidelberg 1969 ff

Spranger, E.: Wilhelm von Humboldt und die Humanitätsidee. Berlin 1909

Stegmaier, W.: Allgemeinbildung und Weltorientierung. In: Universitas, Juni 1984

Steindorf, G.: Grundbegriffe des Lehrerns und Lernens. Bad Heilbrunn 1981

Stifter, A.: Sämtliche Werke. 25 Bde. Prag 1908 – Reichenberg 1939

Sullivan, A.: The story behind Helen Keller. New York 1933

Theresia von Jesu (von Avila): Die Seelenburg. (1577). Schriften. Bd. 5. 6.A. München 1981

Thomae, H.: Der Mensch in der Entscheidung. München 1960

Thomas von Aquin: Summa Theologica. 6 Bde. Paris 1882

Toynbee, A.-J.: Der Gang der Weltgeschichte. 2 Doppelbände. München 1970

Treml, A.K.: Einführung in die Allgemeine Pädagogik. Stuttgart 1987

Tröger, W.: Elitenbildung. München 1968

Tschamler, H.: Wissenschaftstheorie. 2.A. Bad Heilbrunn 1983

Twellmann, W. (Hg.): Handbuch Schule und Unterricht. 8 Bde. Düsseldorf 1981-1986

Walter, J.: Lernen mit Computern. Düsseldorf 1984

Wasem, E.: Medien in der Schulpraxis. Freiburg 1974

Weber, E. (Hg.): Der Erziehungs- und Bildungsbegriff im 20. Jahrhundert. Bad Heilbrunn 1969

Weinacht, P.-L. u.a.: Bildungspolitik. In: Görresgesellschaft (Hg.): Staatslexikon 7.A. Freiburg 1985

Weissmahr, B.: Ontologie. Stuttgart 1985

Weizsäcker, C.F.v.: Der Garten des Menschlichen. München 1977

Weizsäcker, C.F.v.: Aufbau der Physik. 2.A. München 1985

Weizsäcker, C.F.v.: Bewußtseinswandel. München 1988

Wellek, A.: Die Polarität im Aufbau des Charakters. Bern 1950

Weniger, E.: Didaktik als Bildungslehre. 2 Bde. 1952 u. 1960

Westphalen, K.: Praxisnahe Curriculumentwicklung. 6.A. Donauwörth 1978

Wiater, W.: G.W. Leibniz und seine Bedeutung für die Pädagogik. Hildesheim 1985

Wiedmann, F.: Philosophische Strömungen der Gegenwart. Zürich 1972

Wiedmann, F.: Baruch de Spinoza. Würzburg 1982

Wilhelm, Th.: Theorie der Schule. 2.A. Stuttgart 1969

Wilhelm, Th.: Pädagogik der Gegenwart. 5.A. Stuttgart 1977

Wilhelm, Th.: Funktionswandel der Schule. Essen 1984

Willmann, O.: Sämtliche Werke (10 Bde.). Aalen 1968 ff

Willmann, O.: Didaktik als Bildungslehre. 5.A. Braunschweig 1923

Willmann, O.: Kleine pädagogische Schriften. Paderborn 1959

Winkel, R. (Hg.): Didaktische Theorien. Braunschweig 1981

Wöhler, Kh. (Hg.): Didaktische Prinzipien. München 1979

Wulf, Ch. (Hg.): Wörterbuch der Erziehung. München 1974

Wust, P.: Ungewißheit und Wagnis. München 1950

Wyss, D.: Marx und Freud. Göttingen 1969

Zöpfl H.: Einführung in die Grundfragen der Pädagogik. Donauwörth 1969

Zweig, St.: Das Geheimnis des künstlerischen Schaffens. Frankfurt 1981

Sachregister

Oft können bei der Suche außer dem Inhaltsverzeichnis (5ff) auch die Tafeln (147, 229, 260, 280), Graphiken (159, 172, 219, 286, 298) und Zusammenfassungen im 3. Teil helfen.

homo ludens, discens ... 175, 186, 248
Hören 389
Horizonterweiterung 49, 147, 318, 329
Humanismus 17, 32, 92, 126, 147, 189
-integraler 31, 243
-theozentrischer 31, 332, 415
Humanisierung 57, 147, 185, 189, 276, 302, *330 ff.*, 353
Humanität, Humanitätsideal 29, 147, 189, 267, 280, 330
Humanitas Christiana 30 ff., 150, 185

Ich-Stärke 132
Idee 148f., 239
Ideenschau 27, 59, 230, 238, 373, 398
Identifikation 225, 280, 392
Identität 33, 147, 287, 306, 312, 335
-europäische 113, 127, 147
-kulturelle 113, 127, 147
-familiale 198
-globale 113, 137, 147
-nationale 114, 127, 147
Ideologie 136 ff., 204 ff., 396
Ignoranz 241
Imitation 280
Impulse 386
Individualismus 40f., 216, 304
Individualität 18, 62, 68, 119, 145, 147, 157, 254, *303 ff.*, 392
Individuation 262, 308
individuelle Bildungsarbeit 39, 147, 157f., 171f., 234, 284 ff., 329
Information 113, 119, 178, 246, 251, 280
Initiation 192
Innenwelterweckung 147
Institutionen 202, 280

Intellektualismus 161, 169
Intelligenz 179
Interesse 37, 42, 63, 147, 205, 272, 351 ff.
-erkenntnisleitendes 136, 255, 353
Interpretation 127

Journalismus 162
Jugendbildung 66, 147, 159

Kalokagathia 27
Kanon 28f., 71
Kardinaltugenden 134, 269, 397
Kategorialanalyse 9, 108, 399
Kategoriale Bildung 57, *73 ff.*, 83, *87*, 147, 150
Kategorien 74, 108, 136, 260, 369
kategorischer Imperativ 270
Katharsis 224f., 229, 234
Kindergarten 160, 197
Kindgemäßheit 349
Kindideal 372
Kirchen 195, 277
Klassiker, das Klassische 76, 147, 223, 328
Klosterschule 32
Klugheit 134, 269, 270
kognitive B. *242 ff.*, *260*
kollektive Bildungsarbeit 172, 192 ff., 215, 267
Kommunikation 127, 224f., 384
Kompetenz 121, 147, 263f., 275, 321
-kulturelle 124, 147
-kommunikative 147
Komplexitätsreduktion 82, 98, 130
Konflikt 143, 151, 204, 220, 281, 333, 362
Können 37, 267, 273, *280*, 362, 401
Konsens 215
Kontaktstudium 408
Konzentration 71, 240, 280

Studien zur Pädagogik, Andragogik und Gerontagogik

Herausgeber: Franz Pöggeler

Helene Palamidis

Prognosen der Bildungsbeteiligung
Entwicklung neuartiger Ansätze und exemplarische
Anwendungen auf das Bildungsverhalten in
Berlin (West)

Frankfurt/M., Bern, New York, Paris, 1989. VIII, 244 S.
Europäische Hochschulschriften: Reihe 11, Pädagogik. Bd. 378
ISBN 3-631-41598-2   br./lam. DM 65.--/sFr. 55.--

Auch zukünftig ist damit zu rechnen, daß das Bildungsverhalten, d.h.
der Umfang der Bildungsteilnahme von Schülern, Studenten und Auszubildenden, ihre Verteilung auf die verschiedenen Institutionen des
Bildungssystems und der Erwerb von Qualifikationen weiteren Veränderungen unterworfen sein wird. Ziel der vorliegenden Arbeit ist es,
eine Alternative zu den herkömmlichen Prognoseverfahren zu entwickeln und exemplarisch für Vorausberechnungen anzuwenden.
Prognoseinstrument ist ein mikroanalytisches Simulationsmodell, das
den Durchlauf der Jugendlichen durch das Bildungssystem simuliert.
Darüber hinaus werden Theorien zur Erklärung der Bildungsnachfrage
erörtert, die dazu beitragen können, die Verhaltensweisen der Bil-
dungsteilnehmer, d.h. die Übergangsprozesse im Bildungssystem, für
die Zukunft abzuschätzen.

Aus dem Inhalt: Prinzip der Mikrosimulation, Analyse des Bildungs-
verhaltens in Berlin (West), Vergleich mit dem Bundesgebiet, Progno-
seergebnisse, Erklärungshypothesen für die Bildungsnachfrage

Verlag Peter Lang Frankfurt a.M. · Bern · New York · Paris
Auslieferung: Verlag Peter Lang AG, Jupiterstr. 15, CH-3000 Bern 15
Telefon (004131) 321122, Telex pela ch 912 651, Telefax (004131) 321131
- Preisänderungen vorbehalten -